Collection Actualité

DANS LA MÊME COLLECTION

Les Acteurs de la région Rhône-Alpes. Préface de Bruno Frappat.

Les Inégalités des années 90. Club Vauban. Préface de Jean-Marie Colombani.

Bernard Guetta

Éloge de la tortue

L'URSS de Gorbatchev
1985-1991

Le Monde
EDITIONS

Du même auteur

Patron, mais..., entretien avec Claude Neuschwander sur l'affaire Lip (Le Seuil, 1975).

Pologne, en collaboration avec Bruno Barbey (Arthaud, 1982).

ISBN 2-87899-028-5

A Catherine, sans laquelle...

Depuis le donjon

Le radio-réveil est une étrange invention. Cela vous réveille, l'on dort encore, et le monde, comme un rêve, vous entre dans la tête. Ce matin-là, lundi 19 août 1991, c'était plutôt comme un cauchemar. « Gorbatchev malade », « Guennadi Ianaev, le remplace », « Coup d'État ». J'ai attrapé le téléphone. Il était six heures et quart, l'heure à laquelle, en temps ordinaire, il devenait déjà difficile d'avoir Moscou. Avec le putsch, les communications internationales qui devaient être coupées, j'avais peu de chances. J'ai composé les onze chiffres, l'appel est passé, du premier coup, et l'un des proches conseillers de Mikhaïl Gorbatchev a décroché. « Oui : je sais. Je viens d'être averti. »

Il y avait une écrasante lassitude dans sa voix. J'avais, moi, le sentiment d'être dix ans en arrière, de revivre cette nuit polonaise où le général Jaruzelski avait proclamé son « état de guerre ». Je revoyais Bronislaw Geremek, le conseiller politique de Lech Walesa que j'étais alors allé tirer de son lit, dans l'espoir qu'il puisse échapper à la rafle. « Ils ne réussiront pas », m'avait-il dit aussitôt avec l'absolue conviction que rien ni personne ne pourrait effacer les dix-huit mois de Solidarité. Cette phrase m'avait marqué. Je l'avais, bien sûr, en tête. J'étais tout aussi certain que rien n'effacerait non plus les années de *perestroïka* mais, avant de remporter les élections, huit ans plus tard, tous mes amis polonais étaient passés par la prison. Je me souvenais de mon départ de Varsovie, en 1983, de ce dîner d'adieu où il n'y avait que des femmes — des femmes de détenus politiques. J'avais, moi, un passeport en poche. La soirée avait été affreuse et j'avais maintenant peur pour mes amis de Moscou, de Vilnius, d'Erevan, de Tallinn.

Accroché à l'écouteur, gêné d'interroger en journaliste un homme en danger, je n'ai donc pas réalisé, sur l'instant, que le téléphone fonctionnait. Les communications n'avaient pas été interrompues alors que le b-a-ba du coup d'État commande, avant toute chose, de les couper. Je ne savais par où commencer. Vingt questions se bousculaient à mes lèvres mais deux phrases, plus laconiques que jamais, les ont devancées, comme un message qui pouvait être le dernier : « Il n'a pas voulu acheter ce qu'ils voulaient lui vendre », et « Maintenant, tout dépend de la Russie ». « Il » au singulier, c'était Gorbatchev. « Ils » au pluriel, c'était les putschistes. « Ce qu'ils voulaient lui vendre », c'était le parrainage de leur putsch. Quant à « la Russie », c'était, bien sûr, Boris Eltsine.

Quelques heures plus tard, le téléphone fonctionnait toujours. On ne signalait pas encore la moindre arrestation. Les aéroports étaient toujours ouverts et Boris Eltsine était monté sur un char pour dire « non » à la dictature. Les faits étaient là. Ce n'était ni le Chili ni la Pologne, et les deux phrases de l'aube me sont revenues à l'esprit. De même que l'« état de guerre » du général Jaruzelski n'avait nullement réédité la normalisation du « printemps de Prague », ce coup d'État n'avait rien à voir avec celui de l'armée polonaise.

Avant même d'être proclamé, avant même que la détermination de Boris Eltsine ne le fasse échouer, ce putsch avait trébuché sur le plus étrange, le plus soviétique des obstacles : l'illégalité. Car si bizarre que cela paraisse, c'est ainsi. Ce pays où sept décennies d'arbitraire totalitaire avaient succédé aux siècles d'absolutisme, s'est toujours attaché au respect des formes. Comme c'était au nom du bien qu'on faisait le mal, c'était au nom de la loi qu'on violait le droit. Comme c'est de la justice et du peuple qu'on se réclamait, rien n'était plus dénoncé par la propagande que les coups d'État militaires. Ni du temps de l'orthodoxie communiste, ni moins encore depuis la marée démocratique, les putschs ne faisaient partie de la culture de l'URSS. Dès lors que Mikhaïl Gorbatchev n'avait pas « voulu acheter ce qu'ils voulaient lui vendre », les putschistes étaient mal partis.

Avec un président-otage assurant un faux-semblant de continuité constitutionnelle, ils auraient été le pouvoir légal. Rien ne les aurait empêchés de se rallier suffisamment de Républiques, de bataillons du parti, de l'armée et du KGB pour contrôler la majeure partie du pays. Leur règne aurait été éphémère puisqu'ils n'avaient pas l'ombre d'un programme, mais ils auraient pu durer — quelques mois, quelques années peut-être.

Sans Gorbatchev, ils apparaissaient, au contraire pour ce qu'ils étaient : de simples factieux, en rébellion ouverte contre la Constitution, les lois et le président. Sans l'aval de l'homme qui était à la fois le président de l'Union et le secrétaire général du parti, ils n'étaient plus que des apprentis sorciers, désemparés par la condamnation internationale, surpris par la résolution des défenseurs du Parlement russe, divisés par la perspective de devoir faire couler le sang sans même être sûrs de l'armée.

« Maintenant, tout dépend de la Russie », m'avait dit, à l'aube, le conseiller de Mikhaïl Gorbatchev, et devant la résistance de Boris Eltsine, devant son évidente décision de relever le gant, l'état-major, le KGB, tout l'appareil de l'État-parti se divisaient, publiquement, irrémédiablement. C'est ainsi qu'après deux jours et demi d'angoisse et de pantalonnade, le communisme est mort, en URSS, le 21 août 1991 — vingt-trois ans, jour pour jour, après l'écrasement du Printemps de Prague.

Convaincus que Gorbatchev les suivrait et qu'ils pourraient donc s'imposer, les putschistes n'avaient rien prévu pour parer son refus. Peu convaincus de leur légitimité, plus bureaucrates que bouchers, ils n'ont alors pas su créer l'irréversibilité du sang. Comme leur système, ils ont tout raté et rien n'a résisté à leur échec — ni le parti, ni l'Union, ni le gradualisme de Gorbatchev, ni Gorbatchev bien sûr, qui ne sera par définition plus jamais président d'une Union soviétique qui n'existe plus.

Plus vite encore que le Mur de Berlin, tout s'est écroulé en quelques jours et il a fallu ce séisme pour que le monde comprenne à quel point la *perestroïka* avait bouleversé l'URSS, à quel point ces courtes années de lent travail gorbatchevien avaient brisé les monolithismes soviétiques et donné naissance à une autre Russie. Il a fallu que tout tangue, que les États et les nations prennent peur du naufrage et de ses remous, pour qu'on voie à quel point la prudence entêtée du dernier secrétaire général avait, jusqu'au bout, canalisé, le chaos. Il a fallu qu'on découvre l'ampleur de ce front du refus, l'étendue de cette conspiration, pour réaliser ce qui aurait pu se passer six mois ou deux ans plus tôt — avant les élections, avant la démocratie, avant la liberté de la presse : avant tout ce qu'ont permis Mikhaïl Gorbatchev et son train de tortue obstinée.

★

Fumées d'usines et bulbes d'or, du cinquième étage du Comité central, Moscou s'étendait à nos pieds. C'était un printemps magnifique, celui de 1989. La fenêtre était grande ouverte, l'air exquis et j'en savais déjà suffisamment sur ce qu'allait faire, ne pas faire et tenter Mikhaïl Gorbatchev dans les trois mois à venir pour en passer à l'autre sujet.

C'était une question bien plus vaste encore — celle, tout simplement, de l'énigme communiste. Comment avait-on pu croire à ce système ? N'y pas croire et feindre toute une vie ? Comment passait-on de la foi au doute ? Des doutes au reniement ? Comment avait-on vécu, au quotidien, la grande illusion du XXe siècle et son lent cheminement vers l'échec ? Toutes ces questions, je les avais déjà mille fois posées aux dissidents arrivés à l'Ouest à la fin des années soixante-dix. Quatre ans durant, je ne m'étais alors intéressé qu'à la dissidence ou presque, par sympathie pour ce combat inégal et par intuition, aussi, que l'impuissante férocité à laquelle il se heurtait annonçait un tournant. Sous Staline, les opposants ne faisaient pas problème. Sous Brejnev, si.

Depuis ces nuits de discussions, à Vienne, Zurich ou Paris, avec ces rescapés des camps et des asiles, je savais — car ils en étaient la preuve vivante — qu'il ne fallait pas confondre l'ambition totalitaire du communisme avec la vérité de son bilan, sa volonté de modeler les âmes avec le succès de cette entreprise. J'avais appris qu'il ne fallait pas tant croire à la force du communisme, ni à celle dont il se créditait pour mieux hypnotiser, ni à celle qu'on lui reconnaissait pour mieux en détourner. J'avais, depuis, compris que le communisme n'était pas l'aboutissement de l'histoire, qu'il avait, lui aussi, son histoire, c'est-à-dire, un jour, une fin. Et ce jour, j'avais vu de mes yeux vu, en Pologne, au début des années quatre-vingt, qu'il n'était plus très éloigné.

J'avais vu naître et s'imposer Solidarité malgré l'incompatibilité entre l'existence d'un syndicat libre et le système soviétique. J'avais vu des hommes nés sous le communisme et prétendument modelés par lui redevenir en un instant des hommes libres. J'avais vu des pans entiers de l'appareil basculer d'un coup, avec plus encore de soulagement que d'opportunisme. J'avais surtout vu le général Jaruzelski totalement échouer à normaliser son pays.

J'avais vu non pas un instant de révolte contre le communisme, mais le communisme en échec et, de même que la fréquentation des dissidents soviétiques m'avait préparé à comprendre et faire comprendre l'enjeu polonais, les Polonais m'avaient, à l'avance, aidé à comprendre ce que j'allais rapporter de Moscou.

N'empêche... A chaque fois, même la vingtième, que je pénétrais dans cet immeuble du Comité central soviétique ; à chaque fois que, dans le sas surchauffé, entre la machine à cirer les chaussures, les radiateurs et les deux gardes muets du KGB, j'attendais que l'on vienne me chercher ; à chaque fois que je remontais ces hauts couloirs vitrifiés dans lesquels on ne croisait âme qui vive que par accident, une fébrilité me saisissait.

J'étais au cœur de l'empire, incontestablement un empire du mal. Le sort de peuples entiers s'était joué derrière ces portes capitonnées. C'est d'ici qu'avaient été prises, transmises en tout cas, des décisions qui avaient, pour des millions et des millions d'hommes, signifié la mort ou la déportation. On ne pouvait imaginer plus sinistre endroit et c'était, pourtant, de ce même immeuble, derrière ces mêmes portes, que le dernier en date des successeurs de Staline dynamitait obstinément, mois après mois, ce qui restait du communisme. Comment se forge pareil destin ?

J'observais les fonctionnaires du parti qui m'accompagnaient le long de ces couloirs. Un jour, c'était des jeunes gens tout en longueur, jolie cravate, culture occidentale et belle intelligence, qui, comme partout leurs semblables à leur âge, se demandaient — Eltsine ? Gorbatchev ? — quel cheval jouer gagnant. Un jour, c'était au contraire des sexagénaires essoufflés, ventre, semelles et cervelle ramollis, qui scrutaient, effarés, ce Français col ouvert qu'on attendait au cinquième. Eux n'avaient pas encore réalisé que minuit avait sonné pour leur monde. Ils haïssaient les premiers qui le leur rendaient au centuple et chaque fois, physiquement, je sentais ainsi, à seulement traverser ce quartier général d'où ne fusait aucun bruit, la sourde violence des combats qui le secouaient.

Je venais en journaliste, avide de remplir mon carnet, d'autant plus pressant que je savais le prochain rendez-vous lointain, mais n'empêche... Rage ou pas de l'information, rien à faire, je me gardais toujours un instant pour la métaphysique — pour le luxe de poursuivre, au Comité central soviétique, les conversations entamées avec les dissidents et les futurs dirigeants de la Pologne post-communiste.

L'air, donc, était exquis et l'homme qui me recevait ce jour-là était, à lui seul, la quintessence de l'énigme. Bientôt la cinquantaine, toute une carrière dans le parti, humour britannique et charme de patricien milanais, il écrivait beaucoup de discours de M. Gorbatchev et beaucoup des notes aussi qui guidaient la *perestroïka*. Je venais de lui demander ce qui, du Printemps de Prague ou de Solidarité, avait le plus pesé dans le tournant gorbatchevien. Prague, indiscutablement Prague, uniquement Prague, avait-il aussitôt répondu avec tant de flamme pour les espoirs de cette période, celle de sa jeunesse, tant de dégoût pour les chars qui en avaient sonné le glas et tant de dédain surtout pour « vos amis de Solidarité » que j'en avais été heurté.

Je trouvais cela cynique. Comment pouvait-on avoir vibré pour les réformes tchèques sans s'être désolidarisé des normalisateurs ? Comment pouvait-on nier, de ce bureau-là, que Solidarité ait tourné une page du communisme ? De journaliste, je m'étais fait procureur. En août 1968, lui avais-je dit, d'autres de « mes amis », huit dissidents, étaient descendus protester sur la place Rouge. Pourquoi n'en avait-il pas fait autant ? Pourquoi n'avait-il pas, au moins, quitté, si ce n'est le parti, l'appareil ?

Cela signifiait : « Pourquoi êtes-vous resté, vingt ans, du côté des salauds ? » La question se posait en effet, mais c'était si clairement agressif que malgré le printemps, malgré la douceur de l'air et la complicité intellectuelle que forgeaient nos discussions sur les voies de la démocratie russe, l'homme du cinquième étage se raidit et rétorqua : « Parce que vous regrettez que nous soyons là ? Parce que vous regrettez que nous puissions faire ce que nous faisons ? »

J'aurais, évidemment, été le dernier homme à le regretter. L'Europe centrale se libérait. La démocratie s'étendait. Les stocks d'armes se réduisaient. Le monde était transformé par une révolution fondamentale et totalement pacifique. Les peuples de l'Union soviétique revivaient. Qui aurait pu regretter que cela puisse être fait ? Je n'avais rien à lui répondre, mais sa réponse à lui n'épuisait pour autant pas ma question. Le téléphone intérieur a sonné. Il a décroché, répondu qu'il arrivait et filé vers les bureaux présidentiels. Nous n'avons jamais repris cette discussion au point où nous l'avions laissée ce jour-là, mais tandis que je retraversais les couloirs et remontais le trottoir du Comité central, je la poursuivais — dans ma tête.

Je n'avais plus quinze ans. Je savais que le monde n'est pas fait de gentils et de méchants mais d'êtres en devenir, que les héros sont rares, les francs salauds plus encore, et que les moments de vérité, quand un homme peut faire la différence, réservent des surprises sur les frontières entre faiblesse et grandeur. J'avais encore à l'oreille cette courte phrase (« Ah ! Monsieur ! J'aurais espéré mieux... ») que m'avait glissée, œil neutre et voix triste, un garde-frontière est-allemand dix jours après la mise hors la loi de Solidarité. Je savais qu'il ne fallait pas juger à la casquette.

Je me souvenais de la fureur glacée de cet intellectuel polonais qui, bien avant Solidarité, avait été pris à partie dans une université américaine pour sa complaisance envers le pouvoir communiste. « Qui a accepté le partage de l'Europe ? », avait-il répondu. Pas les Polonais, pas l'Europe centrale, et je savais que nous n'avions, nous les hommes libres, aucun droit d'accuser les autres de notre propre lâcheté historique.

Je repensais à tous ces dignitaires communistes, associés à des périodes bien pires que celles du brejnevisme et qui étaient, en 1956, à Budapest et Varsovie, en 1968, à Prague, tombés du bon côté — tombés, parfois, au plein sens du terme. Je savais qu'il y eut, dans la longue histoire du monde soviétique, cent raisons honorables, héroïques souvent, logiques en tout cas, d'aller grossir les rangs du communisme.

Je m'énumérais, nom après nom, visage après visage, tous ces dissidents et opposants qui, de Jacek Kuron à Elena Bonner, de Milovan Djilas à Bronislaw Geremek, de Jiri Pelikan à d'innombrables cadres de Solidarité, étaient passés par le communisme — avec ou sans la foi, parce qu'ils voulaient appuyer un cours libéral ou en susciter un, parce qu'il y avait le nazisme, parce que le communisme c'était, quand même, l'avatar de la générosité socialiste ou, encore, parce que le parti semblait le seul endroit d'où pouvoir jouer un rôle.

Cela condamnait-il ces hommes au courage desquels leurs peuples doivent la liberté ? Évidemment, non, mille fois non, mais — me disais-je aussitôt à moi-même — ils avaient, eux, eu le courage de rompre. Oui... Bien sûr... Mais qui irait nier, pourtant, le mérite historique — et le courage aussi — d'un Khrouchtchev ou d'un Dubcek qui, eux, n'avaient pas rompu ? Sur le trottoir du Comité central, tout agité de mon débat intérieur, je fendais en aveugle la masse discrète des jeunes guébistes en civil et me disais aussi que le seul endroit d'URSS où l'on pouvait lire et penser librement avait longtemps été le cœur de l'appareil ; que tout responsable du parti n'avait pas de sang sur les mains ; que ce choix de l'appareil n'était donc pas forcément scandaleux.

Pas scandaleux ? Au regard de l'héroïsme des hommes qui avaient sciemment bravé les camps et la camisole chimique pour briser le mensonge général — pour qu'une voix, au moins, témoigne de la dignité de peuples muselés ! Pas scandaleux d'être du côté des bourreaux ! Comment pouvais-je même *penser* cela ?

Quelques pas de plus et j'allais atteindre le musée Lénine, son kitsch, ses mensonges et ses reliques. Déjà, je tournais le dos à l'un des lieux les plus indécents du monde, cette vaste place du centre de Moscou, passage obligé, où se dressait encore, entre un magasin de jouets et la prison de la Loubianka, siège du KGB et antichambre du goulag, la statue de Felix Dzerjinski, premier grand maître de la répression communiste.

Le communisme n'était pas encore mort et là, face à ce centre de tortures d'où l'on partait, hier encore, vers les camps, face à la forteresse de l'horreur, parents et enfants se pressaient toute l'année entre poupées, luges et petits soldats. On y venait de toute l'Union. Pour Moscou, les vitrines étaient riches et joyeuses. C'était la cohue. Pour Moscou, c'était un peu Noël chaque jour. Comprendre cela... ? Juger... ? Cette géographie de la capitale soviétique m'avait bien plutôt rappelé à la sobriété.

Je venais de tout mélanger, l'insondable folie du communisme et la simple logique de sa fin. Un instant, j'avais fait tout ce que je savais devoir ne pas faire. Je m'étais pris pour le juge d'un siècle, je m'étais gonflé de grandes vérités, et j'avais oublié le métier de correspondant et la grandeur de ses limites. J'avais oublié qu'il ne fallait pas, en l'occurrence, laisser la passion inhérente aux tentatives d'analyse du communisme obscurcir les faits, la dynamique et les rapports de forces d'une période nouvelle — celle de la sortie, obligée, hasardeuse et volontariste, du communisme.

A l'heure de la chute finale, partout, inévitablement, la violence de cette passion l'emportait et aveuglait. Ceux qui, pour avoir cru au communisme et l'avoir rejeté, lui avaient inventé une force surnaturelle pouvant, seule, rendre compte de leur erreur d'hier, voyaient dans cet effondrement une ruse de démon. Le communisme n'expirait pas : il faisait semblant pour mieux faire désarmer l'Occident.

Ceux qui toute leur vie avaient lutté contre le communisme, en avaient été victimes ou l'avaient fui, ne pouvaient admettre que de hauts dirigeants du parti soviétique, son secrétaire général lui-même, soient devenus le moteur de la liberté, qu'il faille souhaiter la victoire d'hommes qui se disaient toujours communistes.

Tous ceux qui avaient fini par se persuader que le communisme avait réellement créé un homme nouveau, l'*Homo sovieticus*, ne pouvaient plus croire à la dynamique de la liberté. Plutôt que de voir ouvrir les vannes et monter la vague qui allait balayer le totalitarisme, ils s'obstinaient à dénoncer tout ce qui en restait.

Le communisme, en un mot, avait tant duré, tant enthousiasmé et tant trompé tant de gens, tant fait peur, asservi, tué, modelé le monde et les consciences, qu'à l'heure de son agonie ses meilleurs connaisseurs allaient répétant que ce système ne pourrait tolérer tout ce qui, jour après jour, devenait pourtant la réalité — l'inéluctable réalité.

C'est ainsi que, pour beaucoup, les années de la *perestroïka* furent celles d'un naufrage de l'intelligence. Si le ridicule tuait — mais il ne tue pas —, le bêtisier de cette époque faucherait une armée de spécialistes en déroute. Ce n'est pas que tous les soviétologues étaient des médecins de Molière. Ce n'est pas que tous avaient fait de leur ignorance une science. La démythification du communisme leur doit, au contraire, beaucoup. Beaucoup d'entre eux avaient, au contraire, atteint l'érudition de ces chercheurs capables de reconstituer l'ensemble à partir du fragment. Seulement voilà, à force de travailler sur le communisme comme sur un dinosaure, quelques-uns des meilleurs avaient fini par ne plus voir qu'au-delà de la langue et de la pensée mortes, qu'au-delà des rituels figés du système, ce monde était composé d'hommes et de sociétés vivants, évoluants, sujets à l'érosion du temps, des vents du large, des traumatismes passés et des erreurs présentes. C'est sur la vie qu'il fallait travailler, pas sur la mort.

★

En 1982, quand meurt Brejnev, tous les ferments de la faillite sont déjà réunis. L'empire extérieur, d'abord, le glacis européen de l'URSS, craque. Ce n'est pas, pas du tout, la révolte généralisée car depuis que Staline, il n'y a pas si longtemps, juste après guerre, les a tranquillement gobés sur fond de lassitude internationale, ces pays ont eu le temps d'apprendre. Ils ont vu le monde laisser écraser, en 1956, l'insurrection de Budapest. Ils ont vu les chars du communisme déferler, en 1968, sur Prague, et la vie internationale continuer comme si de rien n'était.

L'Europe centrale sait qu'elle n'a rien à attendre de quiconque, que la violence ne serait qu'une aventure sans lendemain, affreuse, coûteuse et dont le seul effet serait de contrarier les lentes évolutions qui, partout, portent les marches de l'empire soviétique. Chacun le sait. C'est comme une sagesse collective que j'entends encore l'emporter dans une heure décisive, dans cette nuit d'août 1980 où, sous l'œil de Lénine en plâtre, les grévistes du chantier naval de Gdansk élaborent une liste de revendications qui changera le cours de l'histoire.

Leur premier mouvement — pluripartisme, démocratie parlementaire — est de demander l'abdication du régime communiste. C'est évidemment cela qu'ils veulent, c'est évidemment cela qu'il faut, mais très vite, quand les membres du Comité de défense des ouvriers, le KOR, font remarquer que ce sera alors, immanquablement « Prague », l'Armée rouge, ils comprennent. Au lieu de demander un changement de régime, au lieu d'admettre ainsi qu'il n'y aurait de place que pour l'épreuve de force et donc la défaite, ils reconnaissent ce régime en l'appelant au dialogue et somment ce pouvoir communiste qui se dit leur de respecter ses propres principes, ses lois et ses engagements internationaux — d'autoriser, donc, au premier chef, le pluralisme syndical.

C'est tout. C'est tout bête, aussi génial et limité que ce « retour à Lénine », cet « État de droit », ce respect de la légalité qu'inventera, huit ans plus tard, Mikhaïl Gorbatchev pour ouvrir à la démocratie les brèches dont le système soviétique ne se relèvera pas. En quinze jours, les grévistes du chantier naval gagnent. Le pluralisme syndical est reconnu. Pour la première fois, un pouvoir communiste a officiellement cédé devant un mouvement de masse. L'esprit de compromis l'a emporté. Moscou n'a rien trouvé ni à dire ni à faire. Il n'y a plus de fatalité du char et de la normalisation et, bientôt, le premier syndicat libre du monde communiste compte dix millions d'adhérents.

Il faudra seize mois au système soviétique pour trouver la riposte et achever par là d'avouer sa défaite. Car non seulement le coup d'État du général Jaruzelski ne brisera ni Solidarité ni l'obstination des Polonais à vaincre, mais son premier effet est d'écarter l'appareil du parti des vrais leviers de commande. C'est l'armée, hommes du renseignement extérieur en première ligne, qui prend les choses en main. Totalement hétérodoxe et fatal dix ans plus tard à Moscou, ce glissement précipite encore l'entrée du communisme en agonie.

Or, ce qui est patent en Pologne est tout aussi vrai dans ces autres pays d'Europe centrale que le socialisme réel, antiphrase dont il avait le secret, a rebaptisés « démocraties populaires ». Il y a quatorze ans que les troupes du pacte de Varsovie ont envahi la Tchécoslovaquie, treize ans que la masse de la population s'est résignée au rapport de forces, mais treize ans aussi que la situation est bloquée. Sans autres relais que leur police, isolés, méprisés, les hommes au pouvoir ont si peur de rouvrir la porte à l'espoir, de laisser se recréer une dynamique incontrôlable, que leur seule politique est d'épurer le parti de ses réformateurs, réprimer les croyants et la Charte 77 : de durer, sans que rien ne bouge.

L'exemple de la Pologne puis, demain, de l'URSS le montre : ils n'ont, de leur point de vue, pas tort, mais l'ennui est, pour eux, qu'ils s'installent ainsi dans le rôle d'agents de Moscou, d'instruments de la répression, que leur pays, sous eux, s'enferme dans le passé, recule et s'appauvrit. Sans l'Armée rouge, ils ne sont rien. Il n'y a pas d'équipe de rechange. Pas d'idées, et cela signifie, vu du Kremlin, que quatorze ans après l'écrasement du Printemps de Prague et la tempête suscitée dans les partis communistes de l'Ouest la crise tchécoslovaque n'est toujours pas résolue.

Le bilan n'est pas plus brillant que celui de la Pologne et même la Hongrie, la Hongrie modèle, donne d'inquiétants signes de perturbation. Là-bas, croyait-on, Janos Kadar avait inventé la panacée : la tyrannie populaire. Quelque dix ans après avoir prêté la main, en 1956, à l'intervention militaire qui allait faire rentrer son pays dans le rang, il était devenu l'homme des réformes — non pas politiques mais économiques. Grâce à lui, grâce aux mesures de décentralisation et à la tolérance dont bénéficiaient l'initiative privée et l'économie de l'ombre, on vivait mieux en Hongrie que dans n'importe quel autre pays du camp. Kadar avait fini par en être aimé. On l'acceptait. Il était, pour Moscou, le garant de l'ordre, et la stabilité politique était assez réelle pour que les Hongrois puissent, sans vraies difficultés, voyager à l'Ouest.

La formule, pourtant, s'était épuisée. Le bien-être, l'entreprise privée avaient diversifié la société hongroise. Fiers de leurs succès, les économistes pressaient le pouvoir d'adopter des mesures beaucoup plus radicales. L'appareil, celui des syndicats surtout, freinait. Autour de l'économie, donc autour de l'avenir du pays, du degré de liberté, de la définition du socialisme, le débat politique montait. Il trouvait, petit à petit, son reflet dans la presse et les plus brillants des jeunes dirigeants du parti commençaient à beaucoup plus se soucier d'être populaires dans l'opinion qu'au Comité central. La succession de Kadar s'annonçait périlleuse.

Bref, sans parler des délires ubuesques de la Roumanie, des ambitions réformatrices des jeunes loups bulgares, et de la RDA branchée sur la télévision ouest-allemande, rien ne marchait, ni la normalisation tchécoslovaque, ni la temporisation polonaise, ni l'imagination hongroise. Gobée vivante, l'Europe centrale menaçait l'URSS d'indigestion et cela au pire moment.

Car, parallèlement, depuis décembre 1979, les cercueils reviennent d'Afghanistan, toujours plus nombreux, et ce n'est pas seulement l'Armée rouge qui s'embourbe là-bas, mais aussi le pays tout entier, son économie et sa diplomatie. Pour la première fois depuis les années d'après guerre, l'empire soviétique a voulu élargir ses frontières, s'adjoindre une nouvelle marche, non pas étendre sa zone d'influence dans d'incertains pays d'Afrique ou d'Amérique latine, mais avancer, dans la continuité de son territoire, vers une région stratégique — le Golfe.

Or, la fin des années soixante-dix n'est pas celle des années quarante. Ce qui était possible alors ne l'est plus. L'armée soviétique n'est plus celle de Stalingrad, mais celle de Budapest et de Prague — celle des libertés écrasées. La tentative de satellisation de l'Afghanistan, ce n'est plus la marche triomphante du socialisme. C'est une grande puissance impérialiste en folie qui vient, à la stupeur générale, de fouler aux pieds la détente en remettant en question l'équilibre international.

Traditionnels amis de l'URSS, les non-alignés réprouvent. Le monde arabo-musulman s'indigne. Les Occidentaux s'estiment trompés, menacés dans leurs intérêts vitaux et, à gauche comme à droite, dans une capitale de l'alliance atlantique après l'autre, les partisans de la fermeté l'emportent. Quand meurt Brejnev, l'Afghanistan n'est plus seulement le piège qui s'est refermé sur l'Armée rouge. C'est l'erreur, le crime de trop, qui dans l'éprouvette de l'histoire a précipité le rejet du soviétisme, de ce communisme qu'incarnait l'URSS.

Quand meurt Brejnev, Soljenitsyne a déjà gagné. C'est dans son œuvre, dans celle de Grossman, de Chalamov, de Razgon ou de Kopelev, dans tous les récits des camps que se lit l'histoire du communisme. Quand meurt Brejnev, il n'y a plus de grands partis communistes occidentaux fidèles à Moscou, plus de cohésion du monde communiste, plus de foules immenses, sur aucun continent, pour croire à l'avenir radieux de la Révolution.

Quand meurt Brejnev, le communisme vient de définitivement briser son mythe fondateur en lançant une armée contre un syndicat ouvrier et, partout, mois après mois, le capitalisme s'affirme comme une idée neuve, révolutionnaire, clé de la prospérité. De l'Amérique reaganienne au tiers monde, de la Chine au Mexique, de la Grande-Bretagne thatchérienne à la France mitterrandienne, on n'entend plus que l'ode à l'entrepreneur et au marché, plus que la dénonciation du trop-d'État, plus qu'un irréfutable constat : « Le communisme, ça ne marche pas. »

Et de fait… Les usines sont vétustes et leurs productions aussi limitées qu'affligeantes. Quand elles n'explosent pas, les centrales nucléaires fuient. Le stockage et l'acheminement des récoltes sont si mal organisés que légumes, fruits et blé se perdent. Il y a pénurie de médicaments, d'appartements, de vêtements décents, de fournitures scolaires, de meubles — de tout. Le plus grand pays du monde, doté de richesses naturelles inouïes, n'est pas capable de produire voitures, téléviseurs et appareils ménagers en nombre suffisant. L'URSS, quand Brejnev meurt, se tiers-mondise à vue d'œil, mais le plus grave est qu'elle est passée à côté de l'informatique et de toutes les grandes évolutions technologiques — qu'elle plonge dans le XIXᵉ siècle au moment où le Japon, l'Amérique, l'Europe occidentale et plusieurs pays du tiers monde entrent dans le XXIᵉ.

Ce n'est même plus le système soviétique qui risque d'être relégué au magasin des antiquités. C'est le pays lui-même qui s'écroule de toutes parts et qui est maintenant confronté, de surcroît, à un défi militaire, économique et technologique que ses dirigeants le savent incapable de relever : le programme de réarmement américain. Lancé sous Carter, spectaculairement relancé sous Reagan, il a pour objectif presque avoué, évident, d'essouffler l'URSS, bien incapable de suivre les États-Unis sur le terrain de la « guerre des étoiles ».

En 1982, l'empire soviétique est virtuellement en faillite et beaucoup de ses barons le savent si bien qu'à Budapest, Varsovie, Sofia, Moscou même, certains d'entre eux réfléchissent à des possibilités de réformes, le font savoir, vont parfois jusqu'à envoyer des signaux aux opposants dont ils peuplent leurs prisons. Recevant, peu avant la mort de Brejnev, en plein « état de guerre », le président de l'Union des écrivains polonais, Jan-Jozef Szczepanski, le ministre de l'Intérieur du général Jaruzelski lui demande ainsi, tout à trac : « Vous avez le contact avec Kisielewski ? » Éditorialiste de la presse catholique, journaliste le plus censuré de Pologne, Stefan Kisielewski était connu pour soutenir, depuis des années, que l'opposition polonaise devrait essayer de s'entendre directement avec le Kremlin, par-dessus la tête du parti. Il se trouvait alors à Paris où l'avait bloqué le coup d'État. Interloqué, le président de l'Union reste coi. Où veut en venir ce flic en gants blancs, geôlier-chef et politicien rentré, toujours prêt à troquer sa clémence contre une âme ? Jan-Jozef Szczepanski murmure qu'il pourrait, oui, peut-être, trouver le contact, mais... Ancien patron du renseignement militaire, homme clé de l'empire soviétique, le général Kiszczak le coupe : « Eh bien, dites-lui de ma part que son idée, ça ne colle pas. Encore faudrait-il qu'il ait le bon numéro de téléphone et nous-mêmes, nous ne sommes pas sûrs de l'avoir. »

Divisé, impuissant, en 1982, même pour ses plus fidèles serviteurs, le Kremlin ne répond plus.

★

Que faire ? Que peut faire, à la mort de Brejnev, une direction soviétique dont la seule homogénéité est le vieillissement, la seconde nature, l'intrigue, et la culture politique, la peur ? Il faudrait à ces vieillards ressusciter un système défunt. Il faudrait réussir ce prodige après Budapest, Prague et Solidarité, après l'Afghanistan et la ruine agricole, après la terreur, la déstalinisation et la crispation brejnevienne. Qui l'aurait cru ? Il y avait déjà si longtemps que l'histoire soviétique bégayait que personne n'aurait su la répéter, que ces hommes-là ne pouvaient, eux, pas même en concevoir le projet.

L'heure était aux hommes nouveaux, au risque, aux chemins inexplorés, et, obstinément, comme un destin, la mort — cette mort qui plane sur le communisme et emporte, en trois ans, six des quatorze membres du dernier bureau politique brejnevien — se chargera d'imposer l'évidence. D'abord, la gérontocratie se tourne vers Iouri Andropov, l'homme, apparemment, de tous les atouts. Il a soixante-huit ans mais, mince et droit, paraît encore jeune. Ambassadeur à Budapest pendant l'insurrection, grand organisateur de la répression qui s'ensuivit, placé ensuite, pour quinze ans, à la tête du KGB, il s'est acquis la réputation, justifiée, d'un défenseur à poigne, subtil mais sans pitié, de l'ordre communiste.

En ce sens, il rassure le bureau politique auquel font en même temps peur ses dossiers et les salves d'avertissement qu'il vient de tirer contre la corruption brejnevienne. On ne s'oppose pas sans risque à Iouri Andropov qui, dernier avantage, passe aussi pour quelqu'un d'éclairé. Le soutien aux réformes économiques de Kadar, c'est lui. L'approbation de la relative modération à laquelle l'équipe Jaruzelski se tient après le coup d'État, c'est encore lui. Marqué par son expérience hongroise, le nouveau secrétaire général croit, comme les généraux polonais et les dirigeants chinois, qu'à condition de ne rien lâcher dans le domaine politique, sous réserve, surtout, de continuer à faire peur, on peut encore stabiliser le système en le réformant assez pour remplir les magasins.

C'est oublier que l'ouverture économique a une dynamique politique, déjà patente à Budapest et qu'on redécouvrira bientôt place Tien An Men. Ce projet n'a rien du remède miracle, mais au moins Iouri Andropov en a-t-il un. Par l'intermédiaire de journalistes occidentaux, dûment informés de ce qu'il aimerait le jazz et connaîtrait l'anglais, il fait savoir aux Soviétiques, toujours accrochés aux radios de l'Ouest, qu'ils ont désormais pour maître un homme frotté de modernité. C'est une rupture, et elle est de taille. Une autre suit avec le lancement d'une grande campagne contre l'absentéisme au travail. On contrôle les salles de cinéma, les queues devant les magasins. L'air est à la moralisation, au labeur, à la lutte contre l'alcoolisme. D'autres étapes auraient dû suivre, mais, en quelques mois, la santé de Iouri Andropov décline. Comme Brejnev, on le voit bientôt soutenu, porté, incapable de marcher seul. Il n'aura, en fait, eu le temps que de pousser au premier rang l'un de ses protégés, benjamin du bureau politique mais encore peu connu, Mikhaïl Gorbatchev. Quinze mois après la mort de Brejnev, l'Union soviétique réenterre un secrétaire général. L'évidence va-t-elle s'imposer aux gérontocrates ?

Pas encore. La tentative de stabilisation autoritaire du soviétisme a fait long feu, l'épuisement biologique du système a fait avorter les demi-mesures du rêve kadarien, mais il reste une option au bureau politique : l'acharnement thérapeutique. Au bout de quatre jours d'hésitation, le secrétariat général est confié à Konstantin Tchernenko, soixante-treize ans, compagnon de beuverie et premier courtisan de Brejnev. Le personnage respire la veulerie. Il n'y a rien à attendre de lui car il n'est rien, et Ronald Reagan pourra sous peu faire un bon mot : les dirigeants soviétiques, constate-t-il, l'air navré, devant les journalistes de la Maison-Blanche, « ne cessent de mourir ». Treize mois plus tard, Tchernenko est en effet le troisième secrétaire général à rendre l'âme en moins de deux ans et demi. Andropov ne pouvait plus marcher, lui ne pouvait plus articuler. A eux deux, ils n'avaient fait que prolonger la double impotence brejnevienne et si bien achevé de ridiculiser le communisme et leur pays que, cette fois-ci, la mort fait triompher la logique. Il n'y a plus le choix : Mikhaïl Gorbatchev, cinquante-quatre ans, entre en scène.

Ce n'est pas qu'il n'y aurait pas eu d'autres hommes. Andrei Gromyko, ministre des Affaires étrangères depuis vingt-huit ans et figure de la diplomatie soviétique depuis la fin de la guerre, avait, au contraire, le profil du parfait successeur. Son côté Buster Keaton — comique qui ne rigole jamais —, sa connaissance sans égale des dossiers et protagonistes des scènes nationales et internationale, sa capacité à prospérer sous tous les régimes garantissaient la continuité. Viktor Grichine, brejnevien fade et premier secrétaire de Moscou, pouvait faire un Tchernenko présentable. Grigori Romanov, l'autre benjamin du bureau politique, secrétaire du Comité central et ancien premier secrétaire de Leningrad, avait l'ambition nécessaire et n'indisposait vraiment personne.

Seulement voilà : Gromyko avait soixante-seize ans, Grichine, soixante et onze et si Romanov n'en avait que soixante-deux, il n'avait pas cette capacité fondamentale, si propre et naturelle à son jeune rival, d'incarner, de respirer le changement, de marquer, enfin, une différence. Ce n'est pas seulement que Gorbatchev a infiniment plus d'intelligence, de jeunesse et de vitalité qu'un Romanov. C'est surtout qu'il a un visage, un regard, des traits à lui, qu'il sait rire, écouter, sourire et que cela suffit plus qu'amplement, dans la direction soviétique, à le détacher, physiquement, du lot. Gorbatchev a une personnalité, et cette personnalité séduit car il en émane une chaleur tranquille — cette gentillesse sereine des pédagogues qui connaissent le seul, l'unique remède aux plus déchirants des drames de l'apprentissage : s'en servir, les utiliser pour continuer à apprendre et mieux avancer.

Dans quatre ans, de derrière son bureau présidentiel, il dira à ses plus proches fidèles, atterrés par l'effondrement de l'économie, l'éclatement du pays, l'écroulement accéléré de l'empire et la énième offensive conservatrice, qu'il « faut savoir traverser le chaos ». Vingt fois, trente fois, on le verra rester d'un calme absolu devant des assemblées déchaînées, arrêter la tempête d'une main qui se lève, paume ouverte, jouer les conservateurs contre les radicaux ou l'inverse et, finalement, rouler tout le monde, canaliser le mouvement, et faire les choses à sa manière à lui : *allegro ma non tropo*.

Cela, bien sûr, ne pouvait durer toujours. Six ans plus tard, il y eut un moment où la haine des conservateurs, la force et l'impatience des nouveaux courants démocratiques eurent raison de lui. Il y eut un moment où la victoire du gorbatchevisme devint la défaite de Gorbatchev. Le changement s'était imposé. Son artisan, par définition, appartenait à l'époque révolue. L'époque nouvelle demandait de nouveaux hommes et Mikhaïl Gorbatchev — comme président, en tout cas, d'une Union soviétique défunte — n'était plus indispensable.

Six ans durant, pourtant, il le sera, totalement, et sa conviction d'avoir une mission à remplir et sa volonté de la mener à bien sont si fortes qu'on le dira, mais à tort, de roc. Il sait plier et faire plier sans casser. Il sait, toujours, au bout du compte, rebondir, temporiser quand il le faut, mais pour mieux, seulement, accélérer ensuite. Mikhaïl Gorbatchev fait partie de ces hommes d'État qui ont su se convaincre que leur ambition était un destin. Cela donne hauteur et sagesse, orgueil du but et modestie du pas, mais tout cela, on ne le saura qu'à l'épreuve. Pour l'heure, il est l'homme — il n'y en a pas deux mais un seul — qui a su à la fois atteindre le bureau politique, y conforter sa position, devenir éligible donc, et se faire identifier au changement.

Il n'a jamais fait d'esclandre, jamais parlé trop tôt ou plus haut que son rang ne l'y autorisait. Tout entière menée, un échelon après l'autre, dans le territoire de Stavropol, en Russie, sa carrière a été discrète jusqu'à l'insignifiance. Il a su — c'est comme on voudra — garder ses distances ou se montrer prudent, mais une fois entré au Comité central, en 1971, normalement, ès qualités, cet enfant du régime, petit-fils et fils de paysans qui avaient choisi la collectivisation, a également su attirer l'attention de parrains très choisis.

Iouri Andropov n'est, en effet, pas le seul des grands du régime à l'avoir repéré. C'est aussi le cas de Mikhaïl Souslov, l'idéologue du parti, Fouquier-Tinville du bolchevisme fossilisé, gardien de la foi morte, mais prodigieux orateur en même temps, capable, mèche blanche et long corps en folie, de faire passer au-dessus, très au-dessus, d'un congrès de bureaucrates repus le souffle d'une harangue sur les barricades. Comme Andropov, Souslov se pose des questions, non pas sur la moralité ou, moins encore, la légitimité du système, mais sur ses fragilités, sa décadence et les moyens de lui redonner vigueur. A côté de Souslov, Andropov est un audacieux. Tout les sépare et, d'abord, le tropisme étranger du président du comité pour la Sécurité d'État. Ils ne s'aiment guère, mais l'un et l'autre aiment moins encore l'affaissement brejnevien.

Conservateurs ? Réformateurs ? Pour de tels caciques du soviétisme, ces catégories sont inopérantes, risibles même. Tous deux lisent, en revanche, assez leurs rapports, ont assez d'intelligence et de contacts pour appréhender l'état réel de l'URSS, voir s'assombrir l'horizon et savoir que la fonction première de la propagande n'est, en principe, pas d'aveugler les propagandistes. L'un comme l'autre, et Gorbatchev avec eux, appartiennent ainsi à l'aile pensante du haut appareil soviétique — vaste nébuleuse aux contours fluctuants où se côtoient sans se croiser des thatchériens et des sociaux-démocrates, des protestants du communisme qui voudraient, souci d'ordre, restaurer une pureté idéologique, des libéraux et des autoritaires, des prudents et des radicaux, d'authentiques démocrates, de véritables pinochétistes et une masse, avant tout, de gens sachant qu'il faut que ça change sans trop savoir ni à quel rythme ni dans quelle direction. Certains ont voyagé ou vécu à l'étranger, d'autres ne se sont guère aventurés au-delà des pays baltes. Certains ont lu Orwell et *L'Archipel du Goulag*, Spinoza et l'Évangile, d'autres non. Certains ont vécu sous Staline, pour d'autres Khrouchtchev relève de la préhistoire. On ne pourrait imaginer ensemble plus disparate, mieux promis aux déchirements immédiats, mais dans cette première moitié des années quatre-vingt, un mépris violent le soude.

De Souslov qui va mourir avant Brejnev à ces jeunes gens élevés à New York, Budapest ou Paris, fils de diplomates, d'espions ou de correspondants, et futurs créateurs des premiers journaux soviétiques indépendants, des amateurs de rigueur à ceux qui préfèrent le rock, tous détestent également l'aveuglement sénile des vieillards en place, leurs courtisans et leur vénalité, leur base de petits *apparatchiks*, résignés et gagne-petit. Dans ces années-là, il est simplement humiliant, insupportable, d'appartenir à l'élite russe, de n'avoir cru échapper à l'agonie brejnevienne que pour tomber dans la mortification d'Andropov et retomber, avec Tchernenko, dans la fange croupie d'avant-hier.

Faut que ça change et quand se meurt Andropov, ce truisme fonde l'émergence d'un parti du changement. Gromyko, même Gromyko, l'a maintenant rejoint. Egor Ligatchev, celui-là même qui deviendra, sous Gorbatchev, le chef de file des conservateurs, l'adversaire acharné du pluripartisme et de la propriété privée, est un partisan convaincu de ce qui s'appellera bientôt la *perestroïka* — la « reconstruction », mot ambigu entre tous car de quoi s'agit-il ? De reconstruire le communisme ? L'URSS ? La Russie ? Et que veut dire, au demeurant, communisme ? Union soviétique ? Russie ? Toutes ces questions sont grosses des batailles de demain, de la mouvante formation de nouveaux échiquiers politiques mais, tandis que meurt Tchernenko, le parti du changement ne se les pose pas. Pas publiquement en tout cas.

Ce qui fait de cette nébuleuse un parti, ce n'est pas un programme. C'est la conscience qu'il faut relever l'agriculture et l'industrie, rattraper le retard technologique, se sortir du piège afghan, échapper à la course aux armements, redonner un prestige au pays, redéfinir les relations avec l'Europe centrale. De cela, la majorité de la haute *nomenklatura*, de ce qu'on appellerait, à l'Ouest, l'*establishment*, est désormais convaincue. Elle s'est donc décidée à jouer la carte Gorbatchev — apparemment, une carte ambiguë entre toutes car qui est Mikhaïl Gorbatchev ? Quel genre de réformateur est-il ?

Est-ce un autoritaire ? Un libéral ? Un andropovien ? Un thatchérien ? Un social-démocrate ? Au moment où va lui être confié le secrétariat général, peu de gens seraient capables de donner la réponse. Pour les uns, il est le pur produit du système, l'homme nouveau dont l'estime d'Andropov et de Souslov a favorisé l'entrée, en 1978, au secrétariat du Comité central. Expérience en moins et jeunesse en plus, ce serait, autrement dit, une espèce de Kadar. Pour les autres, il est essentiellement celui qui détonne. Pour d'autres encore, pourtant, il est celui qui a ramené d'un voyage au Canada, en 1983, un homme à part : Alexandre Iakovlev, exilé depuis dix ans comme ambassadeur à Ottawa pour avoir dénoncé, quand il était en charge de la propagande, l'influence exercée dans l'appareil par les nationalistes russes d'extrême droite.

Or, non seulement Iakovlev est un libéral, bon connaisseur de la démocratie américaine et, *in petto*, social-démocrate, mais Mikhaïl Gorbatchev l'a placé à la tête du meilleur centre d'études soviétique, l'Imeno, l'Institut d'économie mondiale et de relations internationales, avec pour mission d'en faire son laboratoire d'idées. Dans un petit milieu, mais qui compte, cela se sait. Rapide, Alexandre Iakovlev a tissé un réseau de grosses têtes, nourri des dossiers, fait appel à des hommes écartés sous Brejnev, synthétisé tout le travail de réflexion mené, sous Andropov, au siège même du Comité central. C'est une drôle de période où tout est tellement incertain, va si vite, se focalise tellement sur la lutte au sommet, que l'inconcevable est devenu possible. Avec la bienveillante protection et l'active participation de guébistes et des fonctionnaires du Comité central, une relève politique se prépare, discrètement, efficacement, presque aussi naturellement que si l'URSS était devenue — ce n'est pas le cas — une démocratie à la veille d'une élection démocratique.

Pour ceux qui savent réaliser que, bien que cela ne devrait pas être, cela n'en est pas moins, la carte Gorbatchev n'a rien d'ambiguë. C'est une révolution qui s'orchestre et, en décembre 1984, à l'issue d'une visite dont le succès achève de conforter les chances du futur président soviétique, Margaret Thatcher ne s'y trompe pas. « C'est un homme, dira-t-elle, avec lequel nous pouvons faire affaire. »

★

L'un de ses amis demanda, un jour, à l'homme du cinquième étage ce qui lui avait fait comprendre la nécessité de révolutionner le monde soviétique. C'est le moment, répondit-il en substance, où j'ai réalisé que rien n'allait aller mieux pour mon fils que pour moi. La taille de son bureau — on pourrait y tenir meeting —, sa batterie de téléphones, le niveau de ses responsabilités au Comité central et dans l'entourage présidentiel : tout suffisait à dire alentour qu'il ne prétendait pas, par cette réponse, avoir connu l'enfer. Sans même parler de sa place dans le système, son âge, seul, le lui aurait d'ailleurs interdit. Quand on atteint tout juste la cinquantaine dans l'URSS d'aujourd'hui, on n'a vécu ni l'horreur de la guerre civile, ni les déportations et la famine organisée de la collectivisation, ni les rafles et les procès des années trente, ni la décimation de l'état-major à la veille de l'attaque allemande, ni l'héroïsme et le sang dont il fallut alors payer la paranoïa meurtrière de Staline. On peut être né dans les camps ou avoir été déporté, avec des peuples entiers, vers des régions nues. On peut avoir grandi dans les orphelinats. On peut avoir dû ne pas porter le nom de ses parents, arrêtés ou fusillés. On peut être marqué à vie, mais ni cette génération ni, même, celle de Mikhaïl Gorbatchev, d'une décennie plus vieux, n'ont vraiment vécu l'anthropophagie stalinienne. Pour avoir connu cela, il faut être légèrement plus vieux et n'avoir pas eu la moindre chance d'échapper — victime, acteur ou témoin — à la terreur quotidienne.

Je me souviens d'Annette Watle qui, petite fille, avait connu

Trotski avant 1917. Elle était devenue fonctionnaire de l'Internationale communiste. Sa grande amie était la mère d'Elena Bonner. Elle avait tutoyé tout le Komintern, et vint un matin attendu : toc toc, le camp. D'épuisement elle avait voulu s'y laisser mourir en se couchant dans la neige. Un énorme Ukrainien l'avait relevée, prise dans ses bras : « Il faut vivre, lui avait-il dit : les Allemands vont nous libérer. » Je me souviens de Lev Razgon, huit ans de moins que le siècle, me raconter, à Moscou, dans son appartement de poche, comment il avait croisé dans les camps la femme de Kalinine, alors président en exercice — oui, en exercice — de l'Union soviétique. Je me souviens de ces deux vieilles dames dignes, dignes à crever, qui se sont reconnues durant le premier meeting public de Sakharov, en 1988 : oui, elles avaient bien été dans le même baraquement du Goulag. Je me souviens de tout cela, d'une certaine manière je vis même avec, et je me souviens aussi de ce dîner avec un discret orchestrateur de la *perestroïka*, soixante-cinq ans environ.

Je ne sais plus pourquoi, j'avais commencé à lui parler de la Loubianka. Il avait rempli son verre. Il connaissait la Loubianka. Il y avait été, quand il était jeune officier. Et alors ?... Il se souvenait des caves. Il a vidé son verre. Il a répété « les caves ». Son regard s'est noyé. Il n'a plus rien dit, et comme je ne suis pas voyeur, pas confesseur non plus, je ne lui ai pas demandé d'expliciter ce qui n'avait plus besoin de l'être.

Tout cela, bien sûr, l'homme du cinquième étage connaît, par cœur, comme tout le monde en URSS, mais ce n'est pour autant pas sa vie à lui, pas celle des hommes aujourd'hui dans la force de l'âge en URSS — pas celle de tous ceux, ses semblables, futurs traîtres ou futurs fidèles, sur lesquels s'est appuyé Mikhaïl Gorbatchev dans l'appareil du Comité central, les états-majors des grands journaux, la direction du KGB, les ministères clés, les grands instituts de recherche, surtout. Lui, avait douze ans à la mort de Staline et vingt-sept quand l'Armée rouge, la sienne, est entrée à Prague. Entre ces deux dates, celles des années de formation, il a été adolescent pendant le dégel et déjà jeune homme, en 1964, quand Brejnev a évincé Khrouchtchev. Peut-être a-t-il pensé à l'époque, comme beaucoup de ses amis d'aujourd'hui, que cette révolution de palais était une bonne chose, que Khrouchtchev était devenu trop imprévisible, que le nouveau Premier ministre, Kossyguine, avait la pondération nécessaire à l'adoption des réformes économiques dont il parlait. Peut-être a-t-il pensé, au contraire, que la médiocrité couarde venait de l'emporter contre l'audace brouillonne. Peut-être balançait-il entre ces deux positions, mais il ne lui a pas fallu beaucoup de mois pour comprendre.

Assez agile pour parler aux étrangers, assez sûr pour se voir confier cette tâche et un peu trop brillant pour qu'on souhaite l'avoir à Moscou, comme beaucoup des futurs gorbatcheviens, il avait été envoyé en poste à l'étranger, dans les « pays frères », représenter l'URSS dans une organisation communiste internationale. La plupart avaient leur siège à Prague ou Budapest et, toutes, en ce milieu des années soixante, résonnaient du frémissement qui allait, en 1968, culminer à Paris, Prague, Mexico, Varsovie — Tallinn aussi où les soixante-huitards locaux, de jeunes *apparatchiks* communistes fascinés par Dubcek, ne savaient pas encore qu'ils formeraient un jour l'état-major de l'indépendance estonienne.

Il y avait, dans ces organisations internationales (de jeunes, de femmes, de journalistes, d'étudiants, de syndicats) des communistes du monde entier, de toutes les sortes donc, des chrétiens marxisants, des socialistes, de futurs gauchistes qui n'avaient pas encore tourné antimarxistes. Moscou contrôlait, mais ce n'était pas l'orthodoxie. Il fallait négocier, discuter et plus approchait cette année 1968 qui marquera, pour l'après-guerre, le début de la fin, plus les nuits des commissions de résolution devenaient agitées. Le Kremlin croyait, comme dans les années trente ou cinquante, manipuler des mouvements de masse qui déstabiliseraient le monde libre, mais l'histoire était passée, mais l'après-guerre s'épuisait. Il y eut alors contamination — mais dans l'autre sens.

En plein cœur de l'empire, en pleine montée du brejnevisme, de jeunes fonctionnaires du soviétisme se sont frottés aux débats d'idées, aux grandes remises en question de l'époque, aux temps nouveaux qu'allait annoncer le tournant de 1968. Ce n'était qu'une petite poignée d'hommes, tiraillés entre leur mission d'agents d'un système et tout ce qu'ils découvraient : la liberté créatrice de l'Ouest, le début des réformes économiques hongroises, le souffle inouï de Prague. Ils étaient peu, mais avec quelques autres qui pourraient être leurs pères et avaient également fait carrière dans le secteur international, avec quelques grands diplomates aussi, bien placés pour savoir ce que pesait l'URSS à l'aube du troisième millénaire, ils jouèrent, à des moments décisifs de la *perestroïka*, un rôle capital.

Désormais, largement dépassée, il y eut, dans la *perestroïka*, une Prague *connection*. « Prague, indiscutablement Prague, uniquement Prague », m'avait répondu l'homme du cinquième étage quand je lui avais demandé ce qui avait le plus pesé dans le tournant gorbatchevien. Plus tard, j'ai compris que pour ses amis et lui, le Printemps avait vraiment été la lumière un instant entrevue sous la chape qui tombait. Car quand commence ce Printemps tchèque, plus personne ne croit déjà plus aux réformes de Kossyguine ni, moins encore, à la pérennité du dégel. La chasse aux dissidents s'est ouverte. C'est elle qui donne le ton et, déjà, répand cette odeur de formol que — miracle — vient soudain dissiper, combattre, la fièvre du renouveau tchèque. Là-bas, un parti communiste au pouvoir semble réconcilier le socialisme et l'intelligence, le communisme et l'imagination, le « socialisme réel » et le mouvement.

Aragon, même Aragon, croira trouver là le moyen de se réconcilier avec lui-même, de casser avec l'immoralité d'un si long mensonge. Dans tout le mouvement communiste, le choc des chars sera terrible. Ce qu'on avait, quelques mois, cru possible ne l'est donc pas. Quinze ans après Staline, près d'un quart de siècle après la fin de la guerre, loin de s'ouvrir, le monde soviétique se referme. A l'Ouest, un communiste peut se désolidariser de Moscou, rompre avec le Kremlin, renier le communisme, mais que peut un Soviétique ? Il peut, comme les héros de la place Rouge, aller s'offrir en expiation. Il peut (c'est le plus reposant) faire semblant de croire la *Pravda*. Et il peut encore se dire que le communisme et la Russie viennent de perdre là une occasion majeure de se refondre dans le cours de l'histoire humaine ; que l'URSS va maintenant s'enfoncer dans une longue nuit d'immobilisme pernicieux et que le seul moyen d'enrayer l'engrenage de la faillite est de prendre le contrôle de l'appareil soviétique, de cette machine à arrêter le temps, de ses bombes, ses dogmes et ses flics.

Avec, chacun, son histoire, à des rythmes différents et sans avoir à se concerter, des dignitaires du soviétisme, en son cœur même, en sont arrivés à se dire qu'ils ne légueraient pas, partis ainsi, beaucoup d'espoir à leurs enfants, que seul un secrétaire général prêt à neutraliser l'appareil pourrait assurer la victoire du changement — qu'il fallait désormais (l'expression sera très prisée dans l'entourage de Mikhaïl Gorbatchev) « prendre le château fort depuis le donjon ».

★

Longtemps, Mikhaïl Gorbatchev a répété que la *perestroïka* était l'œuvre du parti, que le parti l'avait lancée, la conduisait et la mènerait à son terme. Des analystes du monde soviétique en ont conclu, preuve à l'appui, que, *glasnost* ou pas, la fin du communisme n'était pas proche. D'autres — beaucoup d'intellectuels soviétiques notamment — qui voyaient s'écrouler le communisme aussi sûrement que le Bas Empire et le secrétaire général du parti précipiter le mouvement s'alarmaient de cette duplicité. Pourquoi prendre à ce point l'appareil pour un ramassis d'attardés ? Pourquoi ne pas dire aux peuples soviétiques qu'il s'agissait bien de mettre à bas ce système, qu'il fallait donc se mobiliser, derrière le secrétaire général et contre le parti ?

Fondamentale, la raison en était que non seulement Mikhaïl Gorbatchev disait vrai, mais qu'il n'y avait pour autant pas de contradiction — bien au contraire — avec ce qu'il faisait. Non pas seulement que le lancement de la *perestroïka* ait effectivement été décidé par la direction du parti. Cela est indiscutable car le contraire eût simplement été impossible. C'était donc là une réalité à laquelle rien ne changeait rien, ni l'hostilité de l'appareil à toute réforme, ni l'hétérogénéité absolue de la coalition pour le changement qui s'était formée au sommet, ni la totale ambiguïté du mandat confié au nouveau secrétaire général. Il n'a pas fallu deux ans pour que la masse de l'appareil, de tout ce qui comptait vraiment dans le parti, haïsse Mikhaïl Gorbatchev et sa politique, ne rêve plus que d'effacer à jamais ce mot de « reconstruction ». Mais c'était déjà trop tard. Décision du parti, la *perestroïka* était, par là même, devenue la légitimité, celle, à la fois du parti et de l'État, c'est-à-dire de tout le système. Pour s'y opposer, il aurait fallu se dresser contre le secrétaire général, être sûr qu'une majorité vous suive, organiser, pour cela, un travail de fraction. Or, longtemps, personne n'aurait suivi car le bureau politique semblait encore uni et on ne se dressait pas dans un parti communiste contre la direction. Au bout de deux ans, cela s'est fait. Au bout de deux ans, il y eut bataille permanente, ouverte, entre Gorbatchev et l'appareil auquel était venu, bien obligé, le courage de lutter. Au bout de six ans, il y eut tentative de coup d'État, mais c'était trop tard. La réalité avait, déjà, trop changé, la faillite du communisme avait trop été vue et dénoncée pour qu'il soit encore temps de revenir au *statu quo ante*. Le château fort n'avait pas encore été pris. Il était même encore assez solide pour qu'en refusant de cautionner les putschistes, le secrétaire général les fasse trébucher, mais l'ordre d'abaisser le pont-levis et relever les herses était déjà tombé du donjon, de ce secrétariat général auquel le centralisme démocratique commandait encore d'obéir comme à l'armée sur le front. C'était trop tard et c'est avant tout en ce sens que Mikhaïl Gorbatchev disait vrai.

Sans le parti, c'est-à-dire sans cette centralisation, cette discipline, cette si longue habitude de voter comme un seul homme les textes proposés par la direction, sans cette certitude, si bien fondée par l'expérience, que les proclamations de changement n'avaient aucune importance et ne changeraient rien, sans la culture du double langage et du mensonge permanent, sans le legs, en un mot, du léninisme, rien n'aurait été possible. Un jour, une crise aurait éclaté, tout aurait explosé comme un magasin de poudre. Le communisme aurait été tout autant balayé, mais dans le long flot de sang d'une autre guerre civile et non pas en six ans, progressivement, comme par prestidigitation.

Car l'avantage ultime de ce parti, tout ce qui en avait fait un mal absolu mais se révélait être, avec ce nouvel homme dans le donjon, l'invraisemblable atout de la démocratie, était qu'il soit, à lui tout seul, tout le pouvoir. Non pas un élément, même essentiel, du pouvoir, mais rigoureusement tout le pouvoir, des entreprises au KGB, des conseils municipaux à l'état-major, des rédactions en chef au Parlement, des directeurs de musée au gouvernement. Partout, tout n'était qu'habillage du parti. La vraie filière de transmission des ordres, c'était lui et c'était lui qui nommait, destituait, déclarait fou, faisait élire avec 99 % des voix, accordait ou refusait un passeport.

Contre un tel pouvoir, contre la puissance de la peur qui le fondait, on pouvait rêver d'assaut héroïque, de David et de Goliath. Dans la pratique... Mieux valait ne pas rêver, car, contre le parti, on ne pouvait, sinistre espérance, qu'attendre les explosions en chaîne et l'embrasement général. Qui, en revanche, contrôlait — non pas à Prague ou Varsovie, mais à Moscou même — la direction du parti, ordonnait tout, pouvait faire libérer les prisonniers par les geôliers, abattre le mur d'enceinte par la garde et même engendrer la démocratie par le Comité central — faire la révolution sans révolution. Il n'y avait à cela qu'une condition : ne pas se faire expulser du donjon avant d'avoir créé l'irréversible ; continuer, tant que le parti était encore le pouvoir, à lui faire prendre, à lui-même, et, lui-même, appliquer les mesures qu'il était seul à pouvoir s'imposer — à lui-même. Non seulement la *perestroïka* était l'œuvre du parti mais elle n'aurait rien pu être d'autre et devait le rester jusqu'à son terme : le laminage du soviétisme et la relève démocratique.

Les premiers changements qu'annonce d'abord Mikhaïl Gorbatchev n'auront donc rien de bien paniquant pour l'appareil. L'autonomisation comptable des entreprises, le feu vert à la création de petites coopératives, c'est plus que ce qui a jamais été fait en URSS depuis la nouvelle politique économique de Lénine, la NEP, mais ce n'est pas le pluripartisme. On peut penser — et sans s'y être trompé — que des tabous se brisent là, qu'on ne proclame pas impunément les vertus de la désétatisation, de l'initiative individuelle, du mouvement et des différenciations sociales dans un pays qui avait démonisé tout cela. On peut se dire qu'une dynamique s'enclenche là, que prononcés par un homme dont le style tranche si radicalement, des mots neufs et forts peuvent déplacer des montagnes.

On peut se dire tout cela, mais rien n'est alors ni sûr ni joué et le consensus qui avait, à la mort d'Andropov, formé le parti du changement n'est pas encore brisé. Avec l'assentiment de ses pairs et parrains de la direction, Mikhaïl Gorbatchev fait ses premiers pas et ne viole pas non plus son contrat implicite quand, très vite, il renverse l'image extérieure de l'URSS. Sortir le pays du bourbier afghan, rompre le cycle épuisant de la course aux armements, refaire du charme à l'Europe occidentale échaudée par le coup d'État polonais et les missiles de moyenne portée, tout cela aussi faisait, en effet, partie de ce programme de salut soviétique qui avait réuni sur le nom de Gorbatchev les amateurs de rock et Gromyko, la Prague *connection* et Andropov, Ligatchev et Iakovlev.

Là aussi, on peut pressentir — et sans s'y être non plus trompé — que parler d'une « maison commune européenne » impliquait autre chose que la coexistence de deux Europes irrémédiablement séparées et qu'affirmer la supériorité des valeurs et intérêts communs de l'humanité sur les valeurs et intérêts de classe revenait à abandonner le marxisme-léninisme.

Margaret Thatcher ne fut pas seule à voir la partie qui s'engageait. Le secrétaire d'État de Ronald Reagan, George Shultz, Adam Michnik, François Mitterrand, le général Jaruzelski, Genscher, l'ambassadeur de France à Moscou, Jean-Bernard Raymond, celui des États-Unis, Arthur Hartman, Edward Djerejian, à l'époque porte-parole adjoint de la Maison-Blanche, bien d'autres encore, en Italie notamment, surent voir qu'il y avait, avec cet homme, une chance que le monde change comme rarement dans l'histoire. Cela ne demandait ni d'être de droite ni d'être de gauche, ni d'être président de la République ni d'être l'idéologue de l'opposition polonaise.

Il fallait seulement savoir sortir des idées reçues et accepter les faits. Un an, *grosso modo*, après son arrivée au pouvoir, le nouveau secrétaire général lance la *glasnost*, la « publicité » au sens qu'a ce mot dans l'expression de publicité des débats. En quelques semaines, des journaux totalement insipides depuis des décennies commencent à parler des difficultés du pays, de meurtres et de catastrophes naturelles, à vraiment donner la parole aux lecteurs, à progressivement rouvrir les plus explosifs des dossiers historiques. Ce n'est pas la liberté de la presse, ce n'est pas la révolution. C'est une ouverture, proposée par Mikhaïl Gorbatchev, acceptée par la direction comme moyen de réveiller le pays mais qu'Alexandre Iakovlev, jour après jour, élargit en encourageant, couvrant, défendant les journalistes qui osent se jeter à l'eau et deux hommes surtout, Vitali Korotitch et un autre Iakovlev, Egor, pilier de la Prague *connection*. Le premier s'est vu confier la responsabilité d'*Ogoniok*, le second celle des *Nouvelles de Moscou*, deux hebdomadaires insultant, hier, l'intelligence et qui, désormais, s'arrachent comme l'eau dans le désert.

Souvent, la censure exige des coupes. Parfois, Gorbatchev intervient en sous-main pour soutenir ses amis. Parfois, il les laisse, au contraire, censurer car l'ambition du secrétaire général n'est pas de se déclarer chef de courant, pas de remporter des batailles définitives du jour au lendemain. Ce qu'il veut, c'est se donner le temps et les moyens de créer les nouveaux états de fait qui créeront les nouveaux rapports de forces permettant de réaliser les nouvelles percées.

Pour cela, il ne faut pas devenir un schismatique. Il faut demeurer le secrétaire général, arbitre au-dessus de la mêlée, patron de l'appareil, l'homme auquel on obéit quand bien même vous dit-il de scier, mois après mois, la branche sur laquelle vous êtes assis. Il faut savoir doser les traumatismes infligés au Comité central, ne donner au bureau politique l'envie de vous limoger que lorsqu'il ne le peut déjà plus, ne lâcher le mot de « pluripartisme » que lorsque ce n'est déjà plus un mot mais une réalité avec laquelle l'appareil croit encore pouvoir survivre et contre laquelle il ne peut déjà plus rien.

Moins de deux ans après s'être installé dans le donjon, Mikhaïl Gorbatchev obtient — décision consensuelle — que soit mis fin à l'exil intérieur d'Andreï Sakharov. D'évidents arguments lui ont permis de convaincre le reste de la direction. Qui pourrait nier que cette libération sera applaudie à l'Ouest, facilitera les négociations sur le désarmement, rapportera, à terme, crédits et bienveillance ? Va donc pour la libération du Prix Nobel de la paix, mais aussitôt le secrétaire général pousse l'avantage. Il appelle l'exilé de Gorki pour lui annoncer personnellement la nouvelle et l'inviter à « reprendre son travail pour la patrie ».

S'agit-il de physique nucléaire ou de droits de l'homme ? La formule est superbement ambiguë, mais le secrétaire général du parti vient, en tout état de cause, d'élever le plus grand des dissidents au rang d'interlocuteur privilégié du pouvoir. Andreï Sakharov a été reconnu pour ce qu'il est, l'incarnation de l'aspiration démocratique, et ce n'est pas seulement qu'il est ainsi devenu intouchable et qu'il y a maintenant un chef de file de l'opposition en Union soviétique. C'est aussi que Mikhaïl Gorbatchev vient de signaler à l'URSS et au monde, à ceux qui sauront et voudront bien entendre, qu'il ne va pas s'arrêter au coup d'éclat de la *glasnost*, qu'il veut aller plus loin et qu'il faut le comprendre.

Si l'on doit dater la première et irrémédiable rupture au sein de la coalition qui avait porté le dernier secrétaire général au pouvoir, c'est à ce coup de fil du 16 décembre 1986 qu'il faut la faire remonter. Dès lors, Egor Ligatchev a compris et devient, lui aussi, chef de l'opposition, chef de file, dira-t-on, des « conservateurs ». C'est lui qui, de son bureau de secrétaire à l'Idéologie, va systématiquement contrer les rédactions réformatrices, placer Egor Iakovlev et Vitali Korotitch dans le collimateur et définir la ligne d'attaque contre la *glasnost*. Elle doit, va-t-il maintenant répétant, aider à purifier le socialisme et non pas le dénigrer.

Pour des Soviétiques que le communisme a habitués à lire entre les lignes, le propos est clair : pas de démocratie, pas d'abandon des dogmes, pas d'occidentalisation. C'est plus qu'un programme. C'est l'étendard de la révolte contre Gorbatchev qui a été levé et qui, aussitôt, rallie, d'un coup, toute l'extrême droite grand-russe et toute la masse de l'appareil, soulagée d'entendre, enfin, dire par le numéro deux du parti ce qu'elle osait à peine se dire à elle-même. L'une et l'autre sont très différentes. La seconde veut sauver ses fauteuils. Elle est essentiellement inculte et stupide : réactionnaire, comme le sont toujours, au moment de la crise, les moins privilégiés d'un système de privilèges. La première, beaucoup plus complexe, ne se réduit pas à son aile la plus délirante, les idéologues du mouvement Pamiat, qui communient dans les cultes réunis de Hitler, de la virilité et de l'OLP.

Balançant, depuis sa formation, entre l'impulsion solitaire de tsars réformateurs et l'immensité blanche d'une terre dont l'éternité a fait sa patrie, la Russie a constamment oscillé entre l'ouverture occidentale et le repli. Sous Brejnev, quand se ramollissait l'idéologie et prospérait le saccage du pays, parallèlement aux dissidents mais à mille lieues d'eux, dans le système et le plus souvent dans le parti même, s'était affirmé un mouvement de défense de la nature, de réhabilitation des valeurs paysannes et d'une Russie séculaire et mythifiée. C'était la communauté villageoise contre la décadence des villes, la Sibérie contre la contamination universaliste des confins occidentaux, l'homme, aussi, contre l'anonymat des foules et du gigantisme. Cela avait toutes les raisons de plaire et cela avait plu.

Des écrivains de talent, Valentin Raspoutine, notamment, s'étaient faits chantres et catalyseurs de ce mouvement. Leurs livres et leur obstination avaient évité au pays une catastrophe écologique plus atterrante encore. Ils avaient des titres et considéraient avoir amorcé un patient mouvement de régénération nationale, fondé non pas du tout sur ce qu'allait être le gorbatchevisme — la volonté d'arrimage à l'Europe, l'appel à l'Amérique — mais sur la haine de la modernité, du catholicisme, des juifs, de cet Ouest d'où seraient venus, des Lumières au marxisme, tous les malheurs de la Russie. Ces gens-là abhorrent le communisme, avatar, à leurs yeux, du libéralisme, mais si leurs idées ne sont guère plus mûries que celles de l'autre camp, occidentaliste et gorbatchevien, ils n'ont pas, eux, de différend irrémédiable avec l'appareil. Ils ne l'aiment pas, le méprisent, mais savent que la masse des bureaucrates est à l'aise avec leur idéologie et qu'un ennemi commun les unit — l'occidentalisation montante qu'ils ne veulent pas voir triompher sur les ruines du communisme.

Egor Ligatchev ne le veut pas non plus. Lui non plus ne veut pas de démocratie. Lui non plus ne veut pas qu'on balaie tout ce qui reste de la mythologie stalinienne, de la glorification de la collectivisation, des plans quinquennaux, de l'avancée du communisme en Europe, des fermes collectives et de la constante sagesse du parti. Lui non plus ne veut pas qu'on commence à récrire l'histoire falsifiée de la Russie communiste car il sait que cela mène droit à ce que va, effectivement, faire Gorbatchev — la réhabilitation de la liberté des débats, du droit de tendances dans le parti, de la NEP et, au bout du compte, iogiquement, naturellement, de la révolution démocratique de Février, celle dont, pour le malheur du monde, les bolcheviks, la misère, la stupidité des officiers et la violence de l'espérance avaient eu raison en Octobre.

Cent fois plus en prise sur le parti que le secrétaire général, Egor Ligatchev est également promis au plus brillant avenir par plusieurs analystes occidentaux dont les radios américaines et européennes répercutent les prédictions. D'Ouest en Est, c'est comme si tous les messieurs Homais du monde attendaient qu'on leur remette leur communisme en place, et leur univers avec. L'attente ne sera pas ignorée.

En mars 1988, Egor Ligatchev patronne en sous-main la publication d'un véritable manifeste conservateur dans le quotidien attitré de ce national-communisme en gestation, *La Russie soviétique*. Titré « Je ne renie pas mes principes », tout y est : l'enthousiasme et la moralité des années trente, la dépravation de l'Occident, la patrie, l'égalitarisme, l'apport du communisme au monde, la haine de la *glasnost* et de Gorbatchev, l'hommage vibrant à Staline, grand homme d'État malgré les erreurs, somme toute compréhensibles, de la répression. Je me souviens d'amis intellectuels de Moscou, futurs députés radicaux, m'expliquant dès le surlendemain, accablés, désespérés, que si les conservateurs avaient osé cela, c'était que Gorbatchev était perdu. Pour eux, ce manifeste, sa violence, l'importance du journal qui le publiait, le quotidien des communistes de Russie — tout disait la fin précipitée d'une *perestroïka* avortée.

Côté conservateur, c'était la jubilation — celle qu'il m'avait déjà été donné de voir en Pologne, juste après la mise hors la loi de Solidarité. De Leningrad à Vladivostok, de Vilnius à Samarkand, d'un comité du parti à l'autre, ce texte porte, sur ordre de Ligatchev, la bonne nouvelle de la restauration en marche. Comme en Pologne, pourtant, le sourire des bureaucrates va se figer. L'URSS n'est plus l'URSS. Avant d'évincer Gorbatchev, il faudrait avoir une vraie solution à proposer qui n'amplifie pas la crise du système au lieu de la résoudre. Cette affaire inquiète. Ligatchev est allé trop vite et trois hommes de la Prague *connection* comprennent à la fois qu'il ne faut pas laisser passer cela et qu'il y a une chance, en réagissant, de faire faire un bond aux réformes.

L'un est dans la presse, les deux autres au Comité central. Tous trois vont faire le siège d'Alexandre Iakovlev afin qu'il fasse celui de Mikhaïl Gorbatchev. Le secrétaire général réfléchit et, finalement, fonce. Il dénonce devant le bureau politique une rupture de la discipline du parti, un travail de sape de la politique définie par la direction et adoptée par le Comité central. Formellement parlant, il a raison. Le centralisme démocratique a été bafoué, le léninisme injurié, l'autorité du secrétaire général mise en cause. Veut-on affaiblir le parti ? Le bureau politique peut-il le tolérer ? Cette réunion sera longue. Elle ne se conclura pas en une fois, mais Mikhaïl Gorbatchev gagne : préparé par les hommes d'Alexandre Iakovlev, son texte de réponse aux conservateurs n'est pas seulement adopté par le bureau politique. Il sera également publié par la *Pravda*, l'organe du Comité central, le quotidien qui, pour quelques mois encore, dit la ligne. En clair, sans que jamais, bien sûr, son nom soit prononcé, le bureau politique désavoue Ligatchev et condamne les conservateurs.

La jubilation change de camp. L'ensemble du pays réalise, pour la première fois, que deux courants s'affrontent à la direction, non pas deux clans, mais deux politiques radicalement différentes. Pour la première fois, deux grands journaux, pas des revues littéraires mais des titres de première ligne, étroitement contrôlés par l'appareil du Comité central, polémiquent, à coup de millions d'exemplaires. Il y a un journal conservateur et il y a un journal (si l'on ose dire, en l'occurrence...) réformateur. Il y a un parti de l'ordre, un parti du mouvement et c'est le second qui vient de l'emporter. Ces journées furent extraordinaires car c'est alors que la peur a disparu, que s'est écroulé le plus solide des piliers du système.

Soudain, des ministres, des porte-parole, des membres du Comité central ont commencé à vraiment répondre aux questions, risquer de vraies confidences et prendre position, personnellement. Le même philosophe solitaire, depuis toujours terré dans ses livres et qui, deux mois plus tôt, à mon arrivée à Moscou, m'avait, comme tout le monde, bien recommandé de ne jamais l'appeler de chez moi, de ne pas non plus utiliser les cabines du centre-ville et de ne pas parler français dans les couloirs de son immeuble, m'appelait, lui, au bureau, sans plus aucun mystère : « Tu as vu ! Incroyable ! Qu'est-ce que tu sais ? Viens, tout de suite, il y a Un tel, Un tel et Un tel. »

Les noms tombaient sur le téléphone, sur un téléphone de correspondant, dans un de ses immeubles où le KGB avait regroupé tous les étrangers pour faciliter le travail d'écoute et de surveillance. Et dans ce même immeuble, tout aussi soudainement, des gens commençaient à débarquer de tous les coins d'URSS, vivants cahiers de doléances portés au journaliste occidental — incarnation de la liberté, dépositaire supposé de la science et de la sagesse universelles, promu témoin de sept décennies de mensonges et de mort.

Il y a un article que je m'en veux jusqu'à maintenant de n'avoir pas fait, mais esquissé seulement, entre deux colonnes d'actualité brûlante, c'est celui-ci : « Les valises du malheur ». Car tous arrivaient avec des valises entières de documents, de photos de parents ou d'enfants disparus dans le Goulag, de correspondance tremblante avec la bureaucratie anonyme. J'ai connu là de grands hommes, entendu des Soljenitsyne qui s'ignorent, enduré d'authentiques fous qui, un jour, un mot de trop, avaient commencé à se marginaliser, étaient devenus hors-la-loi et finissaient leur vie dans un angoissant délire de persécutions bien trop réelles. Au pied de l'immeuble, les jeunes guébistes en uniforme de milicien laissaient, en général, monter. Il y eut quelques esclandres, pas une seule interpellation et le téléphone sonnait, sonnait comme dans un bureau d'agent de change un jour de krach. Un matin, à la pire heure, la poste me passe un appel d'Ossétie du Sud. Je n'y connaissais personne mais les numéros des correspondants, autrefois introuvables, avaient commencé de circuler dans les premiers bulletins de la liberté naissante. C'était un vieux professeur de français qui voulait m'inviter, m'héberger, pour que je puisse voir et dénoncer le conservatisme du premier secrétaire local : « Vous n'imaginez pas, criait-il. C'est un monstre, un voleur, un incapable, un troglodyte, monsieur, un troglodyte !... Vous m'entendez ? » Je l'entendais parfaitement (et le KGB aussi, chez lui, comme à Moscou) mais il en était, lui-même, si surpris, si effaré de vraiment avoir un correspondant du *Monde* au bout du fil, qu'il se perdait, voulait trop en dire avant que ça ne coupe et répétait, sans cesse : « Vous m'entendez ? Vous m'entendez ? Vous comprenez, monsieur... Vous m'entendez ? » Comment lui dire que je l'entendais mille fois plus qu'il n'aurait jamais pu l'imaginer ? J'ai fini par l'expédier, pour expédier à Paris un papier disant, comme chaque matin, qu'il serait temps de se mettre à l'heure, que tout basculait, que la *perestroïka*, c'était très, mais très, très important.

Si l'on veut dater un deuxième moment fondamental, celui où l'URSS — une fois rompue la coalition de 1985 — a basculé du communisme au futur indéfini, c'est à cette période qu'il faut remonter. C'est alors que, volant publiquement en éclats, le monolithisme du système a enfoui la peur sous ses décombres. L'URSS s'est réveillée, mise en marche. Au sommet Gorbatchev, sur sa lancée, passe un marché avec la direction : la Conférence du parti, la XIXe conférence, convoquée pour le mois de juin de cette année 1988, ne touchera pas à la composition du Comité central, mais décrétera le pluralisme électoral et le passage du pays à l'« État de droit ». Des mots, se disent les conservateurs, rien que des mots... La bureaucratie pense avoir fait une bonne affaire. Elle se trompe. Ces mots, ces normes nouvelles, ces élections — un peu, beaucoup, passionnément, pas du tout libres (c'est selon les circonscriptions) — vont tout bouleverser, donner naissance à une nouvelle classe politique, créer un nouvel état de fait : abattre les murs. Toujours, et déjà, c'est la même démarche gorbatchevienne : ne rien changer à ce que l'appareil croit, à tort, important, seulement enlever quelques pierres sur lesquelles tout reposait.

Jusqu'au congrès de juillet 1990, le XXVIIIe, où l'URSS entière vit, à la télévision, une salle majoritairement conservatrice, haineuse, ivre de rage impuissante, se coucher devant Gorbatchev car elle ne pouvait plus rien faire d'autre, tout cela est dépeint dans les articles repris ici. Reste pourtant une question, en fait dérisoire, mais obsédante pour toute personne ayant oublié que le communisme ne pouvait être que mortel, qu'un moment de l'histoire humaine. Mikhaïl Gorbatchev savait-il, en pénétrant dans le donjon, ce qu'il allait faire ? Pour les conservateurs soviétiques, c'est « oui » : ce traître, ce vendu savait. Pour beaucoup d'Occidentaux, c'est « non » : communiste dans l'âme, cet enfant du système a créé la démocratie comme l'apprenti sorcier la catastrophe.

★

J'ignore si Mikhaïl Gorbatchev a jamais employé, lui-même, cette expression de « prendre le château fort depuis le donjon ». J'en doute cependant, et pas seulement parce que le fondement même d'une telle stratégie est de ne pas s'expliciter. On le fait, on ne le dit pas. Mikhaïl Gorbatchev l'a fait, mais s'il est très improbable qu'il ait jamais formulé les choses ainsi, c'est avant tout parce que l'alternative n'était pas pour lui de sauver ou de ne pas sauver le communisme, de restaurer ou non l'autorité du parti, de respecter ou pas les dogmes. Ce n'est pas en ces termes d'un autre âge que se posait le problème car s'il voulait tout changer (et pouvait tenter de le faire) c'est que la débâcle du système soviétique était déjà plus qu'entamée — irréversible.

A ce stade, quand les faits ont déjà tranché et que le système est mort, le problème n'est plus de savoir si l'on va le réformer ou s'en débarrasser. Le problème est de savoir « comment » on va s'en débarrasser, comment on va tenter d'éviter que le système n'entraîne le pays dans sa mort. Si l'on rejette — en admettant qu'elle s'offre — la voie révolutionnaire, il n'en reste alors qu'une : le réformisme, ce gradualisme qui vise non pas à sauver ce qui ne peut plus l'être mais à assurer une transition pacifique vers un nouveau système politique.

Fantasmer, comme tant de conservateurs soviétiques, sur un complot ennemi qui aurait planté, au cœur du système, la taupe chargée de le détruire, considérer, comme tel analyste occidental, que c'est en se trompant d'éprouvette que Mikhaïl Gorbatchev aurait bouleversé le monde, relève ainsi du même refus des réalités. N'en déplaise à ceux qui, d'un côté ou l'autre du mur, en vivaient, le communisme n'était pas éternel. Pardon à tous ceux — héros souvent, mes amis pour beaucoup — qui ont consacré leur vie, leurs livres, toute la force de leur conviction à se battre contre le communisme, mais la guerre est finie. Elle est finie parce que gagnée. Elle est gagnée, parce que de la Tchéka à la NEP, de la NEP à la collectivisation, des grands plans aux grands procès, du dégel à la sénilité, de Kaboul à Varsovie, de Tchernenko au putsch des trois jours, toute l'histoire du communisme n'a été qu'une longue fuite, atroce et vaine, devant l'inéluctable défaite. La guerre est gagnée parce qu'on ne peut avoir dit et dénoncé pendant tant d'années l'aberration du communisme et récuser la réalité de sa défaite lorsqu'il s'écroule, lorsqu'un homme est venu dire de son sein : « Vous aviez raison. Que peut-on faire ? »

Non, Mikhaïl Gorbatchev n'est pas plus un agent du haut commandement bourgeois qu'un apprenti sorcier. Il aura été un visionnaire pragmatique, un homme d'État, dont l'ambition n'était pas de raser le château fort, pas de détruire le parti ou de balayer le communisme, mais de sauver le pays, ses hommes et son avenir, de la ruine du communisme. Comprenons bien. Il s'agissait d'une opération de sauvetage. Un faux mouvement, une hâte imbécile, l'ignorance du terrain, et les hommes à sauver — quelque trois cent millions de Soviétiques, sans compter l'Europe centrale — disparaissaient sous les décombres. Dans une telle entreprise, le nouveau secrétaire général ne pouvait se laisser arrêter par aucun des dogmes d'hier. Aucun dogme, de fait, ne l'a arrêté, mais aucun dogme contraire ne pouvait, non plus, prédéterminer son action. Il ne s'agissait pas d'abjurer le communisme. Il s'agissait d'en sortir. Il ne s'agissait pas de le conduire au bûcher, mais d'éviter que sa fin n'embrase tout.

Si Mikhaïl Gorbatchev a si longtemps refusé de rompre avec l'appareil du parti, ce n'est donc pas seulement parce qu'il n'avait pas d'autre pouvoir que le mandat reçu de ce même appareil qui pouvait, du jour au lendemain, le destituer. Cela a été vrai un temps, mais ne l'était plus dès lors que directement élu chef de l'État par le Congrès des députés, il disposait d'une autre légitimité que celle du parti. Plus profondément, c'est parce qu'il a voulu, jusqu'au bout, se servir du parti, c'est-à-dire mettre l'unique appareil existant au service du changement, plutôt que de devoir agir contre cet appareil sans en avoir de rechange. Chacun n'aurait, en effet, eu qu'intérêt à voir le parti jouer ce jeu. Avec lui, les réformes économiques auraient pu aller deux pas en avant des bouleversements politiques et la rigueur précéder ainsi la peur des explosions sociales. Avec le parti, l'espérance libérée aurait pu devenir l'énergie d'un changement maîtrisé : nourrir la modération en nourrissant la foi dans les réformes. Contre le parti, autrement dit dans le chaos, puisqu'il n'y avait pas d'autre appareil, l'emballement de la planche à billets devenait, en revanche, fatal. Contre lui, devenait presque inéluctable le sauve-qui-peut général et désordonné — celui des individus dans la fuite à l'Ouest ; des entreprises, dans l'institutionnalisation du vol ; des classes sociales, dans l'égoïsme catégoriel ; et des nations, dans la mythification des bienfaits de l'indépendance.

Là, l'alternative était réelle. Si le parti avait su envisager de mener le changement qui l'aurait conduit de l'absolutisme totalitaire à l'abdication volontaire ; s'il avait su s'abandonner au cours de l'histoire ; si ses cadres avaient, en le sacrifiant, su s'obtenir un pardon national ; s'il avait, en un mot, su racheter ses crimes en offrant à l'URSS la transition que le franquisme sut finalement offrir à l'Espagne, c'eût, évidemment, été mieux — et pas seulement pour les Soviétiques.

Mais était-ce possible ? Jusqu'à la veille, au moins, du XXVIIIe congrès, jusqu'au printemps 1990 donc, Mikhaïl Gorbatchev et beaucoup de ses plus proches conseillers l'ont cru. Réalisme aidant, disaient-ils, la sagesse finirait bien par venir à l'appareil. Et d'une certaine manière, ils n'avaient pas tort car, dans la réalité, l'alternative ne s'est pas du tout posée comme dans la théorie. Renâclant, piégé, le parti a bel et bien permis le changement, mais il l'a fait avec tant de haine et de rage, avec une telle volonté de saboter tout progrès, qu'il a perdu sur tous les tableaux.

Lorsqu'il devint évident que finissait le temps du communisme, ce fut le putsch et ce putsch sonna la débandade. Ce n'est évidemment pas ce qu'aurait voulu Mikhaïl Gorbatchev. Il n'avait jamais été mis en minorité par le parti, ni à la XIXe conférence, ni au XXVIIIe congrès ni par ce Comité central de juillet 1991 auquel il fit adopter un projet de programme social-démocrate. Il touchait, on le verra, au but, et souhaitait continuer à mener ainsi, lui-même, calmement, avec son habituelle hâte contrôlée, le changement de régime jusqu'à son terme.

Peut-être cela aurait-il pu se passer comme il l'avait espéré. Peut-être... Mais le réalisme dont le haut appareil soviétique avait su faire preuve jusqu'au putsch signifie-t-il, véritablement, que l'État-parti aurait pu être enrôlé dans l'organisation de sa propre retraite ? Je ne le crois pas, quant à moi, car il y avait une énorme différence entre la lâcheté de cet appareil, entre, d'un côté, cette crainte de l'aventure dont l'appareil fit preuve jusque dans les jours du putsch et, de l'autre, l'audace planifiée de cette transition espagnole qui fit tant rêver tant de monde à l'Est. L'Union soviétique de 1982 ne ressemblait, en effet, en rien à l'Espagne de 1975. Quand meurt Franco, il y a une classe moyenne forte, un roi décidé à tenir l'armée et à construire la démocratie, une économie qui monte en puissance, des partis prêts à prendre la relève et des pays amis pour soutenir cette entrée dans le concert des nations européennes. Quand meurt Brejnev... il n'y a qu'un benjamin sous haute surveillance.

Mikhaïl Gorbatchev n'avait que peu d'espoir — les faits l'ont d'ailleurs démontré — d'amener à la raison un appareil apeuré, sur la défensive, abêti par sa propre propagande. Reste, pourtant, que cela ne signifie pas qu'il ait eu tort de vouloir faire, et jusqu'au bout, comme s'il pouvait y parvenir. Il a, bien au contraire, eu raison car le choix était simple. Ou bien déclarer la guerre à l'appareil bien avant de pouvoir la gagner. Ou bien toujours rester le recours ultime, haï mais unique, de ce même appareil que déstabilisaient toujours plus les réformes. C'est la seconde option qui s'imposait car même après 1988, même lorsque la peur a disparu, que le parti s'est divisé et que le secrétaire général du Comité central est devenu le président du pays — même lorsque la première étape est franchie, non seulement l'appareil demeure puissant, non seulement il n'y en a toujours pas d'autre, mais Mikhaïl Gorbatchev ne dispose pas même d'un mouvement politique alternatif sur lequel s'appuyer.

Les nouveaux courants qui se sont affirmés au cours des élections, celles qu'il a imposées durant la XIXe conférence, lui reprochent de ne pas publiquement répudier le communisme. C'est normal. C'est sain, rassurant même, sur la vitesse à laquelle le pays veut rejeter le système soviétique et renaître. C'est inévitable, en tout cas, puisque tout — y compris un échiquier politique — a une enfance. Ces mouvements n'en sont pas moins à la fois trop frêles et trop immatures pour que le président soviétique puisse prendre appui sur eux. Il avait, avant la conférence, rêvé d'en faire, en les fédérant, un « Mouvement patriotique national de soutien à la *perestroïka* » — le parti, en clair, de la réforme, le sien.

L'idée en avait été glissée par ses amis dans les projets de résolution, mais l'histoire va trop vite. Les « Fronts populaires », ces organisations de masse réformatrices dont Alexandre Iakovlev avait discrètement protégé, encouragé même, le développement afin d'en faire l'instrument du gorbatchevisme, sont déjà devenus, dans les républiques périphériques, des partis indépendantistes. Sous quelques mois, ce sont eux qui vont, en Lituanie, Géorgie, Arménie, Moldavie, Estonie, Lettonie, mettre Mikhaïl Gorbatchev sous pression, et le gradualisme à l'épreuve.

Nous ne pouvons plus biaiser, en voilà la preuve, lui disent bientôt, et toujours plus nombreux, plusieurs de ses conseillers qui s'inquiètent de voir le mouvement démocratique grandir en dehors de lui, puis s'affirmer contre lui. Quel qu'en soit le prix, ajoutent-ils, il nous faut publiquement choisir notre camp, appuyer ceux qui se sont engouffrés dans notre sillage et prendre leur tête. Alexandre Iakovlev, lui-même, le mentor, le fidèle parmi les fidèles, finira par lui tenir ce langage et par rompre provisoirement avec lui, au début de l'été 1991, juste avant le putsch. De dépit de n'être pas entendu, un autre proche avait, quelques mois plus tôt, refusé un poste de numéro deux à la présidence. Au même moment, Edouard Chevardnadze avait quitté le ministère des Affaires étrangères. Six ans après les débuts de la *perestroïka*, pour la première fois, les gorbatcheviens sont divisés. Choisir son camp ?

Pour Mikhaïl Gorbatchev, c'est non, trois fois non. C'est même exactement ce qu'il ne veut pas car il continue, lui, de faire confiance à la dynamique de la situation. Son raisonnement est que l'opposition démocratique va, petit à petit, mûrir au contact des réalités et du pouvoir, que l'appareil va, pour sa part, continuer de s'affaiblir ou (qui sait ?) trouver la sagesse — qu'à trop vite rejoindre la première ou rompre avec le second, il ne ferait que figer prématurément les rapports de forces, et précipiter l'affrontement. Cet affrontement qu'il voudrait éviter ou n'engager que sûr, certain, de vaincre.

A-t-il tort ? Raison ? N'a-t-il pas fini par avoir tort après avoir eu raison ? et cela, précisément, parce que la dynamique sur laquelle il comptait a joué ? Les une répondront avec, par exemple, l'historien Iouri Afanassiev, que c'est depuis 1988 au moins que Mikhaïl Gorbatchev s'est trompé. D'autres diront, avec, notamment, Alexandre Iakovlev, qu'il avait fini par ne plus voir à quel point la *perestroïka* avait réussi et par sous-estimer, donc, les possibilités et la nécessité de rompre avec les conservateurs. Les uns et les autres citeront en preuve le putsch, diront qu'il n'était plus nécessaire de jouer au plus fin puisque les conservateurs allaient, de toute manière, jouer l'affrontement.

D'autres encore, pourtant, citeront ce même putsch à l'appui de la thèse contraire. Si Gorbatchev, diront-ils, avait pris l'initiative de rompre avec l'appareil, c'est là que le parti aurait pu le renverser, légalement, et souder ses rangs dans un sursaut de refus que l'on sentait, depuis un an, monter toujours plus fort. Au lieu de cela, pourront-ils ajouter, le putsch a dû se faire contre la loi et s'il a précipité le pays dans la tempête, il a au moins — et c'est l'essentiel — échoué en trois jours et fini de balayer l'ancien régime.

Le débat est difficile. Il se poursuivra longtemps, rebondira au fur et à mesure qu'apparaîtront les pièces manquantes. D'Alexandre Iakovlev ou de Mikhaïl Gorbatchev, je ne sais pas, aujourd'hui, qui se trompait durant cet hiver 1991. Ce que je sais, en revanche, c'est que les putschistes, eux, se sont totalement trompés sur le secrétaire général.

Ils avaient cru que placé devant le fait accompli de leur conjuration, trahi, sans plus aucun levier de commande à sa disposition, il céderait à leurs pressions. N'avait-il pas toujours choisi, en six ans, le compromis contre l'épreuve de force ? N'avait-il pas toujours refusé de rompre avec l'appareil ? Les précédents étaient là, indiscutables, nombreux, mais l'ennui pour ces anachronismes vivants est que la période avait totalement changé — et sans qu'ils y aient rien compris.

Un an plus tôt, les conservateurs s'étaient mobilisés comme jamais, galvanisés de haine par la perspective d'adoption d'un plan de passage rapide à l'économie de marché. Dit des « Cinq cents jours » car c'est en ce délai qu'il promettait la sortie du dirigisme, ce plan était plus une bannière du camp réformateur qu'autre chose. Mikhaïl Gorbatchev, lui, craignait que cette thérapie de choc n'achève l'économie au nom de la politique et ne précipite, au nom de l'économie, une catastrophe politique. Il négocie, mais au bout de deux mois — nous sommes en septembre 1990 — la rupture est consommée avec Boris Eltsine et les réformateurs radicaux. Démagogues irresponsables, pense l'un. Communiste impénitent, rétorquent les seconds, et pour les conservateurs s'ouvre un hiver de bonheur.

Ils placent leurs hommes aux postes clés, font couler le sang à Vilnius, ruinent un peu plus encore l'économie. Et pourtant... Sitôt le rapport de forces changé, il se passe ce qui s'était toujours passé. Sitôt Boris Eltsine réélu président de Russie, au suffrage universel cette fois-ci, Mikhaïl Gorbatchev profite du désarroi de l'appareil pour relancer les projets de réforme économique ; faire redémarrer les conversations sur le désarmement ; réactiver les négociations sur la signature d'un nouveau traité d'Union, et faire adopter, fin juillet, par le Comité central son projet de programme social-démocrate.

Sur tous les fronts, c'est l'offensive — une offensive éclair et finale puisque des engagements sont pris à Londres devant le sommet des pays les plus industrialisés ; que le nouveau programme doit être ratifié par un congrès du parti convoqué pour l'automne et que le nouveau traité d'Union doit être signé, à Moscou, le 20 août. Pour les conservateurs, le 19 août est une date butoir. Après, pensent-ils, ce sera trop tard. Passé cette date, le système soviétique, le leur, aura définitivement commencé d'avoir vécu.

Comme toujours, ils se trompent. Non seulement le soviétisme a déjà vécu depuis longtemps, mais, quand bien même le voudrait-il, Mikhaïl Gorbatchev ne peut plus offrir aux conservateurs la moindre concession. Il vient de leur échapper. Il vient de se réconcilier avec Boris Eltsine et a su y mettre le prix. Il vient (comme annoncé dès le XXVIIIe congrès) d'abattre la carte sociale-démocrate. Il vient de réaffirmer, à Londres, devant le monde entier, l'option du marché. Le premier cycle de la *perestroïka* est maintenant achevé. Elle est, maintenant, à quelques semaines de la victoire. Si les conservateurs veulent livrer bataille, Mikhaïl Gorbatchev ne peut pas les en empêcher mais il ne peut désormais pas, non plus, temporiser car à reculer, même tactiquement, il ne ferait plus que perdre, et partout, tout crédit et tout prestige.

Parce que la période a changé, il s'y refusera donc, et d'autant plus vigoureusement qu'il y a une différence capitale entre temporiser pour éviter un coup de force et obtempérer à un coup de force. Dans le premier cas, on gagne du temps et on peut demeurer maître du jeu. Dans le second, on se condamne — instantanément et à jamais.

Confronté à l'inattendu, le plus anticommuniste des communistes a, comme toujours, choisi le sens de l'histoire, le mouvement contre le sur-place, son pays contre le communisme, son honneur contre le malheur de la Russie. Aurait-il dû écouter Alexandre Iakovlev ? A-t-il commis là une erreur ? Peut-être, mais la cause est loin d'être entendue et laissons cela : ce n'est pas là-dessus qu'on forme un jugement de fond. Pour comprendre ce qui s'est passé et imaginer aussi ce qui peut suivre, l'essentiel est ailleurs : dans les deux clés politiques fondamentales d'une personnalité d'ores et déjà entrée dans l'histoire en refaçonnant le siècle.

La première est que Mikhaïl Gorbatchev est un antirévolutionnaire. Pas un contre-révolutionnaire, non : un antirévolutionnaire, c'est-à-dire un homme moderne qui a su tirer — comme, je l'espère, notre temps — le bilan des deux siècles passés. En chiffres ronds, il a fallu cent ans (et lesquels !) pour que le séisme de 1789 débouche sur la République. Il en aura fallu (dans vingt ans...) presque autant pour qu'après avoir inauguré le plus barbare des siècles la tragédie de 1917 puisse, éventuellement, tenir ses promesses : la terre, la paix, le pain, la fin de l'absolutisme.

Fallait-il recommencer la sanglante erreur des révolutions ? Fallait-il, en Union soviétique, s'empresser d'aller aux « ruptures » ? Les considérer comme inévitables ? Faire du goût qu'on leur manifestait l'aune à laquelle juger de la sincérité réformatrice ? Jusqu'aujourd'hui, je ne comprends simplement pas que des hommes que j'admire d'avoir eu le courage de faire depuis vingt ou trente ans la critique des révolutions, que des hommes qui avaient su se détourner du communisme à une époque où il y fallait une force d'âme, que ces mêmes hommes ne puissent reconnaître et accepter le même cheminement intellectuel — leur victoire, la justification de leur vie — chez un secrétaire général du parti communiste soviétique.

Jusqu'aujourd'hui, je ne comprends pas que des hommes qui ont proclamé l'horreur des révolutions et le bienfait des évolutions puissent obstinément répéter que Gorbatchev voulait restaurer le communisme puisqu'il n'avait pas appelé à l'insurrection, qu'il veut sauver le parti puisqu'il n'avait pas ordonné de bombarder ses quartiers généraux. Enfin, vient un révolutionnaire qui refuse la guerre civile, oppose la politique au sang, et voilà que des conservateurs ennemis des bouleversements et d'anciens communistes revenus du grand soir font la même moue : pas bien « radical », tout ça.

Effectivement... Il manquait au spectacle le feu purificateur — ce feu qui ne brûlerait pas l'idéologie défunte mais les hommes. Effectivement... ces contorsions radicales-socialistes, ces habiletés vaticanesques avaient moins de panache qu'une belle barricade, moins d'héroïsme que la jeunesse fauchée poitrine ouverte. Effectivement... mais pourvu que ça dure, pourvu que ça puisse durer malgré l'accélération du putsch, pourvu que personne n'ait à se reprocher un jour d'avoir, si peu que ce soit, contribué à l'explosion car, pour ma part, je préfère cent fois, mille fois, un million de fois, Turgot à Robespierre et Stolypine à Lénine.

Peut-être serait-il temps, pour le coup, de rompre, avec la culture révolutionnaire, d'abandonner l'idée que le plus « radical » a toujours raison et que le meilleur moyen de changer le monde est de faire table rase du passé. Car on peut faire, en URSS, toutes les tables rases que l'on veut, cela ne changera rien au fait que si l'on veut reconstruire un pays mieux lui vaut un minimum d'autorité centrale ; que le seul avenir envisageable pour la quasi-totalité des Républiques anciennement soviétiques est de s'unir dans un marché commun respectant leur indépendance ; que pour commercer, encore faut-il avoir des commerçants ; que pour entreprendre, encore faut-il des entrepreneurs ; que pour reconstituer un tissu agricole, encore faut-il des agriculteurs ; bref, qu'il faut du temps car, fût-ce dans le bon sens, l'économie ne se décrète pas.

Même sans parti communiste, on ne rompt pas plus avec le socialisme qu'avec le capitalisme. Sauf à courir à la catastrophe, on ne peut instituer le libéralisme comme d'autres, hier, le communisme : sur ordre, et à charge, pour la réalité, de suivre. Ou alors, on fait de la contre-idéologie, comme d'autres la contre-révolution. Et Mikhaïl Gorbatchev, c'est là sa seconde caractéristique fondamentale, n'aura pas été un contre-idéologue mais un anti-idéologue. Il aura voulu pour son pays la démocratie, le marché, l'indépendance dans l'interdépendance car qui a des yeux pour voir sait, à l'aube de l'an 2000, que de la Communauté européenne à l'Amérique, c'est encore ce qui se fait de mieux. Il aura voulu tout, sauf le communisme, mais cela ne signifie pour autant pas qu'il n'ait plus voulu d'État, préféré la loi de la jungle à celle du parti unique, considéré que le quartier avait toujours raison sur la ville, la ville sur la région, la région sur la République et la République sur l'Union. Il n'aura été ni Jean-Jacques Rousseau ni un Chicago *boy*, mais un homme d'État dont ce qu'on appelle si curieusement l'« indécision » a si profondément changé un si grand nombre de choses en si peu de temps qu'il est encore difficile à chacun de savoir où nous en sommes.

★

Durant les trois années où j'ai été correspondant à Moscou, il ne s'est pas passé un mois sans que j'entende ou lise annoncer la chute de Mikhaïl Gorbatchev dans les trois jours à venir. Il n'était pas facile de travailler contre cette certitude rageuse que tout allait vite se normaliser, bien difficile, en vérité, de rendre compte de réalités si contradictoires, mouvantes et complexes alors même que tant de gens responsables les jugeaient, de toute manière, nulles et non avenues : irréelles.

La plus redoutable des difficultés n'était pourtant pas là. Elle était dans cette tendance naturelle que nous avons tous, quand on ne vit pas les choses mais qu'on les regarde de loin, à n'en retenir qu'une image. Question de cadrage. Tantôt, donc, c'était les massacres du Caucase ou les rayons vides des magasins d'alimentation et tout semblait partir dans une spirale de catastrophe. Tantôt, c'était au contraire la mine défaite de conservateurs remerciés ou le pape recevant Gorbatchev, et la félicité post-communiste semblait atteinte. Pour un correspondant, l'obstacle des idées reçues est ainsi devenu secondaire, dérisoire, face à celui des « images » reçues. Il ne faut plus seulement informer, il faut aussi faire vivre, donner à voir, tout remettre, chaque jour, en perspective, placer, par la plume, le lecteur au centre d'un panorama que, sauf à ne plus montrer l'événement, la caméra ne peut, elle, qu'ignorer.

C'est pour cela que j'aime ce métier plus qu'aucun autre. Pour cela, aussi, qu'il faut savoir ne pas s'obstiner quand les conditions de son exercice ne sont plus réunies. Et c'est pour cela, enfin, que rien ne me rendait plus perplexe que cette question qui m'aura été et m'est si souvent posée : « Êtes-vous optimiste ? Pessimiste ? » J'aime répondre aux questions, mais, là, pardon : ni l'un ni l'autre car les deux en même temps. Je suis optimiste quant à la mort du communisme qui me semblait acquise depuis Solidarité ; optimiste, quant à la renaissance spirituelle des hommes qu'il avait prétendu modeler et je suis, enfin, optimiste de raison car je n'ai jamais rien vu — particulièrement dans l'ancien bloc soviétique — d'aussi essentiel au mouvement que la volonté.

Pour le reste… je suis naturellement pessimiste puisque tout — le désespoir, la misère, notre inconscience — peut encore contrarier, freiner, arrêter durablement la démocratisation de cette moitié de l'Europe ; pessimiste, puisque l'explosion des nationalismes peut parfaitement refaire des guerres une réalité européenne ; pessimiste encore, puisque la route menant du communisme au bien-être des libertés reste à explorer ; pessimiste toujours, puisque toute réforme économique commencera par jeter dans une misère plus grande encore des pays totalement à bout de résignation. Je suis profondément pessimiste parce qu'en mettant les choses au mieux il faudra deux décennies à l'ancienne Europe communiste pour voir le bout du tunnel.

Je suis pessimiste parce que je connais la géographie, les réalités et l'histoire de cette partie du monde, parce que je connais leur violence mais, paradoxalement, cette violence est aussi une raison d'espérer. Si présent partout, de Budapest à Bucarest, de Prague à Varsovie, de Vilnius à Moscou, son souvenir peut empêcher — peut-être… — qu'elle ne l'emporte. Ce monde si prêt de basculer dans toutes les folies possibles est, en effet, également las, anxieux, assoiffé de quiétude. C'est cela qui explique, avant tout, que durant plus de six ans la *perestroïka* ait si mystérieusement réussi à ne pas se perdre dans le chaos sanglant auquel tout la promettait. Là est la raison profonde de l'échec du putsch et de la passivité avec laquelle l'appareil s'est laissé déposséder de son pouvoir.

De 1905 à nos jours, l'ancienne Union soviétique sort de presque un siècle de guerre civile, tantôt ouverte, tantôt larvée. Le seul moment de véritable unité nationale, en Russie du moins, a été la Seconde Guerre mondiale qui fut, en URSS, plus atroce que partout ailleurs. La violence, les Russes sortent d'en prendre. Les guerres idéologiques, c'est dans leur chair qu'ils ont appris à en connaître le prix. Cela induit une sagesse. Il y a le Caucase — Irlande ou Yougoslavie de cet empire. Il y a, aux quatre coins du pays, les explosions à répétition. Elles se multiplieront. La paupérisation attisera le feu mais ni dans les rues de Moscou, ni dans celles de Saint-Pétersbourg, Nijni-Novgorod, Kiev ou Naberejni Tchelni on ne sent cette soif d'en découdre, cette haine irrémédiable qui annoncent le sang.

Rien, vraiment rien, ne garantit que cela dure toujours mais rien ne dit non plus que ce ne puisse pas être le cas. En six ans, semaines du putsch comprises, ce pays a fait preuve d'une incroyable maturité. En six ans, de nouvelles classes politiques sont sorties des urnes ; les frontières se sont ouvertes ; de vrais journaux se sont créés ; les prisonniers politiques ont été libérés ; l'Europe centrale s'est affranchie ; les nations soviétiques ont proclamé leur indépendance et le parti a publiquement explosé, victime de sa stupidité, du mépris de la population, de l'hémorragie de ses membres, de son coup de force et de ses batailles de tendances.

Cet acquis, si fondamental et, malgré tous les dangers, prometteur, on le doit, d'abord, à l'homme qui eut l'inébranlable conviction qu'il était indispensable, et possible surtout, de révolutionner la Russie sans la crucifier à nouveau. Chapeau bas, mais que les pronostiqueurs se rassurent. Pour leur plus grand triomphe, de même que finit toujours par mourir, un jour, la reine d'Angleterre, de même Mikhaïl Gorbatchev a-t-il fait son temps.

Il est jeune. Cela ne signifie donc pas que sa carrière politique soit obligatoirement finie, ais outre qu'il a déjà exercé, en période révolutionnaire, un mandat présidentiel américain et demi, son grand œuvre est maintenant accompli. La Russie est sortie de l'État-parti. La Russie a été sauvée du communisme. Pour aborder la seconde étape, celle de sa reconstruction, elle a besoin d'hommes neufs, d'un nouveau souffle, de tourner la page en changeant de visage.

Peut-être Mikhaïl Gorbatchev réussira-t-il le plus inouï de ses coups. Peut-être aura-t-il su consolider la transformation de l'URSS en une union économique à plusieurs vitesses ; peut-être aura-t-il su devenir ainsi l'incarnation de ce changement, s'assurer le soutien du mouvement créé par Alexandre Iakovlev et Edouard Chevardnadze ; se présenter ensuite à une élection présidentielle et la remporter — avec l'appui de Boris Eltsine.

Car, si ours soit-il, si gros buveur et grand mangeur qu'on le dise, ce président russe qui intrigue tant à l'Ouest et plaît tellement aux Russes, n'est pas un bûcheron du Grand Nord. C'est un politique. On connaît son courage mais il a bien d'autres qualités. Il comprend vite, apprend plus vite encore, s'est entouré des meilleurs experts libéraux, a su donner des gages aux secteurs les plus éclairés de l'appareil. Il a des racines, une base, de l'ambition et un sens aussi de l'intérêt national qui l'a toujours poussé, au-delà des polémiques publiques et de la rivalité de personnes, à jouer avec Gorbatchev.

Ils ne s'aiment pas. L'ancien premier secrétaire de Moscou ne pardonne pas à l'ancien secrétaire général de l'avoir laissé éliminer par les conservateurs. Aux débuts de la *perestroïka*, Boris Eltsine avait en effet cru que la « reconstruction » était faite pour nettoyer le communisme de ses mafias. Parfaitement honnête, cela lui avait plu. Il avait commencé à balayer, avec ardeur, avait embarrassé tout le monde, dénoncé chacun et s'était, en 1987, retrouvé limogé de la direction du parti, mis au ban du système, vilipendé, calomnié jusqu'à sombrer dans la dépression. Ce fut le début de sa conversion, du long débat intérieur qui le conduisit finalement à rendre, au XXVIIIe congrès, sa carte du parti. Tout ce cheminement a plu aux Soviétiques qui se reconnaissent dans ce qu'il a vécu, dans cette soif d'absolu qui leur est tellement plus familière que les mouvements tactiques et la sophistication machiavélique de Mikhaïl Gorbatchev.

Mikhaïl Gorbatchev, de son côté, ne pardonne pas à Boris Eltsine de lui avoir ravi la popularité qu'aurait dû lui valoir la *perestroïka*, d'être là pour en rafler la mise alors qu'il n'en est que le fruit. Les deux hommes ne s'aiment pas, mais ils ont fait le même choix fondamental, ont les mêmes ennemis, et leurs équipes sont composées d'hommes semblables qui ont toujours travaillé ensemble. Jusque dans les pires périodes de tension, il y eut donc entre eux une constante connivence. Dès le début du putsch, les rôles se sont naturellement répartis. Mikhaïl Gorbatchev est passé du premier rôle au second, mais sur tous les grands fronts ces deux adversaires se sont épaulés. C'est à deux qu'ils ont tenté la reconstruction de l'Union, à deux qu'ils ont cherché un nouvel équilibre pour le pays et si Eltsine tenait les rênes, son souci n'en était pas moins de remettre son rival en selle.

Si cette opération finit par réussir, Mikhaïl Gorbatchev présiderait alors, symbole d'un « commonwealth » d'anciennes Républiques soviétiques et garant de leurs accords, à la renaissance de nations qu'il aura libérées du communisme. Président de cette nouvelle union, il en serait alors le Juan Carlos, fils de la dictature et père de la démocratie, arbitre du passage pacifique d'un régime à l'autre et représentant des Républiques de l'ancienne URSS sur la scène internationale. Reconstructeur après avoir été liquidateur ?

Peu d'hommes ont réussi cela dans l'histoire et s'il n'était pas du tout écrit que cela fût impossible, l'entreprise n'était pas évidente. Faute d'avoir pu convaincre plus tôt le parti de prendre la tête des réformes, faute d'avoir, pour autant, renoncé au changement et parce qu'il a, au contraire, préféré briser l'appareil qui y faisait obstacle, Mikhaïl Gorbatchev est, en six ans, devenu un homme seul. Plus il gagnait et réussissait à élargir l'espace des libertés nouvelles, plus il gagnait et imposait le changement, plus il s'isolait de conservateurs qui le trouvaient trop radical et de radicaux qui le trouvaient trop modéré. Plus le réformateur gagnait, plus perdait l'homme de pouvoir. République après république, le pays lui a échappé. Sous ses propres coups, son appareil s'est défait. Il ne lui est resté que le Kremlin, puis il a fallu le partager avec Boris Eltsine. Il ne lui est plus resté que la gloire internationale, puis il a fallu ne plus représenter qu'une désunion soviétique en perte de puissance.

A ce stade, il ne s'agit bien évidemment plus, si grande soit sa stature, d'aider un homme. Il s'agit, avec ou sans cet homme, d'aider ce pays qu'il a fait renaître à dépasser au plus vite les premiers vagissements, à cesser de traquer le fantôme du passé dans les brumes du post-totalitarisme —, à se tourner assez résolument vers l'avenir pour éviter que le bonheur de 1989 ne nous fasse regretter, un jour, le rideau de fer et la sénilité brejnevienne.

Or, nous avons à cet égard, nous qui sommes nés libres, riches et heureux, nous les clercs, nous qui avons eu tout loisir d'apprendre, nous, citoyens des démocraties occidentales, des responsabilités à assumer. Là-bas, dans ce qu'on appelait l'Est, on nous écoute, on nous lit, on nous croit. Ce que nous disons compte, notre argent pèse plus encore, et nous n'avons, donc, tout simplement pas le droit de faire ou dire n'importe quoi.

Nous n'avons pas le droit de tenir pour acquis qu'il y aurait, en URSS, d'un côté, des « démocrates » et, de l'autre, des « communistes ». Ce monde est en précipitation chimique. Il y a des gens baptisés « démocrates » parce qu'ils s'opposent au pouvoir central supposé « communiste » et qui ne sont, en rien, attachés aux libertés. Il y a d'authentiques démocrates qui étaient, hier, d'authentiques staliniens, et des conservateurs communistes qui feraient, demain, d'excellents pinochetistes et adeptes du marché libre.

Il y a des indépendantistes prêts à massacrer jusqu'au dernier homme les minorités nationales de leur république. Il y a des défenseurs de l'unité soviétique prêts à faire de l'Union, par un processus inverse, une deuxième Communauté européenne. Il y a une masse immense de gens désorientés auxquels nous ne pouvons nous contenter d'annoncer à tout bout de champ, et sous le seul prétexte que nous n'y comprenons plus rien, que tout est perdu, que le communisme revient, ou qu'ils sont condamnés au fascisme. Il y a un gigantesque débat politique sur tout, sur les stratégies, les tactiques, l'Union, l'économie, les constitutions, l'européanité de la Russie — sur tout, mais qui ne se résume en rien à une lutte entre « communistes » et « démocrates ».

Un monde se cherche, un échiquier politique se crée et nous avons, nous, à savoir ce que nous souhaitons, à le dire et à agir en conséquence. Nous souhaitons — le devrions, en tout cas — que la Russie et les nations de sa sphère d'influence historique parviennent à stabiliser leurs rapports ; échappent à la tentation de la table rase ; s'ancrent dans la démocratie et, progressivement, après l'Europe centrale, s'agrègent ensemble à l'Europe pour y apporter leurs richesses et former avec nous, Européens de l'Ouest, le plus puissant pôle de civilisation de l'histoire.

De l'Atlantique au Pacifique, l'Europe, la grande, est à faire. Une occasion historique, fabuleuse, se présente à nous de construire dans le Vieux Monde le Nouveau Monde des siècles à venir. Ne la laissons pas se perdre. Les deux continents américains s'observent, se parlent et vont s'unir. L'Asie n'a encore fait qu'amorcer sa montée en puissance que, bientôt, la Chine précipitera. Nous avons le choix.

Nous pouvons laisser aimanter notre continent, à l'ouest, par les Amériques, à l'est, par l'Asie. Nous pouvons laisser écarteler l'Europe, laisser passer notre chance ou bien, au contraire, la saisir. Ce n'est qu'une question de volonté, de lucidité, de responsabilité des élites, mais si notre choix n'était pas celui du renoncement, nous devrions alors fonder notre ambition sur trois évidences.

La première est que nous devons aider les nations de l'Est à se reconstruire — non pas en les inondant de crédits, mais en investissant dans des projets rentables, d'intérêt commun, porteurs des sciences et des techniques que nous avons à partager, générateurs non seulement de profits mais aussi d'unité.

La deuxième est que nous n'avons aucun modèle de développement à imposer. L'URSS et l'Europe centrale non plus n'ont rien à voir ni avec les États-Unis ni avec l'Angleterre du début des années quatre-vingt. Elles sont infiniment moins riches et moins modernes. Ce n'est pas des excès du travaillisme ou de la « grande société » qu'elles souffrent. Ce ne sont pas les mêmes remèdes qu'elles demandent. Entre la rigueur des grands équilibres et le danger de dégoûter du libéralisme en l'enseignant à coup de misère sauvage, un juste milieu politique doit se trouver. C'est aux peuples concernés de le chercher. Nous n'avons pas, nous, à exiger — en preuve d'abjuration du communisme — l'application de conceptions théoriques inverses qu'aucune, heureusement, des démocraties occidentales ne respecte.

Et troisième évidence, enfin : nous devons solennellement affirmer, dès maintenant, la communauté du destin européen. Nous le devons pour que les nations d'Europe centrale et orientale sachent que nous lions leur sort au nôtre, pour qu'elles aient, sur leur longue route, une perspective, des étapes à franchir et respecter : le sens d'une direction. Nous devons unir nos destins dans un traité de Prague ou de Budapest, comme il y eut celui de Rome, dans une confédération, dans un système d'accords bilatéraux et multilatéraux — qu'importe l'appellation. L'essentiel est que nous posions en principe l'unité de la grande Europe pour que l'Europe se construise, en un quart de siècle ou plus vite, sur les bases des libertés et du marché, du droit et de la démocratie. Dans un tel cadre, tout est négociable : les indépendances, les souverainetés, les frontières, les rythmes, forcément différents, d'adhésion à la Communauté. Hors d'un tel cadre, c'est le chaos qui l'emportera et emportera, pour commencer, l'Europe des douze. Sans l'effort visionnaire qu'exige la situation, sans l'instauration volontariste d'un état de droit continental, nous courons à la catastrophe.

« Prague », disait l'homme du cinquième étage, mais Prague n'est maintenant plus la ville d'un espoir brisé d'où sortit la liberté. Nous y avons, aujourd'hui, rendez-vous avec l'histoire au cœur d'une Europe sans mur. Prague est, aujourd'hui, notre capitale.

Mars-juillet 1988
Le vrai début
d'une longue histoire

Rapport de forces : L'hirondelle et les armoires à glace

Quand les miliciens l'ont empoigné, que ses béquilles ont volé en l'air et qu'il est tombé au sol, incapable de se relever sur son unique jambe, un petit jeune homme a pâli et, dans un souffle, comme étonné de sa propre audace, a lancé à l'officier : « Mais est-ce que vous n'avez pas honte ? »

Et comme les miliciens, gradés en tête, avaient visiblement honte, ils ont rendu ses béquilles à l'unijambiste qui, sans perdre une seconde, a repris sa harangue, dos tourné à la monumentale entrée de la station de métro Octobre, face à l'immense statue de Lénine entraînant un farouche détachement prolétaire et paysan.

A Moscou, Lénine est un peu partout, mais ce n'est pas sans raison que le Club Perestroïka 88 avait choisi, dimanche 6 mars, cette place d'Octobre pour marquer, avec un jour de retard, le trente-cinquième anniversaire de la mort de Staline. Il s'agissait de se placer sous la protection morale du père de la Révolution en se définissant comme tenant du socialisme.

Appuyé sur ses béquilles, le frêle orateur ne cesse d'ailleurs d'invoquer M. Gorbatchev pour expliquer qu'il faut, en ce jour mémorable, se souvenir des victimes de la terreur stalinienne afin que soient tirées les leçons de l'histoire, que chacun sache et que l'horreur ne puisse jamais renaître.

« Circulez ! Ne bouchez pas l'entrée du métro ! Circulez ! », crient les porte-voix des miliciens aux chapkas bleutées. Cela intimide, mais l'attroupement grossit pourtant — indéfinissable mélange d'authentiques passants arrêtés par cette accélération volontaire de la démocratisation, de manifestants qui attendent, silencieux, de prendre la relève à l'interpellation de leurs camarades et de flics de toutes les espèces imaginables.

Il y en a en grands manteaux gris, civils reconnaissables entre mille, qui observent et rendent compte, visage impassible, avec des talkies-walkies grésillants. Il y a des auxiliaires au brassard rouge, les *Droujinniki*, qui font masse, tendus mais hésitants sur leur rôle exact. Il y a les miliciens, bien sûr, jeunes, solidement tenus en main par un encadrement au professionnalisme chirurgical mais pas à l'aise face à ces manifestants, enfants indésirés de la *glasnost*.

Il y a des photographes et des cameramen qu'on croirait de loin appartenir à la presse étrangère, mais qui travaillent pour d'autres organes. Il y a aussi des ouvriers de la voirie qui n'en finissent pas, moteurs vrombissants, d'éparpiller tout le monde en fonçant au volant de chasse-neige sur des trottoirs pourtant parfaitement nets.

Il y a des physionomistes qui photographient sans appareil et s'exercent à la filature. Et puis il y a surtout des armoires à glace, trente ans pour les plus vieux, qui sont les méchants de l'affaire, ceux qui happent sans parole les tribuns et les projettent en un tour de main dans des petits cars bleus et branlants qui pilent à intervalle régulier comme d'innocentes navettes.

On pourrait encore mentionner cette « foultitude » de cadets enfantins aux trop longues capotes bleues, envoyés se courber devant Lénine pour empêcher qu'on ne l'approche, ou bien cette dame pauvrement vêtue, petit cabas au bras, qui invective les manifestants : « Parasites ! Vous feriez mieux d'aller travailler ! N'avez-vous pas honte ? »

Mais la vieille dame et les cadets, ce ne sont pas la police : ce ne sont que quelques-uns des obstacles dressés sur la route des nouvelles forces d'opposition. Le chemin est si long, la partie si difficile, que Perestroïka 88 s'est trouvé à peu près seul au milieu des jeunes clubs indépendants pour appeler à célébrer cet anniversaire d'une délivrance qui reste à achever trente-cinq ans après.

L'unijambiste continue de s'époumoner. Il appelle à contribuer à la collecte récemment lancée par un groupe d'intellectuels pour ériger un mémorial à toutes les victimes du stalinisme.

Autant qu'on puissse voir, aucun portefeuille ne s'ouvre. L'étau des armoires à glace se resserre. Les miliciens leur dégagent la zone d'opération. L'orateur sait qu'il n'a plus que quelques instants, crie que *La Gazette littéraire* a parlé de ce projet de mémorial, que le secrétaire général veut qu'enfin les bouches s'ouvrent, que ce sont les bureaucrates responsables de la stagnation qui ont peur et ne veulent pas laisser briser le silence. On discerne encore : « Gorbatchev ! Gorbatchev ! », mais déjà l'unijambiste a disparu, coincé entre un ventre, un dos et deux épaules — entre quatre des armoires à glace qui le soulèvent de terre par simple pression et galopent en rythme jusqu'à la navette qui redémarre sans même attendre d'autres clients.

Il y aura, selon les organisateurs, une quarantaine d'arrestations, et la manifestation, commencée à midi, est terminée trois quarts d'heure plus tard. Combien de manifestants ? Quelques dizaines, une toute petite centaine peut-être.

Peu en tout cas, même s'il est vrai qu'une hirondelle fait parfois le printemps.

Arménie : La première crise nationale et, déjà, Gorbatchev temporise

Assurant ses arrières avant chaque pas, soufflant le chaud, puis le froid, puis encore le chaud, et faisant, au bout du compte, très exactement ce qu'il avait laissé prévoir, M. Gorbatchev est peut-être en train de réussir un sans-faute dans la crise arménienne.

Rien n'est encore joué puisque reste à voir ce qui va se passer ce week-end à Erevan, agitée par les rumeurs, désarçonnée par les à-coups des nouvelles venues de Moscou et assourdie par le vrombissement des hélicoptères dont son ciel a été encombré, à la veille des protestations de masse prévues pour ce samedi 26 mars.

Rien n'est encore joué, car, formidablement délicate, la partie se mène au finish. Mais en faisant adopter jeudi, par le bureau politique, un important train de mesures en faveur du Nagorny-Karabakh, M. Gorbatchev est en passe de remporter un double pari. Il est d'abord parvenu à tenir les engagements qu'il avait pris devant les Arméniens auxquels il avait fait dire, le 26 février dernier, alors qu'un million d'entre eux manifestaient dans les rues d'Erevan, qu'il annoncerait sous un mois plusieurs réformes en faveur de leurs compatriotes de la région autonome.

Ces réformes ont été annoncées à la date promise, et leur liste est plus longue et détaillée que ce que le secrétaire général avait laissé espérer en février. Deuxième pari tenu : les concessions ainsi faites à un mouvement de masse, qui s'est doté d'organisations indépendantes et a fait basculer de son côté de nombreuses institutions officielles arméniennes — dont le parti et le soviet du Nagorny-Karabakh — ont été approuvées, à l'avance, par toutes les plus hautes instances du parti et de l'État soviétique.

Si la tension restait limitée, ce week-end à Erevan, M. Gorbatchev serait alors parvenu à démontrer, dans une crise à chaud, sa capacité à prendre en compte des revendications populaires dont la formulation a été favorisée par sa politique de *glasnost* sans, pour autant, perdre le contrôle de la situation ni permettre à l'appareil de se désolidariser de lui.

Or ce défi-là, c'est le défi général qui se pose à lui, celui dont ses partisans, ses adversaires, les attentistes et nombre de gouvernements étrangers se demandent depuis maintenant trois ans s'il saura le relever et si quiconque, en fait, le pourrait. Autant dire que pour le secrétaire général et le petit cercle de ses conseillers les heures de cette fin de semaine seront longues et que, quel que soit le bilan du week-end, il aura marqué un tournant dans l'histoire, déjà riche, de la *perestroïka*.

D'ores et déjà, force est de constater, pourtant, que dans ce mois, coupé en des instants critiques par sa visite officielle en Yougoslavie, M. Gorbatchev a su éviter toute erreur réelle et tout acte d'insubordination tangible dans la direction du parti. Quand un million de personnes se retrouvent dans les rues d'Erevan, la logique des choses voudrait que, devant un événement aussi neuf et inquiétant pour le régime soviétique, le Kremlin recoure à la force. Cela aurait débouché sur un bain de sang aux conséquences incalculables, et, après trois jours de réflexion, M. Gorbatchev choisit plutôt de faire lire un message aux Arméniens appelant à la raison et demandant le calme et le respect de l'ordre.

Le secrétaire général ne s'expose donc pas à l'accusation de laxisme, mais promeut, pour la première fois, des manifestants soviétiques au rang d'interlocuteurs du pouvoir et fait venir le même jour à Moscou deux intellectuels arméniens, engagés dans le mouvement, mais connus pour leur modération et leur appartenance à l'*establishment*.

C'est devant eux, officieusement donc, qu'il prendra des engagements vis-à-vis de l'Arménie, exprimera sa compréhension de la colère des manifestants et sa sympathie personnelle pour les Arméniens. Le message officiel et la conversation officieuse — rapportée bien sûr à Erevan par les deux intellectuels — convaincront les manifestants de se disperser, après que rendez-vous eut été pris pour ce 26 mars, sur cette même place de l'Opéra pour entendre la réponse du secrétaire général.

Le lendemain même, à Sungaït, l'une des plus grandes villes d'Azerbaïdjan, d'abominables violences éclatent contre les Arméniens. Qu'il y ait eu trente-deux victimes comme on le dit officiellement ou plusieurs centaines comme le rapportent des sources indépendantes, le fait n'est pas contesté que c'est un véritable pogrom avec enfants jetés par les fenêtres et femmes enceintes éventrées qui s'est produit et le poids du sang vient compliquer encore le dossier.

Il fallait déjà compter avec un parti arménien dirigé par un homme dont les intérêts sont très clairement menacés par la restructuration ; avec la réalité des discriminations et des frustrations des Arméniens du Nagorny-Karabakh ; avec l'impossibilité de les satisfaire pleinement car le rattachement de la région autonome à l'Arménie aurait ouvert la porte à un déluge de revendications sur le remodelage des frontières intérieures de l'URSS ; avec encore la crainte de laisser la presse parler des événements et les effets catastrophiques aussi du silence qui lui a été imposé et du torrent de rumeurs que cela a fait naître.

Il fallait compter avec tout cela et y ajouter désormais une redoutable dimension passionnelle et les manifestations, dans les rues de Bakou, d'Azeris scandant : « Nous ne céderons pas le Nagorny-Karabakh. » Tout aurait pu glisser cent fois vers l'anarchie, mais le 9 mars, l'agence Tass annonce que le bureau politique a chargé le secrétariat du parti d'étudier les causes de la tension du Nagorny-Karabakh et de proposer des solutions au Comité central. Dans les jours qui suivent — les *Izvestia* l'ont révélé jeudi soir — une délégation du gouvernement et de la commission du Plan se rend dans la région où, jeudi 17 mars, se produit un nouveau dérapage : la direction du parti du Nagorny-Karabakh demande au Comité central le rattachement de la région à l'Arménie et entre ainsi en dissidence.

M. Gorbatchev est alors en Yougoslavie. C'est le numéro deux du parti, M. Ligatchev, qui prend les choses en main, reçoit une délégation du Nagorny-Karabakh, convoque des intellectuels arméniens et azeris de Moscou et la *Pravda* publie, lundi dernier, un long article sur la crise (le premier de la presse soviétique) qui confirme que le rattachement est exclu mais que des changements sont jugés nécessaires, condamne sévèrement les partis arménien et azerbaïdjanais et dénonce l'« irresponsabilité » du mouvement arménien.

Le lendemain, les présidiums des Soviets suprêmes des différentes Républiques demandent au présidium du Soviet suprême de l'Union de se saisir du dossier. Mercredi, c'est chose faite, et la résolution de la plus haute instance de l'État soviétique condamne en des termes particulièrement musclés les « tentatives » de faire modifier les frontières « sous la pression », ordonne au ministère de l'Intérieur d'« utiliser tous moyens » pour rétablir l'ordre mais indique aussi, en une courte phrase, que le gouvernement devra prendre des mesures en faveur du Nagorny-Karabakh.

Tous ces termes sont si vagues et si disproportionnés aux longs paragraphes de menaces qu'ils sont lus, et pas seulement en Arménie, comme un raidissement que tempère pourtant le soir même un article étonnamment ouvert des *Izvestia*, l'organe du gouvernement. Mais à l'heure où sort cet article, la colère a déjà éclaté à Erevan, où l'on débat ardemment de savoir s'il faut maintenir le rassemblement ou appeler chacun à rester chez soi pour faire de la capitale de l'Arménie une « ville morte ».

On est en vérité très divisé sur la question, car soixante-dix ans de régime soviétique ne prédisposent ni à la culture ni au sens politiques, et l'on balance d'une personne et d'un moment à l'autre entre la peur et la rage, entre la prudence et l'exaltation.

Et, là-dessus, jeudi soir, l'agence Tass entre de nouveau en scène pour annoncer une réunion du bureau politique. Le communiqué est long, commence par rapporter des décisions sur les questions agricoles et, entre deux paragraphes soporifiques, la bombe. A vingt-quatre heures de la date fixée, arrivent les mesures promises, « approuvées par le bureau politique sur proposition du Comité central et du Conseil des ministres ».

Augmentation des budgets pour la construction de logements, d'hôpitaux, d'écoles et d'établissements culturels ; diffusion de la télévision arménienne dans la région ; augmentation de la diffusion de livres en arménien ; restauration des monuments historiques et culturels arméniens ; développement du réseau routier (c'est-à-dire des liaisons avec l'Arménie) ; action « résolue » contre « les plus petites manifestations de manque de respect à l'égard des sentiments nationaux » des différents groupes ethniques, et construction, enfin, de nouvelles entreprises — afin, expliquent parallèlement les *Izvestia*, que les jeunes Arméniens puissent trouver du travail dans la région autonome et que cesse ainsi leur exode.

Au total, indique le journal, 400 millions de roubles supplémentaires seront investis cette année au Nagorny-Karabakh. Ce n'est pas le rattachement à l'Arménie, mais ce n'est pas rien non plus, et en réunissant, les unes après les autres, toutes les instances du régime pour menacer les Arméniens, rappeler aux principes, affirmer leur autorité mais reconnaître aussi qu'il fallait résoudre les problèmes posés, M. Gorbatchev a agi non pas en franc-tireur mais en secrétaire général du parti — entraînant derrière lui tout le régime et toutes ses personnalités.

La parole est maintenant aux Arméniens, et toute la question est de savoir s'ils auront tout simplement eu le temps matériel de réaliser ce qui vient de se passer. Rien ne l'assurait et rien ne garantit non plus qu'ils préféreront M. Gorbatchev à la manifestation de leur déception. L'Alsace-Lorraine des Arméniens est toujours azerbaïdjanaise.

Trois ans de perestroïka : L'unité du parti vole publiquement en éclats

Entre conservateurs et réformateurs soviétiques, c'est maintenant la guerre, officiellement déclarée, sans aucune périphrase.

Après trois semaines d'intenses débats au sommet, la *Pravda* vient en effet d'accuser, mardi 5 avril, un autre des grands quotidiens de Moscou, *Sovietskaïa Rossia*, d'avoir publié, le 13 mars dernier, un véritable « manifeste des forces hostiles à la restructuration », une « plate-forme idéologique » visant, selon l'organe du Comité central, à « tenter de réviser petit à petit les décisions du parti ».

Développée sur une pleine page et avec toute l'autorité officielle des articles non signés, cette accusation marque une double nouveauté et n'a plus rien à voir avec les simples polémiques codées qui opposent, depuis plus d'un an et demi, rédactions, groupes d'intellectuels ou personnalités diverses.

Cette fois-ci d'abord, on ne prend plus de gants pour dire que la politique de M. Gorbatchev se heurte à des formes d'opposition organisée puisque l'élaboration et la publication d'un « manifeste » commun des conservateurs ne relèvent évidemment plus de l'addition de résistances individuelles.

Or, deuxième fait nouveau, pour tout Soviétique lisant l'article de la *Pravda*, il est parfaitement clair que cette opposition organisée — concertée à tout le moins — ne peut être le fait de seuls échelons subalternes puisqu'elle a pu s'exprimer dans un quotidien de l'importance de *Sovietskaïa Rossia*, qui est non seulement l'organe des dirigeants de la République de Russie mais relève aussi directement du Comité central.

Dès sa publication, également sur une pleine page, cet article de *Sovietskaïa Rossia* avait donc soulevé un considérable émoi parmi les intellectuels réformateurs de Moscou, à peu près unanimes à voir derrière cette publication l'ombre de M. Ligatchev, le numéro deux du parti, qui est devenu au fil des mois l'espoir des conservateurs. La rumeur veut que l'affaire serait ensuite montée jusqu'à la direction et que M. Ligatchev aurait été critiqué pour avoir voulu inciter d'autres journaux à reprendre l'article de *Sovietskaïa Rossia*.

Dès la semaine dernière, le bruit courait dans les salles de rédaction que la décision avait été prise de faire publier par la *Pravda* une réponse à ce manifeste pour démontrer que ce n'était pas de ce côté-là que le vent tournait.

C'est chose faite, et à trois mois de la conférence au cours de laquelle le parti sera appelé à se prononcer en faveur d'une démocratisation de son propre fonctionnement, à trois mois donc d'une étape fondamentale du processus de réformes impulsé par M. Gorbatchev, le moins qu'on puisse dire est que les positions en présence sont totalement tranchées. Et comme les conservateurs eux-mêmes n'osent pas se déclarer pour le retour au *statu quo* brejnevien et qu'ils ne commettraient pas non plus la maladresse de s'attaquer directement aux orientations réformatrices déjà adoptées par le parti, tout le débat est en train de se centrer sur la question du réexamen de l'histoire.

Signé par une Mme Nina Andreevna, un professeur de l'université de Leningrad, qui existe bel et bien mais n'avait servi que de prête-nom, l'article de *Sovietskaïa Rossia* accordait en effet une place prépondérante à la dénonciation... de la dénonciation du stalinisme comme instrument de remise en question de « l'industrialisation, la collectivisation et la révolution culturelle qui ont donné à notre pays le rang de grande puissance mondiale ».

« Tout cela est mis en doute, et l'on en est allé jusqu'à se mettre à exiger un repentir des staliniens », s'indignait Mme Andreevna en citant des appréciations flatteuses de Churchill ou de de Gaulle sur Staline (« une personnalité éminente ») et en expliquant que le rejet total de cette « période de transition » constituait au bout du compte une insulte aux efforts et aux sacrifices des combattants de la Révolution et de la guerre.

D'ailleurs, concluait sur ce point l'article, un jugement historique doit se fonder sur les résultats concrets d'une action et non sur les « défauts personnels » d'un dirigeant.

Ce à quoi la *Pravda* rétorque que ce raisonnement tend en fait à revenir sur la dénonciation du stalinisme par le parti ; à séparer « le socialisme de la moralité » ; à opposer aux sévères appréciations de Lénine sur Staline des panégyriques de dirigeants « bourgeois » et à oublier que Staline n'ignorait rien de la terreur, mais la « dirigeait » et que sa culpabilité est « grande et impardonnable ».

En le défendant, on défend en fait, ajoute la *Pravda*, le maintien des méthodes qu'il a engendrées pour le « règlement » des questions à débattre, le maintien des structures sociales et étatiques qu'il a créées, des normes qu'il a instituées et « l'on défend essentiellement ainsi le droit à l'arbitraire ».

Or, ce droit n'est pas seulement incompatible avec les idéaux et les objectifs du socialisme, explique la *Pravda*, mais a aussi fait déjà amplement preuve de sa nocivité car « il est grand temps de comprendre que les méthodes de gestion administrative n'ont pas amené les résultats voulus [et] ne sont qu'une illusion sans justification historique ».

Près de quarante ans après la déstalinisation, l'URSS commence en fait seulement à régler ses comptes avec un passé dont elle n'a toujours pas su se débarrasser et à la gloire duquel sont directement intéressés des millions de fonctionnaires, bureaucrates et profiteurs auxquels la *Pravda* s'en prend ici directement. Car à Mme Andreevna qui avait vu dans les « attaques contre la dictature du prolétariat » l'expression des intérêts sociaux « des descendants en bonne santé des classes renversées par la révolution d'Octobre », l'organe du Comité central renvoie sèchement la balle, ABC marxiste à l'appui.

« L'idée et l'intérêt sont mutuellement liés, écrit la *Pravda*, et la résistance conservatrice à la *perestroïka* est faite à la fois d'habitudes venant du passé [...] et des intérêts égoïstes de ceux qui ont fini par trouver normal de vivre aux frais d'autrui et ne désirent pas changer ce mode de vie. »

On ne saurait pour autant parler, précise aussitôt l'organe du Comité central, de lutte de classes, mais tout ce qui est décrit là en relève directement et suffit à donner une idée de la difficulté et de la profondeur d'une bataille qui n'en est qu'à ses premiers épisodes. Lorsque la *Pravda* prend bien soin, par exemple, d'expliquer longuement que la dénonciation de Staline n'enlève rien à la grandeur de ceux qui ont lutté, sous lui, pour le socialisme et la patrie, car elle souligne plus encore leur force d'âme, on perçoit parfaitement que l'entourage de M. Gorbatchev, là, n'est pas à l'aise.

Que dire et que faire (jamais posée, la question est dans toutes les têtes) de tous ceux, toujours bien vivants, qui ont participé directement aux crimes staliniens ou les ont cautionnés ? Comment éviter que du rejet du stalinisme on ne glisse au rejet des fondements mêmes du régime, de « l'État de la dictature du prolétariat, disait Mme Andreevna, sans la contribution historique duquel il n'y aurait aujourd'hui rien à restructurer » ? Et comment aussi, dès lors que la *glasnost* est la règle et qu'on l'encourage pour encourager les bouches à s'ouvrir, éviter qu'elle ne soit retournée contre elle-même par ses adversaires, qui contrôlent toujours la masse de l'appareil de propagande ?

Le plus frappant, dans cette Union soviétique où rien n'était dû, il y a si peu, au hasard, où la planification de tout, bonne ou mauvaise, était la règle, est qu'il n'y a tout simplement pas de réponses à ces questions. Imperturbable, M. Gorbatchev répète, jour après jour, à tous ses visiteurs que c'est une « révolution » qui démarre, qu'elle est inévitable et indispensable, qu'elle connaît et connaîtra des difficultés, mais vaincra parce que l'histoire l'exige.

En attendant, le secrétaire général met cependant au service de cette inéluctabilité un art de politicien consommé, car les points que marque sa politique étrangère, la manière dont il a su apaiser les grondements du volcan arménien et dont il vient de faire condamner ses adversaires par la *Pravda* — c'est-à-dire par la direction — ne sont certainement pas le fait d'un amateur.

M. Gorbatchev a et aura fort à faire pour maintenir son cap. Il a déjà eu à accepter plus d'une fois, et devra accepter encore, de freiner le mouvement, car son opposition est assez forte — et organisée — pour qu'il ait dû en reconnaître officiellement l'existence et l'influence. Il a pourtant sur ses adversaires l'énorme avantage de savoir où il veut aller, alors qu'eux ne veulent qu'une chose : n'aller nulle part — ce qui n'est pas un programme après vingt ans d'immobilisme.

Message aux communistes du monde : « Nous sommes dépassés par l'histoire. Réformez-vous... »

Loin de reculer devant la pression idéologique des conservateurs, M. Gorbatchev et ses amis viennent au contraire d'élargir le débat sur l'« état réel du mouvement communiste » à l'ensemble des partis qui s'en réclament à travers le monde.

Alors que les adversaires de la *perestroïka* sont, depuis dix jours, quotidiennement dénoncés par la totalité de la presse soviétique, le secrétaire du Comité central chargé des questions internationales, M. Anatoli Dobrynine, a en effet appelé, cette semaine, plus de quatre-vingt-dix partis communistes de tous les continents à une discussion « ouverte, légitime et indispensable » sur les « causes de la situation contradictoire et compliquée » qu'ils traversent.

Diplomate de carrière, M. Dobrynine a su choisir ses mots pour décrire ce temps « des recherches courageuses, des réflexions, des doutes et des espoirs », mais le moins qu'on puisse dire est que son diagnostic est alarmant pour le malade. Première des trois grandes difficultés exposées par le dirigeant soviétique, mardi 12 avril à Prague, à l'occasion du trentième anniversaire de la revue *Questions de la paix et du socialisme* : la classe ouvrière, la base sociale sur laquelle s'était construit le mouvement communiste dans les pays industrialisés, subit en ce moment des transformations marquées, « ce qui pose des problèmes pas si faciles que cela ».

M. Dobrynine n'est pas allé jusqu'à dire, comme de nombreux sociologues occidentaux, que la classe ouvrière telle qu'elle s'était formée à la fin du XIXe siècle était en train de disparaître, mais il estime que « la révolution scientifique et technique » a provoqué « de profonds changements sociaux » qui ont modifié le « caractère de la base de masse » du communisme.

Ce n'est qu'une question de nuance ou presque, et cela est d'autant plus grave pour le mouvement communiste que, parallèlement, « la plupart des pays en voie de développement se sont trouvés devant la nécessité de lutter par la voie du développement démocratique progressiste dans les conditions du capitalisme » — et non pas, sous-entendu, pour le socialisme.

En un mot, les conditions objectives sont aussi mauvaises dans le monde développé que dans celui qui ne l'est pas, alors même, deuxième difficulté soulignée par M. Dobrynine, que « la force d'attraction du socialisme s'est affaiblie ». Pourquoi ? Parce qu'« à l'étape actuelle de son développement le socialisme n'a pas laissé voir à fond la totalité de ses avantages et n'a pas, pour le moment, donné aux masses des pays occidentaux d'exemple convaincant de démocratisation de la société et de solution radicale des problèmes économiques ».

Troisième difficulté enfin : il n'y a plus de « coopération internationale » des différents partis communistes, alors même que les autres grands courants politiques « sociaux-démocrates, verts, chrétiens, conservateurs et libéraux » multiplient au contraire les initiatives communes. « On peut affirmer que le sort de notre mouvement dépend de la manière la plus directe du dépassement de ce retard », a donc déclaré M. Dobrynine en expliquant que, l'indépendance de chaque parti étant désormais « irréversible », « polémiques » et « ruptures » pouvaient céder la place à l'« interaction ».

D'ores et déjà, le plus important des PC occidentaux, le parti italien, vient de marquer ses distances à l'égard de cet appel à la redéfinition d'une stratégie commune en annonçant qu'il rompait ses liens avec *Questions de la paix et du socialisme*, qui joue, de fait, le rôle de revue théorique du mouvement communiste international. Outre cette défection de taille, bien d'autres obstacles se dressent contre la réactivation d'une réelle Internationale communiste, mais l'esquisse de programme qu'a proposée M. Dobrynine à Prague marque une évolution idéologique à côté de laquelle la *perestroïka* fait figure de réformette.

Premier point développé par l'ancien ambassadeur soviétique à Washington : il est temps d'inverser radicalement les priorités car, si, en théorie, la mission historique du prolétariat est de libérer l'humanité de la guerre, de l'exploitation, de l'aliénation, il n'en est pas moins vrai que ce sont « précisément la classe ouvrière et les travailleurs qui souffrent le plus » des difficultés économiques et des guerres. En conséquence, « les travailleurs sont avant tout intéressés à régler les problèmes de caractère humaniste universel », ceux-là mêmes dont « les marxistes estimaient auparavant que la libération du joug de classe précédait le règlement ».

Si ce n'est pas là la revanche historique des sociaux-démocrates après soixante-dix ans de révolution bolchevique, cela y ressemble fort, et la conséquence tirée par M. Dobrynine de ce demi-aveu est singulièrement importante : « On ne peut pas aujourd'hui compter sur le succès dans la lutte de classe sans s'armer de slogans et d'objectifs humanistes universels. »

L'accent prioritaire mis depuis trois ans sur la paix, le désarmement, la dénucléarisation, la détente et la coopération internationales, toutes les tentatives aussi de rompre avec la désastreuse image de l'URSS dans le domaine des droits de l'homme, trouvent ainsi leur justification idéologique et politique ; celle de relever de la simple nécessité. Et M. Dobrynine d'enchaîner sur la nécessité, dans cette nouvelle stratégie humaniste, « de respecter les particularités nationales et le droit de chaque peuple à la libre détermination de son sort.

Le dirigeant soviétique n'a pas précisé si ce respect devait aussi s'appliquer aux démocraties populaires, mais il a, en revanche, longuement insisté sur la nécessité de mettre au point une « culture de la discussion » au sein du mouvement communiste, d'abandonner la pratique des dénonciations, de ne pas « rester en arrière sur la vie » et de ne pas craindre, enfin, de se pencher sur l'histoire du mouvement communiste « et en premier lieu de notre parti et de notre pays ».

Autrement dit, M. Dobrynine a demandé aux partis communistes du bloc soviétique et à ceux du reste du monde de se mettre également à cette *glasnost* qui provoque tant de remous en Union soviétique même. Justification de cet appel : « La restauration de la vérité historique est une défense du léninisme [...], une base sur laquelle avancer et l'une des garanties les plus importantes de ce que les moments négatifs du passé ne se répéteront pas. » « Certes, a-t-il ajouté, nos adversaires idéologiques utilisent notre transparence vis-à-vis de notre passé, mais est-ce nouveau ? Les idéologues bourgeois cherchaient avant à nous dénigrer en se référant à tel ou tel événement réel de notre passé que nous avions passé sous silence [et] maintenant ils cherchent à nous dénigrer parce que nous en parlons ouvertement. »

M. Dobrynine a conclu en soulignant que l'ambiance était « favorable » à un « approfondissement du dialogue avec l'autre courant principal du mouvement ouvrier » : les sociaux-démocrates — ceux qu'on appelait les « sociaux-traîtres » il n'y a pas si longtemps que cela.

A en juger par les premiers comptes rendus des débats qui ont suivi, le dirigeant soviétique a oublié de mentionner une quatrième cause d'affaiblissement du mouvement communiste : le consternant niveau intellectuel de ses représentants, dont les interventions découragent toute citation. Il reste cependant à voir ce qu'auront dit les porte-parole des partis au pouvoir. En attendant, la presse soviétique bombarde littéralement les conservateurs d'articles, éditoriaux et lettres de lecteurs approuvant le cours nouveau.

La place qui est donnée à cette campagne, l'unanimité qui la marque désormais donnent ainsi l'impression que les conservateurs sont allés trop loin en faisant publier, le mois dernier, dans *Sovietskaïa Rossia*, une pleine page d'attaques contre la *glasnost*. La semaine dernière, la *Pravda* a très fermement répondu en dénonçant la publication d'un « manifeste » des adversaires de la *perestroïka* et, depuis, non seulement les conservateurs n'ont plus la parole dans les colonnes des journaux, mais des points de vue réformateurs radicaux trouvent à s'exprimer çà et là — comme si un front spontané s'était formé des centristes de la direction jusqu'aux intellectuels les plus audacieux.

Rien ne dit que ce front puisse tenir très longtemps et que les conservateurs se laisseront durablement museler. Il n'en reste pas moins que, du départ des troupes soviétiques d'Afghanistan en passant par le prochain sommet soviéto-américain de Moscou et les cérémonies du millénaire du baptême de la Russie, le chemin qui mène à la XIXe conférence du parti, en juin, semble particulièrement bien balisé pour M. Gorbatchev. Or c'est à cette conférence qu'on doit, enjeu capital pour la poursuite des réformes, débattre de la démocratisation interne du parti.

Signe des temps ? Le patron du KGB, M. Tchebrikov, vient de faire publier par la *Pravda* un discours dans lequel il dit en substance que les excès, ce n'est pas bien, mais que « le processus d'extension de la démocratie et de la transparence crée les conditions les plus favorables [...] ».

1er Mai sur la place Rouge : Triomphe du kitsch sous brise de renouveau

Lorsque les membres du bureau politique, M. Gorbatchev en tête, sont apparus sur cette terrasse du mausolée de Lénine d'où ils président aux grands défilés de la place Rouge, les premiers rangs du cortège leur ont fait deux ou trois ovations poussives et se sont mollement ébranlés.

C'était si distrait, formel et presque distant qu'on aurait pu en conclure que la direction du parti, chapeaux gris et manteaux gris, souffrait d'impopularité. A bien y regarder pourtant, ces hourras asthéniques ne faisaient que refléter l'essoufflement général de ce médiocre spectacle trop longtemps joué. Car, *perestroïka* ou pas, un défilé du 1er Mai à Moscou n'exprime plus rien d'autre que l'urgent besoin de renouveau auquel est confronté tout le pays.

Ce défilé n'est pas une manifestation. C'est encore moins une fête populaire, et, contrairement à celui du 7 novembre, ce n'est pas même une démonstration de force. Ce n'est qu'un rituel dont le sens s'est perdu dans les soixante-dix années d'une histoire convulsive et menteuse, et si une brise de renouveau soufflait néanmoins dimanche 1er mai 1988 sur la place Rouge, ce n'est pas dans le cortège qu'elle se sentait.

C'était dans les tribunes où, aussitôt interviewé par l'agence Tass, avait par exemple pris place un membre du saint synode de l'Église orthodoxe, Mgr Filaret, métropolite de Minsk et de Biélorussie. Sa seule présence rappelait que M. Gorbatchev et le patriarche Pimène s'étaient entretenus l'avant-veille au Kremlin et qu'un changement s'amorce dans les relations entre l'Église et l'État. Autre présence très remarquée : celle des ambassadeurs des pays de l'alliance atlantique, qui avaient, pour la première fois depuis l'invasion de l'Afghanistan en décembre 1979, accepté d'assister au défilé.

Au complet, ils avaient ainsi anticipé de deux semaines le début du retrait soviétique, et cette marque de confiance dans l'engagement pris par Moscou, ce nouveau signe de la détente général des relations Est-Ouest, faisait rayonner de bonheur les fonctionnaires du ministère soviétique des Affaires étrangères. Et puis il y avait aussi M. Eltsine, l'ancien premier secrétaire de Moscou limogé en novembre dernier pour radicalisme réformateur. Autrefois, les dignitaires en disgrâce ne refaisaient pas surface, mais M. Eltsine, lui, vient de donner une interview aux *Nouvelles de Moscou* et il s'arrête même pour répondre (oui, sa santé est meilleure) aux questions d'un journaliste occidental.

Les réformateurs ont décidément le vent en poupe, mais que ce défilé est kitsch ! D'abord, il y a des agents partout, en gris, en vert, en marron, souriants ou glaçants, épaule contre épaule et en civil pour encadrer le cortège, et en grand attirail du KGB (bottes noires et pas de l'oie) pour encadrer tous les civils, agents et cortège.

On croirait assister à la parade de la police, mais il y a tout de même un cortège, compact, long de deux heures, noyé dans les ballons, les fleurs et les sourires ravis d'enfants perchés sur les épaules de leurs pères. Mais si des haut-parleurs de l'enceinte du Kremlin tombent les slogans : « Prolétaires de tous les pays, unissez-vous ! », « Camarades ! toutes les forces pour la *perestroïka*, la démocratisation et la réforme économique radicale ! » le cortège ne les reprend que rarement.

Tonitruante, la musique ne parvient pas à donner au spectacle une quelconque vigueur. Tout d'ailleurs est sirupeux, comme les couleurs des bouquets et des ballons. Et lorsqu'on croit avoir atteint l'essence même de l'opérette viennoise, il manque encore le clou : les gymnastes agitant, nus dans leurs maillots bleus à bretelles, des poids de carton doré et les lourdes jeunes filles s'exerçant, en survêtement, aux figures chorégraphiques.

Juste — et certainement pas par hasard — sous les travées de la presse étrangère, les épouses des membres du bureau politique font cercle autour de Mme Gorbatchev, manteau noir serré à la taille sur une robe violette, sobres bijoux fantaisie et du métier à rendre jalouse la reine Elizabeth. On bavarde, bras dessus, bras dessous, consolant un enfant au ballon crevé commandant des cafés à la petite buvette sur roues. Et Mme Chevardnadze, chaleureuse comme toute la Géorgie, galope soudain là-haut, tout là-haut, embrasser un couple d'amis.

Ce kitsch tient aussi du Derby d'Epsom.

Le boomerang de l'histoire : Chagrin et pitié télévisés

Soudain retour d'une histoire refoulée, il y a des œuvres qui marquent un tournant dans la conscience des peuples. Les Français ont connu cela lorsque *Le Chagrin et la Pitié* leur a fait admettre qu'ils n'avaient pas tous été résistants, et les Soviétiques ont eu un choc bien plus grand encore en voyant, lundi 16 mai, « Le Procès », deux heures d'enquête télévisée sur la « malédiction » du stalinisme.

Annoncé par la presse du matin, diffusé au moment de plus forte écoute, ce documentaire tourné l'année dernière joue de la confrontation des époques et des générations, des témoignages de survivants et des images d'actualité, des questions étonnées d'adolescents d'aujourd'hui et des réponses douloureuses de bolcheviks d'hier.

A l'Ouest, la méthode est classique, mais en URSS, où un documentaire ne se conçoit habituellement pas sans commentaire, la force de ce collage en était décuplée, deux heures semblaient passer en quelques secondes et le téléviseur explosait de vérité — historique, humaine, abjecte.

Filmés sur la place Rouge, une poignée de vieillards, tous membres du parti depuis 1917 ou 1918, parlent de leur révolution, et les visages exaltés des insurgés se superposent aux leurs et referment leurs rides. Octobre, c'était hier. C'est l'histoire, mais une histoire qui n'est pas encore achevée, et ces hommes auxquels la caméra revient sans cesse avant d'aller interroger les générations successives de l'État qu'ils ont créé sont les récitants de cette tragédie, debout devant les murailles de la ville, gris devant le Kremlin rouge.

Plus qu'un formidable effet scénique, c'est la démonstration qu'on ne peut rien comprendre ni changer à ce système sans voir ce qui s'est passé, sans démonter l'engrenage de ce stalinisme qui s'exprime devant nous et auquel le pays, conclura un universitaire, est encore « lié par un cordon ombilical ». Tel professeur défend bec et ongles sa jeunesse en chantant l'« enthousiasme » des Komsomols de 1937. Tel ancien combattant de la Seconde Guerre mondiale déclare ne savoir qu'« une seule chose » : que sans Staline la guerre aurait été perdue.

Pour toute réponse, on enchaîne sur des images muettes de l'avance allemande, de villages détruits, de femmes et d'enfants hurlant de douleur devant des amoncellements de cadavres. Puis, autres images, nettes, en couleur : discussion d'historiens dans un institut de l'Académie des sciences. Combien d'officiers assassinés par Staline avant l'offensive allemande ? Quarante mille.

Et l'« enthousiasme » de 1937 ? La réponse du montage est encore plus percutante : la pierre et la plaque dressées à l'endroit où s'élevait la ferme des parents d'Alexandre Tvardvoski, l'homme qui avait publié Soljenitsyne sous Khrouchtchev. Il est aujourd'hui mort, mais son frère raconte la collectivisation, la destruction des exploitations, l'extermination des familles, et un autre historien confirme : trois millions de fermes démantelées et un dommage économique dont témoignent toujours les queues devant les magasins d'alimentation.

Retour sur la place Rouge et question d'un vieux bolchevik à l'autre : « Toi, tu as fait combien de camp, déjà ? » — « Dix-sept ans. » C'est beaucoup, mais ils ont eu plus de chance que ces « cadres de Lénine, tous tués (ils énumèrent) et pourquoi ? Pour asseoir le pouvoir d'un seul ». Images de l'enterrement de Lénine, gros plan sur Boukharine, et le procès de l'« enfant chéri du parti », récemment réhabilité par M. Gorbatchev, s'ouvre sous nos yeux, avec son procureur hystérique et le bon sourire de Staline envoyant des petits baisers aux petits enfants.

C'est l'horreur absolue, froide, sans mots, et la veuve de Boukharine lit devant la caméra le testament politique que son mari lui avait dicté. Il aurait voulu qu'il soit lu devant un plénum du Comité central. Il l'est à la télévision.

On peut, bien sûr, regretter que la vérité ne remonte pas plus haut que la mort de Lénine, et que le mensonge persiste ainsi. Il ne persiste cependant plus que par omission, et M. Gorbatchev peut tout remettre en question, sauf le fondement même du régime, sauf cette norme léniniste dont il se réclame pour combattre le stalinisme.

Mardi matin, la *Pravda* révélait que le « Le Procès » (au sens de processus) était, en fait, prêt depuis septembre dernier, qu'il aurait dû être projeté avant le soixante-dixième anniversaire de la révolution, mais que les forces de « freinage » s'y étaient opposées. Elles sont aujourd'hui en recul, et il se dit dans Moscou que M. Gorbatchev pourrait ouvrir la conférence du parti, fin juin, par le grand discours sur le stalinisme qu'il avait dû renoncer à prononcer en novembre dernier.

En direct du bureau politique : Comment réformer avec une majorité conservatrice ?

Enjeu depuis près d'un an d'une permanente bataille politique entre modernistes et conservateurs, la conférence du parti qui s'ouvrira fin juin à Moscou a d'ores et déjà fait l'objet d'un compromis au sein de la direction soviétique. Les cinq mille délégués, dont l'élection a commencé il y a une dizaine de jours, devraient en conséquence être appelés à donner mandat au bureau politique d'engager plusieurs réformes politiques importantes, mais ne devraient prendre en revanche aucune décision de changement immédiat — notamment pas sur la composition des organes dirigeants.

Adopté il y a déjà plusieurs semaines, mais scellé seulement, a appris *Le Monde*, par l'adoption à 11 heures du matin, jeudi 19 mai, des « thèses » que M. Gorbatchev présentera devant la conférence au nom du bureau politique, ce compromis doit encore être entériné par un plénum du Comité central. Cette formalité ne devrait cependant pas faire problème, car ce compromis a l'avantage, pour chacun des deux camps en présence, de préserver l'avenir.

A M. Gorbatchev et ses amis modernistes, il permet de considérablement renforcer la légitimité de leur ligne, qui va ainsi, après avoir été approuvée par le congrès de février 1986, se trouver confirmée et précisée par une conférence, c'est-à-dire par la seconde des plus hautes instances du parti.

Cela ne garantit en aucune manière le triomphe pratique de cette ligne, mais il sera, cette étape franchie, beaucoup plus difficile aux conservateurs de s'opposer de front à des réformes que la direction aura solennellement reçu mission de mettre en œuvre. Pour autant, ces puissants adversaires des réformes que sont plusieurs membres de la direction et la grande masse de l'appareil intermédiaire ont, eux, la satisfaction d'éviter l'adoption, dès les premiers jours de juillet, de mesures qui auraient profondément ébranlé leur pouvoir. En perte de vitesse pour l'heure, ils comptent pouvoir, de cette manière, trouver le temps et les moyens de reprendre leur souffle.

La résolution qui sera proposée à l'adoption des délégués doit non seulement appeler à une redéfinition fondamentale de la vie intérieure du parti et de son rôle dans la gestion de l'État, mais demander aussi que soient soumis au Soviet suprême plusieurs projets de loi modifiant significativement les rapports entre l'État et les citoyens soviétiques.

En préparation depuis de longs mois, ces textes devraient porter sur la liberté de conscience, la presse, la circulation des personnes et la liberté d'association. Discuté avec la hiérarchie orthodoxe, que M. Gorbatchev a récemment reçue au Kremlin, le premier de ces projets devrait notamment reconnaître le droit des parents de donner une éducation religieuse à leurs enfants, accorder aux paroisses la propriété (actuellement détenue par l'État) des bâtiments religieux, et reformuler « de manière modérée et nette » les droits des Églises, qui devraient en particulier bénéficier d'un « accès plus large » (aujourd'hui inexistant) aux moyens d'information de masse afin de pouvoir participer au « dialogue social ».

Le texte sur la presse — ou sur la transparence, on hésite encore — devrait, quant à lui « garantir la liberté d'accès à l'information », ce qui signifie en pratique que les instances du parti et de l'État devraient désormais avoir l'obligation de répondre aux questions qui leur seraient posées par les médias, afin que « la presse puisse jouer le rôle de contrôle qu'exercent les parlements » dans les démocraties occidentales.

Troisième innovation, le texte sur la circulation des personnes viserait à rien de moins que mettre la législation soviétique en accord avec les engagements internationaux, souscrits par l'URSS, en particulier avec les accords d'Helsinki. Les citoyens soviétiques devraient en conséquence avoir le droit de voyager comme bon leur semble, aux seules conditions d'avoir les moyens financiers de ces voyages (restriction de taille) et un visa pour le pays dans lequel ils veulent se rendre. Outre la normalisation (à la hongroise ou à la polonaise) des voyages à l'étranger, il s'agirait, de cette manière, de répondre, sans paraître céder, aux pressions occidentales en faveur du droit à l'émigration qui deviendrait un droit à ne pas revenir d'un séjour légal à l'étranger.

Le quatrième projet viserait enfin à combler un vide de la législation soviétique, en définissant les conditions d'enregistrement et les possibilités d'action des associations dites aujourd'hui « informelles ». Au nombre d'environ trente mille actuellement, selon une personnalité proche des milieux dirigeants, ces associations culturelles, politiques, sportives ou simplement locales se sont multipliées depuis deux ans et bénéficient de l'approbation de M. Gorbatchev et de ses amis, qui ne perdent plus une occasion de dire qu'elles répondent à une demande sociale.

Particulièrement sensible sur ce dernier chapitre, l'ambiguïté politique fondamentale de cette volonté de réforme législative est qu'elle tend à geler à son stade actuel une évolution de fait qui s'amorce seulement, et donc à cantonner la démocratisation dans d'étroites limites. Plusieurs des journalistes à la pointe du renouveau tentent pour cette raison de s'opposer à toute formulation du projet de loi sur la presse auquel les conservateurs sont tout aussi opposés, mais pour des raisons rigoureusement inverses.

« Toute définition est naturellement une limitation », commente un proche de M. Gorbatchev en citant Spinoza et en faisant valoir que l'objectif est de rendre légalement irréversible une situation dépendant actuellement du seul rapport de forces politique — c'est-à-dire réversible et prévalant presque uniquement dans la presse centrale publiée à Moscou.

Quant au deuxième grand chapitre de la résolution qui sera proposée aux cinq mille délégués, la redéfinition du rôle du parti, il devrait essentiellement porter sur la revalorisation, du bas en haut de l'appareil d'État, du rôle des soviets — c'est-à-dire de ces assemblées, théoriquement élues, auxquelles revient, mais en théorie seulement aussi, la totalité du pouvoir, depuis que la révolution de 1917 s'est faite sur ce slogan.

Cette affirmation de l'appareil d'État devrait notamment

passer par un désengagement de la direction du parti des affaires économiques (évolution à l'ordre du jour en Hongrie et prônée en Pologne), par un renforcement conséquent des pouvoirs du Conseil des ministres et par une limitation, enfin, du poids des responsables du parti, qui ne devraient plus pouvoir exercer plus de deux mandats consécutifs.

Cette dernière mesure poserait évidemment un problème à M. Gorbatchev. Mais dans la mesure où il s'agirait d'un changement des statuts dont seul pourrait décider le congrès, la question ne se posera qu'à compter de 1991 — ce qui n'est pas seulement rassurant pour le secrétaire général et l'avenir des réformes, mais aussi pour l'ensemble de l'appareil et l'avenir du *statu quo*.

Rien n'est joué — sauf que la dynamique reste favorable aux réformateurs, qui continuent de bénéficier de l'erreur commise par les conservateurs lorsqu'ils ont fait publier, en mars dernier, dans *Sovietskaïa Rossia*, un article-manifeste de facture trop évidemment stalinienne. Cette maladresse a permis à M. Gorbatchev de se rallier le marais de la direction et de constituer la majorité qui a permis le compromis d'aujourd'hui.

Les « thèses » (quelque quatre pages de la *Pravda*) devraient être publiées à la fin de la semaine prochaine. Du coup, la bataille qui fait rage du haut en bas du parti pour l'élection des délégués a beaucoup perdu de son intérêt. Majoritairement conservateurs ou majoritairement réformateurs, ces délégués adopteront de toute manière les textes proposés par une direction qui a su artificiellement ressouder ses rangs.

« État de droit » :
Faire une révolution avec des mots

M. Gorbatchev veut transformer l'Union soviétique en un « État socialiste de droit » dont « le fondement sera la légalité, suprême et triomphante, expression de la volonté du peuple ». Développée dans les thèses qui seront présentées, fin juin, aux cinq mille délégués à la conférence du parti, cette ambition s'accompagne d'un appel au retour aux « principes léninistes »

— notion recouvrant notamment le respect de la « liberté de discussion » dans le parti et le pays et de l'autonomie de l'appareil d'État et de ses assemblées élues.

Publiées ce vendredi 27 mai par la *Pravda*, ces thèses constituent, par le seul énoncé de ce programme, un réquisitoire systématique et sans précédent contre la réalité présente du système politique soviétique. S'il faut, en Europe, à la fin du XXe siècle, créer dans le pays qui s'est proclamé, pendant soixante-dix ans, le plus « progressiste » du monde, un État de droit, c'est bien en effet que l'arbitraire y est la règle jusqu'à aujourd'hui.

S'il faut respecter la liberté de discussion et le pouvoir des soviets, c'est bien sûr qu'ils ne le sont pas, et s'il est écrit que « toutes les organisations du parti devraient agir dans le respect de la Constitution et des lois », c'est bien que ce n'est pas le cas.

A la seule condition de le vouloir, on pouvait le savoir depuis soixante-dix ans. C'était, de par le monde, de plus en plus largement admis depuis trente ans. Mais que cela soit dit, fût-ce en creux, dans un document officiel du Comité central destiné à l'adoption par une conférence du parti marque une rupture fondamentale dans l'histoire de l'Union soviétique.

C'est en effet la première fois qu'on sort de la seule dénonciation de la dernière des « erreurs » en date pour reconnaître la réalité du non-droit et proposer non pas une condamnation de la période précédente mais une « réforme du système politique ». M. Gorbatchev n'a en ce sens pas tort de déclarer régulièrement qu'une « révolution » est en cours dans son pays, et cela bien que ses propositions de réformes constituent beaucoup plus une déclaration d'intention qu'un arsenal de mesures concrètes.

Hormis la limitation (deux fois cinq ans) du nombre des mandats électifs consécutifs qui pourront être brigués dans les appareils du parti et de l'État, la plupart de ces propositions sont d'ailleurs formulées de manière assez vague, quand elles ne sont pas seulement brièvement énumérées. La raison en est que ces thèses sont le fruit d'un compromis entre modernistes et conservateurs de la direction aux termes duquel les seconds ne les ont acceptées qu'à la condition qu'elles ne donnent pas lieu à des décisions immédiates de la conférence.

Les délégués seront donc seulement appelés à donner mandat au bureau politique de réaliser ces « réformes de portée historique » dont la rapidité et l'ampleur dépendront essentiellement des rapports de forces politiques qui prévaudront dans les années à venir. Actuellement favorables aux modernistes, ils ne l'ont pas toujours été depuis l'arrivée au pouvoir de M. Gorbatchev, et rien ne garantit qu'ils le resteront demain.

Consacrée à la création de l'État de droit, la huitième thèse affirme que « le devoir de l'État est de veiller au renforcement de la garantie des droits et des libertés des citoyens », ce qui implique la création de « conditions matérielles et juridiques pour l'exercice des libertés constitutionnelles [libertés d'expression, de presse, de conscience, de réunion, de meeting, de défilé de rue, de manifestation, etc.] et des garanties plus strictes des droits individuels tels que l'inviolabilité de la personne et du domicile et le secret de la correspondance et des communications téléphoniques ».

Une « profonde réforme judiciaire » est en conséquence nécessaire, est-il alors dit, dont les « premières priorités sont un renforcement spectaculaire du rôle de la justice » fondé sur la « stricte observation des règles de procédure, de la publicité des débats et de la présomption d'innocence » ; sur la garantie de l'indépendance de la magistrature (« subordonnée à la loi et à la loi seule ») ; sur le développement des activités du barreau et sur une réforme du fonctionnement du parquet dont le chef, le procureur général de l'URSS, a été limogé jeudi.

Des lois et des circulaires devront être abrogées, de nouvelles adoptées, et le principe général à respecter dans ce renouveau législatif est que « tout est permis, sauf ce qui est interdit par la loi ».

Consacrée au fonctionnement interne et au rôle du parti, la cinquième thèse propose en premier lieu de « restaurer pleinement la conception léniniste du centralisme démocratique », qui garantissait, est-il dit, la libre discussion politique jusqu'à l'adoption des décisions « par la majorité ». Les fonctions respectives du parti et de l'État devront, en deuxième lieu, être « précisément délimitées », ce qui implique que les comités du parti ne devraient plus adresser d'instructions directes aux organes de l'État et de l'économie, mais faire valoir leurs points de vue *via* les membres du parti appartenant à ces organes.

Cela semble relever de la simple nuance, mais l'objectif est néanmoins fondamental : empêcher des bureaucrates ignorants d'imposer, comme c'est aujourd'hui le cas, leur volonté aux gestionnaires, qu'ils soient membres ou non du parti. D'ici au prochain congrès, en 1991, l'appartenance au parti de chacun de ses membres devrait d'ailleurs être réexaminée à la lumière de « sa contribution à la cause de la *perestroïka* », et des changements devraient parallèlement être introduits dans les procédures électorales dont « la véritable compétition, la large discussion des candidatures et le vote secret devraient devenir la norme ».

Le nombre des candidats devrait enfin « excéder » le nombre de postes à pourvoir, et tous ces principes devraient s'appliquer du haut en bas de la hiérarchie — tout comme la limitation des mandats à laquelle il est toutefois prévu une entorse possible : si les trois quarts des électeurs concernés en sont d'accord, un troisième mandat peut être brigué. Cette règle ne pouvant être ni rétroactive ni adoptée avant le congrès de 1991, chaque responsable, y compris M. Gorbatchev, peut encore avoir devant soi douze ans, plus éventuellement cinq, ce qui est à peine plus cruel que la biologie.

Consacrée à la « pleine restauration du rôle et des pouvoirs des soviets », la sixième thèse déplore d'abord la « tutelle » aujourd'hui exercée sur eux par le parti et les ministères qui ne leur laissent « souvent qu'à entériner des décisions déjà prises ». Il est donc « vital » de leur donner (par le biais des impôts locaux) les possibilités « financières et matérielles » d'être de véritables assemblées en charge des quartiers, des villes, des régions ou des républiques qui les élisent — et cela notamment dans les domaines de l'économie et des rapports entre nationalités, dont la « décentralisation » devrait assurer la bonne coexistence. Il ne faut plus, autrement dit, que Moscou ait à s'occuper de tout et puisse, en conséquence, être tenu responsable de tout problème local.

Pour garantir enfin la prééminence des soviets sur les organes exécutifs, on ne pourra simultanément appartenir aux uns et aux autres, et les députés devront, eux aussi, être élus avec multiplicité de candidatures et discussions de leurs mérites par la presse.

Particulièrement novatrice, la neuvième thèse appelle à encourager et non pas à détruire, à museler ou à noyauter les organisations créées par l'« initiative publique ». Cette expression recouvre en fait tout ce qui n'a pas été créé par le parti-État, c'est-à-dire les Églises et les « associations informelles », qui se sont multipliées depuis trois ans. Les unes et les autres devraient avoir « un plus grand mot à dire dans le processus politique », pouvoir déposer des projets de loi, « envoyer des représentants dans les instances de l'État et être les partenaires du gouvernement dans le développement des programmes sociaux, la résolution des questions de logement, de santé, d'éducation [...] ». En clair, il serait souhaitable que le monopole du parti, vigoureusement réaffirmé, n'exclue pas l'existence d'autres organisations représentatives et agissant, bien sûr, « dans le cadre de la Constitution ».

Chaque thèse se réfère aux principes léninistes, pour bien marquer qu'il ne s'agit aucunement d'aller vers une démocratie parlementaire pluraliste. L'État de droit, qui est à fonder, serait en ce sens bel et bien « socialiste », et les thèses ne laissent aucun doute sur les difficultés qu'il y aura à créer cet hybride. « La *perestroïka*, disent-elles, est un processus conflictuel, mené dans les difficultés et la lutte entre l'ancien et le nouveau, [car] les survivances de la mentalité conservatrice et bureaucratique se sont révélées tenaces, les adeptes des conceptions dogmatiques sont lents à céder, et des tentatives sont faites pour préserver les vieilles méthodes de gestion par le haut. »

Toutes les révolutions ne sont pas victorieuses, mais toutes sont très longues.

Le millénaire du baptême russe : Croire, toujours croire

Au début était grand-mère, babouchka de légende, venue des campagnes avec son fichu à fleurs, si inoffensive que même sous Staline elle ne valait pas une arrestation, et si éternelle pourtant qu'un jour peut-être en dira-t-on que le communisme n'aurait pas dû la sous-estimer.

Car inébranlable devant son autel, si discrète, grise et semblable à celle d'hier et de demain qu'on ne voit pas la mort la remplacer, cette petite femme lourde de fatigue est déjà l'héroïne d'une renaissance — celle de l'Église orthodoxe russe, mille ans en ce mois de juin, de grandes faiblesses et beaucoup d'espérances.

En soixante-dix ans, cette gardienne de la foi n'a jamais déserté, inaltérable pilier d'un temple que le nouveau dogme avait pourtant voulu détruire jusqu'à la dernière pierre. On a rasé, jusque dans le cœur de Moscou, des cathédrales et des églises sur les décombres desquelles flottait un dérisoire drapeau rouge. Entre des murs polis par l'humble vérité des prières, on a créé des entrepôts. Prêtres, diacres, évêques ont disparu par dizaines de milliers dans le grand entonnoir des camps. Mais même lorsqu'il ne restait plus, après vingt-cinq ans d'État soviétique, qu'une centaine d'églises ouvertes sur tout le territoire de l'URSS, elles étaient encore bondées de ces souris minuscules et fragiles si serrées l'une contre l'autre que leurs signes de croix s'entrecroisent jusqu'à les fondre toutes dans un mythe national.

Au début était grand-mère, mais voilà que sous ce lourd manteau de pompe et d'encens retaillé à la hache des persécutions, lustré de compromissions et mité de flics en soutane, voilà que sous ce manteau qu'elle a entoilé de sa constance et de ses kopecks se retrouvent aujourd'hui de nouvelles générations de chrétiens.

A la hauteur du port fluvial, entre Moscou et son double aéroport international, la rue du Festival plonge dans un quartier moderne de béton géométrique, médiocre banlieue qui serait de partout si l'anémie de son supermarché n'était avant tout soviétique. Tout est haut, droit, grisâtre, mais, dans cette forêt de cubes, une toute petite église, écrasée par son bulbe vert, plantée entre cour et jardinet, flanquée de sa maison de curé et entourée de grilles antiques, découpe une clairière de conte de fées.

Devant l'entrée principale se pressent des familles endimanchées avec petites filles à nattes et garçons à raie. Sur un banc de la cour, un jeune homme au visage crucifié dévore les *Izvestia*. L'air charrie un écho de chants religieux. Quatre mendiantes rondes et basses psalmodient en rang d'oignons des bénédictions, main tendue sous le soleil printanier. Il est bientôt 11 heures et, à l'intérieur, un prêtre tout d'or vêtu officie entre l'encensoir d'un diacre extatique et une chorale qui ne parvient plus à couvrir les vagissements des bébés.

Car, devant la petite salle latérale où vont bientôt commencer les baptêmes, les matrones de la paroisse n'arrivent plus à démêler l'embouteillage de poussettes. Les engueulades pleuvent, et malheur à celui qui n'est pas passé au petit guichet acheter la médaille de fer-blanc et le nombre de cierges requis, à celui qui a oublié la serviette-éponge ou tente de faire pénétrer un oncle qui n'est même pas le parrain !

C'est qu'avec cinquante chrétiens de plus à oindre dans la matinée la salle déborde et le ventilateur refuse de démarrer, à la fureur du modeste serviteur de Dieu dont les grosses gouttes de transpiration s'écrasent sur un livre de prières usé comme un grimoire. On commence par les adultes, une quinzaine en tout, de jeunes couples pour la plupart, qui ont décidé de se faire baptiser avec leurs enfants et penchent un visage grave, souvent couvert de larmes, vers cette baignoire de western qui tient lieu de bénitier.

Hurlant comme des possédés, les bébés y sont, eux, plongés nus, et ce baptême collectif sous le regard attendri d'un Christ mièvre prend des airs de remake de la naissance du christianisme. C'est une fête, mais cette fête est pauvre, ses protagonistes sont simples et l'empire, comme aux premiers siècles, est maintenant trop vaste et trop vieux pour imposer la fidélité totale aux dieux de sa création.

Depuis plusieurs mois, chaque samedi, chaque dimanche, rue du Festival comme dans toutes les églises de Moscou et de Leningrad, c'est cette même folie de baptêmes, de conversions de l'athéisme au christianisme, et on ne chôme pas non plus en semaine. Le mouvement est si fort, le marché si prometteur, que pour s'attacher le plus possible ces nouveaux fidèles qui vont gonfler leurs caisses les paroisses commencent à faire du dumping sur le premier des sacrements.

Dans beaucoup d'entre elles, le prix est tombé à 10 roubles, soit souvent un tiers de moins qu'avant, et l'une des églises les plus chics du centre de la capitale (« Nous n'avons que des bureaux autour de nous ») propose même un prix record : 7 roubles seulement. Et si vous demandez à cette jeune marraine frictionnant son gros filleul encore tout dégoulinant d'eau bénite ce qui explique ce soudain boom, elle répond dans un éclat de rire : « Mikhaïl Serguéévitch ! » — autrement dit, M. Gorbatchev.

Baptisé avec sa femme et ses deux enfants, un technicien mince et timide explique, lui, que « ça ne fait maintenant plus de problèmes au travail », et la « doyenne » de la paroisse, personnage clé assurant la liaison avec les autorités, résume l'explication d'un mot : « les passeports ». Car depuis l'automne dernier, les églises ne sont plus obligées de tenir à la disposition des organes d'État tous les renseignements permettant d'identifier les gens qui demandent le baptême.

Le verrou de l'intimidation a sauté, et sitôt que le bruit s'en est répandu et que les familles s'en sont convaincues, ce fut la ruée, encore amplifiée après que M. Gorbatchev eut reçu au Kremlin, le 29 avril dernier, toute la hiérarchie orthodoxe, patriarche en tête. De Moscou et Leningrad, le mouvement va-t-il maintenant s'étendre aux autres villes puis à ces campagnes où les petits potentats appliquent d'autant plus lentement une nouvelle directive qu'elle est plus libérale ? Un retour en arrière provoquerait-il un brutal reflux du courage ?

Réponses incertaines, mais outre que la conférence du parti va donner, fin juin, un coup de pouce à la préparation (en cours) d'une nouvelle loi sur les affaires religieuses, le renouveau de la foi orthodoxe ne date pas des baptisés de la *glasnost*. Dans l'église de la rue du Festival, l'office du dimanche matin s'achève, mais, après une heure et demie de prières debout (l'orthodoxie ignore les bancs), la foule est toujours aussi dense. Noyées dans un murmure de prières et pauvrement vêtues, lourdes jambes et visages de pomme desséchée, les grand-mères en bataillon serré ont cédé les premiers rangs aux jeunes.

Ils sont, eux, correctement vêtus, et il n'est pas besoin de regarder leurs mains pour savoir qu'ils ne sont pas cols-bleus. Les plus vieux sont sortis de l'enfance sous Khrouchtchev. Les benjamins sont nés sous Brejnev. Ils n'ont pas vécu la terreur et, quant à la peur, ils l'ont déjà dominée depuis longtemps puisqu'ils n'ont pas attendu M. Gorbatchev pour se convertir. Sans doute sont-ils trois, peut-être quatre fois moins nombreux que ces femmes silencieuses, témoins d'un siècle qui, comme elles, finit, mais ils ont pris le relais — au fil d'épopées dans lesquelles le siècle prochain, celui de leur maturité, plongera des racines.

Au début était grand-mère, paysanne entière qui comprit tout de suite pourquoi le typhus avait frappé sa fille après trois ans de guerre. Non pas à cause des privations mais parce qu'elle n'avait toujours pas, par crainte de représailles, fait baptiser le petit-fils qu'elle lui avait donné. A l'âge de six ans, Vladimir Ossipov fut donc plongé d'office dans l'eau bénite par sa grand-mère.

Sa mère survécut, et lui resta profondément croyant jusqu'à la première de ses conversions, au communisme, à l'âge de treize ans. « C'était une volonté de m'affirmer, de la fierté », dit-il aujourd'hui, comme pour faire excuser un péché de jeunesse pourtant déjà expié de quinze ans de camp. Car, communiste, le jeune Vladimir l'a été comme d'autres sont chrétiens : ne rêvant que d'harmonie et de sacrifices, d'héroïsme et d'éden — tant et si bien qu'à ses vingt ans on le retrouve aux pieds de la statue de Maïakovski.

C'est la fin des années cinquante, le dégel, et les samedis et dimanches soir deux ou trois centaines de jeunes gens viennent communier à l'ombre d'un poète dont la désillusion révolutionnaire s'apaisa dans le suicide. On lit les auteurs « réprimés » sous Staline, et beaucoup des grands noms de la dissidence sortiront de ces soirées qu'on prolonge en petit comité pour parler politique.

A l'époque, Vladimir Ossipov a déjà évolué : il est anarcho-syndicaliste, et la Yougoslavie autogestionnaire est pour lui un exemple de « bon socialisme » dont devrait s'inspirer Khrouchtchev. « Nous voulions, en somme, ce que veut aujourd'hui Gorbatchev. »

Mélange extrêmement répandu dans les générations qui ont trouvé le chemin de l'Église après Staline, ce communiste va alors non seulement redevenir chrétien mais devenir aussi nationaliste russe, car « tous les malheurs du peuple, explique-t-il, viennent de l'athéisme... ».

Pourquoi de l'athéisme ? Une hésitation et il corrige : « ... de l'athéisme communiste qui a propagé ce qu'on appelle la "morale de classe", une absence de morale en fait, puisqu'elle professe qu'on peut tout faire au nom du prolétariat et de la grande idée du communisme. » « Prenez la collectivisation, poursuit-il : on arrachait tout aux paysans, jusqu'à leurs vêtements, et c'était glorifié, c'était bien de voler, et l'on en voit les résultats aujourd'hui, dans chaque entreprise, où chacun considère qu'il est parfaitement normal de se servir. »

Le Christ, il en a de nouveau entendu l'appel en réalisant que « pratiquement tous les bolcheviks étaient morts vingt ans après la Révolution et que ce n'était pas le fascisme ou un rétablissement de la monarchie qui les avait tués mais leur propre pouvoir — ce qui était le pire des châtiments », un châtiment, a-t-il pensé, dont l'éclatante puissance manifestait à elle seule l'existence de Dieu.

Le nationalisme, il y est venu par réflexe de « défense » de sa patrie, minée, dit-il, « par l'alcoolisme et une dégradation générale, morale et mentale » qui l'ont décidé à « consacrer sa vie à tirer le peuple russe de cette catastrophe ». Ne pas sourire, car le désarroi moral, la désorientation intellectuelle de ce peuple assommé par soixante-dix ans de propagande en chambre close sont effectivement immenses, et si M. Gorbatchev a fait de la lutte antialcoolique une priorité absolue, c'est que le problème n'est que trop réel.

Chacun à sa manière, en URSS, cherche aujourd'hui à redéfinir une morale collective. Les staliniens, c'est-à-dire non pas les bureaucrates moyens dont l'idéal reste le clientélisme brejnevien mais les intellectuels antioccidentalistes, rêvent d'un retour à la manière forte, d'un peuple pur, dur et coupé de ses éléments hétérogènes. M. Gorbatchev, lui, voudrait susciter un réveil des hommes, leur redonner une dignité, en démontrant qu'il y a place, dans le cadre du système pour l'intelligence et le mouvement.

Et beaucoup, énormément de gens, croyants, demi-croyants, ou pas croyants du tout, tournent leurs regards vers la morale des Dix Commandements et cette culture du christianisme qui ont donc, en Russie, neuf cent trente ans de plus que le communisme et que servent aujourd'hui 6 000 églises (plus de 50 000 avant la révolution), 60 évêques et 6 500 prêtres et diacres. Un filet d'eau dans un désert prend des allures de fleuve et tout le monde, en fait, a l'Église en tête.

Ces intellectuels staliniens, qui sont le plus souvent antimarxistes, assaisonneraient bien d'un peu de sacré la dictature nationaliste dont ils rêvent dans leur délire antisémite. M. Gorbatchev se dit que la docilité de la hiérarchie a fait ses preuves et que la hisser au rang d'interlocuteur peut détendre l'atmosphère et lui attirer un soutien fiable — celui des chrétiens. Tout ce que le pays compte d'esprits libres et sincères voit bien, enfin, non seulement que l'Église orthodoxe russe offre une infrastructure mais aussi qu'il n'est peut-être pas d'autre terreau d'où pourrait renaître une identité nationale.

Cette Église, qui a toujours courbé la tête, béni la main qui la frappait, applaudi le régime, fait et dit ce qu'on lui demandait pour servir l'image et la politique étrangère du pouvoir, cette Église, dont la hiérarchie compte tant de puissants Judas, cette Église sclérosée et timorée attire ainsi comme la lumière le marcheur dans la nuit.

« Si Dieu n'est pas, poursuit Vladimir Ossipov, tout est permis, car si un Occidental peut être honnête tout en étant athée, chez nous, ce n'est pas le cas. » Citez-lui dix personnalités tout ce qu'il y a de plus russe, de plus athée et de plus honnête, et il rétorque : « Oui, mais ce sont des intellectuels, et aux masses populaires, il faut la peur de Dieu, qui n'est pas, dit-il en devançant l'objection, la peur de la dictature. »

Parmi les chrétiens nationalistes, il en est qui confondent patriotisme et racisme, haïssent la démocratie, rejettent en bloc tout ce qui est occidental et, au premier chef, M. Gorbatchev, soupçonné de beaucoup regarder vers l'Ouest. Ceux-là sont très voyants, mais pas les plus nombreux en fait, et la plupart, comme Vladimir Ossipov, en sont simplement venus, expérience faite, à se dire que l'humanisme chrétien était plus évident que celui du marxisme et que toute société avait droit à trouver son rythme d'évolution à partir de ses propres traditions.

Conservateurs, ils le sont par excellence, mais le paradoxe est qu'en URSS un conservateur de cette sorte appartient au parti du mouvement. Ni chauvinistes bornés, ni portés au fanatisme religieux, ils sont en fait le ferment d'un courant de droite modérée, parfaitement réaliste et dans lequel, *perestroïka* aidant, pourrait bien affleurer la tentation de prendre M. Gorbatchev au mot. « Bien qu'il soit communiste et moi pas, dit Vladimir Ossipov du secrétaire général, je lui souhaite bien sûr de réussir car cet homme est un miracle : le premier être humain produit par ce pouvoir. » Il est « bon », dit-il même mais en ajoutant cependant : « La *perestroïka* ne pourra pas être un succès tant que les croyants resteront des citoyens de seconde zone. Ils doivent pouvoir exercer des responsabilités, à des postes dirigeants, y compris dans le gouvernement. »

Or si Vladimir Ossipov ne fait que prendre date — pour un très lointain futur — en lançant l'idée de portefeuilles pour les chrétiens, les thèses de la prochaine conférence du parti soulignent bel et bien que les organisations indépendantes (donc les Églises) devraient « pouvoir déposer des projets de loi et être des partenaires de l'État », dans des domaines tels que la santé ou l'éducation.

M. Gorbatchev sait que la fin de l'apathie sociale passe par la mobilisation de gens qui ne sont pas intégrés à l'État-parti. Les nouvelles générations de chrétiens qui repeuplent l'Église ne demanderaient, elles, qu'à investir leur énergie dans des tâches sociales aujourd'hui explicitement interdites à l'Église et, de fait, à quiconque n'est pas membre du parti. Une nouvelle loi sur la liberté de conscience est en préparation. Quelque chose se cherche et, pour l'heure, Vladimir Ossipov, ouvrier d'usine, 140 roubles par mois [1], élève son fils dans la religion et publie un bulletin clandestin, *Zemlia (La Terre)*, continuation d'un autre *samizdat* qui lui avait, en 1975, valu sa seconde condamnation : huit ans.

Au début était grand-mère et, au cours de leurs promenades dans Moscou d'après guerre, celle de Vladimir Keïdan lui enseignait qu'il y avait une continuité de Moïse à Staline en passant par Jésus-Christ, Karl Marx et Lénine. Tous, disait-elle, avaient lutté pour les déshérités et marxisme et christianisme n'étaient au fond qu'une seule et même chose. Ainsi leurs promenades les menaient-elles, un jour, au mausolée, pour saluer Lénine, et le lendemain, jusqu'à l'église.

Mais arrivée devant les marches, la vieille dame laissait pénétrer seul le petit garçon car elle estimait, peur ou conviction, que ce n'était pas un endroit pour une vieille bolchevik comme elle, pour une propagandiste du parti qui avait été la première conductrice de tram de Moscou avant de participer aux combats de 1917.

Les armes étaient inégales. Le mausolée a perdu, mais quand meurt la vieille militante élevée dans les campagnes et la religion, Lénine reprend le dessus. Membre, comme tout le monde, des Komsomols, les Jeunesses communistes, Vladimir Keïdan devient athéiste militant, convaincu, écrit à la *Komsomolskaïa Pravda* pour réclamer plus d'ardeur contre la religion et organise durant les Pâques des manifestations dissuasives devant les églises.

Hélas pour le matérialisme, il aimait la peinture. Quand vient l'université, il passe, avec d'autres amateurs, ses vacances à découvrir les fresques d'anciens monastères. L'un d'entre eux avait été transformé, sous Staline, en prison. Les cellules des moines avaient été munies de verrous et d'œilletons et le spectacle de ce lieu abandonné avec apôtres derrière les barreaux, de ce camp dont les murs proclamaient encore « En avant vers le communisme », était, dit-il aujourd'hui, dans la cuisine familiale, « beau et terrible ».

1. Un rouble vaut, au cours officiel, environ 10 francs.

Christ tenait déjà sa revanche, mais le chemin du baptême allait passer par la camisole chimique d'un hôpital psychiatrique spécial — l'un de ceux dans lesquels on traitait la déviance politique. Un jour de 1968, Vladimir Keïdan lit chez un ami le compte rendu du procès Guinzbourg-Galanskov, l'un des premiers grands procès contre les dissidents de l'ère Brejnev. Il en est bouleversé, l'écrit à sa fiancée, la lettre se perd, atterrit au KGB, et il se retrouve exclu de l'université.

Que faire ? « Vous faire oublier en allant en maison de repos, lui conseille l'un de ses professeurs, et, d'ici un an, ça se tassera. » Il prend rendez-vous au dispensaire. Quand il y arrive, il est dirigé d'office vers la consultation psychiatrique dont il ressort, pour cause de manie de la persécution, entre deux infirmiers musclés. Et voilà l'amateur de peinture ligoté sur un lit, les veines bleuies par les piqûres, abruti par les drogues.

Cinq mois plus tard, quand il sort après avoir admis la justesse du diagnostic et l'excellence du traitement, il n'y a que trois de ses anciens amis qui veuillent bien encore le voir. Il est passé de l'autre côté du miroir, rencontre un prêtre qui avait trouvé Dieu en camp et reçoit le baptême après un office de Pâques.

Aujourd'hui, sa femme et lui appartiennent à l'aile progressiste de l'Église, celle qui interpelle la hiérarchie pour essayer de la faire bouger et de lui faire dire autre chose que tout le bien qu'elle pense de la lutte de l'URSS en faveur de la paix. Intransigeants sur leurs principes, ils se sont par exemple battus pour que l'école de leur fils ne l'inscrive pas aux Pionniers, mouvement où l'on prêche l'athéisme. Ils ont gagné mais sans que le prêtre dont la fille fréquente le même établissement songe une seconde à se joindre à cette bataille.

Il y a deux Églises orthodoxes. La première est celle de la plupart des évêques et d'un grand nombre de prêtres qui ne critiqueront jamais et sur rien le pouvoir, car la terreur leur a durablement appris la docilité ; qu'un ecclésiastique complaisant jouit d'appréciables avantages et que l'auto-sélection, dès l'entrée au séminaire, réserve les rares places aux candidats à l'échine souple.

La seconde s'esquisse dans les nouvelles générations de chrétiens, parmi ceux que le besoin de renouveau et la révolte morale ont conduits à Dieu et qui voudraient que leur Église témoigne réellement de l'Évangile et de la justice. Même parmi ceux qui somment les évêques de parler en leur rappelant saint Jean (« Au commencement était le Verbe [...] et le Verbe était Dieu »), on pèse cependant ses mots, on préfère, comme dit Vladimir Ossipov, « les conseils à la polémique », car l'unité de l'Église est trop fondamentale pour que quiconque veuille la menacer.

La protestation aurait été plus digne que l'acquiescement au moment des persécutions, l'alliance du drapeau rouge et du goupillon passe trop souvent les limites de la décence, mais il est vrai aussi, après tout, que sous les mille ans de ce manteau peut à nouveau couler l'eau du baptême et que cette eau est source d'identité.

Vladimir Keïdan avait un père juif, et il aurait donc pu, en choisissant Dieu, choisir le judaïsme. Mais outre que l'Église de son enfance était orthodoxe, devenir juif, explique-t-il, aurait signifié pour lui choisir le départ, car le renouveau judaïque en URSS est intimement lié à l'attirance d'Israël, à une option nationale qui ne pouvait être sienne parce qu'il se sent avant tout russe. Sans grand fracas, bon nombre de juifs soviétiques, jeunes pour la plupart, ont d'ailleurs rejoint comme lui l'orthodoxie dont la renaissance, par quelque bout qu'on la prenne, est ainsi inséparable des mille nuances du nationalisme.

Au début était grand-mère, venue des campagnes et c'est aujourd'hui le temps des petits-fils et de leurs fils qui sont, eux, citadins et sortis des écoles. En se rajeunissant, la communauté des croyants a ainsi accédé à un degré de culture supérieure — d'autant plus frappant que, parallèlement, la foi aurait plutôt tendance à reculer dans les campagnes. « Lorsqu'il faut, explique un prêtre de village, parcourir plusieurs dizaines de kilomètres pour rejoindre la plus proche église, qu'il n'y a pas de moyens de transport, et que la messe dure près de deux heures, on y vient de moins en moins souvent, puis une fois l'an et parfois plus du tout. »

La *perestroïka*, dernière arme de l'athéisme ? Rue du Festival, nus dans l'eau bénite, les bébés hurlent le contraire et c'est d'une ville — Kiev — que le christianisme s'est étendu à la Russie par décision d'un prince nommé, comme tout le monde, Vladimir.

Un monument pour les déportés : « Approchez, petite mère... »

Au rythme d'environ deux par heure, il y a aussi des nostalgiques qui s'arrêtent pour crier leur indignation. « Votre démocratie, j'en ai par-dessus la tête », lance tout pâle de rage un petit vieillard sec qui crache par terre de dégoût après avoir expliqué que sans Staline la guerre aurait été perdue. Autour du chevalet sur lequel ils ont accroché leur petit panonceau de carton blanc (« Ici, on signe une pétition au Soviet suprême pour l'érection d'un monument aux victimes de Staline »), les cinq militants du groupe Mémorial restent de marbre.

Perchée sur ses sabots à semelles de liège, la plus âgée d'entre eux, la quarantaine, continue à interpeller les passants : « Ce n'est pas seulement le passé mais votre avenir aussi qui est en jeu. Ne vous détournez pas, venez signer ! » Et les passants s'arrêtent et signent à tour de bras — tantôt très graves (ceux qui ont vécu la terreur), tantôt souriants et fiers (les plus jeunes) de compter parmi ceux qui auront permis la réalisation de ce projet dont Khrouchtchev, il y a un quart de siècle, avait été l'un des premiers à lancer l'idée.

Sous Brejnev, c'est plutôt la réhabilitation du « petit père des peuples » qui était dans l'air, et il a encore fallu deux ans de gorbatchevisme pour qu'un groupe informel se constitue sans publicité, contacte des personnalités, lance des campagnes de signatures dans des instituts, obtienne un écho favorable dans la presse réformiste et suscite finalement une mobilisation populaire sans précédent.

Car on en est à plusieurs centaines de milliers de signatures collectées non seulement à Moscou mais dans bien d'autres villes, où des comités se sont créés d'eux-mêmes, très souvent autour de la rédaction d'un journal local. A Tchita, en Sibérie orientale, les autorités viennent ainsi d'autoriser l'ouverture d'un compte bancaire pour collecter des fonds, et l'on compte parmi les militants deux responsables du KGB.

A Riga, capitale de la Lettonie, groupes informels et responsables du parti se sont mis d'accord pour faire construire un monument spécifiquement dédié aux victimes des répressions organisées après la guerre dans les trois pays baltes. La semaine dernière, le projet de Mémorial sera défendu devant la conférence du parti, et il a d'ores et déjà tellement pris corps que, dans l'espoir de faire cesser les collectes hebdomadaires de signatures sur la place Pouchkine, la municipalité de Moscou les a autorisées dans ce grand parc des confins de la capitale, en face de la gare fluviale.

Rien n'a cessé place Pouchkine, mais un nouveau point de rendez-vous s'est institutionnalisé, et ici ce ne sont plus les intellectuels sophistiqués des beaux quartiers qui font la queue devant le chevalet. Ce sont des ouvriers, de petits employés, des grand-mères promenant les enfants, et tous ces gens sont la preuve vivante de l'échec profond du stalinisme.

Car si la terreur a tué des dizaines de millions d'hommes, elle n'a pas réussi — contrairement à la légende — à créer l'homme nouveau, abruti de propagande et inculte, sur lequel se fonderait l'impossibilité de toute évolution. « Approchez, petite mère », crie la militante sur ses sabots, et la vieille femme alourdie par les souffrances, visage fermé dans son fichu, s'arrête et d'une voix de gendarme lance : « Et qu'est-ce que ça donnera ? ».

Le monument qui..., que..., lui répond-on, et cette petite mère si semblable à toutes celles qui peuplent les rues rétorque, entraînant son petit-fils au loin : « Mais les victimes, il faut aller les chercher dans le Grand Nord, à la Kolyma. » Cette grand-mère était une radicale et sa colère désabusée glace un temps militants et signataires qui discutent en permanence du nombre exact de morts, du déroulement des arrestations, de leurs souvenirs des grands procès.

Tout le monde sait tout, absolument tout, même cette stalinienne à cheveux blancs qui ne nie rien des faits : « Mais je sais, ne croyez pas que je n'ai rien lu, j'ai tout lu. » On parle de Soljenitsyne, de Trotski (« Toutes ses archives sont aux États-Unis »), de la *perestroïka* (« On dit beaucoup de choses mais pour les faits, on attend toujours »). Un très vieil homme, tremblant sur sa canne, signe avant un jeune soldat que sa fiancée regarde d'un amour redoublé, et une petite dame à l'impeccable mise en plis ajoute sous son nom : « membre du parti ».

Timidement, une très vieille femme s'excuse : « Je ne sais pas écrire », et son aveu fait retomber un silence rompu par un adolescent qui signe en lançant à la cantonade : « Et on sait bien où elles iront toutes ces listes. » La militante à sabots se retourne vers lui : « Ça, je ne peux vous donner aucune garantie. C'est à vous de prendre vos responsabilités, mais je crois qu'on s'est trop longtemps tu. »

A dix mètres, un jeune milicien observe, gêné : il n'a pas l'habitude.

Premiers meetings autorisés : Un orateur nommé Sakharov

Sur les marches de la salle omnisports du stade Dynamo, en bordure de Moscou, deux vieilles dames se sont reconnues : « Est-ce que vous n'étiez pas au camp de... — Mais oui ! Et vous êtes... » Elles ont alors commencé à parler, très gravement, mais sans trémolos, de qui était mort, de qui avait survécu et de ce qu'elles avaient fait de ce qui leur était resté de vie.

Ce n'était qu'un discret aparté, le samedi 25 juin, mais dont l'accablante vérité résume toute la charge émotive d'un des premiers meetings politiques non officiels et néanmoins autorisés qu'ait connus l'URSS. Un petit millier de personnes étaient venues là, prévenues par le seul bouche-à-oreille, pour apporter leur appui au groupe Mémorial, qui fera remettre, mardi, à la conférence du parti, l'impressionnante pile de signatures qu'il a collectées depuis un an en faveur de l'érection d'un monument à la mémoire des victimes de Staline. Tout frêle et épuisé par les combats et les tortures de Gorki, Andreï Sakharov était là, follement applaudi par des jeunes gens qui l'ont religieusement écouté parler du « repentir collectif » que tous les Soviétiques devraient montrer pour la période stalinienne.

La fille d'un vieux bolchevik a tiré des larmes à plus d'un en racontant les hurlements des torturés qu'elle avait entendus, soixante jours durant, nuit et jour, après son arrestation et en décrivant la difficulté d'être cru lorsqu'on témoigne de telles horreurs. « Mais cela s'est-il passé ? », s'est-elle exclamée, et la foule, d'une voix, a répondu : « Cela s'est passé. ».

On a ri aussi quand le président de l'Union des cinéastes, Elem Klimov, a souhaité que beaucoup d'autres organisations, le KGB par exemple, imitent la sienne en apportant son appui au groupe Mémorial. Le recteur de l'Institut des archives, Iouri

Afanassiev, délégué à la conférence, et qui incarne chaque jour un peu plus l'aile marchante de la *perestroïka*, a lui aussi fait un tabac — tout comme Lev Timofeev, ancien détenu et rédacteur d'un des meilleurs bulletins oppositionnels, qui a rappelé qu'un livre encore interdit aux Soviétiques était un Mémorial à lui seul : *L'Archipel du Goulag*.

C'était un tout petit meeting sous un soleil de plomb, mais c'était une date. Peu après, place Pouchkine, en plein centre-ville, quelques dizaines de membres de l'Union démocratique, un « parti » récemment fondé pour prôner la démocratie parlementaire, bravaient tous les barrages de police et les arrestations musclées pour scander : « A bas le KGB ! », « Multipartisme ! » et tout bêtement « Liberté ! Liberté ! »

Au même moment, un millier de leurs camarades de Leningrad défilaient sans problème, tandis que la population du Haut-Karabakh décidait, à l'issue d'un gigantesque rassemblement, de suspendre le mouvement de grève qu'elle menait depuis plus d'un mois dans l'attente des décisions que prendra le président du Soviet suprême.

Pour le pouvoir, c'était bien évidemment là une bonne nouvelle, mais dimanche, quelque vingt mille Tatars de Crimée ont manifesté à Tachkent, capitale de l'Ouzbékistan, pour protester contre la récente décision de ce même Soviet suprême de leur refuser le rétablissement de leur République. La police aurait très brutalement réprimé ce rassemblement, dernier épisode en date d'une lutte qui n'a fait que se développer depuis vingt ans.

Réprimées ou autorisées, les manifestations seront bientôt aussi banales en URSS que les queues devant les magasins.

La XIXe conférence : Puisque le parti débat, l'URSS aussi

La conférence qui s'est ouverte mardi 28 juin au Palais des congrès de Moscou est officiellement la dix-neuvième, mais peut-être en fait la vingtième. Car même si elle n'a pas été reconnue comme telle, une autre conférence, riche et vivante, s'est tenue auparavant, trois mois durant, dans les colonnes de la presse.

Pour le seul mois d'avril, la *Pravda* a ainsi reçu soixante-sept mille lettres et chaque jour tous les grands quotidiens ont consacré au bas mot deux pleines pages à cette discussion qui n'a pratiquement connu d'autres tabous que le bien-fondé de la révolution et la vertu du léninisme — souvent réduit d'ailleurs à l'antistalinisme.

Traditionnel exutoire d'une société bâillonnée, le courrier des lecteurs a, dans l'affaire, changé de nature. Hier, on écrivait aux journaux pour se plaindre. Aujourd'hui, célèbre ou inconnu, c'est pour faire publier de véritables manifestes, polémiquer, peser sur le cours des choses, et beaucoup des propositions avancées lors de cette préconférence se sont retrouvées, en moins vigoureuses, dans les « Thèses » adoptées par le Comité central.

Au début, juste après que la *Pravda* eut publié, le 5 avril, sa fameuse réponse au « manifeste » que les conservateurs avaient fait paraître le 13 mars dans *Sovietskaïa Rossia*, on était encore timide et prudent. Puis la liberté de ton des lecteurs a grandi, a fini par déborder dans les autres pages, et l'on pouvait ainsi lire dans le dernier numéro des *Nouvelles de Moscou* l'interview suivante d'un délégué à la conférence, premier secrétaire d'une ville de Sibérie. Question : « On dit souvent à l'Ouest qu'une des causes freinant le développement de la société soviétique est le fait que nous n'ayons qu'un seul parti [...]. Peut-être avons-nous besoin d'un parti d'opposition ? » Réponse : « Cette idée-là surgit dans les conditions d'un centralisme forcené, lorsque le pouvoir appartient à l'appareil. Mais si, dans le futur, les collectifs de travailleurs et les soviets ont le pouvoir réel, si une atmosphère démocratique règne au sein du parti, alors la question d'un parti d'opposition tombera d'elle-même. »

Sous-entendu : dans le cas contraire... Et avec cela, les *Nouvelles de Moscou* s'arrachent comme de la vodka et atteignent, à Vladivostok, 25 roubles au marché noir — plus du dixième d'un salaire moyen. Mais sans même parler des hebdomadaires de pointe, d'un quotidien à l'autre, les seuls titres trouvés dans ces pages elles-mêmes intitulées : « Votre position ? », « J'ai un avis », ou bien encore : « Je demande la parole ! » avaient un parfum de grande fièvre.

Beaucoup de ces titres étaient, en fait, des slogans : « Démonopolisation de l'information ! », « Confisquer notre propriété à la bureaucratie », « Éligibilité totale, révocabilité à tout moment ! », « Être un membre du parti, pas un rouage », « Une loi sur le parti ». D'autres faisaient entrer dans les pages d'organes officiels le célèbre « ils » par lequel on désigne les maîtres du pays : « Comment ils nous effraient. » D'autres encore résumaient tout (« Renaissance de la conscience politique »), et l'une des lettres qui aura le plus marqué ces débats épistolaires traitait de la renaissance de la conscience tout court d'un membre du PCUS.

« Je ne peux me départir, a écrit ainsi aux *Izvestia* un militaire de quarante-huit ans, d'un sentiment de honte. Vingt ans durant, j'ai vu tout ce qui se passait dans le parti, et je me suis tu. Je me disais : autant se cogner la tête contre un mur. Intervenir ? Dire ce que je pense et ce que je sais que les autres pensent ? Et alors ? Ça ne changera de toute façon rien. [Mais] il devient de plus en plus difficile de se forcer à rester dans sa tranchée. [...] J'ai décidé d'en sortir [car] je veux que le parti n'ait jamais à rougir devant les générations montantes comme je rougis moi devant le regard interrogateur de mes enfants : où étais-tu, toi, le communiste, durant toutes ces années ? »

Une réaction parmi d'autres à cette lettre : « L'Allemagne a été écrasée par les chars, le Japon mis en pièces par les bombes atomiques, et nous qui avons un régime social d'avant-garde, des ressources humaines et naturelles immenses, nous, le pays victorieux, c'est tout juste si nous ne vivons pas plus mal que tous les autres. [...] »

Que faire alors ? D'abord, instituer des « garanties », politiques, légales et constitutionnelles, contre le retour en arrière, la crainte constamment exprimée. Et pour cela, « étendre, en premier lieu, la *glasnost* en retransmettant à la télévision les sessions du Soviet suprême ; en publiant les sténogrammes des réunions du bureau politique ou en faisant connaître les opinions, le passé et la vie de dirigeants jusqu'à présent totalement désincarnés sur leurs photos retouchées.

Mais cela ne saurait suffire à conjurer les spectres de Staline et de Brejnev qu'il faut aussi éloigner par la limitation du nombre et de la durée des mandats (l'un des thèmes dominants) ; l'élection du secrétaire général au suffrage universel et secret ; la publication des projets de résolutions et rapports avant et non pas après leur adoption ; la définition précise de la notion de « rôle dirigeant » et des attributions du parti et de ses différentes instances ; la démocratisation des élections (toutes variantes possibles) et encore la suppression des fonctions réservées aux membres du parti.

Idée fréquemment avancée : si le parti est unique et représente les intérêts de tous, il lui faut « demander l'avis des sans-parti », dans ses prises de décision bien sûr, mais aussi dans l'admission et la promotion de ses membres, car « n'y a-t-il pas danger de voir la notion de souveraineté du parti se substituer à celle de souveraineté du peuple et des lois ? »

Question toute rhétorique, en fait, car il n'est pas une seule lettre qui ne prenne en compte l'existence d'« adversaires de la *perestroïka* », ces « conservateurs », ces partisans du système administratif autoritaire de gestion », ces « chasseurs de grade », ces « privilégiés », cette *nomenklatura* dont le silence finit par inquiéter plus que les protestations d'hier. Lettre publiée par *Le Vingtième Siècle et la paix* : « Nos dirigeants sous-estiment le danger que représente l'appareil bureaucratique. A tout moment, cette armée hautement disciplinée qui, pour l'heure, endure dans l'expectative bien des outrages peut se transformer en une armée qui attaque. Et alors nous, qui sommes en majorité inorganisés, nous ne résisterons pas. »

Dans l'*Industrie socialiste* : « Qui entrave la *perestroïka* ? Où sont les racines de ce phénomène ? Nous savons parfaitement que ce mécanisme n'est pas désincarné [...], il faut donner des noms. » Et l'on en donne souvent, ceux d'administrations et de ministères précis en tout cas et, dans *Novy Mir*, l'économiste réformateur Nicolaï Chmelev dénonce l'existence d'un « complot tacite » entre une certaine partie des autorités locales et une série d'administrations centrales.

Les « silencieux », autre appellation de ces conservateurs occultes, font d'ailleurs d'autant plus peur que bien des témoignages démontrent qu'ils sont toujours assez forts pour avoir manipulé les élections des délégués à la conférence. Quand on n'a pas simplement évincé des réformateurs bénéficiant pourtant d'un soutien massif, on a seulement respecté les traditions. « Trop tard ! », écrit ansi un Leningradois à *Ogoniok*, qui avait publié un article sur la question — trop tard, car sur les 176 délégués de Leningrad, explique-t-il, 17 sont des parachutés de Moscou, 44 des représentants du parti et des organisations de masse, 21 d'institutions et entreprises diverses, 7 des officiers et 7 encore des responsables locaux du parti.

Quant aux 80 mandats restants, 52 sont allés à la « classe ouvrière », 9 aux « travailleurs des campagnes », 2 aux anciens combattants, 6 aux « employés » et 11 seulement, déplore-t-il, à des scientifiques, des enseignants, des médecins ou des artistes. Constante dans toutes les élections soviétiques, cette pratique des quotas sociaux a souvent été mise en cause, notamment par un critique littéraire, Iouri Bourtine, qui écrivait dans les *Izvestia* : « Et si soudain, dans un soviet ou même au Soviet suprême, il n'y avait pas une seule trayeuse ou une seule ouvrière du textile et s'il n'y avait, disons, que dix ou vingt des premiers secrétaires d'élus, qu'y aurait-il de si terrible ? Et si venaient à leur place, par exemple, des économistes, des historiens, des essayistes, des metteurs en scène et des acteurs aujourd'hui populaires et militants, les affaires en souffriraient-elles ? Tout au contraire. »

Une dernière citation, tirée de *Moscou Soir* : « Et encore une chose : la conférence doit réprouver catégoriquement, comme contraire au marxisme-léninisme, l'idée introduite subrepticement par de piètres théoriciens véritablement obsédés, d'une hausse, prétendument indispensable, des prix des produits de première nécessité. »

Une telle véhémence était rare et ce problème-là, ce n'est pas pour les conservateurs qu'il est gênant, mais pour M. Gorbatchev.

La XIXe conférence :
Un rapport pour changer l'URSS

Jamais huis clos ne fut plus regrettable. Cette salle devant laquelle M. Gorbatchev a proposé, mardi 28 juin, rien moins que l'instauration d'un système présidentiel, la mise en place d'un nouveau Parlement et la création d'un mouvement politique de soutien à la *perestroïka*, cette salle, on aurait aimé s'y ruer puisque tant de choses dépendent maintenant d'elle — puisque quelque chose peut maintenant dépendre en URSS d'une assemblée.

Mais la presse n'entre pas dans ce Palais des congrès où siègent jusqu'à vendredi, à l'abri des murs d'enceinte du Kremlin, les cinq mille délégués à la XIXe conférence du parti. La télévision retransmet quelques images. A côté des sept pages du rapport, la *Pravda* donnait, ce mercredi matin, un articulet d'ambiance. C'est maigre, très maigre, et tout laisse penser pourtant que, sur l'essentiel au moins, le secrétaire général est en train d'emporter la partie.

Pendant la conférence de presse donnée mardi en fin de journée par M. Iakovlev, le bras droit de M. Gorbatchev au bureau politique, les premiers rangs étaient occupés pêle-mêle par des célébrités de l'intelligentsia moscovite et des hauts bureaucrates anonymes qui semblaient tous fort bien se connaître et s'apprécier. A regarder de près, c'était « l'équipe Gorbatchev ». Le choix des images données mardi soir par la télévision n'avait non plus rien d'innocent. On y voyait même M. Iakovlev lire de la tribune une petite note d'un délégué demandant que les orateurs évitent de trop parler de leurs succès : tonnerre d'applaudissements. On entendait aussi un académicien réformateur, M. Abalkine, user du devoir de discussion prôné par M. Gorbatchev pour émettre des doutes sur la cohérence d'une proposition du secrétaire général.

Et même, cet articulet de la *Pravda* est tout à fait inhabituel — quasi persifleur contre les « vieilles connaissances » que l'on retrouve, « fonction oblige », dans les couloirs de la conférence ou contre ce malheureux secrétaire du comité du parti de Moscou, M. Belianinov, qui s'est fait si fort applaudir par la salle... si fort qu'il a dû comprendre le message et abandonner la tribune.

A en croire le très gorbatchevien M. Klimov, président de l'Union des cinéastes, la salle est « partagée », certains sont pour les propositions de M. Gorbatchev, d'autres contre. A lire la *Pravda*, le tableau est différent. Il y a des bureaucrates dépassés par les événements ; de jeunes cadres dynamiques et hilares qui se réjouissent que les « temps noirs soient arrivés » pour les conservateurs et il y a, enfin, l'inévitable trayeuse de tous les congrès soviétiques qui en prend très gentiment pour son pis — comme on ménage tout vestige du passé, kitsch surtout. Il faut maintenant voir comment vont tourner les débats sur ce que M. Iakovlev a appelé la « redistribution du pouvoir » et la création d'un système politique reflétant l'état actuel de la société et visant « à surmonter l'aliénation de l'homme au pouvoir ». Mais outre que ces gorbatcheviens semblent très sûrs d'eux-mêmes, il faut bien reconnaître, à lire et relire les cent quarante feuillets du rapport, que tout cela a été remarquablement pensé.

L'institution d'une fonction présidentielle, d'abord. Benoît, M. Gorbatchev la justifie essentiellement par la nécessité d'« accentuer le caractère juridique du pouvoir » et d'« assurer une meilleure représentation de l'URSS à l'étranger ». Il ne spécifie à aucun moment que cette fonction devrait évidemment lui revenir. Qui serait contre et pourquoi ? *A priori* personne, alors qu'il s'agit en fait de concentrer — constitutionnellement — tous les pouvoirs entre ses mains puisque ce futur président aurait tous les pouvoirs d'un président français (moins apparemment celui de dissolution) plus ceux d'un secrétaire général du parti.

Qui plus est, il s'agit clairement de mettre M. Gorbatchev à l'abri d'une révolution au Kremlin puisque le bureau politique peut destituer le secrétaire général du parti mais pas le chef de l'État — « élu et déposé au scrutin secret par le Congrès des députés », a proposé M. Gorbatchev — et qu'il serait étonnant que le bureau politique destituât un secrétaire général qui resterait chef de l'État.

Ce nouveau Congrès des députés, ensuite, appelé à remplacer comme Parlement fédéral l'actuel Soviet suprême. De quoi s'agit-il en principe ? D'« élargir considérablement la représentation des travailleurs », explique M. Gorbatchev, ce qui signifie concrètement qu'aux quinze cents députés élus comme à présent sur des bases territoriales ou nationales, s'adjoindraient « environ sept cent cinquante autres élus par les organisations sociales faisant partie de notre système politique ». Ces organisations, ce sont les syndicats (promis à quelques secousses d'ailleurs), mais aussi les unions de scientifiques et de créateurs — les organisations d'intellectuels, qui sont pour la plupart favorables ou extrêmement favorables aux réformes.

M. Gorbatchev taille au gorbatchevisme un Parlement sur mesure — qui plus est, dans un indéniable mouvement de démocratisation puisque ce Congrès (clin d'œil pas innocent du tout à celui de Washington) n'aura aucun mal à être mille fois plus représentatif que l'actuel Soviet suprême, qui ne l'est en rien. Et à chaque instant, on retrouve dans la démarche de

M. Gorbatchev ce même souci d'en même temps renforcer sa position personnelle et desserrer le cadre totalitaire.

Cela est en effet vrai aussi de l'institution de la fonction présidentielle, puisque, constitutionnellement parlant, le pouvoir découlera désormais du Parlement. Il restera, certes, que le président sera d'abord désigné par le parti, mais le glissement — tout à fait délibéré — n'en est pas moins capital, puisque s'ouvre une situation dans laquelle le parti devra, pour faire un choix, tenir préalablement compte des réactions possibles du Parlement.

Un peu ou beaucoup — cela dépendra des moments et des rapports de force, mais un tout, tout petit peu serait beaucoup mieux que la situation présente, et le même schéma sous-tend l'idée de faire qu'au niveau des républiques, des régions et des villes, le premier secrétaire du parti devienne candidat à la présidence du soviet. Contrairement aux apparences, ce n'est pas l'appareil du parti qui en sortira renforcé, mais les soviets. Ils auront en effet leur mot à dire sur le choix des premiers secrétaires (qui devront être susceptibles de recueillir une majorité parmi les députés) et c'est chez eux que se concentrera la double autorité, politique et étatique, alors que la seule autorité — celle de la loi du plus fort — est aujourd'hui dans les comités du parti.

« Nous ne changeons pas de système, mais nous changeons de régime », nous déclarait mardi un proche de M. Gorbatchev, en ajoutant, absolument ravi, qu'on pouvait faire la comparaison avec l'instauration de la Ve République par de Gaulle. On jugera aux résultats, mais le fait est en tout cas qu'il y a un fort côté bonapartiste dans cette démarche.

Encore tout jeunes et fébriles, les grognards sont déjà là, militants des clubs politiques informels ; Baltes en ébullition ; journalistes et écrivains ; chrétiens auxquels les appels du pied de M. Gorbatchev frisaient, mardi, le manque de pudeur ; femmes (quels hommages, quels regrets que leur statut d'égalité légale ne leur ait pas donné l'égalité sociale !) ; intellectuels qui ont eu droit à un satisfecit éclatant pour leur « contribution toujours plus grande à la *perestroïka*, et surtout scientifiques auxquels il a été promis budgets, liberté de recherche, laboratoires indépendants même — tout ce qu'ils voulaient à condition qu'ils s'attellent au rattrapage du retard pris par rapport à l'étranger.

Et de ces scientifiques aux militants informels, tous sont évidemment membres désignés de ce mouvement patriotique national de soutien à la *perestroïka* qui s'est déjà constitué en Estonie avec l'appui complet d'un tout nouveau premier secrétaire et pour lequel plusieurs clubs politiques moscovites ont fondé un comité d'organisation. Ce mouvement existe en fait déjà dans tout le pays, a expliqué M. Gorbatchev, et il s'agit donc d'« examiner les formes possibles de son action », nécessaire, a-t-il encore dit, car « compte tenu du système de parti unique, nous avons besoin d'un mécanisme de confrontation des opinions ». M. Gorbatchev n'aurait pas pu dire qu'il avait besoin d'un « parti du président » mais chacun l'a compris, et avec d'autant plus d'intérêt qu'on ne voit pas pourquoi ce mouvement n'enverrait pas, lui aussi, de députés au Congrès et — qui sait ? — dans les soviets locaux.

Comme toujours depuis trois ans et demi qu'il est au pouvoir, M. Gorbatchev a lancé des propositions, préalablement testées par des articles de presse, et laissé aux autres le soin de réagir. Il y a toutefois là une différence, une accélération, puisqu'il a proposé aussi que le Soviet suprême se prononce dès l'automne sur la mise en place des nouvelles institutions afin qu'elles puissent fonctionner dès le printemps prochain.

A tous points de vue, la barre a été, mardi, très haut placée, et malgré la tranquille assurance des gorbatcheviens, il y a un arrière-goût de va-tout dans la partie. Car non content de ces chamboulements institutionnels, de passages très sentis sur la sclérose du parti, de la promesse d'un droit d'interpellation et de questions orales au Parlement ; non content de critiques abondantes contre des institutions et des directions régionales nommément citées ; non content encore d'insister sur la nécessité de procéder à une vérification des cartes au sein du parti (un grand nettoyage), M. Gorbatchev n'a pas non plus mâché ses mots sur l'économie.

Ça ne va pas du tout, a-t-il dit en substance, avant de décréter qu'il fallait accélérer les réformes dans ce domaine-là aussi, en encourageant beaucoup plus encore le développement des coopératives et de l'exploitation par baux fermiers à la campagne et en procédant à une hausse des prix de gros et de détails — notamment alimentaires. Or dans tous les pays socialistes — même en Hongrie — les augmentations de prix ont toujours été l'occasion de tensions sérieuses dont les conservateurs sont bien placés pour essayer de tirer profit.

Les enjeux sont énormes, et la partie non seulement serrée mais aussi confuse. Car ce rapport présenté par M. Gorbatchev a autant à voir avec les thèses adoptées il y a un mois par le Comité central que le papillon avec la chrysalide. Or depuis ce plénum du 23 mai, le Comité central ne s'est jamais réuni, et, bien que M. Iakovlev ait affirmé mardi soir que le bureau politique avait approuvé le rapport la semaine dernière, le moins qu'on puisse dire est qu'il ne s'y trouve pas, *a priori*, de majorité sur cette longueur d'ondes.

Selon une source sûre, le seul qui se serait opposé à ce texte serait pourtant M. Gromyko. Le seul ? Il y a là un mystère que ne dissipe aucunement un proche du secrétaire général lorsqu'il explique que si M. Gorbatchev a fréquemment invoqué l'autorité du Comité central dans les plus nouvelles de ses propositions, c'est qu'il y avait eu « des conversations, comme ça, comme toujours... ».

La XIXe conférence : Le parti tel qu'en lui-même il n'avait jamais été vu

Il se passe, à la conférence du parti soviétique, une chose encore jamais vue. Non seulement on y exprime des opinions et points de vue divers et souvent totalement divergents, mais on y voit aussi une salle se chercher, pencher d'un extrême à l'autre au gré des interventions, couper la parole à un conservateur à force de l'applaudir et applaudir aussi à tout rompre les attaques contre la trop grande liberté que manifesterait aujourd'hui la presse.

Dans les interventions de la tribune, le conservatisme domine, même s'il se drape le plus souvent non seulement dans la *perestroïka*, mais aussi dans la *glasnost*, qu'il faut défendre, air bien connu, contre les excès qui les menaceraient. Mais cette salle dans son ensemble ? Ces cinq mille délégués qui hurlent de rire et applaudissent frénétiquement — comme dans un cabaret politique — ce directeur d'usine réformateur qui dénonce le « crétinisme » du système de production soviétique, appelle à lutter contre la paperasserie en « tuant les bureaucrates » et compare les ministères industriels à de gras matous qu'il n'y a pas de raison de nourrir s'ils ne servent même pas à attraper les souris ?

Cette salle, que pense-t-elle au fond ? Personne ne pourrait vraiment le supputer aujourd'hui ni même vendredi, quand on sera passé au vote des résolutions, car si la base a maintenant son mot à dire, ce n'est pas déjà elle qui décide — et cela bien qu'il s'agisse, en fait, de la base de l'appareil. Pour les choses vraiment sérieuses, c'est toujours là-haut, à la direction, qu'on marchande et qu'on s'entend après avoir testé les rapports de forces.

Ce qui se passe est en réalité simple : si l'on excepte quelques irréductibles, chacun, dans cette conférence, sait bien que l'URSS ne peut se passer de réformes si elle veut « rester, comme dit M. Sakharov, un grand pays ». Mais, dans le même temps, le changement fait peur car il bouscule trop de certitudes rassurantes, oblige à penser par soi-même, menace, en un mot, un confort matériel et plus généralement encore intellectuel.

A côté de tous ceux qui embrassent les réformes pour mieux les étouffer, la majorité ne sait donc pas trop à quel saint se vouer. Dans une telle situation, le secrétaire général a tout l'avantage de l'autorité de sa fonction mais les dirigeants conservateurs — au prix d'un minimum d'habileté — jouent aussi sur du velours.

Cela s'est bien vu quand M. Gorbatchev s'est senti obligé de déclarer qu'un « nouveau groupe » (les réformateurs) ne devait pas prétendre au monopole sur la presse qu'avaient, hier, les conservateurs. Cette phrase répondait à un sentiment dominant de la salle, mais dans le même temps M. Gorbatchev a très vigoureusement plaidé pour la transparence : « Si nous renoncions à aller de l'avant dans les processus de développement de la *glasnost*, de la critique et de l'autocritique, ce serait la fin de la *perestroïka*, a-t-il notamment dit en approuvant chaleureusement une intervention très radicale d'un célèbre acteur, Mikhaïl Oulianov, dont l'intervention a beaucoup marqué la journée.

« Aujourd'hui, a-t-il déclaré, nous sentons le souffle de l'histoire [...] car nous sommes vraiment à un tournant : ce sera soit le diktat de l'*apparatchik* avec toutes ses conséquences, soit le pouvoir du peuple où dominera la loi et non pas l'arbitraire. » Lorsqu'il a évoqué le plus connu des articles jamais publiés dans la presse soviétique — le manifeste conservateur signé, en mars dernier, par Mme Andreeva, M. Gorbatchev l'a interrompu à nouveau pour annoncer qu'elle a adressé une lettre à la conférence par laquelle elle persiste et signe et que cette lettre sera lue.

« Vous voyez bien, rétorque M. Oulianov, qui est un ami personnel du secrétaire général, ce n'est pas d'elle qu'il s'agit en fait, le problème c'est que nous ayons été effrayés par son article. C'est cela qui est terrible », et la salle — la même salle que la liberté de la presse irrite tant — applaudit. Dans l'esprit au moins de ces délégués, il n'y a pas place pour l'exaltation du stalinisme à laquelle Mme Andreeva est désormais identifiée, mais il y a une formidable place pour la crainte du désordre.

Entre beaucoup d'autres, une intervention montre bien l'ambiguïté de la situation, celle de M. Bakatine, premier secrétaire de la région de Kemerovo. Il est totalement d'accord, dit-il, avec le constat fait par M. Gorbatchev en déclarant que l'application de la réforme économique était trop lente et que les « entreprises n'avaient pas été dégagées de la tutelle du centre ». Il faut, dit-il avec beaucoup de passion, que la conférence prenne des décisions à ce sujet, et que ce soit l'« objectif principal », car aucune réforme électorale ne pourra donner « tout le pouvoir » aux soviets des républiques, des régions et des villes tant que les industries ne dépendront pas d'eux, mais des ministères de Moscou.

Il est absolument partisan aussi, comme M. Gorbatchev, de procéder à une vérification des cartes. Mais qu'on ne lui parle pas (applaudissements) de « tous ces jolis mots » sur le « parti de la restructuration » le « parti des sans-parti » — bref, sur le Mouvement patriotique national, dont M. Gorbatchev avait appelé à débattre des « formes d'activité ». Un demi-conservateur ? Un demi-réformateur ?

Il ne le sait probablement pas lui-même, mais à côté de M. Smirnov, « ajusteur dans une usine d'équipements radio de Leningrad », il pourrait, *a priori*, passer pour un radical. Pour M. Smirnov, en effet, il n'est pas question de procéder à une vérification des cartes avant le prochain congrès, et il ne faudrait pas que la délimitation des fonctions du parti et de l'État et la restauration des pouvoirs des soviets en fassent l'« enjeu d'une bataille politique ».

Il ne faudrait pas qu'on laisse triompher ce slogan déjà « subrepticement » murmuré « Pour les soviets, sans communistes ! », ajoute-t-il, mais voilà que ce même M. Smirnov sera le seul délégué à s'être prononcé de la tribune, mercredi, en faveur de l'érection d'un monument aux victimes de Staline. Ce mémorial, a-t-il dit, « servira la cause de l'approfondissement et du développement des principes démocratiques dans notre société ».

Il y a des conservateurs et il y a des réformateurs qui avancent leurs pions dans une partie d'échecs tout ce qu'il y a de plus historique en effet, et il y a surtout, dans la majorité des têtes, un conservateur et un réformateur qui s'opposent. Comme la *perestroïka*, l'évolution des esprits est un processus complexe et, à bien des égards, mystérieux, tant la sociologie et l'histoire sociale de l'URSS restent à étudier.

Heureusement, il y a aussi des délégués dont les choix sont parfaitement clairs, comme M. Karpov, le président de l'Union des écrivains. C'est le prototype du conservateur masqué et mal masqué qui soutient les « merveilleuses idées » de M. Gorbatchev et part au bulldozer contre le mauvais usage de la *glasnost*, la volonté de noircir toute l'histoire soviétique et cette lutte contre la bureaucratie qui fait de tout dirigeant un bureaucrate. Et il est applaudi quand il demande « toute la vérité [sur l'histoire] et pas seulement la vérité amère, une vérité mobilisatrice qui rende l'homme fort [et] ne biffe pas d'une croix noire tout notre passé » ; applaudi quand il en appelle aux sections de propagande du Comité central pour que la *glasnost* soit « plus fermement dirigée » ; applaudi encore quand il s'écrie : « Il suffit qu'on t'ait nommé hier, et ça y est, tu es déjà un bureaucrate », et poursuit : « Rappelez-vous les années trente : ''Il a un chapeau ! Il a une cravate !'' [car] c'est un peu la même chose aujourd'hui : ''Il a une voiture ! Il a un fauteuil !'' »

Fascinant moment car on voit bien là comme pratiquement tout le monde meurt de peur du stalinisme et comme tant de bureaucrates adorent le brejnevisme — le stalinisme sans terreur de masse, sans cette terreur qui les menaçait eux aussi — et pas seulement ces horribles dissidents.

Les premiers secrétaires d'Arménie et d'Azerbaïdjan (anciens condisciples et amis de l'école du parti) ont évité de s'opposer directement sur la question du Haut-Karabakh et préféré communier dans la dénonciation des méfaits de leurs prédécesseurs.

On a même vu la salle ne pas accepter la composition de deux commissions que proposait la tribune. Il y a débat, il y a confrontation, mais la discussion n'est pas forcément l'antichambre de la démocratie. Elle y fait seulement prendre goût.

La XIXe conférence : Gorbatchev, un coup à droite, un coup à gauche

Les partisans du mouvement en sont à réclamer des têtes (celle de M. Gromyko entre autres), les conservateurs gardent le silence ou éructent de rage impuissante et M. Gorbatchev, pédagogue disert, maintient la barre — un coup à gauche contre les impatients, cinq coups à droite contre les « forces d'entrave ».

Question de survie politique, un secrétaire général doit toujours se maintenir au centre et, au troisième jour de la conférence du parti, M. Gorbatchev a respecté, sur ce point-là au moins, la tradition avec tant de brio qu'on ne savait plus si c'était brillamment improvisé ou minutieusement préparé.

Voici qu'on passe la parole à M. Melnikov, premier secrétaire de la région des Komi, qui avait protesté, la veille, contre l'impossibilité pour les inconnus des coins perdus d'accéder au micro. C'est un homme trapu, vigoureux et excellent orateur qui accroche la salle et déclare bientôt que les communistes et non-communistes de sa région lui ont donné mandat de dire que « ceux qui ont activement promu dans le passé la politique de stagnation ne peuvent plus servir maintenant dans les instances centrales du parti et du gouvernement et devraient répondre de tout, et personnellement ». Derrière lui, le bureau politique est aligné au complet sous l'immense portrait de Lénine, et le soir, durant les retransmissions télévisées, l'URSS entière verra M. Gorbatchev intervenir : « Ne pourrais-tu, dit-il, être un peu plus concret ? *[mouvement dans la salle]*. Nous sommes assis là *[nous la direction, bien sûr]* et ne savons pas si cela se rapporte à moi ou à lui... » M. Melnikov, sans un quart de seconde d'hésitation : « Je dirais que cela se rapporte au camarade Solomentsev en premier lieu, et aux camarades Gromyko, Afanassiev, Arbatov et autres [...]. »

Le secrétaire général reste de marbre, tandis qu'éclatent (mais pas sur tous les bancs) des applaudissements pleins d'entrain. Pas un muscle du visage de M. Gromyko n'a bougé, peut-être parce que, avec toutes les attaques lancées depuis un mois contre la politique étrangère brejnevienne, il savait bien que lui, le grand maître de cette politique, serait tôt ou tard mis en cause.

Mais tout de même ! Gromyko, l'homme qui a commencé sa carrière sous Staline et survécu à toutes les tempêtes ; l'homme dont M. Gorbatchev n'avait pu se débarrasser qu'en le plaçant à la tête de sa présidence collective de l'État : l'incarnation même de la continuité soviétique, cet homme-là est dénoncé par un premier secrétaire de la région des Komi — dans le Grand Nord, là où ont souffert et sont mortes tant de millions de victimes de Staline.

Vingt minutes plus tard, il obtiendra une vague réparation quand sera lue de la tribune, et applaudie sur d'autres bancs, une note d'un délégué déclarant qu'« Andreï Andreïevitch Gromyko jouit de l'amour et du respect populaires et qu'il était mal venu de s'en être pris à lui ». C'est peu, et quant aux autres, ils n'auront rien, ni M. Afanassiev, le directeur de la *Pravda* qui avait pourtant, ces derniers mois, fait beaucoup d'efforts, ni M. Arbatov, le directeur de l'Institut des États-Unis et du Canada, ni M. Solomentsev, président de la commission de contrôle du parti.

Car si M. Melnikov s'est assurément octroyé la vedette au chapitre des déboulonnages, il n'a pas été le seul. Coïncidence : on a parallèlement appris en effet que l'instruction contre l'ancien premier vice-ministre de l'Intérieur et gendre de Leonid Brejnev, M. Tchourbanov, était terminée et qu'il allait devoir répondre prochainement de son implication dans les gigantesques scandales financiers de l'Ouzbékistan. Or l'ombre de cette affaire n'a cessé de peser sur les débats puisqu'elle a été longuement évoquée par le nouveau premier secrétaire de l'Ouzbékistan (18 000 membres du parti exclus pour corruption, a-t-il révélé) et qu'*Ogoniok*, l'hebdomadaire en pointe de la *perestroïka*, avait publié dans son dernier numéro un article expliquant que des délégués à la conférence étaient, comme on dit en Grande-Bretagne, « témoins numéro un » dans ces pillages d'État.

Mercredi, un délégué avait protesté contre cet article. Le rédacteur en chef d'*Ogoniok* est venu expliquer, jeudi, que ses sources n'étaient autres que les juges d'instruction chargés du dossier, qui n'arrivent toujours pas à le faire aboutir tant le réseau de complicités remonte haut dans les sphères du pouvoir. Cette intervention de M. Korotitch aussi a été vue à la télévision, et l'on peut maintenant trouver une raison au refus de retransmettre tous les débats en direct.

Car si cela avait été le cas, l'Union soviétique aurait été paralysée pendant quatre jours. Dès que la télévision diffuse une image du Palais des congrès, tout le monde se rue devant les écrans dans un silence abasourdi. Dans les halls d'hôtel, les groupes de touristes se plaignent d'être abandonnés par leurs guides, et, dès l'aube, les queues devant les kiosques à journaux sont presque aussi imposantes que devant les débits d'alcool.

Le spectacle plaît, car il y a à peu près soixant-dix ans que l'on attendait cela sans plus l'espérer — l'intervention, par exemple, de ce délégué de Toula, M. Starodoubtsev, président d'une Union agro-industrielle, qui dénonce l'existence d'une « caste d'intouchables » aux sommets du pouvoir. « Nous nous posons le problème d'un monument aux victimes du stalinisme, dit-il, et nous les érigerons, ces monuments. Mais comment punirons-nous ceux qui ont institué l'arbitraire et fait périr, avec préméditation, la fleur de la nation ? Ils ont aujourd'hui des retraites, de spacieux appartements, et regardent de loin ce qui se passe avec un sourire moqueur : ''Voyons voir ce qui va arriver.'' Il me semble que cela aussi doit être jugé... » *[applaudissements]*. « Ils doivent être, reprend sous d'autres applaudissements M. Starodoubtsev, privés de leurs retraites et répondre. » « Répondre », faire répondre des crimes, des erreurs, des malversations, des mensonges — à la tribune, comme dans les conversations, ce verbe revient le plus fréquemment, et M. Gorbatchev, lui, garde ses distances, quand il ne désapprouve pas explicitement. Après un long développement sur la nécessité pour les pays de « rembourser les dettes » accumulées auprès des paysans depuis la collectivisation, le directeur d'une grosse entreprise d'élevage de volailles, M. Postnikov, tonne contre les bureaucrates qui sabotent la réforme économique « depuis le premier jour » et se tourne vers le secrétaire général : « Il est temps, dit-il, de se débarrasser des adversaires de la *perestroïka*, d'en débarrasser le parti et de les mettre à la retraite, mais vous, Mikhaïl Serguéevitch, vous êtes un homme d'humanisme et souhaitez les rééduquer par des méthodes humaines qui ne sont pas efficaces avec tout le monde. »

Réponse, circonstanciée, de M. Gorbatchev : si l'on essaye de nouveau d'écarter du haut les bureaucrates, ça ne marchera pas plus que les fois précédentes. Ce qu'il faut, c'est que les citoyens les dénoncent et les écartent, prennent leurs affaires en main, dans l'intérêt du peuple et du socialisme, que chacun soit remis à sa place — et c'est pour cela, conclut-il, que les réformes politiques sont indispensables.

En fin de matinée déjà, le secrétaire général avait longuement pris la parole pour réexpliquer dans le détail le sens de certaines de ses propositions (pas toujours comprises, a-t-il dit) et se distancer en même temps de ceux qui ont « peur du processus de démocratisation » et de ceux qui « sont mécontents de ce que rien ne change du jour au lendemain ».

« Nous avons, avait-il dit, un grand travail à faire et avons besoin de retenue révolutionnaire car c'est celui qui tiendra qui vaincra. » Il y a tellement d'inscrits qu'on ne sait plus si les débats seront prolongés ou se termineront, comme prévu, vendredi soir. L'ancien premier secrétaire de Moscou, limogé pour radicalisme réformateur, Boris Eltsine, devait intervenir dans la journée pour demander lui aussi des départs de la direction.

A en croire le premier secrétaire de Biélorussie, M. Ligatchev, le chef de file des conservateurs, aurait dû céder la responsabilité de l'idéologie à M. Iakovlev, le bras droit de M. Gorbatchev.

M. Ligatchev serait toujours cependant le patron du secrétariat, et l'on aurait tort de croire que les conservateurs aient dit leur dernier mot. Ils existent, et tout en muscles si l'on en juge par l'intervention de M. Bondarev, vice-président de l'Union des écrivains de Russie : « Ces chevaliers de l'extrémisme *[les journalistes réformateurs]* ne sont pas nés du chaos, a-t-il dit, mais ne font que révéler au grand jour un jeu soigneusement préparé. » « Ce sont eux qui sont responsables, a-t-il ajouté, de ce que soit maintenant minée la foi en l'histoire, en presque tout notre passé, dans la génération ancienne, la conscience, la justice et la *glasnost*. »

Oui, dans la *glasnost* aussi puisque plus personne, officiellement s'entend, ne peut plus être contre. C'est la ligne, et la ligne, dans la patrie du socialisme, c'est la ligne.

La XIXᵉ conférence : Gorbatchev a gagné

Après quatre jours de débats, qui ont tenu l'URSS en haleine, plusieurs moments de grand théâtre et une étonnante bataille d'amendements, M. Gorbatchev a gagné — annonçant au passage la construction, à Moscou, d'un monument aux victimes de Staline. Car non seulement la conférence a adopté ses propositions de réformes politiques, qui sont ainsi devenues programme du parti, mais elle leur a aussi fixé un calendrier particulièrement serré. Sauf dérapage imprévu, les changements constitutionnels que le secrétaire général avait réclamés dans son rapport introductif, mardi, seront devenus réalité en avril prochain, et les institutions auront été ainsi retaillées aux besoins de sa politique.

Le résultat le plus spectaculaire de ces changements sera que, élu chef de l'État par le Parlement, M. Gorbatchev sera placé à l'abri d'une révolution de palais, puisque le Comité central devrait réfléchir à deux fois avant de limoger un secrétaire général qui resterait par ailleurs président.

A elle seule, cette garantie de pérennité est capitale, car, outre qu'elle devrait donner les coudées plus franches à M. Gorbatchev, elle devrait aussi lui rallier beaucoup des sceptiques qui, faute de croire en son avenir, restent dans une prudente expectative. Le succès, en Union soviétique comme partout, va au succès, et il y a là un élément fondamental de nouvelles évolutions du rapport de forces.

Au-delà de ses aspects tactiques, la prochaine confusion des fonctions de secrétaire général et de chef de l'État pourrait cependant s'avérer d'une portée plus grande encore car elle s'inscrit dans une volonté de reconstruire un appareil d'État, rendu inexistant par l'omnipotence de l'appareil du parti.

Comme l'ont fait observer nombre de délégués réformateurs en tentant de s'opposer à l'instauration de cette règle au niveau des Républiques, des régions et des villes, la démarche semble, *a priori*, illogique.

Si l'on veut réellement, ont-ils dit, séparer le parti de l'État comme le prône M. Gorbatchev, il faut, au contraire, confier à deux personnes différentes la responsabilité de l'un et de l'autre.

Le secrétaire général n'en a pourtant pas démordu en faisant valoir que tant qu'il y aurait, à chacun des niveaux de la structure politique, un responsable du parti et un responsable de l'État, le premier continuerait à éclipser le second et à concentrer, par voie de conséquence, tout le pouvoir entre les mains du parti. Or, de cette situation M. Gorbatchev et ses amis ne veulent plus parce qu'ils estiment, en premier lieu, que seule l'existence d'un appareil d'État peut éviter au parti de se trouver en première ligne dans les tensions et crises qui accompagneront inéluctablement le développement des réformes économiques.

Deuxièmement, ils considèrent que le seul moyen d'obliger les responsables du parti à prendre en considération les aspirations de la population et à se soucier de n'être pas impopulaire est de les soumettre à l'élection non seulement des autres membres du parti, mais aussi de l'ensemble des citoyens. Dès lors que le premier secrétaire d'une République, d'une région ou d'une ville devrait se faire élire par le soviet de niveau correspondant, il pourrait, en effet, d'autant moins ignorer le danger d'un désaveu que le processus électoral sera (tout est relatif) démocratisé et qu'en cas d'échec il sera désavoué par le parti.

Troisièmement, enfin, M. Gorbatchev est convaincu et ne cesse de répéter qu'il ne peut y avoir de succès des réformes économiques sans réformes politiques — c'est-à-dire sans ce desserrement de l'emprise du parti qui passe par la réémergence des institutions d'État, autrement dit les soviets.

L'opération est donc à double détente : déplacer le centre du pouvoir des sièges du parti vers les soviets en contraignant les premiers secrétaires à valoriser les assemblées élues, et donner un grand coup de balai dans le parti en l'obligeant à promouvoir des hommes politiques et non plus seulement des bureaucrates.

Cela devrait se révéler moins évident dans la réalité que sur le papier, mais le fait est que M. Gorbatchev a trouvé là un moyen de tenter au moins une évolution politique dans le cadre du système. On ne touche pas bien sûr à la règle du parti unique, mais on soumet néanmoins ce parti à une forme de contrôle extérieur tout en lui faisant céder ses prérogatives actuelles dans la gestion quotidienne du pays.

L'opération doit d'ailleurs s'accompagner, « d'ici à la fin de l'année », d'une réélection des directions locales du parti et d'une réorganisation surtout de son appareil, qui devra se débarrasser, de la base au sommet, de ceux de ses départements qui doublent des administrations « civiles ». Ça n'a l'air de rien, mais, si cela se faisait, un immense pas serait franchi, d'un coup, vers cette affirmation de l'État qui devrait s'accompagner de la création d'un « État de droit » grâce à une large et progressive refonte du code.

Dès sa session de novembre prochain, le Soviet suprême sera donc saisi d'une série d'amendements constitutionnels qui lui feront céder la place à un nouveau Parlement fédéral, le Congrès des députés, dont l'élection aura lieu dès la fin de l'hiver et la première réunion en avril. Les députés de ce Congrès seront élus pour un tiers par les organisations professionnelles et sociales, qui devraient ainsi envoyer siéger plusieurs centaines d'intellectuels, scientifiques et artistes très favorables aux réformes. Ce Congrès élira en son sein un Soviet suprême, un présidium de ce Soviet et un président de ce présidium qui aura le rang de chef d'État.

A l'automne de l'année prochaine, indique enfin la résolution sur les « mesures urgentes concernant l'application pratique de la réforme politique », devront avoir lieu de nouvelles élections pour les soviets locaux. Si l'on ajoute à ce programme plusieurs plénums du Comité central sur des questions aussi explosives que les nationalités, cela veut dire que le pays va être en ébullition politique quasi permanente dans les dix-huit mois qui viennent.

Ensuite s'amorcera, sur fond de balbutiements d'une vie parlementaire embryonnaire, la préparation du prochain Congrès, et c'est en fait la dynamique enclenchée par l'arrivée au pouvoir de M. Gorbatchev qui s'accélère.

On sentait bien depuis quelques semaines, à la tolérance des autorités vis-à-vis du groupe indépendant qui en avait eu l'idée il y a un an, que le projet de monument aux victimes de Staline pourrait être adopté par la conférence. Il y a deux jours encore, pourtant, personne n'aurait imaginé que pareil dossier soit réglé à la va-vite, d'un simple « ce serait honnête et moral » de M. Gorbatchev, suivi d'applaudissements approbateurs de la salle.

En cinq minutes, il a été décidé de rompre, par le plus parlant des symboles, avec toute forme d'approbation de la terreur, et si cela s'est fait si vite, c'est que ce n'était rien à côté des autres premières de cette réunion. On y a vu des délégués se tourner vers le secrétaire général pour lui dire qu'il se trompait. On en a vu d'autres demander la tête de deux membres du bureau politique et de deux autres grands du régime. On a entendu s'exprimer des points de vue diamétralement opposés, siffler et huer des orateurs, fuser des interruptions courroucées. Des délégués ont transformé la tribune en cabaret.

D'autres encore ont froidement dit qu'ils n'étaient pas d'accord avec tel ou tel point des projets de résolution. Leurs amendements ont dû être soumis au vote (deux centaines de voix contre les soviets ; cinquante-six pour retirer au Comité central le contrôle de la *Pravda*). Faute de pratique, se sont ensuivis cris, sièges claquant, cavalcades d'une travée à l'autre. Une bonne partie de la salle a hurlé au scandale, et M. Gorbatchev a calmé l'indignation : « Comment apprendrons-nous autrement la démocratie ? Elle demande à la fois tolérance et patience. »

Mais même tout cela n'était vraiment rien à côté de la partie à trois qui s'est jouée — aux dépens du premier — entre MM. Eltsine, Ligatchev et Gorbatchev. Depuis trois jours, toute la salle attendait ce qu'avait à dire l'ancien premier secrétaire de Moscou, limogé en octobre dernier pour réformisme radical, après avoir prononcé, devant un plénum du Comité central, un discours qui n'a jamais été publié.

Il déçoit plutôt, car cet homme, qui était devenu un mythe, n'est pas un orateur, et les critiques qu'il formule contre la hâte avec laquelle a été préparée la conférence et le manque de consultation qui l'a précédée n'ont rien de bien sensationnel. En revanche, la manière dont il demande à la conférence de le « réhabiliter » de la condamnation politique (« positions erronées ») dont il avait été victime au plénum d'octobre, gêne. Il a tellement l'air d'en souffrir qu'on se dit qu'il manque sérieusement de nerfs et que ce héros est plus sympathique que grand politique.

Monte alors à la tribune M. Ligatchev, numéro deux du parti et chef de file des conservateurs. Il est arrivé à M. Eltsine de demander son départ du bureau politique dans des interviews dont il vient à nouveau de démentir les termes. M. Ligatchev a, lui, été le grand artisan de la chute de M. Eltsine. Il lui saute maintenant dessus à pieds joints, l'interpellant directement d'une voix peinée (« Boris, tu... ») pour expliquer en substance qu'il a échoué à toutes les étapes de sa carrière.

Et puis la voix de M. Ligatchev s'enfle. Il nie être opposé à la *perestroïka*, s'insurge contre les spéculations de la presse étrangère, révèle que sa propre famille a été victime de persécutions sous Staline, et s'exclame : « Je sais ce qu'est le culte de la personnalité, mais je sais aussi tout ce que notre peuple a accompli d'héroïque en dépit du culte de la personnalité et de la stagnation [l'ère Brejnev]. Peut-on accepter que, sous couvert de réhabiliter la vérité historique, on la défigure totalement ? Peut-on accepter que les Soviétiques, et cela dans notre presse, dans nos publications, soient présentés comme un peuple d'esclaves ? [...]. »

Des applaudissements nourris l'interrompent fréquemment. Il est bon, bien meilleur que M. Eltsine, cela plaît, et un petit frisson parcourt la salle quand, dramatique, il rappelle qu'il aurait pu y avoir « une tout autre décision » en 1985 (quand M. Gorbatchev a été élu) et que c'est grâce « aux camarades Tchebrikov, Solomentsev et Gromyko » qu'a été « prise la seule décision juste ». M. Tchebrikov est le patron du KGB, MM. Gromyko et Solomentsev avaient été attaqués la veille par un délégué. « Qui t'a fait roi ? », vient de dire M. Ligatchev.

Après 23 heures, dans le discours de clôture qu'il prononce après la bataille des amendements, M. Gorbatchev affirme, minutes du plénum d'octobre à l'appui, que M. Eltsine avait de lui-même donné sa démission et même refusé de la reprendre et le critique longuement pour avoir voulu résoudre les problèmes de Moscou en écartant trop des cadres en place. « La leçon [de l'affaire Eltsine] est que nous devons tous suivre fermement la voie de la renaissance du parti, sur des bases léninistes, démocratiques, en nous appuyant sur nos cadres et nos militants », dit M. Gorbatchev, avant d'ajouter, sous les applaudissements : « Nous ne pouvons résoudre les problèmes avec les méthodes condamnées du passé. »

Message décodé : je veux tout changer, mais, moi, je n'écarterai personne. Sur ce point, M. Gorbatchev a d'ailleurs tenu parole puisque, en échange de l'acceptation de ses réformes, il s'était engagé auprès des conservateurs à ne pas remanier la direction pendant la conférence. Qui va lentement...

Septembre-décembre 1988
Gorbatchev s'affirme…
le « radicalisme » aussi

Rentrée politique :
« La direction qui se constitue actuellement »

M. Gorbatchev est rentré de vacances lundi. Il a aussitôt quitté Moscou pour la région de Krasnoïarsk en Sibérie orientale, et mardi 13 septembre, c'est déjà comme s'il n'y avait pas eu d'été, pas la moindre pause dans la bataille politique qui secoue l'URSS. Car à travers ces premiers échanges — extrêmement animés — avec les foules massées sur son chemin, à travers critiques et louanges qu'on lui adresse, à travers les interviews et reportages auxquels donne lieu ce voyage, l'affrontement entre conservateurs et modernistes est si criant qu'on croit vivre une journée supplémentaire de la conférence du parti. Fin juin, c'était cartes sur table et ça l'est à nouveau quand M. Gorbatchev fait sa rentrée politique en déclarant : « Il est essentiel, camarades, d'aller fermement de l'avant et tous ceux qui voudraient nous tirer en arrière par tous les moyens devraient être écartés. »

C'est évidemment dire là qu'aucune des réformes politiques qu'il avait fait adopter à l'arraché par la conférence ne deviendra réalité sans qu'un rapport de forces ne l'impose et que l'année sera donc mouvementée. On le savait, mais si le secrétaire général a choisi de le proclamer, c'est sans doute qu'il ne peut entretenir la moindre illusion à ce sujet tant le terrain est miné.

A peine descendu d'avion à Krasnoïarsk, M. Gorbatchev en a d'ailleurs lui-même fait l'expérience, puisque, au beau milieu d'un long développement sur le poids excessif des investissements industriels et la nécessité de penser aussi à l'amélioration des conditions de vie, il a soudain été coupé par un retentissant : « Nous n'avons pas de saucisson ! » Cela pouvait encore passer, puisque les trois quarts de l'URSS auraient pu crier la même chose, mais quand les femmes lancent : « Nous n'avons pas d'eau chaude ! », cela devient plus gênant, même pour un secrétaire général qui est précisément venu dire qu'il était « inadmissible que le développement des infrastructures sociales soient partout à la traîne ».

M. Gorbatchev demande qu'on ne lui coupe pas la parole, poursuit en soulignant la nécessité de mener à bien les réformes économiques, et, de nouveau, un homme l'interrompt :

« Cela n'arrivera pas ! » Ce citoyen doute de ce que le secrétaire général est en train d'exposer et, tranquillement, il rajoute : « Et je ne suis pas le seul à le penser. » Légèrement décontenancé, M. Gorbatchev tente de reprendre le fil de son propos, mais quand on a commencé de donner la parole à un peuple muselé depuis soixante-dix ans, il n'est pas aisé d'en contenir l'explosion. « Nous verrons cela à la télévision ? » demande un Sibérien. M. Gorbatchev : « Bien sûr, mais ce n'est pas moi qui y donne les ordres. » Théoriquement en tout cas, c'est en effet M. Ligatchev, n° 2 du parti, et chef de file des conservateurs. Et le soir tout cela sera montré au journal télévisé...

Le secrétaire général en ressortait comme un homme auquel on peut parler franc des problèmes que chacun a en tête, mais comme un homme aussi auquel on n'arrive pas encore à croire, et auquel on peut en vouloir précisément parce qu'il dénonce des maux réels qu'il n'est pas à même de résoudre rapidement. Et puis, plus grave, l'opposition, la vraie, celle des conservateurs patentés, s'est directement exprimée elle aussi lorsqu'un homme a pris le contre-pied d'un plaidoyer de M. Gorbatchev en faveur de la *glasnost*.

« Il est très bien, lui a lancé un contradicteur, que nos journaux [ceux de Sibérie] suivent l'exemple de Moscou et parlent honnêtement des problèmes. Mais qu'en est-il des rédacteurs en chef, qui publient parfois des histoires fondées sur des faits invérifiés ? »

Là, c'était l'angle d'attaque favori des conservateurs durant la conférence, le défi évident. M. Gorbatchev — comme pendant la conférence — a répondu que la transparence était indispensable, mais qu'il ne fallait pas bien entendu qu'elle se transforme en droit de porter de fausses accusations.

D'autres voix plus nombreuses avaient aussi crié : « Nous appuyons la restructuration ! » Et le reportage que la *Pravda* publie mardi matin montre au demeurant qu'elle se porte plutôt bien en Sibérie, à en croire les déclarations faites à l'organe du Comité central par un responsable local. Les élections en cours dans le parti y auraient en effet sérieusement changé les choses. Quarante pour cent des élus n'avaient jusqu'à présent occupé aucune responsabilité dans l'appareil, et un cinquième des membres du comité régional du parti ont été renvoyés à la base. Les effectifs de direction ont été significativement réduits, et 62 %, enfin, de l'ensemble des élus l'ont été parmi deux candidats ou plus.

Normalement, cette multiplicité des candidatures aurait dû être la règle absolue, puisque la conférence en avait décidé ainsi, mais la proportion n'est néanmoins pas mauvaise. Elle signifie que les partisans du changement, dans cette région du moins et pour l'instant en tout cas, tendent à l'emporter au sein même du parti, que les militants « relèvent la barre de leurs exigences », comme le déclare le responsable interviewé par la *Pravda*, et que « l'atmosphère a changé », comme le souligne un médecin en se félicitant de la transformation en hôpitaux et centres de diagnostic des établissements réservés à la *nomenklatura*.

L'atmosphère a tellement changé en effet que la presse sibérienne, télévision y compris, parle aujourd'hui abondamment des prisonniers envoyés mourir sur les grands chantiers forcés de la région et que la mairie de Norilsk vient de décider de leur ériger un monument.

Ça bouge. Mais M. Gorbatchev a rappelé lundi soir aux Sibériens que la *perestroïka* était une « route inexplorée », certainement pas une « promenade », et qu'il fallait faire confiance à la direction « qui se constitue actuellement ».

Autrement dit, pas à celle qui est aujourd'hui en place, et qu'il s'agit de changer, n'a cessé de répéter le secrétaire général.

Bientôt tombera le Mur :
Un coup de pouce soviétique à Solidarité

Les dirigeants soviétiques voient dans les contacts noués entre l'équipe du général Jaruzelski et M. Walesa une « preuve du réalisme » de la direction polonaise et n'opposeraient pas, le cas échéant, de veto à une renaissance du pluralisme syndical en Pologne.

Énoncée lundi 5 septembre par M. Nicolaï Chichline, responsable de l'information internationale au département de propagande du Comité central, cette position de principe constitue un encouragement marqué à la poursuite du dialogue qui vient de s'entamer à Varsovie. Elle ne signifie cependant pas que Moscou se soit résolu à peser en faveur de la relégalisation de Solidarité. Décidé à laisser le général Jaruzelski jouer cette carte s'il en ressentait la nécessité, le Kremlin l'est en effet tout autant à ne pas l'y pousser et à le laisser, en clair, prendre ses responsabilités.

« Nous suivons, bien sûr, les derniers développements de près, nous a déclaré M. Chichline, mais nous considérons que les Polonais sont, en tout état de cause, mieux informés que nous de la situation de leur pays et que c'est à eux de prendre telle décision ou telle autre. » « Quant à nous, poursuit-il, nous sommes, en l'affaire, attentifs à la leçon, car nous sommes, nous aussi, à la recherche des moyens de stabiliser notre situation, notamment dans le domaine économique, puisque nous sommes confrontés, nous aussi, à la question de la réforme des prix et que nos économistes comprendront mieux à la lumière des événements polonais qu'il faut être prudent. »

Autrement dit, si nous n'avons pas de solution toute prête pour nous-mêmes, nous en avons encore moins pour la Pologne où « le pluralisme est si développé, dit en souriant M. Chichline, qu'il faut au moins trois interlocuteurs pour comprendre ce qui s'y passe : un catholique, un deuxième catholique et un troisième catholique ».

Dans ce brouillard, la direction soviétique est donc d'autant moins encline à vouloir imposer une solution que la situation polonaise ne lui semble pas devoir être « dramatisée » dans la mesure où elle serait à la fois marquée par le « réalisme » des dirigeants et le « désir d'harmonie » de la population.

Les premiers, dit M. Chichline, « ne considèrent pas que les décisions qu'ils sont amenés à prendre soient des décisions définitives ; ils admettent avoir commis pas mal d'erreurs, sont constamment en train de chercher de nouvelles voies, restent toujours très attentifs aux exigences des travailleurs et cherchent à faire entrer dans leur processus de renouveau national toutes les forces du pays ». « En ce sens, ajoute le responsable soviétique, les dernières conversations entre le général Kiszczak [le ministre polonais de l'Intérieur] et Lech Walesa sont une bonne preuve de ce réalisme auquel nous rendons hommage. »

Quant à la société polonaise, « toutes ses couches sont convaincues qu'il leur faut une Pologne libre, en développement et stable [et] nous applaudirons toujours toute normalisation de la situation, car nous y verrons un renforcement de notre partenaire socialiste et de notre alliance ».

Mais quelle sera la réaction soviétique si cette normalisation passait, à court ou moyen terme, par un retour de la Pologne au pluralisme syndical ? Réponse : « Le parti communiste de l'Union soviétique n'a pas de droit de veto sur les affaires intérieures polonaises [et] ce n'est pas l'opinion du PC, en fait, qui importe, mais les réalités de la situation [qui] excluent une simple répétition des événements de 1980 [...]. » « Nous n'appréhenderions pas une réapparition de Solidarité », poursuit M. Chichline, en ajoutant que « les hommes qui ont participé à Solidarité sont aujourd'hui à même de jouer un rôle plus important ».

Est-ce à dire qu'idéologiquement parlant le parti communiste soviétique ne considère pas le pluralisme syndical comme contraire au marxisme-léninisme ?

« Le marxisme-léninisme, ce n'est pas le code de la route mais une théologie engendrée par les réalités de la vie, qui sont elles-mêmes changeantes, répond M. Chichline. Lisez : vous ne trouverez aucune définition des formes que doit prendre le syndicalisme. Non, du point de vue de notre religion, le pluralisme syndical n'est pas une hérésie. »

L'éventuel retour de la Pologne à ce pluralisme ne risquerait-il pas, dans les périodes de difficultés socio-économiques qui s'annoncent, d'inciter les salariés soviétiques à suivre cet exemple ? « Tout est possible, la vie sociale peut connaître des développements très divers, et c'est la raison pour laquelle nous voulons garder au parti son rôle d'avant-garde afin qu'il puisse faire les choix qui s'imposeraient. »

Est-ce à dire qu'en parlant des leçons que vous tirez de la situation polonaise vous pensiez aussi aux formes que doit prendre le mouvement syndical ? « Je pensais d'abord à la réforme économique et au moyen d'éviter qu'elle ne lèse telle ou telle couche. Mais le plus important instrument de succès de cette réforme économique, c'est la réforme du système politique. Cela a été beaucoup dit durant la conférence [du PC soviétique, en juin dernier] mais il ne faudrait pas faire l'erreur de croire que les décisions qui y ont été prises sont notre dernier mot. Ce n'est que le premier, et d'autres réformes sont à venir. »

Si la direction soviétique reste sereine devant les développements polonais, ne croyez-vous pas qu'ils suscitent une grande irritation dans les autres pays socialistes européens ? « Je ne crois pas, rétorque du tac au tac M. Chichline, que, disons,

Nicolae Ceausescu soit prêt à apporter une aide fraternelle à la Pologne. » Et M. Honecker non plus ? « Pas plus. » Reste pourtant que plusieurs de vos alliés pourraient à nouveau craindre un effet de contagion polonais ? « Le problème ne se pose pas ainsi. Chacun a son virus : virus soviétique, virus tchèque, virus roumain, etc. Ce sont peut-être différents virus de la même grippe, mais chacun a le sien. Naturellement, les sociétés ne sont pas closes. Il y a des interférences, et c'est pour cela qu'il est de l'intérêt de chaque pays socialiste de faire que les choses marchent bien à l'intérieur de ses frontières. »

« On a tort, poursuit M. Chichline, de voir dans les grands bouleversements des effets d'enchaînement. Ce sont en fait des phénomènes durables qui se déclenchent et se prolongent avant de déboucher sur d'autres époques. Le processus de renouveau du monde socialiste est un processus global qui va, comme tel, prendre un certain laps de temps. Dans ce processus, nous n'avons pas été les premiers [...]. Et c'est pourquoi nous ne voulons pas jouer aux maîtres, mais voulons, au contraire, être des élèves studieux — y compris des Polonais. »

Considère-t-on à Moscou que la direction polonaise soit prête à admettre un retour au pluralisme syndical ? « Les autorités polonaises ne veulent, aujourd'hui, pas de syndicat parallèle », répond M. Chichline, en relevant cependant, avec beaucoup de prudence, que cette position ne fait apparemment plus l'unanimité dans les milieux officiels de Varsovie.

C'est la Pravda *qui le dit :* « On ne peut pas ne pas rendre hommage à Trotski »

C'est fait. Le dernier des grands tabous soviétiques s'est écroulé et il est désormais permis en URSS de parler de Léon Trotski en bien, en mal ou en demi-teinte, mais d'en parler comme de ce qu'il fut : un acteur clé de la révolution russe.

Car s'il est un point sur lequel la pleine page soudain consacrée par la *Pravda*, vendredi 9 septembre, au fondateur de l'Armée rouge ne laisse aucune ambiguïté, c'est sur l'importance primordiale qu'il eut dans la victoire et l'établissement du nouveau régime. Rejeté tout à la fois depuis près de soixante ans dans l'enfer de la contre-révolution et le néant de l'histoire, Léon Trotski se voit en effet restituer là son influence et sa gloire. « Dans les années de la révolution et de la guerre civile, [il] était le dirigeant le plus populaire après Lénine », écrit en effet le général Volkogonov, auteur de ce portrait, en soulignant qu'on ne recourait pas alors à l'ordre alphabétique pour citer les chefs de file du parti et que, « toujours ou presque toujours », Trotski venait en deuxième sur la liste.

Publié dans l'organe du Comité central et, qui plus est, par l'homme chargé sous Gorbatchev d'écrire une nouvelle biographie de Staline, ce simple rétablissement des faits équivaudrait presque à une réhabilitation si l'on ne sentait pas à chaque paragraphe l'embarras profond du général Volkogonov — et derrière lui celui des dirigeants soviétiques. Car de ce portrait (titré « Le démon de la révolution ») ressort une image extrêmement contrastée de Trotski, tantôt loué avec lyrisme, tantôt très violemment critiqué mais beaucoup plus comme homme que comme dirigeant.

Perdue dans la fin de la page, la conclusion politique renvoie purement et simplement dos à dos Trotski et Staline, en déplorant que « pour le plus grand malheur de l'histoire et du peuple, la vieille garde léniniste ait écarté l'un du gouvernail mais ait laissé l'autre sur la passerelle ». « Ce sont les deux qu'il aurait fallu mettre à l'écart », ajoute le général Volkogonov mais sans en rien expliquer pourquoi le premier aurait été aussi abominable que le second.

Or cette faille ne relève pas d'une faiblesse intellectuelle de cet historien militaire, mais de l'impossibilité de sa tâche. Dès lors que la nouvelle équipe dirigeante voulait tourner une bonne fois pour toutes la page du stalinisme et rétablir pour cela les faits, il était d'un côté inévitable de décrire son ascension, dans sa lutte contre Trotski, donc Trotski.

D'un autre côté pourtant, il aurait été encore politiquement impossible de donner raison contre Staline au chef de file de l'opposition de gauche, car lui reconnaître sa clairvoyance face à la bureaucratisation du régime et à l'appétit de sang de son rival serait revenu à donner crédit à ses analyses. Un jour viendra peut-être où la *Pravda* pourra sereinement examiner les pour et les contre de Trotski et du trotskisme, mais on n'en est pas du tout là car il faudrait alors débattre aussi de ses théories sur la « révolution permanente » (pas vraiment à l'ordre du jour) ou, pis, sur la nécessité d'une « révolution politique » en URSS.

Bref, il n'était pas question de glorifier Trotski en quoi que ce soit, mais l'angle d'attaque n'était pas non plus évident car, au jeu de l'histoire soviétique, tous les dés sont politiquement pipés. Lui reprocher d'avoir été si longtemps un menchevik, de ne s'être rallié aux bolcheviks qu'à la veille de la Révolution et d'avoir si longtemps dénoncé la logique dictatoriale du léninisme ? Le général Volkogonov jette bien là quelques piques, mais il était évidemment préférable de ne pas engager le débat sur le léninisme tant il est clair qu'il n'aurait pas été gagné d'avance et que le régime n'est pas prêt à renier cet héritage constitutif.

Attaquer alors sur l'autre front en reprochant à Trotski d'avoir été l'artisan brutal et pas démocrate du tout de la victoire militaire des révolutionnaires ? Beaucoup de gens le font — en URSS et ailleurs — et cela aurait certainement ravi toute l'influente aile droite du courant nationaliste russe, qui aurait trouvé là une nouvelle occasion d'expliquer que tout le malheur de la Révolution vient des juifs.

Il y avait là une carte à jouer puisque tant de gens poussent dans cette direction, mais le fait est que cette carte n'est pas celle de M. Gorbatchev. Ne serait-ce que parce que l'extrême droite russe, incarnée par le mouvement Pamiat, est très largement solidaire des conservateurs de l'appareil communiste, car la *perestroïka* est souvent vue (et non sans raison) comme une victoire des occidentalistes sur les slavophiles.

Après s'être brièvement demandé si le fondateur de l'Armée rouge n'avait pas si souvent traité Staline d'« épigone » parce qu'il lui aurait beaucoup emprunté de sa « méthodologie sociale », le général Volkogonov fuit donc ce terrain mouvant. Reste quoi ? Des défauts de caractère (« arrogance », sûreté de soi et de son intelligence, ambition démesurée). L'affirmation — non développée — qu'il aurait été beaucoup plus proche du « césarisme » et du bonapartisme que de la démocratie socialiste dont il se réclamait. Et le très savoureux reproche enfin, implicite mais clair, d'avoir... perdu la lutte contre Staline en multipliant les erreurs tactiques, en ne sachant pas s'attacher une base réelle, en prononçant un mauvais discours lors d'un plénum décisif, ou en formulant encore des slogans dont la « signification oppositionnelle » était difficilement perceptible.

Ce n'est plus une analyse historique, moins encore une thèse politique. C'est de la confusion mentale et, dans ce champ de contraintes contradictoires, le général Volkogonov va jusqu'à écrire : « Il y a des raisons de dire que dans ses années d'activité intense au sein du parti (1917-1924), Trotski n'a pas été un ennemi de la Révolution et du socialisme. Il était en revanche déjà un ennemi de Staline. On ne peut pas ne pas lui rendre hommage : contrairement à beaucoup, il ne s'est pas incliné devant la dictature de Staline [et] jusqu'à la fin de ses jours, son attitude envers Lénine est demeurée respectueuse. »

Beaucoup plus soviétique et unilatéral, le « chapeau » dont la *Pravda* a fait précéder ce portrait indique que « dans l'émigration, Trotski a glissé sur des positions antisoviétiques et antimarxistes ». Sa réhabilitation n'est pas pour demain, mais après le long article que l'hebdomadaire *Argumenti I Fakti* lui avait déjà consacré le 20 août dernier, l'auteur de la *Révolution trahie* a repris une existence légale.

Il reste un « démon », mais seulement parce que « dans le temple de l'histoire grandissent parfois des démons : des divinités qui se transforment en mauvais génies ». Ce n'est pas le temps de la libre recherche historique sans contraintes politiques. C'est déjà pourtant celui de la fin des grands interdits, et, tout en s'abstenant de reconnaître que c'est bien Staline qui a fait assassiner Trotski au Mexique en août 1940, le général Volkogonov ne laisse guère de doute à ce sujet. « Oui, écrit-il, Staline voulait la mort de Trotski, [car] le césarisme du chef ne pouvait être entier tant que le lointain exilé était en vie. »

Estonie :
Le premier chant de l'indépendance balte

Cette révolution a déjà son nom. On l'appelle la « révolution en chantant », car, d'un rassemblement de masse à l'autre, tous les chants de l'identité nationale ont resurgi, le rock s'est mis de la partie, et c'est sur ces rythmes mêlés que la plus petite des Républiques baltes, l'Estonie, s'est lancée seule dans une grande entreprise — la redéfinition de l'Union soviétique.

Non pas seulement de ses lois, de son économie ou de son système électoral, mais de l'Union elle-même, de la nature, des liens rassemblant les quinze Républiques qui composent l'URSS. Dans tout le reste du pays, il n'est pas, jusqu'à aujourd'hui, de sujet plus tabou, tant on craint de remettre en question des frontières qui doivent beaucoup moins à l'élan révolutionnaire qu'à la force militaire.

Partout le tabou tient, mais ici c'est en toute liberté qu'on discute de toutes les formes imaginables d'une indépendance estonienne — y compris hors de l'URSS —, et le premier secrétaire du parti, M. Vaino-Väljas, parle tranquillement de la nécessité de faire de l'URSS une « fédération d'États souverains », une « Union de nations vraiment libres ». C'est reconnaître que tout est à faire en ce domaine, mais la presse estonienne a franchi depuis l'été un pas autrement plus spectaculaire en écrivant que c'est en vertu d'une pure et simple annexion que l'ensemble des États baltes se sont en 1940 retrouvés incorporés à l'URSS. Tout ressort au grand jour : les clauses secrètes du pacte Molotov-Ribbentrop, par lesquelles Hitler avait reconnu à Staline le droit d'absorber les trois Républiques baltes ; l'horreur des déportations de masse qui avaient suivi et le souvenir magnifié de cette République d'entre les deux guerres qu'on appelait jusqu'à présent « bourgeoise », pour ne pas rappeler qu'elle avait été indépendante.

Tout ressort. Le Kremlin scrute. Les Soviétiques n'arrivent pas à croire que les rumeurs venant de là-bas soient vraiment vraies, et rien pourtant, dans la quiétude provinciale de la moins peuplée des Républiques soviétiques, ne laisserait voir qu'une révolution y est bel et bien en cours. Le congrès de fondation d'un mouvement politique indépendant s'y ouvre samedi 1er octobre. En un rien de temps, ce « front populaire » peut mobiliser trois cent mille personnes. De jour comme de nuit, le dimanche comme en semaine, une réunion suit l'autre. L'on débat ici de la refonte du système scolaire ; là, de la redéfinition des prix agricoles ; ailleurs, de l'établissement de représentations consulaires dans les pays scandinaves voisins. Et partout, bien sûr, non seulement de l'indépendance nationale, mais, beaucoup plus concrètement aussi, des conditions d'obtention de la citoyenneté estonienne que le Soviet suprême de la République va bientôt instituer, avec l'assentiment du parti.

C'est une révolution, mais menée par des luthériens retenus, auxquels l'histoire a trop souvent appris à ne pas se bercer d'enthousiasme. Écrivains, professeurs, économistes ou journalistes, vedettes de la télévision, la plupart de ses chefs de file sont membres du parti, de ces hommes — si nombreux dans les pays communistes — qui ont pris leur carte parce qu'ils ne voulaient pas se condamner à la marginalité et qui sortent brusquement de l'anonymat dès qu'un espoir de changement apparaît. Mart Kadastik par exemple, trente-trois ans, est rédacteur en chef depuis six ans d'*Etasi*, le quotidien du parti de Tartu, la ville universitaire d'Estonie. C'est lui et lui seul qui a pris la décision, il y a juste un an, de publier un article de quatre intellectuels appelant à instaurer l'autonomie économique de la République. La réforme des entreprises venait alors d'être lancée par M. Gorbatchev. L'idée maîtresse en était de leur redonner l'esprit d'initiative et la responsabilité de leur travail en les dégageant de la tutelle des ministères centraux ; et ces quatre hommes proposaient donc d'appliquer le même raisonnement aux Républiques, à l'Estonie en l'occurrence...

A priori, rien ne violait là l'orthodoxie puisqu'il ne s'agissait que d'aller plus avant dans une direction tracée par le parti. En fait pourtant, cette proposition était évidemment une bombe, puisque l'économie estonienne reste aujourd'hui contrôlée à 90 % depuis Moscou. Vouloir renverser la proportion, c'est vouloir modifier radicalement les rapports entre l'Estonie et l'État soviétique central.

Cet article était une bombe, mais Mart Kadastik l'a immédiatement accepté car « la crise était telle qu'il fallait publier n'importe quel programme positif pour combattre le scepticisme de la population » — en fait pour mobiliser les Estoniens et leur faire comprendre qu'il était temps de saisir la chance offerte par la *perestroïka*. Consulté, M. Gorbatchev n'aurait peut-être pas donné son feu vert à une telle amplification de ses réformes, mais personne ne lui a demandé son avis. Consulté, le premier secrétaire de Tartu aurait peut-être mis son veto, mais il ne l'a pas été non plus.

Après une première vague de réactions officielles violentes, il apparaît vite que l'*establishment* du parti n'a déjà plus les moyens politiques de riposter. Dans toute l'Estonie l'idée enthousiasme, et il est difficile de lui opposer des arguments qui ne semblent pas, dans le même temps, contredire la *perestroïka*.

Toute l'élite intellectuelle et journalistique de la République s'y rallie. Il n'est bien sûr pas question de recourir aux « méthodes administratives » contre qui que ce soit.

Six mois plus tard, l'*intelligentsia* a si totalement pris l'initiative dans la République que l'ensemble des unions de créateurs — écrivains, artistes, journalistes, architectes, etc. — se réunissent au siège du Parlement pour mettre au point une batterie complète de réformes. Nouvelle innovation : l'*intelligentsia* ne se contente pas de s'adresser aux dirigeants du parti estonien. Elle définit aussi les positions que la délégation de ce parti devrait défendre en juin à Moscou, à la XIXe conférence du parti soviétique. Deux semaines plus tard, le 13 juin, l'émission télévisée « Réfléchissons encore » est consacrée aux « moyens d'utiliser l'initiative des citoyens ».

Tous les Estoniens sont devant leur écran car, depuis son lancement en octobre, l'émission a un succès colossal ; on y débat des sujets socio-politiques les plus brûlants, on le fait en direct, et le public peut poser des questions. Là, les invités : Edgar Savisaar, trente-huit ans, petit, trapu, grosses lunettes et prodigieux talent d'orateur, est l'un des quatre signataires de l'appel à l'autonomie économique. A ce titre, il est déjà devenu une autorité politique et, soudain, sans avoir prévenu personne, il lance l'idée d'un mouvement démocratique de soutien à la *perestroïka*. Tout le monde est pour. La réaction du public est plus que favorable et, la nuit durant, on rédige dans le studio même une déclaration de fondation de ce « front populaire », qui bénéficie aussitôt d'un tel soutien que le parti le reconnaît le 29 avril comme « mouvement des larges couches du peuple ».

Le lendemain, la télévision lui consacre une émission spéciale, et le défilé du 1er Mai se transforme en manifestation de soutien au front, qui revendique aujourd'hui cinquante mille adhérents sur un million et demi d'habitants.

De cette épopée, on pourrait de loin donner une version policière qui se tiendrait. Ses principaux acteurs sont communistes. L'idée de Front populaire avait d'abord été lancée dans *Les Nouvelles de Moscou*, l'organe de pointe de la *perestroïka*. M. Gorbatchev a besoin, contre les conservateurs, d'organiser une mobilisation populaire en sa faveur, et il est vrai enfin que les résolutions adoptées par la XIXe conférence reprennent les idées d'autonomie économique et de front populaire.

Il est tout à fait certain aussi que M. Gorbatchev et son

équipe n'ont rigoureusement rien fait pour empêcher le mouvement estonien de se développer. De là à conclure qu'ils l'ont organisé, il y a pourtant un pas à ne pas franchir.

En Estonie, les Estoniens ne représentent aujourd'hui plus que 60 % de la population ; au rythme où se développe l'immigration des autres Républiques — russe avant tout —, ils ne seront bientôt plus autre chose qu'une minorité nationale, et cette évolution, sensible dans bien d'autres Républiques et régions, est d'autant plus mal vécue ici qu'elle semble prolonger et achever l'annexion de 1940.

Pis, les Russes, qui ne se donnent que rarement la peine d'apprendre trois mots d'estonien, sont, la plupart du temps, ouvriers ou cadres d'usines créées depuis Moscou, souvent très polluantes et exigeant une main-d'œuvre importante, pour la plupart immigrée.

Un sourd ressentiment historique, la montée des préoccupations écologiques, les aspirations démocratiques et la crainte d'une menace imminente de submersion étrangère ont ainsi créé un étrange hybride politique. Comme tous ces grands mouvements qui soudain unissent tout un peuple, le mouvement estonien est un peu tout à la fois : libertaire et assoiffé d'ordre ; xénophobe et attentif aux droits des minorités ; nationaliste et ouvert sur le monde ; conservateur et radicalement réformateur, passéiste et novateur.

« Nous sommes menacés dans notre existence même », entend-on constamment, et cette conviction est si forte qu'on avait vu, dès 1980, quarante intellectuels estoniens protester publiquement contre le recul de leur langue et le ravage de leur pays. Quand la *glasnost* n'en était, fin 1986, qu'à ses balbutiements, la presse populaire avait déjà réussi à faire suspendre l'ouverture de nouvelles mines de phosphates, qui aurait provoqué, explique Arvo Valton, l'un des plus célèbres écrivains estoniens, « la disparition d'un tiers de la nappe phréatique du golfe de Finlande et une arrivée massive de nouveaux immigrants ». Déjà, la fronde était rampante, et il suffit de remonter jusqu'à l'enfance politique de la génération qui prend aujourd'hui la tête de l'Estonie pour tomber sur la fracture de la fin du XXe siècle : 1968. A l'époque, un département de recherches sociologiques venait de s'ouvrir à l'université de Tartu. On découvrait de nouvelles approches, de nouveaux auteurs, les modèles alternatifs, et les idées de la tentative de réforme économique de 1965 — mêlées aux premiers enthousiasmes du « Printemps de Prague ». Les esprits s'ouvraient. Les bouches aussi.

Mariu Lauristin, fille d'une gloire du mouvement communiste estonien et chef du département de journalisme de l'université de Tartu, n'était pas encore devenue l'un des dirigeants les plus populaires du Front mais était déjà un pilier du département de sociologie. Le secrétaire général du Comité central chargé de l'idéologie, Indrek Toome, n'était pas encore l'interlocuteur privilégié du front mais était déjà responsable des Komsomols à l'institut polytechnique de Tallin et participait à ce 68 estonien. « Le pluralisme », explique Mariu Lauristin, est depuis les années soixante une réalité que le brejnevisme n'avait fait que refouler. Des staliniens aux réformateurs, tout le monde cohabitait dès cette époque dans l'appareil, ajoute-t-elle, en estimant que la Suède est plus proche que l'URSS de l'idée qu'elle se fait du socialisme.

Devant l'université, parents et enfants endimanchés font la queue. Les notes d'un quatuor s'échappent bientôt des fenêtres de la salle des fêtes et se répandent dans ces rues sorties des premières années du siècle passé — quand le recteur était un Français qui apporta ici le siècle des Lumières et les idéaux de 1789. Tartu était alors, pour tout l'empire, l'école de l'audace politique.

La tradition est vivace. Mais cette minuscule Estonie pourrait-elle vraiment ouvrir la voie à l'URSS ? Tout en fait douter, mais l'équipe de M. Gorbatchev a pourtant placé ici de grands espoirs...

Rentrée politique : L'éviction de la vieille garde

Préparée en moins de cent heures et exécutée en soixante minutes, ce fut ce qui s'appelle une offensive éclair et réussie. Car non seulement M. Gorbatchev a dégradé ou écarté vendredi 30 septembre toute la vieille garde conservatrice de la direction, mais il a aussi fait entériner par ce Comité central express une réforme politique fondamentale du système soviétique.

Avec notamment le « départ en retraite » du chef de l'État Andreï Gromyko dont les fonctions ont été samedi matin attribuées à M. Gorbatchev, les limogeages sont spectaculaires. Inattendus et massifs, ils sont venus démontrer que le secrétaire général était déterminé à faire respecter son autorité et sa ligne politique, et qu'il en avait surtout les moyens.

Ce coup d'éclat devrait donc à la fois redonner confiance aux partisans des réformes très ébranlés par l'impunité dont bénéficiaient les conservateurs depuis deux mois et attirer de nouveaux soutiens au secrétaire général dans la mesure où la force va, dans une situation fluctuante, à la force.

Cela est évidemment capital pour l'avenir de la politique de *perestroïka*, mais la réorganisation de l'appareil du parti qui a été décidée dans le même temps devrait pourtant avoir des conséquences encore plus profondes.

Le Comité central a en effet accepté — à l'unanimité comme pour toutes les autres décisions — de démanteler son propre appareil, en fermant les quelque vingt-cinq départements qui, jusqu'à présent, dirigeaient tout le pays (ou prétendaient du moins le faire) en donnant leurs ordres à tous les organes de gestion de l'État et de l'économie. Tous ceux d'entre eux qui coiffaient des secteurs d'activité spécifiques (transports, industrie chimique, énergie, etc.) sont supprimés, et les autres sont regroupés au sein de six grandes commissions nouvellement créées.

Cette réorganisation va s'accompagner d'une réduction de moitié des effectifs de l'appareil du Comité central et s'appliquera également aux comités centraux des partis des Républiques fédérées ainsi qu'aux comités de parti des villes et des régions. Autrement dit, l'appareil va bientôt se trouver, faute d'hommes, matériellement incapable de continuer à se substituer de fait aux directions de l'État et de l'économie. Or c'était là une condition, certes pas suffisante, mais indispensable, de la réussite aussi bien des projets de réforme économique que du processus de démocratisation.

Tant que la structure interne du parti demeurait inchangée, l'autonomie des entreprises et le renforcement du pouvoir des assemblées élues et de leur exécutif restaient en effet totalement aléatoires et réversibles. La mauvaise volonté pouvait freiner le changement et finir par le bloquer. L'évolution du rapport de forces au sein de la direction pouvait susciter un retour en arrière. Bref, on restait au stade des souhaits et de la volonté alors qu'on est entré maintenant dans l'étape de la réalisation — celle-là même à laquelle M. Gorbatchev ne cessait en vain d'appeler depuis sa rentrée politique il y a trois semaines.

Décidée en juin dernier par la XIXe conférence du parti, avalisée un mois plus tard par un plénum du Comité central, ce n'est toutefois pas cette réorganisation en elle-même qui constitue la surprise mais son accélération soudaine. Normalement, elle ne devait en effet entrer en vigueur qu'à la fin de cette année et, avec les résistances qu'elle suscitait, on se serait plutôt attendu à un retard qu'à trois mois d'avance.

La question est donc de savoir pourquoi M. Gorbatchev a jugé nécessaire de brusquer les choses à ce point, et l'on est là dans le brouillard. Officiellement, les partants étaient tous démissionnaires pour cause de retraite, et si M. Gromyko, soixante-dix-neuf ans, est le seul à avoir eu droit à un hommage de M. Gorbatchev, aucun n'a été critiqué — ni M. Solomentsev, soixante-quatorze ans, qui quitte à la fois le bureau politique et la présidence de la commission de contrôle, ni MM. Dolguikh, soixante-trois ans, et Demitchev, soixante-dix ans, qui perdent leur siège de membre suppléant du bureau politique, ni M. Dobrynine, soixante-huit ans, l'homme qui fut vingt-cinq ans ambassadeur à Washington et qui s'en va aujourd'hui du secrétariat.

Tout comme M. Kapitonov, soixante-treize ans, qui doit abandonner la présidence de la commission de révision, tous avaient effectivement l'âge de la retraite, mais personne ne pourrait croire qu'ils aient simplement, d'un coup et tous ensemble, brusquement ressenti l'atteinte de l'âge.

Ils ont été éliminés. M. Gorbatchev s'est donné peu de mal pour le cacher en déclarant dans son bref discours que « la nécessité de perfectionner les activités du Comité central [...] exigeait d'apporter certains changements parmi les cadres du parti ». Ces hommes étaient, en clair, devenus un obstacle insupportable à sa politique, mais cela signifie-t-il pour autant que M. Gorbatchev ait dû frapper avant que sa politique, ou lui-même, ne le soit ?

La rapidité avec laquelle il a agi et la brutalité du remaniement pourraient le laisser penser, mais, outre que rien ne vient pour l'instant étayer cette hypothèse, tout porte à croire en réalité que M. Gorbatchev a simplement voulu créer un choc psychologique. Car, immédiatement après la victoire des thèses réformatrices à la conférence, l'élan pris alors s'était perdu dans les sables des vacances et heurté à la contre-offensive des conservateurs.

Leur chef de file, M. Ligatchev, qui vient de perdre le secteur clé de l'idéologie et ne reste au bureau politique que pour s'occuper de l'agriculture, ne cessait plus de critiquer la tentation de l'économie de marché, l'abandon des « positions de classe » en politique étrangère ou encore la multiplication des baux de longue durée sur les terres agricoles. Le présidium du Soviet suprême — que présidait jusque-là M. Gromyko — adoptait à la hâte un décret sur le droit de manifestation, très restrictif et tout à fait contraire à l'esprit des résolutions de la conférence. Les possibilités de s'abonner aux journaux les plus engagés du courant réformateur étaient sévèrement restreintes et la presse, enfin, était obligée de modérer sa fragile liberté tant les pressions étaient redevenues fortes.

Tout grippait, et M. Gorbatchev ratait de surcroît sa rentrée en s'empêtrant dans une trop longue tournée en Sibérie où on l'a plus souvent interpellé sur la gravité des problèmes matériels qu'encouragé à aller de l'avant. Sauf à laisser filer les choses, il fallait réagir, mais, si c'est maintenant chose faite, force est de constater que le bilan de l'opération n'est pas totalement rose pour le secrétaire général.

Car cette démonstration de force et de vitalité, cette promptitude dans la riposte prouvent également qu'il ne lui est pas possible, contrairement à ce qu'il espérait, d'éviter les chocs frontaux avec ses adversaires. Lui qui ne cessait de répéter que les conservateurs n'existaient pas, qu'il y a seulement des hommes qui ont peur parce qu'ils ne comprennent pas les nécessités nouvelles, lui qui s'était toujours refusé — pour ne pas, précisément, renforcer cette peur et figer les clans — à s'attaquer directement à ses adversaires, cet homme-là a dû finir par faire tomber des têtes.

La guerre, et pas seulement la guerre des idées, est maintenant ouverte et il n'y a pas grand risque à prédire qu'elle sera rude et incertaine. En accélérant les réformes, en accélérant le rajeunissement et l'aggiornamento de la direction, il a aussi accéléré le rythme des batailles et il était donc logique qu'il pense à s'y préparer.

L'ex-président du KGB, M. Tchebrikov, reste au bureau politique, entre même au secrétariat, mais s'est aussi vu confier la responsabilité d'une des six nouvelles commissions du Comité central (les problèmes juridiques). Promu membre suppléant du bureau politique, le ministre de l'Intérieur, M. Vlassov, est un réformateur qui déclarait en juin, à la conférence, en plein assaut conservateur contre la liberté de la presse qu'elle était « l'arme de la *glasnost* ».

Autre promotion, décisive celle-là, celle de M. Vadim Medvedev qui passe directement du secrétariat au bureau politique et qui va présider la nouvelle commission de l'idéologie, c'est-à-dire prendre en charge la presse et la culture. Rapide, vif, n'hésitant pas à faire de l'humour en rendant compte à la presse du plénum — « Et vous, qu'en pensez-vous ? », a-t-il répondu à un correspondant qui lui demandait si les décisions du Comité central étaient favorables à la poursuite des réformes —, cet intellectuel paraît bien placé pour devenir le numéro deux du parti — ce qu'était jusqu'à hier M. Ligatchev.

Comme l'avait décidé la XIXe conférence, les commissions de contrôle et de révision sont fusionnées en un organisme unique confié à l'actuel premier secrétaire de Lettonie, M. Boris Pougo. La commission des cadres est confiée à M. Razoumovski, un homme connu pour ses liens étroits avec M. Gorbatchev, et deux membres réformateurs du secrétariat sont enfin promus membres suppléants du bureau politique.

Les rangs sont serrés et, bien isolé dans cette nouvelle équipe, le nouveau responsable de l'agriculture, M. Ligatchev, aura du mal à éviter de concentrer sur lui tout le mécontentement populaire suscité par les pénuries alimentaires.

Un fil directeur : **La « maison commune européenne »**

Quand un homme comme M. Gorbatchev se réfère sans cesse à une idée aussi accrocheuse que celle de « maison commune européenne », on pourrait s'attendre que le contenu en soit clair et la définition toute prête. Au moment de l'arrivée du chancelier Kohl à Moscou, au lendemain des visites que viennent d'y faire le chancelier autrichien et le président du Conseil italien, à un mois de la venue de M. Mitterrand, au beau milieu d'une grande offensive européenne de l'URSS, cette « maison commune » reste pourtant noyée dans les brumes.

« C'est à la fois, répond un responsable de l'Institut de l'économie mondiale et des relations internationales, un objectif et un processus. » Au ministère des Affaires étrangères, on explique que « ce mot de "maison" ne doit pas faire penser à quelque chose de statique » et qu'« il s'agit, en fait, d'une architecture évolutive ». Quant au Comité central, on y déclare, et même avec une certaine insistance, que « les détails de la construction ne sont clairs pour personne ».

Autrement dit, M. Gorbatchev, sa presse et sa diplomatie font la publicité d'une future maison qui n'a pas de plans, mais il ne faudrait pas en conclure pour autant qu'ils ne veulent vendre là que du vent. Avec ces trois mots, l'équipe de la *perestroïka* poursuit bien au contraire trois objectifs d'ampleur : modifier l'image de l'URSS en Europe occidentale, favoriser des ambitions anciennes et faire sentir enfin un changement d'approches et de mentalités que le secrétaire général et ses partisans estiment vital pour l'avenir de leur pays.

Qui vous assure de construire une maison commune vous assure d'abord ainsi de son désir de vivre en bon voisinage avec vous. L'idée du toit, c'est celle de la stabilité et de la sécurité. L'idée de communauté appelle celle de ressemblance et donc rassure.

Chaque mot de cette expression signifie : « Nous ne sommes plus ceux que vous croyez. » Nous ne sommes plus la menace, mais nous sommes les autres enfants d'une terre qui ne pourra donner tous ses fruits ni sans vous ni sans nous. En termes de publicité, cela s'appelle une redéfinition du produit, et la demande ne peut, quoi qu'en jurent les officiels soviétiques, que favoriser le constant désir de Moscou d'enfoncer un coin dans l'alliance atlantique.

Car dire que l'Europe est la maison commune de tous les Européens sous-entend, bien sûr, que les Américains n'ont pas grand-chose à y faire. Telle a toujours été l'opinion de l'URSS, dont les nouveaux dirigeants ont compris que le plus sûr moyen de réduire la présence américaine de ce côté-ci de l'Atlantique n'était pas de faire désarmer, mais au contraire de tendre la main et de désarmer. En revanche, tel n'est pas du tout l'avis des gouvernements ouest-européens, pour lesquels un coup d'œil sur la carte démontre le danger qu'il y aurait à se retrouver en tête à tête avec le pays le plus étendu du monde.

Sur ce terrain et logiquement, M. Gorbatchev suit Brejnev ou Staline, mais tout se complique dès qu'on prend en compte les évidences sur lesquelles se fonde sa volonté de réforme. Car, si l'on peut penser que le secrétaire général est plus naturellement porté au despotisme éclairé qu'au gâtisme totalitaire, son action s'explique avant tout par le total essoufflement du système dont il a hérité. La gabegie, les pénuries, le retard scientifique, la gangrène de la corruption et les tensions nationales menacent de faire de ce supergrand un géant anéanti par les fièvres.

C'est toute la puissance de l'empire qui est menacée, et, si l'on ne sait pas définir cette « maison commune européenne », on sait parfaitement expliquer pourquoi on en rêve. « L'idée découle, explique l'un des hommes chargés de travailler sur ce projet, de la compréhension que le face-à-face militaire européen était à la fois inutile et dangereux, et que, généralement parlant, le danger n'est pas l'attaque, mais le dérapage d'une crise, le développement des problèmes écologiques, l'impossibilité de nous intégrer au marché mondial en raison de la mentalité de camp et notre auto-épuisement par les dépenses militaires. »

« Cette approche, reprend-il, est née de la conscience que la compétition ne se jouera pas sur le terrain, mais sur celui des modes de vie, et que nous n'étions pas là, avec nos dépenses de défense, dans la meilleure position pour gagner. » Autre formulation, mais très parallèle, au Comité central : « La théorie était avant, nous y dit-on, qu'il y avait deux économies mondiales : le capitalisme et le socialisme. Nous avons fini par reconnaître qu'il n'y en avait en réalité qu'une et il faut donc tout revoir dans cette perspective. »

Certes, mais concrètement parlant, cela débouche donc sur… ? « Nous savons ce dont nous devons sortir, répond-on au ministère des Affaires étrangères : la confrontation, la méfiance, la course aux armements, l'aliénation des deux parties de l'Europe, malgré la profondeur de nos racines culturelles communes. » « Nous devons, reprend-on, substituer le réflexe de solidarité à celui de la confrontation, et nous voyons déjà des signes d'une telle évolution dans la retenue avec laquelle on a réagi d'un côté à l'affaire de la Nouvelle-Calédonie et de l'autre à celle du Haut-Karabakh. »

« Ni les uns ni les autres, poursuit ce diplomate, nous n'avons cherché à nous faire du tort, et l'évolution des choses dépendra de l'approfondissement de ce réflexe de solidarité, de savoir, dit-il maintenant à propos de la crise polonaise, si l'on voudra exploiter des situations locales ou localiser, au contraire, les problèmes, car la situation de crise chez l'un se répercute chez l'autre. »

Le propos est foisonnant chez les universitaires, tempéré de professionnalisme aux Affaires étrangères, cartes sur table au Comité central, mais partout la vision frise l'angélisme. Objectif final : une Europe débarrassée des blocs dans un monde dénucléarisé. Les étapes ? Le renforcement des liens économiques, l'affirmation de l'unité culturelle, un « changement révolutionnaire » sur les droits de l'homme et, bien sûr, l'accélération du processus de réduction des armements — conventionnels et nucléaires — entamé par le traité sur les euromissiles.

Les forces de frappe française et britannique ? Pas question, explique-t-on unanimement, d'en demander le démantèlement hors d'un processus de renoncement général aux armes nucléaires. La présence américaine en Europe ? Les formulations sont plus nuancées, pas toujours claires, mais le réalisme commande de voir que l'Amérique, ne serait-ce qu'économiquement, fait aussi partie de l'Europe.

L'Allemagne ? Le maintien des deux États est une pierre angulaire de la « maison commune », mais leur processus de rapprochement est irréversible, et cette détente garantit par elle-même qu'une dynamique de réunification n'est nullement inévitable. Et puis, à côté de ces quelques certitudes de fond, il y a les flottements.

Ici l'on explique avec une solide conviction qu'un effacement des blocs militaires n'induit pas le danger de voir les démocraties populaires tourner *ipso facto* le dos à l'URSS, car elles doivent penser à leurs débouchés, que leurs frontières sont garanties par leurs liens avec Moscou et que l'impulsion réformatrice vient aujourd'hui du Kremlin. Là, on explique au contraire que la tendance permanente de l'Europe centrale à vouloir renforcer ses liens économiques avec l'Ouest pose problème et que « nous avons parfois l'impression que nous nous défaisons tandis que l'Europe occidentale s'unit ».

La perspective d'une intégration militaire à l'Ouest suscite de même un débat ouvert à Moscou. « Certains estiment, dit-on au Comité central, que cela ne changerait pas vraiment les rapports de forces et rendrait en revanche l'Europe plus indépendante des États-Unis. D'autres, au contraire, dont la totalité des militaires, considèrent que ce serait politiquement grave, car il n'y aurait plus à l'Est de pacte de Varsovie, tandis qu'il y aurait à l'Ouest l'ensemble européen plus l'ensemble américain. »

Tout le monde n'avance donc pas du même pas derrière la bannière de la « maison commune », mais trois idées forces unissent ceux qui se réjouissent de devoir bouger et ceux qui s'y résignent à regret.

Premièrement, la puissance et le ciment des blocs sont « de plus en plus d'ordre économique et de moins en moins d'ordre militaire ». Deuxièmement, tous les pays d'Europe, à l'Est comme à l'Ouest, sont de plus en plus indépendants, car « l'ensemble de l'Europe renaît de l'après-guerre et en sort ». Troisièmement, « le changement de génération, l'éloignement des camps staliniens et l'érosion ou l'évolution des partis communistes de l'Ouest » permettent d'envisager des modifications radicales de l'atmosphère européenne, car l'URSS est de moins en moins perçue comme menaçante.

En un mot, l'Europe change, et il « vaut mieux sauter dans la locomotive que rester sur le quai ». Si l'on ignore ou et quand s'arrêtera le train, il ne sera, en effet, pas nécessaire de beaucoup chercher pour trouver à bord ces crédits et cette « solidarité » dont les pénuries et les crises soviétiques ont tant besoin. M. De Mita est venu signer des contrats à tour de bras. On attend de M. Kohl que l'industrie allemande s'intéresse plus encore au marché soviétique, et, quand M. Mitterrand arrivera, il ne restera plus qu'à confirmer la récente conversion de la France à l'Europe des solidarités.

Les déportés préparent leur congrès : Sanglots, bureaucratie et politique

L'Union des cinéastes avait prêté sa salle de spectacle ; M. Gorbatchev avait fait dire son soutien personnel ; les télévisions filmaient et, dans le grand hall, le bar était exceptionnellement bien garni. C'était en quelque sorte la fête, mais ses héros ont vite fait figure de gêneurs, car l'horreur s'exprime mal et s'accommode plus mal encore de la célébration.

D'un côté, il y avait un mouvement, Mémorial, créé au début de l'année par une poignée de jeunes gens afin de lancer une souscription nationale pour l'érection d'un monument aux victimes de Staline ; de l'autre, il y avait ses victimes, les rescapés des camps. D'un côté, il y avait une organisation qui est devenue un enjeu politique depuis que la conférence du parti a approuvé, en juin dernier, ce projet de monument. De l'autre, il y avait des hommes et des femmes qui n'avaient jamais pu dire publiquement ce qu'ils ont vécu et qui voulaient parler — parler comme on hurle.

C'était bien le moins, mais à l'ordre du jour de cette première réunion nationale des cinquante comités de villes que compte aujourd'hui Mémorial, il y avait aussi un projet de statut, les énormes difficultés que beaucoup de comités rencontrent avec les autorités locales et toutes les batailles politiques qui peuvent se greffer sur la préparation d'un hommage national aux millions de morts du Goulag.

Tout cela aussi était très important, mais il y avait quelque chose de physiquement insupportable à voir d'anciens prisonniers — vingt ans de camp parfois — se faire couper la parole au bout des trois minutes réglementaires. Souvent édentés, appuyés sur une canne, accrochés au micro comme un noyé à sa bouée, ils ne voulaient plus se taire et on les faisait taire.

Cette dame, par exemple, qui raconte son arrivée au camp à seize ans. Jolie, trop jolie, si jolie que toute la hiérarchie des gardiens lui est passée dessus dans la nuit. Elle n'a pas le bon ton qu'on attend des victimes. Elle est trop bien habillée, trop maquillée et il n'est pas besoin d'être grand psychologue pour savoir pourquoi, ni d'avoir le cœur très grand pour être bouleversé. Et pourtant, on l'applaudit pour l'empêcher de parler. Elle éclate en sanglots, dresse les mains qu'elle s'était ébouillantées de désespoir, mais rien n'y fait : elle doit céder la place.

Dans la salle et à la tribune, il y a ceux qui veulent que le futur monument ne rende pas seulement hommage aux victimes de Staline, mais à toutes les victimes — c'est-à-dire aussi à celles de Lénine et de Brejnev. Défendent cette position, entre autres : M. Sakharov, Mme Bogoraz — une des grandes figures de la dissidence dont le mari est mort en camp, il y a peu — et les membres de l'Union démocratique, un groupe qui pourfend ouvertement le léninisme et organise, parallèlement, une manifestation place Pouchkine.

Anatoly Rybakov, l'auteur des *Enfants de l'Arbat*, Igor Dobrochtan, l'homme qui avait mené, en 1953, la révolte des camps sibériens de Vorkhouta, les représentants des organisations officielles et des journaux qui ont adhéré à Mémorial s'y opposent au contraire. Ce n'est pas qu'ils soutiennent que la répression n'ait été que stalinienne, mais ils craignent qu'en touchant à Lénine on enterre un projet qui ne fait certainement pas l'unanimité de l'appareil.

Le danger est évident pour tout le monde, mais faut-il par souci tactique transiger sur la vérité ? Faut-il, au contraire, laisser se perdre la chance de fonder l'Institut de recherche qui doit être ouvert à côté du monument et qui permettrait d'établir toute cette vérité ? Le souci tactique l'emporte, mais les affrontements sont violents et deux jeunes gens en viennent même aux mains dans le hall.

Sur proposition d'un délégué, le président de séance demande à tous les anciens « zeks » (prisonniers) présents de se lever. Certains sont comme à la parade. D'autres tirent désespérément sur les dossiers devant eux, mais n'arrivent pas à se redresser. Ils sont une petite cinquantaine. La plupart d'entre eux seront bientôt morts, et soudain le silence de cette salle pleine des combats de demain pèse de tout le poids de soixante-dix ans de barbarie.

Résolutions adoptées : le recensement qui commencera en janvier prochain devrait porter aussi sur l'ampleur de la répression, famille par famille. Andreï Sakharov devrait représenter Mémorial au sein du nouveau parlement qui sera mis en place au printemps ; Soljenitsyne devrait être réhabilité et son rôle dans la restauration de la vérité historique publiquement reconnu.

Si c'était déjà la réalité, on dirait le triomphe du bien dans une pièce allégorique. Ça ne l'est pas encore, loin de là. Mais le congrès national de Mémorial est convoqué pour les 17 et 18 décembre à Moscou.

Naissance du radicalisme : On est toujours le conservateur de quelqu'un

Le bureau politique a envoyé, vendredi 11 novembre, trois de ses membres dans les pays baltes, pour tenter de désamorcer le mécontentement provoqué dans ces trois républiques par les projets d'amendement à la Constitution.

Depuis leur publication, le 22 octobre dernier, ces projets suscitent en effet une colère grandissante en Estonie, en Lettonie et en Lituanie, car on y dénonce des tentatives de limitation de la souveraineté des quinze républiques composant l'Union soviétique. Cette interprétation prête à discussion puisque cette souveraineté n'était, jusqu'à présent, qu'une pure fiction constitutionnelle, et que sa limitation ne peut donc pas se faire aux dépens d'une réalité existante mais seulement d'espérances d'autonomie — particulièrement vives sur cette frontière occidentale de l'URSS.

Rationnelle ou non, cette colère n'en est pas moins un fait politique préoccupant pour M. Gorbatchev, qui a choisi, depuis bientôt six mois, de faire des pays baltes un champ d'expérimentation de la redéfinition des liens unissant les républiques fédérées. C'est dans cet esprit qu'au lieu de s'opposer au développement accéléré des revendications nationales baltes, il a, au contraire, entrepris de les canaliser au profit de la *perestroïka*, en facilitant la création, dans les trois républiques, de mouvements politiques indépendants de masse : les fronts populaires.

Cela revenait largement à sauter dans le train, à défaut de pouvoir l'arrêter, mais, plus profondément, le pari était aussi de profiter du haut niveau de culture politique de ces régions pour tester les possibilités de ce « nouveau fédéralisme », qu'on rêverait d'opposer à l'explosion des nationalismes. C'est dans cet esprit aussi que les pays baltes devraient passer sous peu, avec quelques autres républiques et régions, au régime de l'autonomie économique. Et tout confortait, jusqu'à présent, les espoirs de M. Gorbatchev.

Non seulement les revendications d'indépendance complète étaient restées marginales, mais les dirigeants des trois fronts, le plus souvent des communistes réformateurs, avaient également réussi à suffisamment garder le contrôle de la situation pour qu'elle ne pose pas de problèmes au Kremlin. Or, aujourd'hui, les problèmes sont là, non pas tant parce que les pays baltes contestent en masse les amendements à la Constitution mais parce qu'on découvre que le « cobaye » n'est pas l'objet mais le sujet de l'expérience.

Au lieu de faire ce qu'on lui dit et de se laisser observer, il pense, innove, s'exprime et s'indigne de tout ce qui n'est pas à la hauteur de ses plans. Que le projet d'amendement de l'article 113 stipule, dans son paragraphe 7, que la législation sur la propriété, les salaires et la fixation des prix est désormais du ressort de l'Union, et c'est l'atteinte flagrante à l'espoir d'une autonomie économique complète. Jusqu'à présent, cela allait sans dire, et, en le disant, on a voulu, c'est évident, garder des leviers de commande à l'État central.

Que le projet d'article 119, alinéa 13, accorde le droit au présidium du Soviet suprême de l'URSS de destituer les autorités élues d'une république fédérée, et l'on ne voit plus que la prééminence institutionnelle de l'État central. Il y a encore six mois, cette précaution constitutionnelle du Kremlin aurait pourtant semblé bien superflue. Mais l'histoire va si vite, dans l'URSS de la *perestroïka*, que la précaution, qui serait passée inaperçue avant l'été, est aujourd'hui une injure à l'idée même de souveraineté.

Mieux encore, alors que M. Gorbatchev veut s'assurer un minimum de partisans actifs dans le nouveau Parlement fédéral qui sera élu au printemps prochain, en y réservant des sièges aux organisations professionnelles (acquises, dans l'ensemble, aux réformes), les pays baltes lui reprochent aujourd'hui de bafouer ainsi la représentation proportionnelle. Dans beaucoup d'autres régions, encore totalement contrôlées par les conservateurs de l'appareil, ce reproche serait simplement comique, mais il n'est, dans ces trois républiques, que parfaitement logique puisque les électeurs y sont devenus citoyens. Ce qui sera un progrès en d'autres endroits de l'URSS est déjà presque une régression à Tallinn, à Riga ou à Vilnus, et c'est la raison pour laquelle les pays baltes sont en ébullition depuis trois semaines.

Le problème est si réel que, il y a dix jours déjà, M. Gorbatchev s'était donné la peine de recevoir une délégation estonienne, conduite par le premier secrétaire du parti de la République. Cette semaine, une commission du Soviet suprême recevait une nouvelle délégation d'Estonie pour entendre ses remarques sur les projets d'amendement. Le communiqué du bureau politique soulignait enfin, jeudi, que les amendements contestés ne portaient que sur « la première étape de la réforme politique ».

Cette étape, était-il rappelé, s'articule autour de la démocratisation des procédures électorales et de la mise en place d'un nouveau Parlement fédéral, qui élira en son sein, au suffrage direct et secret, un chef de l'État. Quant aux étapes suivantes, et notamment à « l'harmonisation des relations » entre l'URSS et les républiques qui la composent, elles ne seront envisagées qu'ensuite, après un plénum du Comité central, dont on a appris vendredi qu'il se tiendrait « au milieu de l'année prochaine ». Ce plénum devrait être appelé à examiner, nous a-t-on également signalé dans le même temps, des projets de loi portant sur « le perfectionnement de la fédération socialiste soviétique, le développement futur du statut des républiques fédérées et autonomes, et une délimitation plus précise des compétences de l'Union et des Républiques ».

C'est cela que vont maintenant faire valoir MM. Tchebrikov en Estonie, Medvedev en Lettonie et Sliounkov en Lituanie.

Trotski en débat : « Non ! Ce n'est pas possible... »

Il y avait ceux qui tentaient de racheter des billets au noir, ceux qui forçaient la porte et ceux qui n'essayaient plus d'entrer, mais s'agglutinaient devant le grand panneau de photos légendées qui annonçait d'un seul mot : « Trotski », le sujet du débat.

C'était la première fois depuis soixante ans que se tenait en URSS une réunion publique consacrée au créateur de l'Armée rouge, la première fois qu'on pouvait voir ou revoir des documents le montrant au côté de Lénine en tout premier rôle de la Révolution, et l'intensité des regards disait combien l'histoire de ce pays n'est pas son passé mais son présent.

Ceux qui étaient nés sous Staline ou Brejnev voulaient savoir qui avait été le seul des bolcheviks de légende qu'il ne soit toujours pas question de réhabiliter. Ceux qui avaient vécu la révolution et connu « Lev Davidovitch » voulaient — comme on veut une victoire sur la mort prochaine — transmettre leur témoignage. Beaucoup d'autres, jeunes ou vieux, voulaient faire savoir que ce Trotski n'avait été qu'un de ces juifs qui auraient inventé la révolution pour tuer la mère Russie, et tous avaient quelque chose d'également poignant.

Sinistres imbéciles, vieux ou jeunes, tous faisaient penser à un groupe de naufragés qui soudain sauvés par un récif inespéré tentent de comprendre où et pourquoi le navire a coulé, où le courant les a poussés et d'où espérer le salut. Sans réponse à ces questions, les chances de s'en sortir ne sont pas minces, mais nulles, et cette salle de la Maison de la culture de l'Institut d'aéronautique de Moscou était ainsi, mardi 15 novembre, comme une allégorie de l'URSS — perdue, hébétée, par son destin et accrochée pourtant à l'espoir de reprendre un jour pied.

A la tribune parle maintenant une très vieille dame aux yeux magnifiques. C'est la fille de Joffé, l'un des grands ambassadeurs des débuts de la Révolution qui s'était suicidé en 1927 pour protester contre l'exclusion de Trotski, son ami de toujours. Elle a, bien sûr, payé du Goulag le crime d'être la fille d'un tel père et elle raconte Trotski et les années vingt. Comme si vous y étiez : l'étau qui se resserre, la déportation de Trotski à Alma-Ata, la gêne de l'officier venu arrêter un homme si important, la lettre clandestinement envoyée par Lev Davidovitch à sa première femme — prisonnière du même camp que la petite Joffé. La première phrase disait : « Je ne comprends pas pourquoi cette époque nous punit tant. » Et quand la vieille dame conclut rapidement sur l'assassinat de Trotski au Mexique par un agent de Staline fait héros de l'Union soviétique et « ensuite accueilli chez nous », la salle frémit, proteste : « Comment ! Non ! Mais ce n'est pas possible ! »

Un jeune homme se prend la tête entre les mains comme écrasé de honte collective, une femme regarde son mari en hochant la tête comme pour échapper au cauchemar. Bizarrement, c'est cette médaille à l'assassin qui révolte le plus, mais un autre orateur est déjà au micro, Galina Antonov-Ovseenko, fille de l'ancien responsable politique de l'Armée rouge liquidé en 1938. Elle a été en camp de 1937 à 1953 et elle a cette phrase : « Qu'est-ce que le trotskisme ? C'est ma vie » — tout ce qui a fait, veut-elle dire, son destin. Toute frémissante de pouvoir enfin parler, parler comme on crève un abcès, elle hurle : « Donnez-nous notre histoire, notre histoire telle qu'elle a été, la vérité, seulement la vérité. »

La vérité de l'histoire ? Elle a été tellement piétinée qu'on voudrait aujourd'hui en URSS la rétablir comme on le fait d'un plan de ville. Mais qu'est-ce que la vérité sur 1917 et le stalinisme ? Il n'y en a pas une mais mille, et plusieurs personnes essaieront de faire voir qu'il faudrait enfin sortir du manichéisme, arrêter de faire des démons d'hier les anges d'aujourd'hui et finir par admettre que la sanglante complexité des révolutions ne se réduit pas à une image d'Épinal.

Dur à faire passer, mais, dans cette salle où il n'y a pas un seul « trotskiste », des historiens de l'Académie des sciences, de jeunes étudiants et des enfants de révolutionnaires disent que Trotski a été une « personnalité gigantesque » : qu'on ne peut rien comprendre à Octobre sans connaître son rôle, qu'il reste insupportable au régime car il est le seul des anciens dirigeants du parti à avoir proposé une analyse du stalinisme et qu'il est urgent de le publier en URSS.

On défend un homme déjà calomnié sans pour autant l'encenser, et Egor Piatnitski, fils d'un des grands organisateurs de la clandestinité bolchevique d'avant la Révolution disparu dans les camps à la fin des années trente, déchaîne les rires en expliquant : « Trotski est une figure clé de la *perestroïka* puisqu'il est le théoricien de la lutte antibureaucratique. »

Questions de la salle : est-il vrai qu'il soit parti d'URSS avec un wagon d'or ? Combien de millions de morts a-t-il sur la conscience ? Pourquoi n'était-il pas à l'enterrement de Lénine ? Est-il vrai qu'il était hitlérien ?

La parole est maintenant aux gens de Pamiat, l'association nationaliste russe qui ne s'embarrasse pas d'afficher son antisémitisme. L'un de ses membres dénonce les discriminations antirusses et lit une liste de directeurs de camp et autres officiers du Guépéou du genre « Cohen, Rosenthal, Rosenblum... » Trois suffisent.

Des visages se tordent de dégoût, mais personne ne les empêche de parler. L'URSS est une grande malade, et dans la salle d'à côté des jeunes filles en justaucorps sautent à n'en plus finir sur un air de rock : cours d'aérobic.

Le vernissage du Goulag : Une « Semaine de la conscience » à Moscou

Au rez-de-chaussée, un énorme mur de briques rouges rétrécit le grand hall. Il a la forme de l'URSS, c'est une carte de l'URSS, et c'est un mur de prison presque totalement recouvert de points minuscules, avec des noms qu'il faut se pencher pour déchiffrer. Les noms de camps et prisons.

Devant, il y a une brouette de bois, l'instrument de travail de ces millions de détenus politiques morts en esclavage sur les chantiers messianiques du communisme. Pétrifiés, les visiteurs s'arrêtent et la brouette s'emplit de billets — 3, 10, 50 roubles, pour la construction d'un mémorial national aux victimes de Staline.

Il y a un an, seule une poignée de jeunes gens étaient assez fous pour rêver de ce projet. Puis des personnalités leur ont apporté leur soutien. Puis M. Gorbatchev a fait adopter ce projet en juillet dernier par la conférence du parti et, depuis samedi, cette « Semaine de la conscience » s'est ouverte dans une grande maison de la culture de Moscou. Les associations d'intellectuels et les journaux les plus en pointe de la *perestroïka* parrainent. A l'entrée, de jeunes miliciens courtois aident les organisateurs à contenir la foule, et il faut, pour passer, non pas montrer patte blanche, mais avoir un billet.

On ne fait pas plus officiel, et pourtant ce pourrait difficilement être plus bouleversant. Car cette semaine n'est pas seulement faite de débats, témoignages et collectes de fonds. C'est aussi l'exposition des projets de mémorial pour lequel un concours a été lancé et c'est également les débuts du centre de recherches historiques sur le stalinisme, qui sera construit en même temps que le monument. On vient donc ici non seulement pour apprendre une histoire cachée, mais aussi pour tenter, dans un ultime espoir, de retrouver la trace d'un père, d'une femme, d'un mari disparus un jour à l'heure du laitier dans la grande machine à fabriquer des lendemains qui chantent.

Derrière la carte de briques rouges, dans un petit bureau, les murs sont tapissés de listes de noms et des bénévoles vont remplir des questionnaires de recherche (jour d'arrestation, article du code, appartenance de parti — « pas seulement PCUS » —

dernier lieu de détention connu, etc.). Et plus d'un formulaire se couvre lentement de larmes silencieuses, et, plus d'une fois, la recherche à peine entamée s'achève dans une fuite.

Le stylo tombe, et l'on part en courant, secoué de sanglots qu'on ne veut pas laisser voir, soudain écrasé d'une évidence trop atroce. De toute manière, il est trop tard et, si l'on retrouvait la trace, elle ne conduirait qu'à raviver encore une douleur de cinquante ans. Ce petit bureau, c'est la rencontre d'un demi-siècle de douleurs et d'une nouvelle génération à laquelle le brejnevisme n'a pas suffi à apprendre la peur, la résignation et l'art du double langage. On se regarde avec émotion, mais la compassion est presque aussi incommunicable que l'horreur, comme en témoigne d'ailleurs l'exposition des projets.

Tous ou presque s'inspirent de la même idée : un ensemble clos — dôme, pyramide ou cube — dans lequel on pénètre comme en catimini, et dont la circulation est interne, comme la logique du stalinisme. On comprend bien la volonté de restituer l'impression d'étouffement, de labyrinthe, sans espoir de sortie. On est cependant gêné de retrouver là le colossalisme et le réalisme primaire dont Staline a déjà tant marqué les villes soviétiques.

C'est comme s'il était toujours là, comme s'il avait lui-même lancé le concours, et l'on a peur que ce ne soit lui qui tranche dans un rire posthume. Les anciens détenus — beaucoup sont là — hochent la tête avec tristesse. Cela ne leur plaît généralement pas : « Vous savez, dit l'un d'entre eux, les camps étaient en plein air, ouverts... » Il cherche ses mots, veut dire qu'il n'y avait pas les camps et le reste, qu'il n'y avait pas deux mondes, mais un seul. Il n'y arrive pas et s'éloigne pour aller se perdre devant le grand panneau du premier étage où sont épinglés des centaines de photos, de vêtements, avec le dérisoire certificat de réhabilitation.

Ce n'était pas un « hitléro-trotskiste », ce n'était pas un espion britannique, pas un saboteur, pas un koulak, rien qu'une si bonne gueule qu'on se dit que les salauds savent décidément bien reconnaître leur contraire.

A plusieurs kilomètres de là, un office religieux a été célébré dimanche après-midi au cimetière de Kalitnikovski, dans le sud-est de Moscou. C'est là qu'étaient déversés de nuit les cadavres des gens abattus dans la caves du NKVD. De récents articles de presse parlent de dizaines de milliers de cadavres qui arrivaient encore chauds, percés d'une balle et qu'on incinérait à la hâte. Autorisé, l'office a été célébré par le père Iakounine, ancien détenu et prêtre contestataire. Seule la flamme des bougies réchauffait l'atmosphère, mais le froid s'amplifiait instantanément, à entendre le témoignage de cette femme qui a connu — c'est loin d'être un cas unique — Ravensbrück avant de connaître le Goulag.

Dimanche après-midi encore, près du stade Lénine, à Moscou toujours, un meeting, autorisé lui aussi, était consacré aux victimes des répressions de l'ère post-stalinienne. On a notamment parlé des massacres de Novotcherkask et de Karaganda, au début des années soixante. Les gens étaient dans les rues, et les mitrailleuses y avaient mis bon ordre.

Le tremblement de terre arménien : **Pour la première fois, le spectacle de la douleur**

« La douleur », titrent simplement plusieurs quotidiens, et, partout, filmée, décrite et photographiée, cette douleur arménienne remue l'URSS jusque dans ses tréfonds. Car ce pays qui a connu la guerre civile, la collectivisation forcée, les déportations de masse, les famines, la guerre et la terreur, ce pays qui aura connu toutes les horreurs du XXe siècle, ignorait totalement jusqu'à il y a trois jours la représentation de la souffrance humaine et du désespoir.

Le malheur, cela n'existait que dans l'enfer capitaliste. Le choc d'une photo, le cri d'une manchette, le coup de poing d'un gros plan, c'était du sensationnalisme bourgeois — un pain dont on ne mangeait pas. Et soudain non seulement on annonce qu'il y a eu tremblement de terre, non seulement on ne cache pas son extrême gravité, non seulement on dit, mais on fait voir aussi.

D'ordinaire aussi gris, lourd et pompeux que la une de la *Pravda*, « Vrémia » est ainsi devenu le journal télévisé qu'il prétend être. Samedi soir par exemple, les Soviétiques ont vu se succéder, brutalement, des images nouant la gorge. Un colosse hagard et hirsute arpentait les décombres de ce qui fut une ville, cherchait des êtres qu'il ne retrouvera plus, courait comme on fuit une réalité et, poing brandi vers le ciel ou les hommes, s'effondrait bientôt dans un hurlement de révolte.

Puis c'était les cercueils, cette montagne de cercueils, grands et petits, qui attendaient les corps qu'on sort par familles entières de sous les décombres. Puis c'était les survivants, prostrés, jeunes gens foudroyés, femmes serrées contre l'unique enfant qui leur reste, adolescents orphelins agglutinés autour d'une flamme. Puis c'était les feux de bois à la lumière desquels, mains nues dans la nuit, ivres de fatigue, on tente d'arracher à la mort un fils, une femme, des inconnus, gravats après gravats, heure après heure, sans jamais pouvoir arrêter avant que n'ait cessé ce gémissement de plus en plus faible.

Pour tout autre peuple du monde, ces images auraient été du déjà-vu. Pour les Soviétiques, c'est du jamais-vu, et cette projection de la douleur a précipité l'URSS dans l'humanité — l'humanité des sentiments et l'humanité tout court, puisque, en plus de l'élan de solidarité nationale, ce pays, depuis si longtemps fermé au monde, a découvert la solidarité internationale.

Dimanche est arrivé d'Israël, de l'abominable Israël qui tant d'années personnifia le mal, une unité militaire spécialisée dans le repérage des ensevelis. Les Français sont à l'œuvre, et très à l'honneur puisque leurs photos sont partout depuis qu'ils ont sauvé soixante personnes, que M. Gorbatchev lui-même les a remerciés d'avoir été là les premiers et que la télévision l'a rapporté.

Or non seulement cette aide internationale n'a pas été refusée, mais la presse en est pleine. Le Premier ministre, M. Ryjkov, s'en dit « extrêmement reconnaissant », et M. Gorbatchev y voit « une expression impossible à surpasser de la noblesse de la solidarité humaine ». Barrée du titre « L'heure du malheur », la *Pravda* écrivait, dimanche, en première page, qu'« en cet instant toute l'humanité est unie et le malheur le plus terrible est pour elle l'occasion de prendre conscience de son unité, de recouvrer la vue ».

Page quatre, les envoyés spéciaux de l'organe du Comité central enfoncent le clou : « Grâce à l'actuel climat international, câblent-ils d'Arménie, nous sommes ouverts non seulement au dialogue politique, mais aussi à la compassion. Des pompiers et des sauveteurs de France et d'Angleterre, des vols spéciaux des États-Unis et de Suisse, l'aide en médicaments et en finances... Vraiment, à l'heure du malheur, une nouvelle attitude se fait jour vis-à-vis de notre pays. »

De phrases officielles en articles, d'interviews de sauveteurs français en images télévisées, s'impose ainsi l'idée d'un monde non plus globalement hostile à l'URSS, mais lié à elle par un destin commun, prêt à l'aider et à partager ses souffrances. Dans un premier temps, on se dit que de toute catastrophe M. Gorbatchev sait décidément tirer parti, puisque le voici justifié, vis-à-vis des conservateurs et de l'armée, de sa volonté de « partenariat » avec l'Ouest et des coups de pouce unilatéraux à la réduction des armements.

Cette dimension est évidente. La propagande a été rapide à l'exploiter. Là n'est cependant pas l'essentiel, car ce qui se passe est beaucoup plus profond. Pour la première fois depuis la révolution de 1917, « solidarité » ne signifie plus à Moscou extension géographique du modèle soviétique mais solidarité humaine.

On se pinçait à entendre, samedi soir, le présenteur de « Vrémia » expliquer si longuement que « l'épiscopat catholique de Pologne » avait appelé tous les fidèles à apporter leur aide aux victimes du tremblement de terre. On se pinçait, mais finalement moins qu'à voir s'allonger les files devant les centres de collecte du sang ; à voir ces familles soviétiques si pauvres de tout se précipiter pour donner des couvertures ou des vêtements chauds ou à lire encore les appels lancés par les journaux à ne pas partir comme volontaires en Arménie, car les capacités d'accueil et d'organisation y sont trop faibles.

Séisme dantesque en Arménie, ce tremblement de terre est une lame de fond en URSS, qui a — provisoirement ou durablement, c'est à voir — fait sauter de nouvelles barrières du simple fait d'une explosion de compassion humaine. Jamais plus qu'en cette occasion on n'aura vu si spectaculairement opérer l'effet boule de neige de la *perestroïka* qui, à traiter les Soviétiques en êtres doués de raison, finit par leur permettre d'être à nouveau des hommes.

Et cette « reconstruction » étant avant tout une révolution des mots et, partant, de journalistes, ce sont les quotidiens qui, une fois de plus, marquent la portée du saut qualitatif. Car il y a, bien sûr, les critiques des *Izvestia* et de bien d'autres titres sur la lenteur des secours, leur mauvaise organisation et l'abominable fragilité d'immeubles qui auraient dû être à l'épreuve des secousses. Il y a cela et sans aucune révérence envers les pouvoirs établis, mais il y a cela surtout : cette profonde humanité des reportages qui sont des récits hallucinés, déchirés, pudiques ou grandiloquents, mais toujours sincères, d'hommes appelant les hommes au secours d'autres hommes.

La Vie agricole, samedi matin : « Au-delà du col, la route redescend. En face, des voitures, des phares à n'en plus finir. On les emmène loin de Spitak : les femmes, les enfants, les blessés. Sur les toits de nombreuses voitures, des cercueils. [...] De toutes les Républiques, des milliers de gens, sans nouvelles de leurs parents, de leurs proches, tentent d'atteindre les régions sinistrées. [...] "Auparavant, il y avait là un grand magasin [...], un stade, un marché, un cinéma. Maintenant, il n'y a plus rien", nous dit simplement un conducteur, un homme âgé, rencontré par hasard au poste de milice. Les larmes coulent le long de ses joues, ses mains s'agitent avec impuissance. "Qui emmènes-tu, grand-père ?" "Mes petits-enfants", parvient-il à dire en montrant le siège arrière. Et là, sur ce siège arrière, il y a des petits cadavres enroulés dans des couvertures. »

L'Étoile rouge, organe du ministère de la Défense, rapportant, dimanche matin, l'arrivée à Spitak du premier convoi de parachutistes : « Avez-vous déjà vu des hommes pleurer ? Sur les lieux du tremblement de terre, ce n'était pas rare. [...] La situation ne pouvait être décrite que par un mot : le chaos. [...] C'est le sergent Marat Tchelakh qui a entendu le premier signe de vie, à peine audible. Il s'est jeté sur sa pelle. Il a travaillé comme un possédé. Des camarades sont venus l'aider [et] bientôt il emportait dans ses bras au médecin de la brigade, un petit garçon. "Vivant ! Vivant !" A la fin du deuxième jour, on retirait de moins en moins d'enfants vivants de sous les décombres. Le temps s'est transformé en un ennemi mortel. Le major Goujbine, qui avait vu la mort de près plus d'une fois en Afghanistan, essayait de ne pas regarder les femmes lorsque gémissant, tenant dans leurs bras le corps étrangement figé de leurs petits garçons, elles suppliaient les médecins de leur dire qu'on pouvait encore les sauver. »

Moskovski Komsomolets, samedi matin : « J'écris ces lignes sur la route entre Leninakan et Erevan [...] J'ai vu les feux de camps autour desquels se pressaient les gens enveloppés dans des couvertures. On continue de manquer de vêtements chauds, de chaussures, de lampes à pétrole, de lampes électriques.

L'aide parvient de toute l'Union, mais c'est encore peu, très peu. On manque de médicaments, d'équipements spécialisés, de bulldozers, de grues. [...] Il est horrible de voir dans les ruines et les décombres, ces gens tendre l'oreille pour savoir d'où vient le gémissement, le filet de voix des vivants [...] A Erevan, jour et nuit, retentit le hurlement des sirènes. Il faut du sang [...]. »

Les *Izvestia*, racontant, dimanche, la situation à Leninakan où sont arrivés de tout le pays 60 000 sauveteurs : « Rappelons que dès les premières minutes il n'y avait plus de courant électrique, que les conduites d'eau ne fonctionnaient plus et les égouts non plus. [...] La nourriture, l'eau potable, tout ce qui est indispensable à la vie, est sans cesse livré et réparti gratuitement. [...] Qui réalise les livraisons ? Tout le peuple, et ce n'est pas une phrase [car] s'il y a, certes, un état-major, il y a à part cela l'initiative de millions de gens, personnelle, de groupes ou d'entreprises. »

« Soudain, poursuivent les *Izvestia*, le chien s'est couché. Est-ce là ? On entend un ordre traduit du français en russe et du russe en arménien : "Dès que je donne un signal, cessez tout travail ! Ne bougez pas ! Ne parlez pas !" [...] Plus tard, on a compris pourquoi le chien avait signalé cet endroit : toute une classe avait été ensevelie sous les dalles [et] nous pensons : s'ils étaient venus plus tôt, si nous avions eu nous-mêmes des équipes spéciales de sauvetage bien équipées et bien préparées... »

La *Pravda*, ce lundi 12 décembre : « Il est temps de répondre aux questions suivantes : Combien de procès a-t-on intenté contre les constructeurs-saboteurs et à quoi ont-ils abouti ? Qui, concrètement, a ignoré ce que disaient les sismologues ?

« Les spécialistes étrangers, poursuit l'organe du Comité central, sont équipés de caméras infrarouges qui les aident à retrouver les hommes sous les décombres. Ils ont [...] un matériel technique, des chiens bien entraînés. Nous avons aussi tout cela, mais au lieu de constituer un poing serré, nous agitons les bras, doigts écartés.

« Les chiens relèvent d'un service. Les dispositifs électroniques d'un autre. Les spécialistes d'un troisième. Comment en faire un tout ? On a besoin de créer un groupe capable de réagir d'urgence aux catastrophes de ce genre [...]. Les Français ont mis quelques minutes pour monter une petite centrale électrique, ont eu de l'électricité sans délai et se sont mis au travail dans les ruines. Et de notre côté, il y a une dizaine d'"observateurs" pour une personne qui travaille [...].

« Il y a eu beaucoup d'avions [de secours], écrit encore la *Pravda*, mais la pagaille est apparue, on ne savait pas quoi transporter en premier et c'est ainsi qu'on n'a livré que quelques-unes de ces grues dont on a tant besoin [...]. Il y en a actuellement des centaines, mais on a perdu des secondes, des heures — des vies. »

Le tremblement de terre arménien : Spitak, ville-tombeau

D'Erevan, la route de Spitak monte raide, et la pluie se transforme vite en neige, une neige lourde et molle qui détrempe la terre et les hommes. On roule pleins phares au milieu du jour, et dès la sortie de la capitale arménienne le tremblement de terre est déjà présent — dans le chaos de la station-service, dans cette tente crachant au bord de la chaussée la fumée d'un poêle à bois, ou dans les yeux perdus de ce jeune couple traînant deux baluchons et un enfant.

Ils se jettent sous les roues des voitures pour tenter d'en arrêter une, prennent chaque fois une nouvelle giclée de boue, et chaque fois les chauffeurs donnent un coup de volant et poursuivent, car en huit jours les cœurs se sont blindés.

Et plus on monte, plus la neige s'épaissit, plus le froid devient vif, et mieux on comprend qu'on ne s'arrête plus pour une famille qui peut encore marcher. Le ciel et la terre se confondent maintenant dans une blancheur opaque que seuls découpent la route, les poteaux électriques et la longue file des camions antiques et branlants. Dans l'autre sens, quelques voitures aux toits couverts de matelas et de morceaux de mobilier, des bergers poussant leurs moutons : une queue d'exode.

Au-dessus d'Aparan, les premières granges aplaties, les premières maisons éventrées, puis un col, de larges lacets, une circulation de plus en plus dense et... la désolation des désolations. Car on peut avoir vu les photos, entendu les témoignages et écrit dix fois que Spitak, l'épicentre du séisme, n'existait plus et pourtant ne pas avoir la moindre idée de ce qu'est une ville qui n'existe plus.

Dans la dernière ligne droite avant ce qui fut les premières maisons, on a déversé les gravats en petits tas méticuleux. Ici les plaques de béton froissées comme des feuilles de papier, là les pierres, et ailleurs les lavabos, les canapés, les radiateurs : les bricoles.

Les camions-bennes se vident, et c'est une ville entière qui part à la décharge puisqu'il ne reste rien, rigoureusement rien. Même quand un immeuble paraît encore tenir debout, malgré les lézardes et les inclinaisons, ce n'est en fait plus qu'une coque vide dont tous les étages se sont entassés d'un coup dans les sous-sols.

Il y a tant de poussières mêlées à la neige et à la terre que les rues elles-mêmes, jusque dans ce qui fut le centre, ont disparu. L'asphalte a disparu, la ville avec lui, et si ce n'était ce champ de ruines à perte de vue la vallée aurait déjà retrouvé sa majesté d'origine. A tous les carrefours, il y a des piles de cercueils, fabriqués à la hâte, attendant les corps que les volontaires continuent d'extraire.

Le froid suspend l'odeur de pourriture, mais il y a des fouilles qu'on n'approche pas sans masque, et toute la vallée a un parfum de mort qu'adoucissent les fumées des feux de bois autour desquels on se réchauffe en silence, pâle, exténué. Mercredi 14 décembre, une semaine après le séisme, cette ville n'avait même plus la force de pleurer et, enroulés dans des couvertures, vêtus des mêmes vêtements dans lesquels le cataclysme les avait saisis, ses survivants erraient, hagards, des camions de ravitaillement aux monticules qui avaient été leur domicile.

On ne veut pas renoncer. On continue de fouiller. Aidée de deux jeunes gens, une femme au regard dément tire d'un tunnel une salopette d'enfant, des chaussures de mariée, et explique ce qu'on entend partout : la terre qui commence à valser, lourdement, comme une masse d'eau qu'on agite, et en quelques secondes plus rien que la mort, les hurlements, les corps éclatés de part et d'autre des blocs de ciment, et la lenteur, la lenteur des secours.

Un peu plus loin, un vieillard pioche, mécaniquement, et jette les débris d'une vie aux pieds de sa femme, qui le supplie d'arrêter, en vain. Plus loin encore, un petit garçon aux grands yeux noirs, orphelin bien sûr, contemple la grosse tante qui est venue de la campagne le chercher et qui ne cesse de mordre son fichu pour ne pas pleurer. « Quel malheur, monsieur, quel malheur ! Le monde entier nous a aidés, pas seulement les nôtres, le monde entier, mais qu'allons-nous devenir ? Regardez, là [elle désigne un terrain vague], c'était la sucrerie. Là en face [un camion-grue est en train de lever une plaque sous laquelle on a repéré quatre corps], c'était l'usine de pain, et à côté, monsieur, c'était le jardin d'enfants. »

Il n'en reste que les jeux de plein air et des petits pupitres peints de lutins et de gros champignons, renversés dans un amas de cubes, de poupées et de livres d'images baignant dans la boue. Propres, bien sanglés dans leur capote, les soldats de l'Armée rouge patrouillent ce cimetière en bon ordre, et rien ne laisse voir qu'ils aient levé une seule pierre. Ils sont armés, munis de gilet pare-balles, et sur la grande pelouse du stade leurs officiers ont la graisse et la tranquillité obscènes.

Sur ce stade, les montagnes de cercueils étaient si hautes qu'elles se sont écroulées. Couvercles et fonds sont mêlés dans une danse macabre et les fonctionnaires de l'état civil dictent à leurs assistants : « non identifié », « objets conservés »..., et sous la neige les corps dépassent de leurs boîtes. Ils sont jaunâtres, rougeâtres, bleuâtres, comme maquillés pour un film d'horreur, et ces visages éclatés, ces membres tuméfiés, ces morceaux de corps flottant dans un cercueil trop grand, ces cadavres d'enfants pliés se reconnaissent plus aux vêtements qu'à autre chose.

Beaucoup ne seront d'ailleurs jamais reconnus, car on est souvent mort par familles entières. Les tombes sont ainsi des « tombes d'immeuble » — les corps retrouvés à tel numéro de telle rue —, et l'on ne connaîtra sans doute jamais le bilan exact de cette tragédie. Aux vingt mille habitants de la ville s'étaient en effet ajoutés tous les réfugiés arméniens fuyant l'Azerbaïdjan : dix mille à quinze mille personnes environ. Il y aurait, pour Spitak seule, trente mille morts ou disparus, et les opérations de dynamitage ont déjà commencé.

Par crainte des épidémies et désir de normaliser la situation au plus vite, les autorités ne veulent en effet pas traîner et, mercredi soir, les équipes de sauveteurs étrangers avaient reçu un ordre d'évacuation qu'elles essayaient de faire repousser. Car, malgré le froid extrême des nuits, on avait encore dégagé une survivante dans la matinée et l'on admet généralement que ce n'est qu'au bout de dix jours que tout espoir est perdu.

Sous sa tente, que protège l'armée, le premier secrétaire de région semble embarrassé, jure que toutes les précautions seront prises, ne dit trop rien. Un officier trône à ses côtés, et c'est évidemment lui qui a le pouvoir et non plus le chef du parti, qui calme doucement une vieille femme en pleurs et lui accorde deux hommes pour aller récupérer sous les pierres des souvenirs de sa vie. Non loin de là, entouré de drapeaux métalliques des républiques, un petit monument, intact au milieu des ruines, proclame : « Vive le PCUS ! »

Un tapis pend dans le vide. Chacun arrête les étrangers pour dire : « Merci de votre aide. » Un pan de mur expose à tous vents une photo de famille et, bras dessus, bras dessous, une mère et sa fille arpentant la rue qui fut la leur. Leur regard est insoutenable.

Tout est insoutenable à Spitak, et presque tout est insoutenable en Arménie, car ce peuple entier est ivre de douleur, désemparé, perdu. Il y a eu ces dix mois de lutte pour le Karabakh, les grèves, les manifestations, l'espoir, la fierté nationale retrouvée. Il y a eu le pogrom de Soumgaït, en février dernier. De nouveau les pogroms il y a quinze jours, et « maintenant ça », comme on dit : les hôpitaux d'Erevan débordant de blessés et d'agonisants, les orphelins, les sans-abri, les réfugiés du tremblement de terre qui s'ajoutent aux réfugiés d'Azerbaïdjan.

C'est trop et, pour couronner le tout, il a encore fallu que M. Gorbatchev dénonce violemment, le week-end dernier, le Comité Karabakh, le grand mouvement national dans lequel se reconnaît à peu près toute la République. Le premier secrétaire a accusé le comité d'exploiter politiquement le tremblement de terre, et les Arméniens pensent, eux, que c'est au contraire M. Gorbatchev qui veut profiter du tremblement de terre pour casser le mouvement nationaliste.

Seize des trente-sept régions arméniennes sont placées sous état d'exception avec couvre-feu de minuit à cinq heures. Erevan, avec ses chars aux grands carrefours, a des airs de ville en état de siège et, depuis la visite de M. Gorbatchev, le commandant militaire de la ville a été remplacé. Il avait de trop bonnes relations avec le Comité Karabakh, dont son successeur a immédiatement fait arrêter quatre dirigeants.

Et puis il y a encore cette directive de faire « rentrer chez eux » les réfugiés d'Azerbaïdjan. « Après ces viols, ces meurtres, ces pillages, non, ça, je ne peux pas comprendre », dit un journaliste local, qui ajoute : « Les gens ne croient plus en rien, ni en Dieu, ni en Moscou, ni en personne. Ils se demandent seulement pourquoi toujours, toujours tant de malheurs pleuvent sur nous. Tous sont nerveux. Les discussions prennent immédiatement un tour passionnel et l'on rapporte n'importe quoi. »

Après que deux avions de secours se furent écrasés dimanche et lundi derniers, on a, par exemple, commencé à dire que l'un était passé par la Turquie, l'autre par l'Azerbaïdjan et qu'il s'agissait donc d'actes de sabotage. Pis, beaucoup de gens sont intimement convaincus — et le disent — que ce tremblement de terre a été délibérément provoqué par une explosion atomique souterraine et que « les Russes voulaient ainsi nous régler notre compte ».

A ce degré de paranoïa, on mesure l'autre chaos — celui des esprits —, mais il n'est en revanche que trop vrai (la presse centrale s'en est indignée) qu'il s'est trouvé des Azéris pour fêter le tremblement de terre, que des télégrammes de « félicitations » sont parvenus d'Azerbaïdjan en Arménie et que le coup de force de M. Gorbatchev a comblé d'aise à Bakou.

La paranoïa est alarmante, mais le fait est qu'elle trouve de quoi s'alimenter dans la première des républiques soviétiques où l'armée ait pris le relais du parti. Et, armée ou pas, on ne peut pas parler à un Arménien sans qu'il vous demande au bout de trois minutes si vous avez bien compris la légitimité du combat pour le Karabakh, la barbarie des Turcs et des Azéris et la félonie de ce Mikhaïl Gorbatchev qu'on avait tant aimé — et qu'en vérité on ne hait pas encore totalement, car, « autrement, demande un intellectuel, quel autre espoir ? ».

Le tremblement de terre arménien : Le monde entier sur une piste

Là, en orange, couchés à même le sol avec leurs chiens qu'ils câlinent amoureusement, ce sont les sauveteurs allemands.

En kaki, juste débarqués d'avion, ce sont les Polonais. Les Tchèques, on les cherche partout mais ils sont arrivés à l'instant, comme ces Britanniques, cravatés et roses qui viennent prendre la relève de leurs camarades présents depuis la semaine dernière.

Les Français — « Nous ne partons pas, nous n'arrivons pas : nous restons » — ont l'air droit sortis, avec barbes et képis, de la Légion étrangère et cet aéroport d'Erevan ne ressemble plus à rien d'autre au monde. Par la pagaille, le mobilier et les affiches, c'est l'URSS. Par la fraternité internationale, c'est une photo de propagande pour le rêve onusien. Par la jeunesse, c'est un camp scout. Par le matériel qu'on débarque, un hôpital de pointe. Par l'abandon de tous les règlements, la Sorbonne en mai 68.

Vous n'avez pas de billet, vous êtes correspondant américain et vous devez être à Moscou cette nuit ? On vous fait monter sans billet. Vous êtes correspondant français, vous avez un billet mais pas de place ? Qu'à cela ne tienne, le commandant vous prend en surnombre — par « décision personnelle ». Dans tout pays, ce serait étonnant. En URSS, c'est stupéfiant mais beaucoup moins en fait que ces envoyés spéciaux britanniques et allemands qui se sont présentés sans visa à la frontière turque et qu'on a accueillis à bras ouverts.

Dans les hôtels, on vous prend sans véritable autorisation et les stars des télévisions internationales commencent à se disputer les « plateaux » de Leninakan et Spitak. Et jamais, jamais au grand jamais, les Arméniens ne se seraient attendus à cela : « Le monde entier est là. »

Le radicalisme s'affirme : « Des conflits dont nous avons besoin »

Loin de tenir encore la *perestroïka* pour acquise, les intellectuels soviétiques réformateurs viennent au contraire de s'insurger publiquement contre ses lenteurs, ses hésitations et les entraves qui lui sont mises. « Pouvons-nous dire que nous entrons dans la nouvelle année et allons aux élections [parlementaires de mars prochain] avec une pleine certitude de l'irréversibilité du renouveau démocratique de la société ? », demandent ainsi, mercredi 28 décembre, six personnalités de la culture et des sciences dans une lettre ouverte adressée à M. Gorbatchev par le canal des *Nouvelles de Moscou*.

Et leur réponse est on ne peut plus claire : « La responsabilité, la raison et le réalisme nous retiennent de formuler une telle appréciation. » Sous la plume d'hommes aussi modérés que M. Klimov, le président de l'Union des écrivains, ou M. Sagdeev, le conseiller scientifique du secrétaire général, dans un journal considéré comme l'organe officieux de la *perestroïka*, une telle phrase traduit un profond malaise.

Malgré l'élimination des conservateurs à la tête du parti, malgré la victoire remportée en juin dernier par M. Gorbatchev devant la XIXe conférence du PC, malgré l'adoption, il y a juste un mois, d'un premier train de réformes politiques, les partisans du changement craignent en effet qu'une pause durable ne s'esquisse aujourd'hui. Or, loin d'être inventée, cette crainte est alimentée semaine après semaine par de multiples indices dont le plus spectaculaire est le coup de force dont vient d'être victime le mouvement du Mémorial.

Lancé il y a un an par des jeunes gens désireux d'organiser une collecte nationale en faveur de l'érection d'un monument à la mémoire des victimes de Staline, ce mouvement est maintenant devenu la plus puissante des organisations indépendantes soviétiques. Si les fronts populaires des Républiques baltes le surpassent largement en nombre d'adhérents, il est en effet le seul à s'être développé sur l'ensemble du territoire de l'Union, à avoir tenu en novembre dernier une réunion nationale et à être solidement implanté dans cent dix villes.

Ce succès tient à la fois à l'objectif du mouvement et au soutien qui lui a été accordé par la XIXe conférence du parti lorsqu'elle a décidé de donner son aval à la construction de ce monument. Du jour au lendemain, ce mot de « mémorial » était ainsi devenu un rempart contre l'arbitraire des bureaucraties locales et l'on pouvait, derrière ce paravent, se réunir, débattre librement, prendre des initiatives, fonder des comités d'entreprise ou d'université — bref, développer une vie démocratique.

De fait, Mémorial était devenu l'organisation souple et totalement décentralisée des réformateurs les plus radicaux. Et voilà que d'un coup, mardi, le ministère de la Culture lançait dans *Sovietskaïa Kultura* un concours pour la réalisation du monument. Brusquement, l'initiative est enlevée, non seulement aux jeunes gens qui avaient été à l'origine du projet, mais aussi aux intellectuels et journalistes libéraux qui les avaient appuyés de leur autorité morale avant de former la direction provisoire de l'organisation.

Pis : le concours lancé par le ministère de la Culture ne porte que sur la construction d'un monument national et non pas du complexe comprenant monument et centre de documentation et de recherches historiques dont rêvent militants et personnalités du mouvement.

Ce coup de force a été d'autant plus mal perçu que, mis au courant de ce qui se préparait, la direction provisoire de l'organisation avait fait intervenir le poète Evgueni Evtouchenko auprès du ministre de la Culture qui s'était engagé à ne rien faire sans consultation préalable avec le mouvement. Les intellectuels libéraux se sont donc sentis doublement trahis et ils ont longuement expliqué, au cours d'une conférence de presse réunie mardi au siège de l'Union des cinéastes, que cette manœuvre n'avait pas seulement pour but d'empêcher le développement de recherches historiques indépendantes sur les répressions de masse. L'objectif est aussi, ont-ils dit, de casser un mouvement national indépendant en le privant de sa légitimité et en signalant par là aux autorités locales qu'elles peuvent désormais s'attaquer à lui.

Personnellement humilié dans l'affaire, M. Evtouchenko s'est, en conséquence, montré particulièrement virulent, et toutes les autres personnalités qui participaient à cette conférence de presse étaient unanimes à souligner la contradiction qu'il y a entre ce coup de force et les appels constamment lancés du sommet à prendre l'initiative dans la consolidation des réformes. Le problème est que, pour être réelle, cette contradiction n'est pas forcément gênante pour M. Gorbatchev qui semble bien avoir décidé — maintenant que les conservateurs ont été mis au pas et les grandes réformes lancées ou adoptées — de freiner le mouvement de la base.

Déjà, les nouvelles lois électorales ont déçu en réservant aux seules organisations ayant des structures nationales le droit d'élire en leur sein des représentants au futur Parlement, le Congrès des députés. Contrairement aux espérances caressées cet été, les fronts populaires baltes ne pourront donc pas être représentés à ce Congrès, et moins encore les organisations informelles qui se sont multipliées localement depuis le début de la *perestroïka*. Quant au mouvement Mémorial, dont la presse a refusé, jusqu'à présent, de publier les projets de statuts et repoussé de cette manière le congrès de fondation, il ne pourra pas non plus envoyer, comme il le souhaitait, M. Sakharov sur les bancs de la représentation nationale, puisqu'il n'a pas d'existence légale.

Réelle dans les esprits et les aspirations des gens, peut-être justement trop réelle, la démocratisation patine, fait du surplace et la volonté de la contrôler est particulièrement évidente en Arménie, avec l'assaut lancé contre les dirigeants du mouvement nationaliste. Cela ne signifie pas qu'on en revienne au brejnevisme, et moins encore au stalinisme. Cela ne signifie pas que la volonté de réformes soit moins grande. Cela signifie certainement, en revanche, qu'après avoir frappé à droite, on frappe à gauche dans l'espoir de garder le contrôle des événements. Très à gauche de son parti, depuis bientôt quatre ans, M. Gorbatchev essaie ainsi de se replacer au centre. En période normale, et sous tous les régimes, c'est l'endroit le plus sûr pour un chef d'État, mais au beau milieu d'une telle révolution politique, on peut craindre que ce mouvement ne redonne espoir et vigueur à des conservateurs qui sont très loin d'avoir désarmé. C'est précisément cette peur qu'exprime la lettre ouverte adressée ce mercredi à M. Gorbatchev, et dont les auteurs expliquent que « les objectifs posés à la société seront certainement irréalisables si on n'y fait pas participer tout le peuple avec son potentiel créateur ». Si on ne va pas plus vite, si on freine le mouvement de la base, poursuivent les six signataires, on provoquera « la désillusion de la société » et donc l'on renforcera « la passivité des gens, qui est le meilleur allié de la bureaucratie ». « Cher Mikhaïl Serguéévitch, concluent les signataires, nous saluons l'aspiration à éviter les complications inutiles, et les conflits qui ne sont pas obligatoires. Mais il y a des conflits inévitables dont nous avons besoin et en les évitant nous ne ferons qu'augmenter le poids des difficultés [...]. »

Janvier-avril 1989
Premières élections libres
et nouvelle donne

Nouvelle nouveauté :
Un chef de l'opposition, Boris Eltsine

Évincé du bureau politique il y a quinze mois pour radicalisme réformateur, Boris Eltsine est en train d'acquérir un statut radicalement nouveau en URSS : celui de chef de file et porte-parole de l'opposition au sein du régime.

Non seulement son éviction ne l'a pas réduit au silence mais, mois après mois, sa popularité ne cesse de grandir ; chacune de ses apparitions publiques déplace les foules ; les journaux locaux se battent pour obtenir, puis publier, des interviews de lui, et, pour la première fois, c'est maintenant l'un des grands quotidiens de Moscou, la *Komsomolskaïa Pravda*, qui vient de lui ouvrir ses colonnes, ce samedi 31 décembre.

D'emblée, le journal explique qu'il a reçu tout au long de l'année « bon nombre de lettres » demandant ce que pensait l'ancien premier secrétaire de Moscou de toutes sortes de problèmes. L'organe des Jeunesses communistes a donc décidé de l'interroger sur l'un des thèmes les plus explosifs qui soient — « Économie et justice sociale » —, et M. Eltsine ne s'est pas privé de parler net.

« On a essayé de convaincre les gens que tout se faisait dans notre pays humaniste pour leur bien, mais que voit-on en réalité ? », demande-t-il d'abord avant de répondre : « Une attente de plusieurs années pour un logement même médiocre, des étalages vides [...], la corruption [...] et l'épanouissement de la bureaucratie. » « Les gens, poursuit-il, ont cessé d'entendre les appels à se surpasser dans le travail [et] quand est apparue l'idée de la *perestroïka*, ils ont par habitude haussé les épaules. Cela est un fait et ce n'est qu'au bout de trois ans qu'on a compris qu'il ne s'agissait pas d'organiser le soutien au nouveau dirigeant, que les choses allaient beaucoup plus loin. »

Question de la *Komsomolskaïa Pravda* : ce n'est pas un secret que de nombreuses décisions économiques sont adoptées sans prise en compte des intérêts des gens [...]. Comment peut-on organiser un contrôle social sur ce processus de décision ?

« On parle beaucoup ces derniers temps de référendum, répond Boris Eltsine, mais on n'a pas utilisé une seule fois cet instrument d'expression populaire ! En revanche, la bureaucratie y a inventé un succédané assez curieux : le débat populaire [organisé par voie de presse]. En soi cela n'a rien de mauvais [mais] consulter le peuple, ce n'est pas seulement lui dire quoi proposer et comment. Cela signifie aussi prendre en compte ses désirs [alors que] certains de nos *apparatchiks* voient ainsi les choses : qu'ils s'amusent, de toute manière c'est nous qui déciderons ! »

Les choses, pense au contraire Boris Eltsine, doivent se passer comme le veut le peuple. La majorité du peuple sait pourquoi il faut donner aux électeurs le droit d'exiger à travers leurs députés l'organisation de référendums sur toute question les préoccupant.

Membre du Comité central et du gouvernement, Boris Eltsine siégera très probablement sur les bancs du futur Congrès des députés du peuple qui sera élu en mars prochain. Aucun doute qu'il y fera entendre sa voix, et quand l'organe des Komsomols lui demande si son idée de développer en priorité le commerce et l'alimentation, la production des produits de consommation populaire et les services ne ferait pas chuter le rythme du développement économique il répond vertement : « Et à quoi nous servent aujourd'hui ces rythmes, si, au bout du compte, l'homme ne vit pas mieux et plus facilement [...]. Comment les générations futures seraient-elles heureuses et en bonne santé si leurs parents vivent constamment dans une situation de pénuries épuisantes ? » « Selon moi, ajoute-t-il, ce problème a un aspect politique. Il faut faire en sorte que, dès aujourd'hui, les gens sentent que la *perestroïka* leur donne réellement quelque chose. Que chacun puisse dire : je vis mieux ! »

Mais où prendre l'argent nécessaire ? « Il est tout à fait possible de réduire certains de nos programmes par exemple de renvoyer à plus tard la réalisation de nos programmes cosmiques les plus coûteux, ou de rogner quelque chose dans le domaine militaire [...]. En un mot, je suis pour un tournant radical de l'économie en faveur de l'homme [...]. Si l'homme ne sent pas les bienfaits réels de la *perestroïka*, elle échouera. Il n'en restera qu'un slogan ou, comme le disait Lénine, "un joujou bureaucratique qui fait du bruit". »

Pourquoi — demande alors le quotidien — le problème des privilèges domine-t-il beaucoup de vos interventions ?

« Je suis intervenu sans cesse et continuerai à intervenir pour l'abrogation définitive des "rations spéciales" [...]. Pourquoi ?

Tout simplement parce qu'elles créent un système de double privilège : d'un côté, on a un salaire plus élevé, de l'autre, il permet d'acquérir plus de biens. N'est-ce pas un non-sens économique ? Les biens matériels doivent être accessibles à tous de la même façon. En d'autres termes, le rouble du ministre ne doit pas se distinguer du rouble de la femme de ménage. »

A l'autre bout de l'échiquier politique, les conservateurs aussi ont leur porte-drapeau, M. Ligatchev, qui, contrairement à M. Eltsine, siège toujours au bureau politique. Mais précisément parce qu'il est encore membre de la direction et qu'il y a perdu, il y aura bientôt trois mois, la quasi-totalité de ses alliés, envoyés d'un coup à la retraite, M. Ligatchev est condamné à beaucoup plus de retenue.

M. Eltsine, lui, n'a à perdre qu'un siège au gouvernement, à gagner une popularité plus grande et il avance ses pions lentement mais sûrement. En octobre dernier (*Le Monde* du 2 novembre), il déclarait tout de go à un quotidien d'Irkoutsk qu'il désirait reprendre des responsabilités au sein du parti (revenir, en d'autres termes, au pouvoir). Il intervient maintenant — avec applaudissements garantis — sur ce qui sera l'un des dossiers brûlants des prochaines années.

Et il s'affirme toujours plus comme l'homme qui dit tout haut ce que tout le monde pense et qui, loin de s'opposer aux réformes de M. Gorbatchev, veut assurer leur succès en leur donnant plus d'ampleur. Il y avait un créneau à prendre et M. Eltsine non seulement le prend, mais le fait aussi avec la meilleure garantie d'efficacité : celle de la sincérité.

Exhortation à la nomenklatura *:* « Le temps presse, camarades ! »

« Le temps presse, camarades ! La patience n'est pas sans limite et nous n'avons sans doute pas plus de deux ou trois ans pour donner la preuve, à nous-mêmes et aux autres, que le socialisme dans sa version léniniste n'est pas une utopie. » L'homme qui parle ainsi n'est autre que le bras droit de M. Gorbatchev, Alexandre Iakovlev, membre du bureau politique.

Il s'exprime, dix jours avant Noël, devant les responsables du parti de la région de Perm, dans le nord-est de la fédération de Russie. Tous ces hommes, tant s'en faut, ne sont pas enthousiasmés par la *perestroïka* et l'intervention de M. Iakovlev est un rare exemple de ce permanent effort de persuasion de l'appareil mené par une direction qui marche vingt pas en avant de ses troupes.

Ce qu'essaie de faire comprendre M. Iakovlev, c'est qu'il n'y a pas de choix, qu'il y a urgence et qu'il faut non seulement persévérer dans la voie réformatrice mais accélérer le mouvement aussi. Quelques orthodoxies de vocabulaire mises à part, il parle donc vrai, si vrai que la presse centrale a férocement expurgé ses propos dont l'intégralité n'a été publiée que par *Zvezda*, un quotidien local.

« Où est le problème, demande M. Iakovlev. Qu'est-ce qui nous empêche, nous qui disposons, semblerait-il, de tout ce qui est indispensable à une haute qualité de vie, nous qui possédons même plus que beaucoup d'autres pays, d'assurer au citoyen soviétique un niveau de vie digne de lui ? C'est avec ces questions qu'a démarré la *perestroïka*. C'est sur ces questions que porte votre conférence et c'est en nous-mêmes qu'il faut chercher les réponses, dans nos habitudes, dans notre conservatisme, dans notre laxisme et notre irresponsabilité. [...] Oui, beaucoup dépend de nous, mais nous sommes, nous aussi, prisonniers de conditions sociales. Si le remplacement de nombreux dirigeants ne produit pas l'effet souhaité, si, pis encore, l'on met en place des gens honnêtes et qu'ils perdent alors leurs qualités, c'est qu'il y a quelque chose de profondément erroné dans la structure même de notre vie sociale. »

Et ces erreurs consubstantielles au système soviétique, ce sont, dit-il, l'idée qu'une société puisse se développer linéairement, dans un cadre rigide, vers « l'étatisation de tout et de tous », la centralisation, la création d'un système politique reposant sur l'ordre administratif, l'éradication de l'esprit d'initiative et de la liberté d'entreprendre et l'oubli du principe de la souveraineté populaire — « sans parler des représailles et des abus de pouvoir criminels ».

Tout cela entrave jusqu'à aujourd'hui le progrès, poursuit M. Iakovlev en dressant un tableau plus que sombre de l'état d'avancée de la *perestroïka*. « Nous parlons, dit-il, de créer de nouveaux rapports économiques, mais cela se noie dans la routine de structures anciennes. [...] L'incurie est notre fléau. Si nous étions pauvres, peut-être serions-nous mieux organisés. Si nous sommes pauvres, c'est à cause de notre richesse qui nous a pervertis et a épanoui notre paresse et notre irresponsabilité. [...] »

« Nous parlons de réformes politiques, continue-t-il, mais combien nous est-il difficile de nous démettre de l'ancien pouvoir auquel nous sommes habitués ! Nous n'arrivons pas encore à nous représenter qu'une véritable souveraineté populaire offrirait beaucoup plus de stabilité, de solidité et de responsabilité. La démocratie, la transparence, le pluralisme nous font peur. [...] Les coûts de la démocratie, parfois bien réels, nous font peur, mais est-ce que le printemps ne libère pas la terre et sommes-nous aussi les seuls à détenir la vérité éternelle ? Une année difficile nous attend et nous devons faire flotter dignement le drapeau du parti dans de nouvelles épreuves, dans les futures transformations sociales. »

Ancien ambassadeur au Canada, M. Iakovlev sait parfaitement à quel point les Américains en ont voulu à M. Carter de leur avoir expliqué le « malaise » de leur civilisation, mais rien ne l'arrête dans ce déballage accusateur. « Nous parlons de renaissance morale et de purification spirituelle, dit-il maintenant, mais nous sommes encore pleins de suspicions devant ces débats passionnés. Nous ne réalisons pas tous encore que le socialisme est une société de liberté créatrice, d'épanouissement des sciences et de la culture, d'élévation de l'homme. »

« Nous disions à une certaine époque qu'il ne fallait pas avoir peur d'un homme armé d'un fusil. Alors, camarades, s'exclame M. Iakovlev, n'ayons pas peur d'hommes armés de leur tête et de leur plume [car] les contradictions suscitées par la *perestroïka* sont naturelles, inévitables dans la période de changements que nous traversons. Oui, le passé pèse encore sur nos épaules, mais, définissant la société nouvelle, nos classiques avaient avant tout recours aux notions de responsabilité, bien-être, individualité, bonheur. Pour eux, le socialisme consistait à libérer les relations sociales de tout ce qui est contraire et nuisible à l'homme et à la société, incompatible avec les conceptions humaines normales du bien et du mal, de la morale et de la justice. »

Et comme si cette définition d'un christianisme athée n'était pas suffisamment claire, après avoir parlé de « la crise de maturité du socialisme mondial », M. Iakovlev enfonce le clou : « Au bout du compte, beaucoup de nos idéaux ont été définis par l'humanité il y a mille ans. »

Mille ans ? Oui, mille, puisqu'il y a mille ans que le christianisme a été introduit en Russie. Personne ne peut l'ignorer dans la salle, et M. Iakovlev en revient donc à cette *perestroïka* qui n'est « pas seulement un recours à de nouveaux slogans [mais] l'attention prêtée à la question : que donneront-ils au travailleur, au peuple, au pays, au socialisme », à cette *perestroïka* qui est avant tout une nécessité de profonde réorganisation des rapports économiques.

Or, dit sans détours M. Iakovlev, si « la réforme économique avance, elle patine, ses propulseurs grincent, et la situation ne s'améliore, pour l'instant, ni sur le marché des produits de consommation ni dans la sphère financière. La société est en train de payer pour le passé, et cela se révèle très dur ».

« Le logement ? », demande-t-il ainsi avant de répondre : « Les caves et les gourbis ne deviendront pas des palais en un an ou deux, et cela est une faible consolation pour ceux qui n'ont pas d'appartements. L'alimentation ? Le problème est toujours là [...]. Tant que l'homme ne sera pas maître de la terre, il n'y aura ni pain, ni viande, ni lait. Les articles de consommation courante ? Tant que la masse monétaire continuera à dépasser, et de beaucoup, la masse des articles à acheter, les étalages resteront vides. Cela signifie qu'il faut accroître de toutes nos forces la production [...]. »

« Le temps presse, camarades, [mais] pourquoi des initiatives relevant de la plus simple évidence ne progressent qu'au milieu de tant d'incroyables difficultés ? » Réponse : parce qu'« il faut voir la réalité en face et que nous avons créé, ce dernier demi-siècle, une économie pour l'économie qui violait la nature et la raison et ruinait le peuple. Nous avons extrait 15 milliards de tonnes de minerais par an, dépassé depuis longtemps les États-Unis dans la production de combustibles (charbon mis à part), d'acier, de ciment, de tracteurs. Nous sommes en avance sur le Japon pour la production d'énergie électrique, et qu'est-ce que cela rapporte ? 200 roubles et quelques de salaire mensuel moyen, dont la contre-valeur en marchandises n'est, qui plus est, qu'à moitié assurée. »

« La publication dans les journaux des chiffres astronomiques du Comité d'État pour les statistiques a-t-elle un effet plus convaincant que les rayons vides des magasins ? », martèle alors M. Iakovlev avant d'en arriver au nouvel éden, à la « clef permettant de formuler une perspective à court et moyen terme » — le marché, ce marché dont l'équipe au pouvoir attend le salut de la Russie. « La société est fatiguée de marcher sur la tête, dit-il, et l'on peut constater qu'on ne peut redonner à l'économie une circulation sanguine normale sans passer par le marché socialiste [...]. »

Autrement dit, si vous ne voulez pas que tout saute et vous avec, laissez se développer le marché, car, en tout état de cause, « sous sa forme actuelle, notre commerce d'État est un catalogue des tares des intendants d'État du féodalisme avec ses fausses écritures, son vol organisé sur la base de la tromperie et des calculs falsifiés. Je ne parle pas là des milliers de commerçants honnêtes, précise tout de même M. Iakovlev, mais de ce système désuet et défectueux qui organise le commerce selon des lois économiques qu'il est seul à connaître [...] »

« Dans son acception la plus large, explique-t-il, le commerce est le maillon essentiel, mais aujourd'hui le plus faible, de la *perestroïka* [en raison de] cette métastase du stalinisme que sont les sentiments anti-marché. » Du stalinisme et non pas du léninisme, puisque Lénine avait pris conscience (bien que cela lui ait été « extrêmement pénible ») de ce que « Marx et Engels s'étaient trompés sur la formation d'un mode de production non marchand. La vie, estime M. Iakovlev n'a pas confirmé cette hypothèse, le communisme de guerre a été une erreur, la conséquence d'une utopie coercitive ».

« En fait, affirme M. Iakovlev, si le système des réquisitions a été abandonné, cela a été grâce aux révoltes de Tambov et de Kronstadt, aux lettres de paysans qui revenaient à dire : vos slogans proclament à chacun selon son travail, mais les faits disent, eux, égalité dans la pauvreté. Il était urgent de passer à la paix civile. Comment ? Par des moyens naturels, en établissant un juste principe de rémunération du travail fondé sur le marché, en atténuant radicalement le régime de la forteresse assiégée, en instaurant le commerce et d'autres formes d'échange avec le monde extérieur, en apprenant auprès des capitalistes, en élaborant et assimilant une [...] nouvelle culture du travail. »

Suit une apologie, citations de Lénine à l'appui, des coopératives, puisqu'« il est temps de débarrasser une fois pour toutes les consciences du mensonge sur l'incompatibilité du socialisme et du marché » et que « l'État ne peut pas faire du commerce de façon rationnelle, pour la simple raison qu'il vivra toujours aux frais de la société. »

M. Reagan n'aurait pas dit mieux, et après un développement sans surprise sur la nécessité parallèle de la démocratisation. M. Iakovlev lance à ses auditeurs de l'État-parti : « Main sur le cœur, il convient d'avouer que pratiquement tout le travail est encore à faire, particulièrement en ce qui concerne l'homme, la sphère sociale et la satisfaction des revendications matérielles des gens, qui sont, pour l'heure, en général relativement modestes. »

Conclusion : « Les processus d'assainissement sont complexes, mais, si nous ne créons pas [...] cette base d'un développement sain de la société [...], alors pourra nous menacer non seulement un retour au passé, à l'époque de la stagnation [brejnevienne], mais un conservatisme agressif et revanchard, célébrant sa victoire. »

Un mariage d'affaires : Nationalistes russes et communistes orthodoxes

Il existe en URSS deux grands courants conservateurs et leur alliance est en train de se sceller dans une offensive en règle contre M. Vitali Korotitch, rédacteur en chef d'*Ogoniok*, le plus populaire des journaux de la *perestroïka*. Le premier de ces courants regroupe des hommes de l'appareil du parti qu'effraient la volonté réformatrice de M. Gorbatchev et les menaces qu'elle implique pour leurs rentes de situation. Le second est composé de nationalistes russes qui, membres ou non du parti, sont avant tout hostiles aux valeurs occidentales, c'est-à-dire aussi bien au bolchevisme dans lequel ils voient une prolongation d'un marxisme importé d'Allemagne qu'au gorbatchevisme, considéré comme une nouvelle tentative d'imposer un modèle venu de l'Ouest.

A priori, rien ne peut rapprocher ces deux courants mais,

outre que joue là le principe universel selon lequel les ennemis d'un ennemi sont vos amis, nationalistes russes et bureaucrates se retrouvent sur un point fondamental.

Les uns commes les autres sont hostiles à la relecture de l'histoire soviétique prônée par M. Gorbatchev, et à la pointe de laquelle se trouve *Ogoniok*.

Pour les conservateurs du parti, à trop étaler la sanglante sauvagerie des répressions staliniennes de masse, on va finir par laisser mettre en question la légitimité même du régime communiste et déstabiliser ainsi le pouvoir du parti. Pour ce qui est des nationalistes russes, l'affaire est beaucoup plus complexe. Certains d'entre eux voient dans Staline — et sans pour autant l'aduler le moins du monde — un homme qui a mis fin à la période révolutionnaire ouverte par 1917 et qui a éliminé les tenants du messianisme communiste, au profit d'une consolidation de la Russie à travers la montée en puissance de l'URSS.

D'autres considèrent plus simplement que, répression de masse ou pas, c'est sous Staline que la Russie s'est industrialisée, que ces temps étaient une époque d'enthousiasme national, d'altruisme de la jeunesse, d'effacement de l'individu au profit de la nation. A trop critiquer les crimes de Staline, on enlèverait donc toute fierté à la Russie et on lui inculquerait la honte de son histoire, la privant ainsi de l'énergie dont elle a besoin pour se renforcer.

On est là en plein paradoxe, car ces mêmes nationalistes se sentent exprimés par des écrivains qui chantent la Russie traditionnelle, c'est-à-dire ses villages et sa paysannerie, que Staline s'est acharné à détruire avec un succès dont témoignent les pénuries alimentaires. Paradoxe ou pas, le rapprochement des deux conservatismes n'a cessé de s'affirmer depuis l'arrivée au pouvoir de M. Gorbatchev, et le phénomène vient de s'amplifier spectaculairement avec la publication par la *Pravda*, mercredi 18 janvier, d'une lettre ouverte contre M. Korotitch.

Organe du Comité central, la *Pravda* ne peut être qualifiée d'organe des conservateurs puisque son rédacteur en chef est obligé de louvoyer entre les différents courants de la direction. Chacun sait pourtant à Moscou que ce n'est pas dans les colonnes du plus célèbre quotidien d'URSS que s'expriment les idées des gorbatcheviens et que sa ligne est celle d'un conservatisme prudent. Quant aux six signataires de cette lettre ouverte, tous sont des grands noms de l'intelligentsia nationaliste et souvent de remarquables écrivains comme Valentin Raspoutine ou Vassili Belov [1].

« La libération de la conscience, la démocratisation, la transparence, qui donc plus que les écrivains peut s'en réjouir ? », écrivent les signataires avant d'ajouter : « Nous ne pouvons cependant pas ne pas parler de phénomènes qui nous inquiètent [car] sous couvert de slogans d'importance vitale quelques publications se livrent à une falsification de l'histoire sans précédent, procèdent à une révision des réalisations sociales du peuple et dénigrent les valeurs culturelles. » Il s'agit bien sûr là d'*Ogoniok*, nommément dénoncé pour avoir notamment publié, dans son premier numéro de l'année, une autre lettre ouverte adressée à Iouri Bondarev, président de l'Union des écrivains de la Fédération de Russie, grand romancier au talent indiscuté et grand chantre de ce conservatisme nationaliste.

Lors de la conférence du parti, c'est ce même Bondarev qui s'est taillé un énorme succès auprès des délégués conservateurs en dénonçant — déjà — *Ogoniok*, en déplorant « que la foi en l'histoire et en presque tout notre passé soit maintenant minée », et en s'exclamant : « Il est doublement étrange que lorsqu'on prononce à haute voix les mots de "nation", "patriotisme", "patrie", on entende alors des sifflements de serpents prêts à se transformer en morsures : "chauvinisme", "idéologie des Cent-noirs". »

Chef de file des conservateurs, M. Ligatchev s'était ouvertement félicité de cette intervention dont la violence avait coupé le souffle aux libéraux. La polémique contre M. Korotitch et *Ogoniok* n'a pas cessé de se développer depuis dans les différentes revues conservatrices. M. Korotitch et son équipe ont commencé, timidement et à contrecœur, à riposter dans leurs propres colonnes et ce qui n'était que sous-entendu au début est devenu absolument ouvert : M. Korotitch serait juif et n'étant pas russe, ne peut être qu'ennemi de la Russie.

Lundi 9 janvier, une réunion électorale destinée à nommer le rédacteur en chef d'*Ogoniok*, candidat aux prochaines

1. Les autres signataires sont les romanciers Victor Astafeiev ; Piotr Proskourine ; Serguei Vikoulov, directeur de revue *Nach Sovremiennik* ; Mikhaïl Alexeiev, directeur de la revue *Moskva*, et le cinéaste Sergueï Bondartchouk.

élections parlementaires, a de cette façon été proprement sabotée par les militants du groupe Pamiat, l'organisation nationaliste dont l'antisémitisme ne prend plus la peine de se déguiser. Postés aux alentours de la salle, ces militants ont dissuadé les gens de s'y rendre soit par l'intimidation soit en prétendant que la réunion était annulée.

Non contents d'avoir ainsi réussi à empêcher que le quorum (cinq cents personnes) nécessaire à la nomination de M. Korotitch soit atteint, ils l'ont ensuite interdit de parole, couvert de quolibets, forcé à partir par une porte dérobée et leurs banderoles étaient limpides : « Mort aux juifs ! »

Après un pareil incident, la publication dans la *Pravda* d'un texte reprochant à Vitali Korotitch de dénigrer « nos valeurs spirituelles » et « la culture artistique soviétique multinationale — surtout russe, classique et moderne » ne peut avoir qu'un seul sens. Écartés de la direction en septembre dernier, impuissants pour l'heure à empêcher l'adoption des réformes politiques, les conservateurs ne s'avouent pas pour autant battus. Ils reprennent l'offensive, fermement décidés à éliminer M. Korotitch d'*Ogoniok* — ce que M. Gorbatchev ne pourrait laisser faire sans détriment pour son autorité.

Un accès de réalisme : Vingt ans avant le bien-être

L'un des grands mots d'ordre des débuts de la *perestroïka* était l'« accélération ». Il fallait accélérer les efforts, le travail, les réformes : accélérer, après vingt ans de « stagnation » brejnevienne, le mouvement vers une société de bien-être qu'on croyait pouvoir ainsi atteindre en quelques années.

Quatre ans plus tard, les magasins sont toujours aussi désespérément vides, les débats entre économistes tournent à la foire d'empoigne, le pouvoir en est tout perplexe, et le directeur de l'institut d'économie de l'Académie des sciences, M. Leonid Abalkine, vient tranquillement d'énoncer l'évidence. « Il nous faut trouver le courage de dire qu'on ne peut en fait pas, avec les forces productives que nous avons, parvenir au niveau mondial en deux, trois ans », a-t-il en effet déclaré, mercredi 8 février, dans un long entretien avec la *Komsomolskaïa Pravda*.

En combien de temps alors ? « Nous aurons vraisemblement besoin, répond-il, des efforts d'une ou deux générations et — qui sait ? — de dix-sept ou vingt-cinq ans », car si l'on peut acheter à l'étranger des machines modernes, on ne peut en revanche pas « acheter le peuple ». Or ce peuple, explique-t-il, compte « extrêmement peu » de professionnels car « nous avons trop longtemps lutté contre l'intellectualité (dans toutes les sphères sociales, des cultivateurs aux professeurs), contre l'intelligence et le savoir-faire dès qu'ils dépassaient la moyenne, contre ces "instincts malsains" auxquels, de longue date, tenait la vie. » « Nous avons trop longtemps marché en arrière, dit-il, pour pouvoir, d'un bond, arriver à cette qualité de vie que nos voisins hautement développés ont atteinte en des décennies et même des siècles. »

On ne saurait plus clairement dire que tout ce qui avait fait, jusqu'à présent, l'idéologie du régime a induit une durable ruine du pays, mais ce constat est déjà devenu, ces derniers mois, banal, presque une idée reçue. La *Komsomolskaïa* titre d'ailleurs cet entretien : « Paysage lunaire » et écrit sans sourciller que l'URSS se retrouve aujourd'hui à devoir « semer non pas la terre mais des pierres » et que « nous réaliserons dans vingt ans que nos victoires en béton armé ne sont rien de plus qu'un excrément de la civilisation ». Tout se dit et tout, jusque dans les plus grands journaux, commence à s'imprimer, mais l'important est en l'occurrence ailleurs.

Car au fil de son propos, c'est en réalité une vision toute nouvelle du processus de *perestroïka* que développe M. Abalkine, l'un des hommes écoutés de M. Gorbatchev et personnage officiel s'il en est. Il faut cesser, dit-il en substance, de raisonner à court terme, de voir l'avenir en noir ou blanc, en échec ou succès des réformes, puisque le sens de chacun de ces deux mots est subjectif et qu'il ne peut y avoir qu'une seule mesure de l'échec ou du succès d'une politique : la réalité sociale à laquelle elle s'applique.

Voyons les choses en face, dit-il donc : « Les solutions (que nous avions avancées aux débuts de la *perestroïka*) tablaient sur des forces sociales qui n'existent pas chez nous, ou seulement à l'état embryonnaire, et cela détermine la complexité, la durée des processus par lesquels nous avons à passer (car il faut avant tout) reconstituer l'humus (sur lequel la société pourra) se renouveler radicalement.

« La Russie, poursuit-il, a été célèbre pour ses professionnels et ses entrepreneurs. Actuellement aussi elle en a, mais elle n'a pas de couche [sociale] de professionnels et d'entrepreneurs, il n'y a pas de qualité de masse — et je parle là des gestionnaires, des économistes et des financiers. Nos éditorialistes proposent hardiment de faire des banques le centre nerveux de la vie économique, mais y a-t-il parmi les millions d'hommes de notre pays une dizaine de personnes s'y connaissant réellement bien en technique bancaire ? Et nos dirigeants ? Beaucoup d'entre eux sont évidemment sincères lorsqu'ils métamorphosent le travail séculairement pacifique des agriculteurs en une désolante bataille pour le blé... »

« Il faut dès à présent, poursuit M. Abalkine, préparer une nouvelle génération de gestionnaires, de managers soviétiques [...] et cela va prendre, répétons-le, plus d'une décennie [puisque] le système ne se réduit pas à l'appareil [et que] l'idéologie est devenue la psychologie de plusieurs dizaines de millions d'ouvriers, kolkhoziens, agronomes, ingénieurs, enseignants, médecins, dirigeants. »

Mais cette réalité, enchaîne M. Abalkine, n'implique nullement que le processus de réformes n'aboutira pas. Elle implique qu'il ne sert à rien de « jouer aux devinettes » sur ses délais d'aboutissement ; qu'il s'agit « d'aller concrètement de l'avant ». Mais en sachant qu'il « y aura, bien sûr, des flux et des reflux [et que] le réalisme est de nous préoccuper de ne pas totalement perdre pendant les reflux ce que nous accumulons aujourd'hui avec tant de peine [...], de créer une culture sans laquelle, j'en suis absolument certain, nous ne survivrons pas en tant que grande puissance, [nous ne sortirons pas de] ce trou dans lequel nous sommes tombés lorsque nous avons "libéré" des millions d'hommes tant de leurs droits économiques que de leur responsabilité civile ».

« Il nous faut, conclut M. Abalkine, rassembler l'expérience du peuple. Que ceux qui ont quelque chose à dire, à faire partager au pays tout entier, écrivent, racontent, communiquent. Nous n'avons pas d'autre solution. » En d'autres termes, pour permettre à l'économie de redémarrer, il faut poursuivre et amplifier la libéralisation, renforcer les réformes politiques, et ce n'est qu'à cette condition que se dégageront, chemin faisant, les solutions sur lesquelles s'entre-déchirent aujourd'hui les économistes.

Ce n'est pas exactement ce qui était prévu. C'est en revanche exactement ce qui se passe : l'économie stagne et le pluralisme devient, à vitesse accélérée, une réalité de fait.

Lituanie : La fièvre indépendantiste monte

Cent mille mains gauches — la main du cœur — se sont dressées vers le ciel, et tous, hommes, femmes, enfants, jeunes et vieux, ont lentement répété, dans la nuit, les paroles du serment : œuvrer à la « liberté de la Lituanie », avec, pour cela, l'aide « de Dieu et de tous les hommes de bonne volonté à travers le monde ».

Cette aide ne sera pas, en effet, superflue, mais on aurait presque cru à cet instant que la liberté de la Lituanie était d'ores et déjà acquise. Car, dans le faste, l'emphase et l'émotion, ce n'est pas tant l'anniversaire de leur proclamation d'indépendance de 1918 que les Lituaniens ont célébré jeudi 16 février. C'est une victoire, une victoire d'aujourd'hui, inimaginable il y a quelques mois encore et pourtant bien tangible puisque, ce 16 février, date vénérée entre toutes, date bannie entre toutes, est désormais jour férié.

Officiellement férié, par décision du Soviet suprême de la République, si officiellement férié que toutes les rues de la capitale ont été pavoisées de drapeaux jaune, vert, rouge, du drapeau de l'indépendance perdue, de cette « République bourgeoise », comme on disait avant, il y a très longtemps — avant l'été.

Il claque au clocher des églises, aux façades des bâtiments administratifs, aux fenêtres des enthousiastes. Il orne les bannières, s'arrache en petit format pour trois roubles, s'agite au bout des bras et, dès mercredi soir, dans le grand théâtre de Kaunas, l'ancienne capitale royale, il est lentement descendu sur scène, pendant que s'élevait l'hymne national, l'hymne de l'indépendance, chant grave et lent que seuls les *kamikazes* s'avisaient, il y a peu, d'entonner.

Alors, dans cette petite salle italienne aux fauteuils tendus de velours violet, toute l'élite lituanienne s'est levée, messieurs barbus et dames en robe longue, les larmes ont perlé à bien des yeux et l'on se serait cru au XIXe siècle, à Budapest ou à Milan, quand l'Empire austro-hongrois se lézardait et que la bonne société conspirait à l'Opéra. On a lu la proclamation de 1918 : « Le conseil lituanien déclare l'instauration de l'État démocratique de Lituanie et rompt tout lien passé avec d'autres États [...]. »

On a applaudi et chanté d'une voix nouée par l'émotion : « Lituanie, ma patrie chérie [...]. » C'était suranné. C'était poignant et peut-être, ou plutôt, sans doute, était-ce l'histoire en marche, car ces messieurs et dames endimanchés, c'était, réunie en session extraordinaire, la direction du Mouvement lituanien pour la *perestroïka*, plus connue sous le nom de *Sajudis*.

En quatre mois d'existence légale, ce mouvement a imposé un double pouvoir en Lituanie. Le parti ne peut plus rien faire sans négocier avec lui. Sa force est telle que le Soviet suprême ne peut plus ignorer ses propositions, et sa direction — son Comité central, dirait-on ailleurs — s'est tout simplement baptisée *Sejm*, du nom des anciens parlements lituaniens.

Le Sejm, donc, à trois heures du matin, a adopté, à l'unanimité moins huit voix, une nouvelle déclaration du 16 février, qui commence par rappeler que l'indépendance de 1918 avait été reconnue par la communauté des nations et que cette « reconnaissance juridique internationale reste en vigueur [...] ». Ce qui, au demeurant, est parfaitement exact. « La nation lituanienne, poursuit ce texte, s'est opposée, par tous les moyens, au génocide hitlérien et stalinien, et oppose, jusqu'à ce jour, une résistance déterminée aux manifestations de colonialisme des grandes puissances. Le mouvement lituanien pour la *perestroïka* soutient la volonté de la nation de rétablir ses droits, par la voie pacifique, et de vivre indépendamment de tout diktat. »

Est-ce assez clair ? Apparemment pas, puisqu'on lit encore que « le Sajudis suit, sans se limiter à des résultats partiels, la voie d'une indépendance juridique, politique, économique et culturelle de la Lituanie » ; que son but est notamment d'établir « les conditions d'une autodétermination libre et démocratique de la nation » et qu'il se prononce « pour un statut de traditionnelle neutralité lituanienne en zone européenne démilitarisée ».

Aucun doute possible : le mouvement qui va rafler autour des trois quarts des quarante-deux sièges lituaniens au prochain Parlement fédéral soviétique, le mouvement qui contrôlera totalement, après les élections de l'automne, le Parlement républicain, s'est tranquillement déclaré en faveur d'un retrait de la Lituanie d'Union soviétique. En soi, cela ne bouleverse pas la carte européenne ; cela balaye, en revanche, les dernières règles du jeu soviétique et d'autant plus spectaculairement que, dans quelques heures, de retour de Moscou, le premier secrétaire du parti lituanien, M. Algirdas Brazauskas, va participer aux côtés des chefs de file du Sajudis, aux cérémonies anniversaires.

C'est l'URSS à l'envers. C'est un précédent qui ne restera sans doute pas sans suite. C'est un jeu dangereux aussi, mais lorsqu'on demande à M. Virgilius Capaitis, homme de lettres, fin politique et secrétaire du présidium du Sejm, pourquoi hausser ainsi la barre, la réponse ne lui pose pas de problèmes. Malgré toutes les déclarations en faveur de l'introduction de mécanismes de marché, dit-il, la réforme économique marque le pas et « comme nous ne voyons donc aucune possibilité au niveau fédéral, l'idée de fuir le navire en perdition progresse ».

C'est dire d'une seule phrase que la pression de la base est forte ; que l'emprise des indépendantistes radicaux se développe ; que si l'URSS ne veut pas se sauver, la Lituanie ne veut pas mourir avec elle et que M. Gorbatchev doit savoir trancher. Dangereux, le jeu est également subtil, et aucun dirigeant du Sajudis ne manque une occasion de répéter, comme le professeur Landsbergis, président du mouvement, que « si l'on nous laissait faire, nous ferions passer les réformes de Gorbatchev ».

Philosophe, membre du parti, dirigeant radical du Sajudis et d'une maison d'édition d'État, Romualda Ozolas explique ainsi qu'en tout état de cause l'indépendance « sera un processus » ; qu'elle ne peut être « seulement politique » mais aussi économique et sociale. Il ajoute que « dans dix, cinq ou quinze ans », il verra la Lituanie indépendante et qu'après tout Moscou aussi sait que ce qui était inconcevable hier ne l'est plus aujourd'hui.

Les cartes se rebattent, de nouvelles donnes se cherchent et, jeudi matin, donc, dans Kaunas en fête, un immense cortège de plusieurs dizaines de milliers de personnes a défilé de la cathédrale à une stèle fraîchement sortie de terre pour supporter une statue de jeune femme, ailes déployées et chaîne brisée pendant aux poignets : la Liberté lituanienne. Depuis des décennies, ce monument à l'indépendance avait été relégué dans un musée. On l'a brossé avec amour, drapé de jaune-vert-rouge. Un vieil homme a dormi à ses pieds plusieurs nuits d'affilée. Les jeunes mariés s'y sont précipités pour la photo immortelle. Et maintenant M. le cardinal (Mgr Sladkevicins, vingt-quatre ans d'assignation à résidence), M. le premier secrétaire et M. le président du Sajudis — les notables, en un mot — l'inaugurent ensemble.

« Ensemble » sera d'ailleurs le maître mot de M. Brazauskas, « ensemble » pour répondre aux défis pour l'avenir, pour la Lituanie. A la même heure dans la cathédrale de Vilnius (interdite de prière pendant trente-huit ans et rendue au culte il y a moins de deux semaines) tous les bancs étaient déjà occupés et l'on s'écrasait déjà dans les travées.

A midi, le père Vaziliauskas (sept ans dans les mines de Volkhonta, puis treize ans d'exil en Lettonie) a appelé les fidèles à se repentir avant que Mgr Steponavicius (vingt-quatre ans d'assignation à résidence) ne bâtisse toute une homélie sur « Si je t'oublie Jérusalem... » ; chacun a bien sûr compris « Si je t'oublie Lituanie... ». La foule débordait sur le parvis, on pleurait et pleurait encore. La ferveur était fiévreuse d'avoir été trop contenue. Les chants nationaux ont retenti devant l'autel et personne n'aurait pu ignorer à cet instant que la Pologne et la Lituanie ont longtemps formé un royaume uni.

Pour un jour, cette ville qui est tantôt Vienne, Cracovie, Prague et Budapest, cette ville qui fut l'un des grands carrefours de l'intelligence européenne et de l'horreur européenne aussi, cette ville belle comme l'Europe a vécu une grande kermesse. Aux carrefours on s'arrachait saucisses et tracts, badges et rumeurs, œillades et sourires ; une cinquantaine de jeunes gens ont descendu la rue Lénine en scandant : « Dehors tous les occupants ! » Coup d'État militaire ? Renversement de Gorbatchev ? Mort du communisme ? Agonie du système ? Nouvelle révolution ? Bref instant d'euphorie, ou début d'une longue bataille ?

Pas un uniforme n'a troublé la fête. Cent cinquante périodiques indépendants circulent en Lituanie et, si personne ne sait de quoi demain sera fait, la vie politique a aujourd'hui repris ses droits. Membres du présidium du Sejm et secrétaire du parti à l'Université, le professeur Genzelis explique par exemple que l'opposition entre réformateurs et conservateurs ne rend pas compte de la réalité du parti lituanien. « En fait, dit-il, les conservateurs sont eux-mêmes divisés en deux grands courants : l'ancien appareil national d'une part, qui serait favorable à une décentralisation à condition de conserver ses prérogatives, et les cadres venus de Moscou, de l'autre, qui veulent maintenir la colonisation. » Au front conservateur s'oppose un front libéral et ce front libéral joue aussi contre les libéraux du Kremlin, qui veulent à tout prix empêcher la présentation — puis l'adoption à l'automne prochain — d'une nouvelle Constitution lituanienne, qui « créerait, dit-on à Vilnius, les conditions d'un pluralisme politique de fait ».

On dit M. Brazauskas objet d'une formidable pression de Moscou à ce sujet, mais il tiendrait bon, d'autant mieux qu'il a été mis en place en octobre dernier par l'équipe Gorbatchev. qui n'a guère d'autre carte locale ; que tous les courants du parti commencent à rêver du droit de tendances et qu'il sait bien que si ce n'est pas le pluralisme, ce sera le pluripartisme. Or si le Sajudis souhaite instaurer le pluripartisme, lui n'en veut pas — pas plus que M. Gorbatchev qui se trouve être le père spirituel de ce mouvement lituanien de la *perestroïka* et des organisations similaires qui existent en Estonie et en Lettonie. Non content d'avoir permis leur apparition, à l'occasion de débats suscités par la convocation en juin dernier de la XIXe conférence du parti, le secrétaire général a en effet encouragé leur développement.

La situation est très comparable sur le fond dans les deux autres Républiques baltes. Et dans toutes les Républiques, sans exception ou presque, les affrontements entre membres du parti sont, en vertu de la même loi électorale, fréquents ou très fréquents. Bien au-delà de toute espérance ici, bien en deçà ailleurs, M. Gorbatchev réussit ainsi son pari de soumettre l'appareil du parti au vote populaire.

Tout craque dans ce paquebot ivre dont la salle des machines est en panne durable. Tout craque, et il n'est pas encore sûr pourtant que le naufrage soit fatal tant les Soviétiques — des Baltes aux musulmans d'Asie centrale — savent ce que sont la guerre et la guerre civile, et tant les affrontements du Caucase font peur à tout le monde. Même les plus radicaux des indépendantistes de Lituanie martèlent qu'ils ne veulent pas de violences, car « il reste déjà trop peu de Lituaniens ».

Tout craque après quarante ans de persécutions et l'Église

pense visiblement être entrée dans une ère de stabilité. « Le parti veut jouer la carte hiérarchique », explique d'emblée le père Aliulius, membre du présidium du Sejm et ecclésiastique influent. Or, « s'il peut être difficile de calmer le jeu, on peut en revanche, ce qui est déjà beaucoup, s'abstenir de l'attiser », dit-il. Un dialogue se noue (comme il se noue ailleurs avec l'Église orthodoxe) et l'approfondissement de ce dialogue est inévitable, car, comme le dit le professeur Landsbergis : « Le désir de changement s'est mué en grand désir de grands changements. »

Campagne électorale : Le pluripartisme, valeur en hausse

Unanimement jugée utopiste et même provocatrice, il y a quelques mois encore, l'idée de pluripartisme ne cesse, en URSS, de progresser dans les esprits. L'évolution est si sensible que les dirigeants du parti, M. Gorbatchev en tête, se sentent maintenant obligés de prendre position pour le maintien du monopartisme. Leurs déclarations ne font, elles-mêmes, qu'alimenter le débat. On en retient surtout que si un tel dogme a aujourd'hui besoin d'être défendu, c'est qu'il est d'ores et déjà désacralisé.

Signe des temps, M. Boris Eltsine vient de se déclarer partisan de l'ouverture d'une « vraie discussion » à ce sujet. Or si M. Eltsine n'a plus de responsabilité dans le parti depuis qu'il a perdu, il y a seize mois, son poste de premier secrétaire de Moscou et son siège de membre suppléant du bureau politique, il n'en est pas moins membre du Comité central et du gouvernement. Un temps marginalisé après avoir été limogé pour radicalisme réformateur, il est devenu l'un des hommes politiques les plus populaires d'URSS. On voit en lui une sorte de preux, tombé pour avoir voulu briser la toute-puissante bureaucratie de la capitale. Peu aimé des intellectuels, qui se défient de son populisme, il est franchement haï des conservateurs. C'est peu dire que beaucoup de gens guettent le premier de ses faux pas et c'est précisément cet homme-là qui a déclaré, mardi 21 février, qu'il était « temps de faire sauter la barrière et de débattre publiquement de cette question [du plurapartisme] » en organisant une vraie discussion nationale, par voie de presse, à laquelle historiens, sociologues et « experts » seraient conviés à prendre part.

Une barrière vient en effet de sauter — à la faveur, une fois de plus, d'un débat électoral. Critiquée de tous côtés pour ses ambiguïtés, ses insuffisances et les manipulations qu'elle permet, la nouvelle loi électorale n'en est pas moins en train de modifier profondément le paysage politique soviétique. Parce qu'elle a permis aux citoyens de base d'avancer des candidatures au cours de réunions sur les lieux de travail ou dans les quartiers, elle a, d'abord, fait apparaître des hommes nouveaux. Leurs opinions sont difficiles à cerner, car elles ne sont pas encore tranchées et certainement diverses, mais tous sont sortis du rang.

Une nouvelle classe politique est en train de naître, et même dans les régions où ces hommes nouveaux ne parviennent à faire confirmer leur candidature au niveau des circonscriptions et se font donc éliminer avant le scrutin du 26 mars prochain, ils se sont fait connaître. Éliminés ou pas, ils ont pris de l'influence et constituent d'ores et déjà une opposition avec laquelle les appareils locaux sont bien obligés de compter.

Deuxième changement de taille, l'URSS vit depuis deux mois, aux quatre coins du pays, à l'heure des réunions électorales. Tout le monde n'y participe évidemment pas. Beaucoup d'entre elles sont organisées à la sauvette. Beaucoup d'entre elles demeurent si bien contrôlées qu'elles laissent le sentiment que rigoureusement rien ne change. Et pourtant, elles ont bel et bien lieu. Leur manipulation suscite colère et non plus résignation, et, très souvent aussi, ce sont de véritables réunions électorales, qui durent parfois dix ou quinze heures d'affilée. Enfin autorisés à parler — et à parler politique —, les gens ne se laissent pas facilement retirer le micro.

Les présidents de séance tonnent. Les salles elles-mêmes réclament une limitation du temps de parole, mais que faire contre cette vieille dame qui criait, la semaine dernière, à Moscou : « Appelez la milice si vous voulez, mais je ne me tairai pas avant d'avoir dit ce que je veux dire » ? Que répondre à cet homme qui s'exclamait, au cours de la même réunion : « Il y a soixante-cinq ans que nous nous taisons et vous voulez limiter le nombre d'interventions » ?

On ne répond rien à cela et petit à petit apparaissent les tracts, les affiches, les claques organisées en faveur de tel candidat ou contre tel autre — la démocratie en un mot, une démocratie qui se cherche, très partielle et maladroite aussi, mais une démocratie tout de même dont on veut prendre tout ce qu'elle peut donner et même un peu plus. Dans beaucoup de réunions de circonscriptions conçues pour permettre de restreindre le nombre des candidats désignés par la base, on a ainsi décidé, en jouant avec la loi, de maintenir tous les candidats sans exception « pour que les électeurs, et personne d'autre, décident ».

Et partout, là même où le poids de l'appareil l'emporte, il y a une dynamique naturelle des discussions, de ces élections qui commencent à ressembler à des élections. Car dès lors que le plus obtus des conservateurs accepte — il n'a pas le choix — de se prêter à ce jeu, il doit en effet en adopter les règles, c'est-à-dire prononcer des discours qui plaisent, faire des promesses et répondre aux questions qui lui sont posées de la salle.

Cela modifie les rapports entre gouvernants et gouvernés. Cela modifie l'image de plus d'un potentat local. Cela bouleverse l'image du parti unique puisque très souvent un membre du parti s'oppose à un autre membre du parti et que chacun des deux incarne une ligne politique différente. Et c'est ainsi qu'au fil des semaines et des discussions, l'idée de pluripartisme a fait son chemin, le plus simplement du monde.

Comment, avait demandé à M. Eltsine un jeune homme très « jeune cadre », peut-on concilier pluralisme et monopartisme ? La question allait de soi. Elle est souvent posée. La réponse de M. Eltsine montre qu'elle va se faire de plus en plus pressante. Le rédacteur en chef de la *Pravda*, Victor Afanassiev, objecte que « le simple fait de poser la question était artificiel ». Il n'y a pas, écrit-il en effet dans le premier numéro de *Rodina*, nouvelle revue mensuelle lancée à la demande personnelle de M. Gorbatchev, de fondement de classe à la formation d'une opposition politique [qui n'est pas non plus] nécessaire à l'heure de la *perestroïka*, de la *glasnost* et de l'ouverture du parti aux débats. » L'argumentation est faible. Mais le plus marquant dans cet article reste ses premières lignes : « On se demande ici et là si le parti comme parti unique et avant-garde politique du peuple est nécessaire, s'il n'est pas temps de créer un nouveau *[sic]* parti politique d'opposition et de passer à un pluralisme politique semblable à celui de l'Ouest. »

On croit rêver ! Mais la réalité joue quotidiennement à saute-mouton avec les « barrières » d'hier. Dimanche dernier à Minsk, dans une ville où l'on matraquait, avant Noël, des manifestants rassemblés pour rendre hommage aux victimes de Staline, quarante mille personnes ont réclamé l'autonomie de la Biélorussie, agité un drapeau national et adopté un programme électoral simple : « Les usines aux ouvriers, la terre aux paysans et le pouvoir au peuple. » Dans toutes les Républiques, et dans certaines régions autonomes aussi, on entreprend, à l'exemple des pays baltes et avec plus ou moins de succès, de faire de la langue nationale une langue d'État. Le parti, ouvertement dans les pays baltes et plus ou moins nettement partout ailleurs, est traversé de courants et sous-courants qui n'ont plus rien à voir avec la simple opposition entre conservateurs et réformistes. Un modèle de pouvoir, porté à sa sanglante perfection par Staline et artificiellement maintenu en vie sous Brejnev, s'écroule et se meurt.

Sur les neuf autres candidats désignés de la base pour briguer le siège de Moscou, deux autres se sont prononcés, mardi, au cours de cette même réunion de circonscription, dans le même sens que M. Eltsine, et en termes beaucoup plus directs.

Celui qui a obtenu le plus de voix, juste devant M. Eltsine, est le directeur des usines automobiles Zil qui a demandé l'adoption d'une loi garantissant la *glasnost*, l'approfondissement des réformes politiques et le développement des entreprises coopératives, c'est-à-dire privées.

C'était une réunion très solennelle, dans la grande salle des colonnes, à deux pas du Bolchoï et du Kremlin, là où ont eu lieu, à la fin des années trente, les audiences des grands procès de Moscou. Il n'y eut pas d'empoignades, peu de sifflets. On ne pouvait pas faire plus officiel et, à une exception près, deux peut-être, tous les candidats qui avaient trouvé des partisans pour les désigner étaient des réformateurs.

A l'extérieur, des manifestants sous surveillance policière brandissaient des pancartes montrant M. Eltsine en Hercule luttant contre l'hydre de la bureaucratie. Un passant s'est arrêté, stupéfait : « C'est de l'agitation », a-t-il lancé, et on lui a répondu : « Non, les élections. »

Campagne électorale :
Une nouvelle classe politique se constitue

Dimanche 26 mars, à 20 heures, quand auront fermé les bureaux de vote, il se sera passé un événement capital, comme ne s'en souvenaient en URSS que de vraiment très très vieilles personnes — assez vieilles pour avoir vécu à l'automne 1917 l'élection de cette Assemblée constituante que les bolcheviks (170 sièges sur 707) n'avaient laissée siéger qu'un jour.

Ces élections avaient été les plus libres de toute l'histoire de la Russie, et il aura fallu aux Soviétiques attendre jusqu'aujourd'hui pour en retrouver le goût lointain, fragile, imperceptible dans bien des régions, mais enivrant dans d'autres, et partout aussi délicieux que l'espoir. Il n'y aura néanmoins pas de fourchettes au journal télévisé de 20 heures, car, contrairement aux élections de 1917, celles de 1989 n'auront pas opposé plusieurs partis.

Non seulement il n'y en a toujours qu'un en URSS, mais pas moins de 85,4 % des candidats en sont membres.

Il n'est donc pas besoin d'être bon pronostiqueur pour annoncer que le peuple aura, comme dirait la *Pravda*, « exprimé sa confiance unanime dans le parti ». Non seulement on ne saura pas, dimanche soir, qui a gagné les élections soviétiques, mais on ne le saura pas non plus dans dix jours quand auront été officiellement proclamés les résultats définitifs.

On pourra, bien sûr, dresser des listes de personnalités élues et battues et constater que tel porte-drapeau des conservateurs ou tel héros des réformistes a mordu la poussière. Les surprises ne sont pas exclues. Elles feront du bruit et que M. Eltsine, par exemple, gagne ou perde à Moscou, ce résultat-là sera immédiatement commenté aux quatre coins du pays.

Localement, dans chaque circonscription, on saura — et pas tout le monde encore — ce que représente le gagnant mais, hormis le bureau polique vers lequel convergeront vite des rapports affinés, personne ne pourra, avant très longtemps, avoir des vues d'ensemble. Comment en effet pourrait-on savoir qui, de M. Ivanov ou de M. Platonov, tous deux membres du parti, portait dans telle ville les couleurs des réformateurs ou celles des conservateurs ?

A y regarder de près, à lire les tracts ou les proclamations électorales soigneusement affichées sous cadre de verre à l'entrée de chaque immeuble, on repère vite les codes indicateurs. Tel se félicite de la *glasnost* et tel en déplore ses « excès ». On met ou non l'accent sur la nécessité de développer les réformes politiques mais beaucoup biaisent en attendant de voir tourner le vent et tout le monde est, par définition, pour la ligne du parti, c'est-à-dire pour la *perestroïka*.

Un jour, le visage politique de ce Congrès des députés du peuple s'esquissera, petit à petit, lorsque ses 2 250 membres auront été confrontés à de véritables choix, quand ils auront eu, année après année, à élire en leur sein les quelque 500 membres du Soviet suprême auxquels sera délégué leur pouvoir législatif. Mais, pour l'heure, c'est seulement de la campagne qui l'a précédé qu'on peut tirer des enseignements.

Et le premier d'entre eux est que l'important dans les réformes introduites par M. Gorbatchev n'est pas la formulation des textes, leur degré d'audace ou le niveau des garanties qu'ils offrent, mais leur existence, les brèches qu'elles ouvrent ; et la meilleure preuve en est cette nouvelle loi électorale de novembre, celle qui a présidé aux actuelles élections.

Les critiques qui lui avaient été faites dès sa publication étaient totalement justifiées. On avait dit que, en ne rendant pas obligatoire la multiplicité des candidatures, elle allait permettre à l'appareil, dans les régions où il est le plus fort, d'imposer le maintien de la candidature unique. Cela a effectivement été le cas dans une circonscription sur quatre et les bureaucrates locaux se sont souvent si peu souciés de respecter les formes que les dix-sept premiers secrétaires régionaux du Kazakhstan ont ainsi tous pu s'épargner les fatigues d'un débat contradictoire.

Ils n'ont pas de concurrents, non pas parce qu'il n'y avait pas de candidats contre eux mais parce que tous ces candidats « alternatifs » ont été convaincus, après convocation, de se retirer sans demander leur reste. Des menaces physiques les plus grossières aux allusions bien tournées à la difficulté de faire entrer ses enfants à l'Université, les moyens de pression ne manquent en effet pas aux potentats locaux. On avait dit que, en instituant une procédure de sélection des candidats en deux temps, on allait faciliter d'élimination des gêneurs et c'est exactement ce qui s'est passé.

On avait dit encore que, faute d'assurer l'égalité matérielle entre les candidats, la loi allait de fait favoriser les hommes en place puisqu'un directeur d'usine ou un premier secrétaire dispose de moyens d'opération, de secrétaires, de bureaux et de salariés rebaptisés militants, tandis qu'un professeur, un ouvrier, un médecin n'a rien de tout cela. La réalité n'a pas démenti les appréhensions et, même en économie collectivisée, il y a des candidats riches et des candidats pauvres.

On avait dit enfin que, en réservant de droit un tiers des sièges du Congrès aux organisations dites « sociales », c'est-à-dire — de l'association des philatélistes au parti en passant par les syndicats — aux organisations officielles du régime, on limitait plus encore les risques de cette démocratisation. Et c'est effectivement ce qui s'est produit puisque, dans l'ensemble, ce sont les appareils de ces organisations qui ont fait les élections de ces députés, élus par leurs pairs et non par le suffrage universel.

Tout cela s'est vérifié, mais en moins de trois mois de campagne, l'URSS a néanmoins découvert ce que devraient être des élections libres. Dans les assemblées de base, les bouches se sont ouvertes, et cela jusque dans le Kazakhstan. On a fait taire beaucoup de ces empêcheurs de tourner en rond, mais ils ont raconté leurs malheurs dans des journaux de Moscou, dont il a été impossible de bloquer la diffusion locale.

Persécutés, brimés, ces hommes sont devenus des personnalités dans leur ville ou dans leur république. Les partisans du changement s'organisent autour d'eux, et, là même où la *perestroïka* n'avait encore, pour ainsi dire, rien changé, une opposition s'est constituée. Partout, rigoureusement partout, les choses ont brutalement évolué, et là où il y avait déjà un pluralisme vivant et des organisations indépendantes fortes — dans les pays baltes notamment —, les élections ont été de véritables batailles, pleinement démocratiques, dans lesquelles se sont opposées des lignes politiques parfaitement claires.

Quant aux « organisations sociales », pas une d'entre elles n'a échappé au même phénomène. Dans toutes, le débat politique a progressé en ampleur ; les enjeux se sont éclaircis et les hommes se sont découverts. Après avoir voulu éliminer M. Sakharov, le présidium de l'Académie des sciences a dû reculer et permettre de nouvelles élections. A l'Union des écrivains, les débats ont été, pour citer l'agence Tass, si « cruels » qu'ils ont précipité de fait une scission entre slavophiles et libéraux, désormais dotés de leurs organisations respectives, La Camaraderie des artistes russes et Avril. Des célébrités comme M. Korotitch, le rédacteur en chef d'*Ogoniok*, l'hebdomadaire-phare de la *glasnost*, ou M. Arbatov, le très influent et trop durable directeur de l'Institut des États-Unis et du Canada, sont tombés, car ils avaient — heurs et malheurs de la démocratie — mobilisé contre eux des groupes de pression décidés.

Le parti lui-même s'est trouvé devant un choix difficile. S'il s'appliquait à lui-même le principe de la multiplicité des candidatures, la conséquence inéluctable était la défaite des représentants les plus marqués des clans conservateur et réformateur, qui se seraient, les uns comme les autres, heurtés à des minorités de blocage.

On a donc choisi de ne présenter que cent candidats pour cent sièges et, ce faisant, on a déchaîné une vague de critiques sans précédent, tant parmi les militants du parti que dans la population. Il sera difficile de recourir à nouveau à de tels artifices, car, dès lors que l'unicité de candidature a été condamnée dans son principe même, la liberté de débat s'est ensuivie, et avec elle l'affrontement d'idées, dont le pluralisme d'opinion, dont la revendication du pluralisme organisationnel et celle, bien sûr, du pluripartisme, qui ne cesse chaque jour maintenant de monter à travers tout le pays. Une dynamique joue, s'accélère sans cesse, et un homme, Boris Eltsine, s'est trouvé incarner et symboliser ce processus.

Pur produit du système, *apparatchik* modèle, à l'irréprochable carrière, il avait été précipité à la tête du parti de Moscou quand M. Gorbatchev eut besoin d'hommes honnêtes et efficaces — ce qu'il était. On lui avait demandé de mettre de l'ordre, de traquer les corrompus et de tâcher d'améliorer la vie quotidienne des Moscovites. Il a pris le mandat tellement à cœur qu'il a heurté de plein fouet la puissante machine moscovite, menacé trop d'intérêts établis et mobilisé contre lui l'homme qui était alors le numéro deux du parti, Egor Ligatchev.

Feutrée, la bataille est bientôt devenue vive, si vive qu'au cours du plénum d'octobre 1987 M. Eltsine, lui-même membre du bureau politique, s'en est personnellement pris tout seul, bafouant tous les usages, à M. Ligatchev. Le limogeage n'a pas pris beaucoup de temps, mais M. Eltsine s'était ainsi forgé une réputation de courageux incorruptible défendant le petit peuple, au détriment de sa carrière. Instantanément, il était devenu l'un des hommes les plus populaires d'URSS, mais sans la démocratisation des élections il ne pouvait rien. Au sein du parti, il était bloqué, et sans l'aval du parti il ne pouvait faire appel au suffrage populaire.

La loi électorale est libéralisée. Des centaines, des milliers peut-être — nul ne le sait — d'assemblées de base le désignent comme candidat. Il n'a plus qu'à choisir. Il décide, bien évidemment, de tenter sa chance à Moscou. Les conservateurs, M. Ligatchev en tête, s'affolent. Ils montent une cabale la semaine dernière, lors du dernier plénum du Comité central et obtiennent la création d'une commission chargée de juger de la conformité des déclarations de cet *apparatchik* radical avec la ligne du parti.

En vingt-quatre heures, le temps que se répande la nouvelle, M. Eltsine devient alors, de populaire, héros national.

Chaque jour depuis samedi dernier, une manifestation ou un meeting public fait descendre en sa faveur des milliers de gens dans la rue. Tous les libéraux ont oublié les réserves qu'il leur inspire. Il est attaqué de front pas les conservateurs ; il est, *de facto*, devenu le chef de l'opposition.

Si jamais il n'était pas élu, tout Moscou et toute l'URSS seraient persuadés — et sans doute pas à tort — qu'on a bourré les urnes, les conséquences politiques pourraient en être redoutables. S'il est élu, il faudra compter avec lui, s'habituer à un Parlement dans lequel les forces contestatrices pourraient se regrouper autour d'un drapeau, agir de manière coordonnée — agir, et non pas seulement réagir.

En ce sens, le second enseignement de cette campagne est que l'amour de la liberté est la chose la plus universellement naturelle, et qu'il n'est pas, contrairement aux légendes, de peuple pour lequel la servitude soit un état naturel et accepté. Les conservateurs ont raison : on entrouvre la porte à la liberté et elle s'engouffre, bouillonnante et aussi irrépressible que l'évidence.

Quelles sont, ont demandé pendant la campagne *Les Nouvelles de Moscou* à leurs lecteurs, les qualités que vous exigez d'un futur député ? Réponses : l'honnêteté (75 %), la capacité de défendre son propre point de vue (51 %) et, bon dernier (11 %), « la conviction idéologique et la fidélité aux idéaux du socialisme ».

Campagne électotale :
Un dimanche aux urnes

Dès 10 heures du matin, dès ces premières heures des premières élections soviétiques à candidatures multiples, tout le monde savait.

Il suffisait, dimanche 26 mars, d'entrer dans n'importe lequel des bureaux de vote de Moscou, d'interroger à l'entrée ou à la sortie des isoloirs n'importe lequel des électeurs pour savoir que ce scrutin allait tourner au plébiscite et que ce triomphe d'un homme sonnait une déroute des conservateurs.

Car ce n'était pas seulement le fait que jeunes gens et vieilles dames, prolos de caricature et intellectuels exultants répondaient tous systématiquement, sur le ton de l'évidence, qu'ils allaient, bien sûr, voter Eltsine.

C'était surtout que tout le monde voulait répondre à toutes les questions possibles, qu'on ne chuchotait pas en regardant derrière soi, qu'on parlait à haute voix et qu'on savait parfaitement bien pourquoi l'on votait et pourquoi l'on votait Eltsine.

Il y avait ceux qui répondaient : « Mais voyons, parce qu'il est pour nous », ce « nous » qui s'oppose à « eux », le parti, les hommes du système, ce « nous » qui signifiait « nous, le peuple », « nous » à qui on offre, pour la première fois depuis soixante-dix ans, la possibilité d'un choix.

Il y avait cette vieille dame guillerette qui disait dans un micro de Radio France Internationale : « Vous savez, je ne suis plus toute jeune, mais comme homme il me plaît », et qui ajoutait, micro refermé : « Non, mais sérieusement, il s'agit de barrer la route à Ligatchev et aux conservateurs. »

Il s'agit, expliquait une institutrice, de dire que « nous sommes pour les réformes, mais que ce n'est pas suffisant, que nous espérons plus, que nous voulons la démocratie, que je veux pouvoir enseigner à des élèves qui ne deviennent pas des alcooliques ». Il y avait ceux qui, dans la queue, avant même d'entrer dans l'isoloir, proclamaient leur choix en cochant leur bulletin devant tout le monde. Il y avait cette unanimité affichée, clamée, et ce serveur, au buffet du bureau de la Cité olympique, qui lançait à la cantonade, jonglant avec les sandwiches : « Et qu'ils n'aillent pas nous le sortir battu ! »

Et puis il y avait surtout dans les gestes, les attitudes, les propos, cette indéfinissable atmosphère de page tournée, de vérité sue de tous et reconnue, une sorte de complicité générale et implicite de gens qui n'avaient vraiment aucune peine à faire la différence entre les élections d'hier et celles d'aujourd'hui.

« Mais, en France, est-ce que les rideaux des isoloirs laissent aussi voir les pieds ? », s'inquiétait, pince-sans-rire, le président d'un bureau de vote périphérique. Perplexité du correspondant français qui s'en tirait par une contre-question : « Et avant, est-ce que vous aviez aussi des isoloirs ? » Réponse : « Oui, mais personne ne s'en servait, puisqu'il n'y avait qu'un seul candidat, rien qu'un nom, pas même la mention "pour" ou "contre". »

Partout c'est le même cadre, les beaux tapis d'escalier déroulés sur le carrelage des préaux d'école, les haut-parleurs qui diffusent d'invraisemblables musiques de bals musettes, des assesseurs qui vérifient l'inscription sur les listes et d'autres les bulletins — un bleu pour l'élection « nationale territoriale », un blanc pour la « territoriale » tout court.

De la première sortiront les députés des quinze Républiques soviétiques, de la seconde ceux de l'ensemble de l'Union soviétique. C'est un peu compliqué, mais non seulement tout le monde sait que Eltsine, c'est la « nationale territoriale », mais tout le monde sait aussi qui est qui sur l'autre liste, qui sont les conservateurs et qui sont les réformistes.

Même dans ce quartier Gagarine, où douze candidats se disputent le siège territorial, tout est si évident qu'à 20 heures, quand ferme le bureau numéro 7-91/536, que l'on renverse les deux grandes urnes sur la table verte dressée devant le buste blanc de Lénine, et que les scrutateurs, debout en cercle, commencent à décompter, sous l'œil de représentants des candidats, tous sont d'accord pour empiler au centre les bulletins en faveur des deux réformateurs les plus en pointe. C'est que tout le monde sait que c'est eux qui, de très loin, seront en tête, et qu'on s'évitera ainsi des gymnastiques inutiles. Chacun n'aura qu'à tendre le bras, et, de fait, ça monte au centre, à toute vitesse, presque aussi vite que la pile des bulletins pour Eltsine, qui, de toute sa hauteur, écrase en une heure celle de son adversaire, M. Brakov, directeur des usines Zil. C'est du 93 % pour Eltsine. On dit même que, dans les bureaux où votaient les militaires, c'était du 85 %, et que la tendance est générale, que tous les premiers chiffres donnent un peu partout réformateurs en tête et conservateurs en difficulté.

M. Gdlian, le petit procureur qui ne cesse d'affirmer dans la presse réformatrice que toutes les ramifications du scandale du coton ouzbek mènent à Moscou, jusqu'à des hommes toujours en place et toujours assez puissants pour bloquer son enquête, M. Gdlian serait élu haut la main. On cite beaucoup d'autres noms. On donne pour battues de grosses légumes de l'appareil de Moscou. A Riga, le premier secrétaire du parti de Lettonie est en difficulté face à un candidat indépendantiste et pourrait ne pas éviter un second tour.

Ce devrait être la nouvelle, l'incroyable nouvelle du jour — un premier secrétaire de République menacé par un indépendantiste —, mais Iouri Afanassief, directeur de l'Institut des archives et fer de lance de l'intelligentsia réformatrice, a gagné, c'est sûr, avec 70 % des voix et malgré... non, pardon, grâce à la virulente campagne menée contre lui par la *Pravda*.

Au QG électoral de M. Eltsine, où les informations tombent vite, le téléphone sonne. C'est l'agence Tass qui vient aux renseignements et voudrait quelques estimations. On envoie promener l'agence Tass parce que, tout de même, il ne faut pas se moquer du monde et qu'on a autre chose à faire. Roy Medvedev, l'historien du stalinisme, est en ballottage, mais favorable. En Estonie, les trois hauts dirigeants du parti, tous favorables à la démocratisation, sont élus haut la main.

En Lituanie, le premier secrétaire, homme neuf et populaire, semble bien passer la barre, mais d'autres dirigeants, beaucoup moins réformateurs, se sont fait battre. A Kiev, le premier secrétaire de la ville et le maire seraient battus et un candidat des Verts élu avec 55 % des voix.

Difficile de s'habituer si vite à prononcer et à écrire en URSS ces mots de « ballottage », « difficulté », « deuxième tour », mais les faits sont là, et l'on rapporte aussi que l'heure de fermeture des bureaux de vote aurait été repoussée en Arménie. Les nationalistes y avaient donné consigne de boycotter le scrutin pour protester contre la détention, depuis décembre dernier, des hommes pour lesquels ils auraient aimer voter : les dirigeants du Comité Karabakh.

On a d'ailleurs manifesté pour demander leur libération dans les rues d'Erevan, et de là à imaginer que le mot d'ordre aurait eu du succès, il n'y a qu'un pas à franchir, guère hasardeux.

Au fur et à mesure que tombent des résultats définitifs, le tableau d'ensemble peut se modifier. C'est très possible, vraisemblable même, mais outre que Moscou ne passait pas pour une ville à la pointe de la contestation ; outre qu'on pouvait hier s'y arrêter pour demander son chemin à un agent de la circulation et apprendre qu'il avait voté — mais oui, « bien sûr », M. Eltsine ; outre que la victoire de M. Afanassiev était tout aussi évidente, rien ne peut plus en réalité renverser la vapeur.

D'ores et déjà, les conservateurs sont en déroute car, leur chef de file en tête, M. Ligatchev, c'est eux qui avaient lancé il y a dix jours, lors du dernier plénum du Comité central, une offensive frontale contre M. Eltsine. C'est eux qui avaient obtenu qu'une commission soit chargée d'examiner la conformité de ses déclarations électorales avec la ligne du parti, et c'est eux qui en avaient ainsi fait du jour au lendemain un héros national.

On savait avant cela que, limogé il y a dix-huit mois du bureau politique pour radicalisme réformateur, M. Eltsine était très populaire et bien placé pour l'emporter. Mais il a suffi qu'il soit désigné par les conservateurs comme ennemi principal pour que toute l'URSS semble faire front derrière lui, que les manifestations se succèdent en sa faveur, que les poèmes à sa gloire fleurissent sur les murs de la capitale et qu'un retournement spectaculaire s'opère juste à la veille du vote.

On avait en effet vu vendredi dernier le rédacteur en chef adjoint de la *Moskovskaïa Pravda* accuser l'appareil de la ville et nommément M. Zaïkov, premier secrétaire et successeur à ce poste de M. Eltsine, d'avoir personnellement organisé la campagne de rumeurs et de sabotage de réunions lancée contre lui. Portée dans des déclarations occidentales, répétée samedi au cours d'un meeting de 20 000 personnes en faveur de M. Eltsine, cette accusation s'est accompagnée samedi matin de la parution dans cette même *Moskovskaïa Pravda* d'une réponse de M. Eltsine à l'homme qui l'avait mis en accusation devant le Comité central.

A peine sortie des presses, cette page de journal était collée sur les murs de la capitale par des centaines de mains anonymes, recopiée, commentée, passionnément discutée par de véritables grappes humaines et, dans l'après-midi, par conviction ou sentant le vent tourner, près de la moitié des candidats de Moscou avaient publiquement déclaré leur soutien à M. Eltsine.

Au vu des premiers chiffres, ce sont ceux-là mêmes qui

l'emportent, et cela signifie que le premier secrétaire de Moscou se retrouve personnellement désavoué par sa ville au profit d'un prédécesseur légitimé — et dans quelles conditions ! — par le suffrage populaire. Or M. Zaïkov est non seulement un conservateur bon teint, mais il est aussi membre du bureau politique. En clair, MM. Ligatchev et Zaïkov se sont beaucoup découverts et sont l'un et l'autre en bien mauvaise posture — c'est-à-dire dans la main de M. Gorbatchev qui adore généralement, afin de conforter son image de centriste, conserver à ses côtés des adversaires paralysés.

Après avoir dimanche matin rempli son devoir électoral devant la presse dûment mobilisée, le secrétaire général semblait d'ailleurs d'excellente humeur. Non, non, a-t-il expliqué, « le pluripartisme ne constituerait pas en lui-même une panacée pour la solution de problèmes [dont] les clés sont la démocratie et la *glasnost* ». C'est la raison pour laquelle, a-t-il poursuivi, « nous comptons, loin de vouloir rétrograder en ce domaine, amplifier le processus de démocratisation [...] ».

Bilan de cette campagne électorale ? « Elle a eu beaucoup de signification pour le progrès de la démocratisation » et va permettre de former un Parlement « dont la composition sera telle qu'il pourra faire face aux tâches très ardues de la *perestroïka* ».

L'offensive du Comité central contre M. Eltsine ? « Il n'y a pas que le camarade Eltsine qui ait été critiqué. Il y a également eu des critiques du passé, du présent, [et] le camarade Eltsine ne bénéfice donc d'aucune ''priorité'' en ce domaine. » L'« unanimité » du Comité central dont avait fait état la semaine dernière M. Ligatchev ? « Egor Kouzmitch [Ligatchev] a raison pour l'essentiel [...]. Le bureau politique est unanime à juger vitaux l'amélioration du socialisme [et] le développement de la démocratie. »

L'une des idées maîtresses de M. Gorbatchev a toujours été que la libéralisation du système électoral permettrait non seulement la création de corps politiques intermédiaires, mais aussi le rajeunissement en douceur du parti. Que faire en effet d'un cadre qui ne réussit même pas à se faire élire ?

M. Gorbatchev n'a surpris personne en refusant de dire à qui il avait donné sa voix, M. Brakov ou M. Eltsine — ce Boris Eltsine qui proclame à tout va sa ferme intention de créer au sein du futur Parlement un bloc des « 20-30 % de députés ayant une position civique active ».

Campagne électorale :
L'appareil laminé par la liberté

A regarder lundi 27 mars le journal télévisé du soir, on ne se serait jamais douté que l'URSS venait de vivre ses premières élections à candidatures multiples et que les Soviétiques s'étaient très clairement prononcés pour le changement et la démocratie. Quelques minutes d'une assommante interview d'un responsable des opérations électorales, une longue plage d'un ennui mortel et les résultats sportifs en devenaient presque stimulants pour l'esprit.

C'était tout. Et cette morosité rageuse suffisait à révéler la fracture du parti, car le contraste était saisissant, total, avec la joie trépidante que laissait éclater la « une » des *Izvestia* — organe du gouvernement et grand quotidien de la *perestroïka.* Colonne de gauche, éditorial : « L'école de la démocratie ». Colonne de droite, revue de presse internationale, titre : « Le symbole du changement ». Au centre, photos, une vieille grand-mère à fichu paysan, qui va fièrement voter au bras de son fils, des assesseurs affairés, et une longue légende-commentaire titrée : « Il n'y avait pas d'indifférents. »

Tout aussi conservatrice que le journal télévisé, la *Pravda* avait, le matin, laissé voir elle aussi sa rage en déplorant que les électeurs moscovites n'aient pas tous fait preuve d'une « culture politique suffisante ». « Les résultats de la campagne électorale doivent faire l'objet d'une analyse approfondie et très sérieuse de la part des organisations du parti », ajoutait l'organe du Comité central, alors même que M. Gorbatchev s'était félicité la veille du déroulement des élections. Cette campagne, avait-il déclaré, est « en elle-même d'une grande signification pour le développement de la démocratisation de la société ».

Ce n'est pas de la nuance, c'est blanc et noir. Mais si inhabituellement net que soit cet étalage des divergences au sommet, il n'est, au fond, que logique. D'un côté, c'est la victoire. De l'autre, c'est la défaite. D'un côté, on se sent justifié dans une stratégie désormais légitimée par le suffrage populaire. De l'autre, une gifle monumentale succède à quatre ans de potions amères et dans des conditions telles que les possibilités de réagir semblent s'amenuiser chaque heure.

Sans même parler des appareils locaux un peu partout mis à mal, jusqu'en Ukraine, jusqu'en Kirghizie même, le bureau politique, instance suprême du système de l'État-parti, n'a pas été épargné par le séisme. L'un de ses membres suppléants, M. Soloviev, a été battu à plate couture dans sa région de Leningrad où il avait jugé prudent de se présenter seul. Les électeurs n'ont pas apprécié cette tentative de leur dicter leur vote ; ils sont allés massivement rayer son nom, et M. Soloviev, n'a, semble-t-il, pas obtenu plus de 20 % des voix.

Mais que dire de M. Zaïkov, le premier secrétaire de Moscou, qui n'a évité une défaite que parce que la loi électorale réservait d'office cent sièges à des membres du parti élus par les seuls membres du Comité central. Si M. Zaïkov, organisateur du vain sabotage de la campagne de M. Eltsine, s'était présenté dans une circonscription, il serait aujourd'hui dans la pénible situation de M. Soloviev. Politiquement parlant, sa défaite est consommée.

Et que dire, enfin, de M. Ligatchev, le chef de file des conservateurs, l'homme qui avait, il y a dix jours, organisé en sous-main la mise en accusation de M. Eltsine par le Comité central — et ainsi réussi à le faire plébisciter par 89,44 % des Moscovites ?

Car si l'ancien chef du PC à Moscou a suscité un tel raz de marée en sa faveur, c'est que personne ne veut plus que le Comité central puisse dicter les résultats des élections et qu'il suffit apparemment d'être haï du chef de file des conservateurs pour être adoré de tous.

Le clan conservateur comme celui des centristes, qui n'ont pas eu le courage d'aller se battre devant les électeurs, sont touchés à la tête et, plus grave encore pour eux, leurs troupes ont été taillées en pièces sans qu'ils aient rien su faire pour l'empêcher. Dans les appareils intermédiaires, dans les grandes bureaucraties de Moscou, Leningrad ou Kiev, le traumatisme est d'autant plus fort que ces premières élections à candidatures multiples ne précèdent que de peu l'ouverture d'une nouvelle campagne électorale pour les Parlements des Républiques et les conseils de ville et de quartier.

Or, quand on en arrivera, à l'automne prochain, à ces élections-là, les électeurs auront déjà nettement plus d'expérience, les manipulations les plus grossières seront nettement moins faciles à organiser, et chacun s'y retrouvera beaucoup mieux encore que dimanche dernier. Après la défaite, une hécatombe se profile à l'horizon, et que peuvent faire les conservateurs ?

Renverser M. Gorbatchev tant qu'il en est encore temps ? Ce serait aller contre le sentiment de la majorité non seulement des membres du parti, mais aussi de la population, et cela dans une période où les uns et les autres sont mobilisés, concernés par ce qui se passe et parfaitement conscients — on vient de le voir — des enjeux. Ce serait aussi aller grossièrement et immédiatement contre le suffrage populaire, et la partie serait si risquée qu'elle n'est, en fait, pas imaginable.

L'armée alors ? Toute sa direction a été remaniée par M. Gorbatchev, et les bureaux de vote militaires de Moscou se sont prononcés à 85 % pour M. Eltsine. La police ? Même la police a voté Eltsine à Moscou et les *Izvestia* se faisaient un plaisir de relever, lundi, dans leur éditorial, comme en passant, qu'un des chantres du slavophilisme nationaliste conservateur et xénophobe, l'écrivain Iouri Bondarev, s'était fait battre par un jeune inconnu des Komsomols.

Même la carte du dévoiement du nationalisme russe ne semble pas faire recette électorale. Un piège s'est refermé, patiemment tendu par M. Gorbatchev — qui n'avait pas été compris, même de ses partisans les plus proches — lorsqu'il avait déclaré, en juin dernier, à la conférence du parti, qu'il fallait que tous les premiers secrétaires de république, ville et région se présentent systématiquement à la présidence des assemblées élues de même niveau.

« Maintien du contrôle du parti ! », avait crié tout un chacun en oubliant de voir que cette démarche impliquait que ces premiers secrétaires soient suffisamment populaires pour se faire élire dans des assemblées dans lesquelles on ne pourrait plus siéger sans avoir victorieusement fait campagne devant les électeurs.

Patient, florentin à ses heures, M. Gorbatchev ne s'est pas attaqué frontalement à l'appareil. Il s'est contenté, en libéralisant la presse, en démocratisant le processus électoral, de réveiller la population, de la mobiliser en faveur des réformes et de balayer, par là même, conservateurs et incapables.

Peut-être cette stratégie a-t-elle trop vite et trop bien réussi. Peut-être les conservateurs vont-ils, acculés qu'ils sont, tenter une sortie et essayer d'obtenir quelques compensations d'honneur. Cela est possible mais leurs chances de succès sont plus que minces, et d'ici peu M. Gorbatchev aura été élu chef de l'État avec des pouvoirs étendus par un Parlement seul habilité à le destituer.

Or ce Parlement comptera dans ses rangs plus d'une personnalité décidée à se faire entendre et à faire du Soviet suprême une instance de propositions et de débats au lieu de la chambre d'enregistrement qu'il était jusqu'à présent. Autour de M. Eltsine, mais autour d'autres hommes aussi, vont se former de fait des groupes parlementaires. Le pluralisme se développe dans ce pays à un rythme désormais accéléré, et le pluripartisme devient chaque jour un peu plus question théorique.

Il y a déjà au moins deux partis dans le parti. Il y a des organisations indépendantes qui, sans s'appeler partis, bénéficient d'une influence considérable, contrôlent éventuellement des républiques entières, et chaque courant a déjà ses organes de presse, ses maisons d'édition parfois, et des lignes politiques d'un niveau de divergence oublié dans les sociétés consensuelles de l'Occident.

La grande question fondamentale et sans réponse à cette date est de savoir si, à terme, M. Gorbatchev pourra parvenir à maintenir sur l'échiquier politique un parti communiste rajeuni, régénéré et bénéficiant d'une véritable base sociale. L'exemple de la Hongrie lointaine, ceux de l'Estonie, de la Géorgie peut-être aussi sont là pour dire que ce n'est pas totalement impossible. La partie est peut-être jouable, mais on ne conseillera pas ici de parier sur ses résultats.

Encore très fragmentaires, tous les résultats disponibles mardi 28 mars confirment l'ampleur de la déroute enregistrée dimanche par les conservateurs soviétiques. Outre la défaite spectaculaire entre toutes de M. Iouri Soloviev, membre suppléant du bureau politique et premier secrétaire de la région de Leningrad, la liste des dignitaires locaux victimes de ces élections ne cesse de s'allonger.

A Leningrad toujours, le maire a aussi été battu, ainsi que le premier secrétaire de la ville, M. Anatoly Guerassimov, qui n'a obtenu que 15 % des voix contre un ouvrier des chantiers navals. A Moscou, le maire et le deuxième secrétaire du parti n'ont, ni l'un ni l'autre, réussi à obtenir plus de 50 % des sièges nécessaires pour être élu. En Ukraine, le maire de la capitale est battu, ainsi que cinq premiers secrétaires régionaux, dont celui de Kiev.

En Lettonie, le premier secrétaire s'est fait balayer par un très populaire journaliste de la télévision locale. En Lituanie, ce sont d'un coup le chef de l'État, le premier secrétaire et le ministre de la Justice qui ont été remerciés par les électeurs, et jusque dans la lointaine Kirghizie des candidats de l'appareil se retrouvent en ballottage défavorable et, pour l'un d'entre eux au moins, battu par un journaliste, le correspondant local des *Izvestia.*

A Volgograd, l'écrivain Iouri Bondarev, grand ténor de l'intellentsia conservatrice, s'est fait proprement étendre par un jeune dirigeant inconnu des Jeunesses communistes, M. Alexandre Kisselev. En Biélorussie, enfin, un fief de l'appareil conservateur, il faudra un deuxième tour sous deux semaines dans dix circonscriptions, et dans deux autres il faudra réorganiser de nouvelles élections.

La loi électorale stipule en effet que lorsqu'il n'y avait pas plus de deux candidats dans une circonscription et que ni l'un ni l'autre n'a passé la barre des 50 % des suffrages exprimés, il faut désigner de nouveaux candidats et organiser de nouvelles élections.

Cela est naturellement plus vrai encore lorsqu'un candidat unique n'a pas recueilli cette moitié de voix nécessaire, et il semble bien que les électeurs aient très souvent refusé le principe même de la candidature unique en se déplaçant massivement pour aller rayer les noms de ces nostalgiques des élections sans adversaire.

Parmi les gagnants de la capitale, on trouve en revanche, outre l'historien réformateur Iouri Afanassiev et le procureur Gdlian, héros de la lutte contre les mafias politiques, des économistes libéraux comme M. Emelianov et surtout M. Bogomolov. En Moldavie, où un mouvement de renaissance culturelle nationale s'est développé depuis l'automne autour de l'intelligentsia, dix circonscriptions ont été remportées par des intellectuels. En Estonie, les deux grandes figures du Front populaire, M. Savisaar et Mme Lauristin, sont envoyées au Congrès des députés du peuple, où ils représenteront leur République aux côtés du premier secrétaire du parti, du Premier ministre et du chef de l'État, tous trois élus avec plus de 90 % des voix. Fermement soutenus par M. Gorbatchev, ces trois hommes ont en effet favorisé une démocratisation rapide et en douceur de l'Estonie. Ils sont extrêmement populaires, et leur brillante élection fournit au secrétaire général la preuve que l'ouverture est payante.

Tout n'étant pas rose, loin de là, les dix-sept premiers secrétaires du Kazakhstan, qui s'étaient arrangés pour n'avoir aucun candidat en face d'eux, sont tous élus.

Malheur aux perdants : Mikhaïl Gorbatchev s'offre cent dix têtes

Comment s'y est-il pris ? Comment M. Gorbatchev a-t-il réussi à faire signer cette lettre de démission collective par 110 membres du Comité central et de la commission de révision ? De quels moyens disposait-il pour convaincre ces hommes qu'ils n'avaient plus qu'à se retirer — dans un coup de tonnerre, mais sans règlement de comptes public ? Mémoires et confidences donneront un jour la réponse, mais, pour l'heure, l'important est que M. Gorbatchev vient non pas d'éliminer quelques puissantes célébrités conservatrices, comme il l'avait fait en septembre, mais d'éliminer tout simplement la base sur laquelle les conservateurs pouvaient s'appuyer pour le freiner et éventuellement le renverser.

Il lui reste des adversaires conservateurs au bureau politique, mais outre qu'ils avaient déjà été décimés et que les secteurs clés leur échappent, ils n'ont plus de troupes à faire manœuvrer. Ils ont bien sûr encore une masse de partisans, mais loin, très loin du sommet, dans les appareils intermédiaires et locaux, et non plus dans ce Comité central qu'on peut tenter de réunir par surprise, au sein duquel une conjuration est jouable, et qui, surtout, est seul habilité à modifier la composition de la direction puisqu'elle est statutairement élue par ses membres.

La purge est massive. Elle modifie profondément tous les rapports de forces, mais l'élégance de l'opération, précise, propre et rapide, est si parfaite que le spectacle en devient franchement comique. Car ces 110 hommes qui se sont laissé, mardi 25 avril, si courtoisement évincer n'ont même pas eu besoin d'inventer un mauvais prétexte à leur « démission ». Il y en avait un, tout trouvé et bien réel, puisqu'ils n'étaient déjà plus rien, plus rien que des « âmes mortes », comme on les appelait à Moscou.

Élus au Comité central ès qualités puisqu'ils étaient responsable d'une grande ville, directeur d'une importante usine, ministre ou ambassadeur, tous avaient en effet, au fil de la *perestroïka*, perdu leurs responsabilités au profit d'hommes plus jeunes et plus ouverts. Certains avaient été écartés pour malversation notoire, d'autres pour incapacité chronique, d'autres encore parce que l'âge avait sérieusement amoindri leurs possibilités intellectuelles. Tous étaient cependant restés membres du CC, car seul un congrès, l'émanation théorique de la base, peut modifier la composition de ce « Parlement du parti ».

D'après les chiffres donnés mardi par M. Gorbatchev, on en était arrivé ainsi à compter 83 « âmes mortes » sur 301 membres du Comité central, 27 sur ses 157 membres suppléants, et 12 sur 82 membres de la commission de révision — 122 au total. Les règles implicites du fonctionnement du parti étaient de fait violées puisque les vrais responsables du pays, les successeurs de ces hommes, ne siégeaient pas au Comité central et, politiquement parlant, la situation était totalement malsaine.

Car, pour la plupart âgées et d'un autre temps, pleines de rancœur aussi, pour beaucoup d'entre elles, contre M. Gorbatchev, les « âmes mortes » étaient par définition conservatrices. Leur nombre croissait avec leur rage et à la première occasion... Seulement voilà, deux semaines après la très mystérieuse affaire géorgienne, quelques jours après l'encore plus mystérieuse double tentative d'attentat dans le métro de Moscou, à l'heure où les trois quarts des intellectuels libéraux voyaient déjà la *perestroïka* défaite, ce sont les conservateurs qui sont en déroute — et comme chez Guignol.

Cette lettre collective adressée au Comité central, lue par M. Gorbatchev dans sa courte intervention liminaire et publiée mercredi matin 26 avril à la une des quotidiens, leur fait en effet boire le calice jusqu'à la lie. « Nous sommes désormais à la retraite pour des raisons soit d'âge soit de santé. Nous considérons [donc] qu'à un moment où il revient à tous les camarades membres du Comité central et de la commission de révision de déployer une activité intense en faveur de la *perestroïka*, il nous faut, dans l'intérêt de la cause commune, renoncer à nos pouvoirs. » « Nous exprimons, poursuivent-ils, notre soutien unanime au cours politique de notre cher parti [et] souhaitons du fond de notre cœur de nouveaux succès au renouveau révolutionnaire de la société et à la réalisation des objectifs de la *perestroïka.* »

M. Gorbatchev a lu cela, rendu un sobre hommage au « courage politique » et à la « hauteur de vue » qu'il avait fallu à ce Comité central pour « emprunter le chemin du changement », puis expliqué qu'il fallait acquiescer à cette demande car « la vie évolue » et « la *perestroïka* s'accompagne aussi de changements de personnes » rendus nécessaires « par le très sérieux réaménagement de forces en cours dans le parti et l'ensemble de la société ».

Point n'est besoin de vote à bulletin secret, a benoîtement ajouté le secrétaire général, puisqu'il s'agit d'accepter des démissions et non pas d'écarter qui que ce soit. Le vote, a indiqué ensuite au cours d'une conférence de presse M. Vadim Medvedev, le secrétaire à l'Idéologie, a été « unanime ». Le tour était joué, même si certaines des interventions (elles seront publiées dans les prochains jours) ont été « franches ».

Le tour était joué et il a été ensuite parfait par la promotion (les statuts donnent ce pouvoir au Comité central) de vingt-quatre membres suppléants à la dignité de membres tout court. On remarque parmi eux plusieurs partisans connus des réformes, comme M. Faline, responsable de la politique étrangère de l'appareil du Comité central, les académiciens Evgueni Primakov et Konstantin Frolov ou le vice-Premier ministre de la Fédération de Russie, M. Babienko. Non seulement le secrétaire général a écarté 110 adversaires (les 12 autres « âmes mortes » étaient « trop malades » pour avoir pu se joindre au mouvement), mais il a renforcé les rangs de ses partisans.

Non seulement le rapport de forces en est numériquement modifié, mais, dans une période où le traumatisme des élections a fait souffler un vent de fronde dans tout l'appareil, le succès de ce coup politique va donner à réfléchir à tous les conservateurs. Ce que M. Gorbatchev (il s'est offert le luxe de le rappeler) n'avait pas même pu tenter en juin dernier lors de la XIXe conférence, il l'a maintenant réalisé. Dans un mois, le nouveau Congrès des députés du peuple se réunira pour l'élire chef de l'État.

Les nouvelles institutions se mettent ainsi en place. Le surplus d'autorité et de prestige qu'a gagné mardi M. Gorbatchev va l'aider à modérer un peu radicaux et opposants. Ensuite, s'ouvre la campagne pour les élections locales — qui pourraient être repoussées de l'automne à janvier. L'amplification du cours réformateur devrait aider le parti à ne pas y perdre totalement la face.

Signe des temps, au cours de sa conférence de presse de mardi soir, M. Medvedev a fait comprendre que le procès politique que les conservateurs avaient réussi à faire ouvrir contre M. Eltsine lors du précédent plénum n'était plus d'actualité. Interrogé sur le pluralisme, il ne s'est certes pas prononcé pour, mais on l'a entendu rappeler que les socialistes-révolutionnaires avaient un temps gouverné avec les bolcheviks, que le pluripartisme avait donc existé dans les premiers mois de la Révolution, et ces temps signifiaient qu'il n'y avait pas hérésie, mais simple question de priorités et d'opportunité politiques.

Ironique, détendu et soucieux de n'esquiver aucune question, le secrétaire à l'Idéologie (qu'accompagnait M. Razoumovski) s'est attaché deux heures durant à montrer à quel point ce plénum avait été un « événement considérable » pour la *perestroïka*.

Si le Comité central ne s'est pas prononcé, a-t-il expliqué, sur le cas des dirigeants du parti qui ont échoué au cours des élections parlementaires, c'est que le problème doit être examiné par les organisations qui les avaient désignés et que « c'est à elles de décider », après avoir analysé les causes de leur échec.

Autrement dit, si la base veut renouveler les cadres locaux, qu'elle agisse, avec la bénédiction du sommet mais sans circulaires centrales à appliquer. M. Gorbatchev n'aime décidément pas procéder aux exécutions capitales, il préfère jouer aux échecs, éliminer les pions l'un après l'autre, frapper quand il n'y a même plus besoin de mener bataille et féliciter à chaque étape les conservateurs du dévouement avec lequel ils se sont sacrifiés à la cause des réformes.

En septembre dernier, M. Gromyko avait déjà eu droit à un tel hommage après son éviction. Il s'est répété pour les partants d'hier, et tant M. Medvedev que M. Razoumovski se sont évertués à convaincre mardi qu'il n'y avait aucun responsable de la répression des manifestations de Tbilissi à chercher à Moscou. Toutes les décisions, ont-ils dit, avaient été prises par la direction géorgienne. Il n'y a donc pas de coupables à chercher plus haut et cette nouvelle aura certainement fait plaisir à beaucoup de gens.

Mai-août 1989
La naissance de la démocratie

L'URSS a un Parlement :
A Moscou, cent mille personnes ont réclamé la démocratie

Ce n'était pas Pékin, mais comment ne pas penser à Pékin devant ces cent mille Moscovites, M. et Mme Tout-le-Monde, qui scandaient, dimanche 21 mai, en pleine capitale : « Démocratie, oui ! Démocratisation, non » ? Comment ne pas penser à Pékin puisque ce slogan signifiait qu'on ne rêve déjà plus de liberté et de démocratie, qu'on veut déjà, tout court, la liberté et la démocratie — pas la libéralisation, la liberté.

Sur l'estrade branlante, s'écrasaient députés baltes, moscovites, ukrainiens et arméniens, de jeunes leaders des clubs politiques et les trois héros du jour.

Les trois héros du jour ont été : M. Sakharov, si frêle et énergique en même temps ; M. Eltsine, l'ancien membre du bureau politique dont les conservateurs ont fait une gloire nationale en voulant le marginaliser, et M. Gdlian, surtout, ce petit juge pourfendeur de la corruption des hautes sphères, menacé de poursuites pour excès de zèle et chaque jour plus populaire.

Tous trois sont députés et tous trois expliquent sous les ovations que l'appareil du parti espère mettre au pas le Congrès des députés du peuple (le nouveau Parlement fédéral) avant même sa première réunion de jeudi prochain, qu'on va tenter de leur imposer un ordre du jour, un règlement des procédures, bref, l'obéissance, et qu'il leur faut donc un soutien populaire vigilant.

Tout à l'heure, l'un des orateurs rappellera que la Révolution française avait commencé avec la convocation des États généraux et, de fait, c'est aux balbutiements d'un changement de régime qu'on assiste, là. Car, à bien y regarder, ce meeting est le premier acte d'un pouvoir parlementaire jusque-là inexistant en URSS, que tout menace et qui fait préventivement appel donc à ce qu'il faut bien appeler la rue.

Sur les 2 250 députés de ce Congrès, 300 environ sont connus comme hommes d'indépendance aux engagements nets et certainement pas prêts à se laisser manœuvrer. Cela ne signifie pas que tous les autres soient aux ordres. Chaque jour, on découvre au contraire, venant de régions éloignées, d'autres députés bien décidés à se faire entendre. Mais la majorité, c'est sûr, est faite d'un vaste marais qui suivra les plus forts, conservateurs ou « progressistes », puisque le terme est en train de s'imposer.

Deuxième problème, ce Congrès doit élire en son sein non seulement un chef de l'État au pouvoir étendu, mais aussi un Soviet suprême qui sera la véritable assemblée législative. Or, ce soviet, personne ne sait trop comment il sera élu puisque la loi est muette sur ce point et toutes les manipulations sont, *a priori*, possibles. Et puis, il y a le problème de l'ordre du jour, celui de la durée de la session plénière du Congrès, etc.

L'inquiétude est d'autant plus grande que le Comité central devait se réunir le lendemain, lundi, et qu'on craint que ce plénum ne décide de tout. Avant de prendre la parole, M. Eltsine, qui est toujours membre du PC, a indiqué aux journalistes qu'il s'opposerait à toute tentative de ce genre. De la tribune, il explique, au nom du Club des députés de Moscou, qu'il ne doit pas y avoir de limite à la durée des débats du Congrès ; que chacun doit pouvoir s'exprimer ; qu'il faut que M. Gorbatchev présente un rapport sur les réalisations des quatre premières années de *perestroïka* et que ce n'est qu'à l'issue de cette discussion que pourront être élus les membres du Soviet suprême et le chef de l'État.

Quand il déclare qu'il ne faudrait pas qu'il y ait un candidat unique à cette fonction, la foule, au quart de tour, scande « Eltsine ! Eltsine ! », et M. Eltsine savoure. Personne d'autre ne sera autant applaudi que lui — personne sauf M. Gdlian, le juge d'instruction chargé en 1983, sous Iouri Andropov, alors secrétaire général, de lancer une vaste offensive contre la corruption. Il a fait tomber bien des grosses légumes, obtenu en décembre dernier la condamnation du gendre de Brejnev, mais il ne cesse de clamer depuis que les ramifications des trafics montaient jusqu'au plus haut niveau du parti et de l'État et que de hauts personnages bloquaient toujours la progression de ces enquêtes.

La riposte ne s'est pas fait attendre. La Cour suprême a réhabilité l'une de ses plus célèbres victimes, un cadre estonien. Un torrent de plaintes s'est ensuite abattu sur le juge et son équipe, accusés de brutalités et d'illégalités dans leurs enquêtes. Le présidium suprême a constitué une commission pour étudier ces plaintes. L'un des principaux adjoints de M. Gdlian,

M. Ivanov, a publiquement accusé il y a une semaine le chef de file des conservateurs du bureau politique, M. Ligatchev, d'être mêlé au scandale du coton ouzbek. M. Ligatchev a porté plainte.

L'affaire est devenue un feuilleton national et lorsque la *Pravda* a publié, samedi dernier, le long rapport de la commission spéciale, détaillant et retenant comme fondées les accusations contre ces incorruptibles soviétiques, le pays s'est soulevé. La réaction a été si vive et massive que, le soir même, la télévision expliquait — merveille — que la présomption d'innocence existait en URSS, que ce rapport n'était pas une condamnation, que la justice allait maintenant devoir se prononcer et que, en tout état de cause, la lutte contre la corruption se poursuivrait.

Dimanche matin, c'était au tour du ministre de la Justice en personne d'abonder en ce sens dans les colonnes de la *Pravda*, et pour ces 100 000 personnes, M. Gdlian est non seulement ainsi le juste injustement poursuivi mais aussi le juste qui commence à marquer des points. « La question du pouvoir est posée et il faudra bien rendre le pouvoir au peuple », lance-t-il, après avoir ironisé sur M. Ligatchev qui n'a pas osé, dit-il, venir à ce meeting où « l'on crie pour la vérité ». « Le peuple, martèle-t-il, doit exiger de tous ceux qui sont responsables de la tragédie dans laquelle se trouve le pays, qu'ils rendent des comptes. »

Cela plaît. Cela plaît énormément dans une période où, jusqu'à Moscou, les étalages se vident des produits de première nécessité. Derrière lui, d'anciens opposants d'avant la *perestroïka* se souviennent avoir eu à souffrir, de la part d'autres juges d'instruction, des mêmes méthodes et pressions que celles détaillées par le rapport publié samedi dans la *Pravda*. Ils n'aiment pas les corrompus de l'ère brejnevienne. Ils n'aiment pas non plus les Fouquier-Tinville de Iouri Andropov, qui, avant d'avoir été le protecteur des hommes qui allaient faire la *perestroïka*, a été le redoutable patron du KGB.

Bien plus puissante qu'il n'y paraît, la coquille de noix tangue sous l'enthousiasme, et, coude à coude, ses occupants sont beaucoup moins unis qu'on pourrait le croire.

L'URSS a un Parlement :
Le pouvoir se déplace

Pour la première fois depuis l'immédiate dispersion par les bolcheviks de l'Assemblée constituante de 1918, il ne va plus y avoir en URSS un seul et unique centre de pouvoir mais deux : le parti et le Parlement. Après la peur, balayée par quatre ans de *perestroïka*, après l'idéologie dont l'actuel responsable, M. Medvedev, a dit toute l'agonie en déclarant qu'il fallait maintenant « redéfinir le socialisme », c'est ainsi le troisième pilier du totalitarisme qui s'écroule : le monopole du pouvoir.

Car M. Gorbatchev, la presse et les résolutions du Comité central ont beau marteler que 87 % des députés sont membres du parti qui serait donc plus puissant que jamais, cela ne réussit — en URSS en tout cas — à tromper personne. Député d'Estonie et dirigeante du très puissant, très nationaliste et très radical Front populaire de cette république balte, Mme Lauristin est membre du parti et fille, qui plus est, de communiste. Qu'a-t-elle en commun avec M. Ligatchev, député lui aussi, et chef de file des conservateurs au bureau politique ? Une barricade, des deux côtés de laquelle ils combattent.

Membre du Front populaire de Moscou, spécialiste des institutions politiques américaines et jeune étoile montante du Congrès, M. Stankievitch est également membre du parti.

L'académicien Koudriavtsev, qui voudrait que les lois « enracinent la liberté en URSS », M. Eltsine, l'*apparatchik* devenu superstar en trahissant l'appareil, MM. Gdlian et Ivanov, les juges qui mettent en émoi le Comité central, ou encore M. Laptev, le rédacteur en chef des *Izvestia*, qui vient de se faire dénoncer par la *Pravda* pour avoir pris la parole à un meeting de députés contestataires, sont, eux aussi, membres du parti. Qu'y a-t-il de commun entre ces hommes et les centaines de bureaucrates qui se sont fait élire en éliminant sans scrupule tout adversaire gênant ? Rien qu'un livret rouge, la carte du parti — d'un parti de vingt millions de membres, que divisent de profondes différences de génération, de classe, de culture et d'opinions, et qui n'était monolithique que lorsque la base n'avait pas droit à la parole et que l'appareil s'engraissait sous l'autorité complice de vieillards séniles.

Dès lors que du sein même du Comité central sont sortis des

hommes conscients que non seulement le régime, mais le pays coulait à pic, dès lors que les bouches se sont ouvertes, non seulement sont apparues les différences, mais elles se sont accentuées aussi — jusqu'à ébaucher un spectre politique à peu près complet.

On sentait cette diversité depuis l'essor, il y a deux ans, de la *glasnost* et des groupes politiques dits « informels », mais il a fallu pour qu'elle devienne évidente que la nouvelle loi électorale favorise la multitude des candidatures. Car qui dit candidatures multiples dans un pays de parti unique, dit par là même batailles électorales entre membres de ce parti.

Au premier tour, quand le pays restait encore sceptique, ce ne fut, généralement parlant, que conservateurs contre réformateurs. Aux tours suivants, quand on a vu que vraiment ces élections avaient un parfum de liberté, tout le monde était là, et les batailles les plus intéressantes se sont souvent déroulées entre réformateurs ou conservateurs de tendances différentes — puisqu'il y a des réformateurs autoritaires et libéraux, nationalistes et humanistes, et des conservateurs brejneviens et néonazis, ouvriéristes ou tout simplement incapables, effrayés de la tourmente qui s'annonce, ou russes et révoltés de se voir soudain traiter en immigrés dans les pays baltes.

Tous ces courants et sous-courants sont maintenant représentés au Congrès, et les différents partis du parti vont s'affirmer en se distançant, faire connaître des chefs de file dont les votes contraires exprimeront publiquement les divergences radicales.

Cela ne veut pas dire que d'un coup le centre du pouvoir va se déplacer du bureau politique au Congrès. Dans un premier temps, il est au contraire probable que la direction du parti, M. Gorbatchev en tête, cherchera à garder le contrôle des débats parlementaires et y parviendra en jouant du marais des habitués de l'obéissance, des divisions des contestataires et des jeux d'alliance qu'elles permettront. Dès ce moment-là pourtant, on entrera dans une situation où la direction du parti ne pourra plus faire entièrement ce qu'elle voudra, mais devra compter avec les rapports de forces au Congrès.

A terme, à court terme peut-être, le déplacement du pouvoir est inscrit dans les faits, car des deux institutions qui vont maintenant l'exercer en commun, l'une — la plus jeune et la plus frêle — a la force et l'attrait du neuf quand l'autre — la plus ancienne et la plus puissante — a la faiblesse de la décrépitude.

Ce déplacement est d'ailleurs d'autant plus inéluctable que l'un des premiers actes du Congrès devrait être d'élire M. Gorbatchev chef de l'État, de lui conférer ainsi une légitimité autrement moins discutable que celle de secrétaire général du parti et donc de créer une situation dans laquelle la première des deux charges aura autrement plus de poids que la seconde.

Si la logique de l'opération est menée à son terme, c'est bien d'un changement de régime qu'il s'agit là, et si l'on se souvient que le début de l'opération ne remonte qu'à juin dernier, lorsque M. Gorbatchev a fait adopter par la XIXe conférence du parti ses propositions de réformes politiques, force est de lui reconnaître un prodigieux talent.

Là où bien d'autres dirigeants communistes réformateurs avaient tout simplement abdiqué, M. Gorbatchev a inventé, lui, pour casser la bureaucratie et la sclérose monolithique, la plus simple et pacifique des recettes : les élections.

Est-ce à dire que l'avenir soit pour autant rose ? Nullement, car, en même temps que s'amorce ce changement de régime, s'ouvre pour M. Gorbatchev une large, très large fenêtre de vulnérabilité.

Première difficulté : d'aigus, les problèmes économiques sont devenus tragiques avec un déficit budgétaire dont le poids ne cesse de s'alourdir, des demi-réformes qui n'ont donné que peu de résultats et parfois désastreux, 43 millions de personnes vivant avec moins de 75 roubles par mois, soit moins du minimum vital, et un approvisionnement si tragiquement désorganisé que même Moscou en est aux tickets de rationnement. Les solutions peuvent maintenant d'autant moins attendre que si le mécontentement peut être ignoré quand la terreur règne, les cocktails mécontentement et liberté d'expression, crise sociale et Parlement sont, eux, particulièrement explosifs.

Or, deuxième difficulté, dans le propre camp de M. Gorbatchev, parmi les artisans du changement, ne cesse de se développer un courant populiste, qui prêche qu'à secouer par les pieds gérants de magasins et hauts bureaucrates, on retrouverait de quoi nourrir tout le monde et renflouer les caisses de l'État. Cela plaît. L'immense popularité de M. Eltsine et des petits juges des grands dossiers de corruption le prouve.

Troisième difficulté : les progrès de la démocratisation vont maintenant achever de désacraliser, et à un rythme accéléré, tant l'autorité du parti que celle de son secrétaire général. En soi, c'est parfait, mais l'ennui est que l'un des principaux atouts politiques de M. Gorbatchev a précisément été qu'on ne discute pas les ordres du parti et que le parti ne discute pas ceux du numéro un. C'est ainsi qu'il a, jusque très récemment, pu imposer à peu près tout ce qu'il a voulu à un Comité central hostile, ivre de rage, mais incapable de faire jouer son pouvoir.

M. Gorbatchev ne pourra sans vrai risque ne plus être Dieu le Père que le jour où il sera en mesure de tenir le pays en se passant de l'appareil du parti et gouverner en s'appuyant sur une coalition d'intérêts — sur cette « nouvelle alliance » dont certains de ses partisans rêvent à haute voix, l'œil sur les mouvements nationalistes, les intellectuels, les techniciens, les paysans et les entrepreneurs privés. Mais cela ce n'est pas pour aujourd'hui et il va falloir, en attendant, contenir les populistes, tenir l'appareil et ne pas décevoir les futurs alliés.

Pas simple, et cela d'autant moins que tout ou presque reste à faire puisque « une société, comme l'écrivait la semaine dernière dans la *Pravda* M. Koudriavtsev en citant Engels, ne peut se libérer qu'en libérant chacun de [ses] individus ». C'était dire qu'on est loin du compte.

« L'essence de la liberté, ajoute le directeur de l'Institut de droit de l'Académie des sciences, réside dans la possibilité de choisir, dans le droit d'agir selon la volonté [...]. Il nous reste [...] à transformer radicalement notre propre psychologie pour que la liberté s'enracine, non pas comme un don de quelqu'un, un bienfait fortuit, mais comme l'état naturel de tout individu. »

La liberté état naturel de l'homme... Mieux vaut tard que jamais, mais le revers du constat est que « les mécanismes juridiques concrets devant assurer et défendre de nombreux droits et libertés n'existent encore pratiquement pas [...]. Les lois sur la *glasnost*, la presse, les organisations sociales, la liberté de déplacement, la liberté de conscience, les grèves n'ont pas été adoptées [...] ». « Il faut remplir ce vide, concluait le député Koudriavtsev, mais dans les dernières années [celles de la *perestroïka*], notre pratique juridique n'a pas été à la hauteur. » Un Parlement suffira-t-il à y remédier ? Pas sûr que non.

L'URSS a un Parlement :
Le président Gorbatchev

Accrochée à ses téléviseurs et à ses postes de radio, l'URSS s'est vue dans un miroir tantôt flatteur, tantôt détestable, mais toujours fidèle. Saisi sur le vif par la retransmission en direct de cette première journée du Congrès des députés du peuple, tout le pays était en effet là — dans la haine vociférante des conservateurs majoritaires mais paniqués, le russe hésitant de tant de députés dont ce n'est pas la première langue, l'audace tranquille d'élus de trente ans et l'implosion du décorum communiste.

Car si cette journée du 25 mai a commencé dans le plus pesant des rituels et s'est achevée sans surprise par l'élection de M. Gorbatchev à la tête de l'État, dès les premiers instants, c'était le jamais-vu de cette minute de silence à la mémoire des manifestants tués à Tbilissi. Elle a été demandée impromptu par un député letton, intervenu si vite, si impérieusement, que tous les députés se sont levés, ceux qui condamnent cette répression comme ceux qui auraient tant souhaité que la provocation réussisse, que l'émeute éclate en Géorgie et menace la *perestroïka.* Les seconds n'auraient pu rester assis sans se trahir, et dans ce lourd Palais des congrès où se déroulent d'ordinaire ceux du parti, devant l'immense statue de Lénine, devant la tribune et ses bouquets rouges, devant le temple du système, les conservateurs sont piégés.

M. Gorbatchev avait-il donné son feu vert ? C'est possible, ce qui ne veut pas dire certain, et pour l'heure il se bat d'ailleurs non pas contre les conservateurs, mais contre ses partisans, contre les réformateurs. La bataille va durer toute la matinée, car le secrétaire général refuse de modifier l'ordre du jour, de commencer par les débats et de ne procéder qu'ensuite à l'élection du chef de l'État et des 542 membres du Soviet suprême, l'Assemblée permanente que les 2 250 députés doivent élire en leur sein.

La logique est évidemment contre lui. On ne peut en même temps chanter la démocratie et vouloir que les candidats ne présentent leur programme qu'après avoir été élus. Tout premier orateur, M. Sakharov est monté à la tribune pour le dire au nom du Club des députés de Moscou. D'autres « progressistes » s'évertuent à expliquer cette évidence, mais M. Gorbatchev, lui, veut éviter à tout prix que la violence des antagonismes politiques n'éclate dès les premiers instants. Il veut garder le contrôle de cette assemblée, maintenir une façade d'unanimité, et, puisqu'il joue là contre les partisans du changement, les conservateurs sont de son côté.

Comme un chœur antique, chaque fois qu'un « progressiste » veut faire mettre une proposition aux voix, ils crient de leur siège : « Non ! Non ! » et chaque fois que M. Gorbatchev — qui, pour plus de sûreté, préside la séance — propose de clore la discussion sur un point délicat, ils crient : « Oui ! Oui ! » Il y a une telle rage dans leurs voix, une telle hostilité quand ils se permettent d'applaudir M. Sakharov pour l'interrompre, ils font à dire vrai tellement peur, que M. Gorbatchev réussit à ne pas avoir le mauvais rôle.

Il défend le droit à la parole du prix Nobel de la paix, exprime un désaccord catégorique avec une motion condamnant les interventions des progressistes comme manœuvres procédurières et, de quart d'heure en quart d'heure, affiche la complicité qui le lie à eux en les interpellant amicalement par leur nom. Il est l'homme-orchestre, qui dit le bien et le mal, et quand les conservateurs s'étranglent d'indignation à voir que les progressistes ne s'avouent pas encore battus, il stoppe leurs hurlements d'un sec : « Ne vous énervez pas, je sais ce que je dois faire. »

Il fait voter qu'on ne votera pas sur les propositions d'ordre du jour alternatif puisque l'ordre du jour officiel n'a été rejeté que par 379 députés. Le tour est joué, et à l'adresse des conservateurs il lance : « Vous voyez, je sais comment faire. » Les progressistes, eux, tirent une tête longue de trois pieds. Bien sûr, ils n'espéraient pas gagner, mais ils se sont heurtés à un tel front, dès la première demi-journée, que le moral est bas et que peu d'entre eux remarquent qu'après tout ils s'étaient recensés à 300 et qu'ils se sont déjà rallié 79 députés de plus.

Suspension de séance pour le déjeuner, et c'est le renversement de tendance. Rassuré sur l'essentiel, M. Gorbatchev cède la présidence de séance au président de la Fédération de Russie, M. Vorotnikov, qui n'a pas les mêmes talents que lui et, sous couvert d'expliquer leur vote en faveur de M. Gorbatchev, les progressistes l'interpellent, posent leurs conditions, le somment de répondre à des questions précises. En fait, ils entament le débat qui leur a été formellement refusé le matin. Député d'Estonie, Mme Lauristin déclare : « Pour pouvoir voter pour vous, je voudrais que vous répondiez à trois questions [...]. » Et d'une, quelles garanties juridiques devraient être données à la souveraineté des Républiques ? Et de deux, est-il contre l'emploi de l'armée dans la répression des manifestations ? Et de trois, qui a su à l'avance, au bureau politique, qu'on allait faire donner la troupe à Tbilissi ? C'est net et précis, comme presque toutes les interventions de l'après-midi, prononcées par des gens jeunes, très sûrs d'eux et maîtrisant parfaitement leur propos.

Les uns se disent contre le cumul des charges de président et de secrétaire général du parti en glosant pédagogiquement sur l'importance, en démocratie, de la séparation des pouvoirs. D'autres expliquent, tout aussi clairement — et comme va le faire M. Gorbatchev — que le cumul est une mauvaise chose, mais qu'il faut néanmoins l'accepter dans la période actuelle, car il serait dangereux que le parti soit abandonné à quelqu'un d'autre.

Les cartes sont sur table et les conservateurs n'existent tout simplement plus puisqu'ils n'ont rien à dire, qu'ils ne savent que hurler périodiquement pour la clôture des débats et que, privés du soutien de M. Gorbatchev, ils n'arrivent plus à faire taire les réformateurs. Tout le pays est à l'écoute, entend un député d'Arménie plaider pour le « Peuple du Haut-Karabakh », entend et découvre des hommes politiques. Tout le pays en même temps est résumé par cette journée, puisque les conservateurs sont la majorité, qu'ils n'ont aucun programme, qu'ils ne peuvent pas grand-chose sans le savoir-faire de M. Gorbatchev, que celui-ci sait parfaitement comment utiliser tantôt les uns, tantôt les autres, et que les réformateurs sont la force montante, la jeunesse du pays.

Pas besoin de savants ouvrages. Il suffit de regarder, et quand un député de Leningrad annonce qu'il se présente à la présidence, qu'il ne parlera pas plus longtemps — vingt minutes — que M. Gorbatchev et conclut son intervention en disant qu'il faut enregistrer sa canditature pour qu'il n'y ait plus jamais d'élection à candidature unique, un déclic se fait. Il est très applaudi et 689 députés se prononcent pour l'acceptation de sa candidature.

En une journée, le clan des progressistes est ainsi passé de

300 à 689 députés. C'est beaucoup, même si l'espoir de la majorité leur est rigoureusement interdit avant longtemps, avant les prochaines élections sans doute. M. Gorbatchev gardera le contrôle de cette assemblée, mais, maintenant qu'il a montré aux progressistes qu'ils ne pourraient rien lui imposer, non seulement il les laisse parler, mais il leur tend la main dans une longue réponse aux questions qui lui ont été posées : oui, il est pour la souveraineté des Républiques, mais chaque Soviétique doit se sentir bien quel que soit son lieu de résidence, et le nationalisme ne doit donc pas tourner à la xénophobie antirusse. L'armée ? Elle doit « faire ce pour quoi elle est faite », et il faut tout faire pour qu'il en soit ainsi. Si elle a été envoyée à Tbilissi, c'est qu'il faut se souvenir des massacres de Soumgaït, l'année dernière, où l'armée était arrivée trop tard. Cela a appris à ne pas prendre de risques mais ce qui s'est passé ensuite, il ne l'a su qu'après les faits et le rapport des commissions d'enquête sera « une leçon pour tout le monde ».

On l'accuse (les conservateurs) d'avoir transformé le pays en un vaste club de discussions ? Cela prouve seulement que le pays a encore à apprendre ce qu'est la démocratie. La *perestroïka* ? Elle est entrée dans sa phase la plus difficile car elle commence à véritablement gêner des intérêts acquis et qui ne sont pas tous condamnables. Il faut donc passer à la « consolidation » et c'est ce à quoi doit s'atteler ce « corps de cadres » qu'est le Congrès.

Proposé à la candidature par plusieurs orateurs, M. Eltsine se récuse en invoquant son accord avec les décisions prises à cet égard par le parti. M. Gorbatchev en est le candidat. Il votera donc pour lui, et cela bien qu'il déplore qu'il n'y ait pas de candidature alternative.

Au cours du débat, le Congrès a décidé de former sa propre commission d'enquête sur l'affaire géorgienne et un député de Tbilissi a mis en cause le général commandant la région militaire de Transcaucasie en demandant qu'on lui retire son mandat. Les morts de Géorgie, la provocation conservatrice, pèsent très lourd sur toute la journée. Tard dans la soirée, quand les résultats du vote secret donnent à M. Gorbatchev 2 133 voix pour et 87 contre, on sait que ces 87 voix sont à l'évidence celles de conservateurs.

On le sait, mais, élu chef de l'État, M. Gorbatchev est maintenant à l'abri de toute velléité de putsch au sein du Comité central. On verrait en effet mal l'appareil éliminer un secrétaire général qui resterait président.

L'URSS a un Parlement :
Bataille frontale

C'est le changement dans le changement et il est spectaculaire. En trois jours de session de leur tout nouveau Congrès des députés du peuple, accrochés à leurs téléviseurs et radios qui retransmettent en direct, les Soviétiques ont découvert la politique, ses grands discours et ses tortueuses manœuvres parlementaires, ses petits malfrats et ses grandes consciences, ses conflits d'intérêt et ses soudaines défaites — amères, violentes et mobilisatrices.

Car, lorsque sont proclamés, samedi 27 mai, les résultats de l'élection des membres du Soviet suprême, la colère éclate non seulement parmi les députés démocrates (c'est ainsi que se nomment maintenant les réformateurs), mais aussi dans tout le pays. Boris Eltsine, de loin l'homme politique le plus populaire d'URSS, l'homme auquel 89 % des Moscovites avaient donné leur voix, l'homme dont plus de deux cents autres circonscriptions auraient souhaité faire leur candidat, cet homme-là n'a pas été élu à l'assemblée permanente restreinte que le Congrès avait à mettre en place.

Il a été proprement barré par les conservateurs, et tout à l'heure, quand on annoncera la composition de la seconde Chambre de ce Soviet suprême, la colère tournera à la rage. Non seulement les plus célèbres des intellectuels réformateurs de la capitale ont été également barrés, mais les conservateurs trépignent littéralement de joie, applaudissant à tout rompre aux défaites de Mme Tatiana Zaslavskaïa, la pionnière de la sociologie politique soviétique, ou de M. Gabriel Popov, le rédacteur en chef de *Questions d'économie*.

Ces applaudissements cingleront au vif plus d'un Soviétique, mais, avant qu'on en soit passé à la composition de cette seconde des Chambres, Iouri Afanassiev, le directeur de l'Institut des archives, a déjà pris le micro. Depuis un an qu'il est invité par des cercles de jeunes et des usines à donner des conférences sur les perspectives de la *perestroïka*, ce spécialiste de la Révolution française est devenu une personnalité. Dans quelques minutes, il va devenir une gloire nationale.

Face aux caméras de télévision (c'est évidemment au pays et

non pas au Congrès qu'il s'adresse), il apostrophe la « majorité agressivo-soumise », lui reproche d'avoir élu un Soviet suprême « brejnévo-stalinien » et critique les « attentions » dont M. Gorbatchev entoure les conservateurs. Un murmure de haine lui répond qu'il écrase en rétorquant à la « respectée majorité agressivo-soumise » qu'elle a bafoué les espoirs populaires et que ses vociférations ne changeront rien à cette réalité. C'est un beau moment d'histoire parlementaire, sanctionné par la longue ovation des réformateurs, qui applaudissent debout dans une haie d'honneur spontanée, mais c'est l'histoire tout court, car c'est l'acte de naissance de l'opposition soviétique.

Non plus l'opposition héroïque des dissidents, non plus même l'opposition valeureuse des grands noms de cette intelligentsia qui poussait depuis quatre ans à la roue des réformes, mais l'opposition tout court — légale, parlementaire et proclamée. Devant tout le pays a volé en éclats le mythe soviétique de l'unité. Un parti s'est formé pour combattre un autre parti, pour arracher la majorité qu'il a dans le pays mais pas encore dans les institutions, et, si le mot de pluripartisme n'est pas prononcé, Gavril Popov succède à la tribune à Iouri Afanassiev pour appeler à la formation d'un « groupe indépendant interrégional » — d'un groupe parlementaire démocrate.

Combien de temps tout cela a-t-il duré ? Quinze minutes, vingt au maximum que toute l'URSS (on est samedi matin) a vécues en direct. Pour un changement, c'en est un. Pour l'évolution future du pays, il est fondamental. Mais est-ce à dire que l'opposition a forcément bien joué et était-ce là le plus souhaitable des scénarios ?

On en débat à Moscou et ce débat — grand classique — oppose défense des principes et opportunité politique. Car, si l'opposition avait voulu faire entrer ses hommes au Soviet suprême, elle l'aurait pu sans grande difficulté. Il lui aurait suffi pour cela d'accepter de s'en remettre à M. Gorbatchev, de le laisser composer une liste qui aurait ensuite été, officiellement ou officieusement, « proposée » au Congrès par le secrétaire général avec toute l'autorité de sa fonction et du parti. Cette liste serait passée sans problème, car même au vote secret les conservateurs purs et durs ne disposent pas au Congrès d'une majorité automatique contre un consensus entre M. Gorbatchev, le marais qu'il conduit et la gauche (ça y est, les gens disent aussi « la gauche » et « la droite »).

Seulement voilà, faisant cela, le Congrès n'aurait pas seulement sacrifié la démocratie, mais admis aussi une soumission à la direction du parti. C'eût été si contraire à l'esprit des réformes en cours que M. Gorbatchev avait donc proposé une autre solution : laisser chacune des délégations régionales élire ses candidats et réunir tous les noms retenus, avec un candidat par siège, sur une liste à faire voter par l'ensemble du Congrès.

L'idée était habile, car elle revenait finalement à respecter la réalité des rapports de forces locaux, à laisser les conservateurs choisir les députés des régions qu'ils contrôlent toujours, mais à laisser aussi les réformateurs choisir ceux des régions qu'ils contrôlent déjà. Ainsi concoctée, la liste passait d'autant plus facilement qu'avec un candidat par siège il aurait fallu, pour éliminer l'un d'entre eux, concentrer contre lui plus de 50 % des voix. Une bonne solution ?

Techniquement parlant oui, mais, pour ce qui est des principes non, car on ne sortait là ni des candidatures uniques ni surtout de l'idée typiquement soviétique que le critère d'élection d'un candidat n'est pas ses opinions politiques (pourquoi en avoir dans une société consensuelle ?), mais sa bonne réputation dans sa ville ou son quartier.

Après avoir perdu, jeudi, une longue bataille procédurière sur l'ordre du jour, les députés de Moscou ont donc mené, vendredi, un deuxième combat sur le mode d'élection au Soviet suprême. Ils l'ont également perdu, et c'est alors qu'ils se sont résolus à être les seuls à présenter, sur la liste générale, plus de candidats qu'ils n'avaient de sièges à pourvoir. Pour le principe, c'était superbe mais c'était dans le même temps — on l'a aussitôt vu — un suicide.

Cela revenait en effet à laisser aux conservateurs la possibilité de choisir qui des députés de Moscou représenterait la capitale au Soviet suprême. Pas très intelligent ? Très intelligent au contraire, répondent les uns, qui soulignent — et les faits sont là — que la culture politique du pays a fait en une journée plus de progrès qu'en quatre ans, qu'il était plus important de clarifier les enjeux et de mobiliser les gens que de s'assurer les sièges perdus et qu'on ne peut sortir de soixante-dix ans de mensonges et de schizophrénie en commençant par transiger sur les principes.

Pas intelligent du tout, répondent d'autres, en faisant valoir que les conservateurs ont remporté là une victoire, qu'elle va leur redonner des muscles, donner à penser au marais (tant au Congrès que dans le parti et l'ensemble du pays) et qu'il n'est jamais bon en politique de braquer le projecteur sur sa propre faiblesse. Et puis surtout la polarisation politique s'est non seulement étendue à de nouvelles couches de la société, mais c'est toute la stratégie de M. Gorbatchev qui s'en trouve aussi fragilisée.

Car sa règle d'or est de ne jamais faire un pas supplémentaire à gauche avant d'avoir fait accepter à droite, par l'appareil, le pas précédent. C'est un jeu difficile, qui suppose de demeurer arbitre entre une poussée réformatrice qu'il suscite et une résistance dont il se pose en dernier espoir.

Or ce qui vient de se produire au Congrès, c'est un affrontement direct entre la gauche et la droite. M. Gorbatchev n'a pas pu l'empêcher, et, s'il se développait maintenant, l'arbitre risquerait de se retrouver en touche ou contraint de choisir son camp.

Même dans les grandes envolées, on sait garder la tête froide, mais dimanche soir, devant le stade Loujniki, devenu le Hyde Park de Moscou, le meeting désormais quotidien était très chaud. On parlait de grèves d'avertissement en soutien aux députés démocrates. M. Gorbatchev ne recevait pas que des compliments. MM. Afanassiev et Sakharov avaient du mal à calmer les ovations passionnées de la foule. C'était les débuts d'une vie politique en URSS, et il ne sert à rien en politique de regretter.

L'URSS a un Parlement : Gorbatchev rattrape sa gauche

Soudain, le député Gavril Popov (réformateur, Moscou) est monté à la tribune. Il devait être 5 heures, lundi 29 mai, et l'on commençait à s'ennuyer ferme sur tous les bancs tant on se fait vite à l'incroyable — à ces « députés populaires » qui n'en finissaient plus de déballer soixante-dix ans de non-dit en direct devant l'Union soviétique.

Il y avait eu le Lituanien qui avait demandé à M. Loukianov, candidat à la vice-présidence, sa position personnelle sur le pacte Molotov-Ribbentrop, celui par lequel Hitler avait, entre autres, reconnu à Staline un droit d'annexion sur les pays baltes. Il y avait eu le Géorgien qui avait interrogé le même M. Loukianov sur l'annexion de la Géorgie en 1921, en violation, avait-il rappelé, des engagements pris par Lénine.

Avant d'être élu (290 voix contre, 38 abstentions), le vice-président avait répondu en substance : histoire, histoire douloureuse, histoire douloureuse pour toute l'Union [...], bref, histoire de temps passés et — sous-entendu — ce n'est pas parce que l'histoire a été affreuse qu'il faut forcément défaire ce qu'elle a fait. Admettre pour mieux tourner la page : talent en moins, c'était du pur Gorbatchev, mais restait à voir, quand la journée se finissait, le triomphe de la politique à l'état pur.

Tout petit, tout rond, tout noyé dans sa tignasse et sa moustache, le député Popov, donc, monte à la tribune et annonce que le député Kazannik, élu de Sibérie, souhaite céder à M. Eltsine son siège à la Chambre des nationalités du Soviet suprême. Les conservateurs en restent cois.

Les réformateurs, eux, n'osent pas encore danser de joie, mais, à la seconde même, chacun a compris que c'est le grand retournement. Samedi, quand avaient été proclamés les résultats de l'élection du Soviet suprême et qu'on avait réalisé que M. Eltsine et tous les intellectuels libéraux de Moscou (M. Popov en tête) s'étaient fait barrer par les conservateurs, s'était en effet ouvert un week-end tendu. Des quatre coins du pays, des électeurs et des groupes d'électeurs avaient adressé des télégrammes de protestation à Moscou, sommant leurs députés d'agir et M. Gorbatchev de ne pas laisser faire, proposant même d'organiser manifestations et grèves de soutien.

Battue, la gauche se radicalisait et avec elle bon nombre de Soviétiques, chaque heure plus nombreux à ne plus décoller des téléviseurs, mettant usines, bureaux et facultés au rythme des séances parlementaires. Pendant les suspensions, l'URSS commente. Pendant les débats, elle écoute, et c'est dans un silence absolu que le député Kazannik explique qu'il avait profondément souhaité être membre du Soviet suprême et pouvoir ainsi participer à l'élaboration des nouvelles lois du pays, mais qu'il ne saurait en conscience y rester après la « myopie » qui en a fait éliminer les meilleurs — notamment Boris Eltsine.

Or M. Eltsine n'a pas été battu parce qu'il avait obtenu

moins de la majorité mais parce qu'il y avait douze candidats pour onze sièges à pourvoir, et que c'est contre lui que s'étaient portés le plus grand nombre de « non ». Dès lors qu'il y a une démission, le sens commun, c'est clair, lui attribue le siège libéré. Mais que dit la loi ? Nouvelle et hâtive, comme sur bien d'autres points capitaux, elle ne dit rien.

Que va dire M. Gorbatchev ? Que va faire le président, dont les liens avec M. Popov sont solides ? « Je ne suis pas juriste. Je ne sais pas, dit-il avec un air de perplexité appuyée. Pouvons-nous accepter la proposition du camarade Kazannik... ? » Enfant sage, il joue maintenant des pouces, mains croisées devant le ventre. « Sa démission certainement, reprend-il, mais peut-on s'en tenir, pour son remplacement, au vote précédent [...] ? Il ne faudrait pas commettre de gaffe [...]. » Il fait mine de se rasseoir, et, tandis que les députés font des sauts pour se faire inscrire, on l'entend dire, comme par-devers soi et bien fort dans le micro : « Sur le fond, je suis pour... »

Pauvres conservateurs ! Toute l'URSS regarde. M. Boris Eltsine est l'homme le plus populaire du pays, et il ne s'agit plus là d'un vote secret mais de prendre position devant les caméras. Pas un seul d'entre eux n'interviendra pour tenter de bloquer l'opération, élever une objection, siffler, chahuter — rien. Ils sont terrassés, reprennent une fraction de seconde vie quand M. Gorbatchev parle de « remettre à demain », mais ce n'est pas M. Eltsine qu'il a en vue mais les autres points de l'ordre du jour. Le cas de Eltsine est à trancher tout de suite, et un juriste explique déjà au micro que rien n'est plus simple, qu'il faut voter sur une procédure puisque la loi est muette et voter ensuite sur ce cas d'espèce.

Le député Bourlatski, ancien *speech-writer* de Khrouchtchev et plus d'une fois poisson pilote des projets gorbatcheviens, explique, lui, carrément que le problème n'est pas seulement juridique mais aussi politique. Qu'il faut aller à « l'essence » de l'affaire et qu'avec « l'écrasante majorité » que les Moscovites avaient accordée à M. Boris Eltsine, le poste lui revient. Ça s'accélère. De la salle, le député Palme (Front populaire, Estonie) propose de modifier la loi en spécifiant qu'un démissionnaire est automatiquement remplacé par le mieux élu éliminé.

M. Gorbatchev : « [...] Il faut créer le précédent. » Il fait voter l'amendement Palme (qui n'a pas été rédigé) : unanimité.

M. Gorbatchev : « Bon, décision prise ! [...] nous pouvons maintenant examiner la requête du camarade Kazannik. » Vote : quelques abstentions. M. Gorbatchev : « Décision prise ! »

En une vingtaine de minutes, il s'est en fait produit plus qu'un retournement de situation : c'est une alliance qui s'est scellée, rescellée effectivement après la leçon de réalisme que s'était auto-infligée la gauche à l'ouverture du Congrès. Car jeudi et vendredi les députés de Moscou s'étaient comportés comme s'ils avaient été les porte-parole d'une assemblée empêchée de jouir de ses pleins droits par M. Gorbatchev.

Ils avaient oublié qu'ils ne représentent pas la majorité du Congrès puisqu'ils ne rassemblent pour l'instant qu'un petit tiers des députés. Un gros tiers va aux conservateurs et le reste, qui fait la majorité, balance entre le principe d'obéissance au secrétaire général, une adhésion de principe à l'idée de changement et une inculture profonde qui la fait aller d'instinct vers la stabilité.

Pour ce marais, M. Gorbatchev est la boussole dans la tourmente, et, pour M. Gorbatchev, ce centre est l'assise de son pouvoir et celle aussi, considère-t-il, de la *perestroïka*. C'est en effet ce centre qui lui permet de contrer la droite quand elle se fait trop agressive, de freiner la gauche quand elle veut aller trop loin et trop vite dans les réformes, de naviguer, en un mot, à vue entre les mille écueils de l'entreprise, et de rester par là même un repère pour la majorité. Cela transparaissait depuis quatre ans dans le fonctionnement du parti, mais là, dans cette assemblée, les rapports de forces s'inscrivent en clair.

Dans la bataille pour les principes, la gauche est loin d'avoir tout perdu. Elle s'est fait connaître comme groupe, avec ses chefs de file et ses idées, a ainsi imposé *de facto* le pluripartisme et s'est acquis popularité et respect. Critiquée par certains réformateurs, suivie très prudemment et de loin par les nationalistes baltes, arméniens, géorgiens, moldaves, l'opération a, au total, été bien menée.

Si le bilan n'est pas négatif, c'est toutefois que le retournement de lundi s'est vite et bien négocié, et que la gauche a ainsi pu se sortir immédiatement de la marginalisation qui la menaçait. Car, dès lors qu'elle entrait en conflit avec M. Gorbatchev, sa seule force était la mobilisation populaire — une arme au maniement lourd dans un pays sans traditions politiques, une arme surtout qui permet aux conservateurs de s'attirer une partie du marais et de mettre M. Gorbatchev en porte à faux.

Sombres et pessimistes samedi, M. Eltsine et les intellectuels de Moscou chantaient lundi, dans tous les micros qui se prétentaient à eux, les progrès de la démocratie. La télévision s'en est fait l'écho. La photo de M. Eltsine était, mardi matin, dans la *Pravda*, et M. Gorbatchev prononçait en fin de matinée un grand discours d'orientation résolument réformatrice.

L'URSS a un Parlement : « Nous avons des amis... »

Comme tout Parlement, le Congrès soviétique a ses effets de tribune et ses négociations de coulisse. Comme partout, les secondes y ont au moins autant d'importance que les premières et, lundi 29 mai, tandis qu'on se bousculait autour de M. Boris Eltsine, le héros du jour, les députés d'Arménie entouraient dans un bout du couloir bruyant un homme pâle.

C'était le procureur général d'Union soviétique, l'un des personnages les plus puissants et redoutés de l'État. Assis, il tournait et retournait entre ses mains une lettre que quarante députés de plusieurs républiques lui avaient envoyée il y a déjà un mois pour demander la libération des dirigeants du Comité Karabakh, le mouvement nationaliste arménien.

La discussion dure depuis un moment déjà, et les réponses du procureur général de l'Union sont non seulement évasives, mais surtout inaudibles. Plus qu'il ne parle, il murmure, en effet, et quand des « Plus fort ! Plus fort ! » le coupent, il sourit de plus en plus faiblement, se racle la gorge et se fait plus sourd que jamais.

Arrive M. Sakharov, ironique et malicieux, que le procureur salue respectueusement. Les questions se font plus pressantes. Pourquoi les détenus ont-ils été transférés à Moscou en décembre et mis à la disposition du parquet central ? « Vous savez mieux que moi qu'il y avait des grèves en Arménie, une situation difficile. L'enquête ne pouvait être menée sur place. » Bien sûr que les députés savent, et ils savent aussi que l'enquête vient d'être repassée (signe de normalisation en Arménie...) au parquet républicain. « Et cela veut dire, demande une députée, qu'il faudra qu'Erevan reprenne toute l'enquête à zéro ? » M. le procureur sourit courtoisement.

Un autre député : « Mais vous avez, n'est-ce pas, le pouvoir de décider de leur libération ?

— Tout ne peut pas se décider de Moscou. Ce n'est pas sain, répond ce grand décentralisateur.

— Mais légalement parlant, ce pouvoir, vous l'avez ? »

Indiscutablement, et l'évidence ayant été admise, M. le procureur général doit faire face à la question de fond : est-il prêt, et quand, à user de ce droit ?

« ...

— Plus fort ! Plus fort !

— ...

— Plus fort !

— ...

— Que quelqu'un aille fermer cette porte ! »

La porte refuse de se fermer, mais on a entendu que le procureur va réfléchir et donner une réponse aux honorables députés. Alors une dame, parfaitement gentille, parfaitement calme : « Mais naturellement : avant votre élection. » De blanc, le procureur général est devenu vert. La nouvelle Constitution est claire : le procureur général de l'URSS est désigné par le Congrès des députés du peuple. Il y a un débat d'investiture comme il y en a eu un, lundi matin, pour M. Loukianov, le vice-président, et, avec l'affaire géorgienne, ce débat s'annonce houleux.

Ce sera donnant donnant, car, explique Mme Staravoïtova, russe et très populaire député d'Arménie : « Notre délégation n'est pas nombreuse, mais nous avons des amis dans d'autres républiques et pouvons peser. » « C'est la politique, un début de vie politique », ajoute-t-elle en racontant qu'elle a été autorisée à rendre visite aux prisonniers, que leurs conditions de détention sont « affreuses » et qu'elle leur a, « bien sûr », parlé, bien qu'elle n'en ait, en principe, pas eu le droit.

L'URSS a un Parlement : 87 % de téléspectateurs

Quatre-vingt-sept pour cent des Moscovites, indique un sondage publié par les *Izvestia*, suivent « constamment ou presque constamment » la retransmission des travaux du Congrès des députés du peuple. A voir la masse de télégrammes et coups de téléphone dont les électeurs de toute l'URSS assaillent chaque soir leurs représentants jusque dans leurs chambres de l'hôtel Moskva, le pourcentage est le même partout, et d'ores et déjà un nouveau pouvoir — un Parlement, un pouvoir législatif — est né en Union soviétique.

Du jour au lendemain, des députés sont devenus des gloires nationales, d'autres, des têtes de Turc. En moins d'une semaine, l'art de la guérilla parlementaire, de l'interpellation et de la motion d'ordre, la polémique politique et la transparence des débats ont fait leur intrusion dans un pays qui n'avait pour ainsi dire jamais rien connu de cela. Audiovisuel aidant, l'événement prend des airs de vastes cours accélérés de démocratie, et appelant, mardi 30 mai, à un « changement fondamental des relations [...] entre le législatif et l'exécutif », M. Gorbatchev n'aura finalement qu'officialisé ce qui est déjà devenu un état de fait.

Il n'en reste pas moins qu'on a ainsi entendu le secrétaire général d'un parti, dont rigoureusement tout dépendait hier, expliquer devant les trois quarts des Soviétiques que non seulement les futures commissions parlementaires devraient superviser l'ensemble de la politique, intérieure et étrangère, mais examiner également les « candidatures aux principaux postes de l'État : ministres, ambassadeurs, etc. ».

D'une simple phrase jetée dans un discours d'orientation d'une heure trente a donc été scié un autre pilier encore du totalitarisme — la *nomenklatura*, le vaste ensemble des fonctions que seul le haut appareil du parti pouvait pourvoir. Le Parlement y aura désormais son mot à dire, et à voir la vigueur de tant de députés, l'ardeur avec laquelle ils interviennent et le succès que cela leur vaut immédiatement dans leur circonscription, ce mot pèsera lourd.

Et comme il n'est pas de pouvoir parlementaire sans moyens,

le chef de l'État s'est parallèlement prononcé pour l'adoption d'un statut du député qui devra disposer « immédiatement » de locaux où rencontrer ses électeurs et qui pourra, membre ou non du Soviet suprême, peser beaucoup plus directement sur le travail législatif qu'il ne l'avait été prévu.

Prenant en compte les demandes formulées à la tribune, M. Gorbatchev a en effet donné son accord à l'organisation de deux, et non plus d'une seule session annuelle, des 2 250 députés du Congrès qui sera appelé à se prononcer sur les « lois importantes ». Autrement dit, le pouvoir ne sera pas là, tout entier, concentré parmi les 542 élus au Soviet suprême dont les commissions seront, au demeurant, composées pour moitié de simples députés au Congrès bénéficiant du droit de vote.

Cela fait bel et bien 2 250 députés de plein droit, et M. Gorbatchev a rappelé dans la foulée que le parti avait « définitivement condamné » la confusion des pouvoirs entre son propre appareil et celui de l'État. Ces pouvoirs respectifs, a-t-il dit, doivent être « clairement délimités » afin que le parti puisse jouer son rôle « d'avant-garde » et de « garant du processus révolutionnaire [de la *perestroïka* en la] protégeant contre les agissements conservateurs et d'ultra-gauche ». Tel que décrit par M. Gorbatchev, le parti aurait ainsi à « principalement harmoniser les intérêts des principaux groupes sociaux » et proposerait pour cela « dialogue et coopération à toutes les organisations sociales et mouvements ».

Des mots ? Sans doute, mais des engagements aussi, qui se précisent un peu plus à chaque discours, qui ont déjà été suivis d'actes, dont la réunion de ce Congrès n'est pas le moindre, et des engagements pris maintenant devant un pays attentif et passionné. Cela fait une grosse différence avec deux indigestes pages grises de la *Pravda*, que pour ainsi dire personne ne lit, et toute l'intervention du moins en moins secrétaire général et du plus en plus chef de l'État, qui était au demeurant résolument réformatrice.

Cela était vrai pour ce qui est de l'économie avec l'insistance mise sur le passage de l'agriculture à l'exploitation privée, le développement de la multiplicité des formes de propriété, la réduction des dépenses militaires, la nomination d'un vice-Premier ministre chargé de superviser la mise en place des réformes ou encore la reconnaissance du marché, « puisque aucun autre mécanisme économique n'a été inventé ».

Cela était tout aussi vrai dans le domaine politique puisque, non content d'affirmer ainsi un pouvoir législatif, M. Gorbatchev s'est rallié à toute une série d'idées et de propositions de l'aile marchante de la *perestroïka*, de ce qu'on appelle « la gauche » depuis qu'il y a un Parlement. La soumission à référendum des lois les plus importantes ? « Mon attitude à cet égard est positive. » La modification, avant les élections locales qui auront donc lieu au printemps et non pas à l'automne prochain, de la loi électorale ? C'est d'accord, puisqu'il faut tenir compte de ses insuffisances. L'examen rapide du train de lois sur les libertés ? Oui, bien sûr, car « le renouveau de la société doit se fonder sur celui des lois » et que le code soviétique doit répondre aux engagements internationaux pris à Vienne par l'URSS.

La question nationale ? « Nous n'avions pas, aux débuts de la *perestroïka*, pris la pleine mesure » du problème et il faut aller maintenant vers l'autonomie économique des républiques fédérées et autonomes et « fermement » définir les pouvoirs respectifs de l'« État fédéral » et de ses composantes.

Au passage, M. Gorbatchev a déclaré que les événements de Tbilissi, « la mort d'innocents », dit-il, ne devraient jamais se reproduire, et un député géorgien lui succède bientôt à la tribune. Il raconte, en détail, la répression du 9 avril, les issues bouchées, les crânes brisés à coups de pelle, les gaz, « une bataille organisée à l'avance et menée avec une cruauté particulière », rien de neuf, sauf que c'est en direct à la télévision et que le commandant de la région militaire de Transcaucasie, le général Rodionov, lui-même député, ne peut pas ne pas intervenir. Un haut responsable de l'armée soviétique est interpellé par un député et doit se défendre.

Il le fait en disant qu'on parle du « caractère pacifique du meeting, alors qu'étaient lancés d'ignobles appels à en découdre avec les Russes », qu'on avait peint sur les murs de Tbilissi « L'URSS est la prison des peuples » et que c'était cela « la variante géorgienne de la *perestroïka* et du pluralisme d'opinions ». Les gaz ? « Là encore, ce n'était pas l'armée. » Les pelles ? C'était pour que « les soldats se défendent, puisqu'ils n'étaient pas armés ». Les issues bouchées au moment de la charge ? Elles l'avaient été par les manifestants. Quant à l'actuel premier secrétaire géorgien, un homme qui a largement repris à son compte les protestations de sa république, il a, affirme le général Rodionov, participé à la prise de décision de faire nettoyer la place.

Démissionné après les événements, l'ancien premier secrétaire parle, lui, de ses contacts, avant la charge, avec le ministre de la Défense et le secrétariat d'État du Comité central et demande que « soient nommés ceux qui ont donné l'ordre d'utiliser des pelles et des gaz ». Dans la soirée, les députés pourront voir — mais cette fois à huis clos — un film vidéo sur la charge des forces de l'ordre, ainsi que des images tournées par l'armée. « Toute la vérité doit être faite, quelles que soient les personnes ou institutions concernées », déclare M. Gorbatchev, en appuyant la candidature, avancée par la délégation géorgienne, de M. Iakovlev, son bras droit au bureau politique, pour présider la commission parlementaire créée pour enquêter sur ces événements.

Le Congrès avait auparavant récusé le très conservateur M. Karpov, président de l'Union des écrivains. Dernière nouvelle de la journée : le Congrès va élire de nouveaux représentants du Haut-Karabakh au Soviet suprême, afin de donner satisfaction à la majorité arménienne, qui s'était fait imposer des candidats par les Azeris.

L'URSS a un Parlement : Le KGB en accusation

Il y avait mercredi 31 mai en fin de séance trois cent soixante-neuf inscrits. A quinze bonnes minutes par orateur, cela devrait faire... plusieurs semaines encore de débats, car des centaines d'autres députés souhaiteront intervenir quand le président du Conseil des ministres sortant, M. Ryjkov, demandera la confiance, et qu'il faut, surtout à cette première session du nouveau Parlement soviétique, compter avec l'inattendu.

Compter, par exemple, qu'un député soviétique peut désormais s'emparer tête baissée du micro et expliquer que le Congrès en a entendu assez sur l'affaire géorgienne pour savoir que le commandant de la région militaire de Transcaucasie, le général Rodionov, est un « assassin ». Et comme ce député ne veut pas siéger dans la même enceinte qu'un « assassin » il a remis — lancé plutôt — son mandat à la présidence et ne le reprendra, a-t-il dit, qu'après la démission du député Rodionov.

Dans n'importe quel Parlement le scandale aurait été épouvantable. Au Congrès du peuple, cela n'a même pas été considéré comme un incident. M. Gorbatchev, les mains toujours à plat devant lui, n'a pas cillé. La télévision n'a pas brutalement interrompu sa retransmission. Le général n'a pas boxé son collègue. Rien, rigoureusement rien, car il en faut maintenant beaucoup plus pour impressionner les députés et, derrière leurs écrans, les Soviétiques. Il faut une denrée devenue rare, un tabou pas encore levé, et c'est ainsi que M. Iouri Vlassov, député de Moscou, écrivain et ancien champion olympique d'haltérophilie, a, lui, vraiment fait sensation en s'attaquant au KGB. Il a d'autant plus surpris que les premiers moments de son intervention étaient empreints de la plus grande modération. Il s'était contenté d'expliquer que les Moscovites étaient empoisonnés par les cheminées d'usine crachant à plein tube en plein centre-ville, que la télévision mentait et qu'il serait temps de lui trouver un autre directeur, que le silence du chef de l'État et des membres du bureau politique sur l'affaire géorgienne était « éloquent » et qu'il était donc indispensable d'introduire dans la Constitution une clause d'*impeachment* pour « dissimulation de la vérité au peuple ».

Juste une mise en accusation de M. Gorbatchev et de tout le bureau politique — plus de quoi faire frissonner l'Union soviétique. Mais la suite... « Le KGB, enchaîne M. Vlassov, défend le pays contre l'ennemi extérieur, mais il a aussi d'autres fonctions [qui constituent] une véritable menace pour les droits du peuple et la démocratie. [Il] n'a de comptes à rendre qu'à l'appareil, se trouve en dehors du contrôle populaire. Il est l'institution la plus secrète du pays. Sa place dans le système politique est demeurée inchangée [depuis l'avènement de la *perestroïka*]. Il exerce un contrôle global sur la société et se trouve placé au-dessus de l'État. »

Bref, il faut redéfinir son rôle, rendre publics son budget, ses activités, l'ampleur de ses effectifs, et pour commencer déplacer son siège du cœur de la capitale, car, entre le Kremlin et le Comité central, ce bâtiment à la « sanglante histoire » insulte la mémoire des dizaines de milliers d'innocents pour lesquels il a été l'antichambre de la mort.

Là, on n'entend plus une mouche voler. Le soir, dans les dîners, les restaurants et les queues, on ne parle que de Vlassov, du KGB qui… du KGB que… de ce KGB d'un coup démythifié, d'un coup contesté, vilipendé comme n'importe quel ministre des Finances, organisation du parti, comité du Plan ou général-commandant de région. Car tout, rigoureusement tout, y passe et, d'une intervention à l'autre, c'est tout le système « stalino-brejnevien », le régime, en un mot le communisme qui est disséqué, exposé, des origines à nos jours.

On peut entendre le premier secrétaire de Novossibirsk faire l'éloge de Stolypine, le Premier ministre réformateur de Nicolas II. Voir applaudir un métropolite de l'Église orthodoxe qui ne prend pas de risques en bénissant la *perestroïka*. Assister à une offensive en règle des trois Républiques baltes qui, l'une après l'autre, envoient leurs dirigeants à la tribune pour exposer leur projet d'autonomie économique des Républiques.

C'est réellement la souveraineté des Républiques qui est plaidée, au nom des peuples baltes, par les dirigeants des partis communistes baltes. Non seulement personne ne s'insurge, mais c'est le premier secrétaire de Lituanie qui préside la séance de mercredi après-midi, aux côtés de M. Gorbatchev, officiel, archi-officiel, tout sauf pestiféré.

La seconde sensation de la journée viendra de M. Massaliev, le premier secrétaire de Kirghizie, qui prononce une intervention conservatrice. Ça, c'est un événement, car, en nombre dans ce Congrès, les conservateurs semblent de moins en moins attirés par le micro, sauf pour de brefs cris de rage ouatés de réformisme verbal. M. Massaliev, lui, c'est autre chose : un homme tranquille, serein, qui explique sur le même ton que d'autres la nécessité de fabriquer des médicaments et nourrir les nouveau-nés, qu'il ne faut pas que la presse soit libre de tout contrôle, qu'on ne peut pas dire n'importe quoi, qu'il est vraiment honteux de parler d'un retour à [la révolution démocratique de] de février [1917], qu'il y a des gens qui travaillent dans l'appareil et qu'en l'attaquant, c'est le parti qu'on attaque puisque « le parti ne peut, comme l'a dit Lénine, exister sans appareil ».

M. Massaliev est homme de conviction, mais l'académicien Pavel Bunich aura droit à beaucoup plus d'applaudissements que lui (et ceux, notamment, de M. Gorbatchev) en réclamant que l'on passe d'urgence, immédiatement, à une réforme économique en profondeur, donnant réellement les coudées franches à l'initiative privée. Même dans les travées conservatrices, cela plaît, et M. Bunich fait rire tout le Congrès en disant qu'on peut déplorer que les meilleurs ouvriers quittent le secteur collectif pour le secteur coopératif, mais que « si la fiancée s'en va avec un autre, c'est qu'il y a un problème avec le fiancé ».

En fin de matinée, M. Eltsine était monté à la tribune pour exposer au pays ses principales idées sur la dangereuse lenteur de la *perestroïka*, la nécessité d'indépendance de la presse, le danger que continue de représenter l'appareil et l'obligation de défendre la justice sociale en supprimant les privilèges et en aidant les plus démunis. C'était un bon discours-programme de candidature au rôle de chef de l'opposition, mais si M. Eltsine a plu à cette dernière, en demandant que la loi définisse, c'est-à-dire limite, la place du parti dans le système politique, il n'a, en revanche, pas paru sérieux en proposant que M. Gorbatchev soit soumis tous les ans à référendum populaire.

Le danger de « dictature » qu'il a évoqué à l'appui de cette proposition ne semble en effet pas si menaçant que cela. Mercredi soir, la commission parlementaire créée pour enquêter sur l'affaire géorgienne n'avait toujours pas de président. M. Iakovlev, le plus radical des membres du bureau politique, s'est récusé, et personne ne veut pour l'instant de cette place.

Quelques semaines encore, donc ? Les Soviétiques, en tout cas, en redemandent.

L'URSS a un Parlement : **Enquête sur l'annexion des pays baltes**

C'est un psychodrame à l'échelle d'un empire, une thérapie de groupe télévisuelle — dans laquelle chacune des fractions politiques nationales et même sociales du Congrès exprime une partie de la population — qui fait jaillir soixante-dix ans de refoulement, d'horreur et de douleur et sortir les cadavres des placards.

Il y a une semaine que cela dure. Cela va durer encore longtemps, et non seulement le pays n'est plus dirigé, puisque tous ses dirigeants sont d'un côté ou de l'autre de l'écran, mais le pays ne travaille plus qu'au ralenti. L'URSS est chez son psychanalyste, et jusque dans les autobus, où le silence se fait dès qu'un passager sort son transistor, le déballage est permanent. Alors, il y a, bien sûr, le frisson des grands moments, particulièrement nombreux jeudi 1er juin, avec la création d'une commission parlementaire sur le pacte Molotov-Ribbentrop ou la mise en cause à deux reprises de M. Ligatchev, le chef de file des conservateurs au bureau politique.

Là se refait l'histoire de ce pays, mais, à bien y regarder, peut-être les petits moments, ces instants de vérité nue sont-ils plus frappants encore. Jeudi donc, Journée internationale de l'enfance, deux cents députés travaillant pour l'Éducation nationale ont demandé que la parole soit donnée au très réformateur recteur de l'Académie d'aéronautique de Moscou, Boris Mitin. « Dans l'état où est notre éducation, a-t-il dit sans passion, elle ne peut répondre aux objectifs à long terme de la *perestroïka.* » C'était peu dire avec des enseignants qui ne touchent même pas les 220 roubles du salaire moyen, un budget de l'éducation qui en est resté à son niveau de 1956 (5,6 % du budget national) et deux tiers des écoles rurales « dépourvues du confort le plus élémentaire ».

« Mon rêve, a enchaîné le président du Fonds de l'enfance, M. Likhanov, est que le moment viendra où seront publiés en même temps que les statistiques sur les tonnes de métaux et les mètres carrés construits, les chiffres dégrisants des admissions d'enfants à l'hôpital et de ceux qui sont laissés demi-orphelins par les divorces. » Pas besoin d'expliciter : tout le monde connaît en URSS le drame des multitudes de familles qui craquent dans des appartements de deux pièces avec grands-parents, des enfants battus pour cause d'alcoolisme de masse, des mortalités infantiles records, des mères qui n'en peuvent plus de supporter à la fois le travail, les queues, le manque d'argent et les frustrations des hommes.

Libération de la femme ? Médecine gratuite ? Jolies écoles avec rubans dans les cheveux ? L'envers du décor, la réalité, sous l'image de propagande se dévoile, y compris quand s'expriment les conservateurs les plus endurcis. Président de l'Union des retraités et anciens combattants, M. Mazourov, par exemple, s'indigne qu'on rejette le socialisme, fasse l'éloge de l'économie de marché et du pluralisme, mais dit que 22 millions de personnes âgées vivent aujourd'hui avec moins de 60 roubles par mois. Et lorsque le président de la Société pansoviétique des aveugles prend la parole, que dit-il ?

Que plus de 7 millions de handicapés sont dépourvus de tout soutien, assistance ou régime préférentiel dans l'attribution des logements. Commentaire de la très peu sentimentale agence Tass rendant compte de cette intervention : « Un silence inhabituellement tendu est tombé sur la salle car chacun des députés a alors ressenti la culpabilité de la société et partant la sienne propre. »

C'est sur cette toile de fond que la *perestroïka* s'était imposée au parti, et c'est sur cette toile de fond que, cinquante ans après avoir été annexés par l'URSS en vertu du pacte Molotov-Ribbentrop de 1939, les États baltes ont obtenu du Congrès la création d'une commission parlementaire chargée de faire la vérité sur cette période. De la présidence, M. Gorbatchev a poussé à la roue, alors que bien des députés sont en fait scandalisés de cette décision qui, à elle seule, est une reconnaissance des faits.

Car même si le secrétaire général a pris soin de répéter que le texte original des clauses secrètes de ce pacte n'avait jamais été retrouvé ni dans les archives allemandes ni dans les archives soviétiques — que l'accord de partage de l'Europe centrale entre Hitler et Staline ne peut donc pas être aujourd'hui prouvé —, il est d'ores et déjà reconnu de fait que ce ne sont pas les États baltes qui avaient demandé leur intégration à l'Union soviétique.

« Grand pas en avant », déclaraient, ravis, les députés baltes qui avaient demandé la veille qu'on leur reconnaisse leur autonomie économique, et qui sont particulièrement satisfaits de ce que M. Iakovlev, leur interlocuteur préféré au bureau politique, ait été nommé à la tête de cette commission.

Là-dessus il n'y eut pas d'empoignades, mais il y en eut en revanche quand il s'est agi de mettre en place une autre commission pour enquêter sur l'affaire des députés Gdlian et Ivanov, les deux juges d'instruction spécialistes de la lutte anticorruption, qu'on accuse d'avoir sérieusement malmené le droit dans leurs enquêtes et qui rétorquent que la concussion est protégée jusqu'aux plus hauts niveaux de l'État, jusqu'à celui notamment de M. Ligatchev.

Très populaires, les deux juges ne sont pas aimés du tout, en revanche, des intellectuels libéraux. L'affaire est très explosive et quand est lue la liste des membres de la commission, M. Ivanov se jette sur le micro. On veut étouffer la vérité, crie-t-il en substance, interpellant directement le procureur général de l'URSS — « qui a écarté soixante-quatre juges d'instruction du dossier ouzbek ? » — et lançant : « Puisque nous avons été écartés de notre travail pour la durée de l'enquête [judiciaire ouverte contre eux], je propose que M. Ligatchev le soit aussi pour la durée du travail de la commission ! »

M. Ligatchev, qui s'est aussi fait attaquer sur sa gestion du secteur agricole dont il est responsable, veut foncer sur la tribune. On l'en retient à grand-peine et la liste est adoptée telle que proposée. « Du cirque ! », dira M. Ivanov, mais c'est d'une arène qu'il s'agit plutôt, dans laquelle l'affaire géorgienne a fait ses vagues quotidiennes lorsque M. Loukianov, le vice-président, a lu devant les députés les télégrammes envoyés à Moscou par M. Patiachvili, l'homme qui était premier secrétaire de Géorgie au moment de la répression du 9 avril.

Alarmistes, ces télégrammes indiquaient notamment que la direction géorgienne avait résolu de recourir à la force. Pour M. Loukianov, c'était là la preuve que, contrairement à ce qui se dit, les responsabilités ne sont pas à chercher à Moscou. On se repasse le bébé en public et le mot de la fin est revenu au poète Evtouchenko : « On ne peut pas se laver de son passé quand on ne trouve pas de savon dans les magasins. »

L'URSS a un Parlement : Les conservateurs contre-attaquent

Dans un Parlement démocratique, dans un Parlement avec groupes parlementaires constitués, le groupe majoritaire se serait réuni pour évaluer la situation et définir une stratégie commune. Mais comme il n'y a pas — pas encore en tout cas — de groupes au Congrès des députés du peuple et que les clivages politiques ne passent pas entre membres et non-membres du parti unique mais divisent les 87 % de députés communistes, c'est le Comité central qui a été convoqué impromptu, vendredi 2 juin, dans la soirée.

On aurait pu inventer des raisons techniques à cette convocation soudaine d'une instance qui n'improvise d'ordinaire pas ses plénums et qui, statutairement parlant, a tout pouvoir. En pays communiste, et particulièrement dans les moments difficiles, réunir ainsi le Comité central d'une heure sur l'autre, c'est, en effet, susciter rumeurs de remaniements et de grandes décisions. Loin pourtant de noyer le poisson, le laconique communiqué publié par l'agence Tass déclare noir sur blanc que le plénum s'est réuni pour « débattre du Congrès [...] et de la prochaine session du Soviet suprême ».

Dire cela, c'était signifier que le Comité central n'est pas content, rappeler que tout n'est pas encore permis et qu'on ne peut impunément agiter tous les chiffons rouges devant l'appareil. C'était délibérément choisir donc de faire courir un grand frisson sur le Parlement et le pays puisque, au point atteint, il n'y avait plus là, pour M. Gorbatchev, qu'avantage. D'un coup, il peut ainsi donner satisfaction aux conservateurs, qui avalent depuis huit jours couleuvre sur couleuvre, et donner à voir aux réformateurs qu'il y a un rapport de forces, qu'ils ne peuvent pas continuer à tout dire et le reste devant un Congrès que la télévision a transformé en forum national.

En ce sens, ce plénum s'inscrit logiquement dans le permanent numéro d'équilibre que le secrétaire général joue entre les deux partis du parti — ceux de l'ordre et du mouvement —, mais il est clair aussi non seulement que les conservateurs sont de nouveau passés à l'offensive, mais que l'armée est aussi à leurs côtés. Pas toute l'armée, sans doute, mais certainement une bonne partie de ses officiers et sous-officiers des rangs desquels est venue, dès vendredi matin au Congrès, la contre-attaque anti-réformateurs.

Car quand l'officier de réserve Tchervonopiski, ancien d'Afghanistan, monte à la tribune en s'appuyant sur une canne, lit une lettre collective de militaires dénonçant les « calomnies insultantes » de M. Sakharov contre l'armée et se lance dans un vibrant éloge de « la patrie et du communisme », il s'agit bien évidemment d'un mouvement concerté. L'homme a été blessé. On ne peut le récuser comme n'importe quel gras bureaucrate, et dès lors qu'il agite les drapeaux, le Congrès, debout, l'applaudit à tout rompre — M. Gorbatchev en tête. Nullement démonté, M. Sakharov monte à la tribune et explique d'une voix parfaitement ferme qu'il n'a pas à s'excuser d'avoir déclaré à un journal canadien (c'est ce qui lui est reproché) que durant la guerre d'Afghanistan le commandement avait donné ordre d'abattre à partir des hélicoptères les soldats blessés ou encerclés plutôt que de les laisser faire prisonniers. « Une enquête est en cours, et nul ne peut m'accuser de mensonge avant sa conclusion », dit-il en ajoutant qu'il est « fier » des sept années d'exil à Gorki que lui ont valu ses critiques de l'intervention en Afghanistan et qu'il n'a en tout état de cause pas insulté l'armée, mais ceux qui avaient lancé cette « guerre criminelle ».

Les réformateurs sont embarrassés, car tous ne pensent pas que cette interview ait été, tactiquement parlant, la meilleure initiative du prix Nobel de la paix. La majorité de la salle — effet Panurge — réagit hostilement et suivent au micro une ribambelle d'officiers et de parents de soldats blessés ou tués en Afghanistan. C'est haro, et haineusement, sur l'ex-dissident, et le summum sera atteint dans l'intervention d'un député ouzbek. « Camarade académicien, lance-t-elle sous les applaudissements, vous avez d'un pas effacé tous vos mérites antérieurs. Vous avez insulté toute l'armée, toute la nation, tous nos morts, et je vous déclare tout notre commun dégoût. » Ovation de la salle à nouveau debout, et l'on entendra dans la journée bien d'autres interventions conservatrices.

Samedi matin, *L'Étoile rouge*, l'organe du ministère de la Défense, enfonçait le clou, estimant qu'on pouvait « aujourd'hui écrire avec certitude : le Congrès s'est soudé. Les trois mots les plus sacrés pour tout Soviétique, ''puissance'', ''patrie'' et ''communisme' [...] ont dressé toute la salle. [M. Sakharov] n'a pas cru les soldats soviétiques qui ont sorti leurs frères de l'enfer [...]. Il a cru une voix étrangère [...]. Qui a donné le droit d'insulter notre armée et nos enfants ? ».

Qui ? Limpide, le sous-entendu vise M. Gorbatchev, et, en pages intérieures, un long article consacré aux conséquences sociales des réductions de troupes demande : « Ne faudra-t-il pas, demain, tracer une analogie avec l'année 1960, lorsque 1 200 000 militaires ont été touchés par une réduction d'effectifs ? Car pour nombre d'entre eux, l'écho des vexations sociales résonne toujours. » Décidée par M. Khrouchtchev, cette réduction de 1960 est souvent considérée comme l'une des causes déterminantes de son renversement par une coalition conservatrice.

Cela s'appelle parler net — même si l'on n'est pas en 1960 et qu'un accès d'humeur n'est pas une veille de putsch. Il n'en reste pas moins que pour les conservateurs la coupe est pleine et que M. Gorbatchev est décidé à calmer le jeu à un moment où le général Rodionov, le commandant de la région militaire de Transcaucasie mis en cause dans l'affaire géorgienne, parle dans les couloirs de la « partie saine du Congrès ».

Ça tire, ça tire sec, mais cela n'a pas empêché M. Iouri Kariakine, député de Moscou, d'appeler, comme si de rien n'était, à retirer la dépouille mortelle de Lénine du mausolée de la place Rouge. Tant que cela n'aura pas été fait, ce mausolée restera un monument stalinien, a-t-il expliqué avant d'ajouter — plus conciliant — que les dernières volontés du fondateur du parti bolchevique étaient d'être inhumé auprès de sa mère.

Le Congrès, tous réformateurs compris, est resté de glace. Quelques applaudissements ont en revanche salué M. Kariakine quand il appelle M. Gorbatchev à rendre sa nationalité soviétique à Alexandre Soljenitsyne. « Vous avez trouvé, lui a-t-il dit, une langue commune avec la "Dame de fer", avec le président Bush et avec le pape, et nous ne pourrions pas trouver une langue commune avec ce grand écrivain et humaniste [qui] a le premier osé dire la vérité sur Staline ? ».

L'URSS a un Parlement : Gorbatchev sur tous les fronts

A l'Ouest, le parti communiste polonais s'effondre. Au Sud-Est, la Chine glisse dans le sang. A l'intérieur même du pays, l'Ouzbékistan devient, comme le Caucase, un foyer de tensions permanent et M. Gorbatchev, mains à plat de chaque côté du micro, préside au Congrès des députés du peuple, à l'épanouissement du parlementarisme soviétique.

A chaque suspension de séance, ses assistants se jettent sur lui puisque, même au ralenti, l'État doit continuer de fonctionner. Dimanche, il était dans l'horreur, les cadavres et les pleurs de la catastrophe ferroviaire de l'Oural. La semaine prochaine, il sera en Allemagne fédérale et déjà se profile, pour le début de juillet, la visite en France. Sauf en temps de guerre, aucun homme d'État n'aura jamais été soumis à pareille pression, mais rien ne trahit chez M. Gorbatchev la moindre fatigue.

Non seulement il garde, attentif à tout sous son air bonhomme, une absolue maîtrise des débats, mais rien n'est oublié, ni de tendre la main aux nouveaux dirigeants iraniens, en envoyant le vice-président, M. Loukianov, signer le registre des condoléances à l'ambassade, ni de faire adopter par le Congrès une déclaration sur la Chine, condamnant toute « ingérence » et prise de position « hâtive » mais appelant à la recherche de « solutions politiques », ni, bien sûr, de respecter les grands équilibres intérieurs.

Vendredi, au beau milieu d'une contre-offensive conservatrice, un député de Moscou, M. Kariakine, avait fait sensation en appelant à retirer la momie de Lénine du mausolée de la place Rouge et à lever le tabou sur la personne et les œuvres d'Alexandre Soljenitsyne. Mardi, l'affront fait à Lénine et aux conservateurs a été dûment lavé, lorsque le Congrès, M. Gorbatchev en tête, est allé noyer le mausolée sous les gerbes. Le temps du culte n'est pas — pas encore, en tout cas — révolu.

Mais au moment même où se déroulait cette cérémonie expiatoire, l'agence Tass annonçait, comme elle aurait annoncé la sortie d'une nouvelle édition de Pouchkine, la publication d'œuvres de Soljenitsyne. Il y a encore cinq mois, le responsable de l'Idéologie, M. Vadim Medvedev, un homme très proche de M. Gorbatchev, avait catégoriquement exclu cette possibilité. Quelques semaines plus tôt, un numéro entier de *Novy Mir* avait été envoyé au pilon pour avoir seulement annoncé la prochaine parution de lettres du prix Nobel de littérature.

Dimanche, pourtant, l'un des journaux de pointe de la *perestroïka*, *Ogoniok*, commençait à publier en feuilleton *La Maison de Matriona*, et les éditions Sovietskaïa Rossia vont, à en croire Tass, bientôt mettre sur le marché *Une journée de la vie d'Ivan Denissovitch* et *Le Pavillon des cancéreux*. C'est tout ? Non, puisque *Les Nouvelles de Moscou* consacrent, mercredi matin, une page entière à Soljenitsyne dont elles publient la photo en laissant prévoir, sans détails ni précisions, la sortie de *L'Archipel du goulag*.

M. Kariakine savait visiblement de quoi il parlait vendredi et, en faisant « le gros scandale Lénine », on a permis « le petit scandale Soljenitsyne ». C'est du brodé main, et la broderie est si fine, le décalage avec la violence ambiante si frappant que les mains à plat de M. Gorbatchev semblent par instants bien insuffisantes à contenir l'orage.

Car si les émeutes de la région de Ferghana, en Ouzbékistan, ont, comme un pugilat du village d'Astérix, commencé par une querelle de marché et un étal renversé, non seulement elles ont déjà fait plus de soixante morts, mais les troubles se poursuivaient encore dans la nuit de lundi à mardi. Malgré le couvre-feu, la présence de blindés, quelque trois cents arrestations, d'innombrables blessés et l'évacuation vers un camp de fortune d'un millier de Turcs Meskhs, six nouvelles maisons ont été incendiées, des coups de feu échangés, et les troupes spéciales du ministère de l'Intérieur ne se déplacent qu'en gilets pare-balles.

Harcelé de questions avant d'être élu (cinq voix contre onze abstentions) président de la Chambre des nationalités du Soviet suprême, le premier secrétaire d'Ouzbékistan, M. Nichanov, n'a pas cherché à cacher, mardi, la réalité de l'antagonisme entre les Ouzbeks et ces Turcs déportés là de leurs terres géorgiennes par Staline. L'histoire, toujours l'histoire, remonte chargée de haines rentrées et d'espoirs fous.

En elle-même, l'élection de M. Nichanov est une victoire pour M. Gorbatchev puisque c'est lui qui avait, dès 1985, remis en selle cet homme affable que la mafia politique d'Ouzbékistan avait, sous Brejnev, écarté pendant quinze ans. Après M. Primakov à la tête de la Chambre de l'Union et M. Lioukanov à la vice-présidence, M. Gorbatchev ne cesse ainsi de placer ses pions et de conforter son pouvoir.

Là aussi, c'est du cousu main. Mardi, pourtant, un écrivain au physique fragile, mais au prestige immense, Valentin Raspoutine, grand chef de file du courant anti-occidentaliste du nationalisme russe, ne craignait pas d'interpeller directement M. Gorbatchev. Par sa bouche s'exprimait l'alliance, chaque jour plus ouverte, entre conservateurs du parti et intellectuels slavophiles. Les uns sont des bureaucrates communistes, héritiers d'une révolution de 1917 que les seconds honnissent comme fruit judéo-maçonnique de l'Occident pourri.

Tout les sépare. Tout, sauf leur haine commune d'une libéralisation inspirée des démocraties occidentales ; et M. Raspoutine de tonner contre « la propagande de la violence et du sexe », le manque de moralité des jeunes et la « remise en cause du patriotisme ». L'air était connu, mais M. Raspoutine a aussi attaqué de front les mouvements nationalistes des républiques, dénonçant les « slogans antisoviétiques qui s'unissent aux slogans antirusses » et le « front uni des émissaires de Lituanie et d'Estonie qui se rendent en Géorgie » avant que des « agitateurs locaux » ne repartent pour l'Arménie et l'Azerbaïdjan.

Il n'y a plus aujourd'hui, en URSS, de ministre de l'Intérieur pour s'exprimer ainsi. S'adressant directement aux députés baltes, M. Raspoutine leur a lancé : « Peut-être serait-ce à la Russie de sortir de l'Union [...] si elle gêne vos aspirations progressistes ? Nous n'aurions plus alors peur d'être rangés parmi les nationalistes, nous pourrions alors prononcer le mot Russe [car] croyez-moi, nous en avons assez de supporter railleries et crachats. »

Puis M. Raspoutine a demandé à M. Gorbatchev de dire s'il était vrai, comme l'avait déclaré l'historien et député Roy Medvedev, que, chaque fois qu'il quittait Moscou avec M. Iakovlev, son bras droit au bureau politique, « se créait une situation proche du coup d'État ». Par cette déclaration M. Medvedev avait, bien évidemment, visé le chef de file des conservateurs au bureau politique, M. Ligatchev, et Valentin Raspoutine de presser M. Gorbatchev : « Si les accusations du député Medvedev sont infondées, pourquoi ne vous prononcez-vous pas ? » Les mains de M. Gorbatchev étaient toujours à plat.

L'URSS a un Parlement : La faillite communiste devient publique

Toujours plantés devant leurs téléviseurs, les Soviétiques ne sont pas seulement en train de découvrir le parlementarisme. De cette salle du Congrès qui a envahi l'URSS, ils apprennent aussi en direct les mauvaises nouvelles — celles qui étaient avant-hier cachées et que même hier il fallait savoir trouver dans la presse.

En l'espace de deux heures, ils ont ainsi appris, mercredi 7 juin, que les revenus des exportations pétrolières de l'URSS ne suffisaient plus à couvrir le service de la dette extérieure, que les difficultés économiques étaient telles que la part du revenu national consacrée aux dépenses militaires serait réduite de 30 % à 50 % sur six ans et que les troubles d'Ouzbékistan se poursuivaient.

Ouvrant la séance d'après-midi, M. Gorbatchev a en effet déclaré que, bien que « sous contrôle », la situation ne s'était « pas décisivement améliorée » dans la région de Ferghana, où l'on continuait à incendier des maisons. Le soir, le journal télévisé indiquait, lui, que les violences s'étaient désormais étendues à la ville de Kokand, au nord-ouest de Ferghana, et que c'était armes au poing qu'on chassait le Turc en Ouzbékistan. De fait, les téléspectateurs ont pu voir des impacts de balle sur des véhicules de la milice et des bâtiments officiels, et les reportages publiés jeudi matin par la presse centrale donnent — armée en moins, puisqu'on ne l'a toujours pas fait entrer en scène — une vision de guerre civile.

Dans les *Izvestia*, le Premier ministre ouzbek, M. Kadyrov, déclare, par exemple, qu'on en était à soixante et onze morts à la date du 7 juin, mais qu'il ne s'agissait pas là d'un chiffre définitif, car « on continue à retrouver des cadavres sous les décombres des maisons brûlées et des gens continuent à mourir de leurs blessures dans les hôpitaux ». Le 4 juin, révèle aussi M. Kadyrov, une foule « enragée » de jeunes gens et adolescents avait forcé les portes du comité de région du parti et fouillé tous les bureaux à la recherche de Turcs. L'interview, précise l'organe du gouvernement, avait été recueillie avant l'extension des troubles à Kokand, et la *Pravda*, citant ce même Premier ministre, écrit, elle, qu'un responsable du parti pour la ville de Ferghana s'est fait tirer dessus en essayant de se mettre en travers des émeutiers qui seraient des « éléments extrémistes au passé criminel ».

L'ennui est que ces « criminels » ont, selon tous les témoignages, entre quinze et vingt-cinq ans, et que la *Komsomolskaïa Pravda* parlait, la veille, mardi, d'un fort taux de chômage parmi les jeunes de la région. L'antagonisme national entre Ouzbeks et Turcs meskhs se double, c'est clair, d'un problème social majeur, et si les violences ont d'abord éclaté à propos d'une querelle de prix sur un marché libre, c'est que la question des prix et des pénuries devient partout explosive.

Ce qui se passe aujourd'hui en Ouzbékistan se reproduira

— cela ne fait pas l'ombre d'un doute — demain ailleurs et en attendant, dans une dépêche largement reprise par les quotidiens de jeudi, l'agence Tass parle de « pogroms » antiturcs et de « calme trompeur ». Parmi les morts, écrit l'agence officielle, on relève un « nombre considérable » de femmes et d'enfants [...] « lapidés à mort ou brûlés dans les flammes de leurs maisons ». Ajoutant d'autres noms de localités (Tachlak, Margilan, Komsomolski) à la liste des villes touchées, la dépêche parle de jeunes « de seize à vingt ans saouls ou drogués », de « plusieurs milliers » de Turcs installés « sous le soleil » dans des camps de fortune où manquent médicaments, lits et vêtements d'enfants, où la nourriture n'a été, selon la *Komsomolskaïa Pravda*, acheminée régulièrement qu'au bout de trois jours.

« En réalité, l'accord [sur un cessez-le-feu, comprend-on] est loin d'être fait », poursuit l'agence tandis que la *Pravda* fait dire à un officier de la milice locale : « Le couvre-feu n'est en vigueur que durant la nuit et dans la journée la foule tue pratiquement impunément et pille. »

Le tableau d'ensemble est si apocalyptique que si M. Gorbatchev n'avait pas lui-même abordé le problème devant le pays, on en viendrait à penser que ses adversaires conservateurs ne sont pas mécontents d'en rajouter. Mais, tueries en moins, le discours d'investiture prononcé par M. Ryjkov, l'un des deux alliés les plus sûrs de M. Gorbatchev au bureau politique, n'était guère plus rose.

Sans concession à la langue de bois et aux lendemains qui chantent, le seul des dirigeants du parti à s'être acquis une réelle popularité par ses airs de technocrate courtois et fermé a en effet prononcé un discours de crise. Ce n'est plus la « précrise », comme l'on disait depuis quatre ans, c'est la crise, une banale crise d'État vivant au-dessus de ses moyens et qui doit drastiquement réduire ses dépenses, alors même que la situation sociale de dizaines de millions de ses citoyens est devenue intenable.

Il faut réduire, réduire avant toute chose le déficit budgétaire (de 29 milliards de roubles en 1989 et de 34 milliards l'an prochain) [1] et non pas emprunter à l'étranger, a donc expliqué le Premier ministre en révélant à l'appui de cette nouvelle rigueur financière contestée par beaucoup d'économistes

1. Un rouble : 10 francs français au taux officiel.

réformateurs que, non, le pétrole ne garantissait plus la solvabilité de l'URSS.

Le pays a bien d'autres richesses naturelles, mais un nouveau mythe s'effondre là, et l'URSS n'en finit décidément plus de dégringoler dans le réalisme, comme dessaoulant après une cuite de soixante-dix ans. Et puisque le pays se banalise, M. Ryjkov a donné, dans la foulée, une série de chiffres, comme ceux du budget spatial (6,9 milliards, dont 3,9 milliards pour des fins militaires et 2,1 pour la seule navette Bourane) ou ceux de la ventilation des dépenses militaires (32,6 milliards pour les armements et 20,2 milliards pour l'entretien des troupes de l'armée de terre et de la marine).

On a encore entendu M. Ryjkov déclarer que la situation économique ne s'était « virtuellement pas améliorée ces dernières années », longuement insister sur la nécessité de développer l'autonomie des entreprises, des Républiques et des régions, tout en ne laissant pas enfler une masse salariale génératrice d'inflation et de pénuries supplémentaires, et annoncer enfin le relèvement à 70 roubles mensuels (le seuil de pauvreté) du plancher des pensions de retraite. Quant aux anciens combattants — un formidable groupe de pression sur lequel lorgnent les conservateurs —, ils auront désormais droit à la gratuité des médicaments et des transports.

Tout cela faisait sérieux, pas idéologique pour deux sous, mais pas très convaincant pour autant sur les possibilités de sortie de la crise à brève échéance.

L'URSS a un Parlement : Sakharov et Gorbatchev pressent le pas

Comme souvent les justes, M. Sakharov sait manier le symbole. Vendredi 9 juin, alors que s'achevait la première session du Congrès des députés du peuple, il arrache la parole à un président de séance réticent (M. Gorbatchev, bien sûr) et commence à lire de sa voix bizarrement ferme et nasillarde une longue déclaration politique.

C'est son bilan des treize journées de débats qui ont tenu

l'URSS en haleine, et la conclusion du prix Nobel de la paix est qu'il faut abroger l'article 6 de la Constitution. C'est une bombe tranquillement jetée par ce vieux monsieur frêle qu'un bon tiers des députés honnit et auquel le secrétaire général du parti ne s'adresse, marque de respect, qu'en utilisant son prénom et patronyme. C'est une bombe, car cet article 6 stipule que le parti communiste est la force dirigeante du pays.

L'abroger, ce serait tout simplement changer de régime, tirer la conséquence institutionnelle du glissement de pouvoir qui est en train de s'opérer entre le parti et la représentation nationale — et la tirer, qui plus est, avant même que cette évolution virtuelle ne se soit concrétisée. Peut-être en viendra-t-on là un jour, mais, pour l'heure, la proposition n'est pas d'actualité. Elle est si explosive même, si contraire à la démarche de M. Gorbatchev, qui ne formalise les changements que lorsqu'ils sont déjà devenus réalités, qu'au bout des cinq minutes de temps de parole réglementaire l'académicien est rappelé à l'ordre.

Il s'obstine. La clochette se fait de plus en plus impérative et le micro est bientôt coupé au plus célèbre des députés soviétiques qui vient, dans cet incident, de désigner la limite encore infranchissable — la limite à franchir entre la liberté de parole et la démocratie. C'est une belle leçon de choses politique — à laquelle M. Gorbatchev avait, au demeurant, répondu d'avance en présentant à la mi-journée son propre bilan de la session.

L'avantage allait là au chef de l'État, qui n'avait pas, lui, à se soucier de la moindre clochette, et M. Gorbatchev a ainsi pu balancer son propos, rassurer à droite et rasséréner à gauche, c'est-à-dire chanter d'une seule voix le changement démocratique et la continuité socialiste. L'exercice était bien mené, les articulations nettes. Mais si prudent qu'ait été le ton, le changement l'emportait nettement, pour la simple raison que ce mot de « socialisme » ne désigne pas grand-chose d'autre que ce système en train d'être démantelé.

« Tout va très bien. M. l'Appareil, tout va très bien... », semblait donc chanter le secrétaire général, dont la seule et fondamentale concession au dogme aura été... celle sur laquelle M. Sakharov a mis le doigt. Car, si pour M. Gorbatchev les débats du Congrès constituent « un événement majeur de l'histoire de l'État soviétique [...], une nouvelle étape du développement de la démocratie [dans laquelle] nous sommes devenus témoins et participants d'une libre confrontation de points de vue » et une « occasion unique pour la société tout entière de voir clairement l'état des choses », ils signifient aussi que l'URSS n'a pas besoin du pluripartisme.

« Le pluralisme d'opinions est mis en vigueur, dit-il, et dans mon esprit le travail du Congrès démontre de façon convaincante qu'existent dans le cadre du système politique soviétique, sur la route de la démocratisation et de la *glasnost*, les possibilités d'exprimer le plus largement des façons de penser différentes. »

Mais si les institutions politiques ne doivent pas évoluer plus avant, rien de ce qui s'est passé pendant ces quinze jours, poursuit M. Gorbatchev, ne doit faire regretter ce tournant auquel « beaucoup d'entre nous se sont révélés impréparés psychologiquement ou, peut-être, intellectuellement ». « Tout ce qui est raisonnable, innovateur et constructif doit être mis en application sans aucun préjugé, dit-il, nous avons besoin de décisions extraordinaires, de percées dans la réflexion [...], de nouveauté et d'audace [car] le principal, le plus important, est d'aller de l'avant. »

Et comme pour donner l'exemple, M. Gorbatchev se livre alors au plus vigoureux plaidoyer qu'il ait jamais prononcé en faveur de la « restructuration drastique des modes de propriété socialiste ». « Le cœur du problème, dit-il, est que la société, tout en restant propriétaire de la propriété publique, en remette, à travers différentes formes de baux, l'essentiel aux collectifs de travail et aux individus, qui prendront sur eux-mêmes la pleine responsabilité de leur utilisation, assureront certaines obligations économiques vis-à-vis de l'État et géreront leurs propres affaires [...] en producteurs indépendants du marché socialiste. »

Sauf contre-offensive victorieuse des conservateurs, cette évolution personnelle de M. Gorbatchev vers la généralisation des systèmes de baux devrait impliquer une accélération de leur introduction dans les campagnes. De ce point de vue, le secrétaire général a d'ailleurs procédé à une autocritique très remarquée en déclarant que l'une des « plus sérieuses carences » de l'action menée jusqu'à présent avait été « la lenteur du démantèlement de structures de gestion dépassées et les tentatives de traiter les problèmes accumulés par d'anciennes méthodes qui avaient déjà fait faillite ».

Pour le reste, M. Gorbatchev n'a surpris personne en renvoyant dos à dos « conservatisme et gauchisme », en expliquant qu'il ne fallait pas critiquer l'appareil en tant que tel, mais le vieil appareil auquel doit immanquablement succéder un nouveau, en rejetant « catégoriquement » les attaques contre le parti, qui doit cependant — autant dire que ce n'est pas le cas — « se réformer plus rapidement que l'ensemble de la société », ou en assurant le Congrès et le pays qu'il n'y avait pas de « danger de coup d'État » tant le bureau politique et le Comité central étaient unis dans la voie des réformes.

M. Gorbatchev n'aurait pu souligner plus clairement que, s'il tombait demain, ou n'avait plus les coudées franches, les réformes seraient menacées — qu'il faut donc le ménager et le soutenir —, et cette dimension personnelle de la *perestroïka* devient si décisive que le chef de l'État s'est expliqué sur la concentration des pouvoirs.

« Comme communiste, je rejette totalement les insinuations selon lesquelles je tenterais de concentrer tout le pouvoir entre mes mains. Cela contredit mes idées, ma conception du monde et même mon caractère. Ce n'est pas dans ce but que le parti et le peuple ont entrepris la tâche ardue de la démocratisation [et] je n'ai pas d'autre politique que la restructuration, la démocratisation et la *glasnost* [qui sont] l'essence de ma vie et de mon travail. »

Énergique et déterminé, M. Gorbatchev s'est donc vu rétorquer par M. Sakharov que les « pouvoirs pratiquement illimités » dont il dispose désormais sont « extrêmement dangereux » — même confiés à l'homme qui a été l'« initiateur de la *perestroïka* ». Plus dangereux que ceux de Staline ? Plus dangereux que ceux de Brejnev ? L'expérience tranchera. En attendant, tandis que les députés se séparaient, les troubles d'Ouzbékistan non seulement se poursuivaient mais s'étendaient — au nord vers le district d'Andijan, au sud-ouest vers celui de Namangan — et atteignaient même la région de Leninabad, sur le territoire d'une autre république, le Tadjikistan.

« Il est visiblement trop tôt pour se tranquilliser », écrit samedi matin la *Pravda* en parlant de bandes organisées, disposant de mitraillettes, pistolets et armes blanches, et attaquant systématiquement les forces de l'ordre pour se procurer d'autres armes. Un autre quotidien parle de « génocide » contre les Meskhs. Le premier secrétaire de district de Tachlak n'a dû la vie sauve qu'à une intervention *in extremis* de la milice contre des manifestants qui voulaient l'arroser d'essence et le brûler vif.

Ça va mal, si mal que la télévision a montré, vendredi soir, les premières images de l'Ouzbékistan à feu et à sang.

Ballon d'essai estival: Alexandre Iakovlev aime le marché

Reléguées, de fait, au second plan par la mise en place des réformes politiques, les réformes économiques ont désormais la priorité à Moscou. Après que M. Gorbatchev eut souligné, en conclusion des premiers débats du Congrès des députés, la nécessité d'accélérer ce qu'on appelle la « diversification des formes de propriété », son bras droit au bureau politique, M. Iakovlev, vient en effet de promouvoir le développement du « marché socialiste » au rang d'objectif premier de l'Union soviétique.

La réunion du Congrès ayant créé un « facteur d'irréversibilité de la *perestroïka* » et permis à la démocratie de « gagner », a-t-il déclaré, jeudi 22 juin, devant les ouvriers d'une grande usine automobile de Moscou, l'effort principal doit maintenant se porter sur l'économie dont la crise ne peut se résoudre dans le cadre des structures anciennes. « Beaucoup dépend là, a-t-il poursuivi, de la question du marché socialiste [car] le marché est une technique économique dont la fonction est d'assurer l'échange et la distribution. »

Pure technique, le marché n'est donc pas plus lié à un système social qu'à un autre et sa désidéologisation permet, en conséquence, à M. Iakovlev d'en faire une apologie digne des économistes occidentaux les plus libéraux. Car non seulement, dit-il, ce sont les tentatives de s'en passer qui ont créé « la situation actuelle », mais sa « fonction n'est pas uniquement économique [puisque] le marché est le fondement économique de la démocratie ».

En quoi ? Tout simplement parce que aujourd'hui « la démocratisation de la société et du pouvoir devance de beaucoup celle de la propriété [...] », que cette contradiction freine les choses et que « tant que durera cette situation, la *perestroïka* ne pourra avoir son plein effet sur la vie des gens ».

Mais, économique et politique à la fois, la fonction du marché est aussi de « gérer » car il faut confier « aux processus d'autorégulation ce qui ne peut et ne doit pas se régler à partir du centre ». « Créer un marché, explique alors M. Iakovlev, cela signifie lui remettre une part du pouvoir — cette part du pouvoir qui se nourrit des pendules et vit, grâce à elles, en parasite ». Jamais, depuis les débuts de la *perestroïka*, il n'avait été dit aussi crûment par un dirigeant soviétique que le développement d'un marché impliquait, obligatoirement, pour le parti et l'État, un dessaisissement de pouvoir et M. Iakovlev enfonce là le clou en expliquant longuement que jusqu'à présent les réformes des ministères et des administrations centrales se font sans lien avec la définition de mécanismes spécifiques de marché et que c'est la raison pour laquelle on n'aboutit à rien en ce domaine.

Cela faisait déjà beaucoup pour un seul discours (auquel la *Pravda* accordait, vendredi matin, une demi-page) mais M. Iakovlev est allé plus loin encore en pointant le doigt sur une quatrième fonction du marché : la « fonction idéologique ». « En se tournant vers le marché, l'individu et les collectifs [c'est-à-dire ici les entreprises] réalisent leur liberté de choix », a-t-il dit en soulignant que tant que la satisfaction des besoins dépendrait partout et en tout des instances supérieures, on ne sortirait pas « du cercle des combines et de l'indifférence démoralisatrice. »

En clair : tant que les Soviétiques resteront des objets de la vie économique au lieu d'en être les acteurs, tant que tout le pouvoir économique sera entre les mains de quelques hommes, la corruption, le marché noir, l'économie parallèle et le j'm'enfoutisme continueront de régner.

L'année dernière déjà, M. Iakovlev avait joué le rôle de poisson pilote dans le lancement des réformes politiques. Le mot d'ordre était alors la création d'un « État de droit ». Il est aujourd'hui de créer une « économie de droit » — c'est-à-dire ne relevant pas de l'arbitraire de quelques hommes mais des règles universelles et éprouvées de l'offre et de la demande et de l'établissement, après débats parlementaires, d'une réglementation applicable à tous.

Reste à passer des mots aux faits, ce qui sera certainement

beaucoup plus ardu et long en ce domaine que cela ne l'a été pour ce qui est de la politique. Si les changements institutionnels peuvent se décréter et ne gênent finalement que quelques millions, si puissants soient-ils, de membres de l'appareil, le changement économique est, lui, non seulement plus complexe à instaurer mais bouleverse également — et pas forcément pour le mieux — la vie quotidienne de la quasi-totalité de la population.

Beaucoup plus qu'avec les réformes politiques, on entre ici dans la zone des tempêtes. Bientôt sonnera l'heure de l'affirmation de choix sociaux (qui et quels secteurs veut-on faire profiter des réformes ?) et donc des affrontements sociaux — de ce que le lointain ancêtre de ce régime appelait la *lutte des classes*.

En attendant, les commissions du Soviet suprême examinent à la loupe la composition du nouveau gouvernement que le Premier ministre désigné, M. Ryjkov, doit présenter la semaine prochaine aux députés. L'un des plus célèbres économistes réformateurs d'Union soviétique, M. Abalkine, a été accepté pour le poste de vice-Premier ministre. Cinq autres candidats à un portefeuille ont, en revanche, été écartés par les commissions : MM. Zakharov pour la Culture, Poladzade pour la Construction hydraulique, Gramov pour les Sports, Gribov pour la présidence de la Banque centrale, et Kamchalov pour celle du comité d'État pour le Cinéma.

Tout bien considéré... : Alexandre Iakovlev n'aime pas les révolutions

En début de journée, mardi 11 juillet, l'événement majeur était la présence à Moscou d'Adam Michnik, discourant dans un institut du ministère des Affaires étrangères sur le socialisme, la *perestroïka*, l'Europe et le nationalisme Il fallait se pincer pour y croire, pour se convaincre que le théoricien de l'opposition polonaise devenait désormais un interlocuteur reconnu des autorités soviétiques.

Il n'avait pourtant pas terminé son exposé que la vedette lui était déjà ravie par un membre du bureau politique, M. Alexandre Iakovlev, qui concluait un bilan des Révolutions française et soviétique par un rappel du « Tu ne tueras point » des dix commandements.

Cela se passait dans un grand théâtre de Moscou, tout fleuri de drapeaux tricolores, personnalités, petits fours et musiciens. Officiellement, on célébrait le Bicentenaire et une délégation était venue tout exprès de Paris sous la conduite du secrétaire d'État pour les relations culturelles internationales, M. Thierry de Beaucé. Plus protocolaire, on ne pouvait pas faire, mais c'étaient les Soviétiques qui avaient voulu cela, insisté même auprès d'un Quai d'Orsay déjà submergé par les cérémonies parisiennes, et leur but était évidemment, sous couvert de notre 1789, de parler de 1917 et de la *perestroïka*.

D'emblée, donc, M. Iakovlev explique que « l'essence profonde de la Révolution française est d'avoir établi les grands principes de la liberté de pensée qui sont devenus la substance même du capital culturel de l'humanité ». Se serait-il arrêté là qu'on aurait compris que la liberté de pensée était à ses yeux une valeur fondamentale et universelle, que sa défense légitimait des bouleversements majeurs et qu'elle était tenue pour essentielle par les chefs de file de la *perestroïka*. On aurait compris, mais M. Iakovlev a enchaîné en expliquant que la « force » de 1789 était d'avoir puisé ses sources dans la Réforme, les Lumières, Rousseau et Montesquieu, dans la défense de l'homme et dans celle de l'État de droit et de la séparation des pouvoirs, dans Turgot — bref, dans tout ce que le communisme d'hier avait jeté aux célèbres « poubelles de l'histoire ».

Publiquement, en tout cas, jamais un membre du bureau politique n'avait été si loin dans le réexamen de l'histoire et de celle des idées, mais ce n'était pas encore tout. Car après avoir dit et redit que la Révolution française avait « renversé un système de valeurs en proclamant que l'État était fait pour garantir les droits de l'homme », tels que la présomption d'innocence ou la liberté d'expression, M. Iakovlev en vient à son propos principal.

« La Révolution française a permis de découvrir [le problème de la] rupture entre les aspirations et la réalité », déclare-t-il, en expliquant que « la tragédie des révolutionnaires du XVIIIe siècle est d'avoir voulu créer un royaume de vertus » et de n'avoir pas vu que « le risque de l'absence de patience était de conduire à l'intolérance », que les moyens ne devaient pas remplacer le but et qu'il y avait une « logique de l'autodestruction ».

Ce sont là, dit alors le chef de la Commission internationale du Comité central, les problèmes de toutes les révolutions. La française a justifié la justice sommaire, « dévoré ses propres enfants », envoyé à la guillotine Chénier et Lavoisier, et « créé ses propres freins en se laissant séduire par la Terreur ». Quant à la soviétique, elle n'a pas su, malgré l'expérience historique, éviter le sang, et si la « contre-révolution a, là, sa part de responsabilité, le fait est aussi que beaucoup de camarades croyaient en la force purificatrice de la terreur [et à son utilisation] pour accélérer le processus de création de la société nouvelle ».

Si les mots ont un sens, c'est un *nostra maxima culpa* qu'est en train, par ce discours, de prononcer ainsi le bureau politique soviétique — ou tout au moins sa fraction réformatrice. « L'histoire, poursuit M. Iakovlev, ne peut être autre [qu'elle a été] mais nous pouvons, nous, être autres » en comprenant que « la violence engendre la violence, [que] l'homme libre ne peut être créé à coups de fouet [et que] les vrais révolutionnaires ne doivent pas faire de la révolution un dieu [mais] savoir quand il faut être révolutionnaire et quand il faut être réformiste ».

Or, pour l'heure, s'il faut une révolution, c'est celle « des consciences » — « la seule qui puisse remédier au cynisme. A la double morale et à l'absence de foi ». « C'est là le but de notre *perestroïka*, mais ces tâches sont de dimension historique et ne peuvent être réalisées d'un coup », conclut M. Iakovlev en faisant un parallèle audacieux entre les grands anniversaires de l'époque : le millénaire du baptême de la Russie, le centenaire de l'Internationale socialiste et le Bicentenaire français — tous événements, dit-il, de la culture humaine.

Après cela le discours du ministre français ne pouvait être qu'un discours de ministre, coupé à deux reprises d'applaudissements impatients puis de fous rires quand M. de Beaucé, renonçant, pour faire plus vite, à lire son texte en français a laissé l'interprète en débiter la traduction russe. Ce n'était pas vraiment à la hauteur, mais un membre de la délégation, M. Régis Debray, a su relever le gant par une improvisation assez brillante sur le thème de la plus grande difficulté qu'il y a à terminer la révolution qu'à les commencer.

L'idée forte était que si la Révolution française a mis près d'un siècle à aboutir à la République française, les Soviétiques n'auraient pas encore, au bout de soixante-dix ans, de raisons de désespérer. Le ton était direct et chaleureux et si M. Debray s'est permis un très hasardeux parallèle entre Staline et Napoléon, il a su faire oublier ce moment de confusion mentale en déclarant que M. Iakovlev était, comme lui-même, devenu un réformiste.

Le bras droit de M. Gorbatchev a souri. Un tabou de plus est tombé et on a pu entendre, dans les coulisses, l'ancien compagnon de « Che » Guevara demander à un dirigeant soviétique d'intervenir auprès de Castro pour obtenir la grâce des officiers cubains condamnés à mort. Là, c'était vraiment le point d'orgue de la journée mais auparavant il y avait eu M. Michnik, son rire d'éternel adolescent qui séduirait un rideau de fer et toutes les supputations sur les contacts officiels qu'il pourrait avoir avec le parti soviétique.

Le directeur du quotidien de Solidarité expliquait mardi que la culture russe a une portée universelle, que la *perestroïka* avait enfin permis à l'Union soviétique de voir en la crise polonaise ce qu'elle est — un élément de la crise générale du communisme — et que l'URSS, la Pologne et la Hongrie avaient aujourd'hui les mêmes aspirations. Toutes trois veulent préparer leur « retour dans l'Europe » et retrouver leur identité nationale, a-t-il dit en expliquant qu'une des formes de cette seconde aspiration (le repli nationaliste qui n'est pas l'amour de la patrie) pouvait entrer en conflit avec la première et qu'il y avait là une des grandes contradictions de l'heure. Loin des formations de gouvernement, l'exposé volait haut mais certaines questions volant bas, on a entendu M. Michnik déclarer, cinglant, qu'il n'avait malheureusement pas de définition du socialisme à fournir, mais qu'une organisation en avait une — le KGB. Le mot a plu.

C'était une journée de *perestroïka* à Moscou, mais les réalités étant ce qu'elles sont, on apprenait le soir que les violences avaient repris (deux morts et une vingtaine de blessés) dans le Haut-Karabakh. Toute laisse penser que ces affrontements vont se poursuivre et tandis que M. Gorbatchev est à Leningrad, le gouvernement a annoncé, mardi, sous les applaudissements des députés du Soviet suprême, que les étudiants actuellement sous les drapeaux seraient libérés par anticipation pour pouvoir reprendre leurs études.

Reste le principal : Le casse-tête économique

De la poule économique et de l'œuf politique, lequel précède l'autre et lui commande ? L'idée reçue, depuis Marx et plus d'un siècle de vulgate marxiste, est que tout, bien sûr, dépend de la poule mais rien ne vaut pourtant la fréquentation des pays socialistes pour convaincre du contraire.

Ici, dans ce continent dessiné par Staline et secoué par l'agonie du communisme, tout est à refaire. De l'agriculture à l'industrie, des rares secteurs de pointe aux transports, aux aciéries ou à la distribution, rien ne marche — absolument rien, sauf le marché noir, toujours plus florissant, libre et pernicieux.

Quand donc tout est à refaire, que l'expression galvaudée de « réforme économique » signifie réellement que chacun des rouages de l'économie est à repenser et qu'il faut fébrilement chercher la clef d'un tel changement, on s'aperçoit qu'il n'en est qu'une. C'est la politique, la politique qui commande tout aujourd'hui à l'Est car la réforme économique est affaire de rapports de forces, d'évolution des mentalités, de projet social et, au bout du compte, de confiance, de « consensus », dirait-on dans la langue de bois occidentale.

Pour remplacer un système qui n'est pas simple superstructure, il ne suffit pas, en effet, de prendre un décret ni même de s'en faire accorder le mandat dans des élections démocratisées. Il y faut une révolution sociale puisque, contrairement à l'idée reçue, il n'y a pas que la caste au pouvoir pour défendre le *statu quo* de cette économie du tout-État.

La réalité est que tout le monde est contre ce système, mais que chacun, dans le même temps, veut sa préservation. Intellectuellement, on est contre puisque tout le monde — des fonctionnaires de la planification centralisée aux simples citoyens confrontés aux pénuries — voit bien qu'il a déjà conduit à la faillite. Mais, dans la pratique, les premiers pensent à leurs fauteuils et les seconds à leurs revenus.

C'est qu'un tiens, dit-on, vaut mieux que deux tu l'auras. Quand, par exemple, Mikhaïl Gorbatchev tonne contre les ouvertures de chantiers, jamais terminés, s'il tonne dans le vide, c'est que cet état de fait arrange beaucoup de gens. Et pourtant tous y perdent, puisque la masse d'argent, d'heures de travail et de matières premières gaspillée explique en grande partie que, quarante ans après la fin de la guerre et cinquante ans après les débuts de l'urbanisation forcée, un logement décent ait toujours en URSS la rareté du bonheur.

On nage dans l'aberration, mais pas du tout parce que les Soviétiques seraient plus bêtes que d'autres. Tant que la planification centrale et ses fonctionnaires ont réussi à ouvrir le nombre de chantiers prévus, ils ont rempli leur contrat. Personne ne peut rien leur reprocher, ce n'est pas leur faute si l'aval ne suit pas et pourquoi courraient-ils plaider la suppression de leur propre rôle sous le seul prétexte que le pays se porterait mieux en se passant d'eux ?

Il faut d'abord s'en persuader, admettre qu'on ne sert à rien et que la faute ne tient pas à d'autres. Et, si on a franchi cette étape, il faut soit avoir une vocation de martyr, soit être sûr qu'on pourra se recaser ailleurs. Et là, tout grippe car, pour pouvoir se recaser ailleurs, il ne faut pas seulement avoir la capacité de s'adapter à des conditions de travail totalement nouvelles. Il faut avant tout être convaincu que le changement est irréversible, qu'on ne va pas non seulement lâcher, mais combattre la proie pour le seul profit d'une ombre fugitive — secteur privé, directions économiques décentralisées ou sociétés mixtes soviéto-étrangères.

Parmi les plus jeunes fonctionnaires des départements économiques, beaucoup aujourd'hui sautent le pas. Ils gagnent plus et découvrent des perspectives de carrière. Mais si le mouvement n'est pas plus massif, c'est que le médiocre fauteuil des grandes administrations centrales continue d'apparaître plus stable que la *perestroïka*.

Cela est tout aussi vrai aux échelons intermédiaires et quand on arrive jusqu'au chantier lui-même, sur lequel travaillent — mal, mais travaillent — des ouvriers qui ont des yeux pour voir, le problème est toujours le même. Si beaucoup souffrent de participer à cette gabegie, tous ont des familles à nourrir et il faut, pour se révolter, n'avoir plus rien à manger, ou sentir que la révolte pourrait n'être pas vaine, ou, encore, avoir déjà atteint un relatif niveau de bien-être.

Peut-être les mouvements de grève qui se multipliaient fin juillet auront-ils, de ce point de vue, marqué un tournant. Peut-être la dégradation de l'approvisionnement et le recul de la peur auront-ils conduit aux premiers signes d'éveil des ouvriers soviétiques. Mais jusqu'à cette date, M. Gorbatchev pouvait citer autant de chiffres accablants qu'il voulait, personne n'allait cesser d'ouvrir de nouveaux chantiers avec le ciment qu'il faudrait pour en finir d'autres.

Ce qui est vrai des chantiers l'est de tout : pour que le camp réformateur recrute non pas des sympathisants mais des militants, il faut que soudain l'on croie à la possibilité de victoire du changement, que le désir de rompre le cercle infernal devienne plus fort que celui de sécurité et que ce mouvement crée le rapport de forces nécessaire.

C'est ainsi qu'après s'être tous posé la question des réformes économiques, les pays communistes en arrivent tous à la conclusion qu'elles ne sont en fait pas possibles sans réformes politiques. Le réalisant, certains d'entre eux font appel à l'armée (la Pologne de 1981 ou la Chine d'aujourd'hui). D'autres serrent les dents en attendant le miracle (la Tchécoslovaquie et la Bulgarie), et d'autres, enfin (la Hongrie, la Pologne et l'URSS), s'engagent dans l'inconnu du démontage complet de leur système économico-politique.

Toutefois, alors que la Pologne et la Hongrie ont mis de très nombreuses années, ponctuées de crises, à franchir ce pas, l'URSS, elle, a brûlé les étapes, comme en compensation de son record d'immobilisme. Il n'a fallu que deux ans à Mikhaïl Gorbatchev pour réaliser que, sans réformes politiques, ses tentatives de réformes économiques ne déboucheraient jamais sur rien.

Avant que l'autonomie des entreprises et le timide feu vert au privé ne puissent avoir de signification réelle, il fallait en effet que les hommes qui devaient désormais gérer ces entreprises, ceux qui devaient en abandonner au contraire la gestion et ceux, aussi, qui étaient susceptibles de se lancer dans le secteur coopératif puissent croire au changement et en voir les premières manifestations.

Du printemps 1987 au printemps 1989, la vie politique soviétique a donc été bouleversée comme jamais un pays socialiste ne l'avait été, mis à part la Pologne de Solidarité. Les placards de l'histoire ont été ouverts et les cadavres déterrés pour prouver qu'on rompait avec le système dit de « commandement administratif » (l'actuel nom de code de la gestion étatique).

On a organisé des élections et créé un Parlement pour faire naître une nouvelle classe politique, séparer les appareils d'État et du parti et dessaisir ainsi l'ancien appareil unique. On a lâché la bride à la presse pour susciter un contre-pouvoir à même de prendre, entre autres, la défense de l'entreprenant contre le bureaucrate. On a entrepris de récrire les lois, infligé de sévères et constantes défaites aux conservateurs, étoffé les rangs du camp réformateur et tout cela pour découvrir... que si l'œuf politique est déterminant, la poule économique sait aussi rappeler qui pond.

Si l'économie — à l'Est comme à l'Ouest — est avant tout affaire de confiance, c'est-à-dire de politique, il faut en effet savoir aussi faire ses additions. Il était urgent, quand M. Gorbatchev est arrivé au pouvoir, de placer l'URSS en cure de désintoxication. On a considérablement limité les ventes d'alcool. Personne n'a osé y redire mais, à ce jour, cela a coûté en pertes de taxes 20 milliards de roubles à l'État.

Personne n'a protesté non plus quand devant l'effarant état des infrastructures sociales, notamment médicales, on a décidé d'augmenter les enveloppes correspondantes. Les dépenses en ont augmenté de quelque 10 milliards de roubles par an. Là-dessus, les prix du pétrole se sont écroulés sur le marché mondial. Il y a eu Tchernobyl puis, plus récemment, le tremblement de terre arménien.

Le déficit budgétaire soviétique est aujourd'hui non pas de 100 milliards de roubles comme on n'osait à peine le murmurer il y a quelques mois, mais de 120 milliards — en attendant une nouvelle estimation de la hausse. C'est la catastrophe, et quand on a commencé à en prendre conscience, explique Egor Gaidar, le chef du service économique du mensuel théorique *Communiste*, dans un souci d'économie de devises, on a pratiquement stoppé (M. Gorbatchev vient maintenant d'annoncer un mouvement inverse) les importations de produits de consommation mais oublié que ces mêmes importations rapportaient sous forme de taxes huit roubles par dollar.

Cela n'a rien arrangé. L'URSS de la *perestroïka* se trouve maintenant confrontée à des magasins vides et la masse d'argent inutilisable en circulation exerce une considérable pression inflationniste qui rend vain tout espoir d'amélioration rapide de la situation. On a beau augmenter les livraisons — et c'est le cas —, les rayons restent déserts. Il faudrait, par exemple, rien moins que doubler — de 60 à 120 kilos par an et par habitant — la consommation de viande pour résorber ce qu'on appelle le « manque » (*déficit* — dit-on en russe).

L'URSS sans clichés

V. LAGRANGE / RODINA

Tabac

C'est un kiosque à tabac, un de ces millions de petits kiosques blancs qui font l'Union soviétique. Des confins européens de la Baltique indépendantiste jusqu'à la façade pacifique en passant par la misère de l'Asie centrale, ils sont partout, débitant cigarettes, babioles, glaces, et journaux, surtout.

On s'y donne rendez-vous « devant les kiosques, à la sortie du métro ». Pour une petite voiture, un bonbon, une poupée, les gosses s'y accrochent en hurlant, toujours trop chaudement vêtus dans ce pays qui disait avant la perestroïka *: « Le communisme, nous ne le verrons pas, mais pour les enfants... c'est dommage. » A cette époque-là — il n'y a pas si longtemps — le kiosque à journaux ne faisait pas recette. Rien de meilleur que les glaces d'à côté et rien de plus mortel, de plus insultant pour l'espèce humaine, que ces quotidiens gris chantant Brejnev et ses médailles. Depuis, tout a changé : il y a toujours queue, même en hiver, pour les glaces, mais queue aussi pour les journaux. Dès sept heures le matin, on se rue et à huit heures vous ne trouverez plus que* l'Étoile rouge, *l'organe du ministère de la défense (moins 20 % de vente en un an), ou* la Russie soviétique, *quotidien du national-communisme qui a perdu un quart de ses lecteurs.*

Pour Ogoniok, *le grand hebdomadaire illustré des réformateurs (4 600 000 exemplaires contre 3 000 000 début 1989), pour la* Komsomolskaïa Pravda *(plus de 20 millions d'exemplaires après un bond de 20 %) pas la peine d'essayer : il faut être dans les bonnes grâces de la kiosquière ou arriver avec la livraison et vous asseoir sur les paquets.*

L'URSS, c'est les kiosques, aussi sûrement que les terrasses de café, c'est la France, les canaux, Venise, et Coca-Cola, l'Amérique, mais un kiosque ne fait évidemment pas un pays. L'URSS éclate, mais, si le kiosque la définit, c'est que ce n'est pas totalement par hasard que l'URSS existe. Elle n'est après tout que la continuation d'un empire qui ne cessa de grandir en repoussant l'Europe et l'Asie.

C'est un empire colonial qui n'a pas uni mais réuni par la force. Comme tous les empires, elle va donc devoir s'incliner devant les peuples mais ces peuples ont une géographie, une histoire et un destin communs. Rien n'effacera cela et surtout pas à l'heure où se construit l'Europe unie. Le kiosque survivra, comme renaît l'empire austro-hongrois.

V. SCHEKOLDIN

Goût balte

Russie, Pologne, Allemagne et Scandinavie n'ont jamais cessé de se mêler ici. Tous les peuples, sans parler des juifs, y ont laissé leurs traces, mais chaque recoin des pays baltes évoque autre chose encore. Sitôt descendu d'avion, on en sent le goût dans ce mélange de lourd conformismme convenable et de tolérance tranquille, de cheveux longs et de stricts tailleurs de dames en chignon.

Pas de doute : ce parfum-là c'est celui qu'on respire à Amsterdam, Gdansk, Bergen ou Cracovie — celui de la Hanse qui quatre cents ans après son effacement semble encore se survivre dans ces affinités mystérieuses. C'était une ligue de villes marchandes qui fut deux siècles durant la grande puissance de l'Europe du Nord, sa culture et sa richesse. C'était le triomphe de la bourgeoisie avant les révolutions bourgeoises et partout où elle exista on retrouve ces demeures sereines et cossues, cette harmonie d'un célèbre charme dont la discrétion n'est plus à dire.

Ici, l'on a beaucoup souffert et l'Histoire plus que partout fut si abjecte que jusqu'à aujourd'hui il y a ceux qui commémorent les atrocités nazies et ceux qui dénoncent celles de Staline. Lettonie, Lituanie, Estonie faisaient partie du grand marché que passèrent en 1939 les deux anthropophages du vingtième siècle. Vingt ans indépendantes, elles « rejoignirent » donc l'Union soviétique avant d'être occupées par Hitler et réoccupées par Staline.

Allez dater la « libération » là-dedans, allez dire aux déportés de Sibérie, aux rescapés de la Gestapo, qu'on ne peut se jeter des tyrans à la figure, et vous verrez leurs regards. Oui, ils savent — ceux, surtout, qui goûtèrent aux deux — mais tout le monde, c'est un fait, n'eut pas la même libération. Il est des décennies de saloperie qu'il vaut mieux ne pas trop remuer, oublier même un temps, temps de perdre le souffle devant la beauté de Tartu, la majesté de Vilnius et le protestantisme baroque de Tallinn.

D'ailleurs, il faut se dépêcher. L'Ouest arrive et avec lui les touristes, les restaurations trop léchées, Coca-Cola et toutes les enseignes du village mondial. L'indépendance est proche. La Baltique renaît, le royaume de la Hanse s'éveille. Les pays baltes vont redevenir un carrefour, se voient déjà finlandais, grands intermédiaires entre le marché russe et ces investisseurs qu'apeurent la steppe et le cyrillique. Au Nord du nouveau : le treizième siècle, réinventé par la perestroïka.

MARK STEINBOK

Pronostic défavorable

On ausculte les héros. Fendillés de toute part, ils n'ont plus grand-chose dans le ventre et si le pronostic n'est que réservé c'est uniquement pour ménager la famille. En vérité, il n'y a déjà plus rien à faire et tout le monde a déjà fini par le savoir. « Savez-vous, annoncent fièrement aux étrangers leurs hôtes moscovites, qu'il n'y a jamais eu de révolution d'octobre ? Qu'elle n'a été qu'un coup d'État contre la révolution de février, la vraie ? »

Oui, on le savait et l'on sait aussi que toute redécouverte de l'Histoire implique qu'à l'outrage du mensonge succèdent les simplismes de l'indignation. L'URSS est aujourd'hui malade de son histoire car aucun peuple ne pourrait réaliser sans traumatisme qu'il aura vécu ce siècle pour en arriver là — des décennies de retard sur l'autre Europe, tant et tant de cadavres à exhumer, d'archives nauséabondes à ouvrir, de comptes à régler avec soi-même et les autres.

D'abord il y eut, dans les premières années de la perestroïka, *l'enthousiasme de voir qu'on disait et écrivait enfin ce qui ne se murmurait, avant, qu'entre amis sûrs. Cette période fut une libération car aucun peuple ne peut se connaître sans connaître son passé. Puis ce fut trop, beaucoup trop. Non qu'on n'ait plus voulu savoir mais parce qu'on ne savait pas comprendre ce qu'on apprenait. Une lâcheté nationale ? Un complot international contre l'âme russe ? Une illusion collective puisque, après tout, l'URSS avait bel et bien convulsivement pleuré Staline ?*

C'était dur, et s'ouvre aujourd'hui la troisième période : on veut, de plus en plus, juger les communistes, Lénine et les bolcheviks comme si le Nuremberg du stalinisme pouvait en désignant des coupables cerner la faute. Si cette période était plus qu'un moment, ce serait terrible car trois douzaines de dissidents mis à part, personne n'a échappé au système. Où commença le crime ? Où finissait le simple désir de vivre ? Où était la frontière entre compromis et compromission et qui aurait, aujourd'hui, le droit de le dire ?

Gardiens de camp, tortionnaires de la tchéka et psychiatres du KGB vivent impunis, et c'est simplement insupportable. Reste qu'il serait plus abominable encore que s'ouvre l'ère de l'épuration et il faut à un Français du baby-boom vivre la perestroïka *pour admettre qu'il y eut une sagesse à si peu traquer le pétainisme en 1945. Les révolutions pacifiques ont des pondérations de quadragénaire et c'est mieux.*

Pousser les statues dans le vide — un bon coup ? Attention : il y a des gens dessous.

ZAÏTCHEV / OGONIOK

Atmosphère

Si l'on ne respirait plus en URSS ce n'est pas seulement que l'atmosphère était irrespirable. L'air l'était aussi — et l'est toujours — car la patrie du communisme aimait les fumées d'usine. Sous le capitalisme, on a détruit des paysages, empoisonné des rivières et asphyxié des populations parce que cela aurait coûté plus cher de ne pas le faire. Ici, sous le communisme, c'était tout différent, on en faisant tout autant et en dix fois pis, mais ce n'était pas pour faire des économies.

Cela coûtait même affreusement cher et ne rapportait, au mieux, rien, mais cela faisait prolétaire. Plus les cheminées crachaient d'épais nuages, plus on éventrait les villes et saccageait les campagnes, plus abondaient ainsi les preuves du caractère ouvrier de l'État et de l'impétueuse industrialisation du pays. Cela donne ce cheval sur fond de hauts fourneaux, le XIXe *siècle à l'aube du* XXIe, *mais cela donne aussi Moscou — certainement la seule capitale d'Europe où l'on passe sans transition des corons aux musées, et des jardins aux cimenteries car on a délibérément implanté des usines au cœur des villes.*

Rien d'étonnant si les Soviétiques ont fini par rejeter en bloc pollution industrielle et État du prolétariat, communisme et nuisances. Cela a commencé — comme tout le reste — au début des années 80 et les premiers « verts » se sont déclarés dans les Républiques périphériques, baltes avant tout. Non seulement en parlant d'air on parlait d'atmosphère mais on défendait aussi sa terre aux deux sens du terme et des rangs écologistes sont sortis les bataillons nationalistes qui allaient banaliser l'idée d'indépendance. Plus tôt, il y avait également eu les écrivains sibériens qui ont su sauver le lac Baïkal, les revues qui ont mené le combat contre le détournement des grands fleuves. De ce courant-là est tristement sortie l'extrême droite russe, la branche nationale du national-communisme. Il y eut mille cheminements mais la défense de l'environnement tend à résumer les batailles de l'heure — contre le centralisme, contre la gabegie, pour la primauté de l'homme sur le Plan, contre le gigantisme et pour la rationalité.

Tchernobyl, il est vrai, est passé par là, comme contre-preuve à la preuve d'antan. Ce fut comme une sommation nucléaire avant l'apocalypse et l'évidence qu'elle a donnée à la perestroïka *aura été décisive. Il fallait changer — tout changer.*

PAVEL KASSIN / © V. FEDJUSCHIN et R. GRETLER
avec la participation du Musée de l'Élysée, Lausanne

Obsèques

C'était une industrie, du plâtre et de la fonte, de l'aquarelle et du petit poème. Toutes les écoles fêtaient son anniversaire. Il était partout, posé dans tous les bureaux, cité dans tous les textes, et l'on allait visiter son mausolée comme la tour Eiffel à Paris : en famille, des quatre coins de l'Union.

Lénine, c'était à lui seul le fondement du régime et le paysage urbain, les Écritures sur lesquelles tout reposait et le centre de toute ville soviétique, obligatoirement planté de sa statue en pied. Mâchoire vigoureuse et l'air toujours de marcher contre le vent sous le regard tendre et fier du peuple ouvrier et paysan.

Lénine, c'était tout, et quand un nouveau secrétaire à l'idéologie commença d'expliquer, il y a deux ans, qu'il fallait savoir le lire à la lumière du temps, personne ou presque ne voulut croire que l'idole commençait d'être renversée. Sitôt pourtant qu'on ouvre la porte à l'iconographie, elle s'engouffre, et lorsque l'historien et député Youri Afanassiev monta, le 14 mars dernier, à la tribune du Parlement fédéral, il tremblait un peu mais avec l'assurance, déjà, de ceux qui vont dire tout haut ce que beaucoup pensent tout bas.

La télévision retransmettait ces mots tabous sur le pays : « Nous avons appris de toute notre histoire ce que c'est que la force. Toute notre histoire, c'est justement la force, la violence. Si notre chef et fondateur a réellement jeté les fondements de quelque chose, c'est de l'élévation de la violence, de la terreur de masse, en principe d'État. Il a élevé l'illégalité en principe politique de l'État. »

A l'époque, cela n'avait pas plu à tout le monde. Beaucoup en avaient été horrifiés. Mais si M. Gorbatchev ne tiendra pas avant longtemps semblables propos, il n'avait pas attendu ce coup d'éclat pour enterrer le léninisme. C'était un modèle d'organisation du parti unique, un manuel de prise du pouvoir, la réification meurtrière du marxisme par un petit clerc sorti du XIX*e* *siècle russe. C'est devenu, sous les gorbatchéviens, la faculté de s'adapter, le pragmatisme politique, l'élévation du marché, des libertés et de la démocratie — la légitimation de l'abandon du léninisme.*

De même que le parti, sa discipline et sa centralisation ont servi à briser le parti, Lénine sert à enterrer Lénine — en douceur, dans la continuité —, et un jour ou l'autre on finira par se souvenir que le droit à une sépulture ne peut être refusé à quiconque.

Mais que faire alors d'un mausolée vide ?

MARK STEINBOK

Chrétienté

Maintenant, on n'a plus peur et l'on n'envoie donc plus grand-mère faire baptiser les enfants à la sauvette. On y va tous, en famille, et, comme avant, c'est la fête, et comme il y eut tant d'années sombres et tant de générations qui ne connurent pas l'Évangile, le baptême russe, c'est aujourd'hui les premières années du christianisme.

On se fait baptiser à douze, vingt ou cinquante ans, le prolétaire et l'artiste, hommes et femmes, directeur d'entreprise et semi-mendiant. Cela se fait à la chaîne, dans la fierté de la liberté, l'humilité de l'homme et la relativité de toute chose, puisque celui qui administre le sacrement a de grandes chances d'avoir, un jour, émargé, ou pire, au KGB. Sous les tsars, l'Église orthodoxe prêchait le respect de l'ordre établi. Sous le communisme, atrocement persécutée, brisée, martyre, elle finit, bon an mal an, par composer et s'enrôler.

Que celui qui ne connut pas le stalinisme jette la première pierre et que ceux qui ne comprennent pas que des communistes démantèlent le communisme méditent sur ces prêtres « guébistes » [1] *qui grossissent l'armée du Christ. Qui gagne, alors ? Le KGB ou le Christ ? Le christianisme bien sûr puisque le ministre de Dieu ne fait plus là qu'accomplir une volonté qui le dépasse et que, chaque jour, la spiritualité s'impose un peu plus. Les églises rouvrent. La religion renaît en terre russe, mais si le premier pape slave ménage si peu son soutien à la* perestroïka, *ce n'est pas seulement parce qu'est tournée la page de l'athéisation par le fer. C'est aussi, c'est surtout, que les deux grandes idées du gorbatchévisme sont l'unification du continent européen et le retour de la Russie à ces « valeurs universelles » de l'humanité que sont les Dix Commandements.*

A cela, le pape, dont les premiers mots furent : « N'ayez pas peur ! », et dont toute l'ambition est de reconstruire une Europe chrétienne, ne pouvait qu'être sensible. Il existe désormais entre ces deux hommes — le Russe et le Polonais, le successeur de Lénine et celui de saint Pierre — une complicité trop essentielle pour jamais devenir explicite.

L'un est chrétien, l'autre agnostique, mais tous deux sont, avant tout, européens. Européens ? Nourris, autrement dit, de cette culture judéo-chrétienne, de cette idée d'« alliance », qui fonde le perpétuel rebondissement de la prétention de l'homme à prendre en main sa vie, à postuler que Dieu ou la création sont faits pour le bien du genre humain, et la loi pour défendre les faibles.

---

1. On appelle les hommes du KGB des « guébistes ».

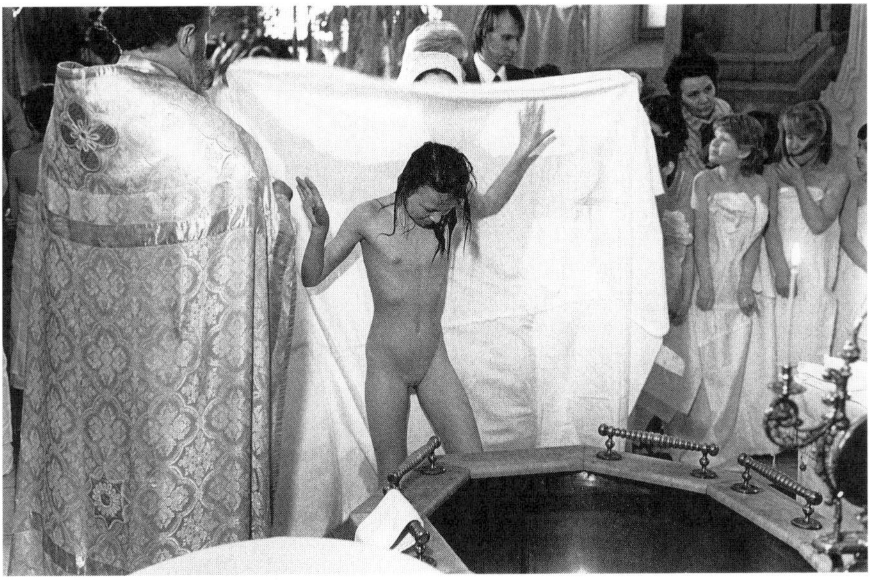

PAVEL KRIVTSOV

L'homme

Ils ne sont pas les plus nombreux car l'exil, l'épuisement ou la mort avaient clairsemé leurs rangs mais certains viennent de la dissidence. D'autres, comme ceux de ce meeting, sont sortis des mouvements « informels », de cette multitude d'organisations spontanément écloses dès les premières années de la perestroïka.

Ceux-là sont jeunes, aisément reconnaissables à leur bonne gueule, et n'ont pas eu le temps d'avoir, ou de ne pas avoir, à entrer au parti. De tous les nouveaux hommes politiques soviétiques, ils sont à la fois les plus sereins et les plus exigeants, sans problèmes avec leur propre passé et déjà tournés vers aujourd'hui — la reconstruction sur les ruines du communisme.

Et puis il y a tous ceux qui se sont formés dans l'aspiration indépendantiste, les écologistes en passe de devenir ministres, les hommes de télévision assez insolents pour être populaires, les plumes de la perestroïka *dont on s'arrache les articles ou les acteurs qui faisaient vibrer d'une intonation que la censure n'avait pas su prévoir. Plusieurs d'entre eux, beaucoup même, étaient ou sont membres de base du parti mais il y a tous ceux surtout — les plus nombreux, de loin — qui appartenaient à l'establishment communiste.*

Sans même parler de l'équipe présidentielle, d'où venaient en effet les héros qui déplacent les foules ? Du parti, tous ou presque de l'appareil du parti, à partir duquel se forme maintenant un échiquier politique complet. Il y a d'anciens ou toujours communistes sociaux-démocrates, néo-nazis, libéraux, thatchériens, humanistes, et un énorme contingent, de tous le plus massif, d'hommes en devenir qui savent déjà ce qu'ils ne sont plus mais pas encore ce qu'ils seront.

Rien d'étonnant à cela. Ils sont simplement à l'image de leur pays, en train d'acquérir une culture et une expérience politiques. Inutile de dire que tout est à apprendre et les trous gigantesques, mais en cinq ans pourtant des députés, des ministres, des chefs de file ou de gouvernement sont apparus. Ce pays était censé n'être plus peuplé que d'hommes nouveaux à la cervelle carrée. Le totalitarisme y avait si bien triomphé, disait-on, qu'il avait façonné un « homo sovieticus » et que, derrière le rideau de fer, l'Histoire s'était achevée.

Le rideau est tombé. Les premières élections partiellement libres datent d'à peine plus d'un an et déjà renaît une valeur sûre : l'homme.

EUGENIA STETSKO

ALEKSANDRAS MACIJAUSKAS

Bref, au moment même où les conditions d'une réforme commençaient de se mettre en place, il faut affronter non seulement la déstabilisation sociale qu'impliquent les transformations dont elle serait porteuse, mais les difficultés, traditionnelles aussi, d'une austérité drastique.

Tout est-il alors perdu pour le réformisme gorbatchevien ? Non, car l'avantage du système de « commandement administratif » est qu'on n'a jamais fini de découvrir ses aberrations — c'est-à-dire les possibilités d'économie qu'il recèle. Les réformateurs dressent en ce domaine des listes impressionnantes. Mais, pour aller aussi loin, par exemple, que la fermeture massive des secteurs à investissements perdus, il faudrait... consolider beaucoup plus encore le parti du changement et aller plus encore de l'avant dans les réformes politiques.

Tout dit qu'on s'y prépare, mais le triomphe de l'œuf n'est pour autant pas encore assuré, car ce qui manque, encore et toujours, à l'Union soviétique, c'est la possibilité de recréer sans trop de délais une agriculture productive. Tant que le pays n'y sera pas parvenu, aucune mesure déflationniste ne parviendra à réduire les queues et aucun progrès ne donnera à la population ce sentiment palpable d'amélioration sans lequel elle ne se mobilisera pas plus qu'elle n'admettra les sacrifices.

L'ennui est qu'il ne suffit pas en URSS de lâcher la bride aux paysans pour que renaisse l'agriculture. En Chine, il y avait toujours une paysannerie lorsqu'on s'est décidé à faire appel à elle et il en existe une dans toutes les démocraties populaires. En URSS, non.

Les massacres de la collectivisation, l'industrialisation sauvage des années trente, l'abandon systématique des investissements sociaux dans les campagnes et l'attrait conséquent des villes font qu'il n'y a plus aujourd'hui d'agriculteurs soviétiques. Moscou est à un paysan russe ce que New York est à un réfugié salvadorien et, s'il y a des fonctionnaires de fermes collectives, il n'y a plus d'agriculteur.

Il ne faut pas seulement recréer une agriculture, mais créer aussi des paysans. La tâche n'est pas impossible, mais là encore, pour que la poule retombe sur ses pattes, il faut commencer par l'œuf — par la politique. Et comment instaurer la confiance au milieu des bouleversements et des crises ? Chaque entrepreneur le sait : il n'est pas nécessaire d'espérer pour entreprendre ni... Le tout est de commencer.

Septembre-décembre 1989
L'Europe centrale fait le mur

Bientôt tombera le Mur : « A la veille de grands changements »

Tout en haussant publiquement le ton contre l'Allemagne fédérale, les milieux dirigeants soviétiques souhaitent que l'Allemagne de l'Est puisse aménager au plus vite un processus de démocratisation politique qui leur semble aussi inéluctable qu'indispensable au maintien de la stabilité européenne.

Au-delà des communiqués officiels de solidarité avec la direction est-allemande, on considère en effet aujourd'hui à Moscou que l'« attirance » entre les deux Allemagnes est une « réalité incontournable » et qu'à défaut d'une libéralisation de la RDA permettant de calmer le jeu dans les deux États, une vague incontrôlée de nationalisme allemand risque de secouer l'Europe.

Tirant, sous condition d'anonymat, un premier bilan de l'affaire des réfugiés est-allemands de Hongrie, un haut responsable soviétique nous a ainsi déclaré, mardi 12 septembre, que la République démocratique allemande « était à la veille de grands changements, presque en situation prérévolutionnaire ».

Sans même parler de l'état de santé de M. Honecker, cette certitude se fonde sur la moyenne d'âge des dirigeants est-allemands, qui induit obligatoirement une relève à court ou moyen terme, mais interdit aussi d'espérer des changements substantiels avant qu'elle n'intervienne. Pour empêcher que la tentation d'émigrer ne se développe encore et ne donne lieu à de nouvelles crises chaudes, « il suffirait, estime ce haut responsable soviétique, d'un peu d'audace ».

« Il suffirait d'annoncer, poursuit le haut responsable soviétique, qu'on pourra aborder, au prochain congrès du parti, l'année prochaine, tous les problèmes et prendre le tournant des réformes. » « Ce serait, dit-il, le meilleur moyen de normaliser la situation, mais le fait est qu'on ne peut pas exiger de vieux communistes qui ont été torturés par Hitler mais pas par Staline, dont la carrière politique s'est épanouie dans la période de stagnation [1] et pour qui le communisme c'est l'état de choses actuel, qu'ils se mettent à la *perestroïka*. »

1. Terme qui désigne habituellement l'époque de la direction Brejnev.

D'un autre côté, pourtant, poursuit-il, « les citoyens est-allemands sont mûrs pour la ''restructuration'', car ils vivent dans un pays où tout le monde regarde la télévision ouest-allemande depuis vingt-cinq ans, dont le niveau économique est bon malgré le maintien de structures de production staliniennes et qui bénéficie de la part de la RFA d'un flot de devises et d'une exonération de droits de douane — c'est-à-dire d'un important appui financier ».

Si la situation est « prérévolutionnaire », c'est donc qu'il y a un décalage entre l'attente et la réalité du moment, entre l'état du pays et sa vie politique, et c'est la raison pour laquelle l'URSS estime, en vient à dire ce haut responsable, que la presse ouest-allemande a joué un « jeu dangereux » en ne faisant rien pour calmer les esprits dans l'affaire des réfugiés. La crise, dit-il, est maintenant virtuellement réglée, mais, sous peine de susciter un « espoir insensé » et de mener par là à un blocage explosif, l'Allemagne fédérale ne doit rien faire ni dire aujourd'hui qui laisse croire que la réunification serait un objectif politique réaliste.

« Même si nous ne pouvons pas le déclarer publiquement, dit-il encore, nous savons que l'attirance [entre les deux Allemagnes] est une réalité incontournable et qu'une nation ne se forme pas en quarante ans. Il y faut plutôt cinq siècles et il est en ce sens vrai que la question de la légitimité de la RDA est difficile s'il ne s'agit pas d'une légitimité idéologique ou de classe. Cela pèse sur l'attitude de la direction est-allemande, mais, dans notre conception de la maison commune européenne, les deux États allemands peuvent parfaitement coexister sans qu'il y ait entre eux de frontières infranchissables. »

« Ils entretiennent déjà, souligne-t-il, une coopération étroite dans tous les domaines, sont liés par l'idée commune que le sol allemand ne doit pas être le théâtre d'une nouvelle guerre, et l'Allemagne de l'Ouest peut aisément aider la RDA dans les secteurs où elle en a besoin. Non seulement nous ne sommes pas opposés à cette coopération, mais nous ne sommes plus contre son développement, puisqu'elle constitue une sorte de modèle, de préfiguration des relations que nous souhaitons voir se développer entre l'ensemble des pays européens. »

« Ce à quoi nous sommes en revanche totalement opposés, c'est à l'idée, comme dit le président Mitterrand, d'une ''réunification aux forceps''. Nous nous sentons en cela très proches de la position française, car une unification des deux États allemands ne serait possible qu'au terme d'une évolution contrôlée et dans le cadre d'un consensus général de l'ensemble de l'Europe. »

Pour l'heure, donc, non seulement l'URSS n'entend pas « lâcher la RDA, qui est notre alliée », non seulement elle continuera à tout faire pour manifester qu'elle ne prendrait aucunement son parti d'une « réunification aux forceps », mais elle attend aussi du « monde politique ouest-allemand » qu'il réfléchisse aux moyens de faire baisser la fièvre. Comment ? Pas de réponses vraiment précises, mais, sur le fond, on considère à Moscou que la nécessaire évolution politique de l'Allemagne de l'Est devrait s'accompagner d'une reconnaissance par l'Allemagne fédérale de la citoyenneté est-allemande et que tout ressortissant est-allemand ne devrait plus se sentir assuré de pouvoir travailler en Allemagne de l'Ouest.

Ne serait-ce pas totalement contraire à la Constitution fédérale ? Peut-être, répond-on, mais, outre qu'aucune Constitution n'est éternelle, la poursuite de l'arrivée massive d'émigrants de l'Est représenterait une « telle catastrophe démographique, économique et sociale pour la RFA » que Bonn devrait d'elle-même faire preuve de réalisme.

Pourquoi, dans ces conditions, l'URSS n'exerce-t-elle pas de pressions en faveur du changement en RDA ? Parce que les boutons, explique-t-on dans un sourire, ne fonctionnent plus très bien et que Moscou a suffisamment de problèmes pour ne pas essayer de ressusciter la doctrine Brejnev à l'envers. Y a-t-il alors, à Berlin-Est, des candidats à la succession capables de conduire le changement ? « Comme dans tout pays à l'heure des fins de règne, les prétendants se tiennent dans l'ombre, mais il y en a. »

Que pense Moscou de l'attitude hongroise dans la crise des réfugiés ? « Légèrement ambiguë, mais... » M. Honecker est-il réellement très malade ? L'URSS n'en sait rien. Et comment expliquer ce soudain voyage de M. Ligatchev en Allemagne de l'Est ? Même anonymement, un responsable soviétique ne commente pas l'action d'un membre du bureau politique.

L'URSS centrifuge : Le parti propose la « souveraineté » aux Républiques

Comme le Québec est représenté à Paris sans être pour autant sorti du Canada, l'Estonie pourrait bientôt l'être en Finlande ou l'Arménie en France, tandis que telle ou telle autre des Républiques soviétiques demanderait son adhésion à l'UNESCO ou au Bureau international du travail.

Ce « droit d'entrer en relations avec des États étrangers et organisations internationales » est en effet défini par le document sur « la politique nationale du parti » que le Comité central soviétique examinait, mardi 19 septembre, comme l'une des « caractéristiques inaliénables de la souveraineté » de chacune des quinze Républiques de l'URSS.

Très novateur sur bien d'autres points encore, ce texte ne va pour autant pas résoudre le nombre toujours croissant de conflits de nationalités qui secouent le pays. Mardi matin encore — quelques heures, donc, avant l'ouverture du plénum —, la *Pravda* publiait en première page une « correspondance alarmante » protestant contre le blocus ferroviaire et routier imposé à l'Arménie, depuis un bon mois, par l'Azerbaïdjan.

Signé par l'ensemble des correspondants de la presse centrale à Erevan, cet article a révélé à l'URSS que non seulement les réserves de papier s'épuisent en Arménie et que les journaux ne pourront plus y paraître dès jeudi, mais que la République va également manquer, bientôt, de nourriture et de combustible et qu'elle ne peut, d'ores et déjà, plus exporter vers le reste de l'Union.

Plus encore, peut-être, que les massacres de l'année dernière, ce blocus illustre la situation de quasi-guerre civile dans laquelle s'enfonce la Transcaucasie, où des mouvements de grève secouent parallèlement la République autonome d'Abkhazie, qui demande à ne plus dépendre de la Géorgie.

Signe de l'inextricable complexité de ces problèmes de territoires et d'allégeance dans lesquels on se jette à la figure dix ou vingt siècles d'histoire, la centaine d'organisations démocratiques réunie depuis samedi à Leningrad n'est toujours pas parvenue à adopter de résolution sur cette question nationale. Là, l'accord n'était, lundi soir encore, pas possible, alors qu'il n'a pas été fait problème pour demander l'abandon des dispositions constitutionnelles sur le « rôle dirigeant du parti » et l'instauration d'un système de propriété privée, de démocratie parlementaire et de multipartisme.

Les prochaines résolutions du Comité central réussiront donc d'autant moins à instaurer la concorde que le document de travail qui lui est soumis ne prend position sur aucun de ces conflits dont il ne fait que... dresser la liste en en souhaitant la solution. Quant à la future répartition des pouvoirs entre Moscou et les Républiques, entre l'union et ses composantes, bien que traitée, elle, à fond, elle fait beaucoup plus l'objet d'une énonciation de principes que de mesures concrètes.

Compromis laborieusement trouvé entre la réalité des rapports de forces locaux, la crispation des conservateurs et l'ouverture des réformateurs, ce texte se contente en effet d'officialiser ce qui était déjà acquis ou virtuellement irréversible. Il n'en reste pas moins que cette officialisation va considérablement accélérer le processus d'autonomisation et de différenciation des Républiques. Celles — les pays baltes surtout — qui s'étaient déjà affirmées vont aller maintenant très vite vers la souveraineté. Celles qui n'avaient pas encore bougé vont être encouragées à le faire. Et toutes vont finalement être, à leurs risques et périls, contraintes de prendre leurs responsabilités dans les domaines économique et social.

Car si l'ensemble des dirigeants soviétiques ont, en dix-huit mois seulement, pu se mettre d'accord pour déclarer que seuls les fondements du système politique, la défense, la sécurité et la politique extérieure du pays étaient de la compétence de l'Union, c'est que Moscou a tout intérêt aujourd'hui — en pleine crise — à diluer les responsabilités économiques.

Après que cette crise a été créée par l'instauration, imposée, de l'économie que l'on sait, il y a là à la fois un cynisme absolu et un redoutable défi pour les élites locales qui vont se dégager des prochaines élections républicaines. Le cadeau est empoisonné, mais il offre, pourtant, dans le même temps, des perspectives totalement nouvelles aux Républiques qui se voient reconnus « tous les droits conformes à leur statut d'États souverains », c'est-à-dire, notamment celui de « résoudre tous les problèmes de la vie politique et sociale, à l'exception de ceux qu'elles remettent, de leur gré [voir paragraphe précédent], à la compétence de l'Union ».

Par rapport à une situation où les instances républicaines relevaient de la mauvaise farce et où rigoureusement tout se décidait à Moscou, le changement est radical — et ses implications logiques, détaillées par le document, fondamentales. Car non seulement les Républiques se voient en conséquence accorder le droit à l'autonomie de gestion, mais elles récupèrent le droit de propriété sur leurs ressources naturelles, leur sol et leur sous-sol, vont pouvoir négocier avec l'Union la propriété de leurs infrastructures et appareils productifs et auront la possibilité, surtout, de « choisir leurs méthodes économiques et leurs formes de gestion ».

Si demain — et on en voit les prémices dans les pays baltes — une République décide qu'il est mieux pour elle de réduire le secteur d'État (désormais, partiellement en tout cas, sa propriété), elle en aura autrement dit le droit.

Droit théorique, certes, qu'il lui restera à imposer, mais droit tout de même, dont la définition précise, puis l'application dépendront, comme en toute période de mutation historique, des rapports de forces, du lieu et du moment. Or ces rapports de forces penchent toujours plus vers les Républiques et, à Moscou même, les réformateurs de l'équipe Gorbatchev sont partisans de laisser les Républiques trouver leur équilibre jusqu'à ce que se redéfinisse, chemin faisant, l'Union soviétique d'après demain.

C'est une dynamique qui s'ouvre maintenant et c'est la raison pour laquelle les très nombreux flous, trous et embûches de ce texte ont beaucoup moins d'importance que le simple fait de la reconnaissance officielle du principe de souveraineté et de la nécessité du transfert de propriété qu'il induit.

Il laisse pendants de nombreux problèmes explosifs et s'oppose directement aux mouvements nationalistes sur la question des restrictions apportées aux droits civiques des citoyens soviétiques fraîchement installés dans une nouvelle République. Il crée même de nouvelles sources de conflits en affirmant les pouvoirs et l'autonomie des Républiques, régions et territoires autonomes des différentes Républiques fédérées avec lesquels Moscou conclut ainsi une alliance en se faisant leur défenseur.

En clair, le pouvoir central joue là les vassaux des vassaux contre les vassaux. Ce sera mal pris comme sera vue avec inquiétude la lente émergence d'une organisation propre aux communistes russes qui ne disposent jusqu'à présent pas de leur parti à eux, confondu avec celui de l'URSS. Les Républiques périphériques montent en puissance, mais, parallèlement — le contraire eût été injustifiable —, la Russie aussi.

Contradictoire, complexe et encore indéfini, le changement est total — y compris pour les peuples dispersés, les juifs notamment, qui pourront désormais avoir leurs assemblées représentatives.

Rentrée politique : Un nouveau coup à droite

Le problème du parti largement réglé, la question est maintenant de savoir si le pays tiendra. Car si l'économie s'effondre dans une inflation à trois chiffres, si les pénuries deviennent disette, les affrontements du Caucase, guerre civile, ou les aspirations à l'indépendance, sécession, l'URSS passera alors du chaos créateur d'aujourd'hui au chaos sanglant.

Si, tant bien que mal, les choses au contraire tiennent, la victoire que M. Gorbatchev a remportée, mercredi 20 septembre, sur les conservateurs marque une date dans cette marche incertaine de l'Europe communiste vers l'après-totalitarisme. Après avoir obtenu, mardi, que le prochain congrès du parti se tienne dans les conditions les plus favorables possibles pour les réformateurs, le secrétaire général a, en effet, réussi à faire entériner par cette réunion de rentrée du Comité central un profond remaniement de la direction.

Adversaires déclarés et poids morts quittent le bureau politique. Hommes nouveaux et partisans des réformes font leur apparition ou sont promus, et M. Gorbatchev se retrouve au bout du compte débarrassé des entraves les plus lourdes et maître du jeu politique. Devenu au fil des mois le plus redoutable de ses opposants de l'ombre, M. Tchebrikov fait ainsi partie de la charrette et ce départ est à lui tout seul une démonstration de force du secrétaire général.

Avant le plénum d'avril dernier déjà, on avait, en effet, murmuré que cet ancien patron du KGB, devenu en septembre 1989 président de la commission juridique du Comité central, allait être remercié. Ce n'aurait été que logique puisque ses responsabilités étaient lourdes dans la sanglante répression des manifestations de Tbilissi et que cette provocation avait été directement organisée contre M. Gorbatchev.

M. Gorbatchev avait alors réussi à faire démissionner d'un coup cent dix membres du Comité central, mais M. Tchebrikov était resté en place. En août, alors que le secrétaire général était en vacances, c'est encore lui qui avait été à l'origine d'une déclaration de la direction du parti contre les nationalistes baltes dont le but évident était de rallier les conservateurs tout en jetant — opération parfaitement réussie — de l'huile sur le feu.

Après cela, le secrétaire général n'avait plus d'autre choix que d'avoir la tête de M. Tchebrikov ou de s'avouer, tant vis-à-vis des conservateurs que des réformateurs, en position de faiblesse. L'entreprise était ardue non seulement parce qu'on ne s'attaque pas si facilement à un homme qui a eu le temps d'apprendre beaucoup de choses en vingt-deux ans de carrière au KGB, mais parce que M. Tchebrikov a d'abord été l'un des plus chauds partisans de M. Gorbatchev.

Protégé, lui aussi, de Iouri Andropov, auquel il avait presque directement succédé à la tête du comité pour la Sécurité d'État, M. Tchebrikov incarne en effet la *perestroïka* première manière, l'espoir de moraliser et de rationaliser le système sans toucher à aucun de ses fondements. En rompant avec lui, M. Gorbatchev a ainsi consommé sa rupture avec le courant qui l'avait porté, contre les brejneviens, sur les fonts baptismaux.

Affirmations d'autorité et geste vis-à-vis des nationalistes tant baltes que géorgiens, cette mise à l'écart est donc aussi, et sans doute avant tout, la marque d'un choix fait en faveur d'une accélération des changements structurels, tant économiques que politiques.

Nécessaire et audacieux, ce choix repose néanmoins sur un pari qui n'est pas gagné d'avance — celui de parvenir à se rallier, jusqu'au congrès au moins, les plus radicaux des mouvements, organisations et personnalités nés de la *perestroïka*. Pour l'heure, tant avec les députés les plus réformateurs qu'avec les Baltes et la myriade de mouvements informels, le courant ne passe pas ou mal.

Sans leur soutien, c'est-à-dire essentiellement sans leur volonté active de contribuer — comme Solidarité l'a fait pendant neuf ans en Pologne — à calmer les poussées de fièvre, M. Gorbatchev aura le plus grand mal à tenir la barre. Les gages politiques qu'il a maintenant donnés suffiront-ils à lui assurer ce soutien ? Les oppositions soviétiques sauront-elles, en quelques mois d'existence, atteindre la maturité ?

Rien ne le garantit encore et c'est en ce sens que ce plénum pourrait aussi être considéré un jour comme le début de la chute. Ce jeudi, M. Gorbatchev est en état d'apesanteur, privé de parrains qui ne le reconnaissaient plus et encore dépourvu d'une base sachant faire la différence entre la politique et la thérapie par le cri.

Mais si toute offensive implique un passage à découvert, celle-ci a été bien pensée. Car en même temps que sort M. Tchebrikov, entre directement au bureau politique, sans jamais en avoir été membre suppléant, l'actuel président du KGB, M. Krioutchkov. Cette promotion-éclair est plus qu'une compensation offerte au puissant comité. Nommé il y a un an par M. Gorbatchev, cet ancien collaborateur (encore un...) de Iouri Andropov a fait, en effet, l'essentiel de sa carrière de guébiste dans le secteur renseignements du KGB.

Ce n'est pas un flic, mais un espion qui connaît, à ce titre, parfaitement le monde étranger à l'aune duquel il est à même de mesurer le tragique sous-développement soviétique. Comme tous ces anciens diplomates auxquels M. Gorbatchev a fait appel pour l'aider à gérer le pays, il est devenu réformateur par fonction et incarne parfaitement celui des KGB sur lequel M. Gorbatchev va maintenant s'appuyer.

Universitaire, bien connu à l'étranger et figure marquante du petit cercle des pères intellectuels de la *perestroïka*, M. Primakov qui entre au bureau politique comme suppléant en même temps que M. Pougo, ancien premier secrétaire de Lettonie, n'est pas seulement un homme apprécié des députés réformateurs. Il est aussi président d'une des deux Chambres du Soviet suprême et incarne ainsi l'entrée au bureau politique du nouveau Parlement, dont M. Gorbatchev va avoir énormément besoin cette année. Avec M. Pougo, il incarne également l'arrivée en force des « Gorbatchev's boys ».

La promotion (de membre suppléant à membre plein) de M. Maslioukov sanctionne, elle, l'ascension d'un technocrate issu de la seule industrie qui marche vraiment, la militaire, et qui est aujourd'hui l'un des trois premiers vice-Premiers ministres du gouvernement formé au début de l'été. « Gorbatchev's boy » donc encore — tout comme le sont, *ipso facto*, les quatre figures nouvelles qui font leur entrée au secrétariat, MM. Stroiev, Manaenkov, Ousmanov et Girenko. Leur promotion est évidemment à destination de l'appareil intermédiaire un signal qu'il y a des carrières à faire pour qui saura faire le bon choix.

Et pour ce qui est de M. Girenko, dont la région relève de l'Ukraine, elle signifie bien sûr que cette République dont le premier secrétaire et dernier des brejneviens, M. Chtcherbitski, quitte le bureau politique, est à la veille d'importants changements de direction. Les autres départs, ceux de MM. Nikonov, Soloviev et Talyzine, sanctionnent soit des hommes qui n'occupaient plus les fonctions au titre desquelles ils siégeaient au bureau politique soit une chronique absence de personnalité.

Chef de file historique des conservateurs, M. Ligatchev fait un peu désormais figure de pièce de musée et cela d'autant plus que son ami, M. Zaïkov, le premier secrétaire de Moscou, aura du mal à y remporter, contre M. Eltsine, les élections locales du printemps et pourrait donc devoir à son tour quitter le bureau politique. Signe des temps, la très conservatrice *Pravda* adressait jeudi matin des excuses en bonne et due forme à ce même M. Eltsine pour avoir reproduit lundi l'article de *La Repubblica* l'accusant d'avoir été en permanence ivre mort durant les dix jours qu'il vient de passer aux États-Unis.

Avant de se séparer, le plénum a approuvé le projet de plateforme du parti sur la question nationale qui reconnaît aux Républiques de l'Union le « droit à la souveraineté » économique. Le plénum a également entendu un rapport (déjà publié) du procureur général innocentant M. Ligatchev des accusations de concussion portées contre lui au printemps dernier.

L'enterrement du communisme : La loi des séries

Plus que l'autodissolution d'un parti communiste au pouvoir, plus que l'abandon du léninisme, plus que la conversion au pluripartisme, l'histoire pourrait bien avant tout retenir du dernier congrès hongrois qu'il fut le premier d'une série de trois.

Car, dans les douze mois qui viennent, ce sera au tour, l'hiver puis l'automne prochains, des communistes polonais et soviétiques de tenir leurs propres congrès — tout aussi extraordinaires que celui du parti hongrois. Trois partis du pacte de Varsovie devraient avoir ainsi bientôt procédé à un complet *aggiornamento*. Non pas seulement à un *aggiornamento* de leur politique, mais de leur fonctionnement interne, de leurs références idéologiques et de leur programme.

Lorsque Lénine, confronté à la ruine de la jeune Union soviétique, lançait la nouvelle politique économique, que Staline, menacé par les deux armées allemandes, tendait la main au clergé orthodoxe ou que Gomulka, confronté à la première révolte polonaise d'après guerre, inventait le pluralisme socialiste, rien d'irréversible n'était fait.

Si M. Gorbatchev puise aujourd'hui dans l'expérience de la NEP, si M. Mazowiecki est fils de l'« octobre polonais » de 1956 et le tout nouveau parti socialiste hongrois petit-fils de l'insurrection de Budapest, si chacun de ces moments a donc modelé l'ex-bloc soviétique, aucun n'avait en effet changé de nature le système communiste. Sitôt que le système s'est senti assez fort pour reprendre ce qu'il n'avait concédé que pour faire face, il a repris l'avantage, fort qu'il était d'une formidable machine — le parti — contrôlée d'en haut et bénéficiant de l'absolu contrôle de l'appareil d'État.

Tant que le parti communiste restait inchangé, qu'il n'avait renoncé à aucun des atouts du totalitarisme, le changement restait conjoncturel, et voilà que trois partis changent ou vont le faire. Pas pour les mêmes raisons, pas au même degré, mais tous au point pourtant d'abandonner la prétention messianique, de renoncer à s'identifier à l'appareil d'État, d'encourager l'indépendance économique et d'admettre en leur sein le pluralisme.

Le parti polonais va le faire parce qu'il n'a d'autre choix que de tirer les conséquences de son échec électoral, de la constitution d'un gouvernement non communiste et de l'éclatement de ses rangs. A l'inverse, le parti hongrois tente, lui, sous l'impulsion d'hommes lorgnant depuis quinze ans sur la social-démocratie, de devenir lui-même l'opposition pour éviter d'être balayé par des élections libres dont il n'avait plus les moyens de refuser l'organisation.

Quant au parti soviétique, ou plutôt à son secrétaire général, il veut maintenant, après avoir engagé un changement qu'il n'était plus possible de différer, prendre de court son propre appareil pour lui ôter les moyens de tenter une contre-réforme. D'ores et déjà, changements de statuts et de programme sont inscrits à l'ordre du jour du congrès d'octobre. Le droit de tendance et l'autonomie politique des différents partis républicains devraient être reconnus. Et plus important encore, le PC de l'Union soviétique devrait tirer les conséquences de l'élection — aux niveaux locaux demain et fédéral hier — de nouvelles assemblées représentatives en leur abandonnant la gestion de l'État, des Républiques et des communes.

Cela signifie que si M. Gorbatchev n'est pas débordé, d'ici au mois d'octobre prochain, par une offensive conservatrice ou l'implosion du pays, l'URSS pourrait prendre à son tour le chemin du parlementarisme et de la démocratie. En Pologne, la démocratie s'est lentement imposée au parti — et avec une telle force depuis 1980 que Solidarité aura historiquement été la locomotive du changement communiste.

En Hongrie, le parti s'est imposé la démocratie pour tenter d'éviter qu'elle ne s'impose à lui. En URSS, M. Gorbatchev a imposé la démocratisation au parti pour qu'il ne puisse plus refuser la démocratie.

Lentement, si l'on considère (comme la plupart des Soviétiques) que quatre ans c'est trop long, brûlant les étapes si l'on considère au contraire qu'une demi-décennie n'est rien pour pareille entreprise, M. Gorbatchev a créé un état de fait qui paralyse l'appareil soviétique et galvanise les volontés de changement dans l'ensemble du bloc.

Car si la naissance et l'essor de Solidarité ont donné à réfléchir au Kremlin et largement suscité la *perestroïka*, la *perestroïka*, à son tour, a permis l'arrivée au pouvoir des hommes du syndicat dissous, la transition hongroise et la renaissance de l'espoir à l'Est — même dans cette Allemagne du mur, dont les premiers manifestants scandent : « Gorby ! Gorby ! »

Cet espoir s'est d'abord appelé « libéralisation » et « démocratisation », concessions réversibles donc, mais dès lors que les partis eux-mêmes changent, il devient celui de la liberté et de la démocratie. L'une et l'autre poussent déjà leurs racines en Hongrie et en Pologne, mais la partie n'est, pour autant, pas encore gagnée puisque c'est à Moscou qu'elle se joue. Avant que le monde ne puisse raisonnablement croire aux chances d'une transition pacifique de l'Europe de l'Est, il faut encore que la raison l'emporte en Union soviétique, que les tensions nationales, les frustrations sociales et soixante-dix ans de ressentiment ne fassent pas exiger de M. Gorbatchev plus que le patron d'un tel parti ne peut donner — qu'on lui laisse le temps de changer le parti, et qu'on arrive ainsi jusqu'au troisième congrès.

M. Mazowiecki en sait quelque chose : les difficultés ne feront, après, que commencer.

Le Mur est tombé : Sacrifier les intérêts du communisme à ceux de la Russie

Jamais dans l'histoire empire n'aura aussi activement que l'URSS présidé à son propre démantèlement. De coups de pouce en silences, d'encouragements bruyants en approbations tacites, ce sera en effet de Moscou, et toujours de Moscou, que sera venue l'impulsion décisive sans laquelle ni Varsovie, ni Budapest, ni Berlin hier (ni Bucarest, Prague et Sofia demain), n'auraient pu s'engager sur la route hasardeuse de l'après-communisme.

Dans cette volonté d'accélérer et de faciliter un mouvement au demeurant inévitable, il n'y a pourtant nul masochisme. Délibérément, le Kremlin de M. Gorbatchev se résigne en effet aujourd'hui à sacrifier en Europe centrale les intérêts du communisme pour y préserver ceux de la Russie. Les intérêts d'État prennent ainsi le pas sur ceux de l'idéologie et ce tournant radical est en train de totalement recomposer l'Europe.

Hier il y avait deux blocs. Un nouvel équilibre se cherche aujourd'hui dans les vertigineuses brèches du défunt rideau de fer et la seule ambition de Moscou est de jouer les puissances libératrices pour mieux faire oublier un demi-siècle d'oppression stalinienne. Car si M. Gorbatchev souhaitait s'opposer au mouvement de libération qui emporte aujourd'hui l'Europe centrale, les moyens ne lui manqueraient pas.

Par des menaces, des pressions économiques, des provocations organisées depuis Moscou par des appareils locaux qui ne demanderaient qu'à répondre aux injonctions de leur ancien maître, l'Union soviétique pourrait retarder et considérablement compliquer le processus de démocratisation. Or, non seulement elle ne le fait pas, mais c'est elle qui a poussé le général Jaruzelski au dialogue avec Solidarité, permis la rapidité de la transition hongroise en n'énonçant pas de limites à l'*aggiornamento* et surtout poussé dehors M. Honecker en manifestant par tous les moyens possibles son désir de le voir partir.

Coup sur coup, trois des marches de l'empire, dont, militairement parlant, les deux plus importantes, ont ainsi basculé dans ce même futur indéfini qu'est celui de l'URSS.

Tout semble ainsi faire de M. Gorbatchev un apprenti sorcier, incapable de maîtriser les processus qu'il enclenche. En fait, il est peut-être aujourd'hui en train de réussir ce à quoi aucun de ses prédécesseurs, ni d'avant ni d'après 1917, n'était parvenu : rendre la Russie sympathique à l'Europe centrale.

Son pari n'est certes pas gagné. Compte tenu, pourtant, du poids de l'hostilité historique et des quatre décennies de satellisation, les points déjà marqués sont considérables. Car à travers sa popularité personnelle, c'est la Russie qui devient moins odieuse à tous ces peuples.

Au lieu de se faire contre elle, c'est avec elle que le changement se fait — contre, surtout, ces mêmes hommes qui étaient hier les hommes liges de Moscou. Or, en l'affaire, la Russie ne fait qu'abandonner un combat d'arrière-garde.

Au moment même où M. Gorbatchev, en juillet dernier, donnait de Paris son aval à la formation de gouvernements non communistes à Budapest et à Varsovie, ses conseillers glissaient dans toutes les oreilles que l'Ouest devrait seulement avoir l'intelligence de ne pas donner à ce tournant des allures de dépeçage de l'URSS. Relayé par Paris, le message a été bien reçu à Washington.

Si le basculement de l'Europe centrale ne prend effectivement pas l'allure d'un mécanique retournement d'alliance, c'est que cette Europe, elle aussi, à des intérêts d'État. Ce n'est pas seulement qu'elle perdrait beaucoup à rompre du jour au lendemain tous ses liens économiques avec l'URSS. C'est avant tout que les nouveaux équilibres européens ne peuvent se trouver — sauf à marcher droit aux guerres — dans la constitution d'un déséquilibre.

Au centre d'un continent et de deux niveaux de développement, l'Europe centrale a tout à gagner à être un pont, tout à perdre à humilier l'URSS. La désidéologisation des rapports d'État commande ainsi à Moscou d'oublier l'empire et aux anciens satellites, le ressentiment.

Comme la *perestroïka*, cette partie peut buter sur cent obstacles majeurs, mais le plus redoutable d'entre eux est évidemment l'évolution de l'Allemagne de l'Est car ce sont précisément les intérêts d'État de la Russie qui sont là en cause. Moscou est « inquiet » — on le dit d'emblée dans les milieux dirigeants soviétiques — tant la situation est « incertaine » à Berlin.

Si M. Gorbatchev a pris si peu de gants pour faire si vite remercier M. Honecker, c'est qu'il lui semblait que chaque jour de retard pris sur l'introduction de réformes en RDA menaçait un peu plus l'État est-allemand de désintégration et rapprochait donc d'une réunification de l'Allemagne à chaud. De cela Moscou ne veut pas car il ne veut pas avoir à ses frontières un pays de quatre-vingts millions de personnes à même d'étendre son influence dans toute l'Europe centrale.

Mais le problème est qu'on ne sait toujours pas à Moscou si M. Egon Krenz saura « lancer des réformes assez profondes pour s'assurer une crédibilité et assez dosées pour que leur dynamique ne fasse pas tout sauter ». On craint aussi que les dirigeants est-allemands ne perdent le peu de temps qui leur reste à des combats personnels, notamment entre M. Krenz et le très dynamique et réformateur premier secrétaire de Dresde, M. Modrow.

A cinq jours de la venue de M. Krenz, attendu, a appris *Le Monde*, mardi prochain à Moscou, les dirigeants soviétiques n'ont donc visiblement pas encore arrêté de position définitive. Déjà formulé par M. Gorbatchev dans son télégramme de félicitations, l'encouragement à l'audace est certain, mais à l'audace jusqu'où ? Là, les avis divergent et entre les partisans d'une lente hâte et ceux de la précipitation du jeu, la bataille est rude.

C'est que, pour les seconds, il faut devancer l'inéluctable, encourager M. Krenz à donner « statut légal et liberté de manœuvre » à l'opposition et marcher vers la reconnaissance de « relations spéciales » entre deux États allemands indépendants et souverains mais « États d'une même nation ».

Il faut, autrement dit, accepter que soient bientôt balayées toutes les traces — et le Mur au premier chef — de la coupure idéologique entre les deux Allemagnes pour que puissent subsister les deux États allemands, dans « le respect de leur sécurité et de leurs frontières ». Et comment obtenir la garantie que ces « relations spéciales » entre les deux Allemagnes ne déboucheraient pas sur leur réunification accélérée ? En proposant que les États-Unis et l'ensemble de l'Europe se portent solennellement garants d'un *statu quo* dont on pense à Moscou qu'il ne convient pas seulement à la Russie. L'idéologie est décidément bien loin et le débat ne fait que commencer à Moscou — tout comme les manifestations en Allemagne de l'Est.

Nouvelles divisions chez les réformateurs. Le grand débat économique

Peut-on dire et répéter que l'incendie s'est déclaré, s'étend, menace d'embraser tout le pays, et ne rien faire d'autre que débattre doctement de ses causes et des mérites comparés du seau d'eau, de la neige carbonique et du contre-feu ? Ce n'est pas, à première vue, recommandable, mais c'est pourtant ce qui se passe en URSS depuis deux mois qu'experts et dirigeants sonnent l'alarme économique, alignent les statistiques les plus sombres et... se grattent la tête.

Dimanche dernier, sous le titre réconfortant : « Allons-nous geler cet hiver ? », les *Izvestia* notaient ainsi, en première page, que, si le niveau des réserves de mazout n'était pas trop alarmant (il n'en manque jamais qu'un demi-million de tonnes), on risquait, en revanche, d'avoir « mangé », sous un mois, toutes celles de charbon. Sauf amélioration « très rapide » des transports, annonçait donc le quotidien du gouvernement, de « sérieux à-coups » pourraient se produire dans le chauffage des immeubles.

Logiquement, cela devrait signifier que les chemins de fer vont, coûte que coûte, assurer les livraisons nécessaires, mais il y a plus d'une semaine déjà que la *Pravda* a balayé cette illusion. Les transports ferroviaires souffrent de « thrombose », écrivait en effet, le 23 octobre, l'organe du Comité central en recensant mille cinq cents wagons non déchargés en Ukraine, sept cents au Kazakhstan, plus de quatre cents en Arménie

— en tout plus de trente mille wagons immobilisés dans toute l'URSS, alors qu'il en faut un entier pour assurer le chauffage d'une école pendant l'hiver.

Si l'on ajoute à cela le danger permanent de redémarrage des grèves de mineurs, la possibilité est donc maintenant réelle de voir l'URSS plier le genou devant le froid. Or, outre que vivre et travailler par – 20 °C dans des bâtiments non chauffés ne relève pas du simple désagrément, la semi-paralysie économique qui s'ensuivrait pourrait avoir des conséquences graves dans une période où tous les indicateurs passent au rouge.

A en croire le rapport que le comité d'État pour les Statistiques vient de publier sur les résultats économiques des trois premiers trimestres, la production industrielle a, en effet, baissé cette année dans plusieurs des Républiques soviétiques. Plus grave encore, la priorité officiellement donnée aux besoins des foyers ne s'est en rien traduite dans les faits puisque seuls 10 % des nouveaux produits mis sur le marché sont destinés à la consommation courante.

Pour ce qui est de l'industrie alimentaire, les résultats de « nombreuses » entreprises sont inférieurs à ceux de l'année dernière, et l'augmentation des importations (6 milliards de roubles supplémentaires en valeur à la vente) n'a pas réussi à regarnir les étalages du commerce de détail.

Le niveau d'approvisionnement en produits alimentaires de première nécessité s'est ainsi « dégradé dans de nombreuses régions du pays » tandis que le salaire mensuel moyen passait de 216 roubles à 236 et augmentait donc tout à la fois la pression inflationniste et le mécontentement social. La seule production en hausse notable demeure celle du papier-monnaie (+ 17 %) qui va grossir les dépôts bancaires dont le montant frôle maintenant les 320 milliards de roubles.

Avec sept millions de journées de travail perdues de janvier à septembre, le comité d'État pour les Statistiques met en accusation la multiplication des grèves, notamment liées aux conflits interethniques. Elles ont, c'est certain, joué — et joueront — leur rôle de même que le pur et simple sabotage auquel se livrent de nombreux cadres intermédiaires soit par volonté délibérée de faire échouer la *perestroïka* soit, plus prosaïquement, par intérêt financier.

Car en amplifiant les pénuries, ceux des *apparatchiks* qui arrondissent leurs fins de mois en alimentant le marché noir multiplient spectaculairement à la fois la demande et leurs profits.

Entre ceux qui laissent s'installer la pagaille pour mieux prouver qu'elle existe et ceux qui la développent pour s'enrichir, entre les grèves économiques et les grèves politiques, les difficultés d'application des réformes ne manquent pas.

Non pas que rien n'ait été fait ni aucune idée mise en avant. Bien au contraire, les choses bougent — plutôt vite même puisque la loi est en train d'offrir un cadre légal à la désétatisation de l'agriculture et de l'industrie en différenciant les formes de propriété. C'était là l'indispensable premier pas, et la propriété privée, dont les coopératives ne sont qu'un embryon, acquiert ainsi droit de cité aux côtés des propriétés fédérales, républicaines et municipales.

Virtuellement, c'est un changement de régime économique, c'est-à-dire de régime tout court, que M. Gorbatchev fait légaliser sans grand bruit par le Soviet suprême. Parallèlement, les pays baltes et plusieurs autres Républiques préparent leur passage à l'« autonomie comptable » à l'ombre de laquelle la différenciation du paysage économique soviétique va bientôt devenir réalité.

De même qu'il y a un an des réformes politiques apparemment confuses et limitées ont ouvert la porte à une véritable vie parlementaire déjà grosse aujourd'hui de plusieurs partis, des réformes économiques beaucoup plus imparfaites encore annoncent en ce moment des changements d'ampleur. Lesquels ? Personne, en réalité, ne le sait car la seule certitude aujourd'hui est que les périodes de transition sont par définition heurtées et que l'ancien système ne marche déjà plus alors que le nouveau se cherche toujours.

Pour le reste, non seulement personne ne peut réellement prévoir ce que va créer l'appel d'air, mais il n'y a pas non plus d'accord sur ce qui serait souhaitable. Sans même parler des conservateurs, pour lesquels il serait largement suffisant d'assainir et de contrôler l'actuelle gestion centralisée, les réformateurs sont profondément divisés.

Les uns rêvent, et le disent de plus en plus ouvertement, de ne garder du socialisme que ses préoccupations sociales originelles et de marcher à grands pas vers la restauration du marché et l'instauration d'un État redistributeur. Ceux-là se réclament des modèles sociaux-démocrates, allemand et scandinaves en premier lieu. Très haut placés dans la hiérarchie du parti, certains d'entre eux pensent déjà aux possibilités de rapprochement avec la IIe Internationale et, à terme, de réunification du mouvement socialiste tel qu'il avait existé avant la scission bolchevique et la création de la IIIe Internationale.

Politique, cette vision ne débouche cependant sur aucune conception économique précise de la transition à mener, alors que d'autres réformateurs — qui se réclament également de la social-démocratie — sont, eux, partisans de thérapies de choc. Sans vérité des prix, libre convertibilité du rouble, réduction massive des effectifs, suppression des subventions et cession massive de la terre et des moyens de production, il sera impossible, pensent-ils, d'espérer le moindre décollage.

Logiques avec eux-mêmes, ils proposent donc de ne plus reculer devant l'inéluctable et de payer au plus tôt le prix social nécessaire — c'est-à-dire de ne pas attendre qu'il augmente. Imparables, leurs arguments ont toute la rigueur de ceux de Mme Thatcher, mais la différence entre l'Union soviétique et la Grande-Bretagne est que plus de quarante millions de personnes vivent ici au-dessous du seuil de pauvreté — du seuil de pauvreté soviétique —, que la misère est rampante, le sort des retraités abominable, les équipements collectifs en ruine et que la plus grande des pénuries est encore celle de logements.

Infliger à ce pays une brutale cure d'austérité alors qu'il est déjà secoué de grondements souterrains, c'est donc tout simplement prendre le risque d'une révolution en précipitant des millions de gens dans la misère la plus noire. Cela passe par une dictature ou y aboutit. Cela condamne aussi à s'appuyer soit sur l'appareil du parti, soit sur celui du KGB, qui deviendraient alors maîtres du jeu. Si, dans un cas, le projet économique manque, le réalisme politique est totalement absent dans l'autre.

C'est ainsi que le mot d'« impasse » devient l'un des mots clés du vocabulaire politique soviétique et que le pouvoir en arrive à abreuver le pays de mauvaises nouvelles sans ouvrir la moindre perspective. Par moments, ce spectacle évoque celui d'Anna Karina psalmodiant dans *Pierrot le fou* : « J'sais pas quoi faire, qu'est-ce que j'peux faire ? », et lorsque M. Gorbatchev a convoqué, la semaine dernière, une réunion des plus célèbres économistes du pays, ce conseil du royaume a fait un peu pâlichon.

Non qu'on n'y ait pas entendu de choses intéressantes.

Quand on lit dans le compte rendu de la *Pravda* qu'un académicien, M. Chataline, déclare qu'il ne voit « rien d'effrayant dans la social-démocratie et que le parti n'était pas pire lorsqu'il s'appelait parti ouvrier social-démocrate de Russie », on se dit que les communistes hongrois pourraient bientôt passer pour conservateurs. Et cela d'autant plus qu'on a aussi entendu M. Alekseev, un directeur d'institut de philosophie, expliquer que « le point de repère [devait être] le socialisme démocratique, de marché, qui doit adopter les valeurs socialesdémocrates, justifiées par l'histoire et la pratique, de propriété, liberté et individualité ».

Pour le déplorer, semble-t-il, M. Laptev, de l'Institut de l'État et du droit, a également diagnostiqué un « glissement insensible d'une approche communiste à une approche socialedémocrate », auquel ont effectivement cédé beaucoup d'autres orateurs. Déjà sensible dans le domaine politique, le recul idéologique du bolchevisme s'accélère à tel point d'ailleurs que, dès le début du mois d'octobre, le directeur de l'Institut de l'économie socialiste mondiale, M. Bogomolov, avait pu demander dans une interview retentissante au quotidien des Jeunesses communistes si les socialismes d'Europe occidentale ne constituaient pas « la seule réalisation concrète, dans les conditions contemporaines, sans utopie et sans illusions, de nombreuses idées socialistes ».

Il n'a pas encore été menacé d'exclusion du parti, ne le sera pas, et la seule critique qu'ait élevée, lors de cette réunion, M. Gorbatchev contre l'idée du passage sur « les rails sociauxdémocrates » est qu'il ne faudrait pas vouloir, une fois de plus, faire table rase du passé mais partir des « réalités ». Appel aux petits pas, aux tâtonnements progressifs et aux évolutions négociées, toute son intervention était une critique implicite de l'idée de rupture, de passage brutal d'un modèle à l'autre, de l'idée révolutionnaire en fait, car il ne faut pas tomber « à nouveau, a-t-il dit, dans l'utopie ».

Si l'on admet l'idée que les révolutions anticommunistes ne sont pas *a priori* plus souhaitables que les révolutions anticapitalistes, non seulement le propos se tient, mais il prouve aussi que l'expérience historique n'est pas toujours vaine ni le surplace condamnable.

L'ennui reste cependant que M. Gorbatchev n'avait guère plus d'idées concrètes à avancer que le brillant parterre qu'il avait rassemblé. Un consensus est en train d'émerger enfin autour de la nécessité d'éponger au plus vite la masse monétaire en lançant un emprunt et en vendant terres et appartements. L'ensemble des réformateurs a naturellement aussi souhaité que les nouvelles lois sur la propriété soient introduites au plus vite : bref, on a dit qu'il fallait abandonner le communisme et se dépêcher.

C'est ce qui se fait, mais avant que les rythmes, les directions, les limites, le type d'économie de marché souhaitable et possible puissent être mieux définis, il faudra du temps. Le temps d'abord que M. Gorbatchev ait pu obtenir du congrès du parti, en octobre 1990, un complet renouvellement de l'appareil. Le temps que les promesses de détente avec les États-Unis débouchent, en marge des prochains sommets, sur de nouvelles possibilités de coopération économique internationale. Le temps surtout que l'évolution des lois et des rapports de forces, la décentralisation, le remodelage progressif du paysage économique — la pratique et la vie et non pas une nouvelle idéologie — aient tracé de nouvelles perspectives.

Il faut du temps, et pourtant le temps presse...

« Modeste » anniversaire : C'est en octobre qu'on enterre Octobre

On la savait déjà très fatiguée et tout occupée à l'organisation de sa succession, mais la « grande révolution socialiste d'Octobre » n'a même pas eu, cette fois-ci, la force de souffler les bougies. Partout, même sur la place Rouge, les cérémonies de ce soixante-douzième anniversaire ont en effet été d'une criante « modestie » (c'était le mot du jour), et, quand les défilés n'ont pas été purement et simplement annulés, tous ont sonné la fin d'un monde.

Car dès lors qu'on ne se drogue plus à l'avenir radieux, qu'on détaille chaque jour, au contraire, difficultés présentes et futures, le temps est révolu des prolétaires d'Épinal ovationnant au pas, là-haut sur la tribune, d'adipeuses incarnations de la révolution. A dix minutes du Kremlin, haranguée par des députés d'Assemblée constituante, parsemée d'icônes et des drapeaux noirs de l'anarchie, une manifestation alternative communiait dans un constat que dressaient les pancartes : « Soixante-douze ans de route vers nulle part ! »

Comme il y eut, à l'Ouest, « *No future* », l'heure est ici à « Pas de passé ». Mais face au mausolée de Lénine, au-dessus des régiments, des pots-pourris de marches révolutionnaires et des micros crachant les longs « Hourrah ! » de circonstance, les immenses lettres rouges du slogan de l'année ne disaient finalement rien d'autre.

« *Perestroïka* — nouveau visage du socialisme », lisait-on, et cela voulait bien dire que cette vieille révolution qui modela ce siècle finissant a fini de se dévorer elle-même. A l'heure du bilan, mieux vaut, comme on dit à Berlin, prendre un « tournant » et la *Pravda* s'est tant escrimée, à la veille de cet anniversaire, à expliquer qu'il ne fallait pas « rayer soixante-dix ans de notre histoire » qu'on sait maintenant que même Octobre n'est plus sacré.

« Il n'est pas besoin de chercher loin, écrivait par exemple samedi dernier l'organe du Comité central, pour trouver ceux qui s'empressent de déclarer que la grande révolution socialiste d'Octobre a brisé la voie naturelle de développement du pays, [qu'il faut] revenir au début de 1917 et commencer à construire à nouveau [...]. » Deux jours plus tôt, la même *Pravda* s'efforçait de prouver qu'« en 1917, les bolcheviks constituaient un parti démocratique » et qu'on ne pouvait donc pas faire « remonter la généalogie du stalinisme à Lénine ».

Au passage, on apprenait pourtant que ce Lénine dont la momie est en réfection pouvait être « trop à gauche » au goût du Comité central de 1917 et que beaucoup de bolcheviks s'étaient, à l'époque, posé « la question que se posent aujourd'hui certains : la révolution d'Octobre était-elle nécessaire ? ».

Quand on lit ça dans la *Pravda*, que les *Nouvelles de Moscou* dressent, la même semaine, un portrait émouvant et flatteur de Kerenski [1] — c'est-à-dire de la révolution démocratique de février, celle qu'Octobre a défaite —, il n'y a plus rien d'étonnant alors à ce que le rituel s'écroule. Il y eut un temps où la

1. Alexandre Kerenski fut le chef de l'éphémère gouvernement démocratique russe issu de la première révolution de février 1917.

révolution montrait ses dents, mais volonté de désarmement, de paix et de réduction des dépenses militaires oblige, le défilé proprement militaire avait été réduit, à Moscou, à la portion congrue.

Pas une seule arme moderne, pas de missiles stratégiques, cinq minutes en tout et pas une de plus de présentation de matériels antiques. Il y eut bien la petite demi-heure de pas de l'oie, de paras, fusiliers marins et autres gardes-frontières, mais c'était plus joli qu'impressionnant et, lorsque ont suivi, poussant leurs slogans à roulettes, les délégations des quartiers de Moscou, c'est l'opposition qui a pénétré place Rouge.

Non pas l'opposition radicale, mais l'opposition conservatrice en la personne de l'appareil de la capitale, les seuls hommes que l'on puisse encore mobiliser pour cette figuration. Au milieu des ballons acidulés, des hommages de mise à la *perestroïka* et des grappes d'enfants, ils avaient donc glissé leurs propres slogans, contre les réformes économiques, l'inflation, la hausse des prix.

C'était relativement discret, mais la fronde était là, aux pieds de M. Gorbatchev, et la haine se sentait presque physiquement entre la base et le sommet de l'appareil — appareil avant qu'il ne le casse et la base qui tente désespérément de mobiliser les plus démunis contre les réformes. Quand la matinée s'est achevée dans un délirant ballet de musiciens militaires apparemment pris de folie, il était clair que rien de tout cela n'avait plus de sens.

En octobre prochain, le congrès du parti aura eu lieu. Il y aura un vainqueur et un vaincu, et le 7 novembre 1990 n'aura forcément plus grand-chose à voir avec les cérémonies d'antan. Quoi qu'il arrive, c'était une dernière — d'ores et déjà anticipée dans les Républiques périphériques. A Erevan, où le parti n'existe virtuellement plus et l'État... très peu, il n'y eut ainsi... rien.

Rien que plusieurs milliers de jeunes manifestants séparatistes, brûlant tous les drapeaux rouges qui leur tombaient sous la main, dénonçant la « collusion entre le Kremlin et les Azeris », et portant des brassards noirs en signe de deuil — deuil de ce « jour de deuil pour l'Arménie et le monde entier ». A Tbilissi, défilé militaire et cortèges ont été remplacés, à la dernière minute, par une « réunion solennelle » au siège du conseil municipal. Pendant ce temps-là, des dizaines de milliers de militants nationalistes brûlaient eux aussi des drapeaux soviétiques sans que la milice ni quiconque intervienne.

A Kichinev, capitale de la Moldavie, les membres du « front populaire » ont tout simplement empêché l'armée de défiler en s'asseyant devant les roues des chars et des véhicules militaires qui n'ont ainsi pas pu pénétrer dans la ville. Quand le cortège du front est ensuite arrivé devant la tribune, le président du Soviet suprême s'est retiré, la télévision de la République est passée sur le canal soviétique et, pendant qu'elle diffusait les images de Moscou, le défilé s'est transformé, écrivent les *Izvestia*, en un meeting « reflétant le mécontentement des gens ».

A Vilnius, en Lituanie, le défilé militaire a bien eu lieu, dans un calme à peine troublé par quelques pancartes proclamant : « Armée rouge, *go home* ! » Il est vrai que tout le monde est très occupé par la préparation du congrès extraordinaire au cours duquel le parti communiste lituanien doit proclamer son autonomie. A Tallinn, en Estonie, « manquaient les emblèmes » de quartiers, d'entreprises et d'écoles car « il avait été décidé, disent les *Izvestia* — dont sont aussi extraites les citations suivantes — que la manifestation était une affaire de libre consentement ».

En Lettonie, où plusieurs émissions de radio avaient appelé à boycotter les cérémonies et où les responsables du front populaire de Iourmala avaient à l'avance qualifié la révolution d'Octobre de « coup d'État », « les décors étaient beaucoup plus modestes [que d'ordinaire] car l'argent est pris sur les budgets municipaux ». A Kiev, la capitale de l'Ukraine, « la tribune centrale était réduite en proportions et s'était rapprochée du peuple ». A Minsk, capitale de la Biélorussie, les entreprises représentées dans le cortège affichaient leurs déficits.

A Tachkent, capitale de l'Ouzbékistan, « plus de pompiérisme : les dépenses ont été réduites de plusieurs fois par rapport à l'année dernière ». Partout, absolument partout, la célébration recule en importance, en durée et en faste et, interviewé en direct sur la place Rouge, un metteur en scène explique froidement au pays que l'important, en ce jour, est de se souvenir de toutes les victimes, car la seule garantie que « ça ne recommencera pas », c'est la mémoire.

Ce n'était pas un anniversaire. C'était un enterrement, et si le cadavre du stalinisme remuait encore dans le cortège des petits bureaucrates de la place Rouge, la contre-manifestation de Moscou avait été dûment autorisée et la *Pravda* disait, samedi, la vérité toute bête. « Les temps, écrivait-elle, exigent de profondes recherches théoriques susceptibles de répondre à la question : qu'est-ce que le socialisme ? » Qu'est-ce que le socialisme...

En direct sur l'écran : Neuf jours qui ébranlèrent le monde

D'un bout à l'autre de ses territoires, chaque soir à 9 heures tapantes, l'URSS pouvait presque se croire avant la tourmente, Pour beaucoup de Soviétiques, il y avait finalement là quelque chose de rassurant, mais dimanche 12 novembre, de Berlin aux grèves de mineurs, tous les bouleversements du monde communiste se sont engouffrés d'un coup dans les téléviseurs. C'était si inouï qu'on se téléphonait d'un appartement à l'autre : « Vite ! Regarde ! » Et de fait, ce n'était plus « Vremia », l'immuable journal télévisé du soir, ce n'était plus les présentateurs amidonnés lisant, sur fond de Kremlin, les dépêches de l'agence Tass. C'était de véritables informations télévisées, nerveuses, pleines d'images et, risquons le mot, objectives.

Pas complètement, bien sûr, et l'animateur de cette nouvelle émission hebdomadaire — « 7 Jours » — avait d'ailleurs affiché la couleur en se présentant d'emblée comme « membre du parti ». Mais outre qu'il était déjà frappant qu'une telle évidence n'aille plus de soi, le résumé des événements de la semaine commençait tout simplement par un sacrilège.

Car le premier événement traité n'était pas l'anniversaire de la révolution d'Octobre, relégué en lointaine position, mais l'évolution allemande. « Neuf jours qui ébranlèrent le monde », annonce l'animateur et, jour après jour, défilent les images de manifestations enthousiastes, de débats virulents, de marées de banderoles demandant la liberté, la liberté, la liberté...

Et soudain, c'est ce qui est déjà banal pour les téléspectateurs de l'Ouest, mais qui, vu de Moscou, assomme encore : la ruée pour franchir le mur, Check Point Charlie pavoisé d'un drapeau de Solidarité sur lequel insiste la caméra, et ces pieds, ces centaines de milliers de pieds, qui votent — les images parlent d'elles-mêmes — pour la liberté.

Le commentaire souligne d'une phrase que la quasi-totalité des Allemands de l'Est reviennent ensuite chez eux, mais il n'y a pas de jugement, on n'explique pas ce qu'il faut penser. C'est ainsi et c'est tout, c'est la réalité et cette réalité n'a pas fini d'étonner les Soviétiques, car lorsqu'on en arrive à l'anniversaire de la révolution, ce qui est traité en long et en large, ce n'est pas le défilé officiel de la place Rouge, mais la manifestation alternative qui se tenait à dix minutes de là.

On voit et entend le député Gdlian appeler à « descendre par millions dans les rues » pour défendre la démocratie. On voit les banderoles (pas les plus incisives, mais tout de même). On voit tout cela et encore l'anniversaire de la révolution à Stepanakert, la capitale administrative du Haut-Karabakh. Jugez vous-mêmes, dit en substance l'animateur, et dans un épais brouillard apparaissent sur l'écran de jeunes appelés répondant mécaniquement : « Hourra ! » aux officiers qui leur souhaitent : « Bonne fête ! » Au loin, quelques passants observent, silencieux, bardés de mépris. C'est grotesque, c'est poignant, extrêmement violent au bout du compte, mais voilà déjà la Moldavie en crise, les Parlements baltes en session, M. Jivkov qui s'en va, un « contre-révolutionnaire » d'hier, le Premier ministre polonais, M. Mazowiecki, qui s'adresse gravement à ses compatriotes et voilà surtout les porte-parole des mineurs grévistes de Vorkouta.

Ils sont interviewés en duplex, bien peignés, bien cravatés, mais très remontés aussi, et ils expliquent que, non, ils n'arrêteront pas leur mouvement avant d'avoir obtenu « autre chose que des promesses ». « Mais vous qui êtes communiste, demande à l'un d'eux le présentateur, ça ne vous gêne pas de demander l'abrogation de l'article 6 de la Constitution ? »

L'article 6, c'est celui qui réserve le « rôle dirigeant » au parti, et s'instaure ainsi, à la plus grande heure d'écoute, entre deux membres du parti, un mineur et un journaliste, une discussion sur la clé de voûte des systèmes communistes. Au passage, un *scoop* : le prochain ministre de la Culture devrait être le directeur du théâtre d'avant-garde de la Taganka, M. Anatoli Goubenko.

Le Mur est tombé : Moscou balaie les vestiges

Même l'image de l'Armée rouge rendant, sur l'aéroport de Moscou, les honneurs militaires à Tadeusz Mazowiecki, pilier de l'opposition polonaise depuis trente ans, en devenait banale. Il fallait se pincer pour y croire, mais il y a déjà trois mois, après tout, que l'ancien conseiller de Lech Walesa est Premier ministre.

Autant dire que, vue du Kremlin, la Pologne, c'était l'une des crises de l'été dernier, calmement et bien résolue, tandis que de la Tchécoslovaquie à la Roumanie, de Leningrad à la Moldavie, de Vorkouta à la Hongrie, les dossiers chauds s'accumulent. Jeudi 23 novembre, soudain disert, le journal télévisé du soir, « Vremia », courait ainsi de l'un à l'autre — pas à tous mais presque — et le correspondant à Prague expliquait aux Soviétiques que les étudiants tchécoslovaques manifestent en masse pour la démocratisation de leur pays.

Derrière lui, des affiches, autour de lui une foule jeune et grave ; et « voici justement, disait-il en le montrant, l'un de leurs tracts dans lequel les étudiants en appellent à la solidarité des ouvriers et des paysans ». « Qu'en pensent les ouvriers et les paysans ? », ajoutait le journaliste avant qu'on ne le voie interviewer, devant une sortie d'usine, un jeune ouvrier barbu et membre du parti.

Ses camarades et lui venaient de se réunir pour étudier la situation et ils avaient été unanimes à considérer que la crise devait être réglée « par des moyens politiques ». Sourire approbateur du correspondant, et l'URSS a ainsi appris que l'emploi de la force avait assez de partisans à Prague pour qu'il soit nécessaire de se prononcer contre, que les comités ouvriers du parti étaient favorables à un compromis, et que le Kremlin l'était aussi.

Vendredi, la *Pravda* enfonce d'ailleurs le clou en titrant « Pour un dialogue ouvert » son reportage sur la Tchécoslovaquie. Depuis le début des manifestations étudiantes, la presse soviétique est chaque jour plus ouvertement favorable au changement. Bon signe ? Le contraire, en fait, car cela prouve aussi que les interventions de coulisses ne sont pas encore parvenues à faire la décision.

Portés au pouvoir par les chars de 1968, coupables de vingt ans de répression et organisateurs d'une purge du parti si massive qu'il n'y a plus de courants communistes réformateurs, les dirigeants de Prague s'accrochent au pouvoir. Ils ont peur, et le Kremlin craint, lui, que cette peur ne puisse déboucher sur l'aventure de la violence.

En principe, la page se tourne. L'agence Tass écrivait même, jeudi soir, que des changements de personnes étaient à l'ordre du jour de la réunion du Comité central tchécoslovaque, mais tant que le départ de M. Jakes n'aura pas été officiellement annoncé, la nervosité restera grande à Moscou. Car tout bouge et tire partout et un pôle de résistance ouverte est la dernière chose dont aurait besoin en ce moment M. Gorbatchev.

Il lui faut, au contraire, pouvoir aller de l'avant, et vite, puisque, à Budapest, l'ex-parti communiste a bien du mal à imposer la procédure offrant à son candidat le plus de chances d'être élu à la tête de l'État ; puisque, en Moldavie, le Parlement vient de décider que les lois soviétiques ne seraient plus automatiquement applicables au territoire de la République et que, à Vorkouta, puits après puits, les mineurs reprennent le travail mais veulent maintenant, comme dans le Kouzbass, se doter d'une organisation politique.

De tout cela, la télévision parle, prudemment mais presque objectivement, et il y a aussi tout ce dont elle ne parle pas, ou pas encore en tout cas. Comme avec M. Jakes, le torchon brûle avec M. Ceausescu, auquel l'agence Tass vient de reprocher, dans un « commentaire », ses dernières déclarations sur la nullité des modifications de frontières provoquées par le pacte Molotov-Ribbentrop.

Totalement isolé sur l'arène internationale, haï de son peuple, le chef de l'État roumain avait ainsi tenté de faire jouer la corde nationale et de montrer à M. Gorbatchev qu'il avait les moyens de lui créer des difficultés et n'hésitait pas à le faire. Immédiate, la réponse a été cinglante : « Comme cela est souligné dans l'Acte final d'Helsinki, la paix en Europe est précisément assurée, écrit le commentateur de Tass, par l'inviolabilité des frontières de l'après-guerre. Aucun homme politique sérieux et responsable ne peut mettre en question ces frontières, y compris la frontière soviéto-roumaine — et autant que je le sache ne le fait. »

Quelques heures avant que ne tombe ce « commentaire », le

porte-parole du ministère des Affaires étrangères mentionnait sèchement la décision tchécoslovaque de suspendre « temporairement » les voyages de touristes venus des pays socialistes. Les malheureux Roumains n'ayant guère l'occasion de voyager, fût-ce à Prague, cette mesure vise, de fait, exclusivement l'URSS et les autres pays communistes en voie de démocratisation. C'est une manière de dire que les magasins tchécoslovaques sont pleins et qu'on vient s'y approvisionner de tout l'ex-bloc. « Nous espérons qu'une solution mutuellement acceptable pourra être trouvée », a déclaré M. Guerassimov, ce qui était manière de dire qu'il n'y avait là, pour l'instant, rien d'acceptable.

Et puis il y a enfin Leningrad, dont le parti vient de se prononcer en faveur du multipartisme et où s'est tenu, mercredi soir, sous la présidence du nouveau premier secrétaire, un imposant meeting. On y a demandé, entre autres : la convocation d'une réunion extraordinaire du Comité central — accusé de ne pas faire son travail ; l'organisation d'un courant oppositionnel au sein du parti pour accélérer les réformes ; la mise en accusation de tous ceux qui freinent le mouvement, et l'ouverture — « comme pour Honecker » — de procédures contre les anciens dirigeants du pays.

On réclamait en même temps plus de réformes et moins de bavardages, plus d'action et moins de démocratie donc. Il y avait dans ce meeting toute l'ambiguïté d'un pays qui veut à la fois un pouvoir fort et la fin du monopole communiste sur le pouvoir.

A côté de tout cela, M. Mazowiecki, représentant d'une opposition devenue majorité à force d'audace et de patience, d'un courant politique structuré donc, est le type même de l'interlocuteur que M. Gorbatchev aimerait pouvoir trouver dans toutes les capitales de l'empire.

Les conversations ne seront pas toujours aisées mais on sera au moins totalement d'accord sur trois points capitaux : le besoin de ne pas aller trop vite ; la nécessité de respecter les systèmes d'alliance actuels, et la préservation des frontières de l'après-guerre. Leur remise en cause n'ouvrirait en effet pas seulement la porte de la réunification allemande mais risquerait aussi d'enclencher un nouveau partage de la Pologne.

Le Mur est tombé :
L'unité allemande est négociable

« Rien n'est éternel », déclarait, vendredi 17 novembre, M. Chevardnadze devant le Soviet suprême, et cette déclaration a dû faire passer une mauvaise nuit à M. Ceausescu. Car si le ministre des Affaires étrangères soviétique avait en vue l'ordre européen issu de la guerre, les *Izvestia* publiaient le même jour, sous le titre de « Perspectives radieuses, tâches grandioses », une véritable charge contre le dictateur roumain.

Après avoir sobrement noté que, « à l'approche du quatorzième congrès du parti communiste roumain [...], la presse publie des télégrammes de travailleurs », l'organe du gouvernement soviétique cite, sans commentaires, mais avec une ironie assassine, quelques-uns de ces textes :

« Très estimé et aimé camarade Nicolae Ceausescu, lit-on ainsi dans les *Izvestia*, dans l'atmosphère de puissant essor spirituel dans lequel les travailleurs, tout le peuple accueillent le grand forum des communistes roumains, permettez-nous, très estimé camarade secrétaire général Nicolae Ceausescu, héros entre les héros, mineur d'honneur du pays, de vous annoncer que les cent dix mineurs de la brigade du quatrième secteur de la mine Petrila [...] ont rempli et dépassé le plan quinquennal. »

Pour un Soviétique, c'est le fou rire nerveux assuré, mais ça continue, l'air de rien, sur un quart de page, avec le « dirigeant éclairé de la nation, génial bâtisseur de la Roumanie socialiste » et « son activité révolutionnaire quotidienne titanesque » ou encore « l'ère Ceausescu » marquée par « des créations grandioses qui survivront au siècle ».

Si les *Izvestia* ne disent pas que ces « créations » ont notamment détruit tout Bucarest et ravagé les campagnes de Transylvanie, elles indiquent en revanche, qu'il « n'est un secret pour personne que la décision [de rembourser intégralement la dette extérieure] s'est traduite dans le pays par des étalages vides dans les magasins d'alimentation [et] de cruelles économies de chauffage ».

« Il n'est pas exclu, note en conclusion le quotidien, que le congrès examine la situation dans les pays socialistes » puisque

« le camarade dirigeant brillant et clairvoyant Nicolae Ceausescu » a relevé au cours du dernier plénum du PCR que « certaines erreurs et fautes [s'y] font sentir dans des directions droitières, liquidatrices et réformistes ».

Du côté tchécoslovaque, en revanche, les pressions discrètes et l'évolution générale du bloc semblent donner quelques premiers résultats. Au moment même où les étudiants de Prague défilaient au cri de « Ça a marché en RDA ! » et se faisaient matraquer avec une sauvagerie voulue et planifiée, l'idéologue de la direction tchèque débattait, en effet, à Moscou, des « objectifs urgents de la restructuration en URSS et en Tchécoslovaquie ».

Reçu par son homologue soviétique, M. Medvedev, et par M. Frolov, nouveau directeur de la *Pravda* et homme de confiance de M. Gorbatchev, M. Fojtik a également examiné avec eux « les problèmes compliqués qui se posent dans la préparation des documents du [prochain] congrès » du PC tchécoslovaque. L'exégèse est aisée : il y a désaccord à Prague sur l'« urgence » de la *perestroïka*. M. Fojtik est venu en parler à Moscou et il en a profité pour estimer avec ses interlocuteurs (et c'est là l'expression d'une ligne) que « les récents événements de la RDA signifient une accélération du processus de renouveau socialiste dans ce pays ».

Il n'y aurait, autrement dit, qu'avantage à en faire autant à Prague — opinion que ne contesterait certainement pas M. Chevardnadze, qui a expliqué, lui, devant les députés soviétiques que « les processus en cours dans les pays de l'Est européen étaient logiques et historiquement justifiés ».

Après avoir félicité la nouvelle direction est-allemande pour ses « pas audacieux, et innovateurs » qui sont, a-t-il dit, « dans l'intérêt du socialisme, des alliés du pacte de Varsovie et de l'Europe entière », M. Chevardnadze a souhaité le « succès » du gouvernement de M. Mazowiecki en notant que depuis sa formation la tension avait baissé en Pologne.

Hommages aussi au changement en Bulgarie, mais, si « rien n'est éternel » et si les réalités actuelles de l'Europe « changeront, bien sûr », M. Chevardnadze a longuement insisté sur le fait que « personne n'avait le droit de changer unilatéralement [ces] réalités » que sont l'existence de « deux États allemands, de deux alliances politico-militaires et de frontières établies après guerre et fixées par des actes juridiques internationaux ».

C'est mot pour mot ce qu'a parallèlement dit M. Gorbatchev aux présidents des Parlements français et ouest-allemand. Et cela signifie que si la démocratisation de l'Europe centrale n'est pas considérée comme contraire aux intérêts d'État de l'URSS, toute évolution non négociée de l'équilibre stratégique européen le serait. Mais puisque cette évolution est inévitable, l'URSS est prête à en examiner les lignes directrices.

L'important dans le sommet de Malte, a expliqué M. Chevardnadze, est la « réelle impulsion qui sera donnée à la recherche de solutions mutuellement acceptables ».

Le Mur est tombé : Faire de pauvreté richesse

Tout commerçant le sait.

Une fois consommée la faillite, mieux la vaut retentissante que limitée car à s'acharner alors sur vous, à exiger la dispersion de vos biens et le remboursement immédiat de vos dettes vos créanciers se couleraient aussi. Cela pourrait s'appeler la force des faibles et c'est fort de la faillite du communisme que M. Gorbatchev bénéficie aujourd'hui d'un soutien international aussi massif.

Car cet homme qui peut susciter en trois jours un dîner des dirigeants européens, que l'Italie et le pape reçoivent cette semaine avant que le président américain n'aille jusqu'à Malte le rencontrer — cet homme que M. Mitterrand va revoir ensuite après l'avoir vu en juillet, qu'a-t-il donc pour mobiliser ainsi les grands de ce monde ?

« Rien », eût sans doute répondu Staline qui jugeait de la papauté au nombre de ses divisions, et à cette aune-là il n'aurait pas vraiment eu tort. Si l'Union soviétique demeure le plus vaste pays du monde et peut toujours, en termes d'arsenaux, pulvériser la planète, cette superpuissance n'en est en effet plus une.

Peut-être n'est-ce que provisoire. Peut-être l'actuelle entreprise de réformes la conduira-t-elle au contraire à une renaissance désormais fondée sur la capacité de créer et non plus d'annexer. Tel est en tout cas l'espoir de M. Gorbatchev, mais s'il ne faut pas en écarter l'hypothèse, cette renaissance demanderait quelque deux décennies.

C'est de long terme qu'il s'agit là et, pour l'heure, l'URSS reflue. Ce n'est pas seulement qu'elle ait renoncé à étendre sa sphère d'influence par la force depuis qu'elle a décidé, il y a quatre ans, de négocier son retrait d'Afghanistan. C'est surtout qu'elle a pris son parti de l'irrépressible aspiration de l'Europe centrale à la démocratie et que non contente de laisser, jusqu'en Allemagne, s'écrouler les régimes qu'elle y avait imposés, elle a précipité leur chute — comme on abat un mur branlant avant qu'il ne vous tombe sur la tête.

Là aussi, le repli s'appuie sur une ambition, celle de fondre de nouvelles relations d'État dans une marche commune vers la démocratie, de préserver les intérêts de la nation en sacrifiant ceux d'une idéologie moribonde, mais cela ne change rien à la réalité première. Ce glacis européen avec lequel elle faisait bloc, l'URSS y a également renoncé, alors même que c'est lui qui avait fait d'elle, après guerre, la seule rivale de l'Amérique.

Pour une faillite, c'en est une, mais reste, dira-t-on, l'armée et elle demeure, en effet, imposante. Si tous les gouvernements du monde considèrent pourtant que la menace militaire soviétique a au moins décru, ce n'est pas tant à cause de la réduction des effectifs, du budget et, inéluctablement demain, des bases avancées d'Europe centrale.

Ce n'est pas tellement, non plus, parce que la défaite afghane a atteint le moral de l'Armée rouge qui, depuis près d'un demi-siècle, n'a au demeurant jamais vaincu que des manifestants désarmés. Si le Pentagone à son tour réévalue la menace soviétique à la baisse, c'est avant tout que la force militaire dépend beaucoup moins de la taille des arsenaux que de la volonté nationale. Sans la première, la seconde ne peut rien que l'héroïsme mais, sans la seconde, la première ne peut rien.

L'armée, c'est le pays, et l'URSS est aujourd'hui celui du doute universel, un pays dans lequel a sauté le dernier des tabous puisqu'on y débat maintenant, et jusque dans les colonnes de la *Pravda*, du bien-fondé même de la révolution d'Octobre. Chaque jour, ce qui était l'audace d'hier devient la banalité d'aujourd'hui et quand la « patrie du socialisme », cherchant à sortir de son « impasse », remet tout à plat et se penche sur les avantages comparés du capitalisme sauvage, de la social-démocratie et de la sainte Russie, elle déclare, ce faisant, avoir tout à réapprendre. Ce n'est pas sur le doute introspectif que se fonde l'esprit de conquête, mais ne peut-on pas imaginer qu'après un échec de l'équipe Gorbatchev, de nouveaux dirigeants veuillent tenter l'aventure militaire comme diversion extérieure ?

On le peut parfaitement. La junte argentine s'y était, en son temps, essayée, mais cette nouvelle équipe devrait alors compter avec l'économie et l'indépendantisme des républiques périphériques. La première est dans un tel état que les seuls remèdes proposés sont la patience, l'audace pragmatique et le sang-froid. Quant au second, il est si fort que l'état-major s'est résolu à réorganiser les casernes pour limiter l'ampleur des rixes nationalistes et multiplie les déclarations alarmistes sur le développement du refus de la conscription dans les pays baltes et le Caucase.

Comme celle du pays, l'unité des régiments est en question, et, assimilée à un État et des valeurs contestés, l'armée est, de surcroît, confrontée à un antimilitarisme croissant de la jeunesse. Le pacifisme ne fait ainsi pas seulement fureur dans les discours de M. Gorbatchev, et à l'heure de la splendeur japonaise et de la montée de l'Europe communautaire, il n'y a plus deux superpuissances. Il y en a trois — aux rangs desquelles l'URSS ne compte pas.

Mais si ce reflux a non pas réduit mais singulièrement accru la présence soviétique sur la scène internationale, si le monde entier scrute l'URSS et interroge M. Gorbatchev sur les meilleurs moyens de l'aider, c'est que, découvrant la défaite du totalitarisme, l'Occident découvre qu'il eut l'avantage d'être garant d'un *statu quo*. Maintenant qu'il s'efface, la peur du vide saisit les gouvernements car en se levant sur l'autre Europe, le rideau de fer démode d'un coup tout le théâtre d'après guerre.

Riches, heureux et libres comme rarement hommes le furent, les Occidentaux avaient fini par penser vivre dans un monde achevé où le malheur de l'Est et la misère du Sud seraient aussi éternels que leur triomphe. Ce n'était pas inconfortable, mais c'est révolu car tout est maintenant à repenser.

Hier, on savait, par exemple, d'où pouvait venir le danger et contre qui, pour avoir la paix, préparer la guerre. Est-il, aujourd'hui, certain que la principale menace pour la France vienne de Russie ? Réponse : on n'en sait, au minimum, rien et il est, en revanche, évident que l'Allemagne de l'Est n'est plus une menace pour celle de l'Ouest et que les connivences et hostilités géographiques balaient déjà les restes de frontière idéologique.

Sous nos yeux, une Autriche-Hongrie se reconstitue. A l'instant, M. Ceausescu vient de rappeler que la Moldavie soviétique a autrefois été la Bessarabie roumaine. Et avant que ne se réveillent vraiment les Balkans, nous avons réappris, entre autres, l'existence d'un Caucase, d'une Transylvanie, de pays baltes, d'Allemands de Pologne, de Polonais de Lituanie, d'uniates et même d'Abkhazes de Géorgie. C'est l'Europe de 1914 qui resurgit, celle qu'avaient recouverte les flots consécutifs d'Octobre, de la première défaite allemande, de l'essor du nazisme puis de son écrasement par l'alliance du communisme et des démocraties.

C'est de cette victoire commune d'adversaires que la guerre seule avait pu réunir et que la paix laissait face à face qu'était sortie cette coupure de l'Europe et du monde en deux — l'artifice conjoncturel qui prétendait avoir effacé les réalités de deux mille ans d'histoire. Si cet artifice était poutant parvenu à se faire passer pour la réalité, ce n'était pas qu'il l'était devenu à l'Est. C'est au contraire qu'il avait, à l'Ouest, conduit les démocraties à serrer les rangs, à s'unir contre l'expansionnisme soviétique et que cette union n'a pas seulement permis de stopper la progression du totalitarisme.

Elle a aussi façonné, de l'Espagne à la Norvège et des États-Unis à la Turquie, un ensemble toujours plus cohérent, créé une culture, érodé des antagonismes et favorisé un exceptionnel dynamisme économique. L'écroulement du communisme est, en ce sens, son coup de pied de l'âne puisque c'est en mourant qu'il déstabilise l'Ouest comme il n'y était jamais parvenu auparavant et ébranle même les fondements de l'alliance atlantique ainsi victime de sa propre victoire.

La voilà non seulement condamnée à évoluer, mais d'abord aussi à errer puisqu'il ne sera pas possible, tant qu'on n'aura pas entrevu l'Europe et le monde du post-communisme, de définir les besoins de défense de demain. Les démocraties occidentales se trouvent donc devoir avancer mais sans savoir où elles vont. Elles sont, en fait, contraintes de se risquer à l'inconnu en tentant seulement de canaliser le changement et d'en négocier les étapes — avec le Kremlin, bien sûr.

Comme le krach de Wall Street il y a soixante ans, celui du communisme secoue le monde entier car ce qui est vrai de la défense l'est de l'économie (quelles seront les conséquences sociales, industrielles et commerciales de la levée du rideau de fer ?) ; des frontières (finiront-elles ou non par bouger ?) ; des grands équilibres (de quel poids pèseront sur l'Europe communautaire la démocratisation de l'Europe centrale et le processus de réunification allemande ?) ou encore du tiers monde qui avait plus profité que pâti de la bipolarisation du Nord.

Et à peine voit-on se poser toutes ces questions qu'on réalise aussi que ce n'est pas même à cinq ans que se profilent les dangers. Virtuellement, ils sont immédiats puisqu'une véritable plongée de l'URSS dans l'anarchie précipiterait automatiquement une réunification allemande et ruinerait un peu plus encore les pays d'Europe centrale dont les économies sont totalement imbriquées à celle de leur ancien suzerain.

Ni la construction de l'Europe ni ses finances ne seraient capables de relever du jour au lendemain de tels défis et cela explique largement le calme de M. Gorbatchev. Tout, depuis deux ans, ne cesse, et de plus en plus fort, de tanguer, mais lorsque est devenu proche, en juillet, le basculement de la Pologne et de la Hongrie, qu'on a compris à l'Ouest ce que serait l'onde de choc, il a vu M. Bush devenir demandeur — le créancier se faire prudent.

Avant, c'était M. Gorbatchev qui voulait un sommet pour que ne se ralentisse pas l'entreprise de désarmement dont le budget soviétique a tant besoin. Circonspect, M. Bush avait longtemps fait la sourde oreille, et soudain c'est de la Maison-Blanche qu'est venue la proposition de préparer deux sommets d'un coup, « informel » à Malte, puis officiel, le printemps prochain, à Washington.

Les faits avaient imposé l'urgence de la concertation et un haut responsable gorbatchevien pouvait déclarer la semaine dernière, légèrement goguenard, que si « l'initiative avait été, cette fois-ci, américaine », les causes en étaient « l'accélération inattendue du processus est-européen, les incertitudes sur le sort de la *perestroïka* et l'absence de préparation de l'Occident à une situation qu'il ne sait s'il doit la qualifier de défi ou de défaite de Gorbatchev ».

« Il est entendu que la défaite peut prendre la forme d'un défi », ajoutait-il, avant d'expliquer que, vu de Moscou, l'objectif de M. Bush était de « s'assurer que Gorbatchev sait où il va et que l'Occident ne sera pas mis face à une nouvelle situation à laquelle ni l'Est ni l'Ouest ne seraient préparés ». Toutes les assurances seront données, poursuivait-il avec une sérénité qui aurait pu paraître présomptueuse si ce haut responsable, bien loin de prétendre à plus de muscles que n'en a l'URSS, n'avait énoncé, dans le même souffle, la « question que Gorbatchev aura droit, lui, de poser en retour ».

Elle est de savoir, disait-il, « quel terme de l'alternative choisit l'Occident. Ou bien se poser comme objectif l'écroulement du socialisme et vouloir attendre sa capitulation politique, économique et idéologique, ou bien agir de manière constructive, dans un esprit de partenariat et favoriser l'évolution démocratique de l'Est en acceptant que, dans l'incertitude sur les perspectives et les objectifs, il suive sa propre voie ».

L'offre est claire. Elle est de chercher à instaurer un climat de confiance réciproque dans lequel M. Gorbatchev et l'Occident pourraient tâcher d'éviter des emballements majeurs et naviguer, à vue mais de concert, vers une redéfinition de l'équilibre européen. Pour un monde qui se croyait fini, c'est un beau retour de l'histoire — d'autant plus fascinant que si l'on demande aux hommes de M. Gorbatchev quelles sont leurs propositions sur l'évolution des alliances, la future place de l'Europe centrale ou le développement de la coopération économique, ils répondent qu'ils n'en ont pas, que la situation est encore beaucoup trop mouvante pour des définitions préalables et que la meilleure façon d'avancer est encore de marcher.

Deux repères, disent-ils cependant, balisent la route. Le premier est le poids politique acquis par l'Europe occidentale car il interdit toute tentative de décider de l'avenir du continent par le seul dialogue soviéto-américain. « L'Europe, disent-ils, est revenue dans la vision soviétique du monde et va y rester car l'adaptation de cette partie du continent ayant été beaucoup plus rapide qu'on ne le pensait, on va pouvoir avancer plus vite aussi dans la construction d'une maison commune européenne. »

« L'adaptation » en question désigne, évidemment, la démocratisation de l'Europe centrale, et le second repère est ainsi la volonté de poursuivre les deux processus dont elle est, dit-on à Moscou, issue. Le premier, c'est la *perestroïka*, et le second, la réalisation « concrète » des accords d'Helsinki qui « fait aujourd'hui entrer dans la loi soviétique une interprétation commune des libertés et des droits de l'homme ».

Les accords d'Helsinki, ce ne sont pas seulement les droits de l'homme. C'est aussi — et pour l'URSS ce ne fut même, jusqu'à M. Gorbatchev, que cela — la reconnaissance des frontières d'après guerre. La stratégie soviétique est ainsi de chercher à instaurer la confiance nécessaire aux évolutions ultérieures en proposant que soient réciproquement et parallèlement garantis la poursuite des réformes démocratiques à l'Est et le maintien de l'actuel équilibre européen.

La stabilité, mais dans la marche vers la démocratie ? L'évolution dans la concertation ? L'offre vaut bien quelques sommets, mais avant d'en examiner tenants et aboutissants, la question est de savoir s'il n'est pas vain de vouloir aider M. Gorbatchev. La réponse, on le verra dans un second article, est que ce serait d'autant plus vain qu'on tarderait à le faire.

Le drame fondamental : Plus Gorbatchev gagne, plus il perd

De tous les maux qui accablent M. Gorbatchev, le plus menaçant est encore l'absence d'opposition. Non pas, bien sûr, qu'il manque d'opposants. Chaque journée supplémentaire lui en fournit au contraire de nouveaux puisqu'il y a, chaque jour, plus de liberté, plus de pénuries, plus d'aberrations et de scandales dénoncés par la presse et que l'indignation croît ainsi au même rythme que la hardiesse.

Le problème est que la somme des opposants ne fait pas une opposition — c'est-à-dire une ou des forces structurées, à même de canaliser l'impatience dans un processus politique, de faire comprendre la nécessité des compromis, de savoir quand être audacieux et quand négocier des étapes, de prendre éventuellement le relais du parti communiste comme cela se fait en Europe centrale.

Tous les pays de l'ancien bloc, malheureusement pour eux et pour la stabilité européenne, n'ont pas les relatifs atouts de la Pologne que sont Solidarité, l'Église et l'expérience de trente années de lutte. Tous ont pourtant l'avantage non seulement de sortir de quatre et non pas sept décennies de communisme mais d'avoir eu aussi, en RDA, les paroisses protestantes et la télévision ouest-allemande, en Hongrie vingt années de réformes économiques et de relative tolérance, en Tchécoslovaquie une culture politique ancienne et les différents courants de la Charte 77, qui sont, virtuellement autant de partis.

Siècles d'absolutisme et décennies totalitaires additionnés, l'Union soviétique marche, elle, à la démocratie sans rien. Ici il y a M. Gorbatchev, M. Gorbatchev et M. Gorbatchev, à la fois secrétaire général d'un parti qu'il neutralise, chef d'un appareil d'État qu'il promeut et grand architecte surtout de l'entreprise de démantèlement du « système de commandement administratif » — de ce qui est plus communément appelé « système » tout court, « stalinisme » ou « communisme ».

A la fois, comme l'écrivaient récemment les *Nouvelles de Moscou*, « *apparatchik* n° 1 » et « radical n° 1 », le moins qu'on puisse dire est qu'il anime la scène politique, mais à jouer tous les rôles en même temps, il concentre inévitablement sur lui toutes les critiques. On lui reproche d'aller trop vite et trop lentement, de trop défendre l'appareil du parti et de l'attaquer de front, de laisser se multiplier les organisations politiques et de ne pas appeler le multipartisme de ses vœux.

Tant que le système se survivait à lui-même et que le secrétaire général restait, par définition, inattaquable, cela ne présentait pas de vrai danger. Quoi qu'aient pensé les membres conservateurs du bureau politique et du Comité central, le jour où il leur demandait, fournée après fournée, de s'autolimoger, faute de pouvoir l'éliminer, ils s'exécutaient. Quant à tous ceux qui voudraient, à la base et dans le pays, que le changement soit plus radical encore et instantané, ils n'ont longtemps pas cru à sa réalité et quand ils ont commencé à réaliser son ampleur, ils n'avaient de toute manière pas encore de vraies possibilités de s'exprimer.

Leur opinion n'avait, en ce sens, pas plus d'importance que celle des mammouths de la direction, mais plus M. Gorbatchev casse le système, à coup de *glasnost*, d'élections, de publication des débats du Comité central ou de retransmission télévisée des sessions du Parlement, moins demeure sacrée sa fonction. De gauche ou de droite, du parti de l'ordre comme de celui du mouvement, on peut aujourd'hui attaquer le secrétaire général et on ne s'en prive pas. C'est un bon signe pour la démocratie, mais alors que les perspectives socio-économiques sont à la dégradation prolongée et que l'onde du séisme, partie d'Europe centrale pour rebondir en URSS, va maintenant, de Prague, Berlin et Varsovie, revenir décuplée sur Moscou, la position intérieure de M. Gorbatchev se fragilise forcément.

De meeting en meeting, M. Eltsine ne cesse ainsi d'annoncer sa chute prochaine à des foules enthousiastes qui rêvent du contraire de M. Gorbatchev — un justicier tout-puissant venant briser l'échine des bureaucrates corrompus. Historien et autre chef de file du « groupe interrégional » dans lequel se retrouvent les députés les plus radicaux, M. Afanassiev dénonce, lui, à tue-tête le « virage à droite » du secrétaire général et le somme, comme M. Sakharov il y a encore peu, de choisir entre l'appareil et la volonté populaire.

L'œil sur les anciens satellites, les nationalistes baltes poussent tant leur avantage que le Kremlin voit venir le moment où il faudrait faire face à des votes des Parlements républicains demandant la sortie de l'URSS. S'il venait, ce jour pourrait bien marquer l'éveil réel du nationalisme russe et l'explosive « question nationale » serait alors moins maîtrisable que jamais.

Quant aux conservateurs, ils ont maintenant compris qu'ils ne pourraient rien contre M. Gorbatchev et la *perestroïka* tant qu'ils ne sauraient pas trouver une base populaire. Plutôt que de continuer à brandir le drapeau de l'orthodoxie, ils se sont donc, eux aussi, mis aux meetings et aux organisations « informelles » pour tâcher de dresser les plus démunis contre la vérité des prix, la fermeture des entreprises non rentables et les bénéfices des coopératives — contre les réformes économiques et, par voie de conséquence, les réformes tout court.

Bref, plus progressent les réformes, plus en est déstabilisé le réformateur, plus gagne M. Gorbatchev, plus il perd. Car le système qu'il dynamite n'est plus assez solide pour le protéger et la coexistence des ordres ancien et nouveau continue de lui imposer un jeu politique beaucoup trop complexe pour en faire un héros populaire.

Hier, les jours passaient et tandis que s'affirmait un Parlement, qu'apparaissaient des hommes nouveaux et que, presque insidieusement, s'élargissaient sans trop d'à-coups les limites du possible, c'était le changement qui s'imposait.

Aujourd'hui, le temps a passé, l'Union soviétique voudrait déjà vivre mieux, la pression d'aspirations légitimes et trop longtemps contenues devient menaçante et tandis que les radicaux ne peuvent l'ignorer sans laisser le champ libre aux conservateurs, les conservateurs découvrent là un second souffle.

Le temps commence désormais à jouer contre et non plus pour M. Gorbatchev car il est au milieu du gué, à l'instant où, ayant créé un paysage politique, il n'a pas encore d'interlocuteurs politiques, mais seulement deux populismes qui se font et lui font face au stade primaire de la démocratie. Que l'un ou l'autre l'emporte, et c'en est fini des espoirs de transition pacifique vers la démocratie car ce serait alors le passage de la recomposition cahotique d'une société au chaos sanglant.

Ce ne serait évidemment là, ni à l'Est ni à l'Ouest, l'intérêt de personne et c'est là que l'Occident peut faire une différence. Car si les démocraties peuvent moins encore que M. Gorbatchev précipiter la fusion d'où sortirait un jeu politique soviétique, elles peuvent en revanche tenter d'encadrer la tempête. Aider la Pologne, c'est essentiellement lui fournir des crédits. Aider l'URSS et M. Gorbatchev, c'est ne pas les laisser à la porte d'un monde qu'ils veulent intégrer et en faire les partenaires économiques et politiques d'un projet commun — celui dont il faut, de toute manière, définir les contours, à l'heure de la faillite du communisme et de l'écroulement du *statu quo* européen.

Les termes, les objectifs, les rythmes et les conditions de ce projet ne seront certainement pas, et entre personne, faciles à négocier, mais outre que c'est une raison supplémentaire de ne pas traîner, l'essentiel est d'entamer ce processus. En en manifestant seulement la volonté, les démocraties occidentales ouvriraient en effet au bouillonnement des aspirations soviétiques les perspectives concrètes qui manquent à ce flottement entre deux mondes.

Là peuvent se définir des étapes, des compromis, des attitudes et un débat politique aidant à la fois à la stabilisation du continent et à la naissance d'un jeu politique intérieur soviétique sans lequel cette moitié de continent sera précipitée dans l'anarchie. L'histoire bascule, et si les démocraties occidentales ne parviennent pas, dès les prochains mois, à se trouver une approche commune et à ancrer la fragile démocratisation soviétique dans un dialogue international, l'onde de choc n'épargnera pas l'Ouest et M. Gorbatchev aura de plus en plus de mal à tenir le cap et à tenir tout court.

Cet échec serait d'autant plus impardonnable que si le temps est devenu défavorable au président soviétique, un deuxième retournement semble par instants s'opérer. Déjà, les plus radicaux semblent réaliser qu'à faire monter les enchères, ils ne feraient que tout perdre, et dans la confusion générale des esprits apparaît la peur de la guerre civile, la crainte même du désordre grâce à laquelle, par exemple, il n'y a finalement pas encore eu de relance générale des grèves de mineurs.

Déjà, un pouvoir législatif a commencé d'exister en Union soviétique. Ce n'est pas rien et ce sont maintenant les élections locales qui approchent. Avec derrière lui tant de tourmentes et de souffrances, ce pays n'aspire pas à retourner aux révolutions mais à en sortir. Le virage est raide et l'URSS ne le négociera pas toute seule.

Gorbatchev et le pape : Les affinités électives

On ne pourrait imaginer d'hommes politiques — le pape en est un — plus dissemblables que M. Gorbatchev et Jean-Paul II. L'un, le second, peut en quelques phrases faire vibrer des stades entiers et terminer des discours qu'on appelle homélies dans une ambiance de concert rock. L'autre, le premier, a du charme et de la gentillesse, sa timidité séduit souvent, mais question charisme, ce n'est pas ça.

Non qu'il n'ait pas, au contraire, de force de conviction. Il croit intensément à ce qu'il dit, voudrait être compris, mais il y met précisément tant d'application que son propos a toujours quelque chose d'un peu scolaire, riche mais mal ficelé. Ce n'est pas lui qui soulèverait des foules et le fait est pourtant que si l'Europe est aujourd'hui en marche, ce sont ces deux hommes-là qui lui ont donné le départ.

Car si chacun peut constater, aujourd'hui, ce qu'aura été la dynamique de la *perestroïka*, cette décennie de l'écroulement du communisme ignore l'arithmétique. Elle s'est en fait ouverte il y a onze ans lorsqu'un Polonais, slave et formidablement moderne, est devenu pape à l'automne 1978. Du jour au lendemain, le monde a redécouvert alors l'existence de l'autre Europe, celle que le rideau de fer avait voulu déguiser et qui continuait pourtant dans la grisaille totalitaire à être l'Europe, sa culture, son histoire et ses valeurs.

Non seulement on redécouvrait qu'à l'Est il y avait des Européens, mais on les découvrait aussi non pas poussiéreux, d'un autre siècle, mais contemporains. On apprenait que l'histoire de la Pologne communiste était l'histoire d'une lutte contre le communisme, et ce pape qui savait déjà volontairement écorcher l'italien pour mieux demander pardon aux Romains, c'était la négation vivante du mythe de l'*Homo sovieticus*.

Ce jour-là, la perception que l'Ouest avait de l'Est s'est profondément modifiée et, à l'Est, on s'est enfin senti reconnu. Cette main si longtemps tendue en vain au-dessus du mur était enfin saisie dans l'éclatant symbole de la soumission des catholiques à l'autorité d'un Polonais. Cardinal-archevêque de Cracovie, Karol Wojtyla n'avait cessé, de voyages en invitations, de vouloir réintégrer son Église dans l'Église universelle et la Pologne dans l'Europe.

Il avait gagné et il n'était nullement besoin d'expliquer aux Polonais la taille de cette victoire. Quand la nouvelle est tombée, le pouvoir a verdi, la Pologne exulté, et le premier voyage du pape dans sa patrie n'a précédé que d'un an la naissance de Solidarité.

Non pas du tout que le pape ait créé le premier syndicat indépendant du monde communiste. En août 1980, la Pologne en était à sa troisième explosion ouvrière. Il y avait une expérience, des cadres et une opposition organisée dont était membre M. Walesa et dont ne raffolait pas la hiérarchie catholique. Mais tout comme l'élection du pape avait fait redécouvrir l'Europe de l'Est, son premier voyage a révélé la Pologne aux Polonais.

Rassemblés sur son chemin, fiévreux, enthousiastes, ils se sont vus tout et le pouvoir s'est vu rien. Pas une fois, il n'y eut même un slogan contre le parti, et s'il y avait déjà là beaucoup de cette maturité qui fut si précieuse à Solidarité, il y avait surtout un absolu dédain de ce communisme qui ne valait plus même un regard. Les Polonais se sont vus et ils ont commencé à construire la Pologne au lieu de vouloir renverser le communisme — à faire d'instinct, par l'attitude adoptée pendant ces dix jours, ce que l'un des leurs, le pape, allait les engager à faire.

Car ce que le pape avait dit, en 1979, aux Polonais et, à travers eux, à tous les peuples de l'Europe centrale, c'est que l'homme et ses droits devaient être au centre de toute politique ; qu'il n'était ni ordre, ni travail, ni patriotisme sans justice et qu'ils devaient ne pas être contre un régime, mais pour la Pologne, pour la fraternité des peuples de l'Est, et non pas contre une alliance, pour l'éthique chrétienne et non pas contre une idéologie.

D'août 1980 à août 1989, Jean-Paul II ne cessa pas un mois — et plus d'une fois contre le cardinal Glemp — de soutenir Solidarité. Qui a vécu sa deuxième visite en Pologne, sous l'état de guerre, n'oubliera pas le pape venu parler du « devoir de résistance » à son peuple désespéré et, descendant d'avion, lui citer le Christ : « J'étais malade et vous m'avez visité, j'étais en prison et vous êtes venu jusqu'à moi. »

Ce que le pape fit du Vatican pour Solidarité, pour qu'échoue donc, dans sa version militaire, le dernier avatar du communisme et qu'inéluctablement le changement s'impose, fut tout bonnement capital. Et pourtant, c'est dès le premier voyage qu'il avait fait l'essentiel en disant qu'il ne fallait pas être contre, mais pour.

Il est peu probable, que M. Gorbatchev ait jamais lu les comptes rendus de ce voyage. Il se trouve, en revanche, qu'il a lui aussi grandi sous le communisme et qu'à en avoir lentement grimpé tous les échelons, on n'en ignore pas forcément plus qu'un cardinal les mécanismes et les faiblesses.

Contrairement au pape, le secrétaire général du parti communiste soviétique n'a jamais exposé de stratégie de sortie du communisme. On peut, au demeurant, douter qu'il le fasse un jour, mais il y a quatre ans et demi qu'il agit et si l'un veut sauver la Russie de la faillite communiste et l'autre unir l'Europe dans le christianisme, le parallèle est saisissant.

Quand M. Gorbatchev s'attaque, dès sa nomination et avec l'insuccès que l'on sait, aux problèmes économiques, il ne dit pas que le communisme, ça ne marche pas. Pour commencer, d'ailleurs, quand il parle du communisme, ce qui est peu fréquent, c'est pour lui rendre tous les hommages dus et vitupérer tout ce qui a nui à sa réputation.

Non, plutôt que dire que ça ne marche pas, il choisit une autre évidence : il faudrait que ça marche. Et pour que ça marche, il faut changer ce qui ne va pas, améliorer les choses :

réformer. Les réformes économiques ont démarré avec l'autonomie des entreprises. On en est à la légalisation de la propriété privée. Ça ne marche toujours pas, mais pour un début, il y a pire.

Quand, deux ans plus tard, constatant et expliquant qu'il n'y aura pas de progrès de l'économie tant que chacun ne prendra pas les choses en main, qu'il faut donc libérer l'initiative, qu'il faut pour cela des réformes politiques, il propose de « revenir à Lénine ». Pas de quoi traumatiser un bureaucrate, mais s'il y avait dans Lénine tout ce que Staline voulait y trouver, on y trouve aussi tout ce que M. Gorbatchev y cherche : les élections libres, la démocratie, la liberté de la presse, le droit de tendance très bientôt, le multipartisme quand il le faudra. On n'est pas contre Lénine, mais pour lui, pas contre le communisme, mais contre le système de « commandement administratif ».

Quand, parallèlement, M. Gorbatchev veut — très vaste ambition — sortir l'URSS de l'arbitraire, il ne dit pas que la loi soviétique l'organise, mais qu'il faut créer un « État socialiste de droit » et, de proche en proche, revoir tout le code. Et quand il veut dire — très exactement comme le pape d'ailleurs — que c'est l'homme qui doit être le centre de toute politique, il proclame la primauté des « valeurs universelles » sur les valeurs de classe.

A priori, ce charabia ne retient guère l'attention et c'est pourtant beaucoup plus fondamental encore que la propriété et les libertés car si ces valeurs universelles — comprendre la paix, l'écologie, les dix commandements et la Déclaration des droits de l'homme — priment celles de classe, cela signifie que pas une d'entre elles ne peut être sacrifiée au communisme et que l'Europe, toute l'Europe, a une culture commune.

M. Gorbatchev a-t-il une stratégie de sortie du communisme ou découvre-t-il le monde en marchant ? C'est affaire, et le restera, d'intime conviction, mais surtout parfaitement secondaire. L'important, c'est ce qu'il fait et dit car les résultats en valent bien ceux de ce pape qui a voulu, comme lui, réintégrer l'Europe de l'Est (Russie comprise) à l'Europe et, qui comme lui, croit à la puissance du verbe.

Car si le pape n'a évidemment pas d'autre arme que ce qu'il dit et ce dont il témoigne, si sa bannière est son célèbre « N'ayez pas peur ! », M. Gorbatchev connaît aussi la force des mots. D'un prêche d'instituteur de la IIIe République à l'autre, quand il emploie ceux d'« élection », « débat », « dialogue », « compromis », « Europe », « député », il leur redonne peu à peu leur véritable sens.

C'est lent. C'est prudent. D'une lente prudence fulgurante qui rappelle celle de Solidarité, et quand M. Gorbatchev emploie — fréquemment pour le coup — le mot de « socialisme », on croit bien entendre « justice sociale ».

Bonne ou mauvaise, cette définition range le socialisme aux rangs des valeurs universelles — de ce qu'un pape appelle, c'est bien le moins, les valeurs chrétiennes.

A l'ombre de Rome : Les dix commandements de la *perestroïka*

Ces « commandements » dont M. Gorbatchev a solennellement déclaré, depuis le Colisée, jeudi 30 novembre, qu'il fallait s'appuyer sur eux « en ce moment crucial de l'histoire du monde », il n'a pas explicitement dit qu'il s'agissait des dix qui ont fondé le monothéisme, puis l'Europe. A la veille du premier entretien entre un pape et un secrétaire général du parti communiste soviétique, c'eût été un peu appuyé et M. Gorbatchev surtout est ennemi des virages brutaux.

Il préfère les négocier, instaurer les grands changements par de petits glissements successifs, et a donc préféré parler de ces « éternels commandements moraux — des simples lois, comme les appelait Marx —, de la moralité et de l'humanité ». Pour beaucoup, à Moscou, cela sera moins dur à avaler, mais l'ampleur de la révision idéologique sanctionnée par ce discours n'en est pas moins si profonde qu'elle en éclipserait presque la politique du moment.

Deux jours après la définition du processus de réunification allemande par le chancelier Kohl et trente-six heures avant le sommet de Malte, M. Gorbatchev ne pouvait pourtant ignorer le chamboulement de l'Europe. Il a donc souhaité, d'une phrase, la réunion, « disons, dès 1990 », d'un sommet des États signataires des accords d'Helsinki, c'est-à-dire les États-Unis, le Canada et l'ensemble de l'Europe moins l'Albanie.

Le président soviétique n'a pas proposé d'ordre du jour à ce sommet mais, déjà esquissée par certains de ses collaborateurs, l'idée est de réciproquement et parallèlement garantir la poursuite des réformes démocratiques à l'Est et le maintien du *statu quo* continental. Non pas, bien sûr, son maintien éternel qui aujourd'hui déjà prendrait des allures d'impossible restauration, mais sa prolongation dans le respect des équilibres, dans l'exigence, autrement dit, d'une évolution concertée, s'inscrivant dans une démarche générale, acceptée de tous et profitable à chacun.

Apogée de la détente et conclus, en 1976, dans le cadre de la Conférence sur la sécurité et la coopération en Europe dont les réunions ne sont pas interrompues depuis, les accords d'Helsinki avaient d'un coup reconnu les frontières de l'après-guerre et théoriquement fait du respect des droits de l'homme une règle contraignante. Leur signature est jusqu'à présent très controversée puisque les uns y voient une grande duperie brejnevienne et que d'autres rappellent qu'ils ont été un drapeau de la dissidence et que leurs contraintes finissent maintenant par s'imposer.

Le débat ne sera pas clos de sitôt, mais le fait est que si l'on veut tenter d'articuler stabilité et démocratisation de l'Europe, le cadre proposé par M. Gorbatchev n'est pas le plus mauvais puisqu'il réunit déjà, sur ces deux thèmes, toutes les puissances concernées. Très optimiste, l'entourage du président soviétique assurait d'ailleurs jeudi soir que cette proposition avait toute chance d'être retenue et que dès à présent la France, l'Espagne et le Canada avaient manifesté leur accord. Pour ce qui est des États-Unis, la question sera examinée à Malte, et l'Italie, quant à elle, a déjà déclaré mercredi à M. Gorbatchev, par la voix de son président, que « pour répondre aux grands défis que nous devons avoir le courage d'affronter ensemble, il nous faut nous placer dans le cadre des accords d'Helsinki ».

Cette déclaration a naturellement ravi les Soviétiques, mais si les États signataires se réunissaient bien l'année prochaine, quel serait le but de ce sommet ? Principalement, même si on ne le dit officiellement nulle part, d'accrocher le processus de réunification allemande à un processus d'unification de l'Europe qui devrait constituer demain, telle que l'a décrite M. Gorbatchev, une « communauté d'États démocratiques souverains avec un niveau élevé d'interdépendance, des frontières aisément accessibles et ouvertes à l'échange de produits, de technologies et d'idées et des contacts de grande échelle entre les peuples ».

Cela serait, bien entendu, l'objectif final et pour y parvenir l'une des propositions que comptent avancer les Soviétiques est tout simplement de prendre en compte la démarche proposée aux deux Allemagnes par M. Kohl, commencer par des commissions communes, discuter, faire évoluer les choses et dégager des convergences.

L'intérêt de cette approche, dit-on dans les milieux soviétiques informés, serait de ne pas condamner la volonté de rapprochement allemande, « qui relève, dit un proche de M. Gorbatchev, du simple droit à l'autodétermination », mais de partir au contraire d'elle — de la légitimer tout en l'encadrant. On est en fait là très loin des bruyantes condamnations du « revanchisme », beaucoup moins suscitées par une dynamique que M. Gorbatchev sait inévitable que par la rapidité du chancelier Kohl à ignorer que le problème allemand est aussi un problème européen.

C'est cette rapidité qui inquiète les Soviétiques, considérablement irrités de constater que l'Europe occidentale ne se hâte pas de dire à haute voix qu'elle aussi fronce les sourcils. « Vous vouliez que nous le disions ? Nous l'avons dit, alors dites-le maintenant ! », a ainsi lancé, lors de leurs entretiens, M. Gorbatchev au Premier ministre italien qui ne s'est pour autant pas précipité sur un micro pour déclarer que le chancelier Kohl était le meilleur des alliés, mais que...

Irritation ou pas, les Soviétiques affichent cependant une sérénité à toute épreuve, âprement convaincus que le basculement pacifique de l'Europe dans la liberté leur assure une popularité et un crédit moral décisifs et que la crainte d'une déstabilisation générale achèvera de les faire entendre des gouvernements.

Le moins qu'on puisse dire, à cet égard, est que l'accueil reçu en Italie par M. Gorbatchev a tout pour le conforter dans cette idée. Côte à côte, les affiches du PCI et de la démocratie chrétienne saluent le « camarade Gorbatchev » et l'homme de la « liberté », des « élections libres », de « l'amitié entre les peuples » et de la « coopération en Europe ». Cette unanimité a permis la signature d'un communiqué commun aux allures de déclaration idéologique commune sovieto-italienne.

Les quotidiens rivalisent, de leur côté, d'un enthousiasme

visiblement partagé par leurs lecteurs. Tout est retransmis en direct par la télévision et tout le monde à Rome — le Vatican au premier chef — aime ce M. Gorbatchev qui a commencé son discours du Capitole en expliquant que « l'Italie incarne l'histoire de l'Europe » et que ses liens culturels avec la Russie sont aussi profonds qu'anciens.

Simple courtoisie ? Début au contraire d'une dissertation qui conduit M. Gorbatchev à estimer que la séduction des Italiens tient à « leur pluralisme, leur disponibilité à comprendre tout point de vue, leur rejet des modes de pensée doctrinaires et leur défiance de ceux qui prétendent connaître la vérité ultime ». On a à peine compris que si M. Gorbatchev aime tant les Italiens, c'est qu'ils incarnent le contraire du stalinisme, qu'il en est déjà à dire que « la notion de culture est fondée, depuis la Renaissance, sur les valeurs humanistes [qui] ont inspiré notre renaissance — notre *perestroïka* » ; que l'humanité a « besoin des valeurs spirituelles [pour] faire face au danger d'auto-annihilation » et que les « commandements » sont là, pour répondre à ce besoin.

Largage du socialisme ? Du tout, répond M. Gorbatchev en affirmant que « le peuple soviétique est profondément attaché à son choix socialiste » et qu'à souhaiter qu'il y renonce on cède seulement à la « tentation de fonder une politique sur des illusions plutôt que sur une réalité ». On écoute, lit et relit. Il n'y a pas un seul paragraphe de défense idéologique du socialisme, mais le constat seulement qu'il ne s'est développé que depuis « quelques décennies seulement », que l'histoire du capitalisme n'est pas celle d'un tapis de roses, qu'il est passé, « oui, par le fascisme » et, en substance, qu'on verra.

« Vous pourriez faire observer qu'il ne semble rien y avoir de nouveau [dans ce que je dis] », poursuit M. Gorbatchev, « mais il y a beaucoup de neuf », dit-il, car « nous ne prétendons plus avoir le monopole de la vérité [et que] nous avons, fermement et irrévocablement, décidé de fonder notre politique sur le principe de la liberté de choix ; de construire notre économie et développer notre technologie sur le principe de l'avantage mutuel et d'étendre notre culture et notre idéologie à travers le dialogue et l'acceptation de tout ce qui est applicable dans nos conditions et donc de tout ce qui devrait être intégré et utilisé pour notre propre progrès ».

On entend encore que ce « grand processus d'humanisation de la vie est capable de résoudre même le problème le plus incroyablement difficile auquel nous ayons à faire face » ; que « les valeurs morales engendrées par la religion peuvent aider, et aident en fait déjà, le travail de renouveau de notre pays » ; et que « l'un après l'autre, les pays socialistes franchissent la ligne au-delà de laquelle il n'y a plus de retour au passé ».

C'est fièrement dit, non pas comme on reconnaît un problème, mais comme on se vante d'un triomphe et ayant dit cela M. Gorbatchev dénonce (visant M. Kohl) « les déclarations provocatrices qu'on ne peut laisser mettre en danger l'avènement de ce changement réellement historique ».

« Humanisme » aura été le maître mot de tout un discours dans lequel n'a jamais été prononcé celui de « communisme » et le président soviétique conclut : « Nous ne marchons pas vers la fin de l'histoire, mais en entamons une nouvelle ère. »

Du pape à Bush : Le héros du monde

L'Italie n'est pas le monde, mais après l'accueil qu'il y a reçu, le puissant soutien du pape et tant de lauriers, d'encouragements et de marques de sympathie, c'est avec confiance que M. Gorbatchev abordait, ce samedi 2 décembre, ses entretiens avec M. Bush.

Car de Rome à Milan en passant par le Vatican, le président soviétique a semblé ne pas cesser, trois jours durant, de toucher les dividendes de la levée du rideau de fer, de l'exultation de Prague et du fulgurant écroulement du communisme dans toute l'Europe centrale. Jusque-là, l'expérience passée pouvait peut-être autoriser à douter, mais là, plus personne ne le peut et surtout pas en Italie — pays dont les industriels avaient patiemment tablé, depuis vingt ans, sur l'ouverture de l'Est, dont les communistes témoignent depuis longtemps déjà qu'on peut être fils du communisme et en être passablement revenu, pays surtout où le pape compte.

Or, ce pape polonais a non seulement accueilli M. Gorbatchev, mais il a aussi, en soixante-quinze minutes d'entretien, brisé la glace. Arrivé contracté, intimidé et aussi mal à l'aise que peut se montrer un chef d'État, il est ressorti de la bibliothèque pontificale souriant, familier et quand il a présenté au pape ses plus proches collaborateurs, qu'au nom de M. Frolov, nouveau directeur de la *Pravda* et grand conseiller de l'ombre, l'œil de Jean-Paul II s'est allumé, on a compris que le Saint-Siège suivait de très près les événements de Moscou.

« J'ai entendu du pape des paroles de soutien pour la *perestroïka* », devait déclarer le soir M. Gorbatchev au cours de sa conférence de presse de Milan, et à avoir vu les visages, senti l'atmosphère on n'avait aucun mal à le croire. « Le Saint-Siège, avait déclaré Jean-Paul II à son hôte dans son discours de conclusion, suit avec un grand intérêt le processus de renouveau que vous avez mis en marche et vous souhaite plein succès [...]. Je prie pour que les conversations à venir [avec M. Bush] puissent conduire à une nouvelle compréhension fondée sur les besoins et les aspirations des peuples », avait-il ajouté.

Dans la bouche d'un pape recevant pour la première fois un secrétaire général du parti communiste soviétique, ce n'était pas ce qui s'appelle de la réserve, mais M. Andreotti, lui, a fait sensation en racontant devant la presse à Milan que M. Reagan lui avait déclaré après son premier sommet de 1985 avec M. Gorbatchev qu'il espérait sa réussite et qu'aucun dirigeant occidental « ne devrait avoir sur la conscience le remords de ne pas l'avoir aidé ».

Le pape, plus M. Reagan, plus le président du patronat italien déclarant sa « conviction que l'Union soviétique connaîtra au cours des prochaines années un développement économique spectaculaire », plus encore à Milan, toujours de véritables foules l'ovationnant et l'encourageant — c'était un véritable triomphe, moral, politique, ou les deux.

Réaction de M. Gorbatchev, qui a expliqué son émotion en disant qu'il était lui aussi un homme du Sud, un homme de sentiments : « Nous voulons, c'est l'essentiel, être compris et nous savons désormais que [nous le sommes] et réaliserons la *perestroïka*. » Ce n'était pas là des mots, car derrière ce basculement des consciences opéré par le basculement de l'Europe centrale, il y a virtuellement, pour M. Gorbatchev, le succès de ce sommet de Malte.

Pour l'essentiel, M. Gorbatchev souhaite en effet que l'ensemble des bouleversements européens précipités par sa décision de ne plus contrarier l'aspiration démocratique des anciens satellites de l'URSS soit canalisé dans une évolution générale et négociée de l'ensemble du continent.

Il s'agit pour lui d'obtenir des pays neutres et occidentaux non seulement que le processus de réunification de l'Allemagne reste lié à cette évolution, mais aussi que l'URSS, en libérant l'Europe centrale, ne reste pas à la porte de l'Europe. Il veut au contraire que le tournant historique pris depuis septembre soit l'occasion d'une réintégration de l'Union soviétique dans le concert des nations et que cette réintégration précipite à son tour ses réformes économiques et politiques.

Ce que veut M. Gorbatchev, c'est non seulement que la Russie ne soit pas humiliée par la liberté, mais que cette liberté reconnue lui bénéficie au contraire. C'est pour cela qu'il a proposé, officiellement depuis jeudi, que se réunissent au sommet, dès l'année prochaine, les pays signataires des accords d'Helsinki, c'est-à-dire tous les pays européens moins l'Albanie mais aussi les États-Unis et le Canada — toutes les puissances dont dépend, autrement dit, le sort de l'Europe.

Or, non seulement les dirigeants italiens n'ont cessé de répéter durant cette visite qu'ils soutenaient totalement cette proposition, mais à la veille de la réunion de Malte, le secrétaire d'État américain vient de déclarer que tout changement des relations germano-allemandes devrait se faire dans le cadre du respect des accords d'Helsinki.

C'est, fondamentalement, ce que dit M. Gorbatchev, et c'est sans doute l'affirmation de cette convergence qui l'a conduit, vendredi soir, au cours d'une conférence de presse à beaucoup assouplir son ton sur l'Allemagne en commençant à dire tout haut ce que lui et son équipe pensaient jusqu'alors tout bas. Après avoir fermement rappelé, s'appuyant sur M. Andreotti, l'exigence de tout voir passer par le cadre d'Helsinki, il en est en effet venu à dire que « tout peuple est souverain et peut décider de son avenir » et que « tout cela était le résultat d'une certaine période... ».

« Ce qui se passera ensuite... Laissons le temps, l'histoire en décider [mais la réunification allemande n'est] pas une question internationale d'importance et [...]. Il est erroné d'en parler maintenant », même s'il n'y a pas, dans cette position, de contradiction avec les rapprochements humains et économiques des deux Allemagnes. Dans la foulée, et à dix jours de la très probable condamnation de l'intervention en Tchécoslovaquie par le Parlement soviétique, M. Gorbatchev a déclaré que le Printemps de Prague avait constitué un « processus de renouveau, de démocratisation et d'humanisation », que « juste, il l'était aujourd'hui », mais qu'il y avait eu des moments difficiles, des « interférences » de tous côtés et que la période était à l'époque à la défiance internationale.

Cela ressemblait à une condamnation avec circonstances atténuantes, puis est venue la condamnation tout court, mais extrêmement prudente et circonspecte : « L'estimation de la situation n'avait pas été appropriée. » C'est la méthode des petits pas chère à M. Gorbatchev auquel M. Andreotti a cependant rendu un hommage appuyé pour l'abandon de la doctrine Brejnev de souveraineté limitée des États socialistes. « La politique ne peut aujourd'hui être sérieuse que fondée sur les valeurs humaines », avait auparavant martelé M. Gorbatchev en expliquant que le pape et lui étaient « tombés d'accord sur de nombreux points et avaient même souvent utilisé les mêmes termes ».

De fait, si le pape n'a pas explicitement donné son accord au projet de sommet d'Helsinki, il a exprimé l'accord du Saint-Siège pour « toute initiative qui [...] intégrera les droits et les devoirs des individus et des peuples afin que la paix soit assurée en Europe et dans le monde ». Les réformes démocratiques contre la stabilité, c'est le marché proposé par le Kremlin — le marché à l'examen duquel est consacré Malte.

En rade de Malte : L'URSS réintègre le monde

M. Gorbatchev vient d'achever d'intégrer l'URSS aux nations du monde. Chaleureusement encouragé, vendredi, par le pape et assuré, dimanche 3 décembre, par M. Bush de l'« énorme respect » des États-Unis, il est en effet devenu, du Vatican à Malte, le président d'un pays comme un autre — ou presque.

Car si l'URSS n'est pas, en trois jours, devenue démocratique et, moins encore, prospère, ni l'Église catholique ni la plus grande démocratie du monde ne la considèrent désormais plus comme un adversaire. Elle n'est plus qu'un immense pays en voie de mutation, à la fois immensément puissant et totalement miné par la difficulté de sa sortie du communisme — un pays auquel l'ensemble du monde occidental est aujourd'hui décidé à tendre la main.

Si donc M. Gorbatchev n'a pas, dimanche, tout obtenu tout de suite de M. Bush — c'est tout comme. Il n'a pas obtenu le soutien des États-Unis à sa proposition de convoquer, dès l'année prochaine, un sommet des trente-cinq États signataires des accords d'Helsinki pour tenter de canaliser l'explosion démocratique de l'Europe centrale et le processus de réunification allemand. On s'en disait naturellement « déçu », du côté soviétique, mais, outre que c'est là l'unique déception pour M. Gorbatchev, elle est très relative puisque la décision prise de donner un coup de fouet politique aux négociations sur le désarmement implique que les dirigeants du monde vont beaucoup se voir dans les mois à venir, et sans doute à trente-cinq au bout du compte.

Et pour le reste, c'était à qui sourirait le plus, se montrerait le plus ouvert et le plus constructif, le plus désireux d'ouvrir cette « nouvelle ère » dont a parlé M. Bush en reprenant l'une des expressions préférées de M. Gorbatchev. Les Soviétiques auraient souhaité la publication d'un communiqué commun. Les Américains n'ont pas voulu aller jusque-là, mais ils sont allés jusqu'à la conférence de presse commune, la première qu'aient jamais tenue dirigeants soviétique et américain.

Leurs états-majors sont là. Mme Gorbatchev aussi. Les journalistes s'écrasent sans pitié dans cette salle de danse pour plaisanciers et là, en territoire soviétique et pour l'information des dirigeants de l'URSS, les téléviseurs diffusent la chaîne américaine CNN. C'est M. Bush qui ouvre le feu, revendiquant, à juste titre, l'initiative et en quelque sorte l'honneur de ce *non-summit summit* (ce faux-vrai sommet) qui « nous a permis, dit-il, de jeter les bases du progrès sur un large éventail de problèmes ».

« Il n'y a virtuellement pas de problème au monde — et certainement pas en Europe — qu'une amélioration des relations sovieto-américaines ne contribuerait pas à simplifier », ajoute-t-il, avant de déclarer qu'avec « les réformes en cours en Union soviétique, nous sommes au seuil d'une ère complètement nouvelle [car] il est à notre portée de contribuer à surmonter la division de l'Europe [...], d'assurer une paix durable et de transformer les relations Est-Ouest en relations de coopération solide ».

Au fil des questions, M. Gorbatchev dira que « le monde quitte une époque de guerre froide et entre dans une autre période [dont] ce n'est que le début, celui d'une longue route pour une période de paix de longue durée ». Vingt fois cette idée de page tournée, de relations qualitativement nouvelles, reviendra dans les propos des deux présidents qu'observent et applaudissent leurs principaux collaborateurs — notamment MM. Iakovlev et Chevardnadze, artisans de la nouvelle politique étrangère soviétique et principaux alliés de M. Gorbatchev au bureau politique.

L'un et l'autre semblent aux anges et opinent lorsque leur patron qualifie les conversations de ce sommet d'« amicales, directes et ouvertes. Elles nous ont permis, ajoute-t-il, de faire du bon travail ». Et elles ont en effet permis au porte-parole de la Maison-Blanche d'annoncer que les États-Unis soutiennent désormais l'intégration de l'URSS, avec statut d'observateur, à l'organisation de l'accord général sur le commerce et les tarifs douaniers.

C'est le premier pas de cette intégration aux grandes institutions économiques internationales que souhaitent si ardemment M. Gorbatchev et l'ensemble des réformateurs soviétiques, et la Maison-Blanche annonce dans la foulée que, comme déjà la Pologne et la Hongrie, l'Union soviétique pourra bénéficier, dans ses exportations vers les États-Unis, de la clause de la nation la plus favorisée sitôt qu'elle aura libéralisé sa politique d'émigration.

Un projet de loi en ce sens est en discussion depuis septembre au Soviet suprême de l'URSS. Il a déjà été adopté en première lecture et, s'il devait être amendé, ce serait dans le sens d'une plus grande et certainement pas d'une moindre libéralisation. Cette condition n'en est pas une. C'est au contraire la reconnaissance d'un changement et le tournant est tellement pris que, de la salle de danse du Maxime-Gorki, M. Bush appelle les hommes d'affaires américains à soutenir la *perestroïka*.

« J'aimerais, déclare-t-il, que nous parvenions à un climat

dans lequel nos hommes d'affaires puissent aider le président Gorbatchev dans ce qu'il essaie de faire [...]. C'est un plus d'une extraordinaire importance, poursuit-il, que résulte de ces conversations un climat favorable aux investissements en Union soviétique et à certaines choses que nous pouvons faire pour aider l'Union soviétique, et d'autres pays bien sûr, à chercher un terrain commun avec les organisations financières multilatérales. »

Et M. Gorbatchev non seulement d'applaudir — c'est logique —, mais de parler aussi d'« impulsion politique [dont] l'avenir dépendra des actes de l'URSS » dans le domaine des réformes. Sur ce point, il abat complètement ses cartes, faisant comprendre que le « partenariat » économique et politique avec l'Ouest a pour fonction première à ses yeux d'ancrer le changement soviétique dans des engagements internationaux. Ces nouveaux engagements auraient aussi pour intérêt d'ouvrir des perspectives concrètes de changements économiques et donc sociaux, de freiner les emballements intérieurs par la négociation des rythmes du changement avec l'étranger — et en l'occurrence avec les démocraties.

Ce n'est pas seulement une grosse partie qui se joue là pour M. Gorbatchev, c'est aussi d'une pierre deux coups et lorsque des journalistes tchécoslovaques lui demandent — question groupée — si l'URSS a « vraiment renoncé à la doctrine Brejnev », il répond en élevant le sujet aux bienfaits du changement démocratique. « Chaque peuple, dit-il, a le droit de choisir sa propre destinée et je peux seulement expliquer ma propre attitude : aussi bien en Union soviétique qu'en Europe centrale ces changements ont été préparés par le cours de l'évolution historique elle-même et nous devrions saluer [leur] impulsion car ils sont liés au désir de la population de rendre ces sociétés plus démocratiques, plus humaines et de faire face au monde. Je suis encouragé par l'impulsion des changements. »

« Le changement est spectaculaire [et] enterre les doctrines antérieures », répond quant à lui M. Bush après avoir expliqué qu'il existe aux États-Unis « énormément de respect et de soutien pour la manière dont [le président Gorbatchev] a prôné le changement pacifique en Europe ».

M. Bush n'a pas tout cédé à M. Gorbatchev, mais il a reconnu, en la personne du chef de l'État soviétique, un homme de la liberté. S'il n'a pas voulu se rallier dimanche à sa proposition de sommet des États signataires des accords d'Helsinki, c'est qu'il sera toujours temps, a-t-il été dit en substance, d'aviser en fonction de l'évolution des choses et qu'il eût été impensable aussi de sembler décider de cela avec l'URSS alors que M. Bush s'entretenait, ce lundi à Bruxelles, avec ses alliés occidentaux.

Décembre 1989 - mars 1990
La démocratie entre dans la Constitution

Il n'y a plus d'empire : Foncer avant qu'il n'y ait plus d'URSS

C'est d'un front à l'autre et sans discontinuer. A peine assuré de l'unanimité du soutien occidental et fort aussi, maintenant, de l'irréversibilité des bouleversements d'Europe de l'Est, M. Gorbatchev a réuni, samedi 9 décembre, son Comité central pour lui faire accélérer la préparation du congrès du parti et par là même le rythme des réformes politiques.

Totalement dominé par des conservateurs d'un autre âge, le Comité central a tempêté, assailli M. Gorbatchev de critiques et récriminations et, une fois de plus, obtempéré. Le bureau politique a en effet été chargé d'élaborer pour le courant du mois de janvier les projets de documents à soumettre au congrès et de convoquer, pour la même période, une « réunion plénière élargie » du Comité central qui sera appelée à les adopter pour diffusion dans tout le parti. M. Gorbatchev s'étant constitué, au fil des remaniements, une très solide majorité au bureau politique, cela signifie, concrètement parlant, que c'est lui qui décidera de la composition de ce plénum et qu'il aura, sous sept semaines au plus tard, présenté au pays son propre programme politique. Or, d'ici janvier, toute l'URSS sera entrée en campagne électorale.

Dans chacune des quinze Républiques fédérées d'abord, les électeurs seront appelés à élire, avec candidatures multiples bien sûr, les nouveaux membres des Parlements républicains, et des conseils municipaux. Parallèlement, mais au sein du parti cette fois, débutera le processus de désignation des délégués au congrès. De ces différents votes, dépendront les futurs rapports de forces dans le pays, et M. Gorbatchev vient ainsi de prendre tous ses adversaires de vitesse.

Plus que jamais, il joue là de sa double casquette d'« *apparatchik* n° 1 », et de « radical n° 1 » [1], utilisant sa position de secrétaire général pour prendre d'assaut le système, mais de l'intérieur. Il ne s'agit pas seulement pour lui de garder la maîtrise de l'échiquier politique et d'éviter aussi bien d'être paralysé par les conservateurs que débordé par plus radical que lui. Il

1. C'est ainsi qu'a récemment été décrit M. Gorbatchev par les *Nouvelles de Moscou*.

s'agit aussi, et fondamentalement, de continuer à coller à l'évolution des esprits en la suscitant pour mieux l'accompagner. Maintenant que les premières élections partiellement libres du printemps dernier et six mois surtout de débats parlementaires, retransmis par la télévision et chaque jour de meilleur niveau, ont commencé d'apprendre la démocratie à l'URSS, M. Gorbatchev peut et doit en effet aller de l'avant dans la démocratisation.

Plus tôt, il n'aurait pas été compris et donc pas suivi. A plus tarder, il risquait d'apparaître hostile à de nouveaux changements et de laisser le champ libre à l'improvisation du « tout, tout de suite » — c'est-à-dire, dans ce baril de poudre qu'est l'URSS, au chaos. Il s'apprête maintenant à faire de nouveau reculer les limites du possible et à banaliser des idées hier encore sulfureuses.

Car si M. Gorbatchev n'a rien dit devant le plénum de samedi des grandes lignes de son futur programme, il avait, à la veille de son départ pour l'Italie et Malte, publié dans la *Pravda* un long article théorique dans lequel il défendait une « conception plus réaliste du socialisme », louait la « contribution de la social-démocratie à ce siècle » et constatait que « Marx avait sous-estimé la capacité d'autodéveloppement du capitalisme ».

Tout cela était savamment noyé dans la longueur d'assommants prolégomènes donnant à l'ensemble un air familier de gris exercice théorique. Mais outre que les conservateurs ne s'y sont pas trompés et que ce texte a alimenté leurs attaques de samedi, l'entourage du secrétaire général s'emploie depuis plusieurs semaines déjà à donner le ton.

On parle désormais ouvertement de l'« utopie » du communisme. Sous seul couvert d'anonymat, tel conseiller de premier plan se définit comme « social-démocrate » tandis qu'un autre préfère l'étiquette de « centre-gauche » et il y a déjà longtemps qu'on ne parle plus — même pour la forme — de préoccupations idéologiques.

Cela ne veut pas dire — contrairement à ce qui se passe en Europe centrale — qu'on va se hâter d'abattre les idoles. Cela se fera, se fait déjà, mais par touches successives. L'attitude de M. Gorbatchev sur la question hautement symbolique du « rôle dirigeant du parti » en est le meilleur exemple.

Ce n'est déjà presque plus qu'un symbole puisque *de facto* et même *de jure* le pluripartisme existe déjà en URSS.

Il n'est nullement limité aux républiques périphériques, mais tout aussi réel en Russie même, où l'on ne compte plus les organisations, « clubs » et autres « mouvements » regroupés pour la majorité d'entre eux dans deux grands « fronts », l'un d'extrême droite, l'autre libéral et extrêmement pluraliste, puisqu'il va de la gauche socialiste aux nationalistes.

Comme déjà en Hongrie, en Pologne, en Tchécoslovaquie, en Allemagne de l'Est et très bientôt en Bulgarie aussi, le rôle dirigeant du parti, c'est-à-dire son monopole que garantit l'article 6 de la Constitution, est condamné en URSS. Rendant compte, samedi soir, à la presse des discussions du plénum, M. Medvedev, le responsable de l'Idéologie, expliquait qu'il n'est pas de « sujet tabou », que le parti passait du rôle de « noyau » du système politique à celui d'« avant-garde » et que « certaines formulations » de l'article 6 ne correspondaient pas à cette évolution.

Mieux encore, M. Gorbatchev lui-même a déclaré devant le plénum que, du temps de Lénine et même sous Staline, le rôle dirigeant du parti n'était pas inscrit dans la Constitution. C'était dire que rien ne s'opposait à son abandon. Mais le secrétaire général l'a dit... en s'opposant à l'abrogation de l'article 6 car ceux qui la demandent d'« urgence », a-t-il expliqué, veulent en fait « démoraliser les communistes ». Selon lui, l'article 6 ne « crée pas d'obstacles au déroulement libre des élections » et à trop se hâter d'amender la Constitution, il faudrait amender les amendements. Autrement dit, il ne s'agit pas de savoir s'il faut ou non abroger l'article 6, mais s'il faut le faire tout de suite ou plus tard.

C'est ainsi, par ce constant glissement du raisonnement, que M. Gorbatchev a fait, depuis cinq ans, avancer les choses. Compte tenu du bas niveau politique général, l'appareil n'a vu le danger de la veille que lorsque se profilait celui du lendemain et la population n'a commencé (très tardivement) à croire au changement que pour le trouver (soudain) trop lent. Le temps passant, l'opposition conservatrice a fini par s'organiser tandis que le soutien populaire allait à des dirigeants plus libres de leurs déclarations.

Le danger devenait réel pour M. Gorbatchev, qui a su utiliser et précipiter le séisme centre-européen pour réussir, d'un coup, à accroître encore sa popularité à l'étranger, à contraindre les gouvernements occidentaux à négocier avec lui une tentative de canalisation du bouleversement européen — à donner à voir à ses radicaux et à créer l'irréversible face à ses conservateurs.

Horrifiés par ce qui se passe dans le reste de l'ancien bloc mais terrifiés aussi par l'idée de subir le sort d'un Honecker ou d'un Jivkov, les membres du Comité central se sont donc entendu dire que les événements de Prague ou de Berlin étaient un « aboutissement logique » et que « nos amis communistes d'Europe centrale ont maintenant à apprendre sur le tas la science du travail politique dans les nouvelles conditions du pluralisme réel ».

En clair, qu'ils se débrouillent. Car l'Union soviétique « fonde ses relations avec les pays est-européens — qu'ils œuvrent à [leurs] transformations depuis assez longtemps, en aient seulement pris la route ou aient encore à le faire — sur l'unique position du respect de la souveraineté [et] de la reconnaissance de la liberté de choix [...], y compris du choix de système ».

Suit le développement connu sur l'impossibilité d'accepter une quelconque modification du *statu quo* européen en dehors d'un cadre négocié. Sur ce point, M. Gorbatchev se montre ferme, mais c'est pour dire que « l'une des tâches principales est maintenant d'intégrer graduellement les économies de nos pays [ceux du COMECON] dans les structures paneuropéennes et mondiales ».

A la veille de l'ouverture, ce mardi, de la deuxième session du Congrès des députés du peuple, le chef de l'État a commencé aussi à marquer des points auprès des députés radicaux du « groupe interrégional ». Ceux-ci se sont en effet démarqués, dimanche, d'un appel lancé par M. Sakharov et quatre autres élus à une grève générale de deux heures, ce lundi, en faveur de l'abrogation de l'article 6. « Manque de concertation », « fonctionnement de parti [communiste] », leur a-t-on lancé. Mais le fond du problème est que l'opposition des députés radicaux à M. Gorbatchev est moins vive après Prague qu'avant.

Dans la foulée, le secrétaire général a fait entrer le nouveau premier secrétaire ukrainien, M. Ivachko, au bureau politique, et le nouveau directeur de la *Pravda*, son ami, M. Ivan Frolov, au secrétariat.

Le plénum a enfin créé un « bureau russe » présidé par M. Gorbatchev. La Fédération de Russie est, jusqu'à présent, la seule des quinze Républiques à ne pas avoir son propre parti, confondu avec le parti fédéral. Cette discrimination avait pour objet d'éviter l'apparition d'un premier secrétaire russe disposant d'une majorité automatique au sein du PCUS. A l'heure de la reconnaissance des autonomies, cela n'était toutefois plus tenable.

Il y aura bientôt un parti russe, et rien n'en sera simplifié.

La mort d'Andreï Sakharov : « Il parlait lorsque nous nous taisions »

Vendredi matin, l'affaire était déjà réglée. Andreï Sakharov serait enterré samedi, avait-il été officiellement annoncé aux correspondants étrangers. Ce n'était pas un enterrement à la sauvette. Le cimetière choisi, celui de Novodevitchi, est réservé aux plus hautes personnalités du pays. La dépouille mortelle du prix Nobel de la paix devait être exposée dans la matinée à l'Académie des sciences.

Bref, on faisait bien les choses mais vite, aussi vite que possible afin de limiter l'ampleur inévitable de ces funérailles. Et puis il y eut la dynamique naturelle de l'émotion, qui a saisi le pays entier. On la sentait dans le silence profond de tous ceux qui apprenaient la nouvelle au fil de la journée et restaient cois, cois devant le vide laissé par cet homme qui, comme déclarait un député cité samedi matin 16 décembre par *L'Industrie socialiste*, « parlait lorsque nous nous taisions [et qui] a combattu seul ».

Alors, d'heure en heure, l'équipe gorbatchevienne s'est adaptée à l'événement, puisque, à le nier, il allait immanquablement lui échapper. Elle a donc, comme toujours, préféré y coller, pour pouvoir le canaliser, et, lorsque les députés radicaux ont demandé que la journée des obsèques soit décrétée jour de deuil national et que des travées du Congrès sont montés les grognements des conservateurs, M. Gorbatchev avait sa réponse prête : « La commission d'organisation des obsèques décidera », a-t-il aussitôt soufflé au président de séance, M. Vorotnikov, car commission il y avait déjà, comme pour les plus hauts dignitaires du système.

Avec à sa tête l'un des tout premiers personnages de l'État, M. Primakov, président d'une des chambres du Parlement, elle s'est rendue dans l'après-midi au domicile d'Andreï Sakharov. L'entretien avec Elena Bonner, la veuve de l'académicien, a été long, très tendu par moments, et c'est en fin d'après-midi que l'on a appris que les funérailles n'auraient pas lieu samedi mais lundi, non pas au cimetière de Novodevitchi mais à celui de Vostriakovskoye, que la dépouille mortelle serait exposée non seulement à l'Académie des sciences mais aussi au Palais de la jeunesse, et que des « manifestations d'adieu » auraient lieu devant le domicile, devant l'Institut de physique et devant le stade Loujniki surtout — le lieu habituel des meetings politiques.

Dès vendredi soir, place Pouchkine, les habituels groupes de discussion avaient grossi leurs rangs. Quelque deux cents personnes ont improvisé une lente procession jusque sous les fenêtres de cet homme dont la photo est ce matin dans tous les journaux.

Tous publient aussi une nécrologie officielle signée par M. Gorbatchev et par les plus hauts dirigeants du parti, de l'État et de l'Académie des sciences. C'est sobre. Il est notamment dit qu'une « grande injustice a été commise contre Andreï Sakharov lorsqu'il a été exilé de Moscou à Gorki » et que « tout ce que faisait Andreï Dmitrievitch lui était dicté par sa conscience et par ses profondes convictions humanistes ». C'est l'essentiel, mais cela ne rend pas compte du bouillonnement des esprits que seule la *Komsomolskaïa Pravda* évoque dans un court éditorial écrit aux tripes. « Dans la nuit [de jeudi à vendredi], y lit-on, les agences de presse étrangères ont donné la nouvelle. Et nous ? Le matin j'ai branché [la radio] — pas un mot à la télévision, silence aussi sur la chaîne centrale. Mais pourquoi est-ce comme ça chez nous ? Ne serait-ce pas parce que nos moyens d'information sont, aujourd'hui encore, placés dans des conditions où même de telles nouvelles doivent recevoir l'approbation des plus hautes sphères ? »

Cela, chacun se l'est dit en URSS. Jusque dans sa mort, Andreï Sakharov a ainsi fait bouger un peu plus encore la conscience du pays, et l'éditorialiste de la *Komsomolskaïa* poursuit : « Au début de la séance de vendredi [...], les députés ont rendu hommage à la mémoire de leur collègue [...]. Je ne peux cependant me défaire d'une image : c'est précisément dans cette salle, et il n'y a pas si longtemps, que Sakharov a dû interrompre une intervention coupée par des applaudissements [de désapprobation], des trépignements et des cris [...]. La compassion et l'affliction sont-elles sincères ? On aimerait y croire... »

Là, la *Komsomolskaïa* fait allusion à la tentative du prix Nobel de faire inscrire, mardi dernier, à l'ordre du jour du Congrès l'abrogation de l'article constitutionnel garantissant le rôle dirigeant du parti. Tout le monde se souvient aujourd'hui de cette scène comme du « dernier combat d'Andreï Dmitrievitch ». Ce souvenir va peser sur le débat politique, et d'autant plus qu'au rythme où vont les choses, Andreï Sakharov aura vite été spontanément béatifié par la conscience populaire — par cette lame de fond que décrit ensuite le quotidien. « A la rédaction, le téléphone ne cesse de sonner. Des centaines de personnes, des représentants d'organisations nous demandent toujours la même chose : "Transmettez nos condoléances !" »

En fin d'après-midi, M. Gorbatchev s'est laissé approcher au Congrès par quelques correspondants occidentaux. « Je ressens profondément, leur a-t-il dit, cette grande perte, cette très grande perte. L'académicien Sakharov appartient à l'époque de la *perestroïka* [...] Tout le monde n'a pas compris sa mission et son rôle [mais] avec lui il était possible de discuter. On pouvait être d'accord, pas d'accord, mais c'était un homme de conviction, pas un intrigant ni un politicien. Il exprimait ouvertement ses opinions. C'est cela que j'appréciais en lui et, pour ma part, je le respectais. Cela ne signifie pas que nous étions d'accord — bien que nous l'ayons été sur beaucoup de choses. »

La course contre le chaos :
Le Caucase en guerre

C'est la guerre. La guerre avec, cette fois-ci, de vraies armes mais aussi, à nouveau, des pogroms — l'horreur froide et absolue d'assassins pénétrant dans des appartements, violant, pillant et tuant des familles entières, et cela non pas dans un village reculé, mais à Bakou, capitale de l'Azerbaïdjan, sous l'œil tranquille de miliciens passifs. Des consignes ont été données : journaux et télévision sont discrets, car le pouvoir central craint des réactions en chaîne. On veut éviter que la description de l'horreur n'appelle d'autres horreurs, mais, bien sûr, les rumeurs s'enflent, cent fois plus dangereuses que la vérité, et cette censure exacerbe encore le désespoir des Arméniens.

Non seulement les Azeris les tuent, mais les Russes ne le disent en plus qu'à demi. L'agence Tass emploie le mot vrai, « pogrom », et précise qu'il y en a eu cinquante. Le ministère soviétique de l'Intérieur fait état d'un bilan de trente-quatre morts depuis samedi. Mais Tass s'abstient de préciser la nationalité des victimes.

Deux peuples sont en guerre, mais Moscou joue l'autruche, comme si la réalité était trop dure à affronter et qu'on pouvait la nier en l'ignorant. On ne le peut évidemment pas.

Et la preuve en est que la situation n'a jamais cessé de se dégrader depuis les premiers pogroms, à Soumgaït, en février 1988, et que le commandant militaire de la région du Haut-Karabakh, celle qu'Arméniens et Azeris se disputent, réclamait dimanche soir l'instauration de l'état de siège.

L'étonnant serait qu'il ne soit pas rapidement introduit, car, au nord de cette région autonome intégrée à l'Azerbaïdjan mais peuplée à 80 % d'Arméniens, on en était, dimanche soir, selon l'agence Tass, à des « dizaines de victimes » des deux nationalités. C'est là, entre les villes de Chaumian et Khanlar, qu'avait débuté, mardi dernier, cette nouvelle flambée de violences, avec l'enlèvement, à Chaumian, d'otages arméniens, parmi lesquels tous les responsables de la ville. On est sans nouvelles d'eux et sans nouvelles aussi des otages azeris enlevés en représailles dès le lendemain.

Jeudi, un « Front populaire » prend le contrôle complet de la ville de Lenkoran, sur la mer Caspienne non loin de la frontière iranienne. Tous les bâtiments officiels sont occupés, un « Conseil provisoire de défense » est constitué et la radio locale, dans la meilleure tradition des coups d'État, diffuse un communiqué expliquant que les insurgés ne reconnaissent plus les instances azerbaïdjanaises du pouvoir soviétique, puisqu'elles « violent les droits constitutionnels du peuple » en ne défendant pas l'intégrité du territoire. Autrement dit, le gouvernement d'Azerbaïdjan est accusé de faillir à son devoir dans l'affaire du Haut-Karabakh, et c'est ce thème qui domine le meeting réuni, samedi à Bakou, après qu'un hélicoptère arménien eut, dit-on, attaqué, vendredi, des villages azeris.

Soixante-dix mille personnes (estimation des *Izvestia*) sont massées sur la place Lénine, rebaptisée par les nationalistes « place de la Liberté ». On demande la démission du gouvernement. Le climat est extrêmement tendu et la situation incontrôlée car le Front populaire d'Azerbaïdjan est totalement divisé entre libéraux et extrémistes. C'est cette rivalité qui avait déjà été à l'origine des violentes manifestations d'il y a deux semaines en faveur de l'ouverture de la frontière avec l'Iran.

Téhéran, qui n'a aucune envie de voir la partie iranienne de l'Azerbaïdjan commencer à rêver d'une réunification, est hostile à cette revendication. Le moins qu'on puisse dire est qu'il ne s'agissait pas là, pour les nationalistes azeris, d'une bataille évidente, mais il n'y avait pas de meilleur moyen, en revanche, de jouer la surenchère au sein du Front et d'y mettre les libéraux en difficulté. Que se passe-t-il donc à l'issue de ce meeting ? On ne le sait encore qu'à travers le témoignage de deux journalistes de Tass qui, après avoir été pris à partie sur la place Lénine, jugèrent plus prudent de s'éloigner.

Ils voient de la fumée dans une rue adjacente, s'approchent, sont repoussés par des manifestants et finissent par interroger un vieil homme, un Azeri : « Ils jettent les affaires d'un appartement et les brûlent, répond-il. Et les occupants ? Le vieil homme se tait. » Un général de la milice leur dit que ce sera pire le soir... et le soir ils verront, de place en place, des attroupements autour de feux — les feux des pogroms.

Pendant ce temps-là, les combats se sont amplifiés, depuis vendredi, au nord du Haut-Karabakh. Dimanche soir, Tass faisait ainsi état de la progression de « plusieurs milliers de militants armés » vers des agglomérations arméniennes. A Erevan, où se tenait un immense meeting devant l'Opéra, les responsables du mouvement national arménien annonçaient avoir reçu un message radio de Chaumian qui parlait aussi d'une progression de plusieurs milliers d'hommes vers la ville. Là, les informations se recoupent totalement, mais que s'est-il passé depuis ?

Lundi matin, à Moscou, on n'en savait encore rien. On savait seulement que le message de Chaumian annonçait qu'un massacre avait déjà été commis dans le village voisin de Soloukh et ajoutait : « Il y a beaucoup de tirs et de victimes. Nous ne pourrons tenir que quelques heures. Envoyez des parachutistes. » A Erevan, des groupes de volontaires se sont formés pour partir au secours des Arméniens d'Azerbaïdjan et du Haut-Karabakh. Des troupes du ministère de l'Intérieur convergeaient, dimanche soir vers Chaumian et Khanlar, où l'on ne se bat plus au fusil de chasse ou à l'arme blanche mais avec des mitrailleuses et des fusils automatiques.

Les hélicoptères transportant les renforts du ministère de l'Intérieur ont été accueillis par des coups de feu dans le village d'Adjikend. A Kirovabad, la grande ville d'Azerbaïdjan, plus au nord, des centaines de voitures et une foule énorme ont bloqué dans l'aéroport les troupes fraîches qui venaient d'y débarquer. Les pilotes qui auraient dû les acheminer vers la zone des combats ont été menacés de mort et de représailles contre leur famille. « Ces derniers jours seulement », écrivait Tass dimanche soir, plusieurs soldats et un officier ont été tués, cinq autres ont été blessés et quatre hommes ont disparu après s'être rendus dans un village d'où ils avaient reçu un appel à l'aide.

C'est la guerre, pas la guerre des armées mais de plus en plus celle de Beyrouth — affrontement de communautés au cœur d'une grande crise qui a réveillé des conflits séculaires. Reportage, dimanche matin, de la *Russie soviétique* sur la frontière du Haut-Karabakh et de l'Azerbaïdjan, non loin donc de Chaumian. « Voici une maison où la tragédie est toute fraîche [...], elle appartenait à une famille arménienne. Des réfugiés azeris s'y sont installés. Une grenade a été lancée dans la chambre où dormaient une femme et ses trois enfants. Elle a explosé près du lit de Sakin, quatre ans. On voit encore les empreintes d'un petit pied [...]. »

Le journal du ministère de la Défense, *L'Étoile rouge*, racontait dimanche comment un émissaire de milices azeris était venu réclamer des armes aux troupes de l'Intérieur à Gandjam, toujours au nord du Karabakh. On les lui a refusées mais on a trouvé sur lui un plan complet des dépôts indiquant l'organisation de la garde. Des deux côtés, il y a des armes en réserve, car on constitue des stocks depuis deux ans en achetant des officiers dans toute l'Union, en organisant des vols dans les casernes où servent des sympathisants et grâce aussi, sans doute, à l'appui de quelques forces ravies de pouvoir attiser le feu caucasien aux pieds de M. Gorbatchev.

Des hélicoptères non immatriculés et ne répondant pas aux

tours de contrôle circulent ainsi au-dessus de la région, tirent à l'occasion et déposent des combattants. Des armes ont été tout récemment découvertes dans les soutes du vol régulier assurant la liaison entre Erevan et Stepanakert, la capitale du Haut-Karabakh.

De hauts responsables ont été dépêchés à Bakou et Erevan. Le Haut-Karabakh est une région montagneuse. Les villages y sont dispersés. Le rétablissement de l'ordre n'y sera pas aisé, et le pouvoir central n'est pas plus populaire à Erevan qu'à Bakou.

La course contre le chaos : La stratégie de rupture de Gorbatchev

Un total changement de stratégie s'amorce au Kremlin. Après s'être attaché pendant bientôt cinq ans à demeurer le secrétaire général de tout le parti communiste soviétique et donc à contourner, piéger, paralyser les conservateurs plutôt qu'à les attaquer de front, M. Gorbatchev a en effet résolu d'opter pour la rupture.

A moins que le sang caucasien ne l'embourbe jusqu'à contrecarrer ses plans, il devrait donc avoir, sous deux semaines, précipité le calendrier politique en convoquant le congrès du parti pour le début de l'été au plus tard. Son ambition est non seulement de se débarrasser à cette occasion de l'actuel Comité central, mais de se radicaliser suffisamment aussi pour cimenter un front du changement — la base qui lui manque toujours et sans laquelle il ne pourrait désormais plus aller de l'avant.

Des textes sont prêts et déjà le voyage en Lituanie a été l'occasion d'expérimenter un style nouveau et de préfigurer, d'une petite phrase à l'autre, le tournant pris. Le plus spectaculaire concerne le pluripartisme puisque le secrétaire général en a virtuellement accepté le développement. « Ce n'est pas une tragédie s'[il] apparaît et répond réellement aux intérêts de la société », a-t-il notamment dit avant d'ajouter : « Je n'y vois rien à redire et d'ailleurs nous avions, au début de la révolution, trois partis. C'est ainsi que nous avons commencé. Le multipartisme a existé et nous ne devons pas en avoir peur, comme le diable de l'encens. »

Disant cela, M. Gorbatchev n'a pas annoncé une décision de faire passer l'URSS au pluripartisme dont il a, au contraire, souligné qu'il ne fallait pas « l'imposer artificiellement » et qu'il n'était « pas une panacée » puisque l'essentiel serait, selon lui, « la démocratie et la *glasnost* ». A défaut d'une décision, c'est cependant la levée d'un tabou — la reconnaissance d'une réalité de fait qu'il avait au demeurant acceptée par ce seul voyage dans une République dont le parti communiste a fait sécession et dont la première force politique est un « Front populaire », le Sajudis, dont l'objectif proclamé est l'indépendance lituanienne.

Ce même week-end, l'agence Tass a rendu compte de la fondation d'un parti social-démocrate d'Union soviétique, et d'un parti Vert en Lettonie. En Arménie, en Azerbaïdjan, dans les deux autres Républiques baltes, en Géorgie, chaque semaine un peu plus, d'autres « Fronts populaires » occupent le devant de la scène. Même en Fédération de Russie, les organisations et mouvements politiques — autant de partis déguisés — se multiplient à vitesse exponentielle et le Congrès des députés a une aile gauche et une aile droite, organisées l'une et l'autre.

Cette reconnaissance politique du pluripartisme est en ce sens beaucoup moins un événement en soi qu'une illustration du problème auquel est confronté M. Gorbatchev et de la manière dont il veut y faire face. Hier, il lui suffisait d'élargir régulièrement les limites du possible pour que s'approfondisse la démocratisation. La tâche était relativement aisée car la *perestroïka* laissait la population tellement sceptique qu'il n'avait à craindre aucun débordement à gauche.

Quant à l'appareil, il suffisait de ne pas proclamer qu'on voulait l'éliminer pour éviter qu'il ne réagisse vraiment. Il était en effet tellement habitué à faire ce que lui demandait le secrétaire général et à ne pas accorder la moindre importance aux mots, que le Comité central votait comme un seul homme ce qu'on lui disait de voter — les réformes comme sa propre épuration.

Puis M. Gorbatchev a commencé à gagner. La *perestroïka* a radicalement changé l'atmosphère. Un Parlement est apparu. L'Europe de l'Est a basculé. L'espérance soudaine a fait naître d'immenses aspirations. Les Soviétiques ont vu les images de la révolution roumaine, des immeubles pris d'assaut, le dictateur exécuté, les indicateurs traqués. Embryonnaire ici, développée là, une vie politique s'est créée et les Soviétiques, toute peur disparue, osent maintenant exprimer leur mécontentement avec d'autant plus de force que la situation économique ne cesse de se détériorer. Quant aux conservateurs, ils ont fini par comprendre qu'ils ne marqueraient jamais le moindre point en continuant d'accuser M. Gorbatchev de trahir le marxisme-léninisme.

Cette trahison ne peut, au contraire, que lui attirer des sympathies et les hommes de l'appareil ont en conséquence opté pour une alliance avec leurs proches cousins politiques de l'extrême droite russe — nationaliste, anti-occidentaliste et hostile à tout libéralisme considéré comme une importation étrangère aussi détestable que le communisme. Scellée, le 30 décembre dernier, par la publication, dans la *Russie soviétique*, d'un programme électoral commun, cette alliance est d'autant plus solide et inquiétante pour M. Gorbatchev que ce front conservateur s'affirme, contre les réformes économiques et l'austérité, comme le défenseur des plus démunis.

Entre des conservateurs sur l'offensive et un pays déçu, après l'explosion de l'Europe centrale, le secrétaire général est en conséquence menacé de se retrouver à nouveau bon dernier en démocratie. Pour la première fois depuis cinq ans, sa situation devient réellement précaire, car les partisans du changement finissent par voir en lui un frein à la démocratie, tandis que les adversaires de la *perestroïka* se placent en position de pouvoir, en récupérant le marais, retourner contre lui ce qui a été introduit de liberté.

A ce jeu-là, ce ne sont pas les nostalgiques de Brejnev qui l'emporteraient, ce ne serait pas la résurrection du post-stalinisme, ce serait le grand triomphe de l'extrême droite, c'est-à-dire d'un courant qui, par sa violence, sa xénophobie, son antisémitisme et son archaïsme, ferait vite regretter le totalitarisme mou des années dites « de stagnation ». La *perestroïka* est en danger et la Lituanie en a été le signal.

Là-bas, la force de la liberté est devenue telle que les communistes lituaniens n'avaient plus d'autres choix que de céder à la pression populaire en rompant avec le parti soviétique. C'est ce qu'ils ont fait avant Noël et, placé en porte à faux, M. Gorbatchev a dû réunir le Comité central entre Noël et le jour de l'an. Il n'y a jamais eu de compte rendu de cette réunion, mais le chef de file des conservateurs, M. Ligatchev, y a demandé l'emploi de la force, qui a donné lieu à un tel débordement de haine et de stupidité que le secrétaire général en est sorti convaincu — il l'a dit à ses proches — qu'il n'y avait plus rien à faire avec ce Comité central-là et qu'il fallait le casser avant qu'il ne soit trop tard.

Le temps a cessé de jouer pour M. Gorbatchev. A l'heure où son prestige est au zénith à l'extérieur, il est au plus bas à l'intérieur, et croire qu'il ne pourrait pas échouer, car cela créerait trop d'incertitudes internationales, relève du même aveuglement qu'il y avait, hier, à dire que ses réformes n'étaient que des faux-semblants. Le moment est « crucial », « critique » car c'est maintenant, dit M. Gorbatchev, que « se décide qui sortira vainqueur » et c'est la raison pour laquelle il a imaginé ce voyage en Lituanie, conçu comme une double démonstration.

Démonstration de sa bonne volonté, de son ouverture et de son total refus de la force à l'intention de l'ensemble des partisans du changement. Et démonstration de la force du mouvement populaire à l'intention des conservateurs. Une image résume cette entreprise : celle de M. Gorbatchev accueilli dans une ferme par un paysan demandant la liberté de la Lituanie et lui répondant : « Et vous dites que vous n'êtes pas libre. » Aux uns, le pays, il disait : « Il ne faut pas fouetter l'histoire. » Aux autres, les conservateurs : « Si vous voulez envoyer les chars, je vous en prie... Mais bien du plaisir et sans moi. »

Dans chaque discours, il a répété que la divergence avec la Lituanie ne portait pas sur le fond mais sur les moyens et qu'il fallait mettre en place un processus politique, un ordre légal dans lesquels toute la liberté, y compris celle de quitter l'URSS, pourrait s'exercer sans dommage pour quiconque. A chaque instant, il a prêché, par l'exemple, la vertu du dialogue et presque toujours réussi à le mener, tantôt cassant, tantôt drôle, toujours passionné. Et dans chaque discussion, M. Gorbatchev a martelé trois thèmes, tous repris dans son débat de samedi, avec les cadres du parti local, désormais plus lituanien que communiste.

Le premier, c'est l'appel à la raison : « Ils sont nombreux ceux qui désirent utiliser les difficultés pour nous faire revenir en arrière. Le danger est aujourd'hui réel de [voir] mettre en question la *perestroïka.* » Le deuxième, c'est l'appel à l'offensive :

« Il ne faut pas laisser traîner les choses car la société ne le supporterait pas et apparaîtrait à ce moment-là une recette d'un autre ordre [...] simple, facile à comprendre... » M. Gorbatchev lève son poing, le fait retomber sur le podium et continue : « Et ce sera l'ordre. Évidemment, quel ordre... Nous le savons, et pas seulement [apparente allusion à la Chine] d'après notre propre expérience. »

Troisième idée enfin : « Nous allons, dans les tout prochains mois, prendre tout un ensemble de décisions majeures ouvrant la voie à une réelle accélération de la *perestroïka.* » Concrètement ? M. Gorbatchev parle d'un « renouvellement du parti [débarrassé] de son complexe d'infaillibilité, de son monopole politique et de sa prétention à diriger tout et tout le monde ». Il faut repenser, dit-il aussi, « le principe du centralisme démocratique et vous allez voir ce que nous allons en faire ». Il faut encore, ajoute-t-il, instaurer l'élection directe des délégués (aux congrès) et de la direction du parti. La salle le coupe alors en lui disant que c'est précisément ce qu'ont décidé les communistes lituaniens. « Très bien, rétorque M. Gorbatchev , mais pourquoi voulez-vous alors quitter le parti ? »

Parce que les Lituaniens n'ont pas plus confiance que le reste des Soviétiques dans l'avenir de la *perestroïka* et veulent en partir tant qu'il en est, pensent-ils, encore temps. Hier, il fallait aller *allegro ma non troppo* pour éviter la réaction de l'appareil. Il faut désormais accélérer, et toute, pour ne pas verser dans le ravin. M. Gorbatchev va le faire les 29 et 30 janvier, lors d'une réunion élargie du Comité central qui sera à la fois la suite du plénum consacré à la Lituanie et celui qu'il avait décidé, le 9 décembre dernier, de convoquer pour préparer le congrès.

Le bureau politique, que contrôle M. Gorbatchev, avait alors été chargé de préparer les projets de textes et programmes pour un congrès à tenir en octobre prochain. M. Gorbatchev va proposer d'avancer encore cette date et de faire directement élire les délégués par la base. Son calcul est de susciter ainsi un élan. Les conservateurs eux, se croient, en tout état de cause, capables de sortir vainqueurs d'un congrès et devraient donc accepter le défi.

Si l'explosion du Caucase ne remet pas tous ces calculs en question, l'affrontement est maintenant programmé. Premier signe de l'ouverture des hostilités : coup sur coup, les *Nou-*

velles de Moscou et les *Izvestia* viennent de s'en prendre ouvertement à M. Ligatchev. « Peut-on considérer comme un homme politique sain, demandait la semaine dernière l'hebdomadaire de la *perestroïka*, un membre du Comité central qui estime que son pays ne sera en sécurité que lorsque tout le monde le haïra et qui cherchait, tout récemment encore, à démontrer que Staline avait eu raison de liquider les paysans en tant que classe ? »

Quant au quotidien du gouvernement, il attaquait nommément et longuement le responsable de l'agriculture pour avoir, en particulier, opposé les voies capitaliste et socialiste du développement agricole et repris ainsi une « thèse sortie de la bouche de Staline et [qui] a servi d'argument à la dékoulakisation et à la collectivisation totale ».

M. Gorbatchev ne part pas battu. Il a su faire sa double démonstration lituanienne. L'alliance conservatrice est, elle, encore trop récente pour avoir déjà organisé ses troupes. Pourvu qu'il lui ouvre des perspectives concrètes, le marais ne demande toujours qu'à tomber du côté du secrétaire général. Rien n'est perdu pour l'homme qui veut changer l'URSS, mais le temps presse et M. Gorbatchev n'est pas un tribun qui sache donner à rêver et enthousiasmer. Homme d'État, il lui manque le charisme de l'homme politique — un redoutable handicap dans son changement de stratégie.

La course contre le chaos : « Plus vite, Monsieur le Président ! »

Dans moins d'une semaine, M. Gorbatchev aura brûlé ses vaisseaux et il ne disposera que de quelques mois pour regagner ou totalement perdre le contrôle de la situation. C'est en effet, lundi 5 février, qu'il engage devant le Comité central une offensive dont l'URSS sortira, en tout état de cause, transformée.

Que M. Gorbatchev l'emporte, qu'il parvienne à imposer un régime présidentiel et à faire du parti un « autre parti » ouvert au dialogue avec des organisations concurrentes, et il aura peut-être su éviter le chaos à son pays. Qu'il échoue, et il n'y aura plus en URSS aucune institution, ni politique ni étatique, capable de canaliser la violence des aspirations aux changements, de tempérer les affrontements nationalistes et de proposer d'autres voies que l'explosion révolutionnaire.

Car ce qui frappe dans cette note, pourtant élaborée avant même que le Caucase n'ait basculé dans le sang, c'est à quel point, vu du Kremlin, l'abîme de la violence généralisée semble proche. Le problème, aux yeux des collaborateurs de M. Gorbatchev, est que les conservateurs de l'appareil ont non seulement réussi à freiner l'introduction des réformes mais qu'ils parviennent maintenant aussi à se constituer une base populaire en jouant du mécontentement social, du nationalisme russe, du racisme et de l'égalitarisme qui imprègnent l'ensemble de la société soviétique.

Jusqu'à il y a quelques mois encore, l'intérêt de l'équipe Gorbatchev était de faire l'économie d'un difficile affrontement direct avec l'appareil, puisque la structure du parti, la force de l'habitude et la lâcheté lui faisaient, de toute façon, obtempérer aux volontés du secrétaire général.

Puis le recul de la peur, celui-là même qui faisait s'ouvrir les bouches dans tout le pays, a également profité à l'appareil. Il s'est enhardi, et plus il s'affranchissait de la peur générale, plus il a compris qu'il avait des alliances à nouer (avec l'extrême droite russe) et qu'il pouvait se faire, au nom de la justice sociale, l'avocat des plus démunis. C'est ainsi que M. Gorbatchev, écrivent ses collaborateurs, se retrouve menacé, comme Salvador Allende au Chili, d'une « révolte des casseroles » attisée par les partisans du *statu quo*.

Dès cet instant, la volonté du secrétaire général de faire endosser la politique de réforme par l'ensemble du parti s'est retournée contre lui. Dès lors qu'il continuait à vouloir l'apparence du consensus et que ce consensus n'était plus automatique mais à négocier, non seulement la *perestroïka* a « fait du surplace », mais M. Gorbatchev en est apparu responsable aux yeux de ses seuls alliés — les partisans du changement. Car ce changement — faute de trouver un second souffle — a marqué le pas et la déception des radicaux n'a eu d'égale que le regain d'audace des conservateurs.

C'est la raison pour laquelle, assuré depuis Malte de l'unanimité du soutien occidental, M. Gorbatchev avait décidé, dès le plénum du 9 décembre dernier, d'accélérer la préparation du congrès du parti qu'il avait pourtant déjà fait avancer de six mois en le convoquant pour octobre 1990. Il avait pour cela fait voter par un Comité central majoritairement conservateur, houleux mais, au pied du mur, soumis, une résolution donnant mandat au bureau politique de préparer un projet de programme qu'un nouveau plénum aurait dû entériner fin janvier.

Tout semblait parfaitement huilé lorsqu'il s'est avéré, à la consternation du secrétaire général et de ses collaborateurs, que le parti communiste lituanien ne voulait rien entendre et maintenait son projet de sortir du parti soviétique.

M. Gorbatchev avait cru que la limpidité de sa manœuvre suffirait à donner assez de gages de sa bonne foi pour que les communistes lituaniens lui laissent six mois de répit. Il avait sous-estimé la force de la pression nationaliste qui ne leur laissait d'autre alternative que la rupture ou le suicide politique. Le PC lituanien a donc rompu avec Moscou et contraint, par ricochet, M. Gorbatchev à convoquer, à la veille du jour de l'an, un nouveau plénum, très difficile.

On y a entendu exiger l'envoi des tanks à Vilnius. M. Gorbatchev n'a calmé les esprits qu'en proposant de reprendre les débats après qu'il se fut rendu lui-même en Lituanie. Persuadés que ce voyage tournerait pour lui au désastre, les conservateurs ont accepté. A défaut de convaincre le parti lituanien de revenir sur sa décision, le secrétaire général a su dialoguer, forcer le respect dans tout le pays par son courage et sa force de conviction.

Le rapport de forces s'était alors suffisamment amélioré en sa faveur pour qu'il puisse décider de fondre en une seule réunion la suite du plénum lituanien et le plénum sur la préparation du congrès. De nouveau, les conservateurs étaient pris à revers. C'est alors qu'éclatent les pogroms de Bakou et l'enchaînement que l'on sait. A Vilnius, c'était l'autorité du secrétaire général du parti qui était bafouée. En Azerbaïdjan, plus grave encore, c'étaient celles du chef de l'État et de l'État tout court.

Provocation ? Peut-être, et même sans doute, mais provocation sur un terrain qui s'y prêtait à merveille. Pour ne pas courir à l'hallali en réunissant à la date prévue, le 29 janvier, le plénum en pleine guerre civile caucasienne, il a donc fallu prétexter des retouches au projet de programme demandées par le bureau politique. M. Gorbatchev a ainsi gagné une semaine, le temps que l'instauration de l'état d'urgence à Bakou y permette un relatif semblant d'accalmie.

Comme tout aujourd'hui en URSS, ce faux-semblant est précaire. Dans trois jours, trois semaines, ou trois mois, le problème se reposera avec plus de violence que jamais. Mais l'espoir de M. Gorbatchev est d'avoir, avant les prochaines épreuves, cimenté derrière lui un front du changement et obtenu du Parlement un renforcement de ses pouvoirs présidentiels lui permettant de faire face mieux et plus vite aux situations insurrectionnelles.

Pour ce qui est du premier objectif, il passe par le projet de programme préparé par l'équipe du secrétaire général et que le Comité central ne pourrait pas refuser sans mettre en minorité, et donc limoger, M. Gorbatchev. Cette hypothèse est-elle, à coup sûr, exclue ?

« Totalement », répond-on dans l'entourage du secrétaire général, car l'appareil se retrouverait alors dans une situation très difficile à maîtriser. Il préférera donc tabler sur la soif d'ordre et la démagogie égalitariste pour remporter le congrès. Autrement dit, si M. Gorbatchev ne court pas le risque d'être éliminé lundi, c'est que ses adversaires considèrent qu'ils pourront, dans quelques mois, y parvenir à moindre péril.

Il est des positions plus solides, mais le fait est que si le projet de programme qui sera présenté lundi est aussi novateur qu'on le dit, le secrétaire général aura là le moyen non seulement d'opposer un véritable front aux conservateurs, mais aussi de les balayer au congrès. Car si les propositions de nouveaux statuts prévoient réellement de donner au parti une structure fédérale, d'y instaurer l'élection directe des directions par la base, d'y reconnaître l'existence de tendances, d'accélérer le désengagement, au profit des assemblées élues, de la gestion étatique et de prôner enfin le dialogue et la négociation avec les autres forces politiques du pays — alors, tout change. A tout point de vue, le parti qui sortirait du congrès serait alors, en effet, un « autre parti » capable de prendre, avec d'autres forces, le relais de l'actuel PCUS.

Il est, à cet égard, significatif que la note des collaborateurs de M. Gorbatchev envisage déjà la possibilité d'une « table ronde » entre ce futur parti et d'autres forces, un « accord » entre lui et cette société qui, écrivent-ils, « exige » désormais, le « droit de disposer de son destin — c'est-à-dire le pouvoir ».

On a peine à croire ce qu'on lit, mais ce qu'on lit et entend est après tout infiniment moins invraisemblable que ce qui se passe dans le Caucase, que la proclamation, dimanche, de l'« autonomie territoriale » de Tiraspol, cette ville de Moldavie, ou que la multiplication accélérée des démissions de directions locales du parti sous la pression de meetings populaires.

Au regard de la réalité du pays, et si radicale soit-elle sur le fond, la contre-offensive de M. Gorbatchev risque au contraire de ne pas être, dans sa forme, assez spectaculaire pour être crédible. Il faudra frapper fort, frapper les imaginations car les mots ne suffisent plus aujourd'hui dans un pays dont, peu ou prou, pas une seule région ne frémisse désormais.

Et comme ce n'est pas — même s'ils sont télévisés — ce plénum et la présentation de ce programme qui pourraient calmer ce frémissement, c'est devant la prochaine session du Soviet suprême, dès la mi-février, que M. Gorbatchev devrait pousser son second pion. Soit de lui-même, soit en suscitant une initiative d'élus. Il devrait alors proposer d'introduire dans la Constitution l'élection du chef de l'État au suffrage universel et l'extension de ses pouvoirs d'exception.

L'idée serait que cette extension soit immédiate, mais que M. Gorbatchev achève, sans réélection, le mandat qu'il tient, depuis le printemps dernier, du Congrès des députés. L'avantage de la formule est que les députés réformateurs pourraient difficilement refuser l'élection présidentielle directe à laquelle ils sont favorables, que les conservateurs se contrediraient en refusant des mesures d'ordre et que, au bout du compte, le pouvoir d'État continuerait de s'affirmer au détriment de celui du parti — d'un parti de moins en moins unique et qu'il faut, dit un haut responsable « cantonner au spirituel dans un État laïcisé ».

Tout cela a sa logique, se tient même — à condition que, d'ici lundi...

Bientôt l'unification :
Le « droit des Allemands à l'autodétermination »

Plutôt que de faire grise mine devant ce qu'on n'a pas les moyens d'empêcher, il vaut mieux accepter l'irréversible tant qu'on peut encore y mettre des conditions. Tout bon politique le sait, et c'est la raison pour laquelle M. Gorbatchev vient de déclarer, mardi 30 janvier, au Premier ministre est-allemand, M. Hans Modrow, que les citoyens des deux États allemands avaient « le droit à l'autodétermination ».

Particulièrement nette, cette formulation employée par M. Modrow au cours de la conférence de presse qu'il a donnée en sortant du Kremlin ne figure pas dans le compte rendu officiel des entretiens diffusé par l'agence Tass. C'eût peut-être été beaucoup pour un premier pas, mais, sur le fond, le choix maintenant fait par l'URSS est absolument clair.

Non seulement elle ne tentera pas de s'opposer à la formation progressive d'un État allemand unique, mais elle souhaite au contraire que le rythme et les conditions de ce changement majeur soient définis dans le cadre et le respect des accords et institutions internationaux — afin qu'ils ne le soient pas par la pression populaire.

Après avoir entendu M. Modrow lui expliquer qu'une « communauté contractuelle entre les deux États allemands [constituerait] une étape envisageable vers une confédération assumant une responsabilité commune envers le peuple allemand et tous les peuples européens, et servirait les besoins de stabilité et de confiance dans la région », M. Gorbatchev a ainsi tout fait, sauf rétorquer par un veto.

« L'Union soviétique considère avec compréhension les intérêts légitimes des Allemands de l'Est et de l'Ouest et leur désir d'approfondir leurs contacts et leur coopération mutuels », a-t-il répondu après avoir noté que les propos de son interlocuteur méritaient l'« attention » et que « tous les États directement concernés devaient prendre part à la discussion ». Pour être parfaitement clair, M. Gorbatchev a encore ajouté : « Le peuple soviétique veut, comme les Allemands, être sûr que la paix [...] ne sera pas violée [...]. La conscience de leur responsabilité conduira les deux Allemagnes à des décisions qui seront, comme leur réalisation, acceptables pour tous. »

Avant même d'entamer ces entretiens, le chef de l'État soviétique avait déclaré à la télévision est-allemande qu'il y avait, sur le rapprochement des deux États, « un certain consensus entre Allemands de l'Est et de l'Ouest, aussi bien qu'entre les représentants des quatre puissances, selon lequel personne ne pourra jamais faire, par principe, peser de doute sur une union ». « Je suis d'avis, avait-il poursuivi, que les Allemands, en RFA et en RDA, ont eux aussi besoin que cette importante question, qui concerne leur destin et celui d'autres peuples d'Europe, soit résolue de façon pleinement responsable (car elle ne peut l'être) dans la rue. »

Officieusement, il y plusieurs semaines déjà que les milieux dirigeants soviétiques exprimaient la crainte de voir l'État est-allemand s'effondrer brutalement sous l'effet conjoint de la radicalisation des manifestations de rue, de la surenchère électorale en Allemagne de l'Ouest et du départ de cadres intellectuels, scientifiques et économiques du pays. Un tel effondrement conduirait à une absorption de fait de l'Allemagne de l'Est par celle de l'Ouest — c'est-à-dire à une réunification immédiate sur laquelle ni l'URSS ni aucun autre pays européen n'aurait eu son mot à dire.

Pour les Soviétiques, ce serait là le pire des scénarios et il y avait urgence à freiner le mouvement, le canaliser et prévoir les garde-fous nécessaires à l'apparition d'une véritable situation de crise. D'où cette visite de M. Modrow et les déclarations de M. Gorbatchev.

Cette visite aura, en deuxième lieu, permis de faire apparaître, sur la question allemande, une position commune à l'Union soviétique et aux deux principales puissances d'Europe de l'Ouest, la France et la Grande-Bretagne. Chacun à sa manière, ces trois pays disent en effet maintenant qu'il ne « faut pas avoir peur d'une réunification », mais qu'elle doit se faire dans un cadre garantissant qu'elle n'introduira pas, comme l'a dit mardi M. Gorbatchev, de « déstabilisation en Europe ». On se félicite, de ce point de vue, à Moscou, que l'idée d'une réunion au sommet, cette année, des pays signataires des accords d'Helsinki soit désormais pratiquement acquise. Souhaitée par M. Gorbatchev en novembre dernier, lors de sa visite en Italie, sa convocation est appuyée par tous les pays européens et le Canada, et les réticences américaines devraient être prochainement vaincues.

Enfin, cette visite aura permis de rappeler que, juridiquement parlant, les quatre puissances victorieuses demeurent jusqu'à cette date responsables du statut de l'Allemagne et qu'elles auraient donc, en cas de crise, leur mot à dire. Il est revenu à M. Modrow d'enfoncer le clou parlant de la « nécessité de tenir compte des intérêts des quatre puissances et de toutes les nations européennes ».

Et c'est également à lui qu'a été laissée l'initiative de

souligner une différence dont on reparlera beaucoup dans les mois à venir. La « réunification », a-t-il dit, n'est absolument pas souhaitable car elle signifierait un retour aux frontières allemandes de 1937 qui incluaient une grande partie de l'actuel territoire polonais. Ce dont il faut parler, a-t-il expliqué, c'est de « l'unification » — celle de deux États existants, souverains, internationalement reconnus et dont le rapprochement n'impliquerait aucune modification territoriale en Europe.

Les dés sont jetés : L'heure du pluripartisme

L'essentiel était déjà fait. Toute l'URSS avait déjà pu voir, en décembre dernier, Andreï Sakharov et bien d'autres députés demander, de la tribune du Congrès, l'abrogation de l'article 6 de la Constitution, celui qui garantit le rôle dirigeant du parti. Inimaginable un mois plus tôt, le débat sur le pluripartisme était dès lors devenu légitime, et, à cette date-là, M. Gorbatchev venait déjà d'obtenir mandat du Comité central de préparer cette nouvelle « plate-forme » du parti qu'il vient de lui présenter.

Lundi 5 février, quand, au soir de la première journée de ce plénum historique, le présentateur du journal télévisé a annoncé aux Soviétiques que le parti communiste allait renoncer à son monopole politique, ce n'était donc déjà plus un coup de tonnerre. Après avoir détruit la peur et réduit à néant les dogmes du « socialisme réel », M. Gorbatchev fait maintenant voler en éclats le système du parti unique. Le dernier des trois piliers fondamentaux du totalitarisme s'écroule, mais ce n'est pas une révolution.

C'est une évolution, conduite, réfléchie, voulue, par un homme dont l'ambition n'est pas de sauver le communisme mais, bien au contraire, de sauver son pays du chaos sanglant qui le menace s'il ne sait pas sortir du communisme. Jamais donc M. Gorbatchev n'a pris le risque d'aller trop vite, de faire un pas qui ne serait pas compris d'une population qu'il fallait avant tout éveiller, d'imposer à l'appareil un changement susceptible de l'unir dans le refus ou de détruire une institution avant d'être sûr qu'il y en ait une nouvelle pour combler le vide.

On entendait le présentateur du journal télévisé citer les phrases clés du secrétaire général, et l'on se disait que M. Gorbatchev sait décidément naviguer par grand vent. On entendait que le parti veut « renoncer à tout avantage légal ou politique », qu'on assiste à un développement du « pluralisme politique », que cela peut « conduire, à une étape quelconque, à la création de partis » et que le parti communiste est prêt à « dialoguer et coopérer avec toutes les forces » respectant la Constitution. On entendait que l'URSS passe de la démocratisation à la démocratie.

Plus tôt eût été trop tôt et il n'aurait en revanche pas fallu traîner plus tant le pays était désormais mûr pour ce tournant, le réclamait et l'imposait déjà même. Dans plusieurs villes, les responsables du parti-État ont dû, ces dernières semaines, céder la place sous la pression de la rue. Des Républiques entières sont aujourd'hui contrôlées par d'autres forces que le parti hier unique. Les grands courants politiques européens, sociaux-démocrates et chrétiens-démocrates notamment, s'organisent.

Sous l'influence de ce basculement de l'Europe de l'Est accéléré par la *perestroïka*, tout s'était, ces derniers mois, précipité en URSS aussi. On était au moment où déjà le Comité central ne pouvait plus dire non à ce qui était déjà la réalité, et quand M. Gorbatchev prend la parole, lundi matin, il commence par évoquer l'« attente des communistes [de base] et de toute la société », les télégrammes qui pleuvent de partout sur le Kremlin et ces « manifestations et meetings dont les participants veulent faire connaître leur point de vue au Comité central ».

La veille, M. Gorbatchev a beaucoup facilité l'organisation, à 500 mètres du Kremlin, d'un énorme rassemblement en faveur du multipartisme et de la démocratie. J'ai la rue pour moi, dit-il en substance au Comité central, avant de lui expliquer que le bureau politique propose de convoquer le congrès du parti pour « fin juin-début juillet », que de nouvelles directions seront mises en place à tous les échelons à l'occasion de l'élection des délégués et que le congrès pourra ainsi se tenir dans une « situation totalement différente ».

Faisant exactement comme si toutes ces nouvelles devaient enthousiasmer la majorité conservatrice du Comité central, il lui annonce en somme que ses jours sont désormais comptés et que ses membres ont le choix entre l'émeute et un départ pour une retraite dont il leur garantit le confort. La télévision n'a pas montré la moindre image, même fixe, de ce plénum, mais on peut se représenter la rage de cette assemblée, au demeurant noyée par précaution de réformateurs invités par M. Gorbatchev.

L'un d'eux, un mineur d'Ukraine, M. Fessenko, qu'il avait reçu l'avant-veille au Kremlin, va d'ailleurs bientôt prendre la parole. « L'appareil, lance-t-il, voit dans tous les phénomènes démocratiques une menace personnelle pour lui-même. Et pourquoi donc le parti perd son autorité, qui le discrédite ? » « L'appareil », répond-il, avant d'ajouter : « Je suis un simple communiste et je n'ai aucun rôle dirigeant. C'est l'appareil qui le détient. »

A travers lui, c'est la base ouvrière qui s'exprime, cette base que les conservateurs invoquent toujours pour contrecarrer les réformes ; et non seulement elle attaque l'appareil, prend position contre l'article 6 de la Constitution, mais elle défend aussi M. Gorbatchev, trompé, dit ce mineur, par les « informations filtrées » que lui donnent les bureaucrates. C'est du cousu main, mais le secrétaire général ne force pas pour autant la dose. Statutairement parlant, le Comité central peut après tout le destituer sur un simple vote, et il s'agit donc de ne pas le pousser à bout.

En plus de la plate-forme, c'est-à-dire du projet de programme qui sera soumis au congrès, M. Gorbatchev doit aussi faire adopter un projet de nouveaux statuts. Ce sont eux qui vont, en plus, mettre à bas le centralisme démocratique de façon, dit-il, à « mettre l'accent sur la démocratie et le pouvoir des masses ». Si la discussion s'engageait sur ce texte aussi, elle risquerait vraiment de tourner mal et, d'une phrase, le secrétaire général propose en conséquence de consacrer, dans trois semaines ou un mois au plus tard, un nouveau plénum aux statuts.

D'ici là, la plate-forme aura été acceptée par ce plénum-ci, et le tout sera considéré comme acquis par le parti et le pays. « Nous devrions enfin comprendre à quelle époque nous vivons », poursuit imperturbablement M. Gorbatchev, avant de parler de « notre idéal de socialisme humain et démocratique », de la nécessité de développer les « idées du socialisme de manière à tenir compte de la totalité de l'expérience du XXe siècle », et d'énumérer ce que « nous devrions abandonner ».

Il s'agit du « dogmatisme idéologique », des « stéréotypes dépassés sur le processus révolutionnaire mondial » et de « l'isolation des pays socialistes de l'essentiel de la civilisation mondiale ». Vient le passage sur le rôle dirigeant, puis une petite pause sur la nécessité de se tenir à égale distance des tendances « conservatrice » et « radicale de gauche », celle aussi de redéfinir le fédéralisme soviétique de sorte que la loi ouvre la « possibilité d'existence de diverses formes de liens fédératifs ».

C'est ainsi, bien sûr, qu'un jour ou l'autre certaines Républiques pourront sortir de l'URSS sans le dire. Après avoir longuement justifié l'envoi des troupes à Bakou, où se préparait, dit-il, « rien de moins, rien de plus » que l'établissement d'une « dictature » à travers un « coup d'État », M. Gorbatchev fait une brève allusion au besoin de créer une institution présidentielle dotée des « pouvoirs nécessaires pour mettre en pratique la politique de *perestroïka* ».

Il n'est pas plus explicite, mais son projet est de demander, dès la semaine prochaine, au Soviet suprême de mettre en train une réforme constitutionnelle allant en ce sens. C'est un changement de régime qui se prépare, non plus seulement la sortie politique mais aussi institutionnelle du communisme, et le tournant est si profond qu'il reçoit l'approbation du plus radical des membres du Comité central, M. Eltsine.

Limogé il y a deux ans pour excès de réformisme et triomphalement élu depuis député de Moscou, l'ancien premier secrétaire de la capitale déclare qu'« on ne peut pas dire que le projet de plate-forme, bien que présenté avec retard, n'apporte rien de nouveau ». « Il comprend même, ajoute-t-il, quelque chose de progressiste. » De la part du tribun du peuple, de l'homme qui n'a cessé ces derniers mois de dénoncer l'immobilisme de M. Gorbatchev, c'est presque une bénédiction, et, malgré les réserves qui suivent et les amendements qu'il propose, un front, déjà préfiguré dimanche par le meeting de Moscou, se constitue là contre les conservateurs, qui n'ont plus grand-chose à dire.

Il y a des charges violentes contre le secrétaire général, celle notamment de l'ambassadeur à Varsovie, qui demande directement des comptes à M. Gorbatchev. Le premier secrétaire de Biélorussie, M. Sokolov, se livre à une critique en règle du projet de plate-forme, proposant notamment que les élections au sein de son parti aient lieu non pas avant, mais après le XXVIIIe congrès. En désaccord donc avec la direction, il est cependant conduit — logique de la liberté — à prendre position en faveur de l'autonomie politique des différents partis républicains.

Même quand les plus conservateurs parlent, on est loin, très loin de l'avant-*perestroïka*, et l'hostilité déclarée, parmi les premiers intervenants en tout cas, reste exceptionnelle. Quand le premier secrétaire de Kiev, M. Kornienko, s'indigne qu'on puisse proposer que le parti ne s'ingère plus dans le fonctionnement de l'appareil d'État et qu'on ne reconnaisse pas « la place particulière réservée à notre parti par la logique de l'histoire », il ajoute par exemple que, « bien sûr, ce rôle dirigeant ne peut être assuré que grâce à une quelconque garantie constitutionnelle ».

Premier secrétaire de la région de Moscou, M. Messiats est beaucoup plus virulent encore, brandit le marxisme-léninisme auquel son organisation restera, dit-il, fidèle, mais parle du « rôle moteur » et non plus dirigeant du parti et ne prend pas position contre l'abandon de l'article 6. C'est beaucoup plus contre l'idée d'une négociation entre le parti et d'autres forces politiques que s'élèvent les conservateurs que contre l'égalité juridique entre forces politiques.

Déjà le débat a glissé et d'autres interventions, comme celle du premier secrétaire de Lettonie, demandent au contraire qu'on aille plus loin, et ironisent sur le fait que le Comité central considère aujourd'hui naturel ce qui lui faisait hier sonner le tocsin. Une commission a été mise en place pour amender le projet en fonction des interventions. Il y aura des amendements — sans importance réelle puisqu'il y en aura d'autres au congrès et que l'essentiel est fait.

Théoriquement, le Comité central pouvait, à l'issue de son plénum, mettre, mardi soir, M. Gorbatchev en minorité. C'était possible, mais tout à fait improbable.

La course contre le chaos : Vers un régime présidentiel

Dans moins de deux semaines, l'URSS sera passée à un régime présidentiel inspiré à la fois des modèles français et américain. La réalité du pouvoir aura été ainsi, sur le plan constitutionnel, transférée de la direction du parti communiste à un chef de l'État élu et doté de pouvoirs exécutifs forts.

Ce président sera naturellement M. Gorbatchev, qui n'aura en conséquence plus à négocier chacune de ses initiatives avec l'appareil d'un parti parallèlement privé de son monopole politique et confronté aux exigences de la concurrence électorale. De toutes les réformes promues par M. Gorbatchev, il s'agit là, et de loin, de la plus fondamentale, puisqu'elle vient tirer la conclusion institutionnelle d'un changement de fait.

La démocratie succède ainsi à la démocratisation, les institutions aux concessions d'un système totalitaire. Voulu par le chef de l'État et ses hommes, notamment par M. Iakovlev, en qui les conservateurs n'ont pas tort de voir le stratège de leur déroute, ce tournant consacre la victoire de l'équipe de la *perestroïka*. En obtenant, mardi 27 février, du Soviet suprême qu'il approuve le principe de ce passage au présidentialisme et convoque, pour les 12 et 13 mars, une session extraordinaire du Congrès des députés chargée d'adopter les nécessaires amendements constitutionnels, M. Gorbatchev s'offre en effet un bel anniversaire.

Nommé secrétaire général du parti le 11 mars 1985, c'est le 12 mars 1990 qu'il aura clos la première étape de son entreprise de « reconstruction » nationale et fait — sans le dire — tourner, en cinq ans tout rond, la page du léninisme à son pays. Cette coquetterie de date dit assez la jubilation intérieure de cette équipe qui aura su prendre le château fort depuis le donjon. Mais jamais pourtant M. Gorbatchev n'aura en réalité été aussi fragile.

Car dès lors que le problème du parti est virtuellement évacué, les vrais problèmes vont se poser avec une acuité toute nouvelle. Dès lors qu'il n'y a plus de grandes batailles à mener contre l'appareil, le futur président va être jugé sur son aptitude à formuler des propositions de sortie de la crise économique, à gérer la crise nationale et à tenir le gouvernail d'un pays qui n'a encore traversé que ses premiers crachins.

Dans les pays baltes, en Asie centrale et sur le front social surtout, les grandes tempêtes sont encore à venir, et il faut à l'homme d'État qui va les affronter non seulement une forte trempe, mais aussi une base sociale et une popularité. Or, si M. Gorbatchev a amplement prouvé sa trempe, il n'a en revanche ni base sociale ni popularité.

On l'apprécie. On sait ce que le pays lui doit. Il n'est pas impopulaire, mais il n'est pas aimé non plus, car il est le dernier produit d'un système condamné, et on lui reproche, maintenant que le changement est acquis, les prudences et les demi-teintes qui l'ont permis.

L'histoire de cette instauration du présidentialisme est à cet égard révélatrice. Normalement, c'est devant le Comité central du parti, une instance encore totalement dominée par les conservateurs et qui a, statutairement parlant, le pouvoir de le limoger, que M. Gorbatchev a rencontré les plus grandes difficultés. Convoqué le 5 février pour deux jours et prolongé de vingt-quatre heures, le dernier plénum a été le théâtre de débats violents avec des attaques contre le secrétaire général à la limite de l'insulte. Mais quand on est passé au vote, le Comité central a abdiqué pour la simple raison qu'il n'a plus, politiquement parlant, assez de poids dans le pays pour limoger M. Gorbatchev.

L'appareil ayant rendu les armes, du moins celles qui s'utilisent publiquement, tout aurait dû se passer sans problème avec le Soviet suprême, avec ces députés qui doivent leur élection à M. Gorbatchev et qui reçoivent de lui le pouvoir enlevé au parti. Or une première fois, le 14 février dernier, le Soviet suprême a purement et simplement refusé de convoquer le congrès. S'il a finalement cédé, mardi, cela ne s'est fait qu'à l'issue d'une longue bataille qui n'est pas encore terminée.

Toute la journée, les membres du groupe interrégional, le courant dans lequel se retrouvent, autour de MM. Eltsine et Afanassiev, les députés les plus réformateurs, se sont en effet succédé à la tribune pour exprimer leur opposition à M. Gorbatchev. On n'a pour ainsi dire pas entendu les conservateurs. Les réformateurs, eux, ont expliqué que s'ils approuvaient, sur le fond, l'introduction d'un régime présidentiel, ils la désapprouvaient dans la forme.

Trois arguments revenaient sans cesse. Il faut, ont-ils dit, d'abord redéfinir l'Union avant de définir les pouvoirs de son président, car « élire aujourd'hui un président de l'URSS ne veut rien dire, puisque c'est l'URSS elle-même qui est à définir ». On ne peut pas, ont-ils fait valoir en deuxième lieu, mettre en place un exécutif fort avant d'avoir renforcé les pouvoirs du législatif. Et, en tout état de cause, troisième point, le futur président doit être l'élu du suffrage universel et non pas du Congrès des députés.

Les députés baltes ont tranquillement déclaré, quant à eux, qu'ils ne se sentaient pas concernés par un débat sur les futures institutions soviétiques, puisque leurs Républiques ne se considèrent pas partie prenante de l'Union et que le mandat qu'ils ont reçu de leurs électeurs se limite à la négociation de l'indépendance. Là-dessus, ils sont allés prendre le thé avec M. Gorbatchev pendant une suspension de séance.

Tout s'est très bien passé, car les Baltes ont plutôt de la sympathie pour le secrétaire général, qui, lui-même, ne les déteste pas. Les députés estoniens, lituaniens et lettons ont expliqué qu'ils rejetaient en bloc le projet de loi sur les conditions de sécession des Républiques. Ils ne veulent en tout cas pas entendre parler d'un délai de cinq ans entre le référendum par lequel une République exprimerait sa volonté d'indépendance et la réalisation effective de cette volonté. Ils ont également dit que, si l'on s'engageait dans la voie des indemnités à payer à l'État central et aux autres Républiques, les Républiques sortantes allaient elles aussi demander des indemnités — pour les déportations politiques, les dommages causés à l'environnement, l'utilisation de leurs ressources naturelles, etc. On s'est quitté, bons amis et d'accord sur le fait qu'il fallait négocier pour rester bons voisins. Mais la déclaration balte n'en a pas moins causé un choc.

Cela dit, d'une intervention à l'autre, M. Gorbatchev s'est trouvé accusé de vouloir imposer un régime autoritaire, un pouvoir personnel et même une dictature. Ce n'était jamais dit directement, mais on prétendait que sa démarche le conduisait là et que l'URSS avait trop souffert d'avoir toujours été soumise au pouvoir d'un seul pour vouloir en refaire, volontairement, l'expérience.

M. Iakovlev, l'homme de l'équipe Gorbatchev en lequel les Baltes et les députés réformateurs ont, de très loin, le plus confiance, a été appelé à la rescousse. Lui qui se montre peu d'ordinaire est monté à la tribune pour dire aussi explicitement que possible que le premier intérêt du régime présidentiel était de briser le parti, de permettre la démocratie et de pouvoir aussi la défendre, contre toute tentative de coup d'État.

Sa voix avait beau être morne, l'exposé des enjeux, par un membre du bureau politique, sous les caméras de la télévision et dans un pays dont la Constitution — pour quinze jours encore, mais tout de même — garantit le « rôle dirigeant du parti », avait quelque chose de fascinant. Il ne dépend que de vous que nous puissions donner l'estocade, disait M. Iakovlev aux députés réformateurs, lesquels vitupéraient M. Gorbatchev.

A la fin, l'heure passant, le futur président a littéralement explosé de rage froide. La voix blanche et par moments étranglée, il s'en est directement pris au groupe interrégional. Le débat d'aujourd'hui, a-t-il d'abord dit, n'est pas une « tragédie », mais le reflet de la « réalité ». En clair, c'est votre droit et votre pouvoir de vous opposer à mes propositions, mais c'est aussi mon droit de dire ce que j'en pense.

« Je donne mon appréciation », a-t-il lancé quand un murmure hostile a commencé de monter des bancs réformateurs. Le murmure ne s'est pas tu. « Calmez-vous ! », a alors dit M. Gorbatchev. « Calmez-vous ! » a-t-il répété trois fois avant de dire dans un silence pesant que toutes les accusations lancées contre lui relevaient de la « démagogie à bon marché », que ceux qui « pleuraient il y a encore quelques mois pour l'instauration d'un régime présidentiel » soutiennent maintenant qu'il conduira « à la dictature, à la fin de la démocratie et de la *perestroïka* et à leur enterrement ».

C'est tout le contraire, dit-il, à coup de petites phrases sèches. Mais, contrairement à M. Iakovlev, il ne fait aucune allusion à la marginalisation du parti. La tension est à ce moment-là extrême. Si M. Gorbatchev mettait aux voix les projets d'amendements que les députés ont entre les mains, il pourrait perdre devant le Soviet suprême, pour la deuxième fois en quinze jours. Cinq années de *perestroïka* viendraient échouer... sur la démocratie.

De tous les bancs, à la tribune de presse, dans les couloirs, on échange des regards lourds. M. Gorbatchev fait allusion à la possibilité de son effacement. Il a, dit-il, songé à ne pas se présenter..., mais il a renoncé, enchaîne-t-il, à cette idée car c'eût été de la lâcheté. Ce qu'il fait là, c'est dompter la salle avant l'épreuve.

Puis, la tension passée, M. Gorbatchev se refait souriant. Il explique maintenant, patelin, presque paternel, que tout le monde, y compris le groupe interrégional, est pour le principe du passage au présidentialisme. N'est-ce pas ?

« Oui, oui ! », crient ses partisans les plus proches. Cela fait peu de oui, mais quand on passe au vote sur le principe, il y en a 347, contre 24 non et 43 abstentions. C'est gagné, et la convocation du Congrès pour les 12 et 13 (315 oui) est très vite acquise. Là-bas, devant les 2 200 membres de cette lourde assemblée qui ne s'est encore réunie que deux fois, M. Gorbatchev aura les coudées beaucoup plus franches.

Il a vraiment gagné, mais, comme à chacune de ses victoires depuis la rentrée de septembre, c'est à l'arraché. Hier, M. Gorbatchev avait en face de lui un appareil apathique et facile à manœuvrer. Aujourd'hui, il a des hommes qui découvrent la démocratie, prennent le pouvoir grâce à elle et savent surtout que leurs électeurs ne veulent plus d'atermoiements ni de prudence.

Ils veulent voir le changement, et l'on est donc d'autant plus populaire qu'on est radical. Furieux, floués dans le secret du vote, car beaucoup de leurs propres amis ont voté pour M. Gorbatchev, les députés du groupe interrégional expliquaient en sortant que ce qui venait de se passer n'avait rien à voir avec la réalité du pays.

Les conservateurs et le marais avaient voté pour M. Gorbatchev. Les radicaux, contre lui. Et ce divorce, dans lequel se joue une bataille pour un pouvoir qui est désormais à prendre, est lourd de conséquences pour l'avenir.

On va maintenant se battre en commissions sur l'exacte définition des pouvoirs présidentiels. Pour l'essentiel, M. Gorbatchev l'emportera. Il imposera, notamment, que l'élection du président au suffrage universel soit repoussée au prochain scrutin, en 1994, et qu'il soit cette fois-ci reconfirmé par le Congrès. Les premiers cinq ans s'achèvent mieux qu'il ne l'avait jamais espéré, mais, s'il a cassé l'appareil communiste, la démocratie pourrait bien lui donner, dès les prochaines semaines, beaucoup plus encore de fil à retordre.

L'URSS centrifuge :
Les indépendantistes préfèrent le grand large aux réformes

Les indépendantistes lituaniens veulent précipiter le processus de sécession de leur République. Forts de l'écrasante victoire qu'ils ont remportée, chez eux, le 24 février dernier, au premier tour des élections parlementaires républicaines, ils souhaitent en effet utiliser maintenant la prochaine session extraordinaire du Congrès des députés du peuple pour présenter, au niveau fédéral, leur demande officielle de sortie de l'URSS.

Pour cela il leur faut parvenir à faire avancer le second tour de leurs élections qui devrait, normalement, être organisé le 10 mars. Cette date n'est toutefois pas imposée par la loi qui fixe seulement un délai maximal entre les deux tours. Rien n'empêche donc les commissions électorales des circonscriptions où l'on doit revoter de convoquer les électeurs dès les prochains jours.

Si cela se faisait dans toutes les circonscriptions concernées, le nouveau Soviet suprême lituanien pourrait alors être réuni avant le 12 mars — date de la session extraordinaire du Congrès fédéral — et se prononcer, dans le plus total respect de la Constitution soviétique, en faveur de l'indépendance. Les députés lituaniens au Congrès n'auraient plus ensuite qu'à faire part de cette volonté nationale aux 2 250 députés de l'instance plénière du Parlement soviétique.

Il n'est pas encore certain que les indépendantistes arriveront à tenir ce calendrier puisqu'il suffirait de l'opposition d'une seule circonscription pour empêcher ce coup d'accélérateur. Compte tenu de leur écrasant poids politique et du ralliement à leur cause du parti communiste lituanien, le plus probable est cependant que leur Soviet suprême puisse bel et bien être convoqué, comme ils le prévoient, pour les 10 et 11 mars.

D'ores et déjà, le Front populaire Sajudis, le grand mouvement indépendantiste, a prévu de réunir sa direction, sa Diète le 8 pour débattre du « mécanisme de restauration de l'indépendance », de la stratégie à observer, autrement dit, dans les prochaines semaines. D'intenses consultations ont parallèlement lieu entre les dirigeants des trois Républiques baltes dont les députés fédéraux forment, de fait, un groupe parlementaire au sein du Soviet suprême de l'URSS.

Une délégation lituanienne (un membre du Sajudis et un membre du parti communiste) vient ainsi de se rendre à Tallinn pour des discussions avec le président du Soviet suprême estonien. D'autres contacts sont en cours, et tandis que la municipalité de Tallinn vient de demander au ministère estonien de l'Intérieur la destitution de trois hauts responsables (russophones) de la milice, la Lituanie applique, depuis jeudi, sa propre loi sur la presse ; quant à la Lettonie, elle vient, entre autres, d'adopter une loi sur l'objection de conscience — notion encore inconnue du droit soviétique.

Par tous les moyens et dans chaque domaine, les spécificités baltes sont légalement affirmées et ce mois de mars sera, en tout état de cause, celui du début de la négociation entre Moscou et les trois Républiques. La parité sera longue, difficile, mais tant du côté de M. Gorbatchev que du côté balte, on veut tout faire pour éviter la violence et préserver l'avenir, puisque la géographie fait de la Russie et des pays baltes des partenaires obligés.

La session extraordinaire du Congrès des députés étant convoquée pour doter l'URSS d'un régime présidentiel et abolir le monopole politique du parti communiste, dont le congrès se réunit au début de l'été, le moins qu'on puisse dire est que le calendrier intérieur de M. Gorbatchev est chargé. C'est la raison pour laquelle il vient de faire annuler tous ses rendez-vous internationaux à l'exception de sa rencontre au sommet avec M. Bush, prévue pour le mois de juin à Washington. Ont donc été reportées *sine die* les visites à Moscou du président égyptien, M. Moubarak, et du Premier ministre irlandais, M. Haughey, qui est président en exercice de la Communauté européenne.

Le ministre des Affaires étrangères, M. Chevarnadze, qui est aussi l'un des deux plus proches alliés de M. Gorbatchev au bureau politique du parti, a, quant à lui, décommandé la visite officielle qu'il devait faire, ce mois-ci, au Japon.

La multiplication des nouvelles échéances n'empêche pas en effet de devoir s'occuper des anciennes, notamment du Caucase auquel le Soviet suprême a consacré, jeudi, une nouvelle séance à huis clos — la deuxième en dix jours. Les députés fédéraux se sont, une nouvelle fois, séparés sans être parvenus à se mettre d'accord sur une résolution, mais un très léger élément de détente a pourtant été enregistré.

Pressés de toute part, tant par M. Gorbatchev que par la nécessité et l'insistance des députés radicaux du groupe interrégional, les élus d'Arménie et d'Azerbaïdjan ont accepté de se rencontrer dans un cadre bilatéral et d'amorcer ainsi le dialogue direct auquel le Kremlin veut les amener. Absolument rien, bien sûr, n'est joué. Il ne s'agit que du balbutiement de la mise en place d'un cadre de négociation qui n'est pas encore accepté et qui ne préjuge en rien du fond.

Il n'en reste pas moins qu'on va là dans le sens souhaité par M. Gorbatchev et que le projet de résolution qu'il tente de faire voter n'est rejeté en bloc ni par les Arméniens ni par les Azeris. Ménageant la chèvre et le chou, nageant dans l'indispensable ambiguïté, ce texte a l'avantage de prévoir la création parallèle de deux commissions sur le Haut-Karabakh, une de contrôle du Soviet suprême et une commission paritaire azero-arménienne.

Si les marchandages en cours étaient concluants, Moscou arriverait à faire reconnaître en même temps la souveraineté azerbaïdjanaise sur la région autonome et la nécessité d'une négociation entre les deux Républiques pour décider de son avenir. C'est peu mais tellement à la fois que M. Gorbatchev a, dès jeudi soir, exprimé dans une interview à l'agence Tass son sentiment que « les premiers pas étaient engagés ». « Je veux croire, a-t-il ajouté, que des améliorations sont proches. » Parallèlement, les mineurs du bassin du Donetsk observaient, vendredi 2 mars, une grève d'avertissement. Ils demandent entre autres le départ de la direction locale du parti, premier secrétaire en tête. Ce type de revendication est devenu si banal en un mois que le compte des démissions est aujourd'hui difficile à tenir.

On en est, en tout cas, pas loin d'une trentaine. Cela a donné naissance à une expression : « Manger le premier secrétaire » et celui de Moldavie n'ayant pas envie de subir ce sort commun se prépare à réunir une « table ronde » de l'ensemble des forces politiques de sa République qui sera suivie, mi-mai, d'un congrès du parti moldave.

Avec la Géorgie, la Moldavie est, en dehors des pays baltes, celle des Républiques où l'aspiration indépendantiste se développe le plus vite. Il ne sera donc pas surprenant que ses dirigeants essaient de formuler d'eux-mêmes des revendications autonomistes radicales destinées à servir de coupe-feu.

Accessoirement, l'URSS s'apprête à rejoindre les rangs d'Interpol. Le chef du parquet militaire, le général Katoussev, laisse comprendre, dans le quotidien des Jeunesses communistes, que la durée du service militaire va être réduite de vingt-quatre à dix-huit mois et que l'adoption d'un statut des objecteurs de conscience est envisageable et même souhaitable.

Le général Katoussev fait référence à Trotski sur les diverses conceptions qu'un pays peut se faire de son armée. Cela n'étonne plus vraiment et jeudi soir, à la télévision, le chef de file des conservateurs, M. Ligatchev, faisait un peu accablé. En même temps que le processus de démocratisation, il faut, a-t-il dit, « renforcer l'ordre et la discipline ».

La Lituanie proclame son indépendance : Fin d'un empire, fin d'un système

Tandis qu'à Vilnius la Lituanie proclamait son indépendance, le Comité central examinait à Moscou les mesures visant à briser le monopole et la prééminence politiques du parti communiste soviétique. Dimanche 11 mars 1990, jour même du cinquième anniversaire de l'accession de M. Gorbatchev au pouvoir, les frontières de l'URSS commençaient ainsi à se défaire tandis que s'écroulait le pilier sur lequel elle repose.

Fin d'un empire ou fin d'un système ? Renaissance d'une Russie débarrassée des fardeaux idéologique et colonial ou reflux historique, au contraire, de cette Russie qui n'avait quasi pas cessé de s'étendre depuis trois siècles ? C'est l'avenir qui le dira, mais ce qui aurait dû être, devant tant d'enjeux, une journée de fièvre et de folie fut un moment de grand calme. Les Lituaniens, les Baltes, tous les Soviétiques, l'Europe — et la stabilité internationale — jouent là très gros. Mais il n'y eut pas plus d'explosion de joie à Vilnius que d'explosion de colère à Moscou.

Peut-être était-ce le calme avant la tempête, mais peut-être était-ce plutôt le sentiment de l'inéluctabilité, de la profonde normalité, finalement, d'événements qui n'auront pris personne par surprise.

A l'heure, dimanche soir, où le Soviet suprême de la République soviétique de Lituanie n'était pas encore devenu le Conseil suprême de la République de Lituanie, le grand journal télévisé diffusé dans toute l'URSS, « Vremia », donnait ainsi tranquillement l'ordre du jour des débats de Vilnius.

Cela venait après les nouvelles du Comité central. C'était traité comme une information d'importance moyenne, mais il n'était pas laissé le moindre doute sur ce qui se passait. On entendait que le projet de texte soumis aux députés lituaniens stipulait — c'est ce qui a été adopté — que « le territoire de la Lituanie constitue une entité indivisible, sur laquelle ne s'applique la Constitution d'aucun autre État ». On apprenait que c'était M. Landsbergis, président du puissant Front populaire, le Sajudis, sorti grand vainqueur des élections du 4 mars, qui avait été élu président du Parlement, et donc de la République.

Quatre-vingt-onze voix s'étaient portées sur son nom, contre seulement trente-huit pour M. Brazauskas, secrétaire général du parti communiste lituanien, et président sortant qui avait pourtant, en décembre dernier, rompu avec le parti soviétique et proclamé son soutien à l'indépendance. Pour la première fois dans l'histoire de l'URSS, le plus haut dignitaire d'une des quinze Républiques constituantes n'était pas un communiste. Tout était dit. Il n'y avait plus qu'à attendre la suite des débats et des votes, que la télévision lituanienne retransmettait en direct. Mais tout était, en fait, dit depuis dix-huit mois, et M. Gorbatchev savait parfaitement ce qu'il allait faire ce lundi.

Il allait faire ce à quoi il prépare publiquement l'URSS et les Lituaniens depuis son voyage de la mi-janvier à Vilnius. Il va dire que la Constitution prévoit effectivement le droit des Républiques à se retirer de l'URSS, que la décision du Parlement lituanien n'est, de ce point de vue, pas contestable, mais que, aucune loi ne fixant jusqu'à aujourd'hui les modalités d'une sécession, il faut, pour qu'elle devienne réalité, avoir au préalable comblé cette lacune de la législation.

Autrement dit, constitutionnellement valide, la déclaration d'indépendance lituanienne ne peut être appliquée en dehors du cadre des lois à venir et en dehors, aussi, de la conclusion d'accords bilatéraux sur les conditions économiques et financières de la séparation. C'est de cette manière que M. Gorbatchev veut gagner du temps, afin de ne pas être placé devant une décision unilatérale et, surtout, de parvenir à la définition de relations économiques privilégiées qui deviendraient l'une des formes de cette « différenciation des liens fédéraux » dans laquelle il voit l'avenir de l'URSS.

Capital pour les Lituaniens, le fait qu'il ne s'agirait plus, en l'occurrence, de liens fédéraux mais de rapports entre États indépendants n'est à ses yeux qu'un problème secondaire, car son ambition n'est pas de maintenir l'URSS actuelle mais d'empêcher que son inévitable évolution n'accroisse encore ses problèmes. Toutes les Républiques n'auront pas demain les mêmes rapports avec ce que sera devenue la Fédération. Certaines (les trois Républiques baltes en tout cas) n'en feront plus partie du tout, mais ce qui est capital pour M. Gorbatchev est que la crise économique de l'ensemble soviétique n'en sorte pas plus inextricable encore et que ne s'ouvre pas un processus de désagrégation pur et simple.

Il faut — il faudrait... — que la loi, la Constitution et les engagements bilatéraux prévalent pour que l'URSS puisse se transformer en un Commonwealth à géométrie variable. C'est en ce sens que la conclusion d'un divorce à l'amiable avec la Lituanie serait fondamentale pour l'URSS, M. Gorbatchev et sa politique, et c'est la raison pour laquelle celui-ci est prêt aussi à une épreuve de force.

Profitant de la réunion du Congrès, l'instance plénière du Parlement fédéral, qui était convoqué, lundi, en séance extraordinaire pour introduire dans la Constitution le régime présidentiel et en retirer le rôle dirigeant du parti, M. Gorbatchev devait donc faire proposer un texte suspendant — sans la remettre en question — la décision lituanienne.

La bataille s'annonçait d'autant plus rude qu'elle recoupe toutes celles qui étaient déjà prévues sur la définition exacte du futur régime présidentiel et le mode d'élection du président qui, cette fois-ci encore, devrait être désigné par les 2 250 députés du Congrès. Accessoirement, la présentation de cette motion par M. Gorbatchev risque de mettre dans l'embarras plusieurs députés russes radicaux, pris entre leur sympathie pour la cause balte et l'appui populaire que devrait rencontrer, en Russie, l'attitude de M. Gorbatchev.

Car si le départ des pays baltes est généralement accepté et même considéré comme acquis par l'opinion russe, l'idée qu'ils pourraient simplement claquer la porte passe difficilement. Toute la semaine dernière, on a lu dans la presse centrale que « si » la Lituanie décidait de partir, elle devrait des compensations financières à l'URSS. Les Lituaniens se sont indignés que l'occupant puisse vouloir réclamer des réparations à l'occupé, mais cela a semblé normal en Russie.

Si M. Gorbatchev ne change pas ses plans et fait bien présenter par la commission *ad hoc* qu'il a fait constituer lundi matin la motion qu'il a en tête, elle devrait donc être adoptée. Et là, il y a deux cas de figure possibles.

Dans le premier, les Lituaniens protestent, mais ne font pas de pas supplémentaires. Ils s'estiment déjà dehors, l'Union les considère comme étant encore dedans, et s'instaure une ambiguïté profitable à tous, puisque la Lituanie a l'indépendance et M. Gorbatchev le temps qu'il demande pour la négociation.

Dans le second cas, Vilnius enfonce le clou, prend de nouvelles mesures unilatérales, et là, Moscou — c'est prévu — rétorque en mettant en place un blocus économique de la République. Dépourvue de devises, fraîchement observée par les chancelleries occidentales, peu populaire dans la Pologne mitoyenne, où on la trouve un peu trop radicale et totalement dépendante de l'URSS pour son approvisionnement en pétrole et en matières premières, la Lituanie accuse alors le coup.

Dangereux pour elle, l'engrenage le serait cependant aussi pour M. Gorbatchev, car d'autres Républiques, dans ces conditions, pourraient vite se solidariser avec la Lituanie. On danse au bord d'une crise majeure, mais il a fallu attendre, dimanche soir, que la faucille, le marteau et l'étoile rouge tombent du fronton de leur Parlement pour que les Lituaniens commencent à descendre dans la rue — et en petit nombre seulement.

C'est à la télévision, en famille, qu'on a entendu voter le changement de nom de la République, le rétablissement de ses couleurs — vert, jaune, rouge, avec un chevalier sur monture blanche —, et enfin la restauration de la « souveraineté perdue en 1940 par l'intervention d'une force étrangère ». Adopté par 124 voix sur 133, ce texte se contente en fait de nier la parenthèse soviétique, comme hors du droit international, en déclarant que « l'acte d'indépendance du 16 février 1918 et la résolution instaurant l'État de la Lituanie indépendante [...] conservent leur pleine vigueur ». « La Constitution d'aucun autre État ne s'appliquant sur son territoire », la Lituanie a réactivé sa propre Constitution de 1938, dont l'application a été aussitôt suspendue par l'adoption d'une « loi fondamentale provisoire » qui restera en vigueur le temps que soient adoptés les amendements nécessaires. Parallèlement, le KGB, la milice et toutes les autres institutions de la République passent immédiatement sous l'autorité de Mme Kaziemira Prunskiene, membre du Sajudis et nouveau Premier ministre lituanien.

On ferait difficilement plus net et il est pourtant dit que le Parlement de la nouvelle République « se propose de mettre en œuvre la pleine souveraineté de l'État » — ce qui implique que ce n'est pas automatique — et l'ouverture de pourparlers avec l'URSS a été explicitement prévue à propos des établissements à caractère militaire et des infrastructures communes (chemins de fer, gazoduc, etc.).

Si haut que soit placée la barre, l'affrontement n'est ainsi pas certain mais seulement possible. S'il était évité, alors l'indépendance lituanienne ne serait plus qu'une conséquence logique et prévisible de la démocratisation de l'URSS — et au premier chef de l'instauration d'élections libres grâce auxquelles le Sajudis a conquis sa majorité parlementaire.

La liberté des hommes implique celle des peuples et M. Gorbatchev tirait dimanche, devant le plénum du Comité central une autre conséquence logique de l'instauration en URSS de vraies élections en redéfinissant « la place, les fonctions et les moyens [d'action politique] du parti communiste ». « La lutte pour la direction politique dans le cadre des procédures démocratiques et des campagnes électorales, a-t-il notamment dit, constituera désormais l'une des fonctions les plus importantes » du PCUS dont le « rôle d'avant-garde » devra, de « déclaration formelle », « devenir réalité ».

Traduction : l'influence du parti et son éventuelle majorité parlementaire ne dépendront plus désormais que de son prestige et de ses capacités électorales puisque le Parlement va le priver de son « rôle dirigeant » et instaurer des « possibilités égales » pour toutes les forces politiques. En Lituanie, cela a déjà signifié l'indépendance. En Russie ou ailleurs cela peut signifier très vite la constitution de gouvernements non communistes ou communistes contestataires.

Désormais imminent, ce changement est radical et si M. Gorbatchev s'oppose à l'abandon du qualificatif de « communiste », il officialise, ce faisant, un débat montant et qualifie le PCUS de « parti de choix socialiste ». Prêt au dialogue avec toutes les forces de « paix et de progrès social », ce parti, a encore expliqué M. Gorbatchev, doit s'imposer de « profondes transformations de sa vie interne » en garantissant l'« autonomie » de ses organisations de base, le « pluralisme d'opinions » et le « respect, lié à la nécessaire discipline, des intérêts de la minorité ».

Autrement dit, tendances reconnues il y aura. C'est bel et bien l'adieu au léninisme post-révolutionnaire et dans la foulée, le tout-puissant bureau politique sera remplacé par un « présidium du Comité central » suffisamment large pour ne faire d'ombre ni au président de l'URSS ni même au futur « président du parti ».

Dimanche soir, le Comité central a suspendu ses délibérations pour la durée de la session extraordinaire du Parlement qui pourrait se prolonger, compte tenu de l'affaire lituanienne, jusqu'à mercredi ou même jeudi. Déjà le Parlement est infiniment plus important que le Comité central et ce sera encore plus vrai quand les députés auront modifié la Constitution et qu'auront été adoptés les nouveaux statuts du parti lors de son congrès convoqué pour le 2 juillet prochain.

Élus par la base, 4 700 délégués y prendront part — soit un pour 4 000 membres du parti.

Un président pour l'URSS : Grand moment et embrouilles parlementaires

On avait déjà tant débattu, mardi 13 mars, que c'est avec un évident soulagement que les députés entendirent, en milieu d'après-midi, M. Gorbatchev annoncer qu'on passait aux votes. Était-ce la fatigue ? L'émotion de ce moment historique qui allait voir basculer l'URSS dans le multipartisme et le présidentialisme ? Ou bien encore la totale inexpérience parlementaire des députés soviétiques ?

Essentiellement l'inexpérience, sans doute, car dans tout autre pays le plus naïf des élus aurait aussitôt bondi de son banc, et jamais si grossière manœuvre n'aurait pu triompher. De cette voix neutre et sans réplique qu'il prend pour présider les séances du Parlement, M. Gorbatchev venait en effet de dire qu'on allait d'abord voter sur les projets d'amendements constitutionnels et qu'on se prononcerait ensuite seulement sur les éventuels amendements parlementaires à ces amendements.

A la tribune de presse, les correspondants étrangers en doutaient de leur russe. Car, dès lors que les projets proposés seraient adoptés, et donc intégrés à la Constitution, il faudrait, pour les modifier, réunir à nouveau 1 500 voix — la majorité des deux tiers requise pour tout changement constitutionnel. Or, si cette majorité qualifiée existait sans nul doute sur les principes du multipartisme et du présidentialisme, aucun amendement aux textes présentés par M. Gorbatchev ne pourrait, en revanche, franchir une telle barre.

C'était encore plus pervers qu'un vote bloqué puisque c'est de lui-même que le Parlement allait ainsi se priver de toute possibilité d'infléchissement des réformes institutionnelles. Mais aucun député ne s'en rendait compte. Dans les travées, on commentait abondamment une autre décision que le futur président venait de faire prendre et qui en avait bluffé plus d'un. Les députés lituaniens ayant déclaré dans la matinée que, désormais indépendants, ils n'étaient plus présents qu'à titre d'« observateurs », M. Gorbatchev aurait en effet pu demander qu'on décompte leurs voix de la majorité des deux tiers.

Après tout, rien n'est acquis d'avance, et cela aurait accru ses chances de ne pas risquer l'échec. Cela, tout le monde le comprenait. Depuis des heures on ne parlait que de cela dans les couloirs, mais le chef de l'État avait tranché. Décompter les voix lituaniennes, avait-il dit, ce serait considérer que la Lituanie n'est plus dans l'URSS, et il n'en était, en conséquence, pas question.

On vote. De chaque côté de la tribune, les résultats s'affichent, et le Congrès s'applaudit. L'ensemble des amendements instaurant le présidentialisme a été adopté par 1 817 voix contre 133, 61 abstentions et 11 refus de prendre part au vote. M. Gorbatchev : « Comme d'habitude, je ne peux rien voir... » On lui donne les résultats, qui, pour lui, sont un triomphe : « Ah, bon... Je félicite le Congrès », dit-il avec, cette fois-ci, sa voix de directeur d'école à la distribution des prix.

Le Congrès n'a, lui, toujours rien compris à la petite manœuvre qui entache le grand moment, et c'est dans l'euphorie qu'on passe au second vote. D'un coup, l'ensemble des amendements sur le multipartisme et les modes de propriété sont acceptés par 1 771 voix contre 164 et 74 abstentions. La Constitution soviétique reconnaît à cette minute la propriété privée et la pluralité des partis. Certains font très grise mine, mais il y a vraiment de la bonne humeur dans l'air, et c'est tout guilleret qu'un député réformateur monte à la tribune pour proposer un amendement à l'article 6 nouvelle formule.

Le matin, déjà, le rapporteur du projet, M. Koudriavtsev, avait fait un geste remarqué en proposant de modifier la version déjà diffusée. Au lieu d'un charabia ambigu, on lisait : « Le parti communiste de l'Union soviétique ou d'autres partis [...] participent à la direction des affaires de l'État [...]. » Là, c'était clair et c'est ce qui vient d'être adopté, mais pourquoi, demande le député, faire une mention particulière du parti communiste alors que tous les partis sont désormais égaux ? Il faut, poursuit-il, corriger et dire simplement : « Les partis politiques... » et le reste sans changement.

L'enjeu est évident : c'est un vote de confiance ou de défiance à l'égard du parti anciennement unique qui est proposé là. L'atmosphère se tend légèrement. On met aux voix et, dans cette enceinte où siègent tant d'hommes de l'appareil, dans cette assemblée infiniment plus conservatrice que le pays, une nette majorité (1 067 pour, 906 contre, 39 abstentions) se prononce pour l'amendement — contre le parti, donc.

Les radicaux n'en croient pas leurs yeux. Ils viennent, pensent-ils, de remporter une grande victoire mais le verdict tombe : « Amendement repoussé ! » Comment, repoussé ? Mais les chiffres sont là, noir sur blanc. Ils sont là en effet, mais il aurait fallu la majorité des deux tiers puisque, etc.

On se bouscule au micro. Argumentations juridiques et protestations véhémentes s'entremêlent, mais rien n'y fait. Le piège s'est refermé et les députés ont beau dire, en toute humilité, qu'ils n'avaient « pas compris » et n'auraient « jamais pu imaginer », M. Gorbatchev a réussi à ne pas changer une virgule de ce qu'il avait négocié au préalable.

Mercredi matin, le Congrès poursuivait l'examen des amendements aux amendements. Comme la nouvelle rédaction de l'article 6, deux d'entre eux ont été proposés par M. Koudriavtsev, c'est-à-dire avalisés par M. Gorbatchev. Très importants, ils sont autant de concessions aux réformateurs du groupe interrégional puisque l'un permet au Parlement de contourner un veto présidentiel par une majorité des deux tiers, et que le second oblige le président à faire confirmer par le Parlement (sans spécification de délai, mais à la majorité des deux tiers aussi) la proclamation de l'état d'urgence.

On a également spécifié, pour rassurer les Républiques et la Géorgie en particulier, que les nouveaux pouvoirs présidentiels ne restreignaient en rien les leurs. Plusieurs figures de proue interrégionales, M. Stankevitch notamment, se sont en conséquence ralliées au projet en le jugeant « acceptable ». Les mêmes, les plus modérés de l'opposition, ne trouvaient cependant pas de mot, mardi soir, pour qualifier l'insulte faite au Parlement et s'apprêtaient à refuser, mercredi, de se laisser piéger dans la même procédure.

La bataille promettait ainsi d'être serrée sur le mode d'élection du président car de très nombreux députés, suivant en cela l'opinion publique, voudraient que M. Gorbatchev soit élu au suffrage universel et non par le Congrès. Initialement prévus pour deux jours, les débats ne devraient ainsi pas être clos avant jeudi. Rien n'est aisé. Comme toujours, on nage dans l'ambiguïté puisque les conservateurs ont voté en faveur du présidentialisme dans l'espoir qu'il instaure le régime autoritaire que redoutent les réformateurs — eux aussi partisans de ce changement car il fait passer le pouvoir du parti unique à un État fondé sur le pluripartisme.

Rien n'est simple en l'affaire, la démocratie qui s'instaure est des plus frêles, et tout, compte tenu des enjeux, se passe pourtant dans une étonnante bonhomie. Mardi matin, présents après une journée d'absence remarquée, les Lituaniens avaient envoyé l'un des leurs, barbe et chef argentés, lire à la tribune les résolutions de leur Parlement, souhaiter « succès » aux travaux du Congrès et exprimer le souhait que s'ouvrent entre l'URSS et la Lituanie indépendante une ère d'amitié nouvelle et de fructueuse coopération économique.

Aurait-on imaginé Gandhi aux Communes ? Ben Bella au Palais-Bourbon ? Pas vraiment, mais la différence est qu'il n'y a pas d'insurrection, que tout se passe comme si (et c'est le cas) chacun savait, des deux côtés, qu'il faudra bien s'entendre et apprendre à vivre en bon voisinage. Alors M. Gorbatchev parle de décision « illégale » et « sans validité », mais après s'être gentiment moqué du représentant lituanien, « il vous reste six minutes [de temps de parole] mais, puisque vous n'êtes qu'observateur on peut vous donner plus », il va prendre le thé avec M. Brazauskas, le premier secrétaire du parti communiste lituanien indépendantiste.

Et que se passe-t-il ? « Aucun reproche », dit en sortant M. Brazauskas en confirmant ce que chacun sait : « Les liens ne sont pas rompus, et la déclaration d'illégalité » n'était qu'une... « déclaration officielle ». La preuve ? Le soir même, le journal télévisé diffusera une interview de M. Landsbergis, chef de la sécession et nouveau président de la République lituanienne. Légèrement intimidé et fortement enrhumé, il demande aux peuples soviétiques de « comprendre » et de « soutenir » les aspirations des Lituaniens, qui ne veulent « léser les intérêts d'aucune partie » et « qu'obtenir l'indépendance par la voie parlementaire ».

Décidément, drôle de révolution.

La rançon du triomphe : Gorbatchev en première ligne

Désormais président de l'Union soviétique, c'est-à-dire personnellement investi du pouvoir exécutif et virtuellement débarrassé de la tutelle du parti communiste, M. Gorbatchev est devenu, jeudi 15 mars, comptable à lui seul de l'évolution de l'URSS.

Pour trancher entre deux options, définir une priorité ou amorcer un tournant, il n'aura en effet maintenant plus à négocier au préalable l'accord du Comité central et du bureau politique. Il s'agit là d'un total changement de régime, car tant que la Constitution faisait du seul parti communiste la « force dirigeante » du pays, tant qu'il n'existait pas de pouvoir exécutif distinct du pouvoir législatif et que Parlement et gouvernement ne procédaient en réalité que de l'appareil dont le cercle dirigeant incarnait l'unique vrai pouvoir, la responsabilité de la conduite de l'État relevait collectivement de ce qu'on appelait la « direction ».

M. Gorbatchev ne pouvait ainsi rien faire sans avoir préalablement obtenu son feu vert et c'est cette situation qui explique qu'on puisse porter des jugements diamétralement opposés sur les cinq premières années de la *perestroïka*. On peut soit estimer que très peu de choses ont changé en dehors de l'atmosphère politique, qu'on a accumulé les retards et additionné — expression très à la mode à Moscou — les « demi-mesures ».

Cela est vrai si l'on regarde ce qui s'est fait — ou plutôt ne s'est pas fait — dans le domaine économique et plus vrai encore si l'on constate que la réforme de l'Union va suivre.

Car, si on ne l'oublie pas, on peut estimer tout au contraire qu'avoir réussi à briser en cinq ans, sans révolution ni procès expéditifs, une structure de pouvoir absolu qui avait survécu trente ans à la mort de son inventeur constitue un succès majeur. Déjà l'URSS et le monde s'y sont habitués, déjà les Soviétiques disent que c'est loin d'être assez, mais on mesure l'ampleur de l'entreprise et la totale incrédulité qui l'entourait, en URSS comme dans le monde, il y a peu de temps encore.

Privé d'un pouvoir exécutif passé en d'autres mains, soumis désormais à la concurrence d'autres forces politiques qui seront bientôt des partis et confronté au défi électoral, le parti communiste a perdu le pouvoir que M. Gorbatchev a gagné.

Mais s'il est plus confortable d'être réellement aux commandes qu'en titre seulement, M. Gorbatchev n'aura plus l'excuse de n'être pas libre de ses mouvements. Hier, il lui fallait temporiser, aujourd'hui, il lui faut agir. Hier, il lui fallait, à chaque étape, donner des gages à l'appareil mais il lui faut, aujourd'hui, convaincre le pays qu'il sait comment le sortir de la crise et à quel prix. En bref, s'il lui fallait, hier, jouer aux échecs visage fermé, il se doit maintenant de définir ses objectifs, de les faire comprendre et accepter, de se trouver sa base sociale, c'est-à-dire sa majorité.

Or, si M. Gorbatchev n'a plus à prouver ses capacités de tacticien et son sens de l'histoire, il lui reste à démontrer qu'il n'est pas seulement un homme d'État mais aussi un homme politique, capable de réunir des voix et des hommes. Rien ne dit que ce ne soit pas le cas, mais l'urgence comme la difficulté de la tâche se lisaient jeudi matin dans les résultats de l'élection. Car, si les 70,70 % des suffrages exprimés qui se sont réunis sur ce nom constitue un quasi-plébiscite, au regard des normes démocratiques, ce pourcentage est au contraire faible pour ce moment de l'histoire soviétique.

Lorsqu'il avait été, il y a moins d'un an, élu, par ce même Congrès des députés, président du Parlement et, en cette qualité, chef de l'État, M. Gorbatchev avait en effet obtenu le soutien de 2 123 des 2 250 députés fédéraux. Cette fois-ci, seuls 1 863 d'entre eux ont accepté de prendre part au vote, 495 se sont prononcés contre lui et 54 ont déposé dans l'urne des bulletins nuls.

Les Lituaniens ont boudé le scrutin car ils ne se considéraient plus concernés, maintenant qu'ils ont proclamé leur indépendance. Les Géorgiens ne voulaient pas prêter la main à l'institution d'un présidentialisme dans lequel ils dénoncent une menace pour les droits des Républiques. Une majorité des élus du groupe interrégional ne voulaient pas non plus accepter une procédure qu'ils récusaient dans la mesure où l'élection présidentielle aurait, à leurs yeux, dû se faire dès à présent au suffrage universel, et il s'est encore trouvé, parmi les votants, 549 opposants.

C'est là le signe — au demeurant encourageant — qu'une vraie vie politique s'impose en URSS, mais c'est aussi là un avertissement pour M. Gorbatchev. Hors le mandat de cinq ans qu'il vient de recevoir, rien ne lui est plus assuré dans un pays qui découvre la politique en même temps que la liberté et compte autant de mécontents que de citoyens.

Achèvement de la démocratisation et début de la démocratie, victoire et danger, le moment est périlleux et la seule certitude est que le premier président de l'URSS le sait. Jeudi matin 15 mars, les deux points forts de son discours de remerciement étaient ainsi la nécessité de « radicaliser » le processus de réformes, maintenant qu'il « assume toute la responsabilité [...] sur une base démocratique ».

L'ennui est que cette indispensable « radicalisation » suppose des ruptures et des alliances — c'est-à-dire l'existence de réelles forces politiques qui ne sont encore aujourd'hui qu'en gestation. Dès mercredi, au dernier jour des débats précédant le vote, le jeu politique commençait à se sentir derrière chaque intervention. Les députés les plus conservateurs, ceux qui se retrouvent dans le groupe « Union », avaient ainsi décidé de mettre en avant trois candidatures à la présidence : celle de M. Gorbatchev pour ne pas encore se déclarer en opposition totale, mais aussi celle du ministre de l'Intérieur pour capitaliser la crainte du désordre et celle du Premier ministre, M. Ryjkov.

A priori, cette dernière proposition était surprenante puisque M. Ryjkov est, depuis cinq ans, l'un des principaux piliers et acteurs de la *perestroïka*. En réalité, pourtant, ce choix était habile car le Premier ministre craint manifestement que sa fonction ne perde avec le présidentialisme beaucoup d'importance. La nouvelle Constitution prévoit en effet que M. Gorbatchev disposera à ses côtés d'un conseil présidentiel qui réunira sous son autorité directe les principaux responsables de l'appareil d'État.

M. Ryjkov ne sera que l'un d'entre eux. Le présidentialisme sera donc, sur ce point, beaucoup plus proche du modèle américain que du modèle français, du modèle où il n'existe pas de Premier ministre que d'un modèle où sa place est définie. Compréhensible, la nervosité de M. Ryjkov est de surcroît d'autant plus grande que la « radicalisation » annoncée par M. Gorbatchev semble bien devoir signifier qu'il est en train d'opter pour les réformes économiques radicales que certains de ses conseillers personnels lui demandent d'adopter depuis plusieurs mois.

Fonctionnaire prudent, M. Ryjkov y est opposé. Le jeu de pouvoir se double ainsi d'un débat politique et la tension sous-jacente a éclaté, mercredi après-midi, lorsqu'un des ténors des radicaux, M. Sobtchak, a demandé à répondre à un député conservateur qui l'avait mis en cause, la veille, à propos du scandale provoqué par la tentative d'une coopérative d'exporter, au prix du métal, des armements mis au rebus.

Utilisée par les conservateurs, l'affaire fait grand bruit depuis un mois et M. Sobtchak, que la droite accuse d'être payé par le « lobby des coopérateurs », a répondu que la coopérative mise en cause avait été créée grâce à la signature de M. Ryjkov et des principaux dirigeants de la Fédération de Russie.

Voulait-il dire par là que tout était donc en règle ou bien était-il en train de faire remonter jusqu'au Premier ministre la responsabilité d'éventuelles malversations ? Le moins qu'on puisse dire est que ce n'était pas clair et l'on vit M. Ryjkov, visiblement bouleversé, prendre le micro pour dire que son gouvernement ne pouvait travailler dans un tel climat, qu'ou bien le Congrès lui accordait la confiance ou bien il démissionnait. Et puis il y eut ce : « Je ne comprends pas, Mikhaïl Sergueievitch [Gorbatchev], pourquoi vous donnez toujours la parole au député Sobtchak. »

Il n'en fallut pas plus pour accréditer la rumeur, forte depuis lundi, que MM. Gorbatchev et Sobtchak avaient conclu un accord politique secret aux termes duquel le second apporterait son soutien au premier contre promesse de responsabilités futures. De fait, M. Sobtchak a, contrairement à ses amis du groupe interrégional, soutenu M. Gorbatchev tant sur la Lituanie que sur le refus du recours au suffrage universel dans cette première élection présidentielle. Or ce refus n'a été acquis qu'avec 41 voix de plus que la majorité nécessaire.

M. Sobtchak, en tout état de cause, a été utile et les débuts du présidentialisme soviétique ont ainsi plus évoqué la fin de la IVe République que l'ère gaulliste. Il y avait dans la salle une atmosphère de combinaisons qui, couplée avec le refrain dominant de « lui ou le déluge », sonnait décidément très français.

Signe des temps, de nombreux conservateurs ont non seulement attaqué nommément M. Gorbatchev mais tenté aussi, jusqu'au dernier moment, de convaincre MM. Ryjkov et Bakatine (le ministre de l'Intérieur) d'accepter de se porter candidats. Pour faire passer ses réformes constitutionnelles, M. Gorbatchev a dû faire de nombreuses concessions à sa gauche. Et, par instants, les votes ont pourtant paru si serrés que les députés estoniens ont finalement décidé de prendre part au scrutin en expliquant que leur République — sans doute la prochaine à faire sécession — n'avait qu'intérêt à voir à la tête de la « Russie » un spécialiste reconnu des... relations internationales.

Le bras de fer lituanien : Vilnius persiste et signe

Quand on doit former un gouvernement, le premier gouvernement de l'indépendance recouvrée, ce n'est pas un gros bourdonnement qui va vous distraire. Même quand l'hélicoptère de l'armée soviétique a survolé vendredi 23 mars le Conseil suprême de la République de Lituanie, pas un élu n'a donc levé un sourcil.

Et quand à 3 heures du matin, samedi, quatre-vingt-dix-huit

véhicules militaires, dont une trentaine de blindés, ont remonté l'avenue longeant le Parlement, les députés lituaniens n'ont pas non plus perdu leur sang-froid.

En cas d'arrestation, ils transmettraient leurs pouvoirs, ont-ils déclaré dans une résolution, aux chargés d'affaires lituaniens du Vatican et de Washington — aux représentations qui ont maintenu depuis cinquante ans l'indépendance lituanienne à l'étranger —, mais, fondamentalement, ils persistaient à ne pas croire au danger.

Ce n'était pas une pause, pas même une manifestation de dignité face aux affronts ainsi faits, à travers ses députés, à toute la Lituanie. L'armée soviétique affirmait qu'elle était toujours chez elle en Lituanie. Le Parlement lituanien, continuant à former le ministère, répétait lui qu'il se contrefichait du message.

Le tout avait de l'allure. Mais peut-on longtemps jouer à ce petit jeu sans finir par déraper un peu ? Et M. Gorbatchev peut-il éternellement, de mises en garde en ukases, jongler avec les mots et les symboles sans finir par passer aux actes ? La question est posée, mais à deux variations syntaxiques près, tous les élus lituaniens y répondaient, vendredi soir, que « les trois prochains jours seront un peu difficiles, qu'on risquait de passer par un pic, mais que, non, rien d'inquiétant ne se profilait ».

La guerre psychologique a ses lois, vous expliquait-on sur bruit d'hélicoptère, et tout ce qu'on souhaite à Moscou est de faire ainsi peur à la population pour qu'elle se désolidarise du Parlement. Mais ces rumeurs venant de Moscou ? Ces ambassades occidentales priées de rappeler dans l'heure tous leurs collaborateurs se trouvant en Lituanie ? Ce renforcement de la présence militaire et ces chars maintenant stationnés en ville ? Ces hélicoptères reprenant leurs lâchers de tracts ? Cette décision de ne plus accorder de visas aux envoyés spéciaux de la presse étrangère ? Non, tout cela laissait de marbre les députés lituaniens ; et si près qu'on était de partager leur certitude, on aurait pu les trouver trop sûrs d'eux-mêmes, si Vilnius n'avait plus que jamais frappé par son calme.

Car, opulence mise à part, Vilnius, c'est Berne, capitale sereine et proprette d'un petit pays vieux comme l'Europe et tranquille comme Baptiste. Ici, l'histoire — et jusqu'à celle qui s'inscrit aujourd'hui — fut celle des empires, mais la réalité quotidienne celle d'un gros bourg où chacun connaît tout le monde. On est en terre catholique, mais le Nord y fait souffler un air de rigueur protestant entre de lourds immeubles égrenant siècles et influences et la signalisation est bilingue (russe et lituanien). Le soviétisme a déjà pris des airs de mauvais souvenirs.

L'indépendance n'a que deux semaines, mais les petits cafés à boiseries et rideaux blancs, les magasins qui ne sentent pas le vieil entrepôt, les tailleurs raides des dames dignes et l'efficacité courtoise, rien de tout cela ne date du 11 mars. Il y avait longtemps que la Lituanie, comme l'Estonie et la Lettonie, ne faisait plus partie de l'URSS. Et ce qui frappe avant tout est la normalité de cette sécession.

Ce qui fait coup de tonnerre dans le monde n'est, vu d'ici, que l'aboutissement logique d'un long processus. Ce qui semble, de Washington, Rome ou Paris, veillée d'armes, n'a pas plus d'importance à Vilnius qu'une querelle de procédure dans un divorce espéré depuis l'origine d'un mariage forcé. Un empire se défait, mais on a peine à ne pas sourire tant, sur place, dans l'œil du cyclone, tout cela fait opérette avec le président de la République musicologue, le Parlement de dix douzaines de députés, une population de trois millions et demi d'habitants, la presse internationale attendant la guerre et cette formation du gouvernement — ce débat qu'il faut avoir entendu pour vraiment avoir vu mourir le communisme.

Car lorsque Mme Kaziemera Prunskiene, le Premier ministre désigné, propose au vote de l'honorable assemblée une nouvelle personnalité, la première question est : membre ou non du parti communiste ? Hier, il aurait fallu l'être, mais on peut encore l'être aujourd'hui, pourvu que ce soit du bon — le Lituanien, l'indépendantiste, celui de M. Brazauskas —, surtout pas du parti dit « pro-Union », le groupuscule qui s'agite contre l'indépendance.

Je suis membre du parti lituanien, expliquent donc les futurs ministres, en précisant qu'ils n'y sont restés que pour y faire évoluer, y défendre la démocratie, faire triompher la cause nationale, qu'ils se sont, en bref, immolés sur l'autel de la patrie en restant communistes. Et le mieux est que pour beaucoup d'entre eux, c'est vrai. Mais tous ces communistes ne jurent que par les privatisations, promettent solennellement de démanteler des secteurs d'État et assurent qu'avec le marché tout ira vite et bien.

Ils n'ont que l'ardeur des convertis et la sincérité d'enthousiastes à vous faire définitivement haïr l'enthousiasme. Il y a des chrétiens-démocrates qui parlent du « post-communisme », un social-démocrate, l'unique, qui vient de recevoir une lettre de la CFDT, et des policiers si désemparés qu'ils ne demandent plus vos laissez-passer.

Au buffet, l'un des directeurs de l'agence Tass fuit les questions. Il est là pour négocier de nouveaux accords avec l'agence lituanienne qui, elle aussi, prend son indépendance. Partout, ça grouille de barbouzes moscovites, les poches pleines de tuyaux saignants sur l'arrivée « des paras qui ont fait Bakou ». Mais le camp de la désinformation n'est plus ce qu'il fut. Ils traînent la patte et ne trouvent plus de savants soviétologues pour analyser les mensonges qu'ils leur vendaient autrefois contre whisky-glaçon.

Il faut beaucoup d'effort pour coincer M. Stassi Kasauskas, écrivain, journaliste, membre du parti communiste lituanien, député aux Parlements soviétique et lituanien. Il a fait partie de délégations qui ont rencontré M. Gorbatchev, sait beaucoup de choses et se dit « certain » que des pourparlers vont s'ouvrir avec Moscou après les trois jours difficiles qu'il annonce comme tout le monde. Pourquoi tant de certitudes ? Mais voyons, répond-il, l'URSS est le dernier des empires et d'ailleurs M. Gorbatchev nous l'a dit : il comprend très bien la situation, mais, comme il est le président, il ne peut pas le dire comme ça, directement. Il doit montrer aux autres Républiques toute la difficulté et les risques qu'il y a à vouloir sortir, d'un coup, de l'Union.

« C'est pédagogique, poursuit-il, mais ce qu'il pense, nous le savons, il nous l'a dit. Enfin, il l'a dit à Brazauskas qui nous l'a rapporté ensuite, ses "allez au diable ! Nous, nous allons construire un État slave avec la Russie, l'Ukraine, la Biélorussie, le Kazakhstan et peut-être l'Ouzbékistan". » Un silence : « Moi, je mettrai, ajoute-t-il, un point d'interrogation sur l'Ukraine... On verra. »

— *Mais de pression en pression, il lui faudra bien faire quelque chose ?*

« Ce qu'il fait dans ces moments n'a rien d'aussi terrible que ce qu'il avait promis. Avant la déclaration d'indépendance, il avait montré à Brazauskas un plan en seize pages élaboré par tous les ministères concernés sur la manière de nous mettre à genou par un blocus économique. Là, les gens auraient perdu leur travail. Cela aurait été vraiment dur, alors qu'il se contente maintenant de moyens politiques en essayant de nous diviser, de dresser les Russes [de Lituanie] contre les Lituaniens, de faire peur aux uns et d'exciter les autres. Nous n'attendions pas de roses. Nous avons les épines et c'est normal. Il n'aurait pas été normal qu'il ne fasse rien. »

— *Donc, vous ne pensez pas que M. Gorbatchev voudra prouver son autorité, celle de l'État ?*

« Il est trop intelligent. Il trouvera une solution. Regardez, quand le parti lituanien a proclamé son indépendance en décembre, il a dû réunir un plénum du Comité central soviétique. La tension était terrible. C'était sans issue, mais Gorbatchev a proposé de suspendre les débats, le temps de venir ici à Vilnius. Il a libéré la vapeur et hop ! réglé ! Maintenant, c'est pareil. Il a envie de parler mais avec ces Russes, il ne peut pas, car ils ont l'idée inscrite dans le sang que nous devons leur appartenir. C'est un pays encore asiatique. Gorbatchev, c'est différent. Chevardnadze aussi. »

— *Si vous avez tant confiance en M. Gorbatchev, pourquoi ne pas...*

« Nous n'avons pas confiance en lui. Nous parlons avec lui parce qu'il est le plus intelligent, le seul avec lequel on puisse parler à Moscou. »

— *Alors, où est votre intérêt à le fragiliser ?*

« Et pourquoi sacrifier notre peuple pour fortifier le tsar ? Nous sommes des hommes... Nous ne pouvons plus attendre le moment où tout irait bien pour Gorbatchev. En Russie, ça n'ira jamais [...]. Les Russes ne savent pas ce que c'est que la propriété. C'est une situation terrible. A l'étranger, vous croyez que là-bas c'est déjà l'Europe. Mais avez-vous vu dans quel état est Moscou ? Combien de temps leur faudra-t-il pour devenir l'Europe ? Nous ne voulons plus attendre. »

— *Et si Gorbatchev utilisait ses nouveaux pouvoirs présidentiels, pour prendre en charge l'administration de la République en envoyant un représentant personnel ?*

« Qui ferait quoi ? On vient de nous envoyer quatorze vice-ministres de Moscou. Ils ont discuté avec tout le monde, ont compris que tout était normal, qu'aucun lien économique n'allait être rompu. Tout a bien marché. Nous avons nommé un nouveau procureur. Une commission est venue s'entretenir avec lui — ça va... On va s'entendre. Ce sera un peu difficile mais on va y arriver. »

A terme, oui, mais pour l'heure, l'armée soviétique veut récupérer les quelque mille cinq cents déserteurs lituaniens qui ont quitté ses rangs sitôt après la proclamation d'indépendance. Quelques dizaines d'entre eux ont été placés « sous la protection de la Croix-Rouge » et tout le monde sait où. Il ne serait pas vraiment difficile d'aller les arrêter, d'autant que le ministre de l'Intérieur lituanien expliquait dès vendredi soir qu'il ne donnerait pas l'ordre à ses six mille miliciens de se lancer dans un affrontement avec l'armée. [...]

Le bras de fer lituanien : **Militaires et petits-blancs**

Cela s'est fait discrètement, dimanche 25 mars, après déjeuner, à l'heure où Vilnius promenait ses enfants sous un ciel clair. On attendait l'armée dans cet hôpital où les autorités de la Lituanie indépendante ont installé de jeunes déserteurs refusant de servir un pays désormais étranger. On l'attendait, pour les plus pessimistes, au Parlement, au Conseil des ministres, dans tout bâtiment de l'État lituanien. Et ce sont des immeubles du PC qu'elle a occupés. D'abord, l'Institut d'éducation politique, puis l'Institut d'éducation supérieure et, chaque fois, le scénario a été le même. Non pas un grand déploiement de forces, mais une vingtaine de parachutistes armés de fusils automatiques et qui couvraient de leur présence des militants du parti dit « pro-Union », ceux qui ont refusé la rupture de décembre dernier entre le parti lituanien et le parti soviétique.

Officiellement, cette organisation s'appelle « parti communiste lituanien sur la plate-forme du PCUS ». Elle se réclame à cor et à cri de la légalité du parti soviétique, hait en réalité M. Gorbatchev et ses réformes, mais s'accroche d'autant plus à lui qu'il condamne la déclaration d'indépendance lituanienne que le parti dit « indépendantiste » a, lui, soutenue.

M. Gorbatchev n'a que des amis, et souvent très proches, dans ce que les Lituaniens appellent ironiquement le « bon parti », que des ennemis dans le « mauvais », et c'est à ce mauvais parti que l'armée soviétique va prêter la main. Non seulement elle intervient dans une bataille entre deux partis communistes, mais elle fait ainsi pencher la balance contre celui que préfère le président.

A ce point-là, rien ne servirait de vouloir privilégier une hypothèse. Du plus inquiétant au plus rose, aucun scénario n'est à exclure *a priori*, et cela d'autant moins que l'un peut n'être développé que pour mieux préparer l'autre.

La plus inquiétante hypothèse d'abord : l'armée joue son propre jeu et veut démontrer, Lituanie aidant, qu'il y aurait, contrairement à ce que dit M. Gorbatchev, d'autres voies que la souplesse politique. Si l'on retient cette idée, on lui trouve aisément confirmation dans les faits, puisque la seule force qui pourrait s'opposer à l'indépendance lituanienne serait l'alliance des deux groupes qui auraient à y perdre en Lituanie même : l'armée soviétique et les russophones.

La première a des officiers confortablement installés ici, et qui n'ont aucune envie de subir le sort de leurs camarades rapatriés d'Europe centrale et hébergés dans des baraquements de fortune. Hier, rois à l'étranger, aujourd'hui gueux chez eux, dans une mère patrie qui ne rêve que d'une seule chose : réduire leurs effectifs.

Quant aux seconds, ouvriers et petits cadres dans leur majorité, c'est le phénomène bien connu des « petits-blancs ». En Lituanie comme dans l'ensemble des pays baltes, ils ont trouvé de meilleures conditions de vie qu'en Russie, Biélorussie ou Ukraine. Ils ne voudraient pour rien au monde abandonner tout cela, moins encore devoir repartir à zéro dans des Républiques qu'ils savent moins développées que les pays baltes. Mais ils ne se sont jamais souciés d'apprendre le lituanien.

Bien obligés, eux, les Lituaniens parlaient russe et tout allait bien ainsi, sauf que, maintenant, le seul espoir de pouvoir rester est de s'intégrer vraiment, de faire un gigantesque effort sans la certitude d'être jamais acceptés. Les officiers regardent vers les ouvriers russophones et inversement. On se cherche. On s'aide depuis longtemps, lors du lancement notamment de Edinstvo (unité), l'organisation qui tente de s'opposer au Front populaire indépendantiste, le Sajudis, qui contrôle aujourd'hui le Parlement.

Ce scénario-là, c'est celui de l'OAS en Algérie, sauf que l'armée agit ici au grand jour. Elle voudrait ainsi démontrer que la détermination à user de la force, même avec modération, peut consolider un front politique et stopper une évolution que le Kremlin considère, au fond, comme inéluctable.

Si c'était cela, la situation serait très sérieuse, mais il existe jusque dans ce scénario une variante à laquelle croient beaucoup certains des dirigeants du Sajudis, aujourd'hui hautes autorités de la République de Lituanie. Dans cette variante, M. Gorbatchev ne serait pas, après l'indépendance lituanienne, débordé par un deuxième fait accompli, mais aurait choisi d'utiliser la tentation naturelle de l'armée pour essayer de faire coup double.

Lâchant la bride aux militaires, les encourageant peut-être d'une approbation tacite, il voudrait à la fois démontrer aux dirigeants lituaniens qu'il serait temps de cesser de jouer aux apprentis sorciers et laisser certains officiers s'embarquer dans une impasse. Le moment venu, lorsque les autorités lituaniennes auraient été conduites à assouplir leur position, M. Gorbatchev, sorti vainqueur d'une redoutable épreuve, pourrait s'attaquer à la réforme de l'armée.

C'est un problème dont il parle et fait parler, ces derniers temps, de plus en plus souvent, pour la bonne raison qu'une fois le parti virtuellement cassé, c'est l'appareil militaire qui devient pour lui le principal danger. Il faut éliminer tout un corps d'officiers, remettre l'armée à une génération de soldats qui ne demandent qu'à devenir, en même temps que les hommes du président, ceux de la professionnalisation de régiments qui brillent plus par la quantité que par la qualité.

Là, la partie serait vraiment devenue serrée, mais le fait est que les dirigeants lituaniens qui la décrivent en privé ne sont pas les moins intelligents de l'équipe et qu'elle serait, surtout, très dans la manière de M. Gorbatchev. Accompagner un mouvement plutôt que de s'y heurter, pour donner le temps au temps, penser quatre coups à l'avance et sauter dans les locomotives plutôt que de rester sur le quai sont des démarches dont il est familier.

Si c'est ce scénario qui est le bon, l'étau va continuer à se resserrer sur les dirigeants lituaniens et les « trois jours difficiles » qu'ils annonçaient vendredi pourraient durer plus longtemps qu'ils ne l'avaient prévu.

Et puis, le scénario rose. Ces « trois jours difficiles » auraient bien marqué le « pic » annoncé par les dirigeants de la République et, au-delà, s'ouvrirait la route des négociations entre l'URSS et la Lituanie. Dans cette hypothèse-là, les démonstrations de force très dosées de l'armée soviétique n'auraient servi qu'à permettre le début de pourparlers dont on pouvait penser voir, dimanche soir, les balbutiements.

Car, sitôt confirmées ces deux opérations d'une armée étrangère sur le territoire d'un pays indépendant qu'il préside depuis deux semaines, que fait M. Landsbergis ? Il appelle le général Varennikov, chef d'état-major de l'armée de terre soviétique, dont on apprend ainsi la présence en Lituanie, et lui propose un entretien.

Non seulement le général accepte, mais il approuve aussi l'idée de mettre sur pied un « groupe de coordination » entre l'armée soviétique et les autorités de la République indépendante. Il s'agirait d'éviter les incidents, expliquera le président lituanien au cours d'une conférence de presse qu'il tiendra après avoir reçu, peu avant minuit, les trois colonels que lui envoie le général Varennikov.

Raides et bardés de médailles, ils gravissent les escaliers du Parlement sans un regard pour la cohue de journalistes qui manquent de les renverser. Une demi-heure après, ils sortent en lâchant du bout des lèvres qu'il n'y aurait pas « cette nuit » de nouvelle occupation de bâtiment par l'armée. Dans le genre apaisement, on aurait pu faire mieux. Mais M. Landsbergis n'a nullement l'air accablé. Il ironise sur les raisons que lui ont données le général au téléphone, puis les colonels ; se demande rhétoriquement à quel genre d'« entraînement » peuvent participer les véhicules militaires auxquels on fait traverser Vilnius depuis samedi ; si des demandes d'intervention du Sajudis auraient autant de succès auprès de l'armée que celles du parti « pro-Union » et si l'armée est faite pour poser des scellés avant un partage des biens (officiellement, l'armée est intervenue pour que le parti communiste « indépendantiste » ne puisse pas disposer à sa guise des locaux que réclame le parti « pro-Union »).

Plutôt que mordre, M. Landsbergis mordille et les faits sont qu'un deuxième rendez-vous était fixé pour lundi matin au siège du Conseil des ministres, que le président lituanien est en contact direct avec l'un des plus hauts subordonnés de M. Gorbatchev, et qu'il a catégoriquement exclu tout risque de coup de force contre sa République tant que le pouvoir civil est en place à Moscou.

Est-ce suffisant pour considérer les négociations comme

entamées ? Certains, dont apparemment M. Landsbergis, le pensaient dimanche soir. Mais il faudrait alors admettre que M. Gorbatchev se serait déjà résolu à accepter le fait accompli de la proclamation d'indépendance.

Or, ce n'est pas le plus probable, car, si le président soviétique a certainement accepté depuis longtemps l'idée que la Lituanie sorte de l'Union, il n'accepte pas la manière dont elle veut le faire — sortir d'abord et négocier ensuite, car c'est la porte ouverte à un éclatement incontrôlé de l'URSS. Il veut que cela se fasse selon la loi. Selon le projet actuellement en discussion au Parlement fédéral et qui prévoit la confirmation par référendum (majorité des deux tiers) d'une décision parlementaire de sécession et une période de transition consécutive « ne pouvant excéder cinq ans ».

Cela laisse de la marge : le délai pourrait être d'un an seulement ou même moins. Les indépendantistes sortiraient à tout coup vainqueurs d'un tel référendum. Mais le Sajudis ne veut pas d'une indépendance octroyée et pas d'autre négociation que d'État à État. C'est pour cela que le mouvement et son président ont tant brusqué les choses — contre l'avis du parti communiste indépendantiste et de son secrétaire général, M. Brazauskas, grand ami de M. Gorbatchev.

Or, M. Brazauskas est très populaire en Lituanie où on lui est reconnaissant d'avoir permis l'émergence et la victoire de l'indépendantisme et où l'on apprécie aussi sa rassurante modération et ses bonnes relations avec le Kremlin. La hiérarchie catholique aurait ainsi souhaité le voir devenir président, comme beaucoup d'intellectuels et beaucoup aussi de militants et élus du Sajudis. Cet homme, très silencieux depuis quelques jours, n'a sans doute pas dit son dernier mot et voilà qu'en prêtant main-forte aux « mauvais communistes », l'armée vient, de fait, renforcer sa crédibilité.

Sur un point, M. Landsbergis a raison : sauf renversement de M. Gorbatchev, tout cela se terminera par des compromis et l'indépendance lituanienne. Quand et comment, c'est une tout autre affaire. Dimanche, l'armée a refusé de s'engager à s'abstenir, ce lundi, de nouvelles opérations, et l'on parlait d'une occupation des bâtiments... du Comité central. Pour qui joue ou croit jouer l'armée ? M. Gorbatchev a-t-il renoncé à traiter avec M. Brazauskas plutôt qu'avec M. Landsbergis qu'il ne porte pas dans son cœur ? Bien menteur qui dirait le savoir.

Le bras de fer lituanien : Une porte peut être ouverte et fermée

C'étaient les communistes contre les communistes, et un coup d'œil suffisait à tout comprendre. A l'intérieur de ce même bâtiment du Comité central qui allait être investi par l'armée, ce mardi 27 mars à l'aube, siégeait, lundi 26 mars, le plénum du parti communiste indépendantiste. Vers 4 heures de l'après-midi, à la suspension de séance, ses membres étaient sortis bavarder sous l'auvent quand apparurent les fidèles de l'autre parti, dit « pro-Union » — celui qui a refusé la rupture avec le parti soviétique, et que les militaires appuient maintenant ouvertement. Les premiers étaient en haut des marches ; les seconds, en bas. Cela ne tenait qu'aux circonstances, mais une masse d'hommes dans la force de la quarantaine; costumés et cravatés, dominait ainsi un groupe de vieilles femmes pauvrement vêtues, misérablement parfois, qu'encadraient quelques petits bureaucrates menacés de chômage. En haut, les diplômés, les cadres assez jeunes et cultivés. En bas, les petits, ceux qui avaient cru au parti, c'est-à-dire éventuellement au communisme et, assurément, aux avantages de s'en réclamer et qui, soudain, se retrouvent perdus sur le bas-côté de la route.

Politiquement peut-être, socialement certainement, ceux d'en haut s'en sortiront, tandis que pour ceux d'en bas, c'est fini. Russes, ils ont peur de n'être demain plus chez eux, peur, dit une dame, qu'« ils nous jugent et nous tuent si ce n'est plus ici l'URSS ». Lituaniens (il y en a quelques rares), ils pensent avoir misé trop longtemps sur Moscou pour pouvoir retomber sur leurs pieds, et tous espèrent encore l'impossible : empêcher l'indépendance. D'en haut, on les regarde comme les marquis la plèbe. D'en bas, on brandit de dérisoires pancartes vengeresses et, comme les dissidents d'hier, on s'accroche à la presse occidentale pour dénoncer le pouvoir qui violerait les conventions internationales sur les droits de l'homme, bafouerait les minorités nationales, et la démocratie.

C'est l'histoire qui marche sur la tête. Les troupes du vieil appareil communiste reprochent à un pouvoir démocratiquement élu d'ignorer la démocratie. L'armée soviétique investit l'un après l'autre les bâtiments de ce même parti qui n'existe en fait plus depuis qu'il a éclaté en deux organisations totalement opposées. Appuyés par l'armée, les « vrais » communistes et groupuscules manifestent devant le Comité central en distribuant un journal qu'ils font imprimer clandestinement en dehors de la République. Un vieux Russe de Vilnius, favorable à l'indépendance, explique jovialement qu'il avait été, comme toute la Lituanie, libéré cinq fois et que cela ne fera jamais que la sixième. Quant aux miliciens déployés en une unique ligne entre les patrons d'hier, ils ne se donnent plus la peine de cacher leur sourire.

C'est tellement irréel que les passants arrêtent leur déambulation sur l'avenue Lénine qui s'appelait Saint-Georges sous l'Empire et ne s'appelle déjà plus Lénine, mais Gademino. Très vite, cela tourne à la thérapie de groupe, au psychodrame dans lequel ressortent tous les complexes des Russes et toute l'humiliation des Lituaniens. On se jette à la tête le fascisme de l'entre-deux-guerres et les déportations d'après guerre et un jeune homme hilare interrompt tout le monde en hurlant : « Vite ! on livre des saucisses ! », ce qui manque provoquer quelques morts par piétinement.

Dans le genre tragi-comique, on ne saurait imaginer mieux, mais tandis que manifestaient ces pitoyables laissés-pour-compte, les troupes soviétiques de Lituanie continuaient de prêter main-forte au parti communiste « pro-Union » en prenant le contrôle, « à sa demande », des bâtiments de l'ancien parti unique. Dimanche, cela avait été deux écoles du parti à Vilnius. Lundi soir, ce fut d'abord le siège du comité de ville à Klaipeda, puis l'ancien institut politique de Kaunas. Et ce mardi matin, ce sont enfin les grands bâtiments, béton blanc et verre fumé, du Comité central lui-même, qui étaient investis, sensiblement à la même heure que l'hôpital psychiatrique où une trentaine de jeunes Lituaniens avaient trouvé refuge après avoir déserté l'armée soviétique. Une quinzaine d'entre eux ont réussi à s'échapper, mais une vingtaine d'autres ont été arrêtés et là bien des choses se sont mal passées, puisque ces jeunes gens ont été violemment battus par les parachutistes et qu'on voyait des traces de sang sur les murs.

Cela pourrait ressembler à une tortueuse préparation psychologique à l'instauration d'un état d'exception. La chose n'est pas sûre, mais elle est plausible et les autorités de la République indépendante sont à nouveau, depuis lundi soir, très nerveuses.

Les anti-indépendantistes ont en effet convoqué une manifestation devant le Soviet suprême pour mardi en fin d'après-midi. Un incident, une occupation de l'hémicycle, quelques pierres et l'armée soviétique a un prétexte parfait pour investir le Parlement lituanien — cette même armée dont les hélicoptères jetaient lundi sur Vilnius des tracts appelant à participer à ce rassemblement. Le président de la République, M. Landsbergis, a appelé, lui, la population à s'en tenir à l'écart. Il peut ne rien se passer, comme arriver que l'armée soviétique empêche la représentation nationale lituanienne de fonctionner ou ne la laisse plus fonctionner que sous sa protection, puisque les bâtiments qu'elle a déjà investis n'ont jusqu'à présent pas été fermés.

Ils ne sont que « contrôlés » dans une situation aussi ambiguë que toute celle de la Lituanie. Car, de même qu'il n'est pas vrai qu'une porte doive être ouverte ou fermée, il est faux que la force doive être ou ne pas être employée et qu'une République doive être soviétique ou ne pas l'être. Elle peut ne pas l'être tout en l'étant encore ou l'être toujours en ne l'étant déjà plus — exactement comme la force peut être employée sans l'être à contraindre. Pour l'instant, celle qui est déployée en Lituanie ne sert ainsi qu'à démontrer que l'indépendance est encore totalement dépendante du bon vouloir de Moscou. On arrête les déserteurs parce qu'ils sont toujours considérés comme soldats soviétiques. On investit les bâtiments du parti en prétextant de la nécessité de mesures conservatoires tant que les deux familles communistes n'auront pas réglé leurs problèmes de dévolution des biens. L'armée démontre ainsi qu'elle est toujours chez elle en Lituanie, sans pour autant s'attaquer — pas encore en tout cas — aux institutions de la République qui sont toujours considérées à Moscou comme celles d'une République soviétique et donc comme parfaitement légale.

N'est-ce encore que la guerre des nerfs ou déjà un peu plus ? Un peu plus déjà, en fait, dans la mesure où cette guerre a déjà réussi à largement désarçonner les dirigeants lituaniens. Soulagés de n'avoir pas vu violer le Parlement à l'aube de lundi ils frisaient l'euphorie quelques heures plus tard après une longue réunion avec des représentants de l'état-major. Une « commission de coordination » avait été mise en place. On allait s'avertir réciproquement de tous les pas entrepris par chacune des deux parties, « l'atmosphère avait été modifiée », une « base » créée pour des négociations de plus haut niveau.

Puis sont arrivées les nouvelles de Klaipeda et Kausnas et là on a fait très grise mine alors qu'on ne savait pas même encore ce qui allait se passer mardi matin. C'est que les choses ne sont décidément pas si simples. Ou bien on ne joue pas à l'unisson du côté soviétique. Ou bien l'on y joue très fin. Ou bien M. Gorbatchev n'est pas totalement maître du jeu, ou bien il laisse voir ce qui pourrait être si cela devenait le cas.

Réponse pour plus tard, et en attendant le président lituanien a encore adouci le ton lundi à l'égard du président soviétique en déclarant que sa situation était difficile et qu'à défaut de négociations le « dialogue » serait souhaitable. C'est là un geste important puisque M. Gorbatchev a déjà dit qu'il refusait les premières, mais acceptait le second.

L'URSS centrifuge : L'indépendance entre dans les lois

Peut-être fera-t-on remonter un jour le grand remodelage de l'URSS au 3 avril 1990. C'est en effet ce jour-là, mardi, que le Parlement soviétique a adopté la première loi sur les modalités de sécession d'une République, et que se sont simultanément ouvertes les premières discussions entre la Lituanie et le Kremlin.

Rien n'a encore filtré de leurs éventuels résultats, mais outre qu'elles ont duré plus de quatre heures — « un bon signe », disait-on du côté lituanien —, elles ont mis face à face deux très hauts responsables, MM. Alexandre Iakovlev et Romualdas Ozolas, connus pour leur sens du compromis. Membre du bureau politique, où il est le plus ferme soutien de M. Gorbatchev, qui l'a fait entrer dans son nouveau conseil présidentiel, M. Iakovlev est l'inspirateur de l'ensemble des réformes politiques de la *perestroïka*.

Très estimé des nationalistes baltes avec lesquels il est en contact direct depuis deux ans, il connaît déjà bien M. Ozolas, l'une des grandes figures de l'indépendantisme lituanien, devenu vice-Premier ministre de la République de Lituanie après qu'elle eut proclamé son indépendance. Alors que ses amis peuvent parfois pécher par excès de confiance en eux-mêmes, M. Ozolas a toujours manifesté, lui, une grande prudence et fait constamment comprendre, depuis trois semaines, qu'il ne faut pas sous-estimer les possibilités de résistance de l'URSS.

En chargeant M. Ozolas de diriger la délégation envoyée à Moscou, le président lituanien, M. Landsbergis, a ainsi confirmé sa volonté d'arrondir les angles tandis que M. Gorbatchev envoyait, lui, un signal de bonne volonté en déléguant M. Iakovlev. On est ainsi sorti de la période des postures et cris de guerre pour passer à celle des négociations sur la négociation.

La route est encore très longue avant un accord, mais ces « consultations non officielles » n'en constituent pas moins, estimait mercredi matin un haut responsable soviétique, « l'amorce d'une voie de règlement politique, le constat commun de l'existence d'un problème et un début d'abandon, peut-être graduel, de la pratique des faits accomplis ». C'est à la fois encore peu et déjà beaucoup — peu puisque tout reste à faire, et beaucoup puisque l'URSS a admis le fait de la proclamation d'indépendance tandis que la Lituanie reconnaissait que cette indépendance restait à négocier avec l'URSS.

Concrètement parlant, cela veut non seulement dire que la Lituanie finira bel et bien par sortir de l'URSS, mais aussi que d'autres Républiques en feront autant. Car si la loi parallèlement adoptée mardi par le Soviet suprême de l'URSS pose beaucoup de conditions à l'exercice du droit de sécession, elle n'en a pas moins pour mérite fondamental de donner un contenu à ce droit.

Jusqu'à présent, toute République pouvait constitutionnellement parlant quitter l'Union mais, outre que l'hypothèse était, politiquement parlant, des plus théoriques, cela n'était juridiquement pas possible puisque aucune loi ne définissait de procédure de sortie. Dès lors que c'est maintenant chose faite, ce qui était vue de l'esprit devient possibilité, projet envisageable, et se crée de cette manière une dynamique tout à fait comparable à celle qu'avaient ouverte, il y a dix-huit mois, les premiers textes sur les élections libres.

D'abord, on n'en avait vu que les restrictions et le flou, puis on s'était aperçu que les électeurs savaient s'engouffrer dans la brèche et l'on en est aujourd'hui au pluripartisme, à l'affirmation de groupes parlementaires et à la conquête des mairies de Moscou et Leningrad par l'opposition radicale. Aujourd'hui, beaucoup de députés réformateurs et dirigeants nationalistes ne voient de même que les obstacles mis sur la voie de l'indépendance. Ils sont, de fait, nombreux, puisque le référendum qui aura à en décider devra dégager une majorité non pas simple, mais des deux tiers des inscrits, c'est-à-dire de l'ensemble des résidents d'une République donnée, qu'ils en soient originaires ou venus d'autres parties de l'Union.

Plusieurs des Républiques — l'Estonie et la Lettonie par exemple — ayant une population constituée pour plus d'un tiers d'immigrés de l'intérieur, en majorité russes, l'indépendance peut paraître d'autant moins réalisable que le référendum n'y suffit pas. Si les indépendantistes le perdent, on ne peut en organiser d'autre avant dix ans. S'ils le gagnent, s'ouvre alors une période durant laquelle la République et l'Union doivent — en cinq ans maximum — se mettre d'accord, d'une part, sur les conditions économiques de la séparation et, de l'autre, sur la dévolution des territoires attribués à la République dans le cadre de l'Union mais qui ne lui appartenaient pas au moment où elle y est entrée.

Avant l'expiration de cette période de cinq ans, les autorités de la République ou un dixième de la population peuvent demander un nouveau référendum pour tenter d'annuler les résultats du premier, et l'accord entre la République et l'Union doit enfin être accepté par le Parlement fédéral de l'URSS. Que se passerait-il s'il n'y avait pas accord dans le temps imparti ou si le Parlement soviétique refusait de l'entériner ?

Ce n'est tout simplement pas dit et l'on peut ainsi tout imaginer — à condition d'oublier que ce premier texte n'est certainement pas le dernier et que l'évolution politique et les rapports de forces, pèseront avant tout. Pour Moscou, la proclamation d'indépendance lituanienne est, juridiquement parlant, nulle et non avenue, et cela n'empêche pas les négociations d'être déjà ouvertes.

En ce sens, l'obstacle principal mis au processus d'indépendance est beaucoup moins la course d'obstacles définie par la loi que les problèmes des territoires et des minorités car ce qu'on redécouvre déjà en Europe centrale existe aussi en URSS. De même qu'il y a des Arméniens d'Azerbaïdjan, il y a bien sûr des Russes de partout, mais aussi des Polonais de Lituanie, des Abkhases de Géorgie, des Gagaouzes de Moldavie, etc.

Il existe des territoires retirés à telle République et cédés à telle autre en vertu de la commodité politique du moment — bref, il existe pour le pouvoir central tout à la fois une arme contre le nationalisme des Républiques et une inépuisable source de difficultés. Pour Moscou, cela peut être ou bien le casse-tête du Haut-Karabakh ou bien le discret instrument de chantage qu'offre, par exemple, l'existence en Lituanie d'une forte minorité polonaise qui se sent plus en sécurité à l'ombre russe que lituanienne.

C'est ainsi que la loi sur la sécession stipule que, lors des référendums, le décompte des voix ne se fera pas globalement, à l'échelle de la République, mais en tenant compte non seulement de ses subdivisions nationalo-administratives (Républiques et régions autonomes) mais aussi des régions où prédominent des minorités. Si une majorité s'exprime dans ces régions contre la sortie de l'URSS, elles pourront continuer d'en faire partie.

Pure manœuvre ? En fait non, car, s'il existe là une évidente part de manœuvre, il est tout aussi évident que les Arméniens du Haut-Karabakh et d'autres minorités brimées par la majorité des Républiques auxquelles elles sont rattachées ne peuvent que se réjouir de cette disposition. Si elle n'existait pas, beaucoup de Soviétiques pourraient, avec d'excellents arguments, crier au scandale. Et il reste, dans le même temps, que cette disposition est parfaitement obscure puisque, en admettant qu'une minorité vote différemment de la majorité, quel serait alors son statut et à quelle République serait-elle rattachée ?

Mystère là encore et preuve aussi qu'on n'a pas fini de légiférer sur la question. Le droit s'invente en marchant et, paradoxalement, le premier effet de cette disposition sur les minorités pourrait bien être de faire ressortir — ce qui aurait été impossible sans décompte séparé — la volonté majoritaire d'une population autochtone, dont la voix n'aurait pas pu, confondue avec celle des immigrés de l'intérieur, se faire entendre.

Ce qui s'est passé mardi n'est ni le grand bond définitif vers un processus d'autodétermination générale, ni l'organisation légale de la résistance fédérale. C'est le tout début d'un processus effroyablement complexe, qui va s'accélérer plus encore que celui de la démocratisation et il faudra beaucoup d'art politique pour savoir le maîtriser.

En attendant, la situation sur le terrain a continué à se dégrader en Lituanie, où le parti communiste « pro-Union » a décidé d'interdire la sortie de la presse indépendante après avoir pris le contrôle, avec l'aide de l'armée, de la grande imprimerie de Vilnius. Les typographes ne veulent pas se soumettre. L'affrontement est très possible et Moscou renvoie dos à dos indépendantistes et unionistes en s'abstenant d'applaudir à la censure des seconds tout en rappelant que les premiers coupent les retransmissions télévisées qui leur déplaisent.

Les Jeunesses communistes anti-indépendantistes (une organisation totalement fantomatique) viennent de demander à M. Gorbatchev de prendre la Lituanie sous administration présidentielle directe. Prévue par les amendements constitutionnels qui ont introduit le régime présidentiel en URSS, cette forme d'administration est maintenant définie par l'adoption, mardi également, d'une loi sur l'état d'urgence.

On a commencé de parler, mais commencé seulement — à l'ombre d'un sérieux bâton.

Le bras de fer lituanien : Gorbatchev déporté à droite

La crise lituanienne déporte M. Gorbatchev à droite. Après un mois de difficiles louvoiements entre menaces et conciliation, le président soviétique se retrouve en effet sommé par l'ensemble des forces conservatrices d'avoir à effectuer ses pouvoirs de garant de la Constitution.

De plus en plus ouvertes, les pressions en ce sens sont aussi de plus en plus nombreuses. Le moins qu'on puisse dire est que les dirigeants lituaniens n'aident guère M. Gorbatchev à y résister et, après avoir réussi le week-end dernier à garder le contrôle du parti letton, les conservateurs viennent maintenant de marquer un point autrement plus important.

A l'issue d'une bataille dont tout indique qu'elle a été longue et violente, ils viennent de faire endosser par le bureau politique du parti une « lettre ouverte du Comité central aux communistes du pays » en faveur d'une « consolidation sur une base de principes ». En langue de bois, « consolidation » veut dire « reprise en main » et « principes » signifie « orthodoxie d'hier ».

A elle seule, la réapparition d'une telle phrase en titre de la une de la *Pravda* sonne ainsi un recul de taille. Et plus on lit ce texte, plus il apparaît, d'un paragraphe à l'autre, que la contre-offensive lancée là par l'appareil vise l'ensemble du processus de réformes politiques mis en place à la mi-mars par M. Gorbatchev.

Bien qu'il soit écrit, noir sur blanc, qu'il ne s'agit pas d'un appel à une « purge », il n'est question que de cela puisqu'il est demandé au parti de décider si devraient rester dans ses rangs des hommes qui « travaillent sans cesse et avec esprit de suite à une scission du parti, créent en son sein des fractions organisées, rejettent le choix socialiste du peuple soviétique et se sont d'eux-mêmes placés hors du parti par leurs positions et leur conduite ».

Les hommes en question, ce sont — c'est explicitement dit — les partisans de la « plate-forme démocratique », c'est-à-dire les plus radicaux des réformateurs du parti. Certains d'entre eux, comme l'historien Iouri Afanassiev, entretiennent de très mauvaises relations avec M. Gorbatchev qui, de son côté, ne les porte pas dans son cœur. Mais, globalement parlant, le courant représenté par cette plate-forme est suffisamment accepté par l'équipe présidentielle pour que leur texte ait été publié *in extenso* par la *Pravda* le 3 mars dernier.

Cette publication avait, à elle seule, constitué un événement puisque c'était la première fois depuis les années vingt que l'organe du Comité central publiait un projet de programme alternatif, à l'époque présenté comme parfaitement légitime. Par là, M. Gorbatchev avait manifesté, à la plus grande rage de l'appareil, que les tendances étaient désormais autorisées au sein du parti et que, logiquement, le multipartisme allait bientôt l'être dans le pays.

Dix jours plus tard, c'était chose faite avec l'abandon du rôle dirigeant du parti et le passage au régime présidentiel. Le parti communiste était ravalé à une position de parti comme les autres qui devait désormais gagner par les élections le droit de gouverner et dont le pouvoir étatique était transféré à la nouvelle institution présidentielle.

En un mois et demi, d'un numéro de la *Pravda* à l'autre, c'est donc un peu comme si l'on était revenu au point de départ. La publication de la plate-forme démocratique avait été le symbole de la démocratisation et du recul du parti.

L'attaque frontale contre cette même plate-forme traduit une dégradation du rapport de forces en faveur des conservateurs auxquels l'affaire lituanienne a soudain donné la possibilité d'unir leurs forces sur une base extrêmement solide.

Car si M. Gorbatchev avait pu jouer, à la mi-mars, devant le Congrès des députés, de la proclamation d'indépendance lituanienne pour convaincre un marais apeuré qu'il fallait réellement, devant un tel défi, renforcer ses pouvoirs, l'argument se retourne maintenant contre lui. Vous avez tous les pouvoirs constitutionnels nécessaires, alors utilisez-les, lui dit en substance un appareil qui sait fort bien que c'est lui, et non pas la Lituanie, qui était visé par le passage au présidentialisme.

Presque chaque jour, maintenant tombent sur les fils de l'agence Tass puis dans la presse, à la radio et à la télévision des appels pressants directement adressés à M. Gorbatchev et lui demandant de placer la Lituanie sous administration présidentielle directe. Or, outre que l'entreprise, juridiquement parlant, ne serait pas aussi évidente que l'affirment les conservateurs, elle conduirait l'équipe présidentielle à devoir rompre avec la recherche d'un règlement politique et assumer, surtout, l'extrême complexité de la situation qui serait alors créée.

Ce n'est évidemment pas l'option que préfère le président soviétique. Il l'a clairement dit, mardi 10 mars, en déclarant devant des délégués au congrès des Jeunesses communistes qu'il « cherchait une solution politique au problème » et que s'il « n'excluait pas la possibilité d'une administration présidentielle directe, ce serait une mesure extrême », qu'il ne prendrait que devant le « développement d'un conflit civil ».

A la même heure ou presque, son nouveau porte-parole, M. Maslennikov, adressait, lui, sous couvert d'une conférence de presse, un message on ne peut plus explicite aux dirigeants lituaniens en leur suggérant un artifice qui permettrait de sortir de l'impasse. « Ils feraient bien, a-t-il déclaré, de revenir sur leur déclaration d'indépendance, mais s'ils ont peur de perdre la face, ils peuvent [...] déclarer un moratoire sur toutes leurs lois [...], ne pas insister sur [la nécessité de discussion] d'État à État et se dire disposés à des conversations sur la base de la Constitution [soviétique]. »

Autrement dit, on ne vous demande ni de vous déjuger ni de renoncer formellement à votre déclaration d'indépendance, mais seulement d'accepter — cette déclaration maintenant faite — de négocier dans un cadre constitutionnel. Cette position se lisait déjà entre les lignes des diverses déclarations officielles, mais en allant jusqu'à l'expliciter, jusqu'à faire publiquement indiquer à M. Landsbergis comment il pourrait gagner au lieu de tout perdre, en le faisant perdre, M. Gorbatchev fait un singulier aveu de la difficulté de sa situation.

Car si l'appel du pied manque à ce point de discrétion, c'est que la marge de manœuvre du président soviétique se réduit de jour en jour. Il peut encore gagner un peu de temps avec des déclarations comminatoires suivies d'effets limités, mais le moment viendra vite où il sera au pied du mur. Si le compromis se révèle impossible avec M. Landsbergis, il devra ou laisser voir son impuissance ou réagir, et, dans les deux cas, ce sera pour les conservateurs l'occasion soit de la pourfendre, soit de l'embrasser pour mieux l'étouffer.

Est-ce à dire que sa position soit déjà gravement compromise ? Non, puisqu'il s'est déjà sorti de situations plus difficiles, que l'esprit politique peut encore venir aux responsables lituaniens et que ses pouvoirs institutionnels sont assez larges pour qu'il puisse, le cas échéant, faire le gros dos pendant le temps nécessaire.

Il y a longtemps qu'on est sorti de l'alternative simpliste échec-réussite du gorbatchevisme. De cela, c'est l'histoire qui décidera, et pas avant une génération au moins — cette histoire que M. Gorbatchev n'a cessé d'évoquer mardi devant les Komsomols en parlant d'une part de « moment dramatique », de « tournant » et, de l'autre, de « deuxième révolution de ce siècle », de « naissance d'une nouvelle époque » dont il ne faudrait pas, sous l'influence des difficultés de l'instant, oublier « la dimension historique ».

Pour autant, la force de l'actuelle contre-offensive conservatrice ne saurait être sous-estimée. Dans leur numéro de mercredi, imprimé donc avant la publication de la lettre ouverte du Comité central, les *Nouvelles de Moscou* révèlent ainsi, pour s'en inquiéter, l'existence d'une « lettre-directive » envoyée par le chef de file des conservateurs du bureau politique aux différentes instances du parti pour demander l'organisation d'une purge visant en priorité les membres de la plate-forme démocratique.

Dimanche, le quotidien *La Vie agricole* avait de fait publié de longues déclarations en ce sens de M. Ligatchev qui s'avère de cette manière avoir été à l'origine du texte diffusé par la *Pravda*. Il n'a pas réussi à imposer sa propre version puisqu'on sent à chaque ligne la négociation, le donnant-donnant, que conservateurs et radicaux sont renvoyés dos à dos et que tous les hommages obligés sont rendus à la ligne Gorbatchev, mais le résultat est là : ce texte du Comité central n'est pas un texte de M. Gorbatchev.

Plus grave encore, en reprenant la parole et pour dire ce qu'elle entendait, la direction du parti a proclamé qu'elle existait encore et pouvait toujours, par les vertus de la majorité, imposer une ligne au président. Si la gauche, à la fois lassée et poussée dehors, sort du parti avant le prochain congrès, en juillet, ce sont les conservateurs qui y seront majoritaires. Tel est l'objectif de M. Ligatchev car il y aurait alors en URSS, deux pouvoirs — celui de l'appareil et celui du président, et non pas un seul, contrairement aux espoirs de M. Gorbatchev.

Le parti bouge encore mais, dans le même temps, il se vide de ses membres à vitesse accélérée (136 000 départs l'année dernière contre 18 000 en 1988). C'est un mourant que l'on veut purger, et M. Gorbatchev, appelé mercredi par la rédaction de la *Literatournaïa Gazeta* à rendre leur citoyenneté et leurs droits à Alexandre Soljenitsyne et à l'ensemble des exilés politiques, a annoncé la publication ce week-end d'importantes mesures de réformes économiques.

La bataille ne fait que continuer et M. Landsbergis — dernier épisode en date — vient de demander par télégramme à M. Gorbatchev de ne pas céder aux pressions des « forces impérialistes d'extrême droite », ce serait répéter, dit-il en l'appelant à « la paix, la justice et la concorde sur la terre », l'occupation des pays baltes en 1940.

L'espoir de Gorbatchev : Ancrer la Russie à l'Europe

L'homme que M. Mitterrand viendra voir à Moscou vendredi 25 mai et que M. Bush recevra le mercredi suivant à Washington ne leur est évidemment pas inconnu. Le premier à Kiev, le second à Malte se sont encore entretenus avec lui en décembre 1989. C'est pourtant un tout autre Gorbatchev — en position de demandeur sur l'explosif dossier allemand — qu'ils vont maintenant retrouver. Il y a cinq mois — des années-lumière à l'horloge soviétique — il était toujours le secrétaire général de l'unique parti d'un empire dont les marches ne s'étaient pas toutes déjà détachées. Cent cinquante jours plus tard, le tableau est radicalement différent. La Roumanie vient à son tour d'organiser des élections sous contrôle international. Trois des quinze Républiques soviétiques ont proclamé leur indépendance. Le parti communiste d'URSS n'est plus parti unique et, révolution politique achevée, le cinquième successeur de Lénine fait campagne pour une cause difficile : le passage au marché, la révolution économique.

Très incomplète, l'énumération suffit à donner ce tournis dont l'URSS, à l'exception de son président, est si sérieusement atteinte.

M. Gorbatchev a su jusqu'à présent résister au mal, mais si habilement qu'il maintienne le cap dans cette course folle vers l'inconnu, si grande que soit sa détermination à ne pas laisser la Russie mourir de la mort du communisme, il ne fait plus partie comme avant des puissants de ce monde.

Sa force, c'est son prestige personnel, cette conviction des capitales qu'il est le seul dont on puisse espérer qu'il parviendra, au moins, à canaliser le chaos auquel n'échappera pas le plus grand pays du monde. Non seulement personne ne veut risquer de fragiliser M. Gorbatchev, mais, du Vatican à l'Amérique en passant par la Communauté européenne, on veut au contraire l'aider.

C'est un atout comme aucun homme d'État n'en eut sans doute dans l'histoire, mais, au-delà de cette bonne volonté générale, quelles sont aujourd'hui ses vraies cartes sur la scène internationale ?

La peur militaire qu'inspira si longtemps l'URSS ? La crise interne de l'armée soviétique est profonde et connue, tous les états-majors en conviennent : la menace a changé de nature. Et si cette armée devait intervenir sur un front intérieur, il n'est pas même certain qu'elle tiendrait le choc.

La puissance économique, alors ? L'URSS a beaucoup de matières premières qui, potentiellement, font d'elle, même réduite à la Russie, un géant économique. Pour l'heure, elle n'est cependant qu'un failli pas même assez endetté pour faire peur aux grandes banques.

L'épouvantail de la subversion peut-être ? Il n'y a plus de mouvement communiste international, les urnes ont tué le sandinisme, et même M. Reagan sait aujourd'hui que Fidel Castro est bien seul sur son île. De quel poids peut donc vraiment peser M. Gorbatchev ?

De très peu car, exactement comme sur la scène intérieure, le président soviétique est désarmé, suspendu dans le vide d'une période où, de même que les nouvelles institutions politiques n'ont pas encore remplacé celles d'hier, l'attrait virtuel d'une renaissance de la Russie ne peut déjà compenser son affaiblissement militaire. Grand liquidateur du communisme, l'homme que s'apprêtent à revoir M. Mitterrand et M. Bush n'est plus le représentant de l'autre superpuissance. C'est un homme qui va, « au nom de la raison », leur demander de sauver la mise à son pays en ne lui imposant pas d'avaler comme telle l'entrée de l'Allemagne unifiée dans l'OTAN. Car au-delà des mots et des postures, M. Gorbatchev sait parfaitement qu'il n'a pas les moyens de durablement empêcher que cela se fasse.

Techniquement, il le peut puisque l'URSS est l'une des quatre puissances occupantes de l'Allemagne et a donc en principe un droit de veto sur l'avenir de ce pays : il suffit qu'elle s'oppose à l'entrée de la nouvelle Allemagne dans la structure militaire de l'alliance atlantique pour qu'il y ait blocage et que l'Allemagne unifiée demeure sous tutelle internationale.

Ce scénario est inacceptable pour l'Allemagne et ses partenaires occidentaux, il est inquiétant pour la stabilité européenne, mais, paradoxalement, c'est encore la Russie qui aurait, en campant sur son veto, le plus à perdre. Car si elle peut dire « non », les Occidentaux, eux, peuvent réduire leur soutien à M. Gorbatchev. Ce serait le déstabiliser immédiatement, la crise balte dispense à ce propos de toute démonstration.

Sur ce dossier allemand, il n'est cependant pas possible au président soviétique de s'incliner purement et simplement. Du jour où il l'aurait fait, l'URSS aurait en effet cédé le dernier des vrais atouts lui permettant de continuer d'être traitée en grand acteur de la scène internationale. Non pas qu'elle ne compterait plus, mais dès lors que les pays occidentaux n'auraient plus rien de vraiment important à attendre de la Russie, elle ne compterait plus que pour ce qu'elle est — beaucoup moins.

Vue du Kremlin, l'Allemagne unifiée dans l'OTAN, c'est naturellement l'humiliante consécration du nouvel équilibre européen. Mais au-delà d'une réalité déjà inscrite dans les faits, c'est surtout une frontière qui se referme.

C'est d'un côté un pôle atlantique agrégeant les anciens satellites soviétiques, achevant, comme on dit à Moscou, de « désintégrer » le pacte de Varsovie et aimantant plus encore les pays baltes et demain la Moldavie puis l'Ukraine. Et de l'autre, c'est une Russie rejetée vers l'Asie, laissée à ses crises et à l'isolement dont ses réformateurs veulent tellement la sortir — non pas tant militairement menacée qu'abandonnée à un sort de moins en moins enviable.

Dans cette Russie-là, le pari réformateur deviendrait carrément hasardeux, et M. Gorbatchev va donc tenter de n'avoir pas à choisir entre s'isoler par une épreuve de force et se faire isoler en ne la lançant pas. Il va jouer sur deux tableaux, brandir l'épouvantail d'une crise à laquelle tout le monde aurait à perdre et laisser voir ce qui, « dans la limite de ses possibilités de concession », serait souhaitable pour tous.

Il fera valoir, comme il l'a solennellement annoncé le 8 mai, que seul un traité de paix peut régler la question du statut de l'Allemagne. Quarante-cinq ans après la fin de la guerre, ce traité, estime-t-il, devrait plutôt prendre la forme d'un « acte de paix » et ne concerner que les belligérants directs ; il devrait statuer sur les frontières, le potentiel conventionnel de l'Allemagne, son « renoncement au nucléaire », le stationnement de troupes étrangères sur son sol, Berlin et son éventuelle appartenance à « un ou des blocs ».

En d'autres termes, il ne s'agit pas d'interdire à l'Allemagne d'appartenir à l'OTAN, mais de ne la laisser s'y intégrer qu'à des conditions agréées par toutes les parties concernées. La forme sera souple, le fond dur, mais parallèlement le président soviétique fera comprendre que l'essentiel est pour lui d'ancrer la Russie dans l'Europe et d'engager donc un processus d'unification continentale en commençant à réfléchir, sous un chapeau commun, à un système de sécurité commune.

Dès lors que ce processus s'engagerait et que l'OTAN aurait révisé ses objectifs et sa stratégie, rien ne se poserait plus dans les mêmes termes. Les formules ont déjà cours sur l'unification de l'Allemagne comme « premier moment de l'unification européenne », sur le « printemps » du continent, « la Russie qui se cherche comme est de l'Europe » et les nécessités de « synchroniser » les évolutions européennes après « la fin de la guerre froide et de l'équilibre nucléaire ».

On sent dans ces formules la violence d'une espérance inquiète ; mais pourquoi l'Ouest, pourquoi ces pays riches qui auront déjà bien assez de mal à digérer l'Europe centrale iraient-ils lier si peu que ce soit leur sort dans les deux ou trois prochaines décennies à celui de la Russie et ses inévitables soubresauts ? La réponse, presque sèche, vaut réflexion : « On peut penser qu'il est possible de forcer la main à l'URSS mais nous tenterons de faire comprendre qu'il ne serait de l'intérêt ni de la France, ni de l'Allemagne, ni de l'ensemble occidental [...] d'oublier ce que furent les conséquences du traité de Versailles. » Pour l'Allemagne, à laquelle ce traité fut imposé à la fin de la Première Guerre mondiale, elles furent, considère-t-on généralement, l'anarchie, la ruine et le nazisme.

Eltsine, président de Russie : Gifles et sourires pour Gorbatchev

Cette fois-ci, tout vibrants de sympathie, c'étaient les journalistes soviétiques qui posaient les questions et non pas les correspondants étrangers. Car cette première conférence de presse, mercredi 30 mai, du nouveau président de la Fédération de Russie, était avant tout une affaire de famille, comme une fête de la démocratie, de la victoire de la liberté sur l'ancien système — sur ce système qu'a détruit M. Gorbatchev.

En créant la démocratie, le président soviétique s'est aussi créé une opposition. L'une ne va pas sans l'autre, et c'est cette ivresse de la concurrence qui atteignait soudain la presse soviétique. La télévision retransmettait tout en direct. Chaque journaliste, chaque journal voulait donc en profiter pour se mettre en avant, se faire connaître, et M. Eltsine prenait, lui, tant de plaisir à ce ping-pong, s'amusait tant à se tourner vers la statue de Lénine comme pour dire « j'ose... même devant lui », qu'il a prolongé l'exercice d'une demi-heure.

Cela ne signifie pas que seul le spectacle était important. Le fond l'était également puisque M. Eltsine a fait de la « souveraineté » de la Russie l'une de ses priorités, qu'il a insisté sur son désir de laisser de côté toute animosité personnelle vis-à-vis de M. Gorbatchev, qu'il a purement et simplement enterré le projet de réforme économique présenté la semaine dernière par le Premier ministre, M. Ryjkov, et adopté, sur la Lituanie, une position très semblable à celle du président soviétique.

Sous cent jours, a-t-il dit, la Russie sera « autonome en tout », souveraine en politique intérieure comme en politique extérieure puisque les lois russes doivent avoir la prééminence sur les lois soviétiques et que la nouvelle Constitution russe doit être adoptée avant la nouvelle Constitution soviétique. Ce n'était pas l'indépendance que demandent les Républiques baltes. Ce n'était ni de près ni de loin la sortie de l'URSS, mais ce n'en était pas moins la lecture la plus radicale possible du projet d'autonomie et de souveraineté des Républiques défendu par M. Gorbatchev.

Car, dans la vision de l'URSS qu'a développée M. Eltsine au fil de ses réponses, l'Union s'occupe essentiellement de défense, de sécurité et de coordination de projets que les Républiques auraient décidé de lancer en commun. Il faut une Union forte, a-t-il dit, mais forte de la force des Républiques, qui devraient conclure des traités directement entre elles, sur des bases bilatérales.

Grosso modo, c'était quelque chose comme la Communauté européenne dotée d'une défense et d'un président. Est-ce radicalement différent du « Commonwealth » qu'évoque, pour sa part, M. Gorbatchev ? Sur le fond, non, puisque cette évolution est de toute manière inscrite dans le démantèlement de la direction centralisée de l'économie, l'émergence de véritables pouvoirs politiques républicains et la future différenciation, surtout, du statut des différentes Républiques dans l'Union.

En ce sens, M. Eltsine n'a fait qu'énoncer ce vers quoi l'on va, mais la nouveauté absolue est qu'il y a maintenant un président de la Fédération de Russie qui réclame qu'on y aille et annonce que lui, en tout cas, y va. Avec derrière lui une République couvrant les trois quarts du territoire soviétique et une population (plus de la moitié de celle de l'URSS) qui soutient totalement cette revendication de souveraineté, la redéfinition de l'URSS a subi, cette semaine, une accélération marquée.

L'élection de M. Eltsine n'est décidément pas un changement

de cap. C'est la précipitation d'un cours, et d'ores et déjà le changement s'est senti, mercredi soir, lorsque le président russe a déclaré qu'il appellerait le Parlement de Russie à se prononcer contre les augmentations de prix proposées par M. Ryjkov.

Dès la semaine dernière, le Parlement d'Ukraine avait exprimé son opposition à ces hausses. Le projet du Premier ministre est passablement embourbé au Parlement de l'Union. La presse réformatrice publie des articles de tous les économistes réformateurs appelant à le repousser et il semble que les déclarations de M. Eltsine constituent le coup de grâce.

D'une manière ou l'autre, la copie sera revue, et le président russe a expliqué, pour sa part, que sa République allait commencer par adopter des lois plus radicales sur la terre, la propriété et l'entreprise, et que ce n'est qu'ensuite qu'on pourrait s'attaquer à la question des prix. Cette démarche est très parallèle à celle qu'avaient vainement prônée les conseillers économiques de M. Gorbatchev avant de se heurter à l'opposition du gouvernement dont beaucoup pronostiquent maintenant la chute prochaine.

Jeudi soir, les plus radicaux des membres de l'entourage présidentiel ne savaient en conséquence plus s'ils devaient se réjouir d'avoir trouvé des alliés ou s'inquiéter de la difficulté qu'il y aura à gérer bientôt une crise politique — le premier changement de gouvernement sous le nouveau régime présidentiel.

Sous peu, les nouvelles institutions vont être mises à l'épreuve. On va voir si oui ou non, le gouvernement peut, comme prévu, jouer son rôle de disjoncteur. Ce n'est pas encore prouvé, et loin de là, mais le fait est pourtant que c'est comme un sentiment d'euphorie qui l'emportait, jeudi, à Moscou. Finalement, tout le monde est plutôt content, et le très conservateur quotidien du ministère de la Défense, *L'Étoile rouge*, a ainsi fait sensation ce jeudi matin. Dans un grand encadré de première page, le quotidien rend en effet compte en termes très élogieux de la réunion, mercredi, de la table ronde convoquée par M. Eltsine pour constituer une équipe de coalition de toutes les forces politiques du Parlement russe. Cela est « rassurant », lit-on dans cet article qui parle de « méthodes normales, démocratiques » et d'« approches unitaires », vante la « patience » montrée par M. Eltsine dans les débats, critique ceux qui le critiquent, approuve ceux qui l'approuvent et applaudit enfin à ses déclarations sur l'armée.

Car tout en parlant, devant la presse, de la nécessité d'introduire un service civil alternatif pour les objecteurs de conscience et de passer « graduellement » à une professionnalisation de l'armée, M. Eltsine s'est prononcé contre la création d'armées républicaines et pour le maintien d'une armée soviétique.

C'était aller dans le sens des réformes qui se préparent avec le soutien de toute une nouvelle génération d'officiers et, entre sa table ronde et ce clin d'œil, M. Eltsine a ainsi montré plus d'habileté politique qu'on ne lui en reconnaît généralement.

Pour ce qui est, en troisième lieu, de la Lituanie, le président russe a su concilier sa condamnation des sanctions économiques et un soutien remarqué à M. Gorbatchev. Des négociations sans préalables ni conditions d'aucune sorte doivent s'ouvrir au plus vite, a-t-il en effet déclaré en expliquant que tant la déclaration d'indépendance lituanienne que les sanctions soviétiques devaient être suspendues durant les pourparlers.

Avec une présentation permettant aux Lituaniens de sauver la face, c'est ce que souhaite M. Gorbatchev. C'est aussi ce vers quoi l'on s'oriente doucement depuis quinze jours, et, annonçant qu'il avait écrit en ce sens aux présidents litunanien et soviétique, M. Eltsine a su donner un coup de pouce à un compromis à l'éventuel succès duquel il pourra se féliciter d'avoir contribué.

Dernier point, enfin : M. Gorbatchev. Là ce fut un mélange dosé de gouaille insolente et de protestations de respect. Pour l'insolence, ce fut une allusion ironique aux « félicitations » venues du Canada, c'est-à-dire aux premières réactions, plutôt ouvertes mais pas enthousiastes de M. Gorbatchev. Et pour ce qui est du respect, M. Eltsine a expliqué que certains de ses différends avec M. Gorbatchev avaient disparu au fur et à mesure de la progression des réformes, que d'autres demeuraient mais que les relations entre les présidents russe et soviétique devaient être « dépourvues de passion, fondées sur le dialogue, l'échange, et ne pas nuire à la souveraineté de la Russie ».

Tout cela, M. Gorbatchev peut parfaitement l'accepter, mais quand M. Eltsine explique que ses fonctions font de lui « l'égal » de M. Gorbatchev, on voit bien où le bât va blesser. Rien ne sera simple entre ces deux hommes et M. Eltsine a déjà annoncé qu'il voulait organiser, l'année prochaine, une élection présidentielle russe au suffrage universel.

Pour une concurrence, c'en serait une.

Eltsine-Gorbatchev : Deux ennemis très conciliables

Le secrétaire à l'Idéologie, M. Vadim Medvedev, vient de révéler que des discussions avaient « déjà commencé » entre les représentants des différents courants du parti sur la mise au point d'un projet de programme commun à présenter début juillet au XXVIIIe congrès. La principale de ces tendances organisées au sein du parti étant la plate-forme démocratique autour de laquelle se regroupent les réformateurs les plus radicaux, cela signifie concrètement que M. Gorbatchev cherche aujourd'hui à sceller une alliance à gauche. C'est la démarche que lui recommandent ses plus proches conseillers, qui ont depuis dix jours entamé des pourparlers avec ceux de M. Eltsine afin de jeter les bases d'un accord politique entre les deux hommes.

Le Monde a appris à cet égard que la rencontre entre les présidents russe et soviétique, qui était l'un des enjeux de ces pourparlers, était désormais imminente. Lundi 11 juin, on affirmait ainsi dans l'entourage de M. Eltsine qu'elle aurait lieu dès mardi.

Ce pas fait, il leur restera cependant à définir les bases d'un véritable accord. Cela sera plus difficile, car M. Eltsine n'est certainement pas prêt à renoncer aux perspectives que lui offrent sa popularité et la présidence du Parlement de Russie. Si accord il y a, il sera conclu entre partenaires égaux, et M. Eltsine l'a bien fait sentir dans l'interview qu'il a accordée à la veille du week-end à la télévision soviétique.

Très présidentiel et maître de lui, il s'y est en effet montré tout autant homme d'État responsable qu'adversaire politique déterminé à jouer sa carte. D'un côté, il a appelé les mineurs à renoncer à un projet de nouvelle grève dont ils doivent débattre, cette semaine, en congrès national. De l'autre, il a déclaré avoir, lui, un programme d'« amélioration du ravitaillement sur cinq cents jours », programme qui, a-t-il dit, « n'affectera pas la vie du peuple, ce qui représente sa principale différence avec le programme du gouvernement de l'Union ».

« Nous avons besoin d'un crédit de confiance de votre part, chers camarades », a-t-il alors lancé, voix grave et regard fixé sur la caméra, avant d'ajouter : « Je crois vraiment que nous pourrons avoir une situation meilleure dans trois ans. »

M. Eltsine manie déjà la télévision comme on sait le faire à l'Ouest et le tout a beaucoup plu. Son succès était, au demeurant, acquis d'avance car la télévision qui devait diffuser vendredi soir cette interview préenregistrée ne l'a fait que samedi. Son directeur a eu beau faire valoir que vendredi la transmission de la conférence de presse de Mme Thatcher et de M. Gorbatchev avait pris plus longtemps que prévu et qu'il y avait ensuite un match du Mundiale, rien n'y a fait. Après soixante-dix ans de constante manipulation des médias, la Russie ne pouvait que voir là une tentative de censure. Le Parlement de Russie a formé une commission d'enquête. Le scandale est énorme et si les journaux gorbatcheviens minimisent l'affaire, le quotidien du ministère de la Défense, décidément de plus en plus enthousiasmé par M. Eltsine, a nettement fait sentir, dimanche, sa réprobation.

L'URSS est plus que jamais un pays improbable, et le compte rendu, ce lundi matin dans la *Pravda*, de la réunion sur le programme du parti qu'a présidée, vendredi dernier, M. Medvedev, en est une illustration particulièrement convaincante. D'emblée, le secrétaire à l'Idéologie a en effet expliqué que de nombreuses propositions de changement de nom du PCUS étaient apparues, à la base, au cours des débats de préparation du congrès.

Certains prônent l'appellation de « parti socialiste », d'autres celles de « parti social-démocrate », « parti du socialisme démocratique » ou « parti ouvrier-social-démocratique ». Tout en bref, sauf communiste. Qu'en pense M. Medvedev ? Eh bien, c'est très nuancé car « il est maintenant clair que la perspective du communisme n'est pas aussi proche qu'il nous le semblait, en 1919 : il y eut évidemment là, estime M. Medvedev dans une expression qu'il faut savourer à sa juste valeur, une certaine précipitation ».

Retour, donc, aux origines ? Non, car la « majorité écrasante » des membres du parti serait contre ce changement et parce que « ce nom léniniste représente pour nous une valeur historique, politique et, si vous voulez, morale ». Ce « non », pourtant, semble bien ouvrir la porte au « oui » puisque M. Medvedev ajoute : « Nous restons un parti non seulement de choix socialiste mais aussi de perspective communiste. » Si le communisme n'est qu'une « perspective », qui plus est lointaine, pourquoi ne pas réparer la précipitation de 1919 ?

Cette question n'est en fait qu'un élément de la vaste négociation ouverte avec la gauche. Elle dépendra de son évolution, du « donnant-donnant » général dans lequel le projet de programme a déjà été modifié. Resserré, moins bavard, il dit désormais qu'il ne faut pas « imposer à la société de schémas utopiques », intègre la toute récente décision de « passage au marché », introduit la notion de « propriété par actions » et, dans le domaine du fonctionnement interne du parti, « emprunte substantiellement aux propositions des plates-formes alternatives ».

Les divergences (sur l'interdiction des « fractions » en particulier) demeurent grandes avec les radicaux, mais la recherche du compromis est flagrante et l'on a entendu M. Medvedev déclarer que le parti « n'avait pas le droit d'ignorer » la question de sa « responsabilité politique et morale dans l'état actuel du pays ». M. Medvedev a expliqué cependant qu'il ne fallait pas la faire porter à l'ensemble des membres du parti dans lequel avaient « toujours agi des forces vivifiantes [qui] ont finalement su se prononcer pour la *perestroïka* [...] ». Quelques intervenants ont ensuite défendu « les idéaux ». La plupart des autres ont estimé que la page n'était toujours pas tournée avec suffisamment de netteté.

Il était temps : **De bonnes nouvelles pour Gorbatchev**

Pour la poursuite du processus de réforme en général et pour M. Gorbatchev en particulier, les bonnes nouvelles succèdent aux bonnes nouvelles. La Lituanie, d'abord, devrait s'imposer, dans les prochains jours, un moratoire temporaire sur sa déclaration d'indépendance et satisfaire ainsi à la condition mise par le Kremlin à l'ouverture de négociations.

Au rythme prévu, se confirme ainsi le dénouement d'une crise qui avait considérablement réduit, depuis trois mois, la marge de manœuvre du président soviétique. Tant en faveur du passage à l'économie de marché que de la redéfinition de l'URSS par la négociation d'un nouvel accord d'union entre les

Républiques, M. Gorbatchev va donc pouvoir reprendre l'initiative — et cela d'autant mieux que le congrès du parti, convoqué pour le 2 juillet, semble maintenant devoir se passer moins mal que prévu.

Il y a trois semaines encore, tout annonçait que ce XXVIIIe congrès verrait éclater le PCUS en organisations rivales se disputant un héritage financier, des locaux et une presse dont le partage n'aurait pas été vraiment empreint d'élégance. La *perestroïka* aurait survécu à ce pugilat mais cela aurait fait pour M. Gorbatchev une crise de plus à gérer au moment où il serait temps de pouvoir passer du démontage du communisme à la reconstruction de ce pays.

Et puis coup sur coup, ce week-end, les dangers de grandes secousses se sont estompés. Au cinéma Octobre, une immense salle du centre de Moscou, les réformateurs du courant Plateforme démocratique se sont réunis. Si cette notion a un sens en politique, c'était une assemblée très sympathique d'hommes et de femmes jeunes, attentifs, déterminés à faire bouger l'URSS et très représentatifs d'une classe moyenne qui commence à s'affirmer.

Tous ou presque étaient en effet des cadres sortis des universités, membres du parti car, sans l'être, il n'était, autrefois, pas question de pouvoir exercer la moindre responsabilité, mais bien décidés aujourd'hui à liquider le communisme au plus vite. Par leur formation, par l'esprit d'engagement qu'ils ont manifesté en rejoignant cette plate-forme, ils sont l'avenir du pays — ceux sans lesquels rien ne pourrait se faire et ceux dont il faut souhaiter, donc, qu'ils se fassent entendre.

Pour l'instant, toutefois, ils ne pourront, liste faite, aligner au congrès qu'une centaine de délégués, 2 % du nombre des votants — autant dire rien. L'ambition d'une sortie en masse après une bataille de démarcation politique n'est plus d'actualité, pour ne pas parler des rêves de conquérir la majorité.

Il va falloir s'adapter, aller un peu moins vite qu'on ne l'aurait voulu, et les classes moyennes étant par définition réalistes, la Plate-forme démocratique a, en conséquence, décidé de se hâter lentement. Contrairement aux propositions des plus radicaux, elle ira au congrès y poser des conditions à son maintien dans le parti, et ce n'est que si ces conditions ne sont pas satisfaites qu'elle s'engagera vers la création d'un nouveau parti à constituer à l'automne.

Or, d'ici à l'automne, le paysage politique soviétique aura beaucoup évolué.

La redéfinition de l'Union sera en marche, la réforme économique aura été engagée et le problème du parti sera beaucoup moins brûlant pour la simple raison que ce parti aura encore beaucoup perdu de son poids dans la réalité soviétique.

Quant à l'autre aile — la droite conservatrice qu'on n'ose plus même qualifier d'« orthodoxe » tant la notion d'orthodoxie est devenue abstraite —, elle paraît bien avoir choisi aussi de faire le gros dos. Elle aussi avait rêvé d'un regroupement de troupes, d'un coup de force au congrès, et placé, pour sa part, tous ses espoirs dans la constitution d'un parti russe jusqu'alors confondu dans le parti soviétique.

Les conservateurs étaient si certains de pouvoir réaliser là leur percée que le premier secrétaire de Leningrad, M. Guidaspov, était carrément entré en dissidence en organisant de lui-même, contre les décisions du Comité central, deux conférences de préparation à la fondation de ce parti. Toutes deux ont été cependant de tels « flops » qu'il vient de se recentrer par le biais d'une interview à la *Pravda*. M. Guidaspov a dû reconnaître sa défaite car cette masse de l'appareil, sur laquelle il comptait, n'a pas eu le courage de suivre les enragés de la réaction sur la voie de l'épreuve de force.

Sentant bien que le vent ne leur est pas favorable et refoulant leur haine, la masse des bureaucrates préfèrent cent fois ménager le seul homme qui puisse leur assurer une mise à la retraite tranquille : M. Gorbatchev. C'est que leur hantise n'est déjà plus tant de perdre le pouvoir (c'est virtuellement fait) que de perdre leur appartement et d'avoir à rendre des comptes. Considérablement avivée depuis le basculement de l'Europe centrale, cette peur exerce également un effet stabilisateur, et c'est pour cela qu'après avoir longtemps tergiversé M. Gorbatchev ouvrira, mardi 19 juin, sans appréhension majeure, une conférence des communistes de Russie qui, officiellement cette fois-ci, jettera les bases du parti russe.

Les conservateurs — M. Ligatchev l'a déjà annoncé — vont se battre. On les entendra, et très fort, mais leur intérêt à eux non plus n'est pas de précipiter une rupture qu'ils seraient aujourd'hui peu à vouloir opérer. Une fois de plus, les compromis devraient s'imposer et permettre au parti de mourir, sans trop de bruit, d'anémie galopante, plutôt que d'imposer au président soviétique des choix auxquels il a toujours préféré les faits accomplis.

Et, d'ici au 2 juillet, l'évolution de la crise balte aura, de surcroît, privé les conservateurs du cheval qu'ils comptaient enfourcher. On va en effet négocier, pour la bonne raison qu'il serait hautement improbable que le Parlement lituanien n'approuve pas cette semaine la proposition du gouvernement de la République de « déclarer un moratoire temporaire de l'acte d'indépendance pendant la période de négociation avec l'Union soviétique ».

Juin-juillet 1990
A trop gagner, on perd beaucoup

Tout coule :
Les communistes quittent le navire

Sur la fin de l'hiver, l'antique Agence télégraphique de l'Union soviétique, celle qu'on connaît mieux sous le sigle Tass, s'est un jour résignée à l'évidence. Sa rubrique quotidienne « Nouvelles des pays socialistes » est devenue « Nouvelles des pays d'Europe de l'Est ».

En soi, ce n'était pas un grand événement, puisque la télévision avait régulièrement rendu compte des bouleversements à Varsovie, Prague ou Budapest. D'abord éberlués, puis rêveurs, les Soviétiques avaient pu voir des pays qu'ils croyaient aussi immuablement socialistes que le leur se débarrasser, l'un après l'autre et sans traîner, de partis communistes en place depuis quarante ans.

Sur l'écran, sans lyrisme particulier bien sûr, sans cet enthousiasme des Occidentaux pour la démocratie retrouvée, mais sans l'ombre non plus d'une animosité, les correspondants disaient ce qui se passait. Et non seulement tout ce qu'ils montraient était sympathique, mais le sens de ces événements n'était pas caché. On voyait bien la fin d'un monde et l'on allait même bientôt suivre, jour après jour, le feuilleton du démontage de la statue de Lénine à Bucarest.

Fidèle à elle-même, Tass n'apprenait rien à personne, mais ce changement de rubrique n'en avait pas moins valeur de symbole. Jusque sur les fils de son agence officielle, ce sanctuaire du passé, l'URSS a commencé de répudier sa dernière peur — celle des mots. Si même Tass renonce à nier la réalité, si même Tass commence à diffuser, des Parlements russe et soviétique, des comptes rendus de séance à peu près dignes de ce nom, c'est qu'en URSS la réalité a maintenant rattrapé la fiction.

Ce qui continuait, il y a un an, à subsister du communisme — le décor, l'ordonnance de la réalité d'aujourd'hui dans les cadres, les conventions et la phraséologie d'hier —, toute cette survivance-là a été balayée par les faits. Il y a un an, on pouvait déjà tout faire, mais à condition de n'en rien dire, tout exprimer mais en termes voilés, enterrer déjà le communisme, mais seulement en prônant le retour aux idéaux. Et puis, en quelques mois, tout s'est écroulé.

Non seulement l'Europe centrale, enhardie, affranchie par la *perestroïka*, a repassé le témoin aux Soviétiques, non seulement toute l'Europe communiste a joué, hors d'haleine, au grand relais de la liberté, mais au bout de quatre ans, logiquement, le gorbatchevisme a porté ses fruits en URSS même. Quatre ans durant, révolution d'en haut, la *perestroïka* est devenue révolution d'en bas, car les Soviétiques ont fini par réaliser que, vraiment, les portes étaient ouvertes, que, vraiment, des élections défaisaient le système, que, vraiment, la démocratie et des Parlements se mettaient en place.

En quelques mois, le « rôle dirigeant » du parti a été abandonné. Andreï Sakharov a été spontanément canonisé. La Lituanie a déclaré son indépendance. Les idées de passage à l'économie de marché et de remodelage de l'Union soviétique se sont imposées. Dans l'interaction internationale d'un homme — M. Gorbatchev — et des forces qu'il avait libérées, tout a si radicalement changé qu'il n'a soudain plus été possible d'appeler le pluripartisme naissant « pluralisme socialiste » ou le démantèlement du communisme, son « renouveau ».

Nommées, les réalités nouvelles ont alors pris plus de force encore, et les faits créant les mots et les mots les faits, l'anachronique décor d'hier n'est plus — on l'a bien vu le 1er mai — qu'un champ de ruines. Ce jour-là, des manifestants avaient stupéfié l'URSS et le monde quand, grondant, sifflant et scandant « La terre aux paysans, les usines aux ouvriers, le communisme aux communistes ! », ils avaient conduit toute l'équipe dirigeante à abandonner la tribune du mausolée de Lénine et à céder la place Rouge à une foule rigolarde dont les pancartes proclamaient : « Gloire à ceux qui sont sortis du parti ! »

Peut-être — cela se dit — l'incident a-t-il été délibérément favorisé pour humilier le président soviétique. Peut-être en effet, mais, avant les quolibets des radicaux, il y avait eu — pis encore — la haine froide suintant du cortège officiel, et le soixante-douzième anniversaire de la Révolution avait été, dès le 7 novembre dernier, aussi prestement expédié qu'un dépôt de gerbes, puis clos… par un rock endiablé de gymnastes.

Comme esthétique de la décadence, on aurait difficilement pu faire mieux, et, au-delà des interrogations sur le 1er Mai, la certitude est que le « soviétisme » n'assure même plus la pompe de ses deux grands défilés annuels. Tant qu'il maintenait les apparences, il pouvait encore donner le change. Maintenant qu'il n'en a plus la force, un autre monde recouvre ses décombres, et il suffit pour s'en convaincre de demander aux Soviétiques ce qu'ils pensent du Congrès.

« Lequel ? » répondent-ils invariablement, tant il leur paraît, *a priori*, improbable qu'on puisse s'intéresser au XXVIIIe congrès du parti communiste de l'URSS, et tant, surtout, il y en a d'autres qui, eux, les passionnent. Avant, il n'y avait que celui du PCUS, grande messe quinquennale d'un intérêt modeste. Aujourd'hui, il y a le Congrès des députés de Russie, celui qui a fait sensation en portant à sa présidence un opposant, Boris Eltsine. Il y a le Congrès des députés d'URSS, celui dont la première session avait paralysé le pays, agglutiné tout entier devant la télévision qui transmettait en direct. La deuxième session avait déçu. La troisième, en mars dernier, celle du passage au régime présidentiel, avait de nouveau passionné.

Et puis, il y a tous les congrès des partis politiques et des mouvements nationalistes qui se créent chaque week-end. Celui des Jeunesses communistes, qui frondent et éclatent. Celui des syndicats, qui aimeraient tant se trouver une crédibilité. Celui, la semaine dernière, du bunker des conservateurs, le nouveau parti communiste de Russie. Et ceux encore des PC des quatorze autres Républiques, devenus importants depuis que le parti lituanien a préfiguré l'indépendance nationale en décidant de rompre avec le parti soviétique.

C'est tout ? Non, bien sûr, car il y a aussi des congrès de coopérateurs persécutés, de fermiers privés, de mineurs en grève, de juristes libéraux, d'écrivains antisémites ou de cinéastes osés. Et il y a enfin ces réunions de groupes politiques des Parlements républicains ou les « conférences nationales » des tendances organisées dans le parti communiste.

Oscillant entre la surdose et la fringale de débats, l'URSS est un vaste congrès, et celui du PCUS, le cadet de ses soucis, car plus personne ne croit l'ex-parti unique capable de redevenir ce qu'il fut — et surtout pas ses membres. Les conservateurs sont ainsi tellement convaincus que plus rien ne leur est acquis qu'ils sont devenus d'ardents défenseurs du droit de tendance, seul moyen pour eux d'organiser, rangs serrés, la défense de leurs intérêts. Les réformateurs radicaux font, eux, campagne pour que le parti (à rebaptiser, bien sûr) ne mentionne plus le communisme parmi ses objectifs tant cette perspective, si théorique soit-elle, hérisse les Soviétiques.

D'ailleurs, c'est simple : si le parti ne répudie pas le communisme, les réformateurs s'en vont. Bref, c'est la débandade, et dans une récente table ronde de la *Pravda*, l'un des chefs de file des radicaux, M. Malioutine, déclarait tranquillement que, « dès l'automne prochain, les problèmes internes du parti préoccuperaient à peu près autant la société qu'aujourd'hui les problèmes intérieurs afghans ». Souffle coupé, le représentant de l'Institut du marxisme-léninisme admit alors que « ce danger était réel ».

« Danger » ? Espoir, au contraire ? La réponse n'est pas évidente, mais la probabilité d'un effondrement du PCUS est élevée. Non seulement ses membres ne croient plus en son avenir, mais ils le quittent, et en masse. Selon les *Nouvelles du Comité central*, dont les chiffres paraissent très prudents, 136 000 communistes auraient ainsi rendu leur carte en 1989, soit sept fois plus que l'année précédente. De très bonne source, on parle de deux millions de départs sur dix-huit millions de communistes. Entre 1987 et 1989, les Jeunesses communistes ont, elles, perdu sept millions de membres, et tout indique que le mouvement de désaffection, dont tous les journaux parlent, s'amplifie sans cesse.

C'est l'effet boule de neige, car tout, finalement, pousse à sortir du parti. Avant, rendre sa carte, c'était déclarer la guerre à l'État-parti et cela coûtait cher. Aujourd'hui, non seulement on ne risque rien à le faire, mais c'est bien vu des enfants, et si l'on est cadre, intellectuel, économiste et que l'on a des ambitions, mieux vaut se débarrasser de cette étiquette. Simple opportunisme alors ? L'explication serait réductrice, car s'il fallait, avant, avoir sa carte comme il vaut mieux, en France, avoir son bac, cela ne signifiait pas qu'en la prenant on « adhérait ». Le parti était une caste et l'idéologie un rite : rien à quoi l'on puisse « adhérer ».

Il y avait dès lors au parti — et il y a toujours — des primates et des hommes d'exception, de francs salauds et d'honnêtes gens. D'ouvertures de charniers en révélations sur Katyn, certains ont découvert la vérité dans la presse de la *perestroïka*. D'autres savaient tout et ont enfin pu hurler.

Voici comment un lecteur de la *Pravda* expliquait son départ dans une lettre publiée le 25 mai dernier. « L'activité du PCUS, écrivait-il, se fonde sur une doctrine fausse, et déjà totalement infirmée, de transformation violente de la société pour une idée utopique [le marxisme-léninisme]. Le parti bâtit un ''avenir radieux'', décide autrement dit, à la place des générations futures, de la société dans laquelle elles devront vivre, et cela sans même sérieusement savoir ce que sont le communisme ou le socialisme. » « Le parti, poursuivait cette lettre publiée donc par l'organe du Comité central, est coupable, au-delà du pardon, pour ses crimes, inouïs, la destruction de l'intelligentsia et de la paysannerie, l'étouffement des libertés, l'abrutissement des gens, la corruption, le mensonge et la démagogie, la ruine de l'économie [...]. »

Conclusion : « Le seul moyen de détruire ce monstrueux appareil est l'autodissolution du parti. » Or, vigueur du style mise à part, cette lettre n'a absolument rien d'exceptionnel. Elle traduit au contraire si bien l'état d'esprit dominant que l'idéologue du parti, l'aimable M. Medvedev, vient de déclarer : « La perspective du communisme n'est pas aussi proche qu'il nous l'avait semblé » après 1917 et que le PCUS « n'avait pas le droit d'ignorer » la question de « [sa] responsabilité, politique et morale » devant le pays.

Depuis, les conservateurs ont mis sa tête à prix, mais si vociférants et puissants soient-ils dans le parti, ce « monstrueux appareil » est de plus en plus isolé dans un pays qui change non pas de mois en mois mais de jour en jour — et sous toutes ses latitudes. A Moscou, l'hebdomadaire *Sobessednik* aligne des citations accablantes de Lénine sur la nécessité de la « dictature », d'un « pouvoir directement fondé sur la violence et libéré de toute loi ». A Leningrad, le nouveau conseil municipal se bat avec le parti pour prendre le contrôle de la presse et de la télévision. Le Parlement moldave, lui, peut voter — vive la loi et point à la ligne — pour retirer les journaux au parti et les donner à la Moldavie.

Mais quand la Russie déclare sa « souveraineté » et examine un projet de « décret sur le pouvoir » qui interdira le cumul des fonctions d'État et de parti ; quand l'Église orthodoxe russe, savoureux symbole, se choisit un Estonien, un Occidental, pour nouveau patriarche — force est de faire comme les Soviétiques : abandonner l'idéologie et constater les faits. C'est toute l'URSS qui sort du communisme et rejette Lénine dont, d'Ukraine en Géorgie et d'Arménie en Estonie, les statues commencent à tomber. Au début, cela faisait scandale. Maintenant, on s'y habitue. C'est banal, ça finit par relever du petit délit et lorsque, en avril dernier, un buste du père de la Révolution a été brisé à la gare de Zolotouchka, dans le Caucase du Nord, on n'a même pas ouvert d'enquête.

« Ce n'était pas une valeur historique », a expliqué la milice à la *Komsomolskaïa Pravda*, qui vient de révéler comment, dès l'été dernier, à Vladivostok, ville fermée aux étrangers, les « furieuses protestations de l'opinion » avaient arrêté à mi-parcours l'érection d'un Lénine de 33 mètres de hauteur. D'une haute colline, il aurait dû surplomber le Pacifique et donner une « dominante idéologique » aux frontières soviétiques.

Leningrad ne tardera sans doute pas à se rebaptiser Saint-Pétersbourg comme Gorki, déjà redevenue Nijni-Novgorod, Ordjonikidze, Vladikavkaz ou Vorochilov, Lougansk. C'est toute l'URSS qui, fébrilement, veut aujourd'hui s'extraire du bourbier, et dans toute l'URSS le sujet brûlant devient la légitimité des biens d'un parti dont on découvre qu'il n'a tout simplement pas... d'existence légale.

Après quatre ans de petits pas et de grands bonds, le volontarisme d'un homme à peu près seul a fait, en un an, prendre conscience à l'URSS qu'elle ne reviendra pas à ce qui n'existe plus. Le communisme est mort, une nouvelle Russie a commencé de se chercher sur les chemins de la liberté. « Mon âme, dit le cantique, a sauté de joie », mais en danse-t-on pour autant dans les rues d'Irkoutsk ou de Moscou ?

Très loin de là. Absolument pas. Comme jamais depuis longtemps, ce pays est au contraire dévoré d'angoisses, de rumeurs sur l'apocalypse prochaine, de peurs. La peur de l'inconnu, du vide, de la désillusion, de la misère, la peur de perdre le peu qu'on a et celle du sang ont, dans la fièvre de la liberté naissante, remplacé les peurs d'hier, cernées, apprivoisées — peurs de l'arbitraire, des micros, du camp, d'une vie de grisaille et de lâchetés.

Ces peurs nouvelles ne sont pas seulement irrationnelles. Elles ont aussi de très solides fondements, et leur première victime est M. Gorbatchev.

Le congrès le plus long : Gorbatchev n'en fera qu'à sa tête

Juste avant que ne s'ouvre, lundi 2 juillet, le congrès du parti communiste soviétique, l'un des meilleurs politologues d'URSS, M. Andranik Migranian, a donné un conseil à M. Gorbatchev. Utilisez cette tribune, lui a-t-il dit dans le dernier numéro des *Nouvelles de Moscou*, pour « proclamer ouvertement et sans équivoque que la *perestroïka* était destinée à détruire le monstrueux système créé par le passé », qu'il faut maintenant « dissoudre le parti », sceller une « vaste coalition des forces du centre gauche », organiser de nouvelles élections parlementaires et s'atteler, la « vieille doctrine enterrée », à la construction du pays.

Qu'il ait ou non lu M. Migranian, ce conseil-là, M. Gorbatchev le connaît bien. Vingt de ses proches le lui martèlent nuit et jour, mais il est, pourtant, très peu probable qu'il le suive. Sauf si les conservateurs se décident à jouer leur va-tout, sauf s'ils transforment leur actuelle offensive en guerre sans merci, il préférera une fois de plus, aux retentissantes proclamations, le non-dit et le fait accompli.

Une fois encore, il opposera les motions nègre blanc au désir de rupture, et c'est très consciemment qu'il s'apprête ainsi à décevoir à peu près tous les partisans du changement.

Pour un homme politique que les partisans de la restauration rêvent, quant à eux, de voir pendre au bout d'une corde, ce choix peut sembler d'autant plus paradoxal que le temps est révolu où M. Gorbatchev pouvait gouverner sans base organisée. Hier, il avait l'appareil qui, bon an mal an, lui obéissait pour la simple raison qu'il était le secrétaire général. Aujourd'hui, il a tant cassé les dents aux bureaucrates qu'ils se sont rebellés. La situation s'est profondément modifiée et, parallèlement, les forces démocratiques qu'a mises en mouvement la *perestroïka* exigent de M. Gorbatchev qu'il ne se contente plus d'agir mais parle aussi.

Pour reconnaître en leur père leur chef, elles veulent l'entendre trinquer à la mort du communisme, abjurer la foi à laquelle il a été parjure, et de moins en moins de gens comprennent en URSS qu'il s'y refuse. Car, après tout, s'il suivait, lundi, le conseil de M. Migranian, qui pourrait contester que, au bout de cinq années de *perestroïka*, l'URSS n'est déjà plus un pays communiste ? Et qui pourrait sérieusement soutenir que M. Gorbatchev chercherait maintenant à y restaurer un système qu'il a lui-même mis à bas ?

Si l'URSS était encore un pays communiste, on n'y verrait en effet pas pousser deux nouveaux partis politiques par semaine, Moscou et Vilnius s'apprêter à négocier la sécession de la Lituanie et moins encore le secrétaire général du parti prôner le passage au marché et le développement d'institutions parlementaires et présidentielles.

Un fait résume tout : le peu d'idéologie qu'on brandisse encore dans ce pays, ce qu'il y reste du léninisme, est que Lénine avait découvert, sur la fin de ses jours, les vertus du pragmatisme, de la démocratie et des libertés économiques. Or si la profondeur de cette conversion est sujette à débat, le fait est qu'à définir ainsi le léninisme, on pourrait y convertir Mme Thatcher — très logiquement devenue, depuis cinq ans, champion mondial, toutes catégories, de la cause gorbatchevienne.

L'histoire, pourrait-on cependant objecter, a déjà vu plus d'une fois le communisme ne faire des concessions obligées que pour mieux sauver l'essentiel. Cela ne se discute pas en effet, mais outre que ni l'acceptation des schismes yougoslave et chinois ni la dénonciation, par Khrouchtchev, des crimes staliniens n'ont renforcé, et bien au contraire, la cohésion de ce système — outre donc qu'aucune concession de taille n'est, en ce sens, gratuite, où serait cet « essentiel » que sauverait M. Gorbatchev ? Auquel il tenterait, seulement, de s'accrocher ?

En URSS, comme dans le reste du monde, on a, durant ces cinq dernières années, successivement considéré que l'essence du système était l'idéologie, le rôle dirigeant du parti, l'étanchéité du Mur de Berlin, le refus de la propriété privée, la censure de la presse puis le seul contrôle de la presse par le monopole de l'agence Tass, la défense de l'empire puis la seule défense de l'Union elle-même.

Qu'en est-il aujourd'hui de ces limites que M. Gorbatchev était censé « ne pas pouvoir » franchir ? C'est y répondre que poser la question à l'heure où même le monopole de Tass est battu en brèche. Force est de constater aujourd'hui qu'il ne reste vraiment pas grand-chose de cet « essentiel » et que si c'était vraiment le communisme que M. Gorbatchev avait entrepris de sauver, il lui aurait fallu être particulièrement maladroit pour s'y prendre ainsi.

Il ne l'est pas. Son entourage ne l'est pas non plus, et pouvait-on, d'ailleurs, sauver le communisme ? Comment aurait-on pu en préserver l'ordre et l'immuable oppression tout en s'acharnant à réveiller ce pays comateux — éviter la faillite sans sortir de la stagnation ? Il y a trente-cinq ans, depuis la mort de Staline, qu'on réflechissait à l'Est aux possibilités de mettre un terme au désordre économique sans toucher à l'ordre politique. Toutes les tentatives avaient échoué, et personne ne l'ignorait dans le petit groupe des réformateurs du Comité central soviétique.

L'équipe Gorbatchev est si peu faite d'apprentis communistes dépassés par les événements que ce n'est, par exemple, pas au moment où s'écroulait le Mur de Berlin qu'elle a lancé l'idée de « maison commune européenne ». Si confus qu'il ait été et soit encore, ce fut au contraire l'un des tout premiers slogans de la *perestroïka*, car dès lors qu'on s'apprêtait à relâcher l'emprise sur les satellites, il fallait pouvoir le faire sans que cela induise leur basculement direct dans le camp adverse.

Si l'on voulait décoloniser, si l'on savait que cela était inéluctable, il fallait que l'adversaire devienne, dans le même temps, « partenaire ». Dangereusement plus rapide que prévu dans certains domaines, tragiquement plus lente dans d'autres, et souvent mal pensée, l'entreprise de démantèlement lancée par M. Gorbatchev visait bel et bien à « détruire le monstrueux système ». Quelles sont alors, objectif atteint, les raisons de ne pas le « proclamer » ?

C'est, avant toute chose, que la caractéristique politique première du président soviétique est d'être un antirévolutionnaire. Non seulement il croit aux vertus de l'évolution et déteste les révolutions considérées comme intrinsèquement mauvaises, mais il pense aussi que rien ne sert de vouloir forcer l'histoire et que manœuvres et patience sont les seules vraies armes du changement.

Doublée d'un génie de la tactique qui a toujours assuré, jusqu'à présent, le succès de sa prudence, c'est cette conviction qui l'a conduit à ne jamais affronter que sûr de la victoire ; à faire avec tous les adversaires imaginaires tous les bouts possibles de chemin commun ; à lancer, ou faire lancer, les idées bien avant de les appliquer et à ne jamais accepter une épreuve de force qu'il y avait moyen d'éviter.

Or, aujourd'hui, non seulement il y a beaucoup de moyens d'éviter à ce congrès l'épreuve de force avec l'appareil conservateur, mais il y aurait tout intérêt, aussi, à le faire. Répudier publiquement le communisme, prendre la tête d'une scission et aller fonder ce grand parti du progrès dont l'URSS a besoin et auquel elle aspire, ce serait en effet oublier que l'appareil conservateur jouit encore d'une considérable capacité de nuire.

Ce serait non seulement lui permettre de tenter une aventure appuyée par des régiments de l'armée et du KGB, mais le pousser à le faire alors même qu'il n'en a aucune envie véritable. Dans sa masse, cet appareil veut avant tout obtenir des garanties sur son avenir, négocier un nouveau rôle social — ne pas purement et simplement passer à la trappe comme plusieurs des appareils communistes d'Europe centrale.

L'ambition des bureaucrates est d'ailleurs d'autant plus limitée qu'ils savent bien n'être pas de taille à gouverner l'URSS de 1990 après avoir éliminé M. Gorbatchev. Le problème est beaucoup moins idéologique que social, et pourquoi le secrétaire général irait-il alors précipiter une rupture qui ne serait vraiment profitable à personne ? Les conservateurs sont, de toute manière, de plus en plus isolés dans le pays. Pour une bonne part, le vrai pouvoir leur a déjà échappé au profit des assemblées élues, Parlements des Républiques et conseils municipaux des grandes villes. Il y a d'autant moins d'inconvénients à laisser jouer le temps que le nouvel appareil d'État n'est pas encore assez solide pour remplacer celui du parti et qu'un tiens valant mieux, pour un antirévolutionnaire, que deux tu l'auras, tout pousse, décidément, à l'habituelle rondeur.

Est-ce à dire, pour autant, que M. Migranian — et avec lui toute la fine fleur de l'*establishment* réformateur — ait tort ? Non, ils ont tout autant raison que M. Gorbatchev et c'est justement là le problème. Car si, durant ce congrès, le secrétaire général n'opère pas, avec les conservateurs et le communisme, cette rupture verbale tant désirée par la masse des réformateurs, ce n'est pas seulement sa position personnelle qui risque d'en pâtir mais tout le processus de réformes également.

Inéluctablement, d'autres hommes — comme déjà M. Eltsine à la présidence du Parlement de Russie — s'imposeront sur le devant de la scène politique soviétique. Petit à petit, très vite peut-être, le président ne sera plus qu'un dirigeant du pays parmi d'autres, à la fois garant de la Constitution et superministre des Affaires étrangères. En démocratie, cet équilibre serait parfait, mais l'URSS n'est précisément pas une démocratie.

C'est un pays qui tente de construire la démocratie sur les ruines du communisme et cela dans tant d'insolubles problèmes que les Soviétiques et le monde peuvent, chaque deux jours, se persuader que, cette fois-ci, c'est la fin. Un seul fait, celui qui va peser dès après le congrès : grâce à cinq années de débats et projets de réforme avortés, la majorité de la population est aujourd'hui convaincue de la nécessité de laisser se reconstituer un marché libre.

Il est donc probable que le pas sera franchi, mais s'il l'est vraiment, cela signifiera, pour des dizaines de millions de personnes, le plongeon dans la misère absolue. Les chocs des premières années de la *perestroïka* apparaîtront alors pour ce qu'ils ont été — dérisoires —, et s'il n'y a pas un homme pour conduire le pays dans l'épreuve, pour donner le sens d'une direction et maintenir, malgré tout, une cohésion, les tensions seront telles que le remède pourrait bien s'avérer pire encore que le mal.

L'Union soviétique — il n'est que de voir la popularité de M. Eltsine — a envie de pouvoir s'y retrouver et qu'un peu de bonnes paroles remplissent le vide de son assiette. Il lui faut, en bref, un passé et un avenir, et comment mieux tracer la frontière entre les deux qu'en se résolvant, comme l'écrit toujours M. Migranian, à « accuser les vieilles structures du parti et de l'État de tous les crimes et erreurs » d'avant la *perestroïka* ?

La crise, dont M. Gorbatchev fait faire l'économie aux Soviétiques en voulant esquiver l'épreuve de force au congrès, en cache une autre, bien plus grave encore — le morcellement politique auquel cédera le pays s'il ne peut très vite s'identifier à un homme et à un projet. Pour parer à ce danger, le président soviétique devrait, dès la fin du congrès, surprendre tout le monde — former, par exemple, un gouvernement d'union nationale, s'éloigner du parti et, s'il le faut, utiliser contre lui ses possibilités de gouverner par décrets.

Serait-ce la révolution — tout ce que déteste ce Machiavel de la démocratie ? Même pas, car, en fait, la révolution est déjà faite. Il s'agit désormais de gouverner, et pour M. Gorbatchev, de montrer qu'il en est aussi capable que de démonter le communisme.

Le congrès le plus long : Un rapport à gauche, une salle fluctuante

Une phrase, une seule, contre les « forces qui lient la solution des problèmes actuels au passage du pays sur les rails capitalistes ». « Nous ne devrions pas ignorer leur émergence », dit M. Gorbatchev, lundi 2 juillet, devant le XXVIIIe congrès du parti communiste ; et ce qui peut, à la rigueur, être compris comme une critique des réformateurs « radicaux » s'arrête là. Pour le reste, tout le rapport du secrétaire général se résumera à un appel au développement de cette « révolution pacifique » qu'est, dit-il, la *perestroïka*. Ouvertement ou implicitement, c'est contre les conservateurs qu'il polémique, à leurs arguments qu'il répond — leurs craintes aussi qu'il tente d'apaiser.

De ce point de vue, la grande surprise de cette première journée de congrès, ce fut le tonnerre d'applaudissements suscité par l'intervention de M. Alexandre Iakovlev, maître penseur de la *perestroïka*, homme lige de M. Gorbatchev. Pour toutes sortes de raisons, il aurait dû être conspué par cette salle où dominent le conservatisme et l'hostilité aux hommes du président. Juste avant lui, M. Ryjkov, le Premier ministre, avait dû parler dans un concert de toux et de raclements de gorge organisé.

Ensuite, M. Medvedev, le secrétaire à l'Idéologie, s'était fait interrompre par des tirs nourris d'applaudissements ironiques.

Ces brefs rapports d'activité individuels présentés, après M. Gorbatchev, par chacun des dirigeants du parti, tournaient tellement au jeu de massacre qu'avant de passer la parole à M. Iakovlev, le président du Soviet suprême, M. Loukianov, tente d'en appeler aux bons sentiments des délégués. Après tout, la salle vient d'applaudir, nommément, comme à la colo, tous ceux dont c'est ce jour-là l'anniversaire. On ne craint pas, aux buffets, de bourrer son cartable de chocolats pour les enfants et il y a dans cette assemblée, malgré les militaires et parfois à cause d'eux, ce côté un peu boy-scout et feu de bois de la culture communiste de masse.

Entre communistes, on se parle « à la camarade ». C'est ainsi que M. Loukianov tente donc de s'adresser à la salle et c'est le dérapage, aussi comique que celui du gros monsieur glissant sur une peau de banane. Comprenez, dit-il sans voir où le porte la force de l'évidence, que « les membres du bureau politique n'ont pas l'habitude de rendre compte devant le parti ». Cette phrase d'anthologie aiguise un peu plus la férocité des délégués que leur conservatisme n'a pas immunisés contre le « basisme » général sévissant en URSS.

Cela se présente donc mal pour M. Iakovlev. Mais en deux minutes, il impose un silence dont même M. Gorbatchev n'avait pas bénéficié. Il accroche, et cela avant tout parce qu'il parle, dira-t-on plus tard dans les couloirs, « de l'âme » —, de tout son cœur, aurait-on dit en français. Il parle avec la conviction d'avoir raison, et en même temps en homme politique qui prend ses interlocuteurs là où ils sont, pour les amener là où il veut.

Il est président de la commission de réhabilitation des victimes de Staline. Cela pourrait faire un handicap de plus. Mais à ces gens que tente le national-communisme, que flatte l'opposition entre valeurs occidentales et traditions russes et qui voient dans le démantèlement du communisme une insulte à la grandeur de la Russie, il rappelle, lui, fils de paysan, que c'est la paysannerie qui fut, de très loin, la première victime de Staline.

Ça fait tilt. L'un des piliers de l'idéologie conservatrice moyenne vient d'être ébranlé, en plein congrès. En direct à la télévision, le pays voit ovationner par les délégués communistes l'ennemi numéro un des hommes de la restauration, celui qu'ils tentent de désigner à la vindicte publique comme « juif » et « franc-maçon ». Or, s'il n'est ni l'un ni l'autre, il est en revanche totalement converti, et depuis longtemps, au libéralisme et à la social-démocratie. Qui l'eût cru ? C'est cet homme-là qui fait un triomphe au premier jour du congrès en parlant du Christ qui chassa les marchands du Temple ; du « parti de l'idée, de l'idée révolutionnaire, qui s'est transformé en parti de pouvoir » ; d'un parti « toujours prisonnier du système de stagnation sociale créé par le régime de pouvoir personnel ».

« Je suis convaincu, dit-il d'emblée, qu'est arrivé le temps de la vérité, le temps de parler devant le congrès des communistes aussi de grandeur d'âme, de miséricorde, d'honneur et de conscience [...], le temps d'en finir avec cette guerre civile dont nous ne savons pas sortir. » A plusieurs reprises, les applaudissements crépitent et M. Iakovlev poursuit : « Le monopole de la vérité est une chose fatale [et] seul un parti renouvelé, plus à gauche et rajeuni, sera capable de conduire le pays sur la voie de sa complète transformation. Ce mouvement est irrépressible. Il se développera — avec ou sans le parti. »

Mardi ou dans les jours qui suivent, d'autres voix, bien différentes, devaient se faire entendre. Des ténors conservateurs devaient faire à leur tour des triomphes. Mais, outre qu'il est l'élément nouveau du puzzle politique, celui de M. Iakovlev est lourd d'avenir. Car tandis que le secrétaire général tient l'appareil, fait le patron en affirmant sa ligne sans l'ombre d'une concession mais sans, non plus, jouer aux iconoclastes, M. Iakovlev brise, lui, les idoles et utilise pour parler de cette vérité dont le temps serait venu, le mot *istina* : la vérité absolue, celle de la morale, presque finalement, le « bien » des valeurs chrétiennes. Ce faisant, il s'offre en point de repère non seulement à tous ceux qui veulent autre chose que cette vieille machine discréditée du PCUS, mais à tous ceux aussi qui cherchent leur voie, ne savent pas et balancent entre le national-communisme et les idées de liberté et de raison.

Un jour, sans doute proche, ces deux grands blocs se formeront. Casser aujourd'hui, c'eût été favoriser le premier, mais il fallait dès maintenant préparer la constitution du second. Pour une première journée de congrès, ce fut donc un beau moment, et cela d'autant plus qu'il y eut dans le rapport de M. Gorbatchev, dans la réaffirmation de sa détermination au changement, des coups d'éclat très remarqués.

Ils arrivèrent presque en rafale, au milieu de cet exercice fastidieux auquel M. Gorbatchev réussit pourtant à donner vigueur. Le premier portait sur le basculement de l'Europe de l'Est. « Un grand changement [y] est en cours, dit-il en poussant soudain sa voix, mais quand on nous dit qu'il s'agit d'un ''effondrement du socialisme'', c'est par une question que nous répondons : de quel socialisme ? De celui qui était en fait une variante de ce système bureaucratique autoritaire de Staline que nous avons nous-même rejeté ? »

C'est donc clair : ce socialisme-là, il ne voit aucune raison de le défendre et toutes les raisons de le détruire. Mais quel est alors ce socialisme auquel il adhère [dans le cadre] duquel il situe, dit-il son action ?

Réponse quelques instants plus tard, devant le portrait de Lénine qui surplombe la tribune. « Quand nous sommes mis au défi de produire une nouvelle théorie achevée du socialisme, nous rétorquons : ce n'est que le cours même de la vie, que le travail libéré, le gouvernement du peuple par lui-même et le bien-être des gens qui peuvent donner au concept de ''socialisme'' une nouvelle substance [...] vous avez d'abord à dire ce que vous proposez de faire, pour votre peuple. Alors sera clair ce que vous voulez réellement et voulez dire par socialisme. »

Avant de nous jeter l'idéologie au visage, dites-nous quel est votre programme, dit ainsi M. Gorbatchev aux conservateurs. Car notre socialisme, à nous réformateurs, c'est de reconstruire le pays que vous avez ruiné. Dès les premières minutes de son rapport et répondant directement là à l'explosion conservatrice du congrès russe, le secrétaire général avait d'ailleurs déclaré que c'était simplement un « non-sens » que d'affirmer que la « *perestroïka* était responsable de toutes les difficultés présentes ». « C'est un héritage extrêmement sombre que nous avons reçu », avait-il dit en énumérant la dévastation de la nature, la vétusté des industries et des mines, la « militarisation de l'économie », l'invasion de l'Afghanistan et la part symbolique des produits de consommation dans la production industrielle.

Encore une phrase contre ceux qui « tentent de justifier leur position conservatrice en brandissant les intérêts du peuple et la pureté des principes idéologiques », et un appel à l'« unité des démocrates », dont la division serait la seule cause possible, affirme-t-il, d'un échec des réformes.

Suivent en conséquence tous les articles du credo réformateur. D'abord l'hymne au marché, dont l'introduction, souligne M. Gorbatchev, est particulièrement urgente dans les campagnes ; puis une défense très offensive de la diversification des formes de propriété (c'est-à-dire de la propriété privée), l'énoncé de toutes les thèses de ses conseillers économiques sur la « démonopolisation » de l'économie. Au passage, M. Ryjkov se voit reprocher d'avoir réduit la réforme économique à une augmentation de prix. C'est par les réformes de structure qu'il faut commencer, dit le président, brûlant ce qu'il avait soutenu hier.

Et quand M. Gorbatchev — concession aux conservateurs négociée dès le plénum de vendredi dernier — déclare qu'on ne saurait interdire les organisations communistes au sein des forces armées et de sécurité, il ajoute aussitôt qu'on ne saurait, en bonne logique, interdire à d'autres forces de s'y implanter.

Un marché s'esquisse donc entre M. Gorbatchev et les conservateurs. Il va leur donner ce qu'ils veulent avant tout : des places dans l'appareil et des assurances sur le fonctionnement interne du parti. En revanche, la politique de l'URSS, c'est lui, car c'est le président qu'elle concerne et ne se définit pas dans un congrès de parti, mais au Parlement. Un marché qui reste à conclure.

Le congrès le plus long : Le grand désarroi

Cela peut changer, revenir à des normes plus établies, mais, pour l'heure, le congrès du parti communiste soviétique est avant toute chose un vaste et confus défoulement. A gauche comme à droite, on s'attendait à une bataille politique féroce, ouverte ou canalisée, mais en tout cas claire. Ce qu'on voit de la tribune de presse et ce qu'observe le pays le soir à la télévision, c'est l'agitation frénétique, désordonnée, de près de cinq mille délégués dont la première caractéristique est de ne plus du tout savoir où ils en sont.

Conservateurs ? Réformateurs ? Il faut oublier ces adjectifs et comprendre que la même salle qui avait, lundi soir, stupéfait tout le monde en faisant un triomphe au maître penseur de la *perestroïka*, M. Iakovlev, a fait mardi une ovation au chef de file des conservateurs, M. Ligatchev. Ce n'est pas qu'ils aient l'un et l'autre réussi à s'assurer leur claque respective. Non, ce sont les mêmes hommes qui ont applaudi — avec une prime à M. Ligatchev, mais avec le même enthousiasme — des personnalités à peu près aussi semblables que Willy Brandt et Georges Marchais.

D'abord, on reste vaguement perplexe. Puis on remarque que le troisième des dirigeants du parti à avoir fait un succès est M. Chevardnadze, le toujours souriant et très gorbatchevien ministre des Affaires étrangères, et tout devient parfaitement clair. On applaudit, on aime et complimente les gens qui ont quelque chose à dire et savent le dire avec conviction. Qu'importe alors le contenu, car ce qu'attendent les délégués, c'est qu'on les aide à sentir, dans l'agonie brumeuse de leurs idées reçues, une direction, un sens du lendemain.

Sans parler des militaires, des « écrivains » des organisations officielles, et autres policiers en tout genre, les deux tiers de ces délégués sont des cadres du parti, de l'économie dirigée ou de l'État. Ici siège la fameuse *nomenklatura*, cette caste qui constituait l'instrument et l'armature sociale du système communiste et qui reste jusqu'à aujourd'hui l'appareil du pays. *A priori*, ce n'est pas exactement le genre de personnes pour lesquelles on pourrait ressentir beaucoup de compassion. Mais dès que le maréchal Iazov, ministre de la Défense, lourd bureaucrate galonné et membre suppléant du bureau politique sortant, eut commencé son compte rendu d'activité, on avait envie de crier qu'il ne faut jamais vouloir la mort du pécheur.

Plus il énumérait les retraits des troupes, les diminutions d'effectifs, les envois de missiles à la casse, plus il annonçait de nouvelles mesures de réduction des armements, plus sa voix faiblissait et s'enrouait jusqu'à l'inaudible. La salle, cette salle supposée adorer l'armée par-dessus tout, n'écoutait pas. On bavardait, courait, chahutait comme pendant le cours d'un vieux professeur rasoir. Et quand le maréchal a quitté le micro, que son pas est devenu chancelant, qu'il a fallu se précipiter pour l'asseoir, que deux médecins sont arrivés, on a vu un monde mourir en scène. Le décor du congrès était toujours le même, Lénine était là, les fauteuils étaient rouges, mais le maréchal ne tenait plus debout et le congrès s'en contrefichait.

Auparavant, tout pétulant et méridional, M. Chevardnadze avait expliqué que les forces armées, ce n'était « pas tout, car on peut s'armer jusqu'aux dents et toujours craindre une attaque ». « Les moyens politiques peuvent [en revanche] créer les conditions dans lesquelles le pays n'a pas d'ennemi », avait-il ajouté, expliquant qu'on avait « ruiné » l'URSS en consacrant un quart de son budget aux dépenses militaires et que la diplomatie soviétique « ne s'était et n'aurait pas pu se fixer pour objectif de s'opposer à l'élimination dans d'autres pays de régimes totalitaires qui leur avaient été imposés et leur étaient étrangers ».

« Savions-nous, nous [...] la direction politique suprême, ce qui allait se passer en Europe de l'Est ? », a-t-il alors demandé, pour donner sa réponse : « Oui, nous avions tout prévu, senti que si des changements sérieux n'intervenaient pas, surviendraient alors des événements tragiques. » Le ministre des Affaires étrangères avait expliqué qu'il donnait la priorité aux « valeurs communes universelles » sur les intérêts de classe.

M. Ligatchev a déploré, lui, que « l'approche de classe » ait été « illégitimement » abandonnée dans la composition des Parlements, dénoncé l'arrêt de la campagne anti-alcoolique, la « forte influence » acquise par les forces hostiles au socialisme et les tentatives de le présenter « en conservateur, presque en opposant à la *perestroïka* ».

Entre ces discours, M. Gorbatchev avait, sous la pression de la salle, donné la liste des quatre membres démissionnaires du bureau politique et du secrétariat : Mme Birioukova et MM. Sliounkov, Vorotnikov et Ousmanov [1]. Apparemment, il faut y ajouter M. Chevardnadze, qui a déclaré « être content », ne pas être candidat à un poste de responsabilité dans le parti, et M. Iakovlev, qui avait dit la veille que c'était sans doute son dernier congrès.

Ce congrès prend ainsi des airs de navire en perdition dont les passagers se ruent sur les canots de sauvetage. Ce mercredi matin, les *Nouvelles de Moscou* titrent en couverture sur le refus du congrès d'examiner « la responsabilité du parti devant la société ».

La veille, M. Gorbatchev avait donné une interview au journal télévisé du soir dans laquelle il expliquait que le parti « ne s'effondrera pas », mais qu'il devait se donner de « nouveaux objectifs » et « collaborer » avec les nouveaux partis qui sont en train de se former.

Le remodelage de l'échiquier politique, sa formation plutôt, est en marche. Selon un sondage publié par les *Izvestia*, à peine plus d'un quart des Soviétiques considèrent que ce congrès peut aider leur pays à sortir de la crise. Ostensiblement, M. Eltsine a quitté mardi les délégués communistes pour rejoindre, au Soviet suprême de sa République, les députés de Russie.

C'était dire où il vaut mieux être vu aujourd'hui, où l'histoire se fait et le pays se refait. D'ailleurs, seuls 57 % des délégués au congrès eux-mêmes disent considérer qu'il sera capable de résoudre les problèmes posés au pays. 80 % d'entre eux

---

1. Alexandra Birioukova, seule femme membre de la direction soviétique depuis un quart de siècle, est vice-présidente du gouvernement de l'URSS, en charge des questions sociales, et siège au bureau politique du PC comme suppléante. MM. Nikolaï Sliounkov (secrétaire du parti chargé de la politique économique et sociale) et Vitali Vorotnikov sont tous deux membres titulaires du bureau politique, mais le second a perdu toute fonction depuis qu'il a été remplacé par M. Eltsine à la présidence du Parlement de la Fédération russe. M. Goumer Ousmanov, secrétaire du parti, était l'un des responsables du bureau du parti pour la Fédération de Russie, créé en décembre dernier, et qui n'a plus de raison d'être depuis qu'un PC russe a été constitué.

veulent que le parti conserve son nom, mais ils sont 81 %, contre 8 %, à estimer que ce sont les intérêts de l'individu et non pas ceux de classe qui doivent primer dans la définition de la politique de l'État.

Combien de délégués, combien de ces bureaucrates communistes sont totalement opposés à la propriété privée ? 12 %. En cinq ans de *perestroïka*, le résultat n'est décidément pas mauvais.

C'est en tout cas un Gorbatchev en pleine forme qui a repris, dans l'après-midi, la présidence de séance des mains tremblantes de M. Sokolov, premier secrétaire de Biélorussie, totalement débordé par les événements. On formait alors les commissions qui rédigeront les résolutions du congrès, le programme et les statuts du parti. Tout le monde attrapait les micros en même temps ; celui qui n'avait pas pu intervenir à temps sur le point précédent hurlait qu'il casserait tout si on ne procédait pas à un nouveau vote et qu'on allait voir ce qu'on allait voir avec les camarades qui l'avaient délégué.

Cela allait du pas du tout sérieux à la forte directrice d'école ukrainienne qui a soudain sonné tout le monde en parlant des enfants de Tchernobyl qui perdaient leurs cheveux et mouraient dans l'indifférence générale. C'est le moment où M. Gorbatchev a semblé désarçonné ; puis ça a repris avec la mer d'Aral asséchée. Le tremblement de terre arménien, la « situation tragique de l'éducation nationale dans les régions rurales », et le secrétaire général a commencé à faire voter au pas de charge. « On se calme ! Un instant, je parle ! Votez ! C'est voté ! Point suivant. » Petit à petit, il a dompté la salle, et c'est par 3 166 voix contre 1 046 qu'il a été porté à la tête de la commission des statuts. Pour la commission agricole, M. Ligatchev n'a eu, lui, que 2 223 voix contre 1 968.

Le congrès le plus long : « Communistes, unissez-vous... »

Au troisième jour du congrès, mercredi 4 juillet, la musique fut nettement conservatrice. C'était la journée des petits *apparatchiks*, responsables de petites régions ou d'entreprises, mais leur virulence n'en a fait que mieux ressortir l'extrême tranquillité de M. Gorbatchev.

Le parti se déchire à un tel point que le quotidien des Jeunesses communistes de Moscou titrait jeudi 5 juillet, en grands caractères ironiques : « Délégués du XXVIIIe congrès, unissez-vous », mais le président soviétique est déjà bien au-dessus de cela, même durant ce congrès, il agit beaucoup plus en président du pays qu'en secrétaire général du parti et c'est déjà plus la crise de confiance de la population que les angoisses de l'appareil qui le préoccupent.

Les indications du dernier sondage publié par les *Nouvelles de Moscou* sont en effet sans ambiguïté. En juin, 47,6 % des Soviétiques ne faisaient plus confiance à « l'actuelle direction du pays ». Ils n'étaient que 30 % dans ce cas le mois précédent et si c'est avant tout le gouvernement qui est touché par cette désaffection, la tendance n'en devient pas moins dangereuse pour l'ensemble de l'équipe au pouvoir.

L'exigence de rupture monte. On peut voir une direction imprimée au pays et cette direction ne peut forcément qu'être nouvelle. Le moins populaire des ministres s'avère être ainsi celui de la Défense, le maréchal Iazov, le plus populaire celui des Affaires étrangères, le très gorbatchevien Edouard Chevardnadze et 84 % des personnes interrogées se sont déclarées satisfaites de l'élection de M. Eltsine à la tête du Parlement de Russie.

A se déchirer, montrer un visage hideux et à aller tellement à contre-courant du pays, le parti risque donc non seulement d'entraîner dans sa chute ceux qui l'ont si activement marginalisé en cinq ans, mais de créer aussi un vide puisqu'il n'y a pas encore de relève. Mercredi donc, M. Gorbatchev s'est échappé de la tribune pour aller, mine de rien, dire aux journalistes que les dirigeants du parti « n'avaient pas pour unique but de se maintenir au pouvoir ».

« On dit que nous nous y accrochons, mais réfléchissez vous-mêmes : nous avions davantage de pouvoir avant la *perestroïka*. Je ne sais d'ailleurs pas qui en avait davantage dans le monde que le secrétaire général du PCUS », a-t-il ajouté avant de déclarer encore : « Si j'avais seulement voulu le pouvoir, il n'aurait pas fallu pour cela engager de réformes, procéder au renouveau du parti et de la société — il n'aurait pas fallu conduire la *perestroïka*. »

C'était une manière de quitter un navire qu'il a lui-même coulé, de dire plus allusivement ce qu'avaient écrit, le matin même, deux intellectuels communistes réformateurs dans les *Nouvelles de Moscou* — que la *perestroïka* n'avait pas été lancée par le parti, par ce parti du moins qui siège au Palais des congrès, mais par une « fraction » de ses membres seulement.

En scène, M. Gorbatchev est le rassembleur du parti, celui dont à peu près tous les délégués demandent la réélection après avoir tiré à boulets rouges sur sa politique et ses hommes. Tout le parti ou presque veut qu'il reste à sa tête car les réformateurs ne veulent pas abandonner un tel appareil aux conservateurs qui ont eux-mêmes besoin du manteau gorbatchevien pour déguiser leurs aspirations « restaurationnistes ».

Quant à M. Gorbatchev lui-même, il n'a qu'intérêt à favoriser cette comédie puisqu'il n'a pas aujourd'hui de parti à opposer au parti d'opposition que deviendrait un PCUS dirigé par un quelconque stalinien, de jeune ou vieille manière. Ainsi, pendant que les petits bureaucrates vident leur bile, réclament des « sanctions », demandent une « épuration », vitupèrent M. Iakovlev, le maître penseur de la *perestroïka*, et vouent aux gémonies M. Medvedev, le secrétaire à l'Idéologie, tous les responsables jouent, eux, l'apaisement.

Quand le premier secrétaire de Moscou, M. Prokofiev, explique que le congrès du parti russe a cédé à la tentation d'un retour en arrière qui conduisait le pays « au degré zéro de la civilisation », que la salle rugit de rage, applaudit pour le couvrir et trépigne, c'est par exemple l'élu même de ce congrès russe, M. Polozkov, qui rétablit le calme.

Ce même M. Polozkov n'en finit au demeurant plus de répéter partout qu'il veut s'entendre avec tout le monde, tout faire pour éviter une scission du parti et, bien sûr, faire reconduire M. Gorbatchev.

Rarement, donc, contraste aura été si violent entre l'explosion d'authenticité qui — pour le meilleur comme pour le pire — marque ce congrès et l'ampleur des jeux de coulisses. Car non seulement les chefs de file négocient leur compromis du moment tandis que se défoulent les délégués, mais les deux grands courants, tout en agitant ce drapeau unitaire qui convient à tout le monde, ne pensent qu'à une seule chose : l'après-congrès.

Là s'amorcera, sur les ruines du PCUS, un bipartisme soviétique, d'un côté les nationaux-communistes, de l'autre les libéraux, et là M. Gorbatchev pourra prendre tout le champ présidentiel nécessaire en se déclarant au-dessus des partis.

Tout comme les conservateurs ont commencé de préparer ce moment avec le congrès du parti russe, les libéraux ont posé leurs premiers jalons avec le discours prononcé lundi par M. Iakovlev.

« Je suis convaincu, avait-il dit, qu'est arrivé le temps de dire la vérité [...] et d'en finir avec cette guerre civile dont nous ne savons pas sortir. » Cela avait été un discours de définition idéologique de ce grand parti de « centre gauche » auquel travaillent déjà tant de gens, et, depuis, M. Iakovlev est devenu le héros des délégués qui pensaient rendre leur carte à la fin du congrès.

On lui demande maintenant conseil, on le sollicite et il s'est longuement entretenu, mercredi, avec des représentants des Jeunesses communistes, de la tendance Plate-forme démocratique, de divers autres courants réformateurs. Les grandes manœuvres sont engagées et dès qu'il a pu, mercredi matin, reprendre la parole, le premier secrétaire de Moscou s'est prononcé pour la transformation du parti en une « nouvelle organisation politique ».

Avec la variante de « nouveau parti », cette expression est le signe de ralliement des partisans du « centre gauche » aux rangs desquels on compte nombre de membres de l'équipe Gorbatchev, la totalité des journaux réformateurs, de plus en plus de cadres du parti, notamment dans les républiques périphériques où l'appareil n'a de choix qu'entre un virage total et la mort, et virtuellement, enfin, tous les députés élus contre les conservateurs.

Jeudi 5 juillet, le congrès commençait à siéger en commissions de travail et l'intervention la plus commentée mercredi a été sans doute celle de M. Guidaspov, premier secrétaire de Leningrad et jusqu'il y a peu principal fer de lance des conservateurs.

Après avoir amorcé le tournant, il y a trois semaines, dans une interview à la *Pravda*, il est devenu plus gorbatchevien que M. Gorbatchev. Il a, en particulier, proposé que le pouvoir présidentiel se dote maintenant de relais locaux sous forme de ce qui s'appellerait en France des préfets.

On en parlait en coulisses depuis quelque temps. On vient d'en parler publiquement.

Le congrès le plus long:
Le spectre militaire

La crainte d'un classique coup d'État militaire a désormais pris le pas en URSS sur celle d'un renversement de M. Gorbatchev par l'appareil communiste. Parallèle à l'explosion de rage conservatrice à laquelle donnent lieu les débats du XXVIIIe congrès, cette évolution dit à elle seule l'ampleur de l'affaiblissement du parti.

Les bureaucrates ont beau éructer et s'en prendre directement à l'équipe de M. Gorbatchev, ils n'arrivent plus à impressionner. C'est bon signe, mais on ne pourrait s'en réjouir que si la peur d'un Pinochet était aussi peu fondée que ne l'était, hier, celle d'un retour de Staline. Or, en ouvrant, samedi 7 juillet, le *Treizième Micro*, les délégués réformateurs ont eu un frisson.

Diffusé au congrès par la rédaction des *Nouvelles de Moscou*, ce petit journal, ainsi baptisé parce qu'il n'y a que douze micros dans la salle, s'est, en effet, livré à une « analyse comparative » de deux réquisitoires anti-perestroïkistes récemment lancés par deux généraux de l'armée soviétique.

Le premier, signé par le général Rodionov — l'homme qui commandait les troupes du Caucase quand, au printemps 1989, l'armée a tué à coups de pelle des manifestants pacifiques dans les rues de Tbilissi —, a été récemment adressé, par la poste, à de nombreux régiments et journaux militaires.

C'est la première fois qu'on en entend parler alors que le second, prononcé, il y a trois semaines, de la tribune du congrès du PC de Russie par le général Makachov est, lui, très connu. Entendu par tout le pays, puisque retransmis par la télévision, il avait provoqué plusieurs contre-attaques spectaculaires, dont une de M. Gorbatchev lui-même, lundi dernier, dans son rapport d'introduction au congrès du parti soviétique.

Ce qu'on ignorait cependant, et que prouve la publication d'un extrait des deux textes sur deux colonnes parallèles du *Treizième Micro*, c'est que le général Makachov n'avait nullement cédé à son humeur. A quelques variations syntaxiques près — un défaut de mémoire sans doute —, il avait purement et simplement repris dans son intervention le tract du général Rodionov.

Ici, un « seulement » est oublié, là un « considérons que... » rajouté, mais les deux textes n'en font qu'un, et pas des plus sympathiques. « De toutes les structures de la société, y lit-on, seules l'armée et la flotte sont, par essence et par structure, les symboles les plus entiers de l'État. Qui veut détruire l'État jusqu'à son fondement commence par diffamer les forces armées. Seuls nos cultivés caquetants vont répétant que personne n'a l'intention de nous attaquer. C'est une idée faite pour les simples d'esprit. L'armée est la structure sociale la moins défendue de la société, celle qui a été la plus sacrifiée lorsqu'elle couvrait de ses corps les réacteurs mortifères de Tchernobyl, mourait dans le Karabakh et au-delà de l'Hindoukouch » (autrement dit en Afghanistan).

« Contact ? Il y a contact ! », titre donc le *Treizième Micro*, car, si ce n'est pas un complot, c'est tout comme — une faction au minimum, et qui vient donner un poids singulier à la lettre ouverte par laquelle quarante-sept personnalités politiques de premier plan avaient pressé la semaine dernière M. Gorbatchev d'interdire d'urgence toute activité politique dans les régiments.

Cette exigence de « dépolitisation » des forces armées ne cesse d'ailleurs de croître dans tout le pays. Reprise, vendredi, de la tribune du congrès par M. Eltsine, elle va de toute évidence constituer l'un des grands thèmes de bataille des mois à venir. Toutes les forces démocratiques y poussent. Toute la hiérarchie militaire, totalement soutenue en cela par l'appareil conservateur, dénonce dans cette revendication une tentative de subordonner l'armée aux « forces antisocialistes ». L'équipe Gorbatchev, pour sa part, louvoie tant bien que mal.

Proche du président, le ministre de l'Intérieur, M. Bakatine vient ainsi d'expliquer à la revue *Rodina* qu'il était contre l'interdiction des organisations communistes dans les forces de l'ordre, mais favorable à une réorganisation « territoriale » du parti — c'est-à-dire à son expulsion de tous les lieux de travail, entreprises comprises. Quant à M. Gorbatchev, il s'est prononcé devant le congrès pour le droit de toutes les organisations politiques légales, sans exception, de s'implanter dans l'armée, ce qui est une évidente forme de chantage sur l'état-major.

Signe des temps, le général Makachov n'a pas craint d'écrire, la semaine dernière, aux *Izvestia* pour se plaindre du compte rendu de son discours devant le Congrès de Russie et accuser le quotidien du gouvernement de violer la loi sur la presse. De fait, et publiquement, c'est l'armée contre le gouvernement. Et s'il est vrai que les putschistes ne perdent généralement pas leur temps en polémiques préalables avec le pouvoir civil, les *Izvestia* ne prennent pas l'affaire à la légère.

« Nous sommes convaincus, répond la rédaction au général, qu'il est, en État de droit, anormal et intolérable qu'un responsable militaire mette en cause la ligne politique et les prérogatives constitutionnelles du gouvernement. Dans une société civilisée, le rôle de l'armée consiste à défendre la patrie, et seulement à cela. L'armée sert le gouvernement et non pas des partis, des groupes ou des personnalités [...]. Dans un pays démocratique, l'armée est une institution constitutionnelle et doit le rester. »

Parallèlement, le ton est encore monté, samedi, au congrès, où l'appareil s'en est pris avec une rare violence aux hommes du président, notamment MM. Medvedev et Iakovlev. Le second s'est ainsi vu reprocher sa « connivence avec le séparatisme dans les Républiques baltes », la « désorganisation du COMECON et du traité de Varsovie », la « perte de l'Europe de l'Est » et, plus personnellement, son « hypocrisie » et sa « malhonnêteté ».

L'atmosphère était tendue, lourde, car le parti des réformateurs, minoritaire au congrès communiste, forme parallèlement un gouvernement de Russie radical et dynamique. Chaque jour qui passe montre à quel point cet assaut conservateur tient du combat d'arrière-garde. Mais, outre la nouvelle hypothèque militaire, la capacité de nuire de l'appareil demeure considérable.

C'est donc œil pour œil, dent pour dent qu'ont répondu MM. Iakovlev et Medvedev. « Si des peuples tournent le dos aux partis communistes [cela montre] qu'ils ne considèrent pas que la politique de ces partis soit la leur », a, par exemple, lancé le premier, ajoutant, qu'« aucune décision du Comité central ne peut annuler le fait que la production industrielle de la Corée du Sud est dix fois supérieure à celle de la Corée du Nord et que le niveau de vie de l'Allemagne de l'Ouest est largement supérieur à celui de l'Allemagne de l'Est ».

Il y a une semaine seulement, au début de ce congrès, M. Iakovlev ne se serait pas exprimé aussi directement et n'aurait sans doute pas confessé non plus la « honte » qui le poursuit jusqu'à présent pour avoir été envoyé à Prague, en août 1968, en même temps que les chars. Accusé d'avoir personnellement détruit l'idéologie depuis qu'il en est en charge, M. Medvedev a rétorqué, de son côté, en demandant « quelle sorte d'idéologie est-ce là si une seule personne a pu la détruire en si peu de temps ? ».

Deux mondes s'affrontent. Aux poings.

Le congrès le plus long : Vive l'OTAN

XXVIIIe congrès ou pas, tant M. Gorbatchev que M. Chevardnadze ont trouvé le temps, vendredi 6 juillet, de commenter les décisions du sommet de l'OTAN. C'est dire qu'ils s'en sont, et bruyamment, félicités, pour l'évidente raison que, pour eux, le tournant pris à Londres est le fruit direct à la fois de leur action et de leurs contacts personnels et quasi permanents avec les principaux chefs d'État occidentaux. Si le président soviétique a ainsi parlé « d'avancée significative dans la bonne direction », tandis que son ministre des Affaires étrangères ajoutait que cette avancée « pavait la route d'un avenir de sécurité pour l'ensemble du continent européen », c'est en effet que leur politique vient de remporter trois succès d'un coup.

Ils avaient, dès le début de la *perestroïka*, parié que, contrairement au credo de leurs prédécesseurs, la sécurité de leur pays serait mieux assurée par la reconnaissance de l'aspiration de l'Europe centrale à la liberté que par la poursuite d'une politique de domination inéluctablement vouée à l'échec. Ils ont laissé toute l'Europe centrale basculer en six mois et, six mois plus tard exactement, l'OTAN répond à ce changement de donne à l'Est en « offrant son amitié à ses anciens adversaires du temps de la guerre froide ».

Pour ce pays, qui danse sur un volcan, pour cette équipe, dont la force première, pour ne pas dire unique, est d'avoir une vision historique de la future place de l'URSS dans le monde, cela signifie que l'Ouest exauce leur désir d'ancrer le changement soviétique à l'Europe de la démocratie et de la prospérité.

Ce n'est pas seulement la possibilité d'une vraie collaboration économique et industrielle, de toute manière déjà acquise, qui s'ouvre de cette façon pour les Soviétiques et M. Gorbatchev. C'est aussi la certitude que l'Ouest ne cherchera pas à profiter — et pour quel profit d'ailleurs ? — des inévitables soubresauts de la sortie du communisme, n'attisera pas les crises, mais contribuera au contraire à les encadrer afin de favoriser la stabilisation par la liberté.

Deuxième pari gagné par M. Gorbatchev : il avait tablé sur la compréhension de son action par les dirigeants occidentaux et, de M. Bush à Mme Thatcher en passant par MM. Mitterrand et Kohl, tous ont cru à l'ampleur et à la sincérité de son projet. Le test, à cet égard, avait été la Lituanie. Tout laissait voir l'image sinistrement classique du Kremlin « resserrant l'étau » sur un petit pays conquis de force et lancé dans une lutte d'indépendance désespérée.

Ce n'était pas cela. M. Gorbatchev a plaidé son dossier en faisant valoir qu'il reconnaissait le droit des Républiques à l'indépendance, qu'il le disait, et qu'on le verrait, mais qu'on ne pouvait pas lui demander d'accepter que l'URSS explose dans une anarchie à laquelle personne n'aurait rien à gagner. MM. Mitterrand et Kohl ont été convaincus par cette argumentation. M. Bush l'a été à son tour, et le sommet de Washington, début juin, est ainsi devenu l'un des plus marquants de l'histoire des relations Est-Ouest.

Non seulement on y a vu un président américain prendre le risque de laisser comprendre qu'il avait décidé de croire un président soviétique sur parole, mais M. Bush a également accepté cette semaine de suffisamment accélérer l'évolution de l'alliance atlantique et des structures européennes pour que l'entrée de l'Allemagne unie dans l'OTAN devienne acceptable pour l'URSS. Depuis, M. Gorbatchev a entamé le processus de négociation d'un « nouveau traité d'union ». Les dirigeants lituaniens croient maintenant assez en leur indépendance pour savoir se montrer moins raides, et l'OTAN a pris des décisions dont toutes les grandes lignes avaient été tracées et convenues, il y a cinq semaines, à Washington.

Or ces décisions — troisième succès pour l'équipe de la *perestroïka* — constituent également le plus cinglant des démentis pour tous ces délégués, militaires ou civils, qui font du XXVIIIe congrès un grand concert anti-perestroïkiste. L'amiral

Khvatov, par exemple, qui expliquait jeudi 5 juillet : « Nous avons perdu nos alliés à l'Ouest. Nous [n'en] avons pas à l'Est, et nous voilà revenus à la situation de 1939 », pourrait difficilement passer, depuis le vendredi 6, pour un fin politique.

Cette appartenance à l'Europe, qui a logiquement été, et plus souvent pour le pire que le meilleur, l'ambition russe, ce rôle européen de la Russie, il est infiniment mieux favorisé par la paix que par la guerre — fût-elle froide. L'URSS s'intègre à l'Europe, elle ne l'envahit pas. Au lieu d'étendre sa dictature, elle veut asseoir sa frêle démocratie naissante sur un élargissement des institutions européennes. Au lieu de vouloir s'approprier la richesse occidentale, elle s'y ouvre et en espère l'aide.

Qui pourrait s'en plaindre ? Apparemment, ni M. Bush ni, moins encore, aucun des dirigeants de l'Europe occidentale, et évidemment pas M. Chevardnadze. La déclaration de ce dernier vendredi soir à l'agence Tass n'est en effet qu'une succession d'appréciations flatteuses. « Approche, dans l'ensemble, réaliste et constructive », déclare-t-il d'emblée, avant de dire que l'URSS « attache une importance extrême à la déclaration sur l'absence d'intentions agressives des pays de l'OTAN » et leur volonté de n'être jamais les premiers à « utiliser la force ».

L'appel à une déclaration commune de l'OTAN et du pacte de Varsovie est jugé « positif » ; les propositions de relations diplomatiques entre l'OTAN et les pays du pacte et l'invitation à venir s'exprimer à Bruxelles sont considérées comme « constructives » ; l'envoi du secrétaire général de l'OTAN à Moscou salué comme « bienvenu » et le « désir proclamé des pays de l'OTAN de réexaminer leurs plans stratégiques [...] marque une évaluation sobre des processus en cours ».

Bref, quand ce n'est pas « sur la bonne voie », c'est parfait, et le chef du département international du Comité central, M. Falin, est parallèlement allé déclarer devant la presse étrangère que le point de vue de certains militaires soviétiques ne représentait pas celui de l'armée et moins encore celui du président. Or, a-t-il dit, les décisions, c'est le président qui les prend. Désormais, plus choquée que réellement effrayée, l'URSS observe avec un évident mépris ce qui se passe au congrès, où la grande vedette de la journée de vendredi aura incontestablement été M. Eltsine. Bien droit, d'une voix forte et chaque jour plus présidentiel, le président du Parlement de Russie a froidement expliqué aux délégués que leur congrès

« pouvait décider du destin du parti mais pas de l'avenir de la *perestroïka* ».

Cela voulait dire : vous n'avez plus que le pouvoir de nuire et de vous nuire. C'était une incroyable gifle, et pas un délégué conservateur n'a même murmuré sa rage. Tous semblaient pétrifiés par cet homme, à la fois puissant et très populaire, qui leur a dit que s'ils espéraient dégoûter tous les réformateurs et les pousser en dehors du parti pour en recupérer les biens, ils se trompaient. « Dans ce cas, leur a-t-il lancé, le peuple engagera la lutte pour la pleine nationalisation des propriétés du parti. »

Après le revers du droit, il y eut le revers du gauche (« Une campagne pourrait être lancée pour l'ouverture de poursuites contre les dirigeants du parti qui, à tous les niveaux, ont personnellement porté tort au PCUS et à la population »), et les conseils ont suivi. Il y a une alternative à ces sombres perspectives, a poursuivi M. Eltsine : l'interruption du congrès, l'ouverture d'un vrai débat entre courants organisés menant à une transformation radicale d'un parti devenu celui du « socialisme démocratique » et intégré à une « union des forces démocratiques » au sein de laquelle il pourrait se « régénérer ».

M. Eltsine s'est également prononcé en faveur de l'interdiction des partis politiques au sein des forces armées. Le président russe était calme, tranquille, et, dans son dos, le président soviétique écoutait attentivement. Le bipartisme est en marche en URSS. Sous trois, six ou dix mois, deux grands pôles politiques vont se constituer, et l'homme qui va, dans l'immédiat, être réélu secrétaire général du PCUS pourra ce jour-là n'être plus que président-arbitre au-dessus de la mêlée.

Le congrès le plus long : Le bureau politique passe à la trappe

C'était peut-être, lundi 9 juillet, le vingt-cinquième vote de la journée, mais c'était certainement aussi le plus important de tout ce congrès du PC soviétique. Il s'agissait, en effet, d'adopter les articles des nouveaux statuts du parti définissant le rôle, la composition et le mode d'élection du Comité central et du bureau politique.

Aidé par M. Loukianov, le président du Parlement fédéral, auquel il avait confié la présidence de séance, M. Gorbatchev avançait lentement. Les délégués, eux, étaient fatigués et, mine de rien, les deux maîtres du jeu les fatiguaient plus encore, précipitant les débats sur les amendements dangereux et les prolongeant à souhait sur ceux qui ne l'étaient pas.

A 18 h 37, le résultat du vote s'est finalement affiché sur les tableaux électroniques. Par 3 647 voix contre 475, les délégués venaient de donner leur accord à la suppression de fait du bureau politique — c'est-à-dire à la paralysie des organes dirigeants du parti — et à sa neutralisation progressive.

C'était un grand moment de l'histoire de la *perestroïka*, mais très peu de gens, dans la salle, l'ont réalisé, car ce qui venait de se passer avait aussi constitué un sommet de la manipulation politique. D'abord, les faits, car rien en l'affaire n'est simple.

Désormais le bureau politique sera composé des premiers secrétaires des PC des quinze Républiques soviétiques ainsi que du secrétaire général et du secrétaire général adjoint (un nouveau poste) qui seront élus directement par le congrès. A ces dix-sept personnes, membres donc de droit de ce qui était jusqu'à présent la direction suprême du parti, s'ajouteront « encore quelques autres personnes membres du Comité central » que le congrès va élire dans les jours qui viennent.

Ce sera au Comité central d'en fixer le nombre, et de choisir ces « autres » — des représentants, a expliqué M. Gorbatchev, des différentes couches de la société — qui devraient être, à ce qu'on comprend, au moins cinq et pas plus d'une grosse dizaine. Concrètement, cela signifie que la masse du futur bureau politique sera constituée de personnalités qui y siégeront ès qualités et qui ne seront pas, autrement dit, élus sur une base politique.

Une question technique en quelque sorte, mais le tour est joué. Toute la difficulté avait été, depuis cinq ans, pour M. Gorbatchev, d'éviter de se faire mettre en minorité ou bloquer par le bureau politique. Toute l'ambition des conservateurs à ce congrès avait été de porter au nouveau bureau politique des hommes dont le secrétaire général n'aurait pu se jouer.

Que va-t-on avoir ? Un organisme lourd, numériquement dominé par des hommes occupés aux quatre coins du pays, confrontés à des situations locales difficiles et beaucoup plus préoccupés d'arriver à maintenir un équilibre dans leur République, de parvenir à se maintenir eux-mêmes au pouvoir, que d'aller se battre avec le secrétaire général sur la grande politique de l'Union.

De fait, le bureau politique devient une structure fédérale dont le rôle principal va bientôt être d'harmoniser — au nom de l'« unité » et de la « consolidation » — les politiques des différents partis républicains auxquels les nouveaux statuts accordent une autonomie inéluctablement croissante. Le bureau politique n'est plus une direction politique. En admettant même (ce qui n'est pas à exclure) que les conservateurs parviennent maintenant à truster toutes les places restantes, cela ne changerait pas grand-chose au coup mortel que M. Gorbatchev vient de porter à l'organisation léniniste du parti.

Progressivement, le rythme (traditionnellement hebdomadaire) des réunions du bureau politique va s'espacer, et comme c'est ce même bureau politique qui convoque les réunions du Comité central, le moins qu'on puisse dire est que cette journée de lundi n'a pas été mauvaise pour M. Gorbatchev.

Comment ce congrès, dans lequel les conservateurs étaient chaque jour plus agressifs, a pu accepter de se faire ainsi harakiri ? C'est très simple. Première manœuvre florentine, M. Gorbatchev s'est d'abord battu en faveur de sa proposition initiale visant à transformer le bureau politique en présidium. Ce mot voulait trop dire qu'il n'y avait plus de direction politique collégiale. Les conservateurs ont tant et tant protesté que la commission des statuts, dont M. Gorbatchev avait pris la présidence, leur a donné satisfaction.

C'était la « volonté des communistes », a benoîtement expliqué le secrétaire général dans son rapport de commission. Le vote — grande victoire conservatrice — est donc devenu un vote sur le maintien du bureau politique et beaucoup de conservateurs de base n'ont tout simplement pas compris que ce bureau aurait désormais la composition prévue pour le présidium, qu'il devenait le présidium.

Le secrétaire général a systématiquement joué dans cette bataille les appareils des partis républicains contre celui du parti russe, nouvellement constitué. En même temps qu'il avait terrifié les réformateurs par son radicalisme conservateur, le congrès de constitution de ce parti, jusqu'alors confondu avec le parti soviétique, avait en effet inquiété les quatorze autres partis qui voyaient soudain naître un appareil contrôlant plus de la moitié des effectifs du PCUS.

Ils avaient un recours en la personne d'un homme ayant besoin d'alliés : M. Gorbatchev. C'est ainsi que l'accord s'est fait, et le vote a été d'autant plus facile que la masse des délégués, pour conservatrice qu'elle soit, aime avant tout le consensus, revenir à des situations d'unité qui la rassurent. Cette masse est un marais. Le secrétaire général proposait. Aucun grand ténor ne s'opposait, puisque le bunker conservateur avait été circonscrit, et c'est passé.

Une fois de plus, M. Gorbatchev a joué l'efficacité contre les proclamations, et il a gagné. Même si le congrès lui imposait demain un secrétaire général adjoint conservateur, même si le Comité central était dominé par ses adversaires, il a verrouillé le sommet, et les corps intermédiaires se trouvent coincés entre une base qui rue dans les brancards et un patron décidément coriace.

Est-ce à dire pour autant que cette victoire soit totale ? Loin de là, car si les délégués n'ont rien compris à ce qui leur était arrivé, le pays a beaucoup moins compris encore. Ce que voient les Soviétiques de ce congrès, c'est la violence de l'assaut conservateur et le calme de M. Gorbatchev qui laisse à d'autres le soin des ripostes verbales. Ce faisant, il déçoit aussi sa base naturelle, celle dont il a besoin et qui se désespère de le voir refuser de se porter à la tête d'un nouveau parti réformateur.

Plus que jamais, plus M. Gorbatchev gagne sur le fond, plus il perd en popularité. Il le sait, mais son raisonnement est qu'il est président pour encore cinq ans, que les courbes de popularité vont et viennent alors que le démantèlement pacifique du communisme relève de la microchirurgie. On l'a, pourtant, vu lundi, pour la première fois, utiliser publiquement M. Eltsine pour contrer les conservateurs.

L'un d'entre eux venait de proposer une résolution dont l'adoption aurait prorogé jusqu'au prochain congrès le mandat des délégués. Or, entre deux congrès, il peut y avoir « conférences » du parti dont les pouvoirs de décision sont considérables et qui peuvent, en particulier, renouveler d'un tiers la composition du Comité central. Cette proposition visait donc à visser la situation pour cinq ans, en empêchant l'élection de nouveaux délégués pour les conférences.

Cela pouvait passer, puisque les délégués auraient ainsi voté en leur propre faveur. Le danger était sérieux. et M. Gorbatchev, soudain sec, a tout simplement expliqué aux délégués qu'ils allaient susciter, ce faisant, l'indignation de la base et qu'ils feraient bien de se souvenir des « avertissements » du « camarade Elstine ». Ce dernier leur avait justement fait remarquer qu'ils étaient majoritairement fonctionnaires du parti et que cela ne plaisait pas dans le pays, avertissant les conservateurs que leur radicalisation mènerait à la « nationalisation » des biens du parti et à l'ouverture de poursuites judiciaires, à tous les niveaux, contre les cadres communistes.

Le congrès a réfléchi et rejeté l'amendement, par 2 582 voix contre 1 357.

Le congrès le plus long : Les conservateurs en déroute

L'important, ce n'est pas tellement que M. Gorbatchev ait été réélu, mardi 10 juillet, secrétaire général du parti communiste soviétique. Le fait nouveau, porteur d'avenir, est qu'il l'ait été après avoir prononcé un discours de totale rupture avec les conservateurs auxquels il a lancé : « Si la *perestroïka* est à critiquer pour quelque chose, c'est pour n'avoir pas été réalisée avec suffisamment de résolution et de persistance [...]. Le temps est venu des réformes les plus cruciales. »

Le bunker conservateur a alors laissé voir la rage de la défaite en grognant, bruissant de murmures indignés et allant presque, par moments jusqu'à couvrir M. Gorbatchev. « Dois-je continuer ? » lançait celui-ci, avant de continuer parce que la victoire était déjà de son côté, que c'était au pays et déjà plus à cet appareil-là qu'il s'adressait, et que ce qu'il voulait, c'était précisément que l'URSS et tous les réformateurs voient sur quelles bases il se faisait élire, qui étaient ses adversaires, et qui devaient donc être ses amis.

Pour les conservateurs, c'était l'ultime piège. Ils sont allégre-

ombés dedans et à l'heure où les pays les plus industria- u monde se disaient, de Houston, décidés à prêter leur assistance technique et financière à une réforme de l'économie soviétique, c'est décidément ce discours qui était l'événement.

En elle-même, cette réélection ne faisait en effet pas de doute, puisque les conservateurs n'avaient personne de crédible à opposer à M. Gorbatchev et n'auraient jamais osé tenter un coup de force. L'important, cela n'a même pas été que le président de l'URSS ait à cette occasion réuni beaucoup plus de suffrages que prévu (3 411 voix pour et 1 116 contre). Cela montre que l'offensive a totalement tourné court et n'a, de surcroît pas permis aux partisans de la restauration d'élargir leurs rangs, qui se sont au contraire éclaircis, depuis le début du congrès. Le fait est notable, mais le sort des réformes en URSS ne se jouait certes pas à cinq ou six cents délégués près.

D'une certaine manière, l'important pourrait donc être qu'élu directement par le congrès et non plus par le Comité central M. Gorbatchev ne peut plus être destitué, comme l'avait été M. Khrouchtchev, par le « Parlement du parti ». Durant les cinq premières années de la *perestroïka*, ce danger avait constamment pesé sur lui et l'art et la nécessité de le parer avaient fait perdre beaucoup de temps à l'équipe de la *perestroïka*. Seul un nouveau congrès — ou, dans l'intervalle, une conférence — peut maintenant retirer ses fonctions à M. Gorbatchev.

Ajouté à la transformation — capitale et acquise dès lundi — du bureau politique en un lourd organisme de coordination entre les différents partis communistes des quinze Républiques, ce changement vient considérablement consolider la position du secrétaire général. Reste qu'il y a déjà un an qu'il était chef de l'État élu par un Parlement renouvelé et que ses pouvoirs étatiques avaient été profondément élargis lorsqu'il était devenu, il y a quatre mois, président de l'URSS. Dès cette époque, il aurait été difficile d'écarter du secrétariat général un homme qui serait resté président et ce n'est, en ce sens, pas du vote d'hier que le pouvoir de M. Gorbatchev a acquis de la solidité.

Tout cela compte et confirme une tendance devenue nette il y a un mois lorsque la Lituanie avait accepté le principe d'un moratoire sur sa déclaration d'indépendance et que les communistes les plus réformateurs avaient décidé de ne pas quitter le parti avant ce XXVIIIe congrès. Dès lors, on savait que, malgré l'assaut conservateur, M. Gorbatchev sortirait victorieux du congrès mais ce qu'on ne savait pas c'est qu'il prendrait le risque, avant le vote, de monter à la tribune pour lancer à une salle où ses adversaires donnaient le ton : « Ma position, et cela devrait être clair pour vous, est que je considère [...], malgré la dramatique situation du pays, que les résultats des changements sont dans l'ensemble positifs et substantiels. »

Autrement dit, si vous m'élisez, mon mandat sera de poursuivre la *perestroïka*, car « tous ceux qui comprennent vraiment qu'[elle] est essentielle, qu'elle est une révolution et non pas un replâtrage de façade, réalisent que nous avons encore beaucoup à surmonter ». Le « principal résultat positif », dit alors M. Gorbatchev, est que « la société a gagné une liberté offrant un espace à des idées autrefois prisonnières du vice des dogmes et vieilles formules [...] ».

C'est bien ce qui déplaît aux conservateurs. Le secrétaire général le sait. C'est pour cela qu'il le dit et poursuit ainsi : « Beaucoup de ce qui s'était accumulé dans l'atmosphère étouffante et répressive du stalinisme et de la stagnation et fait maintenant surface est loin d'être plaisant et constructif. Cela doit être toléré. C'est l'eau de toute révolution [car] la société a besoin d'un renouveau spirituel autant que de l'air [...] la société a changé. Nous avons tous changé [et] avons créé de la base au sommet de nouvelles structures de pouvoir fondées sur l'expression démocratique de la volonté populaire. »

On est là aux assemblées élues, celles que l'appareil ne supporte pas et dans lesquelles il voit à juste titre un mortel danger pour son avenir. « Il a été plus d'une fois dit, constate M. Gorbatchev, qu'il y avait de grands manques dans le travail de ces nouvelles structures. » A qui la faute ? A un certain « manque de culture politique et de compétence » des nouveaux élus, répond-il, mais ça va mieux, « les nouvelles assemblées se sont mises au travail, se montrent plus responsables », alors que persiste en revanche, « une certaine distance, je dirais froideur, entre le parti et les assemblées élues ».

Et c'est l'attaque ouverte qui commence : « Là, dit M. Gorbatchev, les communistes, devraient se demander si cette aliénation n'est pas liée au fait qu'ils ne savent pas renoncer aux anciens moyens de traiter avec les élus [car] beaucoup de choses peuvent sans doute être expliquées par le fait que les camarades sont en état de confusion et même de choc [...]. Toutes les difficulés que rencontrent la *perestroïka* ne devraient pas être seulement mises au compte de la résistance de ceux qui la refusent [dans la mesure où] beaucoup ont encore à appréhender la situation présente. »

Autrement dit, « il y a crise dans le parti et elle est enracinée dans cette incapacité, et dans de nombreux cas dans ce refus de comprendre que nous vivons et travaillons dans une société nouvelle caractérisée par une politisation sans précédent. Si des délégués — et à en juger par les discours c'est le cas de certains d'entre eux — sont venus au congrès avec l'espoir de faire revenir le parti aux vieilles conditions des ordres et commandements, je dois leur dire qu'ils se sont lourdement trompés ».

« Le parti, dit en effet M. Gorbatchev, ne peut agir avec succès que s'il réalise pleinement son nouveau rôle [...]. S'il n'y parvient pas, il sera marginalisé et perdra le terrain [et] je ne vous cacherai pas à ce propos que j'ai été contrarié que les trois quarts du congrès aient décidé de modifier le nom de la commission sur la réforme économique en enlevant le mot de "marché". Cela montre la persistance d'une absence de compréhension du besoin d'un tournant abrupt. L'histoire ne nous a-t-elle pas appris, camarades, la futilité d'échapper au marasme de notre situation en raccommodant le système de commandement administratif ? Je vais être franc : si nous continuons à agir ainsi, nous précipiterons le pays dans la faillite. » C'est à peu près là que les conservateurs ont craqué et que la tension est montée. Désormais, M. Gorbatchev parle contre un ours blessé et grondant, mais cet ours n'est pas, loin de là, toute la salle : « Que ma position soit explicite : les avantages du marché ont été prouvés à l'échelle du monde et la seule question est maintenant de savoir si un haut niveau de protection sociale peut être assuré dans les conditions [qu'il créera]. La réponse est que c'est non seulement possible mais que c'est précisément une économie de marché régulée qui permettra d'augmenter le bien-être social et d'élever le niveau de vie pour tous [...]. »

Milton Friedman, un économiste que citait récemment M. Gorbatchev durant une conférence de presse, n'aurait pas dit mieux et le secrétaire général en vient maintenant à l'idéologie après avoir expliqué que si les États-Unis avaient su résoudre leurs problèmes écologiques, l'URSS y parviendrait aussi. « Le problème, dit M. Gorbatchev, est de savoir ce que nous entendons par socialisme. Certains camarades pensent que si nous écrivons dans nos déclarations politiques et autres documents que nous restons fidèles aux vieilles attitudes, tout se remettra en place — mais à quelle place ? Ne nous retrouverons-nous pas où nous avons été depuis plus de soixante ans avec les conséquences que nous savons ? »

« L'idéologie du socialisme n'est pas un manuel avec tout en chapitres compartimentés, paragraphes, règles et principes. Elle prendra forme avec le socialisme lui-même, au fur et à mesure que nous faciliterons le développement d'un pays bien nourri, civilisé, spirituellement riche, libre et heureux — au fur et à mesure que nous embrasserons les valeurs communes de l'humanité non pas comme quelque chose d'étranger à notre point de vue de classe, mais quelque chose de normal pour l'homme. »

C'était clair, on ne peut plus clair mais il eut un coup de pied de l'âne : « Ces valeurs ont été élaborées à travers les siècles et les millénaires. Nous savons bien ce que nous a apporté leur abandon. L'idéologie du socialisme prendra forme au fur et à mesure de l'intégration de [notre] pays au progrès général de la civilisation [car] avec l'actuel niveau du travail intellectuel, nous ne deviendrions jamais une force d'avant-garde et perdrons même ce que nous avons aujourd'hui. »

A part traiter les conservateurs d'arriérés mentaux, le secrétaire général n'aurait pu être plus insultant. Ça grogne de plus belle, mais M. Gorbatchev en est déjà passé aux critiques lancées contre sa politique étrangère. « Un des dirigeants du parti, rapporte-t-il, m'a même conseillé de ne pas aller à l'étranger. Pourquoi y allons-nous ? Nous y allons pour éviter la guerre, pouvoir conduire la *perestroïka* dans des conditions normales et libérer des ressources qui pourront répondre aux besoins du pays. »

C'est dit sur un ton presque excédé, à la limite d'un mépris qui s'abat d'une phrase : « On ne peut pas se trouver dépendant de gens qui ne sont pas compétents en politique... [...] considérez seulement les questions posées : avons-nous agi sagement en prenant la voie du désarmement et de la réduction des dépenses militaires ? Poser la question, c'est y répondre. Avons-nous agi sagement en n'intervenant pas contre les développements en cours en Europe de l'Est ? » « Eh bien, répond M. Gorbatchev, c'est le retour des tanks que vous voulez ? Allons-nous encore leur apprendre comment ils doivent vivre ? Il faut une certaine manière de penser pour demander si nous avons agi sagement en nous retirant d'Afghanistan. Je ne sais simplement pas à qui j'ai alors affaire. »

L'accusation s'est précisée, et pointant maintenant le doigt vers les travées qu'occupent les militaires, M. Gorbatchev déclare solennellement : « Ceux qui occupent d'importantes fonctions dans l'État doivent, même s'ils sont en désaccord avec la politique poursuivie par la direction du pays, appliquer la politique de l'État. [...] Tous les fonctionnaires doivent être loyaux au gouvernement, et si ce sont des gens honnêtes et qu'ils se trouvent en désaccord avec cette politique, ils doivent remettre leur démission [...]. Il n'y a pas de moyen de revenir au passé, et aucune dictature — si cette idée folle est encore entretenue par certains — ne peut résoudre quoi que ce soit. »

M. Gorbatchev en a fini. Le soir même, il est réélu en force, et, après avoir affirmé que la collaboration avec les forces politiques était une « nécessité », il lance ces derniers mots : « Le temps est venu des réformes cruciales. »

Le parti est battu, perdu : Gorbatchev n'a plus de parti

Les conservateurs n'ont pas réussi à faire de ce congrès l'instrument d'une restauration et, ce danger passé, tout le monde s'en va. Car si M. Eltsine a été seul à annoncer officiellement, jeudi 12 juillet, qu'il quittait purement et simplement le parti, s'il a su créer ainsi l'événement et si sa popularité, déjà immense, va en être décuplée, il n'est pas le seul, loin de là, à abandonner ce navire en perdition.

Sans parler des militants de base dont tout indique que l'hémorragie va s'accélérer brutalement, ce sont en effet tous les hommes de la *perestroïka* qui, chacun à sa manière, partent. Dans les prochaines semaines sera annoncée la mise en place d'un véritable appareil présidentiel — non plus une équipe de conseillers personnels, mais de véritables cellules de travail, secteur par secteur, chargées non seulement d'élaborer une politique, mais aussi de la faire appliquer.

C'est la Maison-Blanche ou l'Élysée de l'URSS, une synthèse

des deux en fait, qui se crée. On va récupérer des locaux actuellement affectés aux fonctionnaires du Comité central. M. Alexandre Iakovlev, maître penseur de la *perestroïka*, va devenir ce qu'on appellerait, à Paris ou Washington, le « secrétaire général de la présidence ». Bref, après avoir brisé les reins aux conservateurs, réaffirmé son autorité sur l'appareil, s'être fait réélire et avoir fait élire, en la personne de M. Ivachko, un secrétaire général adjoint chargé de la gestion quotidienne du parti, M. Gorbatchev passe au Kremlin — avec armes et bagages.

Non pas, bien sûr, qu'il rende sa carte. Mais l'objectif est d'imposer au plus vite l'image d'un président de tout le pays, au-dessus des partis et, s'il restera, lui, en sa qualité de secrétaire général, membre de droit du bureau politique, ni M. Iakovlev, ni M. Chevardnadze, ministre des Affaires étrangères, ni M. Medvedev, responsable de l'idéologie, aucun donc de ses plus proches collaborateurs de la direction sortante ne devrait s'y représenter. Ils vont demeurer, pour les deux premiers en tout cas, des hommes politiques de premier plan, mais ils ne seront plus pour autant des dirigeants du parti.

Avant-hier, la notion même d'« homme politique » était étrangère à l'URSS. Hier, on ne pouvait l'être sans être, en même temps, dirigeant du parti. Aujourd'hui, il vaut mieux, pour prétendre à diriger l'État, n'être pas à la tête du PCUS.

La rupture est fondamentale et s'accompagne d'un grand coup de balai, puisqu'il semble qu'en dehors de MM. Gorbatchev et Ivachko qui y siégeront de droit, seuls deux membres du bureau politique sortant — le patron du KGB, M. Krioutchkov, et le ministre de la Défense, le maréchal Iazov — figuraient sur la liste des candidats au Comité central.

Le vote ne devait avoir lieu que ce vendredi. Ne serait-ce qu'à cause de la démission de M. Eltsine qui y figurait, cette liste aura certainement été modifiée, mais la tendance est d'autant plus nette que le nouveau Comité central ne sera plus ce qu'il était. Avant-hier, c'était une chambre d'enregistrement des décisions du bureau politique. Hier, c'était une force politique, le centre de la résistance à la *perestroïka*. Demain, ce sera la représentation des partis communistes des quinze Républiques, qui y disposeront chacune de cinq sièges, plus un par cent mille membres.

Lundi déjà, la composition statutaire du bureau politique

avait été totalement repensée de manière qu'y siègent les quinze premiers secrétaires des partis républicains. Officiellement, il s'agit de souligner l'importance et l'autonomie nouvelle des différents PC qui sont, au demeurant, très sensibles à cette démarche. En réalité, on fait d'une pierre deux coups, puisque cette fédéralisation du parti assure, en pratique, sa balkanisation — c'est-à-dire l'affaiblissement de l'ensemble de ses organes dirigeants.

Et comme il l'avait fait pour le bureau politique, M. Gorbatchev s'est réservé d'ajouter à la masse des membres de droit du Comité central un contingent d'« élus ». Si ceux du bureau politique (qui sont à désigner par le Comité central) pourront, éventuellement, ne pas totalement répondre aux vœux du secrétaire général, ceux du Comité central (au nombre de 85 sur un total de 398) ne réserveront pas de grande surprise. C'est, en effet, l'équipe de M. Gorbatchev qui en a établi la liste en laissant, histoire d'arrondir les angles, « entre un tiers et un quart » des places aux conservateurs.

La victoire ne doit cependant pas faire oublier que le secrétaire général a dû changer de cheval au milieu du gué.

Son projet initial était, en effet, de suffisamment transformer le parti pour en faire, avant qu'il ne devienne totalement impopulaire, le parti de la *perestroïka*, le relais organisationnel et politique dont a besoin tout chef d'État, particulièrement quand son État n'existe pas encore. Cette stratégie était jouable, mais il y a eu la crise lituanienne, en mars, au moment du passage au présidentialisme, les gages qu'il a fallu donner à l'appareil, le temps perdu et aussitôt utilisé par les conservateurs à préparer à leur façon le congrès du parti de Russie.

M. Gorbatchev occupé ailleurs, ils ont pu élire les délégués de leur choix et lancer leur offensive. Dès lors, le secrétaire général a dû, c'est l'un de ses proches qui parle, « passer de la stratégie à la tactique, se résigner à éviter le pire au congrès du parti soviétique au lieu de tenter d'en tirer le meilleur ». Autrement dit, il n'était plus question de créer, à ce XXVIIIe congrès, le parti de la *perestroïka* mais d'éviter que ne s'y fonde le parti de la restauration.

Au milieu d'un incroyable tohu-bohu de son équipe qui, devant le danger, tirait dans tous les sens en même temps, M. Gorbatchev y est parvenu en faisant lancer une très brutale campagne de dénonciation des tentations de « coup d'État » des conservateurs et de certains militaires. Le congrès ouvert, il a, pendant une semaine, laissé les représentants de l'appareil s'enivrer de leur apparente victoire, finir par effrayer non seulement le marais mais jusqu'à certains de leurs partisans. Il a repris alors l'offensive, quand il fut net que l'opposition n'avait que sa rage à étaler.

Ce fut le discours de mardi, très radical, dont le sens était implicite : si vous me réélisez, c'est mon programme et non pas un otage que vous choisirez, et c'est à prendre ou à laisser. Après une semaine de débandade et de divisions, le parti a retrouvé ce qu'il aime — un patron —, et s'est brutalement détourné des conservateurs, qui n'avaient même pas un candidat alternatif.

Les conservateurs se sont perdus eux-mêmes, mais ce qu'ils ont entraîné dans leur chute, c'est le parti, qui, après ce mois de logorrhée revancharde, a achevé de se discréditer. Commentaire d'un conseiller présidentiel : « Nous avions offert au parti une chance d'être un acteur de la *perestroïka*. Il a perdu cette chance, et il faudra maintenant compter sans lui. »

M. Gorbatchev va donc utiliser son pouvoir présidentiel, mais il va devoir mener sa révolution pacifique sans appareil politique et sans institutions éprouvées. Ce ne sera pas des plus confortables, mais, après tout, cela ne l'a jamais été et son entourage semble aujourd'hui beaucoup moins inquiet des difficultés à venir que ravi d'avoir vu M. Gorbatchev briser les conservateurs et « brûler publiquement ses vaisseaux » dans le discours de mardi. Ce n'est pas dit, mais beaucoup des conseillers présidentiels sont clairement satisfaits que l'option « transformation du parti » n'en soit plus une.

Sur l'après-congrès, c'est donc le brouillard qui domine, mais deux repères balisent la route. Le premier est que le lancement d'une véritable réforme économique est désormais devenu la priorité des priorités. Sans elle, pas de véritable aide occidentale, pas de possibilité d'offrir, même à long terme, un espoir d'amélioration matérielle à une population qui ne peut éternellement se nourrir de politique, pas de possibilité d'enrayer ou de limiter la vague de mécontentement social dont la grève des mineurs n'a été, mercredi dernier, que le signe avant-coureur.

Or, la réforme économique, si décidé que M. Gorbatchev soit à la lancer, c'est le saut dans l'inconnu. Il n'y a pas de précédent qui compte, puisque aucun des pays d'Europe centrale qui ont amorcé leur passage au marché ne sortait de soixante-dix ans de gabegie et de destruction. Ici, il n'y a plus de paysans, plus de commerçants, peu de gestionnaires. C'est donc maintenant que commencent les choses sérieuses, maintenant que l'URSS entre dans la vraie zone des tempêtes.

Seconde certitude : le changement politique a d'ores et déjà créé l'embryon d'une nouvelle classe politique. Ainsi, en montant à la tribune, jeudi, pour annoncer qu'il ne pouvait être candidat au Comité central puisqu'il quittait le parti, M. Eltsine a agi en politicien consommé.

Loin d'expliquer sa décision par la manière dont s'achevait le congrès, loin, en d'autres termes, de s'opposer à M. Gorbatchev, il l'a au contraire présentée comme une conséquence logique de la *perestroïka* et du changement politique : « Dans le cadre du passage au multipartisme [et] en liaison avec mes obligations de président de la Fédération de Russie, a-t-il déclaré d'une voix forte et tranquille, j'annonce mon départ du parti communiste afin d'avoir davantage de possibilités de mener une action efficace et de montrer ma disponibilité à travailler avec tous les partis et toutes les organisations sociales. »

Infiniment plus libre de ses mouvements que M. Gorbatchev, le président russe a ainsi pris, dans la course à la future Union soviétique, une longueur d'avance sur le président fédéral. Depuis mai, c'est devenu habituel, mais les deux hommes n'ont jamais semblé à la fois si bien jouer l'un de l'autre et si obligés de le faire. M. Eltsine a servi à M. Gorbatchev à faire peur au congrès. M. Gorbatchev sert à M. Eltsine à montrer qu'il est vraiment, lui, le radical des radicaux et ni l'un ni l'autre ne pourront réaliser de réforme économique sans s'appuyer l'un sur l'autre. Finiront-ils par se retrouver, un jour, dans le même parti ? Les faits et la dynamique en décideront mais, en attendant, un quart environ des délégués de la tendance Plate-forme démocratique ont annoncé, jeudi aussi, devant le congrès, qu'ils se constituaient en fraction pour fonder à l'automne un parti. Ils ont avec eux l'influent maire de Leningrad, M. Sobtchak. C'est un atout de taille mais pas, tant s'en faut, décisif.

Mars 1989 - octobre 1990
Survols d'une révolution

Cinq ans de perestroïka : La mort du soviétisme

A douze jours des élections au Congrès du peuple, la direction du PC soviétique va examiner cette semaine, à la faveur d'un plénum du Comité central, la question cruciale des réformes agricoles. Un domaine que le gorbatchevisme n'a pas, jusqu'ici, réussi à transformer, alors que la mentalité soviétique, elle, a considérablement évolué depuis l'arrivée du nouveau secrétaire général au pouvoir, il y a quatre ans.

On pourrait, et facilement, s'y tromper. A voir la componction appliquée des présentateurs du journal télévisé lisant les communiqués de l'agence Tass, à voir les magasins vides et les ruées sauvages sur les arrivages d'oranges vertes, la pauvreté des appartements et la concentration de pharisiens défilant devant la momie de Lénine, à subir la perversité courroucée des petits rois du règlement ou encore à traverser des villes où les enseignes (« Pain », « Lait », « Vêtements », « Saucisson ») disent tout ce que ce monde a de rudimentaire, à s'en tenir donc à ses éternelles images de cette superpuissance sous-développée, on pourrait conclure que quatre ans de gorbatchevisme n'ont rien changé à l'Union soviétique.

Ce serait vrai, indéniablement vrai, puisque les faits sont là, et immensément faux dans le même temps. Car si l'arrivée au pouvoir de M. Gorbatchev, le 11 mars 1985, n'a effectivement rien changé à la vie matérielle des Soviétiques, il s'est en revanche produit depuis un événement aux conséquences immenses — la mort du soviétisme, de ce système donné, de cette réalité concrète qu'il ne faut appeler ni communisme ni socialisme pour couper court à des débats idéologiques sans plus d'intérêt que de fin.

Cette mort d'un système de pouvoir totalitaire, directement inspiré de la conception léniniste du parti révolutionnaire et porté par Staline à une telle perfection qu'il lui aura survécu trois décennies, ne signifie évidemment pas que la démocratie l'ait aujourd'hui emporté en URSS. Non seulement tous les instruments de l'exercice dictatorial du pouvoir sont intacts — du parti unique au monopole de l'information, en passant par la puissance de la police politique —, mais les évolutions de demain pourraient aussi faire regretter un jour le totalitarisme mou de la période brejnévienne.

De l'instauration d'une forme classique d'état d'exception à l'affirmation, sur fond de misère et de désarroi politique croissants, d'un nationalisme russe, xénophobe et anti-occidental, aucun scénario de victoire de l'obscurantisme n'est en effet à exclure. Le pire peut être pour demain, mais ce pire n'en serait pas moins, contrairement au brejnevisme qui en était la sénilité, tout autre chose que ce soviétisme dont la page est tournée.

Car de la peur et de l'idéologie, des deux piliers qui faisaient ce système, aucun des deux ne subsiste aujourd'hui. Ce système, si impérieux qu'il avait laissé croire à ses partisans, et à beaucoup de ses adversaires aussi, que le communisme était l'aboutissement de l'histoire, ce système, dont la victoire avait modelé le XXe siècle, a cédé la place à l'incertain bouillonnement des périodes de transition.

Dans un décor d'un classicisme épuisé, des acteurs, hier inconnus ou figurants, improvisent leur texte, l'action crée la réplique, et, si les premiers rôles ont un canevas en tête, rien ne dit qu'ils parviendront à s'y tenir. Ce qui n'est pas fini ne se définit pas, mais, quand les mêmes personnes qui ne voulaient pas il y a un an qu'on leur téléphone appellent maintenant trois fois par semaine pour annoncer les prochains meetings, ce qui n'est plus est alors bel et bien mort.

La peur, peur omniprésente des amis, des enfants, des micros ; peur d'oser même comprendre que la peur était la plus vaste des prisons et le meilleur auxiliaire de la répression ; cette peur, qui faisait des dissidents un objet de stupeur, réduisait les discussions politiques aux anecdotes et dispensait de terreur le brejnevisme, cette peur a été, d'un coup, balayée par l'événement majeur qu'a été, en juin dernier, la XIXe conférence du parti.

Avant, au bout de trois ans donc de *perestroïka*, seuls quelques milliers de jeunes gens avaient osé franchir le pas et s'organiser à visage découvert dans des clubs dits « informels » pour dire ce qu'ils pensaient. Ou pour chercher à comprendre ce qu'ils pensaient. Ou pour s'enivrer d'avoir le courage de penser à haute voix. C'était déjà, comme dit M. Gorbatchev à tout bout de champ et à raison, une « révolution », mais le phénomène restait marginal. Même ces grands intellectuels de Moscou, que le secrétaire général ne cessait d'appeler à se mobiliser et qui n'auraient rien risqué à conjuguer leurs forces en faveur des réformes, s'y refusaient — parce qu'il ne fallait pas aller trop vite, ne pas être la première victime du retour de bâton.

Et puis il y eut la preuve par neuf de la réalité de la volonté de changement de M. Gorbatchev lorsque, à l'approche de la conférence, en mars dernier, la bataille devint ouverte entre réformateurs et conservateurs. Depuis la fin des années vingt, c'était la première fois que les dirigeants du parti s'affrontaient ainsi publiquement, par voie de presse, appelant à la rescousse les spectateurs qu'auraient dû rester, dans le soviétisme, militants de base et simples citoyens.

Non seulement on pouvait ouvrir la bouche sans prendre le chemin des camps, mais on en était sommé par le bureau politique. Non seulement on s'affrontait dans les hautes sphères, mais l'enjeu de la bataille ne pouvait laisser indifférent puisque, à rester passif, on risquait d'y perdre gros — soit le profit de l'ordre établi, soit la chance d'un changement qu'on n'espérait plus. En famille, entre amis, dans les réunions de certaines organisations officielles, deux cent soixante-cinq millions de muets ont alors réappris à parler, mais il a encore fallu la conférence elle-même — les dirigeants du parti polémiquant à la télévision, l'adoption d'un train de réformes politiques fondamentales et des intouchables déboulonnés comme de vulgaires statues — pour que la parole explose.

C'était il y a huit mois, et il a suffi de ces huit petits mois pour qu'on ne s'émeuve plus outre mesure lorsque, réunis en février dernier sur la grande place de Vilnius, cent mille Lituaniens jurent solennellement de lutter pour l'indépendance de leur patrie. Il y a quelques années encore, toute manifestation de masse était sévèrement réprimée. Il y a vingt et un ans, un pays indépendant, la Tchécoslovaquie, avait été envahi pour beaucoup moins que cela. Aucun Lituanien, il y a huit mois, ne se serait imaginé prêtant publiquement un tel serment, mais en huit mois, effet boule de neige aidant, l'inconcevable est devenu banal.

Il y a, bien sûr, tous ces grands bouleversements que sont la diversification politique de l'URSS, la multiplication des organisations indépendantes de masse, les changements institutionnels — ce que retient la chronique des événements. Mais il y a surtout, beaucoup plus profond et plus durable que les moments d'une bataille, le changement des mentalités, ce qui affleure dans un regard, perce dans une réflexion, éclate dans un rire — ou dans le fard piqué par cette longue jeune femme, journaliste à tout faire du quotidien d'un sinistre trou industriel.

Elle voulait tout savoir du fonctionnement de la presse occidentale. Y a-t-il une censure en France ? Est-ce que tous les journaux y dépendent d'un parti ? Pouvez-vous faire tomber un président ? L'interrogatoire était serré, mais, à la première question interrompant le flot des siennes (« Et comment s'appelle votre journal ? »), elle a rougi, rougi comme seule fait rougir une atroce humiliation : « Oh, vous savez, c'est tellement ridicule ! — Mais, dites quand même ! — C'est... *Le Drapeau du communisme*... Si encore c'était *Le Drapeau* tout court ! »

Et puis il y a ces porteurs de « diplomate », du nom donné par les Russes à l'attaché-case. En rangs serrés, ils convergent vers Moscou et vont sonner à *Ogoniok*, aux *Izvestia*, à la *Komsomolskaïa Pravda* et chez les correspondants étrangers aussi, avec, sous le bras, la mémoire de l'URSS. Hier, ils n'auraient pas pu penser un seul instant à s'adresser aux rédactions soviétiques, et seuls les dissidents osaient contacter les correspondants.

Aujourd'hui, c'est, tel jour, le dossier complet de la répression des émeutes de Novotcherkass, en 1962. Tel autre, un fils de *zek*, qui arrive avec le journal intime de son père et des photos jaunies de la place Rouge à l'époque où le mausolée était encore en bois. Et, tous les matins, ce sont les plaignants, simples victimes hallucinées des petites mafias locales ou rescapés de camps, d'hôpitaux psychiatriques, d'orphelinats pour enfants de prisonniers, épaves poignantes de la mer de sang qui avait recouvert ce pays. Tous appellent, sur des téléphones écoutés, débarquent dans des immeubles au pied desquels le KGB relève les identités et déballent leurs documents dans des bureaux dont ils se contrefichent qu'ils soient bourrés de micros.

Et puis il y a cette furie de savoir que les étrangers expérimentent quotidiennement, constamment priés qu'ils sont de dire le vrai parce que supposés avoir, à l'Ouest, tout lu sur l'URSS. On veut enfin pouvoir démêler le grand mensonge, et les tabous se sont, dans cette quête, si bien écroulés qu'un lecteur de la revue *Rodina* résumait tranquillement la situation en écrivant le mois dernier : « Il n'est pas rare d'entendre des jeunes gens dire que [...] si les bolcheviks n'avaient pas pris le pouvoir, nous serions peut-être aujourd'hui plus riches, plus propres, plus libres [...]. Si l'on organisait un référendum sur cette question, je ne suis pas sûr que la majorité serait constituée par ceux qui ne partagent pas ces doutes [...]. »

« Les idoles ont été détrônées », ajoutait-il, et chacun sait qu'en pareil cas les grands prêtres ne peuvent plus intimider quiconque et d'autant moins quand ils n'y prétendent plus. Or ce qu'on appelait dans le soviétisme l'« idéologie » n'a plus d'existence réelle. Patronnée par un membre du bureau politique, il reste, au Comité central, une « commission idéologique ». Elle a sous sa coupe la presse, l'enseignement, les sciences et la culture, mais, outre que conservateurs et radicaux s'assoient régulièrement sur ses consignes, il n'y a plus de vérité établie.

Cette norme de toute chose, cette vérité révélée dont un bon citoyen ne s'éloignait pas et qu'un esprit critique ne pouvait discuter, comme on glose, qu'en en respectant la logique interne, l'idéologie donc n'est plus qu'un assemblage hétéroclite de garde-fous élastiques. Il y a des limites à ne pas franchir, mais, comme il n'y a pas entre les dirigeants de consensus possible sur leur définition, qu'elles reculent chaque jour, que l'on sait au bureau politique que la poussée est irrésistible et que certains de ses membres encouragent cette poussée, les formules sont devenues vagues.

Il faut, a-t-on essentiellement choisi de dire, « revenir à Lénine » et n'agir que dans « le cadre du socialisme ». A première vue, cela semblait habile. On pouvait ainsi faire une nouvelle norme léniniste de l'encouragement au marché, à l'initiative privée et à la liberté de discussion — tout défaire au nom de l'orthodoxie et dire jusqu'où ne pas aller trop loin en retraçant la frontière du socialisme.

La redéfinition de la vérité, la nouvelle loi, allait, une nouvelle fois, épouser les objectifs de l'heure, mais, dans la pratique, cela revenait à vouloir endiguer un torrent avec trois cailloux. Dès lors qu'il fallait revenir à Lénine, il a en effet fallu expliquer quand, comment, pourquoi, sur quels points et par qui son enseignement avait été déformé. Il a fallu, sauf à en faire un isolé mis en minorité, lui retrouver, dans la direction des années vingt, un allié au moins qui ait aussi incarné la politique remise à l'honneur.

C'est ainsi que Boukharine est devenu le héros du gorbatchevisme, mais, chemin faisant, il est aussi apparu qu'il y avait eu, jusqu'à la fin des années vingt, des courants dans le parti et au bureau politique et que la disparition définitive de cette démocratie interne avait très exactement précédé le triomphe de la terreur absolue. Or cette redécouverte s'est faite au moment même où les dirigeants d'aujourd'hui s'empoignaient en public.

La conclusion s'est imposée d'elle-même. Il n'y a pas de « vérité scientifique » en politique, pas de « loi objective », pas de norme s'imposant à tous et à tout, plus de norme idéologique, en tout cas, que quiconque puisse faire respecter. Un jour, quand chacun aura écrit ses Mémoires et que les témoignages se seront accumulés, on saura peut-être combien d'artisans de la *perestroïka* — et lesquels — savaient quelle serait la logique de ce « retour à Lénine » et s'y sont délibérément engagés.

Peu, sans doute, parmi les premiers rôles, mais, en attendant, la disparition de la peur s'est nourrie, et inversement, de la disparition de l'idéologie et ne subsistent du soviétisme qu'un décor pesant, l'héritage d'une monumentale faillite et une énigme. Car si le soviétisme est mort et le totalitarisme au stade de la décomposition, si le problème n'est plus de savoir si l'URSS peut changer puisqu'elle a changé, reste, en revanche, à comprendre ce que pourraient être le rythme et les formes de la recomposition.

Et le moins qu'on puisse dire est que le paysage après quatre ans ne laisse place à aucune certitude.

Cinq ans de perestroïka *:* L'« antirévolution » au pouvoir

Aux États-Unis, ce sont les pubs Coca-Cola, les vieilles dames mauves, les centres-villes dévastés et, à l'infini, accablants d'ennui autour de leurs galeries marchandes, les lotissements de banlieue. Ici, ce sont les clapiers de brique marron, le vide-ordures puant, et la place Lénine, sa statue, ses pelouses, son bel immeuble du parti, les retraités misérables et bardés de médailles, l'uniforme blanc des vendeuses dans les magasins vides et le vieillissement prématuré des femmes, alourdies et fatiguées par la pauvreté de la vie.

Comme les États-Unis, l'URSS a su uniformiser son paysage mais, en quatre ans de *perestroïka*, l'histoire, la géographie, l'immensité ont repris leurs droits. Le paysage est resté le même, mais le paysage politique, lui, s'est profondément diversifié. D'un point cardinal à l'autre, mais aussi entre deux Républiques baltes, deux fonctionnaires de la même commission du Comité central, deux grands quotidiens nationaux ou deux économistes réformateurs, les différences sont devenues fondamentales.

Et comme elles ne se réduisent plus à l'opposition entre les deux grands clans réformateur et conservateur, que de véritables courants politiques se cherchent et éclosent, que des stratégies s'ébauchent et que l'on joue de plus en plus cartes sur table, il y a désormais une vie politique en URSS, avec ses figures, ses lieux, ses rapports de forces et même ses calculs électoraux. Il y a une vie politique, mais elle renaît dans un monde sans culture politique, dans lequel la lobotomisation totalitaire avait pris le relais de l'autocratie et dans un monde, aussi, qui ne se connaît pas.

Car, au bout de soixante-dix ans de mensonges systématiques et d'asservissement des sciences sociales, rigoureusement personne n'est aujourd'hui capable, en URSS, de faire une analyse de l'URSS. De même que l'on ne connaît ni la valeur du rouble ni le prix réel d'aucun produit, on ignore à peu près totalement ce que sont les aspirations profondes des diverses couches de la population, leur degré d'attachement à la propriété collective ou leur perception des autres couches sociales.

Dans ce monde en mutation où, désormais, tout se dit, se mêlent étrangement culture préservée et culture redécouverte : la fascination pour la haute technologie, l'Amérique, la vidéo, et la mythification d'une Russie éternelle, paysanne, obéissante et religieuse.

Un jour, on entend une salle pousser des cris de stupeur en apprenant que c'est Staline qui avait fait assassiner Trotski. Et, le lendemain, une autre salle, que rien dans sa composition ne différencie vraiment de la première, semble tout savoir des premiers courants du socialisme russe. Des petits employés ont lu et quasi appris par cœur Soljenitsyne et des étudiants brillants, ignorant tout des grands thèmes bibliques, vous regardent perplexes quand vous parlez du veau d'or ou de la traversée du désert.

L'URSS ? Les intellectuels ? La Russie ? La petite Estonie même, si cohérente et habile dans l'affirmation de son autonomie ? Les réformateurs ? Les paysans ? Les conservateurs ? Non, rien de tout cela n'a encore un vrai visage. Ce pays est une vaste crise d'identité, et l'un des responsables de l'Europe socialiste au département international du Comité central en est aujourd'hui le meilleur exemple.

Alexandre Tsipko, c'est son nom, a le tutoiement immédiat et jovial, une carrure de bon vivant et toujours le mot pour rire. Au premier coup d'œil, un peu Ivan la joie sur les bords, il est en fait un penseur subtil et cultivé. Ancien haut fonctionnaire des Komsomols, chargé, à l'époque de Solidarité, du dossier polonais dans un des meilleurs instituts de l'Académie des sciences, il a été recruté au saint des saints par l'actuel patron de l'idéologie, Vadim Medvedev.

Or c'est cet homme-là, prototype de l'*apparatchik*, qui vient de publier dans une revue mensuelle [1] une série de quatre longs papiers sur les « Sources du stalinisme » dont l'idée maîtresse est que ce stalinisme ne peut être séparé « de la logique générale du développement de notre révolution », que, loin de l'avoir trahie, il l'a en quelque sorte exprimée.

A l'Ouest, cela se dit « Staline était dans Lénine et Lénine dans Marx », les hommes qui le disent sont, logiquement, de farouches adversaires du communisme, mais il n'y a apparemment pas, dans l'URSS d'aujourd'hui, contradiction entre les fonctions de M. Tsipko et cette parenté libérale. On a ainsi pu voir tomber du Comité central, l'intelligentsia moscovite ne s'en est pas encore remise, une critique virulente... de la timidité critique des intellectuels soviétiques, et une dénonciation passionnée de la facilité consistant à faire du stalinisme une « rupture totale avec l'idéologie et les idéaux [car], une fois Staline condamné, la foi en l'idéal se maintient et la pureté de la théorie est restaurée ».

C'est lui, l'homme d'appareil, qui écrit : « Plus nous nous indignons sur les vices de ce "traître à la cause révolutionnaire", moins nous réfléchissons à la révolution elle-même, à l'objectivité de ses contradictions internes, au radicalisme de gauche,

1. *Naouka i Jizn*

à la violence révolutionnaire [...], aux contradictions abyssales de la cause dans laquelle nous nous sommes lancés en 1917. »

« A quoi bon, poursuit-il, nous tromper nous-mêmes en faisant un mythe de Staline. Lui et ce qu'il a fait sont le produit d'un mouvement révolutionnaire qui a commencé bien avant qu'il n'accède au pouvoir. »

C'est clair : l'homme auquel le parti soviétique confie les relations quotidiennes avec les partis communistes au pouvoir estime que la source du stalinisme, c'est en fait « le messianisme, la déification du futur [car il ne s'agit pas tant là] d'une faiblesse, d'une passion romantique, que d'un grand péché devant l'homme et son peuple [puisque] la haine de la routine de la vie [...] a toujours été une haine de la vie ».

Il faut encore citer ce pur produit de l'appareil soviétique quand il s'attaque (sans le dire) à la conception léniniste du parti (« Le stalinisme est avant tout la tragédie, le drame, mais aussi la responsabilité de la vieille garde bolchevique qui a créé ce mécanisme politique, cette arme de pouvoir absolu que Staline a utilisée [...]. C'est bien la vieille garde, écrit-il, qui, du temps de Lénine déjà, a remis aux mains de Staline un pouvoir immense, né de la Révolution »).

M. Tsipko, c'est l'antirévolution au pouvoir, la contre-révolution dans la place : un vrai cauchemar d'orthodoxe dans la peau d'un *Homo sovieticus* de caricature. Troublant, mais ce mutant n'est pas une erreur de la politique. Question à un plus haut gradé que lui : est-ce qu'à laisser ainsi mettre en question la légitimité de la Révolution, vous n'ôtez pas toute légitimité à votre pouvoir ?

La substance de la réponse était que c'est finalement par erreur qu'on présente la Révolution de 1917 comme l'œuvre de bolcheviks, qu'il y a eu révolution parce qu'il y avait une situation révolutionnaire et que les bolcheviks se sont trouvés portés à sa tête parce qu'ils n'avaient pas de passé politique et que leurs mots d'ordre (la paix, le pain, la terre) étaient ceux de l'heure. Historiquement parlant, l'explication est franchement plaisante.

Politiquement, elle est en revanche très opérationnelle, car elle veut dire qu'on ne veut plus revendiquer aucun héritage, et qu'il s'agit aujourd'hui non pas d'idéologie mais de remise sur pied d'un pays menacé de cataclysme politique. Or, attention ! Ce n'est pas le dernier salon intellectuel de Moscou. C'est le Comité central.

Est-ce pour autant tout le Comité central ? Loin de là, puisqu'il s'y trouve bien au contraire une majorité d'hommes pour lesquels la révolution ne peut relever que du génial cerveau de Lénine et M. Tsipko, du bûcher. C'est à eux tous, pourtant, qu'ils sont le Comité central. Tous avec leurs réseaux, vassaux et complices dans les appareils inférieurs, leurs suzerains au bureau politique, leurs amis dans les autres capitales communistes.

Qu'est-ce que le haut appareil soviétique ? Un pouvoir de fait, qui a une existence mais pas de légitimité, d'énormes leviers de commande mais peu de possibilités d'action concrète — un conglomérat d'hommes radicalement différents mais condamnés, pour l'instant, à la coexistence.

M. Ligatchev, c'est certain, est conservateur. M. Gorbatchev, on en doutera moins encore, est réformateur. Et qu'a-t-on dit avec cela ? Pas grand-chose, car il se trouverait aujourd'hui très peu d'hommes au sommet (et notamment pas M. Ligatchev) pour penser qu'on pourrait gouverner l'URSS en ne changeant rien. Le bilan de faillite est connu de tous et ce n'est pas pour rien qu'on s'est décidé, il y a quatre ans, à porter au pouvoir un homme susceptible de redresser l'image de marque du pouvoir et du pays.

Là-dessus, il y a consensus, mais le consensus s'arrête là. L'éventail, pour le reste, va des partisans d'une démocratie pluraliste et libérale à ceux d'une droite musclée qui voudrait restaurer dans toute sa splendeur la puissance du parti pour en faire l'instrument d'une politique d'ordre — en rien communiste non plus — et fondée sur la prééminence des campagnes et des Russes. Entre ces deux bouts de l'échiquier, il y a toutes les nuances d'une palette — d'autant plus complexe que les points de vue évoluent dans une situation en évolution.

Où, par exemple, situer dans cette mouvance un M. Tsipko ? Extrêmement près du secrétaire général lorsqu'il explique que toutes les tentatives d'opposer le futur au présent, la morale communiste à la morale universelle, les intérêts du développement de l'histoire aux intérêts concrets des hommes n'ont jamais conduit à rien d'autre qu'au stalinisme.

Quand il s'aventure, implicitement mais clairement, à critiquer Lénine, M. Tsipko joue en revanche les avant-gardistes puisque Lénine et le fameux « retour à Lénine » sont officiellement les pierres de touche du gorbatchevisme. Au grand scandale d'hommes comme M. Ligatchev, toute la logique des réformes politiques promues par le secrétaire général tend pourtant à briser, en protestant du contraire, le monopole du parti et à le soumettre à un contrôle populaire.

Tout bouge. Rien n'est fixé, mais on peut aujourd'hui proclamer son hostilité à l'idée même de révolution et garder sa place au Comité central. Pour une crise d'identité, c'en est une, mais elle n'est pas moindre en dehors du parti.

Cinq ans de perestroïka*:* Le vertige du vide

Il n'y a pas que les dirigeants conservateurs qui s'en plaignent. Il y a aussi des Messieurs Tout-le-monde, nullement fanatiques de Leonid Brejnev, ou nostalgiques de la terreur stalinienne, qui estiment, et le disent, que la presse en fait trop dans la critique du passé.

Pourquoi, demandait récemment un chef d'atelier au cours d'une réunion à laquelle assistaient, à Kharkov, des membres du bureau politique, « pourquoi, demandait Arnold Korolenko, la cinquantaine et sans-parti, écrivait-on, avant, dans la presse que tout allait bien chez nous et que tout allait mal chez eux et pourquoi est-ce aujourd'hui tout le contraire : tout va mal chez nous et tout va bien chez eux » ?

« Je ne serai jamais d'accord avec ça ! Vous pouvez me faire fusiller, je n'y croirai jamais », ajoutait-il tout indigné, en précisant qu'il n'était pas un « exalté du patriotisme à lunettes roses ». Bien au contraire, pour avoir habité, depuis 1944, dans une cave et venir seulement d'accéder à un appartement avec balcon (le « rêve de ma vie »), il sait que l'URSS n'est pas une vallée de miel. Il le sait, mais avec cette « tendance de la presse à n'écrire sur nous que des choses toutes plus cinglantes les unes que les autres », il est « vexé », humilié à l'égard de ces jeunes gens qui n'ont pas vécu la guerre, jamais « fait la queue des jours entiers pour du pain » et qui viennent dire à leurs pères qu'ils n'ont « été que des jouets entre les mains de Staline ».

C'est dur, car « la seule chose qu'on avait, c'était ce sentiment d'avoir honnêtement travaillé et brusquement on nous dit : ''Tu t'es démené en vain, l'abeille : t'as vécu une époque d'erreurs et de désenchantements perpétuels [et] nous nous retrouvons sans histoire ». Autrement dit, sans identité. Le paradoxe de cette remise en question de l'histoire, du grand dévoilement de l'horreur stalinienne, est qu'il laisse effectivement un peuple sans passé. De l'industrialisation, des « grands bonds » de la production, des progrès sur tous les fronts, de tous les mythes, il ne reste que l'effroyable litanie du sang et un bilan de totale faillite, le trou noir de générations immolées.

Même pour ceux qui ont leur vie devant eux, il n'est pas facile de s'en accommoder, mais pour ceux dont ce fut la vie, c'est le vertige, un vertige qui pousse certains à la haine de la *glasnost* puisqu'il y a des moments où l'on hait les miroirs. Ceux-là ne sont pas la majorité. La majorité, ce sont les grappes humaines devant les panneaux d'affichage des *Nouvelles de Moscou*, les kiosques à journaux dévalisés dès l'aube, le tirage d'*Ogoniok* doublé en quatre ans tandis que quadruplait celui de *Novy Mir*.

Mais, même pour cette majorité, c'est dur. Dur, par exemple, pour cette jeune journaliste cheville ouvrière de la *perestroïka*, d'avoir réalisé il y a peu ce que seraient, le jour venu, les premiers vrais témoignages, sur la guerre d'Espagne. « L'Espagne, dit-elle, c'est tout ce qui nous restait de vraiment beau » — absolument tout, en effet, et les Soviétiques finiront pas apprendre la prolongation, jusque là-bas, de la terreur d'ici.

Or, si l'on ne peut pas construire sur le mensonge, on le peut moins encore sur le vide. Le mensonge est battu en brèche, les faits s'amoncellent, mais l'URSS aurait maintenant besoin de commencer à comprendre où a commencé la tragédie, car sans conscience de ce qui s'est passé, sur quelles bases reconstruire ?

Il faudrait pouvoir reprendre le fil de l'histoire, se retrouver, retrouver une identité, mais après soixante-dix ans de soviétisme, il n'y a pas de gens à même de faire revivre des traditions politiques. En Hongrie, en Pologne, dans d'autres démocraties populaires plus discrètement, les courants et partis qui se reconstituent en ce moment s'inscrivent dans des filiations directes. En URSS, au contraire, s'il y a de plus en plus de gens pour déclarer que la Révolution a été un malheur, il n'y en a pour ainsi dire pas qui sachent à quel système de valeurs se raccrocher. Il n'y a pas de monarchistes, de sociaux-démocrates ou de libéraux. En dehors du parti, comme dans le parti, il n'y a qu'une nébuleuse où tout se redécouvre, tout se discute mais rien ne s'impose encore — sauf deux choses : l'écologie et le nationalisme.

Cela, c'est simple, c'est clair et cela se retrouve, aux quatre coins de l'Union, le plus souvent étroitement mêlé dans un même rejet global du système. En défendant l'environnement, on s'en prend en effet aux diktats économiques et industriels de Moscou, à cette volonté de tout unifier que traduisaient les grands projets de détournement de fleuves, et à un modèle de développement qui a privilégié jusqu'à maintenant une industrie lourde, archaïque, polluante et dévoreuse de toutes les ressources.

En manifestant contre une centrale nucléaire ou une cheminée d'usine crachant le cancer, on manifeste contre la toute-puissance de Moscou, pour le droit de décider chez soi, pour la prééminence de la nation sur l'Union, pour l'affirmation de nations que le soviétisme condamnait à se fondre dans un *melting-pot* russe. Il y a crise d'identité et c'est tout naturellement que s'affirme d'abord l'idée mobilisante, mais dramatiquement courte, de nation.

Car une fois qu'on a dit qu'on voulait l'autonomie culturelle ou l'indépendance totale, on n'a pour autant pas dit quel visage on souhaiterait donner à l'Estonie ou à la Moldavie de demain. En Lituanie, il y a ainsi, aux côtés du mouvement de soutien à la *perestroïka*, la très puissante organisation nationaliste connue sous le nom de Sajudis, un minuscule parti indépendantiste.

Ses membres sont des radicaux au demeurant très pacifistes, qui entendent, eux, « désigner l'ennemi », c'est-à-dire ne pas composer avec le parti. Intransigeants, ils veulent rompre avec le passé, notamment rendre la terre aux paysans. Mais demandez-leur si, cette terre, il faut la redistribuer gratuitement, la vendre, n'en céder que le droit d'exploitation et si l'on pourrait ou non la léguer, et c'est la confusion la plus totale.

Déjà puissants, les nationalismes soviétiques n'en sont qu'à leurs premiers pas. C'est d'eux que renaîtront les mouvements d'idées, c'est en leur sein et en fonction d'eux que se définiront les forces de demain, mais ils sont, pour l'heure, encore loin de s'être trouvés — et notamment pas le nationalisme russe.

De tous, c'est à la fois le moins organisé et le plus important, le plus connu et le plus difficile à cerner. A eux seuls, les Russes représentent la moitié de la population soviétique. Leur république est plus vaste que les quatorze autres réunies. Ce qui se passera en Russie décidera largement des évolutions futures de l'URSS, mais la seule chose sûre, c'est que les Russes sont excédés.

Puisqu'ils sont le cœur de l'empire et les héritiers de la sainte Russie, ils sont, pour toutes les autres nations, responsables de tous les maux. Puisqu'ils sont l'URSS, puisqu'ils étaient la préfiguration d'une future nation unique et sans doute aussi parce que leur force est en elle-même inquiétante, ils sont les seuls à n'avoir ni parti ni Académie des sciences à eux — pas de voix propre donc. Et parce que les autres, aux frontières méridionale et occidentale, sont ouverts sur l'extérieur, ont le soleil ou des traditions européennes incomparablement plus affirmées, ils sont, à bien des égards, les plus mal lotis.

S'ils émigrent, en quête d'un meilleur climat, de meilleures conditions de vie, d'un peu moins de contraintes, ils sont reçus comme les colons qu'ils sont et on ne se prive pas de leur dire qu'ils sont de trop. Et puis enfin, si les Baltes peuvent rêver d'indépendance, eux ne peuvent que s'interroger sur le futur de la Russie, leur place dans le monde, et leur « existence en tant que nation ».

Alors il y a ceux qui voudraient souhaiter bon vent aux autres républiques car elles ne feraient que sucer le sang de la Russie et ceux pour lesquels il est au contraire temps de faire rembourser soixante-dix ans de généreux bienfaits. Il y a ceux qui se raidissent dans l'hostilité aux changements, et ceux pour qui les changements devraient d'abord signifier l'affirmation de la Russie. Il y a ceux qui recherchent une identité nationale, manifestent pour la préservation de la nature et des vieux monuments et n'ont pour autant nullement envie d'accuser Arméniens, Azeris et autres juifs de tous leurs malheurs.

Outre que c'est ici que l'enjeu est le plus important, c'est ici aussi que se cherche une alliance qui pourrait peser lourd — celle des conservateurs de l'appareil et des slavophiles, anti-occidentalistes, autoritaristes, xénophobes et antisémites. Les premiers comme les seconds haïssent tout autant la démocratie, le rock et la liberté d'expression.

On s'entend bien. On s'épaule, et c'est ainsi qu'un groupe

d'écrivains russes d'Irkoutsk s'adressait au gouvernement soviétique, à la veille de la conférence du parti, en juin 1988, pour demander en particulier le « renforcement du contrôle du Comité central sur la radio, la télévision et la presse, l'interdiction par la loi de la narcomanie musicale et la promotion des traditions nationales afin de barrer la route à la propagande des goûts occidentaux ».

Tout récemment publié dans un journal local, ce texte commence par expliquer que « la Russie est la Cendrillon des peuples de l'URSS » et en donne pour preuve que « nous autres Russes, en nous privant littéralement de tout, achetons sur les marchés, pour nos enfants et nos malades, des agrumes vendus à des prix fabuleux par des Méridionaux qui ne cachent pas leur mépris pour notre pauvreté ».

C'est vrai, citrons et oranges ne poussent pas en Sibérie, leurs prix sur les marchés privés les font vendre à la pièce et suit un fatras mêlant vrai et faux, faits et fantasmes. Le travail des femmes et la mortalité infantile semblent relever d'un complot antirusse, on déplore que la croissance de la population ne tienne qu'à l'assimilation d'étrangers prenant des noms russes, et on lit qu'« il y va de notre avenir, de l'avenir du peuple héritier [...] de Roublev, Pouchkine, Tolstoï, Tchaïkovsky [...] et Lénine, de l'avenir du peuple qui, par trois fois, a sauvé l'Europe en se sauvant lui-même de la Horde d'or, de Napoléon et d'Hitler, du peuple qui a su réaliser le rêve de justice sociale de l'humanité et créé le régime socialiste le plus progressiste du monde ». C'est tout ?

Non. Il y a encore cette « nationalité (les juifs, bien sûr) dont les effectifs ne représentent que 0,69 % de la population » et qui trusterait 45 % des diplômes scientifiques, bien d'autres délires effarants et ce passage : « Habilement dirigée par les forces de la réaction internationale à la tête de laquelle se tiennent les relais de l'agression impérialiste que sont les sionistes, une russophobie est développée contre la Russie, comme porte-drapeau du communisme. »

De même qu'il y eut un national-socialisme, cela pourrait s'appeler du national-communisme. Cela plaît à beaucoup de gens. Publiquement ou en sous-main, des écrivains respectés et populaires soutiennent, et l'appareil de Moscou, par exemple, d'ordinaire si réticent à permettre le moindre rassemblement, autorise sans difficulté des meetings de trois mille personnes où l'on dénonce la « tel-avision » — jeu de mots limpide sur Tel-Aviv et la télévision.

Comme dans toute période de fracture et de désarroi, les plus terribles basculements sont possibles. Ils ne sont pour autant pas certains car si le vide politique est le meilleur terreau des vieux démons, il a aussi l'avantage de laisser un peu de temps et de marge de manœuvre à M. Gorbatchev.

Cinq ans de perestroïka *:* Le chaos créateur

Longtemps, M. Gorbatchev eut un côté petit scout, trois cents pas en avant du parti et avant-garde à lui tout seul. C'était l'époque où il cherchait à sonner le changement en frappant les imaginations, où on l'entendait menacer un jour de « balayer » ses adversaires conservateurs et, franchement égrillard un autre jour, répondre à une dame qui lui avait, de très près, demandé d'être près du peuple : « Plus près... on ne peut pas. »

Aujourd'hui, le petit scout a des airs de sénateur tranquille, rond et rassurant. L'homme qui deviendra le mois prochain le premier chef d'État de l'histoire de l'URSS et de la Russie à tenir un mandat de député, cet homme-là joue déjà la carte de tout bon président — intérêt national, hauteur et bonhomie.

A le voir maintenant, on le croirait presque à l'abri de tout danger, comme si soudain rien ne le menaçait, ni la faillite économique, ni les tensions nationales, ni la résistance acharnée de l'appareil. Et de fait, quelque chose a changé.

Rien n'est gagné. Tout ne cesse, au contraire, de se compliquer chaque jour, mais les réformes politiques que M. Gorbatchev a fait avaliser en juin dernier par la conférence du parti n'ont pas seulement secoué la torpeur générale, convainquant les Soviétiques de sa volonté de changement. Elles l'ont aussi mis à l'abri d'une révolution de palais.

Encore un mois et il ne suffira plus aux conservateurs d'une réunion du bureau politique ou du Comité central pour se débarrasser du père de la *perestroïka.* Sauf à destituer un secrétaire général qui resterait chef de l'État (et avec des pouvoirs désormais étendus), il leur faudrait aussi convoquer les deux mille cinq cents députés du Congrès du peuple — se lancer, autrement dit, dans un complot autrement plus hasardeux.

Le spectre de la chute soudaine de Khrouchtchev s'estompe ainsi, et cela dans un moment où la position personnelle de M. Gorbatchev est devenue moins fragile. A l'automne, la vieille garde du bureau politique, M. Gromyko en tête, a été proprement balayée. Isolé, ceux des conservateurs patentés qui y siègent encore, MM. Ligatchev, Tchebrikov et Zaïkov sont condamnés à plus de prudence. La politique étrangère est entre les mains de deux brillants fidèles, MM. Jakovlev, au secrétariat du Comité central, et Chevardnadze au ministère. Un troisième fidèle, M. Razoumovski, supervise toute la pyramide de l'appareil.

L'idéologie, c'est-à-dire le contrôle de la presse et des milieux intellectuels, a été confiée à un homme, Vadim Medvedev, assez autoritaire pour en imposer aux *apparatchiks* et totalement acquis cependant à la nécessité de sa révision. Le nouveau patron du KGB, M. Krioutchkov, vient du secteur international de la sécurité d'État, celui où l'on est réputé conscient du besoin d'ouverture.

Quant aux appareils intermédiaires et inférieurs, outre que les sièges y sont devenus instables dès 1985, ils sont en campagne électorale depuis le printemps dernier. Il y a d'abord eu la préparation mouvementée de la XIXe conférence. Puis, à la rentrée, les nouvelles élections internes du parti, qui se sont soldées par le remplacement de près de 170 000 secrétaires de cellule, de 62 % des responsables de quartiers et de villes et de 59 % des élus régionaux. Puis il y a eu 2 901 candidats pour 1 500 circonscriptions — la campagne en cours pour l'élection des députés du Congrès. Et l'on sera à peine sorti de cet historique premier scrutin à candidatures multiples qu'on remettra ça à l'automne prochain avec les élections locales.

L'appareil enrage. La résistance est suffisamment forte et efficace pour que la multiplicité des candidatures demeure souvent symbolique et ne soit imposée que dans trois circonscriptions sur quatre, mais c'est sur la défensive qu'est aujourd'hui l'appareil et non l'inverse. Chaque fois l'épreuve est présentée — ce qu'elle est d'ailleurs également — comme une bataille du parti, comme une bataille dans laquelle il faut serrer les rangs Ce n'est pas « Feu sur l'appareil ! », mais c'est un coup de boutoir après l'autre : le renouvellement des effectifs par l'épreuve.

Et, tandis qu'il prend ainsi le parti d'assaut (à partir, c'est l'originalité, du donjon), M. Gorbatchev a si bien mis les bouchées doubles en politique étrangère, enterré la bataille des euromissiles, quitté l'Afghanistan et repris le dialogue avec la Chine, engagé une négociation prometteuse sur la réduction des armements conventionnels en Europe, laissé la Hongrie se rallier au pluripartisme et le général Jaruzelski négocier un partage du pouvoir avec Solidarité, entrouvert les frontières et dépeuplé les prisons, renoué avec Israël et l'Iran d'un même voyage de M. Chevardnadze, bref, si rapidement réussi le *come-back* international de l'URSS, qu'il est devenu indispensable.

Il est, à lui seul, la politique étrangère soviétique. Il incarne son pays pour le monde entier et, à force de lier l'URSS à coups d'accords bilatéraux, multilatéraux et internationaux, il rend chaque mois les changements intérieurs un peu moins réversibles.

Tout le menace, c'est certain, mais tout comme on peut avoir une mauvaise santé de fer, il a la fragilité solide. En quatre ans, la situation alimentaire s'est si peu améliorée qu'elle est l'objet depuis mercredi d'un plénum du Comité central et que les Soviétiques sont persuadés qu'il y a même une dégradation de la situation. Vrai ou faux, qu'importe, l'important est que la frustration populaire grandit et que, tôt ou tard, éclateront, dans une région ou l'autre, des manifestations de protestation.

Ce n'est pas une probabilité. C'est une certitude, et il est tout aussi évident qu'on ne résoudra pas ce problème du jour au lendemain. La pénurie, c'est tout le problème de ce système : la centralisation et l'irresponsabilité, la gabegie et la corruption, le vol à grande échelle et les camions en panne, les tracteurs pourrissant dans les champs et le casse-tête politique des formes de propriété. La liste n'est pas exhaustive, et il faudra de très nombreuses années pour obtenir mieux que de légères améliorations. C'est grave, cela empêche de dormir tous les partisans de la *perestroïka*, mais il ne faut pas oublier pour autant que l'actuel régime soviétique est tout à fait capable de survivre à des manifestations et même des troubles.

Hier, sous le brejnevisme et, plus encore, le stalinisme, toute manifestation était une atteinte directe à l'autorité du pouvoir, un mortel et donc intolérable signe de faiblesse. Aujourd'hui, la situation de crise est reconnue, quotidiennement analysée, décrite dans le détail, et les manifestations, autorisées ou non, ne sont plus des événements exceptionnels. M. Gorbatchev vit avec et vivra avec, de même qu'il vivra avec les grèves dont la multiplication est tellement attendue que la presse y prépare l'opinion en écrivant qu'à bien y regarder la loi soviétique n'interdit pas les arrêts de travail.

La crise des nationalités n'en est, de même, qu'à ses débuts. Il sera notamment très difficile à M. Gorbatchev de faire face à la montée du nationalisme en Lituanie où les indépendantistes se préparent très sereinement à conquérir, en novembre prochain, la majorité au Parlement républicain et à demander ensuite... à sortir de l'Union. Or, cette majorité, ils l'obtiendront sans l'ombre d'un doute puisque leur pression a déjà fait éclater de fait le parti lituanien et qu'ils sont de très loin la force dominante de la République. Crise il y aura, mais la crise dure depuis plus d'un an en Arménie où les élites locales ont nettement moins de sens politique et d'art du compromis que celles des pays baltes.

L'URSS ne s'en est pas écroulée pour autant, tant il est vrai que la Grande-Bretagne vit avec l'Irlande et l'Espagne avec l'ETA et que si M. Gorbatchev s'évertue, depuis quatre ans, à créer des soupapes de sécurité et à recréer des corps intermédiaires en libéralisant la presse et en démocratisant les élections, c'est qu'il sait ce qui l'attend.

Qu'il réussisse demain à imposer des réformes économiques d'ampleur et il faudra faire face au chômage et à une vertigineuse augmentation des prix dans un pays où le salaire mensuel moyen est de 220 roubles, où 41 millions de personnes vivent avec moins de 80 roubles par mois — soit le prix d'une paire de bottes. Qu'au contraire cette réalité de la misère et le blocage conservateur empêchent de promouvoir les réformes et la faillite s'accentuera encore — et avec elle la misère et les pénuries.

Le problème, en d'autres termes, n'est pas tant pour M. Gorbatchev l'inévitable amoncellement des crises à l'horizon que de savoir s'il pourra réussir à gagner assez de temps pour définir, en marchant, un projet politique susceptible d'être accepté à la fois par le parti, les Républiques et une base sociale consentante.

Pour l'heure, ce projet n'existe pas, tant il est vrai que les réformes politiques de l'année écoulée ne sont qu'une première mouture, aussi insuffisante et bancale que l'étaient les premiers plans de réforme économique. Ce projet n'existe pas, car personne, après soixante-dix ans de soviétisme, ne pourrait le sortir d'un chapeau. Seul le temps permettra de le définir — le temps qui habituerait le parti aux réalités, qui tempérerait de réalisme les rêves des Lituaniens et de bien d'autres, créerait l'expérience des premiers succès et des premiers échecs et apporterait surtout l'indispensable connaissance de cette société qui a besoin de se découvrir avant de savoir ce qu'elle veut et ce qu'elle peut.

Or, du temps, M. Gorbatchev en a puisque personne n'a de projet à lui opposer alors qu'il bénéficie, lui, d'un pouvoir dont il serait absurde de sous-estimer la puissance ; d'un très large crédit de confiance et, avant tout, d'une situation de fait qui est l'un des éléments majeurs de ce jeu politique. Mieux que lui, il n'y a pas.

D'Estonie en Arménie, chez tous ceux qui savent que le *statu quo* est impossible, on le sait, tout comme au bureau politique, dans les capitales étrangères, au Vatican, en Pologne, ou bien encore dans les banques allemandes. Puisqu'il n'a pas en face de lui, ni à gauche, ni à droite, de forces cohérentes, M. Gorbatchev a le temps de jouer le temps, de jouer le chaos créateur en laissant s'ouvrir les bouches et s'affirmer des forces organisées indépendantes, en suscitant l'apparition d'hommes nouveaux, en sachant reculer pour mieux redémarrer, en ébranlant, mais sans le casser, le parti de fond en comble, en appelant, concessions à l'appui, les Églises à la rescousse — en martelant inlassablement, avec une foi d'instituteur de la IIIe République, qu'il n'y a pas d'autre voie que la *perestroïka*.

En quatre ans de ce chaos, beaucoup de choses — et toutes pour le meilleur — ont déjà changé en URSS. Il ne faut pas aujourd'hui répéter, vis-à-vis de ce pays, l'erreur commise par les communistes lorsqu'ils s'aveuglaient à prophétiser que le capitalisme mourrait de ses contradictions. Le soviétisme est mort, mais les pays, eux, meurent rarement. Sans même s'en rendre compte, ils se battent pour survivre et peut-être serait-il temps de voir que, depuis l'après-guerre, l'histoire de l'Europe communiste a été un long combat pour la liberté, et que, dans chacune des défaites, il y eut quand même des avancées.

Il faut cesser de penser en termes de « dégel » et de « regel » ;

se souvenir qu'après Staline il y eut Khrouchtchev ; réaliser enfin que le brejnevisme n'a jamais été un retour au stalinisme et que le gorbatchevisme est autrement plus radical que le khrouchtchevisme. Il faut, il en est plus que temps, accepter de voir que, sous toutes les latitudes, le soviétisme rend les armes tandis que, sous nos yeux, la Chine, la Hongrie et la Pologne se hasardent — bien obligées — aux premiers pas d'une évolution pacifique vers un post-totalitarisme encore inconnu.

L'entreprise gorbatchevienne n'est en rien obligatoirement désespérée. Ses chances de réussite sont infimes, mais réelles, et dépendent avant tout d'une question de rythme. La renaissance de la société civile s'accélérera-t-elle si fort pour les « conservateurs », que le parti de l'ordre jugera indispensable, alors qu'il en aura encore les moyens, de jouer son va-tout ? Cette renaissance tardera-t-elle trop à trouver sa maturité pour permettre au secrétaire général d'imposer le réalisme au parti ? Le mouvement s'emballera-t-il, tant en Pologne et en Hongrie, que M. Gorbatchev sera sommé de réagir ? Les succès du compromis s'y feront-ils tant attendre qu'au contraire l'exemple deviendra contre-exemple ? Vivra-t-on l'étape superflue du coup d'arrêt brutal, temporaire mais, par définition, bien trop long ? Ou bien — le pire n'étant pas toujours certain — le miracle se produira-t-il : *allegro ma non troppo.*

Tout le monde l'ignore, et M. Gorbatchev le premier, mais la certitude est qu'il faut lui souhaiter bonne chance, car si le chaos peut être créateur, il peut aussi être sanglant.

La parole au patron de l'idéologie : « Il n'y a pas de contradiction entre pluripartisme et société socialiste »

Le nouveau Congrès des députés du peuple devait se réunir, jeudi 25 mai, à Moscou. A la veille de cette session, M. Vadim Medvedev, secrétaire du Comité central du PC soviétique, chargé de l'idéologie, a répondu aux questions du *Monde* sur l'esprit et la portée des réformes politiques entreprises au nom de la *perestroïka.*

— *Comme M. Gorbatchev ou le Premier ministre Nikolaï Ryjkov, vous avez, toute votre vie, été un homme d'appareil à la carrière irréprochable et vous voilà, comme eux, devenu l'un des chefs de file de ce soudain changement. A quoi ce retournement a-t-il tenu ? Est-ce une brusque révélation qui a été à l'origine de la* perestroïka*? Une lente évolution, au contraire ?*

— Prenez la période actuelle : vous voyez qu'y coexistent la volonté de reconstruction, l'inertie créée par le système de commandement administratif et le conservatisme. Il y a une dialectique de la période et il y avait une dialectique des époques antérieures. Dès avant la *perestroïka*, beaucoup de gens étaient conscients que de sérieux changements devaient se produire, que certaines formes de la vie sociale, économique et politique étaient dépassées [...]. Cela se disait, s'écrivait et, en ce qui concerne notre actuelle direction, M. Gorbatchev et plusieurs autres, comme M. Ryjkov, ont mené pendant plusieurs années un grand travail politique, au sein même du Comité central où ils siégeaient déjà. La *perestroïka* n'est pas tombée du ciel en 1985.

— *Pour M. Ryjkov on savait, puisque M. Gorbatchev a déjà fait allusion à la télévision aux textes qu'ils avaient préparés ensemble, mais qui étaient les autres ?*

— Beaucoup de scientifiques, d'économistes, de sociologues, ont pris part à ce travail. Il y a eu beaucoup de réunions, de consultations...

— *Ouvertement tenues ? Dans les dernières années du brejnevisme ?*

— Il n'y avait pas d'interdiction et n'oubliez pas qu'après Brejnev il y a eu Andropov, que des pas ont déjà été faits à ce moment-là. Puis, il y a eu Tchernenko...

— *... et en ralentissement ?*

— Oui, c'est vrai, mais le travail d'analyse s'est poursuivi. M. Gorbatchev y a beaucoup contribué, non seulement dans le domaine agricole, mais aussi sur la question des modes de propriété et de l'importance centrale de l'homme. D'autres camarades ont apporté leur expérience internationale...

— *Comme M. Iakovlev ?*

— Oui, mais pas seulement lui, et d'autres encore ont apporté leur expérience du parti, leur compréhension de la nécessité de le démocratiser...

— *A ce propos, la télévision soviétique a observé un silence très remarqué sur les manifestations de Pékin. Cela veut-il dire que l'ampleur prise par ce mouvement va vous inciter à vouloir freiner ici les réformes politiques ?*

— [...] Nous aurions, bien sûr, pu rendre compte de l'événement mais, pendant une visite officielle, nous essayons de tout faire pour ne pas donner à penser que nous voudrions influencer les événements intérieurs [du pays hôte].

« Une visite rend tout beaucoup plus délicat, mais pour ce qui est de nos conclusions à nous, nous les tirons sur la base de ce qui se passe en Union soviétique. Et sur la base de nos processus internes, nous considérons qu'il faut aller de l'avant, avec esprit de suite, plus vite — y compris dans le domaine politique. »

— *Pourquoi refuser alors d'envisager un développement du pluripartisme en URSS ? Plusieurs pays socialistes l'admettent et il tend même à prendre un contenu en Hongrie et en Pologne. En quoi le pluripartisme serait-il contraire au socialisme ?*

— Il n'y a pas de contradiction, l'expérience le montre, entre pluripartisme et société socialiste. En elle-même, l'existence d'un ou de plusieurs partis dans une société socialiste est une question de pratique historique, de conditions concrètes, de traditions. Dans notre pays, après la Révolution, il y eut ainsi pendant quelque temps des représentants d'autres partis dans les soviets et également au gouvernement. [...]

« Quant au monopartisme, il n'y a pas non plus de contradiction entre lui et la démocratie. Il ne l'exclut pas dès lors que le parti agit démocratiquement, dans le cadre d'un État socialiste de droit, et se trouve placé sous contrôle permanent du peuple. Tout comme le monopartisme n'est pas synonyme d'antidémocratie, le multipartisme n'est nullement une garantie contre des méthodes de gouvernement non démocratiques et même antidémocratiques. Ce qui compte, ce sont les possibilités dont dispose une société d'exprimer les intérêts des individus et des groupes sociaux, de les confronter et de les prendre en compte.

« Dans l'état actuel du développement de notre pays, dans l'extrême complexité et la diversité des aspects de la *perestroïka*, nous ressentons la nette nécessité de l'unique force d'intégration *(des divers courants sociaux-politiques [NDLR])*, qu'est le parti. Le parti a été l'initiateur de la *perestroïka*, il en constitue l'assise et la force sociale essentielle. Il en est également le principal garant. Les tentatives de l'ébranler, de l'affaiblir, de l'opposer à d'autres forces et organisations politiques ne relèvent donc de rien d'autre que d'une volonté de faire obstacle à la *perestroïka* [...]. »

— *Si vous ne voulez pour l'instant pas du pluripartisme, accepteriez-vous de réinstaurer le droit de tendance au sein du parti ? Cela obligerait chacun à définir ses positions et vos débats y gagneraient en clarté...*

— Il n'est pas de société démocratique sans luttes et confrontations d'idées, sans individus ou groupes aux approches différentes. Cela va de soi et cela est également vrai pour le parti. Si c'est cette diversité, cette lutte d'idées que vous entendez par droit de tendances, alors il n'y a là aucun problème pour nous. Notre histoire nous a cependant donné une autre vision des tendances. [...] Celle de partis à l'intérieur du parti faisant obstacle à [...] l'application d'une politique unie. C'est un tout autre problème. Le droit à l'existence des tendances au sein du parti contredit son rôle d'avant-garde de la société.

— *Et si vous n'aviez plus le choix ? Je vous cite un récent article de la* Pravda *: « Dans le même appareil travaillent souvent tant les chefs de chantier de la* perestroïka *que ceux qui la freinent [...], on se prend à penser : combien y a-t-il de partis, dans notre parti ? [...] Plus vite nos instances se débarrasseront de ces freins des bureaux, plus grandes seront [leurs] chances de devenir de véritables états-majors de la* perestroïka. » *Vous n'êtes pas d'accord ?*

(D'un regard, M. Medvedev interroge ses collaborateurs qui, pas plus que lui, n'ont lu cet article. Il commence par se refuser à tout commentaire puis répond tout de même.)

— Je suis d'accord avec ce que vous avez cité concernant l'existence de positions diamétralement opposées au sein du parti. Il y a des positions conservatrices [...] qui ont leurs tenants et à l'autre extrémité il y a l'impatience et la désolation quand cela ne va, pense-t-on, pas assez vite.

— *Et, actuellement, les signes de lutte entre conservateurs et réformateurs se multiplient. Vous-même et M. Iakovlev avez été critiqués au cours du dernier plénum. Un autre membre du bureau politique, M. Ligatchev, s'est vu accusé à la télévision, par un magistrat élu député, d'avoir été lié au scandale du coton ouzbek. La lutte ouverte a-t-elle désormais atteint le bureau politique ?*

— Les remarques critiques adressées aux membres de la direction reflètent plutôt le développement de la démocratie, de la *glasnost* et de l'esprit d'ouverture. [...] Elles ne sont pas forcément liées à une prétendue accélération d'une lutte au sein de la direction. Cela dit, il y a une différence certaine entre les remarques faites à propos d'Alexandre Iakovlev et de moi-même et celles qui ont visé Egor Ligatchev.

« Dans le premier cas, elles concernaient notre travail qui a semblé insuffisant à un orateur. Dans le second, il s'agissait d'accusations de violation de la loi. Il y a critiques et critiques, et si je ne dirais pas que les premières étaient incontestables, les secondes [constituent] des attaques sans fondement et de caractère provocateur. »

— *Pourquoi vous obstinez-vous à nier la réalité des divergences au sein du bureau politique ? C'est l'absence de divergences qui serait anormale.*

— Bien sûr que chacun a sa biographie, [et] de même que dans le parti nous avons des discussions très vives pratiquement sur chaque sujet, mais nous recherchons les solutions ensemble. Il n'y a pas de groupes. C'est normal.

— *Si vous avez les mêmes débats que dans le parti, cela veut bien dire qu'il y a des réformateurs et des conservateurs parmi vous.*

— Non, je ne ferais pas une division en ces deux catégories. Tout dépend du contenu [des discussions].

— *Après avoir donné comme mot d'ordre de la* perestroïka *le « retour à Lénine », vous dites maintenant que ce retour ne doit pas être mécanique et qu'il faut, je vous cite, « comprendre Lénine à la lumière du monde moderne ». Quelles sont les évolutions qui obligent à franchir ce pas ?*

— Lénine mesurait concessions théoriques, idées et hypothèses à l'aune des processus réels de la vie sociale. Il était capable de renoncer aux approches vieillies — y compris les siennes. Nous revenons donc, oui, à Lénine en restaurant de nombreux principes qu'il avait élaborés [...] — aussi bien les rapports marchands que l'économie comptable, l'entreprise coopérative et bien d'autres choses encore. Mais il ne peut s'agir bien sûr d'un retour mécanique...

« Six décennies nous séparent de Lénine [durant lesquelles] des changements fondamentaux sont intervenus [...], d'où la nécessité de repenser la conception léniniste du socialisme à la lumière [...] contemporaine, de la replacer dans le contexte général d'un développement mondial et de l'actuelle étape de la civilisation. »

— *S'il s'agit d'élaborer une conception contemporaine du socialisme, qu'est-ce qui est à rejeter dans celle dont vous héritez et quelles sont les grandes lignes de celle à laquelle vous aspirez ? Quels sont ces « idéaux fondamentaux du socialisme » auxquels vous faites constamment référence ?*

— La *perestroïka* a commencé par une analyse de la situation dans laquelle se trouvait le pays au début des années quatre-vingt [...]. Il s'agissait d'une situation de précrise. Il s'est avéré que de nombreuses formes concrètes d'organisation de la vie sociale [...] étaient devenues caduques [...]. Nous devons [donc] dire aux gens d'où [nous venons] et où nous allons [car] aucune transformation révolutionnaire n'est possible sans idées et théories d'avant-garde montrant la voie à suivre aux forces les meilleures [et] suscitant l'énergie. Cela est d'une importance primordiale pour le succès de la *perestroïka* [...].

« Si nous passions maintenant de la nécessité d'élaborer [cette] conception à son contenu, le critère essentiel de définition du socialisme est l'humanisme [de la société]. »

— *Mais, dès lors que vous êtes en train de redéfinir le socialisme, comment pouvez-vous déclarer dans le même temps que débats et activités politiques sont aujourd'hui licites à la seule condition d'être menés « dans le cadre du socialisme » ? Cartes sur table : quelles sont les limites à ne pas franchir ?*

— Il ne s'agit pas ici de dresser des sens interdits ou la liste de ce qui est permis et ne l'est pas. Chaque société se défend et la loi dans tout État trace les limites de ce qui est autorisé. Nous aussi nous avons de telles normes, que nous sommes, il est vrai, en train de revoir aujourd'hui en faisant une nette distinction entre expression d'opinion, d'une part, et actions concrètes ou appels publics à commettre des actes de violence, de l'autre.

« Pour ce qui est donc de ces libertés d'opinion et de discussion, nous sommes en effet pour qu'elles s'exercent sur la plateforme [...] du choix socialiste fait par notre peuple et non pas qu'elles visent à saper le régime existant. Vous avez raison : le concept même de socialisme est en train d'être redéfini, élargi. La notion même de ce qui est socialiste est en train de changer, mais cela témoigne seulement du fait que nous sommes partisans d'élargir le spectre des opinions [...] et que nous présumons [...] que cela contribuera à renforcer au bout du compte notre ordre social. Et il va de soi que la notion de socialisme doit à nos yeux être définie non pas sur les indications de tel ou tel, mais au résultat d'une discussion scientifique argumentée. »

— *Mais qu'est-ce que votre « ordre social » dès lors qu'il est en mutation et que vous êtes vous-même, vous le responsable de l'idéologie, un partisan déclaré du marché et des entreprises coopératives ? Ces entreprises ne font pas que louer des moyens de production auprès de l'État. Elles font des bénéfices, acquièrent leurs propres moyens de production... Quelle est à terme la différence avec une entreprise capitaliste ?*

— Je suis partisan du marché et du développement des coopératives — et je le suis aussi du bail dans tous les secteurs économiques. J'ajouterai seulement que je suis dans le même temps partisan convaincu d'une direction centralisée de l'économie de l'État, concentrée sur les problèmes macroéconomiques [...]. Il y a en effet peu d'économistes sérieux qui rejettent aujourd'hui la nécessité d'une régulation par l'État.

« Le problème est de déterminer l'ampleur et le niveau de cette intervention. Il faut trouver là l'équilibre optimal assurant l'indépendance des maillons de base de l'économie nationale et l'exercice compétent des autres fonctions économiques. Mais, en ce qui concerne ces maillons de base, c'est clair : nous sommes pour leur diversité.

« Les entreprises peuvent être aussi bien étatiques (et appartenir soit à la société dans son ensemble, soit à des républiques, des régions ou des villes particulières) ; coopératives (c'est-à-dire fondées sur une propriété collective) ; par actions ou même individuelles. Nous nous prononçons fermement pour le pluralisme et l'égalité des formes de propriété et de gestion économique [...] Cele ne signifie pour autant pas que nous nous apprêtions à restaurer un secteur capitaliste, à développer des entreprises fondées sur l'exploitation du travail d'autrui. C'est là qu'est la différence entre les entreprises socialistes sous toutes leurs formes et les entreprises capitalistes. »

— *Vous dites aujourd'hui que les valeurs universelles de la civilisation sont primordiales. Comment définir alors la différence entre socialisme et capitalisme s'ils ont des valeurs communes, et notamment le marché ?*

— Il est tout à fait possible de porter le marché au compte des réalisations de la civilisation humaine. Il a connu son plus grand développement sous le capitalisme, mais le capitalisme ne peut prétendre ni à la primauté ni au monopole en ce domaine. Le marché n'est pas étranger à l'économie socialiste [qui] utilise également d'autres formes économiques héritées du passé comme la monnaie, le bail, le bénéfice, les banques...

— *Alors, où est la différence ?*

— Le socialisme est une étape du développement de la civilisation. Il hérite de tout ce qu'il y a de meilleur dans ce qui a été accumulé par le progrès de l'humanité [...], nous ne nous détournons pas de l'expérience historique universelle [...], nous ne devons pas rejeter d'un revers de main l'expérience accumulée par le capitalisme sous le seul prétexte qu'il s'agit d'une autre formation sociale. Ce type de nihilisme contredirait les traditions scientifiques marxistes-léninistes [...]. Il nous reste encore à étudier sérieusement la pratique de la social-démocratie contemporaine, notamment dans le domaine de la défense des conquêtes sociales et démocratiques des travailleurs. Cela est également vrai pour de nombreuses formes de la vie politique de la société bourgeoise. Nous n'excluons pas du tout la possibilité d'y avoir recours, d'autant moins qu'elles ne sont absolument pas une création purement capitaliste mais le résultat du développement de la civilisation humaine.

— *Parlons donc du nouveau Parlement fédéral. Son mode d'élection a été démocratisé. De nombreux députés comptent bien y dire ce qu'ils pensent mais, en cas de conflit entre le Parlement et le parti — ce parti que la Constitution définit toujours comme force dirigeante du pays —, qui va prévaloir ?*

— Ce problème ne se pose pas. La Constitution est là : les lois sont adoptées par les instances du pouvoir d'État. Le parti dispose comme les autres organisations sociales d'un droit d'initiative législative mais l'adoption des lois est de la compétence exclusive des députés.

— *Mais allez-vous dans la pratique imposer une discipline de vote aux députés membres du parti — c'est-à-dire à plus des deux tiers d'entre eux ?*

— Je crois que, dans les pays occidentaux, les membres d'un

même groupe parlementaire doivent en suivre les consignes de vote ou le quitter. C'est bien ça ?

— *Dans certains pays, oui...*

— Eh bien, je considère personnellement que chez nous la question pourrait se poser de manière un peu autre : compte tenu de la reconnaissance de l'existence de points de vue différents sur les problèmes courants, il y aura une plus grande liberté. Si toutefois un vote porte sur un problème touchant aux fondements de la politique du parti, la norme d'appartenance devra jouer.

— *Les députés pourront-ils former des groupes parlementaires ?*

— Je crois que le parti aurait normalement le droit de former un groupe...

— *Et les sans-partis ?*

— Les membres du parti représentent 87 % des députés.

— *Parlons des treize autres pour cent...*

— Les députés pourront agir comme ils l'entendent, dans le cadre de la Constitution.

— *Et former donc des groupes écologiste ou social-démocrate... Je vous ai bien compris ?*

— Vous avez vos formulations. Je me tiens à la mienne.

— *Du parti communiste italien au parti français, de la Roumanie à la Pologne, les PC et les pays du traité de Varsovie n'auront bientôt plus de commun qu'une référence à 1917. Déplorez-vous cette diversification ?*

— Non seulement nous ne regrettons pas ce processus de diversification, mais nous y contribuons. Nous le considérons comme irréversible. La volonté de mettre tout le monde en rang, de tout mesurer à la même aune fait définitivement partie du passé. Cela sape-t-il le socialisme ? Nous pensons au contraire que cela le renforce, [car] la diversification de [ses] formes et méthodes de construction témoigne de la force et de l'universalité de l'idée socialiste [...].

« A vous et à vos lecteurs d'évaluer comment tout cela influe sur l'autorité de l'Union soviétique parmi les pays socialistes et dans le monde, quel exemple elle donne d'elle-même à travers le processus de *perestroïka.* »

— *Il a été officiellement annoncé que les commissions d'enquête sur la répression des manifestations en Géorgie publieraient très prochainement leurs rapports et que les coupables seraient punis. A quel milieu appartiennent ces coupables ?*

— On ne peut, pour l'instant, rien dire de concret sauf que les commissions travaillent et que cela tire à sa fin.

— *Cela, tout le monde l'a lu dans la presse.*

(M. Medvedev sourit silencieusement.)

— *S'il s'avérait que ces coupables appartiennent à la haute direction politique ou bien au commandement militaire ou bien encore à l'état-major des forces de l'ordre, quelle pourrait être votre attitude ?*

— C'est une question fondée sur des hypothèses. Que vous répondre d'autre que, si un tel problème se posait, on y réfléchirait ? Mais, sur la base de ce que je sais, nous n'avons appris à Moscou ce qui s'était passé que dans la matinée du 9 avril, aux alentours de 10 heures, je crois.

— *Qui est-ce « nous à Moscou ? »*

— Nous !

— *Mais il y a beaucoup de gens, de gens différents à Moscou ?*

— (L'air mi-las, mi-amusé.) Je parle de la direction [du parti], d'ici, du Comité central. »

Gorbatchev et ses choix : L'homme du « futur indéfini »

M. Gorbatchev — on le sait — n'est pas autant aimé en France qu'aux États-Unis, en Allemagne fédérale ou en Italie, mais il y est pourtant beaucoup plus populaire encore que dans son propre pays. Florissante à l'Ouest, non seulement la « gorbimanie » est inconnue en URSS, mais elle reste incompréhensible aux Soviétiques, qui n'éprouvent, eux, aucune passion pour leur président.

On ne s'écrase pas sur son chemin lorsqu'il va serrer des mains dans les profondeurs de l'Union. Les ouvriers, pendant ses visites d'usines, déballent plus souvent leurs problèmes qu'ils ne le remercient de vouloir les résoudre. Prudentes, les campagnes observent et se gardent toujours bien, malgré ses appels, de se relancer dans l'exploitation familiale. Quant aux intellectuels...

Alors là, c'est simple : ils ne lui pardonnent rien. Toujours à vivre dans l'angoisse permanente que demain ne soit hier, persuadés que tout cela ne peut durer, convaincus que si M. Gorbatchev veut vraiment changer l'URSS, « ils » (les conservateurs, l'appareil, le système, le fantôme de Staline) ne lui en laisseront pas la possibilité, ils lui reprochent tout à la fois d'être menacé et d'être prudent. A chaque nouvelle crise, Moscou, Rostov, Leningrad ou Kiev bruissent ainsi de rumeurs catastrophistes.

Aussi sûr qu'il était sûr qu'« ils » ne laisseraient jamais élire M. Eltsine, que les élections seraient une mascarade, la réunion du Congrès une comédie réglée d'avance et que les décrets de l'automne dernier sur les manifestations sonnaient le commencement de la fin.

Tantôt M. Gorbatchev vient ainsi de signer sa félonie, tantôt il vous ôte le sommeil à la seule idée qu'à l'aube la radio pourrait, entre deux communiqués, diffuser de la musique militire. On n'aime pas un homme qui vous fait vivre cela. Mais le paradoxe — l'important en fait — est que cette crainte de le voir tomber est générale.

On n'aime pas M. Gorbatchev, mais on aimerait beaucoup moins encore qu'il ait un successeur. Cela n'a rien d'irrationnel. Car le problème avec cet homme toujours pédagogue et serein entre quatre lames de fonds, c'est que, en admettant qu'il ait toujours su où il allait et par quelles voies, il ne lui a jamais été permis de le dire.

Le dire, c'était se l'interdire. Dire qu'il voulait « revenir à Lénine » parce que c'était un moyen de légitimer le marché et la liberté dont Lénine serait mort en ardent partisan, n'aurait pas facilité la manœuvre. Dire qu'on ressortait « tout le pouvoir aux Soviets », le slogan d'Octobre, afin de créer un vrai Parlement — c'est-à-dire, face au parti, un autre centre de pouvoir — eût sérieusement compromis le distrait acquiescement de l'appareil. Dire qu'on voulait conclure au plus vite l'accord sur le démantèlement des euromissiles non pas seulement pour sortir d'une impasse diplomatique, mais pour pouvoir aussi, désarmement aidant, réduire l'influence économique et politique de l'armée eût également été superflu. Dire que...

M. Gorbatchev se condamnait dès lors à n'être d'abord pas

cru, puis pas compris, enfin, la scène politique soviétique s'animant, à n'être l'homme de personne, qu'un diable politique à la position toujours plus forte, mais insaisissable, une heure à gauche, l'autre à droite et jouant tout le monde. Si les Soviétiques tiennent à lui, c'est seulement parce qu'ils tiennent, conservateurs exceptés, à la *perestroïka*. S'ils aiment ce qu'il permet et garantit sans l'aimer lui-même, c'est que sa marge de manœuvre n'autorise que ce jeu solitaire du plus volubile des muets.

Car, qu'on cesse de s'interroger sur ce que voudrait ou ne voudrait pas M. Gorbatchev et c'est une évidence autrement décisive qui s'impose. Ruiné, défait, dépassé par l'histoire, tiré de l'avant par des satellites que sa force d'attraction déclinante ne maintient plus en orbite, ce pays doit sortir du système qu'il a inventé et qui s'écroule partout où il l'a exporté.

Pour l'URSS comme pour l'ensemble du monde communiste, cette nécessité est si impérative que même le bureau politique légué par Brejnev s'était résolu à confier l'héritage à ce benjamin, que même les vieillards de Pékin clament, en tuant leur jeunesse, qu'ils veulent tout réformer. Mais pour sortir du communisme comme de tout régime, il n'y a que trois scénarios possibles : l'abdication, la révolution ou la transition.

Le premier suppose à la fois que le pouvoir installé soit disposé à céder les rênes et qu'il y ait quelqu'un à qui les remettre — ce qui n'est encore le cas nulle part, en tout cas pas en URSS. Parfaitement plausible partout, le deuxième scénario — la révolution — n'est évidemment souhaitable nulle part, ni pour les gouvernants, ni pour les gouvernés, ni pour la stabilité internationale.

Le troisième scénario, enfin, celui de la transition, se cherche dans tous les pays communistes, sauf quand le totalitarisme y a déjà sombré dans la bouffonnerie macabre (Roumanie et Corée du Nord) ou quand l'identité du régime ne tient qu'à la coupure du monde en deux blocs antagoniques : Allemagne de l'Est bien sûr, ou encore Cuba perdue dans les Amériques.

Partout ailleurs, gouvernants y compris, on cherche des formules de transition Vers quoi ? En fait, cette question clé n'est que rarement posée, car seule l'évolution des choses et des rapports de forces pourra décider de la réponse et même les équipes dirigeantes globalement décidées au changement éclateraient immédiatement si elles tentaient d'en donner une définition commune.

Le meilleur exemple en est le bureau politique soviétique, dont les membres dits « conservateurs » ne sont nullement des partisans d'un retour à Brejnev et moins encore à Staline. Ce qu'ils auraient voulu, c'est qu'on s'en tînt à des réformes économiques sans incidence sur le système politique, au mandat que M. Gorbatchev, estiment-ils, avait reçu en 1985 — à cette illusion donc, qui est aussi celle des dirigeants chinois, d'un communisme qui « marcherait » en échangeant l'acceptation de la dictature contre un niveau de vie acceptable.

C'est une illusion, car, inventé il y a vingt ans par M. Kadar pour panser les plaies de l'insurrection hongroise de 1956, ce « communisme du goulasch » a pour caractéristique première de creuser sa tombe en réussissant. Ventre plein et sans plus craindre un pouvoir qui ne se souciait plus de les terroriser dès lors qu'ils le remerciaient de les nourrir, les Hongrois ont commencé à parler, voyager, et comme hier les étudiants de Pékin, à trouver naturelles les normes du monde développé. Il y a eu des à-coups, mais ils ont, au bout du compte, réappris l'aspiration aux libertés politiques. *Perestroïka* aidant, M. Kadar a dû céder, il y a un an, la direction de son parti à des réformateurs qui, toujours plus réformateurs, promettent maintenant des élections « totalement libres » pour 1990.

Peut-être trop vite d'ailleurs, la Hongrie vogue aujourd'hui vers ce que le général Jaruzelski vient d'appeler, parlant de la Pologne, une « démocratie parlementaire socialiste ». C'est là l'un des deux aboutissements possibles de la transition vers le communisme sans pénuries. L'autre, quand l'espoir grandit plus vite que ne s'affaiblit le pouvoir, ce sont les chars et le sang : comme Franco au crépuscule, M. Deng et ses camarades croient retrouver leurs muscles en faisant tuer ceux qui en ont. Mais ils ne prouvent qu'une chose : que le bien-être appelle la liberté et ne marche pas sans elle, que les producteurs ne peuvent pas être, dans le même temps, des sujets de l'économie et des objets de la politique, qu'on ne peut pas former (et à l'Ouest !) gestionnaires et informaticiens en leur interdisant éternellement d'ouvrir les yeux.

Reste donc l'autre réponse, la vraie, si dure à accepter et plus encore à formuler pour les dirigeants communistes : c'est vers un « futur indéfini »[1] que mène la transition. Qu'il ne l'ait

---

1. Employée dans un récent article du quotidien *Sovietskaïa Koultoura,* l'expression est du politologue Andranik Migranian.

réalisé qu'une fois parvenu au pouvoir ou qu'il l'ait compris, au contraire, dès l'époque où, sous la haute protection de Iouri Andropov, il réunissait dans le secret des bâtiments du Comité central les meilleurs esprits du système pour percer des issues de secours, M. Gorbatchev le sait aujourd'hui.

Si l'on en doutait encore, l'homme auquel il a, en octobre dernier, confié la responsabilité de l'idéologie définissait ainsi, il y a quinze jours, devant la promotion sortante de l'école du parti, les problèmes « à l'ordre du jour » du monde communiste. « C'est aussi bien, disait M. Medvedev, l'approfondissement de la conception idéologique et théorique de la *perestroïka* que la pleine élucidation de la question de savoir vers quoi nous allons... »

Tout parti au pouvoir sombrerait dans le ridicule en disant cela, mais le plus urgent n'est pas de rire quand cet humble aveu vient du parti bolchevique, de ce parti qui avait prétendu guider l'humanité entière, fait vibrer de par le monde tant de centaines de millions d'hommes et modelé le siècle. Une grande religion s'écroule, et avec elle toute une organisation sociale dans laquelle vit — mal, mais vit — une part majeure des continents asiatique et européen. Pour les hommes qui ont le réalisme et la force de vouloir en tirer les conséquences et agir, le problème est donc de limiter l'inévitable coût de cette transition.

L'entreprise est partout hasardeuse, mais l'URSS, le plus vaste pays du monde, celui dans lequel se gagnera ou se perdra la partie, semble en cumuler toutes les difficultés. Partout ailleurs, la chape du système stalinien ne s'était abattue qu'après guerre. Ici, ceux qui sont nés sous le communisme sont depuis longtemps grands-parents. La culture économique, politique, agricole, artisanale de ce peuple s'est perdue dans les camps, dans les couloirs du comité d'État au Plan, dans la comédie des faux-semblants institutionnels, le fonctionnariat des fermes collectives et des ateliers de réparation.

Beaucoup des autres pays du « socialisme réel » avaient, avant le communisme, connu une vie économique et politique plus ou moins développée. Entre le tournant du siècle et octobre 1917 en Russie, une prometteuse révolution industrielle et des balbutiements constitutionnels n'avaient pas suffi à esquisser une alternative à l'absolutisme féodal d'un empire alors déjà anachronique.

Ailleurs, l'éthique protestante a préservé l'individu, le clergé catholique la nation, la gauche non communiste une tradition de lutte. Soumise hier et soumise aujourd'hui, l'Église orthodoxe russe se refuse à être une force sociale ; quant à la gauche, elle n'avait pas eu le temps de s'affirmer sous les tsars que déjà le bolchevisme la déchiquetait. Même cette autre immensité impériale si éloignée de la démocratie et des lumières, la Chine, a, dans son histoire un homme, Sun Yat-sen, pour incarner une ambition nationale de modernité à laquelle se raccrocher. Encore faut-il ne pas oublier que la Chine est une nation malgré sa multitude. L'Union soviétique n'est, elle, qu'un hasardeux conglomérat de peuples en tout opposés et que leur destin commun n'a jamais fondus, ni sous le communisme ni sous l'absolutisme.

Cela, c'est la toile de fond. Pour ce qui est des conditions concrètes dans lesquelles M. Gorbatchev doit agir, on verra dans un second article que sa popularité ne peut qu'être le cadet de ses soucis. Car si la Chine a déjà su donner de l'allant à son économie, si la Hongrie peut tabler sur une société civile et la Pologne sur une opposition de gouvernement, l'URSS de la *perestroïka* a dû partir, elle, de zéro.

Gorbatchev et ses choix : La tentation bonapartiste

M. Gorbatchev n'avance pas totalement à l'aveuglette. Dans sa tentative de sortie du « système de direction administrative », dans cette marche vers le « futur indéfini » du post-totalitarisme, trois grands objectifs immédiats lui servent de balise. Il veut ranimer l'économie grâce au marché, renouveler le personnel dirigeant du pays et créer les mécanismes de gestion politique des crises qui font aujourd'hui défaut.

Cette ambition est, pourtant, si vaste que, en quatre années de pouvoir, il n'est arrivé à quasiment rien dans le domaine économique et que les réformes politiques, si profondes soient-elles, n'en sont qu'à leur mise en place. Alors que le bouleversement auquel conduit la faillite du régime pose déjà la question de l'après-communisme — oblige, par exemple, à s'interroger sur l'éventualité d'une privatisation de l'économie soviétique ou sur le degré d'indépendance auquel pourraient parvenir certaines des Républiques —, M. Gorbatchev n'a tout simplement, lui, pas le temps d'envisager ce terme — long ou moyen.

Car le paradoxe de l'évolution soviétique est que plus ce pays se démocratise, plus s'expriment d'hommes différents et d'opinions divergentes, plus s'affirme le pluralisme dans la presse et les organisations sociopolitiques, plus un homme seul, M. Gorbatchev, devient le pouvoir à lui tout seul. Le même homme qui obstinément brise toujours un peu plus le monolithisme de l'URSS devient chaque jour un peu plus celui dont tout procède — si omniprésent que déjà M. Sakharov craint et dénonce en lui une tentation dictatoriale.

Tout dernièrement encore, si c'est ainsi lui qui a voulu l'organisation d'élections à candidatures multiples et imposé la retransmission télévisée des premiers débats du nouveau Parlement, c'est aussi lui qui en a orchestré tout le déroulement. Deux semaines durant, tout s'est dit et devant toute l'URSS, mais jamais, durant ces quinze jours, l'attention de M. Gorbatchev ne s'est relâchée une seconde. Une polémique devenait trop violente à son goût ? D'un tour de main, il faisait passer au vote ou à un autre point de l'ordre du jour.

Les députés les plus réformateurs tentaient-ils de faire modifier les procédures qu'il avait prévues ? Il laissait tout simplement le champ libre aux conservateurs, histoire de rappeler que sans lui les réformateurs ne pouvaient rien. Les conservateurs se sentaient-ils alors le vent en poupe ? Il s'empressait de favoriser une victoire réformatrice pour paralyser sa droite après avoir subjugué sa gauche.

On ne joue pas ainsi les hommes providentiels sans y avoir une propension, mais c'est moins là la personnalité de M. Gorbatchev qui est déterminante que la brutalité du tournant soviétique. Pour avoir tant reculé le changement et compensé de vingt ans de brejnevisme la brève tentative khrouchtchevienne, l'URSS doit maintenant aller plus vite que la réalité.

Si M. Gorbatchev et ses amis ont, par exemple, tant de mal à imposer leur idée de cession de la terre en baux de longue durée, ce n'est pas tant à cause des conservateurs. Le problème est que les campagnes soviétiques se souviennent parfaitement bien des famines organisées et des déportations de masse, des millions de morts de la collectivisation. Avant de prendre le risque de se lancer dans une exploitation familiale, de faire face à l'hostilité des fermes collectives et au danger de tout perdre, les paysans soviétiques voudraient donc être sûrs que, sitôt qu'ils auraient réussi, on ne viendrait pas leur prendre liberté, bétail et champs.

Le problème, c'est la confiance, car quatre années de *perestroïka* ne peuvent encore faire contrepoids aux décennies de Staline et de Brejnev. Brusquement sorti de l'ombre, M. Gorbatchev pourrait, pense-t-on, y retourner aussi vite, et ce facteur temps pèse en fait sur tout. De même que le secrétaire général ne veut pas recréer une agriculture privée parce qu'une pression sociale s'exerce sur le pouvoir et qu'il faut au contraire recréer les agriculteurs en même temps que l'agriculture, recréer l'opposition en même temps que le Parlement, les entrepreneurs en même temps que l'entreprise et les réformateurs en même temps que la réforme.

Par comparaison, les incertaines transitions hongroise et polonaise en sembleraient presque aisées. A Budapest, quand il est apparu que la direction de Janos Kadar avait épuisé toutes ses possibilités d'action et qu'était venu le temps du changement, non seulement le pays mais aussi le parti le voulaient. Pourtant bien timides, vingt années de réformes économiques avaient en effet déjà réappris aux Hongrois l'initiative individuelle, la responsabilité personnelle et la pratique du dialogue social.

Jusqu'à la direction du parti, il y avait donc des hommes désireux d'aller plus loin, à même de le faire et qui poussaient à la roue depuis dix ans déjà. Ils ont aujourd'hui le pouvoir, et si la Hongrie n'a pas d'opposition prête à prendre la relève, elle a un parti réformateur qui le fait et dont il n'est pas exclu qu'il puisse passer dans l'honneur (un tiers des voix ?) l'épreuve des élections libres programmées pour l'an prochain.

En Pologne, la situation est toute différente. Ceux qu'on y appelle « réformateurs » sont ceux-là mêmes qui ont désespérément tenté d'échapper au compromis politique avec l'opposition par le coup d'État de 1981. Leur seul mérite est de s'y être finalement résolus, neuf ans trop tard et après avoir achevé de ruiner leur pays. Or, bien que ce mérite ne soit pas nul, il est visiblement insuffisant aux yeux des Polonais, qui, sitôt libres de choisir une partie de leurs représentants, ont élu autant d'opposants qu'ils le pouvaient et massivement désavoué le parti — réformateurs y compris.

La situation qui s'ensuit est tout sauf facile. Le meilleur des alliés de M. Gorbatchev à l'Est, le général Jaruzelski, a subi un échec cuisant. Le moment où le parti devra passer la main se rapproche, ce qui pose problème à tout le monde, car l'opposition n'avait nulle envie de prendre en charge un tel héritage, et la formation d'un gouvernement non communiste en Pologne ne sera pas perçue aujourd'hui comme allant de soi dans plusieurs pays du pacte de Varsovie.

Pour autant, des combinaisons médianes sont possibles, car s'il y a une chose qui ne manque pas en Pologne, ce sont les hommes politiques et même les hommes d'État. Si la Hongrie a un puissant courant réformateur, la Pologne a, elle, une véritable opposition formée depuis 1956 par une lutte d'un tiers de siècle.

Dans ces deux pays, une part importante du travail est faite. En URSS, au contraire, quand M. Gorbatchev a enfin reçu mandat de tenter le sauvetage, il n'y avait ni opposition pour tirer de l'avant ni réformateurs pour pousser par-derrière. Il y avait juste une poignée de hauts responsables planchant depuis cinq ans sur les possibilités de réformes comme on élabore des scénarios dans les instituts de recherche — dans le vide.

C'était mieux que rien, mais l'énorme majorité de l'appareil était à mille lieues de toute volonté de changement et le pays depuis longtemps résigné à l'idée que le malheur dure parfois plusieurs siècles. Il a en conséquence fallu à la fois faire tout et son contraire. Il fallait s'appuyer sur le seul appareil existant — celui du parti-État — et le détruire en même temps ; éveiller de nouvelles forces sociales et en contenir la montée ; empêcher l'écroulement du parti et lui interdire de nuire ; aller vite et ne rien bousculer ; mentir en permanence et se faire croire après soixante-dix ans de mensonges — bref, tout manipuler en autocrate et instaurer Parlement et « État de droit ».

C'est ce qu'a fait et continue de faire M. Gorbatchev avec une habileté parfaite dont une des premières manifestations fut, en décembre 1986, le coup de téléphone personnel à M. Sakharov pour lui annoncer sa libération, et faire comprendre d'un coup qu'il était désormais en situation de franchir ce pas et qu'il appelait les intellectuels à se mobiliser pour le soutenir.

Le grand tournant, ce fut pourtant, il y a un an seulement, la XIXe conférence du parti, à laquelle M. Gorbatchev fit avaliser l'ensemble de ses projets de réforme politique. Déjà, la libéralisation des élections avait permis d'avoir dans la salle un petit nombre de délégués réformateurs très actifs. Ils ont pesé, mais, outre la rouerie politique, la meilleure arme de M. Gorbatchev fut là (et jusqu'à maintenant) le fantôme de Staline, puisque l'autorité du secrétaire général demeure sacrée pour la masse des bureaucrates. Par habitude comme par peur, on le suit, car s'opposer à lui, c'est déjà se comporter en homme libre.

Quant à la rouerie, elle fut de proposer qu'à chaque niveau de la structure d'État les présidents des assemblées élues — les soviets — fussent aussi les premiers secrétaires des organisations du parti de niveau correspondant. En d'autres termes, le premier secrétaire du parti d'une ville donnée devait en être président du conseil municipal ; le premier secrétaire d'une République, président de son Soviet suprême, etc.

Ravis, les conservateurs votèrent des deux mains. C'était donc, pensaient-ils, que rien ne changeait et que toutes ces histoires d'élections libres n'étaient que de la bonne vieille propagande à l'usage des gogos. Consternés, les réformateurs, eux, montèrent aux barricades — ce qui ne fit que renforcer la bonne humeur de l'appareil. Personne en l'affaire n'avait imaginé un instant que les élections deviendraient réellement une bataille politique dans laquelle les électeurs sauraient faire la différence entre deux candidats du parti, un réformateur et un conservateur.

C'est pourtant ce qui s'est passé et c'est ainsi qu'on a vu — et que l'on verra plus encore aux élections locales du printemps prochain — un nombre considérable de responsables du parti se faire éliminer par les électeurs. Les organisations du parti ont en fait le choix entre présenter un homme populaire (c'est-à-dire nouveau et réformateur) ou aller à l'échec.

M. Gorbatchev, autrement dit, a fait entériner par l'appareil en place sa propre mort, et c'est depuis cette conférence que se sont constitués les fronts populaires des pays baltes et des autres Républiques, le mouvement Mémorial ou la Tribune de Moscou, l'influent club politique des intellectuels de la capitale.

Pour autant, il n'y a toujours pas de véritable opposition, organisée et à même de canaliser, autour d'une personnalité ou d'un projet politique, l'énorme et menaçante frustration générale de ce pays. Et il n'y a pas encore non plus, au sein du parti, un courant réformateur assez fort pour offrir à M. Gorbatchev une base suffisante.

Des hommes apparaissent. Des thèmes commencent à s'imposer. Les députés apprennent étonnamment vite leur nouveau métier, mais la montée des tensions économiques, sociales et nationales va beaucoup plus vite encore. Plus que jamais donc l'homme seul du Kremlin joue le rôle clé. Dernière carte de la stabilité pour tous ceux des conservateurs qui ne sont pas prêts à jouer, comme en Ouzbékistan, les provocations délibérées, garant de l'ouverture pour tous les réformateurs, y compris les plus radicaux, il est l'arbitre suprême.

Si la vitesse d'emballement ne devient pas exponentielle, peut-être pourra-il continuer, de coup politique en coup politique, à progresser en équilibriste vers la réalisation de ses trois objectifs premiers. Si, au contraire, l'emballement se précise, il n'aura plus le choix qu'entre céder la place, abandonner la *perestroïka* ou se faire accorder les pleins pouvoirs. Confronté à ce choix, il y a fort à parier qu'il tenterait la dernière option et qu'elle ne serait pas forcément la plus mauvaise pour l'URSS, tant ce pays appelle plus Bonaparte que Turgot — la stabilisation autoritaire d'un nouveau régime plus qu'une tentative de réforme de l'ancien.

L'URSS est un point d'interrogation, et le jour où, par une voie ou l'autre, M. Gorbatchev serait parvenu à sortir du stalino-brejnevisme, resteraient les grandes questions. Le marché une fois libéré, donc, l'Union soviétique s'acheminerait-elle vers une privatisation généralisée de son économie ?

L'immense popularité dont bénéficie Mme Thatcher non seulement en Union soviétique, mais dans toute l'Europe communiste aussi pourrait le laisser penser. Ces pays commencent à peine à sortir de l'expérience du « tout-État », qui les a laissés ensanglantés et ruinés, et il n'y aurait rien d'étonnant à ce que la tentation du libéralisme absolu l'emporte. Car si vous essayez, à Moscou, à Budapest ou à Varsovie, de dire que l'État peut avoir du bon et que, indispensable à toute économie, le profit n'est cependant pas la source de toute vertu, on vous regardera le plus souvent de travers.

En conversations, l'Est penche pour un virage à 90°, mais outre que ce retournement demanderait une masse de capitaux nationaux qui n'existera pas avant longtemps, les choses ne sont en fait pas si simples. Sans même parler de la culture égalitariste, prévalante aujourd'hui mais pas éternelle, ce n'est en effet ni un homme ni un référendum qui décidera, mais la vie. On peut imaginer que le capital des coopératives et des sociétés dites « mixtes » (c'est-à-dire soviéto-étrangères) s'investisse dans les secteurs d'avenir, que l'État ne se débarrasse que lentement de branches pas ou peu rentables et qu'à terme le privé l'emporte ainsi nettement.

On peut imaginer aussi que, par manque de confiance, incapacité à lutter contre les entraves bureaucratiques et manque d'expérience aussi, le secteur privé naissant ne s'oriente au contraire vers les profits immédiats et faciles et que ce soit l'État qui prenne, sous impulsion politique, la tête de la modernisation.

On peut encore imaginer qu'on en arrive finalement à un équilibre entre les deux secteurs et que se généralisent des formes de propriété collectives non étatiques. Cela dépendra du rythme des réformes, de la qualité des entrepreneurs, de la capacité de l'État à attirer des hommes de talent, du dynamisme des investisseurs étrangers — de trop de facteurs inconnus pour que le pronostic ne soit pas simple pari.

Prix Nobel de la paix : L'homme du tournant inéluctable

De tous les mérites qui justifient le prix Nobel de M. Gorbatchev, le plus grand n'est pas le plus évident.

Bien avant d'être l'homme qui aura laissé six pays d'Europe devenir, en un an, maîtres de leur destin, bien avant d'être celui qui aura permis la fin de la guerre froide et de la course aux armements, il est en effet l'initiateur de la plus grande révolution non violente jamais tentée dans l'histoire.

C'est de ce pari intérieur, de cette constance mise à poursuivre l'indispensable mais folle entreprise de transformation pacifique de l'Union soviétique, que découle tout le reste. Sans elle, l'ordre des blocs n'aurait pas été balayé par le souffle d'espoirs et de liberté qui secoue le monde depuis 1985. Sans elle, le grand rêve de droit international et de concert des nations n'aurait pas aujourd'hui resurgi pour la troisième fois dans le siècle. Sans elle, enfin, rien ne permettrait de croire qu'un jour peut-être, de l'Atlantique au Pacifique, l'Europe aura, dans ses valeurs et son rayonnement, trouvé son unité.

La plus grande œuvre de M. Gorbatchev, celle sans laquelle rien d'autre n'aurait été possible, est ainsi la plus incertaine et la moins achevée de toutes. Lundi 15 octobre, à l'heure où, du monde entier, pleuvaient, sur le Kremlin, les messages de félicitations, quelque deux cent soixante millions de Soviétiques grommelaient donc, eux, que si la *perestroïka* ravit le monde, elle n'a pas fait leur bonheur.

Et de fait, confrontés à la chute de leur niveau de vie et au vide toujours plus abyssal de leurs magasins, ils n'auraient guère eu de raisons de sabler un champagne devenu introuvable. Pas pour tous, mais pour beaucoup d'entre eux, ce prix avait même quelque chose d'insolent, d'insultant pour leur détresse. Car à peine ont-ils vu, en juillet dernier, défaire à l'issue du XXVIIIe congrès du parti, le vieil appareil communiste, à peine se sont-ils convaincus que le communisme c'était l'ancien régime, que déjà s'impose l'évidence des nouvelles épreuves à venir.

Personne ne l'ignore plus. Ni la démocratie ni l'économie de marché n'apporteront de bonheur immédiat. Ce dont débattent journaux, députés et ministres n'est pas de savoir si les prix et le nombre de chômeurs augmenteront, mais dans quelle proportion, forte ou effroyable, cela se fera. En quelques mois, pendant que le reste du monde achevait enfin de se convaincre que l'ambition de M. Gorbatchev n'était pas de sauver le communisme, mais de sauver son pays du communisme, les Soviétiques ne sont, eux, sortis de leur prudence et de leur scepticisme que pour découvrir avec rage que tout leur restait à faire. Une fois encore, le bien-être est remis aux lendemains qui chantent. Une fois de plus, la promesse d'une vie normale est remise aux générations futures — pour dans dix ans, disent les optimistes ; vingt, corrigent les réalistes, et pour jamais concluent les pessimistes.

Cela suffit amplement à expliquer l'absolu décalage des réactions de lundi, mais cela suffit-il à décréter l'échec de M. Gorbatchev ? A déjà dire qu'inéluctablement le dernier empire du monde s'effondrera dans un chaos sanglant ? A nier que la démarche du nouveau prix Nobel de la paix puisse permettre à ce qui est actuellement l'URSS d'évoluer — chaotiquement mais pacifiquement — vers les nouveaux équilibres qu'imposent la géographie et l'histoire ?

Le pire est toujours possible, mais outre qu'il n'est pas le plus souhaitable, il n'est, en l'occurrence, pas le plus probable non plus. Car s'il faut pour s'étonner que le changement ait provoqué la débâcle de l'empire et de l'économie soviétiques avoir cru le communisme bien plus fort qu'il n'était, ni M. Gorbatchev ni son équipe ne participaient, eux, de cette illusion.

Si depuis presque dix ans, du sein même du Comité central, ces hommes travaillaient et faisaient travailler à préparer le tournant dont ils connaissaient l'inéluctabilité, c'est qu'ils savaient qu'il n'y avait pas d'autre choix. C'était, ou bien le surplace et l'explosion incontrôlée, ou bien le mouvement et l'aventure assumée d'une marche vers l'inconnu. Depuis cinq ans, depuis trois ans surtout qu'on été lancées les réformes politiques, toute l'action de l'équipe Gorbatchev a donc consisté à canaliser les crues qu'elle provoquait en faisant sauter les barrages de l'ancien régime.

Souvent, la force des courants ainsi libérés a surpris ces hommes, les a pris de court et ébranlés parfois, mais leur politique a toujours été d'utiliser et d'accompagner le mouvement plutôt que de vainement tenter son endiguement. Dès que la pression était assez forte pour menacer de tout emporter et faire donc céder l'appareil, un nouveau barrage était ouvert et, l'une après l'autre, toujours, toutes les limites de l'impossible ont reculé — levées dès lors que l'impossible était devenu banal.

C'est ainsi qu'on a vu la libéralisation de la censure ouvrir la voie à la liberté de la presse. La décentralisation de l'économie mener à la reconnaissance de la « diversité des formes de propriété », puis à l'hymne au marché. L'acceptation des « organisations informelles » déboucher sur le multipartisme. La libéralisation des lois électorales susciter une vie parlementaire d'où naît une nouvelle classe politique. L'affirmation de l'autonomie de l'appareil d'État permettre sa décentralisation. L'émergence d'autorités locales donner un sens à la souveraineté des Républiques, et cette souveraineté induire enfin l'idée que l'Union et son contenu ne pourraient être que le fruit de la décision libre de Républiques indépendantes. Il y a plus d'un an déjà que le profil de cette future Union a été esquissé dans les secrets du Kremlin. Elle ne sera, bien sûr, ni socialiste ni soviétique et moins encore fédérale. Toutes les actuelles Républiques de l'URSS n'en feront pas forcément partie. Elle sera devenue une confédération d'États et de fédérations d'États à laquelle seront liés par des accords bilatéraux — économiques certainement et peut-être aussi de défense — d'autres États encore, qui n'auront rien voulu déléguer de leurs prérogatives.

C'est un peu — mais par un processus exactement inverse — une autre communauté européenne qui va chercher à se mettre en place, lentement, difficilement, mais scellée dans la nécessité d'un marché commun que préfigure déjà la multiplication des accords directs entre Républiques. Aujourd'hui, ces accords sont conclus par les Républiques comme autant de défis à l'État fédéral. Demain, ils cimenteront l'État confédéral aussi sûrement que l'apparition de concurrents à M. Gorbatchev — de nouveaux dirigeants politiques — permettra bientôt de changer de gouvernement et, un jour — fatalement et tant mieux —, de président.

A l'heure où plus rien ne saurait déguiser le bilan de soixante-dix ans de communisme, à l'heure où le désastre pourrait faire exploser une rage populaire qu'à peu près plus rien ne pourrait contenir, il n'y a ainsi déjà plus de Bastille à prendre. D'un trimestre à l'autre, le siège du Comité central se vide, l'appareil présidentiel s'étoffe et le pouvoir se dilue tant qu'il n'y a plus de Palais d'hiver ou de Versailles sur lesquels marcher. Il n'y a plus — petite tâche... — qu'une économie « de marché » à créer.

Et au moment, surtout, où des Républiques entières pourraient faire le mur et vouloir passer à l'Ouest, il n'y a plus d'« Est » et d'« Ouest », plus d'autre mur — mais ô combien ! — que le désir de stabilité de la communauté internationale.

Ce n'est plus que l'URSS éclate mais qu'elle a éclaté. Ce n'est plus que le communisme s'y effondre mais qu'il s'y est effondré. Ce n'est pas que la page ouverte en octobre 1917 se tourne mais qu'elle est tournée et que déjà le problème est d'en écrire une nouvelle. Ce n'est déjà plus, en un mot, que la révolution menace car elle a déjà eu lieu mais avec si peu de violence qu'elle est — grâce à M. Gorbatchev — finie avant d'avoir déchaîné l'horreur.

Sous nos yeux, sans que nous puissions, donc, appréhender la formidable nouveauté du phénomène, la fin du communisme a généré un nouveau type de révolution dont l'Espagne avait donné le premier exemple — étudié et médité de Varsovie à Prague et Moscou.

C'est avant tout pour avoir été, en URSS même, l'homme de ce tournant, pour avoir su le conduire et le négocier, pour incarner la révolution sans révolution, que M. Gorbatchev méritait son prix Nobel de la paix.

Reste que, du deuxième type ou pas, les révolutions sont forcément suivies de phases d'adaptation successives. Pas seulement à Moscou, mais dans tout ce qui fut le bloc socialiste aussi, elles seront forcément difficiles, heurtées et coupées — tout le laisse prévoir — de périodes, dont la démocratie ne sera pas la marque première. Rien n'est ni ne sera facile aux peuples de l'ancienne patrie du communisme mais ils ont pour eux trois atouts au moins.

Le premier est de sortir de soixante-dix ans de guerre civile, froide ou chaude, et de n'être en conséquence pas pressés d'y revenir. Le deuxième est le refus des pays les plus riches de voir — des frontières de la Pologne à celles du monde musulman — triompher l'anarchie sur une moitié du continent européen.

Et le troisième, enfin, est d'avoir à leur tête, pour un temps encore, un homme qui, moins que jamais maintenant, voudra laisser démentir l'œuvre de paix saluée par le comité du Parlement norvégien.

Table

SEPTEMBRE-DÉCEMBRE 1988, GORBATCHEV S'AFFIRME, LE « RADICALISME » AUSSI

JANVIER-AVRIL 1989.

PREMIÈRES ÉLECTIONS LIBRES ET NOUVELLE DONNE

MAI-AOÛT 1989. LA NAISSANCE DE LA DÉMOCRATIE

SEPTEMBRE-DÉCEMBRE 1989.
L'EUROPE CENTRALE FAIT LE MUR

DÉCEMBRE 1989-MARS 1990.
LA DÉMOCRATIE ENTRE DANS LA CONSTITUTION

JUIN-JUILLET 1990. A TROP GAGNER, ON PERD BEAUCOUP

MARS 1989-OCTOBRE 1990.
SURVOLS D'UNE RÉVOLUTION

Composition Facompo, Lisieux (Calvados)
Achevé d'imprimer en septembre 1991
sur les presses de la SEPC, Saint-Amand (Cher)
Dépôt légal : septembre 1991
Numéro d'imprimeur : 2086
ISBN 2-87899-028-5